# Die Rechtsprechung

der

# Oberlandesgerichte

## auf dem Gebiete des Zivilrechts.

Herausgegeben von

**B. Mugdan,** Kammergerichtsrat a. D. und **† R. Falkmann,** Senatspräsident am Kammergericht

Sechsundvierzigster Band.

Berlin und Leipzig 1928

Walter de Gruyter & Co.

vormals G. J. Göschen'sche Verlagshandlung :: J. Guttentag, Verlagsbuchhandlung
Georg Reimer :: Karl J. Trübner :: Veit & Comp.

Druck von Walter de Gruyter & Co., Berlin W. 10.

# Sachverzeichnis.

N. bedeutet Nachträge.

# 1. Aufwertung.

a) § 2 gilt für die für Pfandbriefdarlehen bestellten Hypotheken.

α) Kammergericht, 1. ZS. Beschluß v. 14. Oktober 1926 (X 653/26).

... Eine Unrichtigkeit des Grundbuchs ist durch die Eintragung des AwBetrages nicht verursacht. Auch bei Hypotheken für ein Pfandbriefdarlehen wird gemäß § 1113 BGB. der Umfang des dinglichen Rechts durch den eingetragenen Betrag bestimmt. Auch jene Hypotheken sind deshalb nach dem gemäß § 2 zu berechnenden GMBetrag aufzuwerten. Ob die Pfandbriefe, zu deren Deckung die Hypothek bestimmt ist, gemäß § 17 V. vom 10. 12. 1925 (GS. 169) höher aufzuwerten sind, und ob etwa daraus dem Grundstückseigentümer eine entsprechend höhere AwPflicht hinsichtlich der persönlichen Darlehensschuld erwächst, ist für die Aw. der Hypothek bedeutungslos (§§ 4, 9). Denn die Hypothek ist bestellt nicht für den jeweiligen Wert bestimmter Pfandbriefe, das wäre nur im Wege einer Höchsthypothek (§ 1190 BGB.) möglich gewesen, sondern für den eingetragenen Darlehnsbetrag. Daß auch die DfV. diesen Standpunkt vertritt, ergeben ihre Art. §§ 5—7, 10.

β) Form des § 29 GBO. für den Nachweis des Erwerbes des Erblassers.

Kammergericht, 1. ZS. Beschluß v. 14. Oktober 1926 (X 644/26).

Zur Anwendung des § 3[1] Nr. 2 oder 4 bedarf es unter allen Umständen des formgemäßen Nachweises, daß der Erblasser vor 1918 im Rechtssinne Gläubiger der Hypothek geworden ist; denn dieser Erwerb bildet eine wesentliche Grundlage für die beanspruchte höhere Aw. Die Annahme, daß der „Erwerb" im Sinne des AwG. nicht rechtlich, sondern wirtschaftlich zu verstehen sei, ist unhaltbar. Mit Recht hat auch das LG. die Vermutung des Art. 2 DfV. hier nicht für anwendbar erklärt. In X. 177.26 (oben S. 274) ist zwar diese Vorschrift ausdehnend dahin ausgelegt, daß ihre Erleichterung auch für den Nachweis gelte, daß für die Berechnung des GMBetrages nicht der Erwerb durch den Gläubiger selbst, sondern gemäß § 3[1] AwG. ein früherer Erwerb maßgebend sei. Hier handelt es sich aber nicht um die Frage, ob der Erwerb des früheren Gläubigers maßgebend ist, sondern darum, ob der frühere Gläubiger des Erblassers der gegenwärtigen Gläubigerin die Hypothek überhaupt erworben hat. Für diesen Nachweis ist weder in Art. 2 DfV., noch in sonstigen Vorschriften eine Erleichterung zugelassen. Es verbleibt also bei der allgemeinen Vorschrift der §§ 22, 29 GBO., so daß die Tatsache der angeblich 1908 erklärten wirksamen Hypothekenabtretung an den Erblasser nur durch öffentliche oder öffentlich beglaubigte Urkunden nachgewiesen werden kann.

γ) Stillschweigende Begründung eines Treuhandverhältnisses.

OLG. Hamburg, 1. ZS. Beschluß v. 12. Juli 1926 F 49/26).

Die seit 1910 unter Nr. 6 eingetragene Buchhypothek ist am 16. 2. 1922 auf das Gesamtgut der fortgesetzten GG. überschrieben worden, nachdem sie bereits am 31. 10. 1921 (zum Nennwerte) gekauft und bezahlt worden war. Die Vorinstanzen haben die Aw. nach dem GMBetrage nicht dieses Zahl- sondern des Eintragungstages berechnet und die Behauptung, der frühere Inhaber der Hypothek habe diese nach Erhalt des Kaufpreises nur als Treuhänder für das Gesamtgut besitzen wollen, mit Recht für unbeachtlich erklärt. Ob § 3 Nr. 7 überhaupt anwendbar ist, wenn wie hier der Treuhänder bereits vor Begründung dieses Rechtsverhältnisses für seine Person eingetragener Gläubiger der Hypothek war, kann unerörtert bleiben. Vorliegend bestand jedoch ein Treuhandverhältnis überhaupt nicht. Es könnte nur durch Vertrag begründet worden sein; die Abtretungsurkunde enthält jedoch nichts davon. Eine stillschweigende Abrede könnte nur angenommen werden, wenn in solchen Fällen allgemein ein Treuhandvertrag vorläge. Allein die Parteien haben regelmäßig durchaus nicht die Absicht, durch die der Übereignung vorhergehende Zahlung ein Treuhandverhältnis über den Kaufgegenstand zu begründen. Die Lage ist beim Kauf eines Rechts nicht anders als bei dem Kauf einer Sache. Auch hier wird nicht angenommen, daß zwischen Zahlung und Übergabe der Sache ein Treuhandverhältnis bestünde. Allerdings ist der Verkäufer verpflichtet, künftig in keiner Weise auf die Sache einzuwirken und sie zur Verfügung des Käufers zu halten. Diese Pflicht ergibt sich aber unmittelbar aus dem Kaufvertrage selbst. Die Ausdehnung des § 3 Nr. 7 auf solche vielleicht treuhandähnliche Rechtsverhältnisse kann nicht in der Absicht des Gesetzes liegen. Die gegenteilige Ansicht hätte zur Folge, daß wichtige Bestimmungen des AwG. in den meisten Fällen unanwendbar würden; besonders wäre dann die Vermutung des § 5[1] sinnlos. Dieser soll dem Grundbuchrichter die Feststellung des Erwerbstages der Hypothek erleichtern. Der Erwerb vollzieht sich aber in sehr vielen Fällen durch Übertragung einer schon bestehenden Hypothek und in den meisten dieser Fälle wiederum wird der Gegenwert wie vorliegend vor Eintragung der Abtretung gezahlt. In den in Hamburg üblichen Formularen der Eintragungsbewilligungen bekennt sogar der Zedent regelmäßig, den Gegenwert bereits empfangen zu haben. Es kann aber nicht in der Absicht des Gesetzgebers gelegen haben, eine Vermutung aufzustellen, die in der Mehrzahl der Fälle nicht zutrifft . . .

**b) Zur Auslegung und Anwendung des § 5[1] S. 3 AwG.**

α) Kammergericht, 1. ZS. Beschluß v. 7. Oktober 1926 (X 634/26).

. . . Wird die Angabe des Gläubigers A., daß die Valuta für die am 30. März 1920 eingetragene Darlehnshypothek am 1. 4. 1920 ausgezahlt ist, als richtig unterstellt, so ist seine der Hypothek entsprechende Forderung gegen den Eigentümer an diesem Tage entstanden. A. hat dann allerdings auch die Hypothek nicht bereits mit der Eintragung, sondern zugleich mit der Forderung erworben; die Vermutung des § 5 wäre widerlegt. Bis zur Entstehung der Forderung stand dann die Hypothek — als Grundschuld — dem Eigentümer zu (§§ 1163, 1177 BGB.). Die Hypothek hat aber A. entgeltlich, gegen Hingabe der Darlehnssumme, und nach 1918 erworben. Ihr GMBetrag ist also an sich nach § 2[1] S. 2 zu ermitteln und sonach die Meßzahl des 1. 4. 1920 zugrunde zu legen. Nach der zutreffenden Annahme des LG. greift hier jedoch der § 2[1] S. 3 ein. Mit der dort erwähnten „Begründung des Anspruchs" ist das Inslebentreten des Rechts zugunsten irgendeines Berechtigten, im Gegensatze zu seinem Erwerb durch den die Aw. begehrenden Gläubiger, gemeint. Hier ist das dingliche Recht, auch wenn A. es erst am 1. 4. erworben hat, mit der Eintragung entstanden; daß es in der

Hand des Eigentümers zunächst Grundschuld war und sich beim Erwerb durch A. in eine Hypothek verwandelte, ist ohne Belang. Die Umrechnung des PMBetrages in Gold ergibt aber, auf der Grundlage des 30. 3. 1920 vorgenommen, da der Kurs der Mark zu jener Zeit im Steigen war, einen niedrigeren Betrag, als wenn sie auf der Grundlage des 1. 4. geschieht. Dem § 2[1] S. 3 gemäß ist also in jedem Falle die Meßzahl des 30. März zugrunde zu legen; hier sind nicht Nennbetrag und Erwerbspreis, in PM. ausgedrückt, sondern der Goldwert beider Beträge ist zu vergleichen.

Deckt aber zweifellos der Wortlaut der Bestimmung auch den vorliegenden Fall, so ist immerhin die Frage aufzuwerfen, ob sie nach der Absicht des Gesetzes auf ihn zu beziehen ist. Sie soll den Schuldner vor allem dagegen schützen, daß infolge spekulativen Erwerbes des Rechts eine höhere Aw. beansprucht wird, als der ursprüngliche Gläubiger sie hätte verlangen können (Quassowski § 2 I). Eine spekulative Absicht des A. besteht hier nicht; der höhere Goldwert des Erwerbspreises gegenüber dem Nennbetrage zurzeit der Begründung des Anspruchs ist lediglich eine Folge des Steigens des Markkurses. Die Vorschrift enthält jedoch keine Ausnahme für diesen Fall. Der Kurs der Mark ist aber z. B. seit März 1920 gestiegen und hat erst im Sept. 1921 wieder den Tiefstand vom 29. 2. 1920 erreicht. Daß der § 2[1] S. 3 lediglich durch einen gegenüber der Zeit der Anspruchsbegründung höheren Kursstand der Mark beim Übergange des Rechts auf einen späteren Erwerber, ohne dessen spekulative Absicht ausgelöst werden konnte, lag somit für den Gesetzgeber auf der Hand. Es ist nicht anzunehmen, daß er diesen Fall außer acht gelassen hat; die Vorschrift ist also auch auf ihn zu beziehen. Übrigens stellt sich ihre Anwendung in einem Falle der vorliegenden Art kaum als besondere Unbilligkeit für den Gläubiger dar.

β) **Fällt ein am 15. 7. 25 eingetragenes Recht unter § 7[1] S. 1?**
Kammergericht, 1. ZS. Beschluß v. 4. November 1926 (X 690/26).

Das Grundbuch weist folgende Hypotheken aus:

a) Nr. 1, 2, 3, 7 von zusammen 4500 M. für die Sparkasse. Sie sind am 27. 8. 1923 gelöscht und am 15. 6. 1926 aufgewertet unter Nr. 11—14 mit dem Range vor den nachbenannten Posten wiedereingetragen.
b) Nr. 6 von 1500 M. für M. im Rang hinter Nr. 7.
c) Nr. 10 von 2000 GM. für den Beschwerdeführer B., eingetragen am 15. 7. 1925.

Bei der Eintragung der Aw. zu a) wurde unter Nr. 15 ein Rangvorbehalt von 1125 GM. für den Eigentümer mit dem Range vor b) und c) vermerkt. Die Beschwerde hierüber ist mit Recht zurückgewiesen. Der Standpunkt des Senats, daß der Rangvorbehalt auch bei Bestehen einrückender wertbeständiger Rechte zugunsten des Eigentümers einzutragen sei und den Gläubigern solcher Rechte die Betreibung der Rangberichtigung überlassen bleiben muß (JFG. 3, S. 367), kommt nicht in Betracht, weil hier bereits bei der Eintragung des Vorbehalts das Rangverhältnis zum wertbeständigen Rechte des B. zum Bestandteil der Eintragung gemacht ist. Der Umstand, daß dieses Recht in einem Zeitpunkt entstanden ist, in welchem die Hypotheken zu a) nicht im Grundbuch standen, ist hier gleichgültig, weil seine Entstehung nach 1. 7. 1925 liegt und deshalb der Glaube des Grundbuchs ausscheidet (§ 22² AwG.). Es kommt mithin darauf an, ob das Recht des B. bei Inkrafttreten des AwG. bereits bestand und ob verneinendenfalls hier die Umstände des Falles berechtigen, es einem bereits bestehenden gleichzustellen. Denn daß § 7⁴ eine Bestimmung nur zugunsten bestehender, also bei jenem Inkrafttreten vorhandener Rechte ist, ergeben Wortlaut und Sinn des Gesetzes. Die Ausführungen des LG. darüber, daß das Gesetz mit Anbruch des 15. Juli Wirkung erlangt hat, stehen im Einklang mit RG. 91 S. 339; 107 S. 118 (s. a. JFG. 3 S. 292). Nach § 88¹ gilt dies auch für das AwG. Ebensowenig besteht ein Zweifel daran, daß das Recht des B., das nach § 873 BGB. der Eintragung zur Entstehung bedurfte, frühestens durch die am 15. 7., also im Laufe des Tages erfolgte Eintragung entstanden ist. Dagegen besteht keine Möglichkeit, das Recht einem vorher entstandenen gleichzustellen. Das Gesetz erweitert den Begriff der bestehenden Rechte durch keinerlei Vorschrift auf solche erst nachher entstandene Rechte, bezüglich deren der Eintragungsantrag vor dem Inkrafttreten gestellt oder die Einigung vorher erfolgt ist. Ohne solchen Anhalt besteht kein Grund zu einer vom Gesetzeswortlaut sich entfernenden, erweiternden Auslegung.

γ) **Evangelische Kirchengemeinden als „Unternehmen" des § 7¹ S. 3.**
Kammergericht, 1. ZS. Beschluß v. 2. Dezember 1926 (X 770/26).

.... Nach den Beschl. (Rsp. 45, S. 296) geht der Zweck des § 7¹ S. 3 dahin, zu vermeiden, daß solchen Geldgebern, deren Kapitalien einer besonders pfleglichen Behandlung bedürfen und die deshalb zur Einhaltung von Beleihungsgrenzen verpflichtet sind, ihre wirtschaftlich zusammenhängenden und regelmäßig innerhalb der für die Anlegung von Mündelgeld vorgeschriebenen Sicherheitsgrenze liegenden Grundstücksrechte voneinander getrennt werden, obwohl davon ausgegangen werden kann, daß sich die Rangstelle des Eigentümers gemäß § 7 auch noch hinter diesen Rechten nicht an eine unverhältnismäßig hohe Belastung anschließen wird. Mit dieser Zweckbestimmung steht sowohl die Beschränkung des Begriffs „Unternehmen" auf gewerbliche Unternehmen, als auch die Beschränkung nicht im Einklang, daß es sich um Organisationen handeln müsse, die nach Zweckbestimmung oder Aufgabe zur Befriedigung der wirtschaftlichen Bedürfnisse der Bevölkerung beitrügen. Es würde des inneren Grundes entbehren, daß die Vergünstigung des § 7¹ S. 3 solchen Unternehmungen, die nicht der Befriedigung der materiellen Bedürfnisse ihrer Mitglieder, sondern idealen Bedürfnissen zu dienen bestimmt sind, z. B. also allen, ideale Zwecke verfolgenden gemeinnützigen Unternehmen auszuschließen. Dem Zwecke der Vorschrift wird vielmehr nur eine Auslegung gerecht, die, entsprechend dem einstimmigen Beschlusse der Grundbuch- und Aw-Richter Nr. 47 a (JR. 26, S. 398) dahin geht, daß als „Unternehmen" jede juristische Person zu gelten habe, bei der die Voraussetzungen des § 7¹ S. 3 zutreffen. Daß aber zu diesen „Unternehmen" auch die evang. Kirchengemeinden, die Körperschaften des öffentlichen Rechts darstellen (vgl. Güthe-Triebel 2, S. 1880/1881), zu rechnen sind, soweit sie im Rahmen der ihnen obliegenden Verwaltung des Kirchenvermögens als Geldgeber auftreten — mögen nun die ausgeliehenen Kapitalien den Zwecken der Unterhaltung der Kirchen oder Pfarrstellen, oder mögen sie Armen- oder Wohlfahrtseinrichtungen zu dienen bestimmt sein, — kann keinem Bedenken unterliegen. Das in § 7[1] S. 3 weiter vorgesehene Erfordernis der Einhaltung von Beleihungsgrenzen besteht bei den evang. Kirchengemeinden gleichfalls; für die Beschwerdeführerin kommt der § 15 der Ordnung für die Verwaltung des Vermögens der evang. Kirchengemeinden in der Rheinprovinz, genehmigt durch den Oberkirchenrat am 28. 10. 1909 und bestätigt durch das Konsistorium am 6. 11. 1909, in Betracht. Danach hat das Presbyterium alle Kirchen-, Pfarr- und sonstigen Kapitalien entsprechend dem § 1807 BGB. und des — die Beleihungsgrenze für Mündelvermögen festsetzenden — Art. 73 (sowie 74) AG. zum BGB. verzinslich anzulegen. Die gesetzliche Grundlage für diese Vorschrift ist enthalten in § 147 KirchenO. vom 5. 3. 1835/5. 1. 1908 (Kirchl. Ges. u. VBl. 1908, S. 41) mit § 123 der an deren Stelle seit 1. 10. 1924 geltenden KirchenO. vom 6. 11. 1923 (a. O. 1924, S. 165 ff., S. 247).

c) α) **Übernahme der Kaufpreisschuld im Enteignungsverfahren.**

OLG. Hamburg, 1. ZS. Beschluß v. 20. September 1926 (F 62/26).

Anfang Januar 1910 hat K., als er von A., dessen Erben die Antragsteller sind, das Grundstück erwarb, für diesen eine Restkaufgeldhypothek eintragen lassen, die noch als solche besteht. Die Erben haben gegen den Hamb. Staat, der 1914 im Enteignungsverfahren das Grundstück erwarb, die Aw. des persönlichen Rechts auf 75% beantragt. Die Vorinstanzen haben 50% festgesetzt. Die weitere Beschwerde ist unbegründet.

Der Beschwerdeführer hat beim Erwerbe des Grundstückes durch Vereinbarung mit dem damaligen Eigentümer „die zugunsten der Antragsteller eingetragene Belastung als eine von ihm angeliehene Schuld" übernommen. Die Novation einer Schuld kann aber nur zwischen Schuldner und Gläubiger vereinbart werden. Wird sie wie hier unter Übernahme der Schuld zwischen dem Unternehmer und dem Schuldner vereinbart, so wird sie wie die Schuldübernahme selbst nur durch die Genehmigung des Gläubigers rechtswirksam; daran fehlt es hier. Fraglich könnte nur sein, ob der Staat überhaupt persönlicher Schuldner geworden ist, denn einerseits ist die Schuldübernahme nicht mitgeteilt (§§ 415, 416 BGB.) und andererseits könnte vielleicht geltend gemacht werden, daß der Staat mit dem Schuldner nicht die Übernahme der Kaufgeldforderung vereinbart habe. Eine Erörterung hierüber erübrigt sich aber, weil die Umstände erkennen lassen, daß der Staat durch Vertrag mit den Antragstellern die Restkaufgeldschuld als solche übernommen hat.

Der Erwerb im Enteignungsverfahren ist, da das Eigentum durch einen öffentlichrechtlichen Akt dem Unternehmer verliehen wird, ein originärer Eigentumserwerb, so daß die am Grundstück begründeten privaten Rechte erlöschen. Nicht aber erlöschen die persönlichen Forderungen der Hypothekgläubiger gegen den bisherigen Eigentümer, sondern sind kraft Gesetzes aus der vom Unternehmer zu zahlenden Entschädigung zu befriedigen. Nach hiesigem Rechte kann allerdings diese Befriedigung dadurch ersetzt werden, daß der Unternehmer die Hypothek im Einverständnis mit dem Gläubiger auf die an ihn zu zahlende Entschädigung übernimmt. Rechtlich wird damit eine neue Hypothek begründet, aber zur Sicherung der übernommenen persönlichen Forderung des Gläubigers. Die Zahlung der Entschädigung oder, soweit Hypotheken bestehen, die Schuldübernahme an Stelle der Zahlung ist nach dem Gesetze die Voraussetzung der Eigentumsübertragung, eine gesetzliche Verpflichtung des Unternehmers. Unterbleibt in Höhe einer zum Zuge kommenden Hypothek die Zahlung der Entschädigung und bleibt statt dessen die Hypothek stehen, ohne daß der Gläubiger Befriedigung aus der Entschädigung beansprucht, so ist daraus ohne weiteres das Einverständins des Unternehmers und des Gläubigers zu entnehmen, daß der erstere die persönliche Forderung, durch Hypothek gesichert, übernimmt. Die besondere Sach- und Rechtslage im Enteignungsverfahren rechtfertigt die Feststellung eines zwischen beiden stillschweigend geschlossenen Schuldübernahmevertrages gemäß § 414 BGB. B.

**β) Begriff des „Beteiligungsverhältnisses" nach § 10¹ Nr. 1.**

Kammergericht, FerienZS. Beschluß v. 21. August 1926.

.... Von einer Beteiligung wird man nur sprechen können, wenn in irgendeiner Form der Gläubiger am Gewinn oder Verlust beteiligt ist. Hier ist aber weder A. an dem Gedeihen des Unternehmens der B., noch diese am Unternehmen des A. beteiligt. Es liegt vielmehr nur ein Darlehn zu festem Zinsfuß und festen Rückzahlungsbedingungen vor, wie denn auch der Vertrag stets nur die Bezeichnung als Darlehn gewählt hat. Der Umstand, daß A. außer den Sicherungshypotheken noch das Eigentum an Maschinen übertragen erhalten hat, kann nur als weitere Sicherung des Darlehens angesehen werden, während die dem A. beim Warenbezug eingeräumten Vorzugspreise nur neben der Verzinsung eine weitere Vergütung darstellen. N.r.

**γ) Übernahme einer Kaufpreis- oder Darlehnshypothek?**

OLG. Hamburg, 1. ZS. Beschluß v. 4. Oktober 1926 (F 63/26).

Das Grundstück war früher für X. eingetragen und schon unter dessen Rechtsvorgänger zugunsten des A. mit 2 Darlehenshypotheken von je 10 000 M. belastet, die 1898 X. beim Erwerb des Grundstücks als eigene Schuld übernahm Der Rest des Kaufpreises von 10 000 M. wurde als Darlehenshypothek und am 1. 2. 1905 noch weitere 5000 M. Darlehen für A. eingetragen. Nach Angabe des A. hat ihm X. das Grundstück am 1. 11. 1913 für 30 000 M. durch formlosen Vertrag „käuflich überlassen", worauf A. es an den Dr. B. durch Vertrag v. 23. 12. 1913 für 31 000 M. weiter verkaufte. Aufgelassen wurde es unmittelbar durch X. auf Dr. B., nach dessen Tode seine Frau als Eigentümerin eingetragen wurde, nachdem die Kinder als Miterben ihr Miteigentumsrecht auf sie übertragen hatten. Die Vorinstanzen haben auf Grund des Vertrages vom 23. 12. nach dessen § 2 der Käufer auf den Kaufpreis — außer einer Barzahlung von 6000 M. — von den eingetragenen Hypotheken 25 000 M. als eigene Schuld übernahm und damit den Kaufpreis erledigte, mit Recht angenommen, daß es sich hier um eine Schuldübernahme handele, durch die das Restkaufgeld insoweit getilgt sein solte. Das ergibt sich auch aus den eigenen Darlegungen des A., daß die bestehenden Darlehenshypotheken „an Stelle" oder „zum Ausgleich" der Restkaufgeldforderung dienen sollen, also nicht nur zu ihrer Sicherung. Nach der Beschwerde hatte A. 1898 im Auftrage des damaligen Eigentümers das Grundstück an X. für 30 000 M. verkauft, wogegen X. die darin stehenden zwei Darlehenshypotheken von je 10 000 M. als eigene Schuld übernahm und für den Rest des Kaufpreises von 10 000 M. eine neue Hypothek als Darlehen eintragen ließ. Das ist hinsichtlich der beiden ersten Hypotheken genau der gleiche Fall, wie der vorliegende, ohne daß A. auf den Gedanken gekommen wäre, die damals übernommenen Hypotheken nicht als Darlehens-, sondern als Restkaufgeld-Hypotheken anzusehen. Mit welcher Berechtigung der vorliegende Fall anders zu beurteilen sein soll, ist nicht ersichtlich. Bei dem Verkauf an X. würde lediglich die dritte, zur Sicherung des Restkaufgeldes neu eingetragene Hypothek eine solche sein, die, wenn sie nach 1908 eingetragen wäre, bezüglich der persönlichen Forderung den Erfordernissen des § 10 Nr. 5 entsprochen hätte. Vorliegend ist derartiges nicht geschehen. Die gesamten 25 000 M. bestanden schon als Darlehenshypotheken und wurden als solche auf den Kaufpreis als eigene Schuld übernommen, womit der Kaufpreis erledigt war. Die Kaufgeldforderung ist danach also auch nicht bei ihrer Begründung in eine Darlehensforderung umgewandelt worden.[1]) B.

**5) Keine freie Aw. einer im Kaufvertrag abgetretenen Kaufgeldforderung.**
**Kammergericht, 9. ZS. Beschluß v. 8. März 1926 (10/26).**

1. Am 7. 6. 1912 hatte A. sein Grundstück an P. für 72000 M. verkauft; davon waren 40000 M. bei der Übergabe und der Rest bei der Auflassung zu zahlen. Am 18. 6. 1912 verkaufte P. einen Teil des Grundstücks für 40000 M. gegen Anzahlung von 20000 M. an den Beschwerdeführer B. und trat gleichzeitig an A. die restlichen 20000 ab, für die eine Hypothek eingetragen wurde. Die AwStelle hat dem Antrage, die Kaufgeldforderung über 25% aufzuwerten, entsprochen. Allein aus dem Vertrage vom 18. 6. 1912 läßt sich weder eine Schuldübernahme noch ein Versprechen zugunsten Dritter im Wege der Auslegung feststellen. Nachdem dort erschöpfend das Verhältnis zwischen dem Käufer B. und dem Verkäufer wegen des Restkaufgeldes geregelt ist, folgt die Abtretung. B. hatte mit A. nie etwas zu tun gehabt, er schuldete dem Verkäufer für das Grundstück ein Restkaufgeld. Der Gedanke, daß er, indem er sich zur Zahlung der 20000 M. verpflichtete, damit die Schuld eines anderen, nämlich die seines Verkäufers an A., übernahm, konnte ihm bei dieser Sachlage überhaupt nicht

[1]) Ein allgemeiner Erfahrungssatz über den derzeitigen Wert der deutschen Grundstücke besteht nicht und läßt sich bei den verschiedenartigen örtlichen Verhältnissen auch nicht aufstellen; der Beschluß des KG. v. 7. 1. 1926 mag vielleicht für das Gebiet dieses Gerichts zutreffen, kann aber allgemeine Bedeutung nicht beanspruchen und ist hier schon deshalb unbeachtlich, weil es sich nicht um ein Miethaus, sondern um ein Anwesen mit Geschäftsbetrieb handelt (Bay. OLG. 16. 4. 1926, Samml. 25 S. 135).

kommen. Der Vertrag enthält auch keine Andeutung, die eine solche Annahme rechtfertigen könnte, schließt vielmehr in seiner eindeutigen Fassung sie aus. Die gleichen Gründe stehen auch der Annahme eines Vertrages zugunsten Dritter entgegen. Dem B. konnte gleichgültig sein, was A. und sein Verkäufer miteinander abzumachen hatten. Er war durch den Vertrag lediglich Schuldner seines Verkäufers geworden und die Abtretung des Restkaufgeldes mußte er nach dem Gesetze dulden. Weder er noch der Verkäufer haben daran gedacht, unter dessen Ausschaltung das Recht auf die Restzahlung sofort für A. entstehen zu lassen. Darüber lassen die zwischen dem Käufer B. und dem Verkäufer P. getroffenen Abreden wegen des Restkaufgeldes nicht den geringsten Zweifel. Ebensowenig bieten die Verträge vom 7. u. 18. 6. eine ausreichende tatsächliche Unterlage für die Auffassung, daß das Verhältnis des A. zu P. ein Treuhandverhältnis im Sinne des § 3[1] Nr. 7 bilde. [Dieselbe Ansicht vertritt Bay. ObLG 27. 2. 26, Samml. 25 S. 79.]

2. Der § 11 ist nach seiner Entstehungsgeschichte vorliegend nicht auszuschließen. Nach dem Ausschbericht S. 9 leitet sich das Vorrecht einer höheren Aw. aus dem Gedanken der Aufgabe eines Sachwertes ab, es kann deshalb nur für den bestehen, dessen Kaufgeldforderung noch in erster Hand ist. Nun hatte A. eine Barzahlung von 20000 M. für das Grundstück von P. zu beanspruchen, er bestand aber nicht darauf, sondern vereinbarte, wie nach dem Sachverhalt zu unterstellen ist, daß dafür sein Käufer die diesem zustehende Kaufgeldforderung abtrat. Er nahm diese abgetretene Forderung an Erfüllungsstatt von P. an und damit wurde seine Kaufgeldforderung an P. getilgt. Er hatte also an deren Stelle die Forderung, die sein Käufer durch den Vertrag vom 18. 6. gegen B. erlangt hatte, im Wege der Abtretung erworben. Für diese Forderung hatte er aber keinen Sachwert hingegeben, die Übereignung des Grundstücks war vielmehr die Gegenleistung für die Kaufgeldforderung gegen seinen Käufer, die durch Annahme der abgetretenen Forderung an Erfüllungsstatt untergegangen ist. N.r.

ε) **Abtretung der Forderung vor der Sicherung.**

Kammergericht, 9. ZS. Beschluß v. 6. Mai 1926 (Aw. 163/26).

Nach § 11 ist die freie Aw. unzulässig, wenn der Gläubiger die Forderung, nicht aber die durch Hypothek gesicherte Forderung, auf einen anderen überträgt. Freilich muß die Forderung in dem entscheidenden Zeitpunkt — nach der herrschenden Ansicht am 14. 2. 1924 — durch Hypothek gesichert sein, sonst wäre die AwStelle nicht zuständig. Dagegen bietet weder die Fassung des § 11 noch seine Entstehungsgeschichte irgendeinen Anhalt für die Feststellung, daß der § 11 nur einen Übergang der Forderung im Auge hat, der nach der Sicherung eingetreten ist[1]).

---

[1]) Da die Sachlage v. 14. 2. 24 maßgebend ist, liegt nur dann, wenn vorher die hypothekarische Sicherung fortgefallen ist, eine nicht durch Hypothek gesicherte Forderung vor (Bay. ObLG. 5. 6. 26, BayZ. 22 S. 230).

**Bei frei aufwertbaren, nach 13. 2. 24 abgetretenen Forderungen sind, wenn auch grundsätzlich die Verhätnisse des Zedenten zu berücksichtigen sind, im Einzelfalle die des Zessionars mit heranzuziehen, jedoch nur soweit ihre Nichtberücksichtigung zu einem besonders unbilligen Ergebnis führen würde (KG. 4. 9. 26, 9 Aw. 606/26).**

ζ) Bauhandwerkerforderungen, die durch gewöhnliche Hypotheken gesichert sind, fallen nicht unter § 10¹ Nr. 6, weil diese klare Bestimmung keiner ausdehnenden Auslegung zugänglich ist (KG. 13. 8. 26, 9 Aw. 508/26).

d) α) **Begriff des „Verzichts" nach § 14 AwG.**

Kammergericht, 1. FerienZS. Beschluß v. 19. Juli 1926 (1 X 462/26).

A. hat am 8. 7. 24 notariell erklärt, daß er sich alle Ansprüche, die ihm bei anderweiter Regelung der Aw. zuständen, gegen den Schuldner persönlich vorbehalte, dagegen auf die dingliche Sicherheit verzichte und daher die Löschung der für ihn eingetragenen Hypothek bewillige. Nach Löschung der Post hat er zunächst AwAnsprüche angemeldet und nach Ablauf der Einspruchsfrist die Wiedereintragung beantragt. Diese ist mit Recht abgelehnt. Nach § 14 S. 2 wird die Hypothek nicht aufgewertet, wenn der Gläubiger sich seiner Rechte auf Aw. ausdrücklich begeben hat. Diese Vorschrift gilt also in jedem Fall, also auch dann, wenn der Eigentümer die Einspruchsfrist versäumt hat und deshalb die Voraussetzungen des § 14 an sich als gegeben zu unterstellen sind. Der § 14 findet auch auf den vorliegenden Fall, der nach § 78 zu beurteilen ist, Anwendung. Entscheidend ist lediglich, ob der Verzicht auf die dingliche Sicherheit rechtswirksam ist. Der § 14 verlangt nicht einen Verzicht im Sinne des § 1168 BGB., sondern nur eine Erklärung, die über den Nichtvorbehalt hinausgehend dem Willen des AwVerzichts in einer jeden Zweifel ausschließenedn Form Ausdruck gibt. Eine solche Erklärung des A. hat das LG. festgestellt.

β) **Erfordernisse eines Vorbehalts nach § 14.**

Kammergericht, 9. ZS. Beschluß v. 28. August 1926 (Aw. 735/26).

Grundsätzlich erfordern die §§ 14 u. 17, daß der Gläubiger die Zahlung nicht als Erfüllung der Schuld hat annehmen wollen. Dem ist im Hinblick auf ihren Zweck, die Gläubiger gerade gegen die Folgen der G e l d e n t w e r t u n g zu schützen, die einfache Kundgebung der Unzufriedenheit nur dann gleichzusetzen, wenn diese gerade in der damals schon eingetretenen G e l d e n t w e r t u n g ihren Grund hatte. Hier hatte die Antragstellerin nur geäußert, daß sie das Geld gern am Hofe hätte stehen lassen wollen, um einen Anteil am Hofe zu behalten. Ihre Unzufriedenheit hatte also nur darin ihren Grund, daß sie sich gern auf das ihrem Erblasser früher gehörende Gehöft einen gewissen Einfluß sichern wollte, sowie vielleicht auch darin, daß sie Schwierigkeiten bei der Neuanlegung des Geldes fürchtete, nicht aber darin, daß sie beim Bestehenbleiben der Hypothek mehr gegen die Geldentwertung geschützt zu sein glaubte, oder daß ihr der angebotene Geldbetrag wegen der bis dahin schon eingetretenen Entwertung zu gering erschien.

γ) **Begriff der Leistungsannahme nach §§ 14, 15.**

Bayer. Oberstes Landesgericht, ZS. Beschluß v. 17. Juni 1926 (VIII 59/26).

... Die §§ 14, 15 gehen von einer Leistungsannahme des Gläubigers aus. Darunter ist ein Verhalten zu verstehen, das sich nach Lage des Falles unter Berücksichtigung der Verkehrssitte und von Treu und Glauben als Ausdruck seines Willens darstellt, eine ihm zugehende Leistung als Vollerfüllung gelten zu lassen (vgl. RG. JRdsch. 1925 Nr. 1665). Daran fehlt es hier. Die am 2. 5. 23

erfolgte Rückzahlung bezifferte sich nach § 2 auf 78 Goldpf. Wenn der Gläubiger diesen Betrag nicht ausdrücklich zurückgewiesen oder einen Vorbehalt besonders erklärt hat, so kann hierin eine stillschweigende „Annahme" um so weniger gefunden werden, als ihm in jener Zeit starker Entwertung nicht zugemutet werden durfte, Aufwendungen für eine briefliche Nachricht oder eine Rücksendung zu machen, die dem übersandten Betrage jedenfalls sehr nahegekommen wären (Schlegelberger 14³, Nadler 66, Mugel 1, S. 270⁵).

d) **Zur Auslegung und Anwendung des § 15 Satz 2 AwG.**[1])

Kammergericht, 9. ZS. Beschluß v. 16. September 1926 (Aw. 765/26).

1. Auch bei Auwertungsanträgen ist erhebliches Gewicht auf den Grundstückswert zu legen. Dieser ist zuverlässig festzustellen und dann zu prüfen, ob die normale Aw. unter Berücksichtigung der sonstigen Belastungen des Grundstücks für den Eigentümer zu tragen ist. Unter besonderen Umständen kann eine unbillige Härte schon verneint werden, wenn das Grundstück einen erheblichen Wert hat und durch die normale Aw. einschl. der sonstigen Belastungen in einer für den Eigentümer als solchen unschwer zu tragenden Weise belastet ist. Im allgemeinen sind freilich auch die sonstigen wirtschaftlichen Verhältnisse neben denen des Grundstücks zu berücksichtigen; denn nur die wirtschaftliche Lage beider Teile im ganzen ermöglicht ein Urteil darüber, ob die normale Aw. eine Unbilligkeit gegen den Eigentümer bedeutet.

2. Die erststellige Hypothek der Antragstellerin (Sparkasse) steht an einer nach menschlichem Ermessen völlig sicheren Stelle und wird in der Zwangsversteigerung zuerst befriedigt. Kommt nun die Abwertung der ersten Hypothek und gleichzeitig die nachstehender Hypotheken in Frage, so entspricht es der Regel, sofern nicht die allgemeine wirtschaftliche Lage der Parteien eine andere Beurteilung rechtfertigt, der Billigkeit, daß die erste Hypothek erst abgewertet wird, wenn trotz Abwertung der nachstehenden Hypotheken noch eine weitere Abwertung zur Vermeidung einer unbilligen Härte gegen den Eigentümer notwendig wird.

3. Das LG. hat die Herabsetzung der Aw. um 5% damit begründet, daß sie den Bestand der Sparkasse keinesfalls gefährden könne. Allein bei der Frage, ob gegenüber einer Sparkasse eine Abwertung am Platze sei, ist auch zu beachten, daß sie für ihre Tilgungsmasse die Aw. betreibt und diese den Spargläubigern zugute kommt. Im Einzelfalle mag dieser Tatsache weniger Bedeutung beizulegen sein, z. B. wenn geradezu die Existenz des Schuldners von der Abwertung abhängt. Aber auch in solchem Falle wird man, wenn das Grundstück durch die normale Aw. im Verhältnis zu seinem Werte nicht erheblich belastet wird, in der Regel nicht sagen können, daß die Aw. eine unbillige Härte bedeutet. N. r.

---

[1]) Der Eigentümer-Schuldner, der die Einspruchsfrist versäumt hat, kann sich immer noch auf § 8¹ berufen (**KG. 21. 8. 1926, JW. 2369**). — Im Fall einer **Rückwirkung** scheidet der § 8 **überhaupt aus; nur § 15 ist anwendbar (ObLG. 29. 3. 26, Samml. 25 S. 117).**

Auch im Falle der §§ 15, 8 darf nicht der Zinssatz des § 28 herabgesetzt, sondern nur der AwBetrag herabgesetzt werden (KG. 14. 11. 26. OLG. Karlsruhe 16. 11. 26, Jw. 1927 S. 272, 275).

e) α) **Anmeldung bei einer unzuständigen AwStelle.**[1])

Kammergericht, 9. ZS. Beschluß v. 12. Mai 1926 (Aw. 181/26).

A. gab am 28. 12. 1925 in O. einen Einschreibebrief mit der Anmeldung zweier Hypotheken an die zuständige AwStelle in Qu. zur Post. Durch deren Versehen gelangte der Brief am 29. 12. 1925 an das Amtsgericht in O., das ihn am 5. 2. 26 weitergab. Die Vorinstanzen haben die Anmeldung als verspätet nicht berücksichtigt. Allein nach § 16 S. 2 ist jede Anmeldung dem Eigentümer (Schuldner) mitzuteilen, es sei denn, daß sie offenbar rechtsunwirksam ist. Sie ist hier allerdings erst lange nach Ablauf der Frist bei der zuständigen Stelle eingegangen, und im Schrifttum wird überwiegend eine solche Anmeldung für unwirksam angesehen. Das Bay. ObLG. hat jedoch entschieden, daß die Wirksamkeit einer Anmeldung nicht dadurch berührt wird, daß sie bei einer unzuständigen AwStelle eingereicht ist. Bei diesem Widerstreit der Meinungen kann die Anmeldung nicht als offenbar unwirksam angesehen werden. Das KG. hält übrigens auch für zulässig, die Grundsätze, die das RG. (71 S. 380) aufgestellt hat, hier entsprechend anzuwenden (ebenso Quassowski S. 198, Nadler 18).... Auch wird zu erwägen sein, ob nicht schon genügt, daß der Gerichtsschreiber die Sache in das AwRegister eingetragen und mit Aktenzeichen versehen hat. Das RG. erklärt, daß „die innerhalb der Frist geschehene Entgegennahme der Ausschlagungserklärung für sich allein als hinreichend angesehen werden muß", denn mit den angegebenen Handlungen hat die AwStelle als solche die Anmeldung entgegengenommen, da der Gerichtsschreiber ihr Organ ist. N.r.

β) **Ist die am 2. 1. 26 eingegangene Anmeldung noch rechtzeitig?**[2])

Kammergericht, 1. ZS. Beschluß v. 14. Mai 1926 (X 249/26).

...Die Widerspruchseintragung setzt die rechtzeitig erfolgte Anmeldung gemäß § 16[1] S. 1 voraus. Dabei wird mit Mügel (522 Vorbem. 1) die telegraphische Anmeldung als ausreichend anzusehen sein. Es fragt sich aber, ob aus dem Wortlaut des § 16 S. 1 der Ablauf der Anmeldefrist mit 31. 12. 1925 als dem, dem 1. 1. 1926 vorhergehenden Tage oder ob daraus vielmehr zu entnehmen ist, daß sie an sich mit dem 1., und, da dieser ein Feiertag war, mit dem 2. 1. 1926 endete. Sofern die Gesetzesworte nicht überwiegend für die eine oder die andere Auffassung sprechen, würde entscheidend ins Gewicht fallen, was als der Wille des Gesetzgebers zu erachten ist. Ohne Zweifel bestehen erhebliche Gründe für die Annahme, daß dieser Wille dahin ging, die Frist nicht über 1925 hinaus zu erstrecken. Es erscheint als das Naturgemäße, den Endpunkt einer Frist nicht auf den Anfangstag eines Jahres zu legen, sondern sie mit dem Ablauf des vorhergehenden Jahres enden zu lassen. Wollte der Gesetzgeber die Anmeldefrist über den 31. 12. 1925 hinaus erstrecken, so lag es im Hinblick auf die Eigenschaft des 1. 1. als eines allgemeinen Feiertages nahe, den Ablauf der Frist nicht auf diesen

[1]) Ebenso haben Dresden 21. 7. 26 und ObLG. 26. 2. 26 (JW. 2693, Samml. 25 S. 77) entschieden.

[2]) Eine ununterschriebene Anmeldung aus der Zeit der 3. StNV. genügt dem AwG., wenn kein Zweifel darüber aufkommen kann, daß sie mit dem Willen des Gläubigers übermittelt ist (KG. 6. 5. 26, X 234/26).

Tag, sondern auf 2. 1. zu verlegen, also ausdrücklich „bis zum 2. 1. 1926" zu bestimmen; auch diese Erwägung spricht für einen nach dem Willen des Gesetzgebers mit dem Ablauf des 31. 12. 1925 eingetretenen Fristablauf.

Indessen ist ein dahingehender Wille im § 16 S. 1 ebensowenig genügend ausgedrückt, wie sich aus §§ 23², 26², 27² der zweifelsfreie Wille ergibt, die Antragsfristen mit 31. 12. 1925, dem 31. 3. 1926 und dem 31. 12. 1926 enden zu lassen. Die Fassung spricht vielmehr überwiegend dafür, als die letzten Tage der Fristen die dort ausdrücklich genannten, durch die Worte „bis zum" als solche bezeichneten Tage anzusehen, und, sofern es sich bei diesen um einen Sonntag oder allgemeinen Feiertag handelt, gemäß § 193 BGB. das Ende der Frist auf den nächstfolgenden Werktag zu verlegen. Diese Auslegung, besonders des § 16 S. 1, ist um so mehr geboten, als seine Fassung unzweifelhaft geeignet ist, die Gläubiger, für die gerade diese Vorschrift von erheblichster Bedeutung ist, zu der Annahme eines nicht schon mit Ende 1925 eintretenden Fristablaufs zu veranlassen. Sie stimmt übrigens damit überein, daß § 22³ die Frist für die dort zugelassene Anfechtung „bis zum 31. 12. 1925" erstreckt, wobei doch ohne Zweifel der 31. 12. noch in die Frist fallen soll, und ferner damit, daß das Gesetz an anderen eine Antragsfrist enthaltenden Stellen den zur Bezeichnung des Endes der Frist gewählten Tag, wenn es ihn nicht in diese einbezogen wissen will, ausdrücklich als außerhalb der Frist liegend bezeichnet; nach §§ 8, 12, 34 ist die Herabsetzung der Aufwertung oder die Abweichung vom normalen Höchstsatz „vor dem 1. April 1926" zu beantragen. Die Auffassung, daß die Frist des § 16 S. 1 erst am 2. 1. 1926 endete, wird dann auch überwiegend vertreten (Schlegelberger, Quassowski, Nadler 14; v. Karger, DJZ. 1925 S. 1498; s. auch Bay. ObLG. in JRdsch. 1926 Nr. 709; abweichend Mügel und Lehmann[1]).

γ) **Formlose Angaben über die Zahlung und die Vertreterbefugnis.**

Kammergericht, 1. ZS. Beschluß v. 30. September 1926 (X 602/26).

Der Antrag auf Eintragung der gesetzlichen Aw. ist auf Berichtigung des Grundbuchs gerichtet. Wird er auf den Nachweis der Unrichtigkeit des Buches

[1]) Obiger Beschluß berücksichtigt nicht, daß der § 193 BGB. nachgiebiges Recht enthält und deshalb nicht bloß ausdrücklich, sondern auch stillschweigend ausgeschlossen werden kann. Wenn also das Gericht gemäß § 216³ ZPO. einen Termin auf Sonntag anberaumt, so haben die Parteien zur Vermeidung von Versäumnisfolgen zu erscheinen und zu verhandeln. Ebenso hat der Richter, der am Sonntag zur Testamentaufnahme gerufen wird, dem Rufe zu folgen, wie er auch nach § 902 ZPO. dem verhafteten Schuldner den Offenbarungseid „ohne Verzug" abzunehmen hat (vgl. § 114 StPO.). Gleiches gilt für den Gerichtsvollzieher im Falle des § 761 ZPO. Daß auch das AwG. von dieser Rechtsauffassung ausgegangen ist, zeigt besonders der § 26. Wenn sein Abs. 1 die Anordnung gestattet, daß der AwBetrag in Teilbeträgen, jedoch spätestens bis zum 1. 1. 1938 zu zahlen ist, so wird dadurch eine Zahlung bis zum 2. 1. 1938 ausgeschlossen. Ist dies aber anzunehmen, so können auch die in demselben § 26 Abs. 2 S. 1 enthaltenen Worte nur bis zum 1. 1. 1927" nicht anders aufgefaßt werden. Der Wortlaut des § 16¹ S. 1 entspricht nun dem des § 26² S. 1 und erklärt damit gleichfalls, daß jede spätere Anmeldung unwirksam ist. Bedeuten also nach der Meinung des Senats die Worte „bis zum 1. Januar 1926" soviel als „bis zum Ablaufe des 1. 1. 1926, so muß die Anmeldung spätestens am 1. 1. 1926 bei Gericht eingegangen sein und Sache der Gerichte wäre gewesen, die erforderlichen Einrichtungen zu treffen. Da das AwG. dies offenbar nicht beabsichtigt hat, verdient die Auslegung des LG. den

gestützt, so stellt er sich als rein prozessualer dar und bedarf nach § 30 nicht der Form des § 29 GBO. Zum Nachweis kann bei noch nicht zurückgezahlten Hypotheken lediglich auf das Gesetz und den Buchinhalt verwiesen werden. Vorliegend ist die Hypothek nach 15. 6. 1922 zurückgezahlt (§ 15). Daher ist an sich noch der Nachweis von Höhe und Zeit der Zahlung erforderlich; wie aber Art. 3 DfV. ergibt, genügt die als richtig vermutete formlose Angabe des Gläubigers. Wird diese in den Antrag aufgenommen, so wird er dadurch nicht formbedürftig.

Im Falle der Stellung eines reinen Antrags ist nach Predari (GBO. § 19[43]) der Grundbuchrichter, sofern nicht besondere Gründe für das Gegenteil sprechen, nicht genötigt, von den Personen, die als gesetzliche Vertreter der in der Eintragungsbewilligung als Berechtigte bezeichneten juristischen Person einen solchen Antrag stellen, den formellen Ausweis ihrer Vertreterbefugnis zu fordern. Wollte man von ihnen verlangen, daß sie sich bei der Antragstellung ebenso zu legitimieren haben wie bei der Erklärung von Eintragungsbewilligungen, so würde die durch § 30 GBO. beabsichtigte Erleichterung in den bezeichneten Fällen hinfällig werden. Da offenbar keine ernstlichen Bedenken dagegen erhoben werden können, daß der gegenwärtige Antrag dem Willen der vertretungsberechtigten Organe der Beschwerdeführerin entspricht, sind diese Ausführungen auch vorliegend anwendbar. Die Darlegung Predaris bezieht sich zwar nur auf den Fall, daß dem Antrage eine Eintragungsbewilligung des „Betroffenen" zugrundeliegt; der Fall eines auf Unrichtigkeit des Grundbuchs gestützten Berichtigungsantrags wird jedoch nicht anders zu behandeln sein. Allerdings liegt hier ferner kein reiner Antrag im strengen Sinne vor; vielmehr ist der in den sonstigen Fällen außerhalb des Antrags zu erbringende Unrichtigkeitsnachweis für Zeit und Höhe der Zahlung durch die in den Antrga aufgenommenen Angaben ersetzt. Können diese Angaben aber überhaupt formlos gemacht werden, so bedarf es auch nicht um ihretwillen des Nachweises der Vertretungsbefugnis; eine Gewähr für die Richtigkeit der Angaben würde dadurch ebensowenig geschaffen, wie sie bei entsprechenden Anträgen einer natürlichen Person besteht. Wenn Güthe (GBO. § 13[19]) auch bei Stellung eines reinen Antrags jenen Nachweis verlangt, so erklärt er doch andererseits (§ 30[11]) sogar die Unterschrift bei nicht formbedürftigen Anträgen für entbehrlich, sofern nur wie hier zu erkennen ist, von wem der Antrag herrührt. Würde danach sogar ein ununterschriebener Antrag zuzulassen sein, und zwar bei einer juristischen, so gut wie bei einer natürlichen Person, so erscheint es erst recht nicht gerechtfertigt, wenn beim Vorhandensein von Unterschriften der Nachweis der Vertretungsberechtigung der Unterzeichner gefordert wird. Daß der Eigentümer gegen die beantragte Eintragung und gegen die Berechnung des GMWertes der Zahlung nichts einzuwenden hat, ist aus der Nichteinlegung des Einspruchs zu entnehmen. Mit einer Benachteiligung der etwa noch nachfolgenden Hypo-

Vorzug. Für sie spricht auch der Sprachgebrauch des preuß. Gesetzgebers; insbes. läßt die FerienO. die Ernteferien „auf 6 Wochen u. z. v. 21. Juli bis zum 1. Sept. stattfinden", während die Weihnachtsferien „v. 23. Dez. bis zum 1. Januar einschließlich" stattfinden. D. H.

thekare braucht nicht gerechnet zu werden; sie wäre nur bei betrügerischem Zusammenwirken zwischen Eigentümer und Gläubiger denkbar. Es ist also nicht anzunehmen, daß ein Schaden durch die beantragte Eintragung entstehen wird. Soweit das aber möglich wäre, nämlich durch unrichtige Angaben über Zeit und Höhe der Zahlung, würde der Nachweis keinen Schutz gewähren.

**δ) Nachträgliche Berichtigung der Angaben der Anmeldung.**

Kammergericht, 1. ZS. Beschluß v. 14. Mai 1926 (X 288/26).

Das LG. führt aus, daß unter den Angaben des Gläubigers, die nach Art. 3 DfV. als richtig zu vermuten seien, nur die fallen, die in der Anmeldung des § 16 gemacht seien, nicht dagegen die, die erst nach Ablauf der Frist abgegeben seien. Diese Annahme ist in ihrer Allgemeinheit zwar rechtsirrig. Denn die Anmeldung braucht über geleistete Zahlungen überhaupt keine Angaben zu enthalten (Gutachten JMBl. 1925 S. 434, Nadler 18). Daß vielmehr auch eine erst nach Ablauf der Anmeldefrist bei Stellung des Antrages auf Eintragung der Aw. gemachte Angabe des Gläubigers unter Art. 3 fallen kann, ergibt auch dessen unzweideutige Fassung; denn es heißt: „bei der Eintragung der Aw. wird vermutet" ... Trotzdem ist den Vorinstanzen im Ergebnis zuzustimmen. Es kann dahinstehen, ob das Grundbuchamt Änderungen einer Erklärung des Gläubigers über Höhe und Zeit der Zahlungen nach dem Sinne des Art. 3 zu beachten und als richtig zu unterstellen hat, solange die aufgewertete Hypothek noch nicht eingetragen ist. Wenn aber wie hier die Aw. bereits entsprechend der in der Anmeldung, wenn auch unnötigerweise, gemachten und noch dazu auf Grund einer mit ihr übereinstimmenden Bewilligung des Eigentümers eingetragen ist, so kann die abweichende, einseitige nachträgliche Erklärung des Gläubigers nicht mehr durch Art. 3 gedeckt und als Berichtigungsunterlage verwertbar sein. Denn durch die auf Grund der ersten, unter Art. 3 fallenden Angaben des Gläubigers eingetragene Aw. ist eine neue Grundbuchlage geschaffen. Es handelt sich nicht mehr um die Beseitigung der bei Inkrafttreten des AwG. hinsichtlich der aufwertbaren Rechte bestehenden Grundbuchunrichtigkeit, wovon Art. 3 erkennbar ausgeht, sondern um die Berichtigung einer neuen Hypothekeneintragung. Durch die Eintragung ist das AwVerfahren grundbuchmäßig zunächst abgeschlossen und damit die Wirkung des Art. 3 erschöpft. Wollte man auch weitere Berichtigungen dieser Eintragung dem Art. 3 unterstellen, so würde der Gläubiger die Sicherheit des Grundbuchverkehrs durch einseitige willkürliche Änderungen der Zahlungsangaben in einem durch die Zwecke des AwG. nicht mehr gerechtfertigten Umfange in Frage stellen. Die Berichtigung kann bei solcher Sachlage deshalb nur gemäß §§ 22, 29 GBO. erfolgen, also: entweder durch den formgemäßen Nachweis der anrechnungsfähigen Zahlungen oder durch Bewilligungen des Eigentümers und der gleich- und nachstehenden Berechtigten.

**ε) Den wirklichen Eigentümer (§ 16¹ S. 2) hat die AwStelle zu ermitteln[1]).**

Kammergericht, 9. ZS. Beschluß v. 8. März 26 (Aw. 42/26).

Die Angabe des Eigentümers ist kein notwendiges Erfordernis der An-

[1]) Dem jetzigen Eigentümer ist zuzustellen, (Bay.ObLG. 4. 6. 26 VIII 47) auch wenn es sich um geringfügige Rentenbankrenten handelt (KG. 6. 5. 26 Aw. 174/26).

meldung. Denn die AwStelle hat sie nach § 16[1] S. 2 dem Eigentümer und dem vom Gläubiger bezeichneten persönlichen Schuldner mitzuteilen, der Eigentümer braucht also nicht bezeichnet zu sein. Daraus folgt, daß sie den Eigentümer zu ermitteln hat, dessen Person sich im allgemeinen ohne Schwierigkeiten aus den Grundakten feststellen läßt. Wird er in der Anmeldung namhaft gemacht, so darf sich die Stelle hierauf nicht verlassen, sondern muß aus den Grundakten feststellen, ob die Angabe richtig ist, da sie die Anmeldung nicht dem vom Gläubiger bezeichneten, sondern „dem Eigentümer", also dem wirklichen Eigentümer mitzuteilen hat (Nadler S. 31, vgl. auch Gutachten JMBl. 1925 S. 435). Sollten die Grundakten freilich nicht sofort erhältlich sein, so bestehen keine Bedenken dagegen, daß die Stelle zur Vermeidung von Verzögerungen die Anmeldung zunächst dem angegebenen Eigentümer zustellen läßt und die Feststellung, ob der angegebene auch der richtige Eigentümer ist, nach Eingang der Grundakten nachholt. N.r.

c) **Inhalt des „Einspruchs". Nachträgliche Einwendungen. Bescheinigung.**

α) Kammergericht, 9. ZS. Beschluß v. 14. Oktober 1926 (Aw. 743/26).

... Der Einspruch soll nur dazu dienen, dem Eigentümer (Schuldner) Gelegenheit zur Äußerung zu geben, ob die Voraussetzungen der §§ 14, 15 vorliegen; das folgt aus § 16[2]. Hat er keinen Einspruch eingelegt, so steht nicht etwa fest, daß die Aw. in der beanspruchten Höhe besteht, vielmehr kann er dem Gläubiger gegenüber die Voraussetzungen der §§ 14, 15 nicht mehr bestreiten und damit ist ihm infolge der eigentümlichen Gestaltung des § 15 S. 2 auch die Möglichkeit genommen, sich nachträglich auf diese Härteklausel zu berufen. Dagegen ist er nicht gehindert, das Bestehen des Anspruchs im übrigen zu bestreiten, die Herabsetzung nach §§ 8, 9 oder die Abweichung vom normalen Höchstsatz nach §§ 10, 12 zu beantragen oder die Berechnung des AwBetrages sonst zu bemängeln. Als ein solches Bestreiten ist auch seine Berufung auf § 20 anzusehen. Alle diese Einwendungen werden freilich in der Praxis als Einspruch bezeichnet. Aber die Bezeichnung kann nicht maßgebend sein, es kommt vielmehr darauf an, ob sich die Eingabe ihrem Inhalte nach als Einspruch darstellt, ob also der Eigentümer (Schuldner) die Voraussetzungen der §§ 14, 15 bestreitet oder sich auf die Härtevorschrift des § 15 S. 2 beruft. Die Anwendung dieses Satzes begegnet freilich erheblichen Schwierigkeiten. Die AwStelle darf die Bescheinigung nach Art. 126 e DfV. nur ausstellen, wenn keine Möglichkeit besteht, daß der Eigentümer (Schuldner), der seinen „Einspruch" zunächst in anderer Weise oder überhaupt nicht begründet hat, ihn nachträglich dahin erläutert, daß er sich auf §§ 14, 15 berufen will. Denn damit daß er „Einspruch" einlegte, hat er sich die Möglichkeit gewahrt, noch nach Ablauf der Frist die gesetzlichen Einspruchsgründe geltend zu machen. Von ganz besonderer Bedeutung ist dieses Recht für den § 15 S. 2. Der Eigentümer ist, sofern er nicht auf es unzweideutig verzichtete, befugt, noch nach Ablauf der Frist die Durchführung des Abwertungsverfahrens zu verlangen, auch wenn er bisher noch nicht auf § 15 S. 2 berufen hatte.... Vorliegend schließt der „Einspruch" diese Möglichkeit nicht aus. Aus dem Antrag auf völlige Abweisung der Aw. könnte man vielleicht sogar herauslesen, daß der Eigentümer, wenn diesem Antrage nicht stattgegeben wird, wenigstens erreichen will, daß der AwBetrag möglichst niedrig bemessen wird. Solange er nicht weitere Erklärungen abgibt, ist die beantragte Bescheinigung abzulehnen. N.

β) **Rechtzeitigkeit eines Einspruchs bei Doppelanmeldung.**

Kammergericht, 9. ZS. Beschluß v. 6. Mai 1926 (Aw. 172/26).

A. beantragte am 25. 3. 1925 die höhere Aw. nach den allgemeinen Vorschriften der 3. StNV. Diese Eingabe ist dem Eigentümer zunächst formlos mitgeteilt und am 24. 9. 1925 auch zugestellt worden. Unterm 21. 11. 1925 meldete A. die Hypothek ausdrücklich zur rückwirkenden Aw. der dinglichen und der persönlichen Forderung an. Auch diese Eingabe ist dem Eigentümer mitgeteilt, der am 21. 1. 1926 unter Berufung auf § 15 Nr. 1 Einspruch einlegte. Die AwStelle wies ihn als verspätet zurück. Das LG. hat jedoch zutreffend dargelegt, daß darin nicht eine Zurückweisung des Einspruchs, die unzulässig wäre, zu finden sei, sondern die Ablehnung eines Antrages aus § 15 S. 2 und hat mit Recht die Einspruchsfrist für gewahrt erachtet. Dem Eigentümer war allerdings der Antrag vom 25. 3. 1925 schon am 24. 9. 1925 zugestellt worden. Aber noch während die dadurch in Lauf gesetzte Einspruchsfrist lief, wurde ihm die Eingabe vom 21. 11. 1925 mitgeteilt. Bei dieser Sachlage mußte er der Auffassung sein, daß die neue Eingabe erst die dem § $16^1$ entsprechende Anmeldung darstellen und die frühere Anmeldung damit erledigt sein sollte. Diese Auffassung entsprach aber auch der objektiven Sachlage. Damit, daß A. eine dem § 16 entsprechende Anmeldung einreichte, gab er deutlich zu erkennen, daß sein Antrag vom 25. 3. 1925 nicht als eine Anmeldung nach § $16^1$ angesehen werden sollte. Diesen Willen erkannte auch die AwStelle, was daraus hervorgeht, daß sie die neue Anmeldung dem Gegner mitteilte[1]). N.r.

f) *α*) **§ 16 Abs. 2, wenn der Pfandgläubiger die Hypothek löschen ließ.[2])**

Kammergericht, 1. ZS. Beschluß v. 18. Februar 1926 (X 70/26).

Unter Nr. 2 stand seit 1910 für G. eine im Erbgang auf ihn übergegangene Darlehnshypothek von 7000 M. eingetragen, und zwar mit dem Vermerk, daß sie dem A. verpfändet sei, und zwar wegen eines dem Eigentümer — einem Sohne des G. — gewährten Darlehns. Diese Hypothek ist am 16. 3. 1925 gelöscht. Zugrunde liegen: 1. eine Löschungsbewilligung des Vollstreckers des 1918 verstorbenen G. vom 11. 8. 1924, die weder über Zahlung noch über einen Vorbehalt etwas enthält, 2. eine Erklärung des A. vom 7. 11. 1923: „... Ich bewillige die Löschung der Verpfändung und der gesamten Hypothek, weil der Eigentümer H. mich befriedigt hat." Am 1. 11. 1925 meldete A. einen AwAnspruch an und beantragte gleichzeitig, gemäß § $16^2$ einen Widerspruch einzutragen, weil ihm als Pfandgläubiger am 7. 11. 1923 nur der Nennbetrag der Hypothek gezahlt sei. Die weitere Beschwerde über die Zurückweisung dieses Antrags ist begründet.

---

[1]) Die Rücknahme des Einspruchs wird schon mit dem Eingange bei der AwStelle wirksam (OLG. Nürnberg 5. 10. 1926, BayZ. 22 S. 342).

[2]) Auch der Pfändungsgläubiger einer gelöschten, aber kraft Rückwirkung aufgewerteten Hypothek kann einen Widerspruch verlangen (Bay.ObLG. 1. 5. 1926, BayZ. 22 S. 198).

. . . Der im § 16 gemeinte Gläubiger wird in der Regel der Inhaber des Hypothekenrechts selbst sein; Rechtsinhaber ist auch bei Verpfändung der Hypothek nach wie vor der eingetragene Gläubiger, dessen Erbe oder bei Briefhypotheken der nach § 1155 BGB. Ausgewiesene. Nach Fälligkeit der Pfandforderung wird das Verfügungsrecht des Hypothekars jedoch insofern zugunsten des Pfandgläubigers beschränkt, als nunmehr, soweit es zu seiner Befriedigung erforderlich ist, nur an diesen wirksam geleistet werden kann und nur dieser befugt ist, die Hypothekenforderung einzuziehen (§ 1282 BGB.). Seine Rechtsstellung entspricht insoweit der eines Pfändungsgläubigers, dem die Forderung zur Einziehung überwiesen ist (§ 835 ZPO.). Er kann auch Löschung bewilligen (Güthe GBO. 2 S. 1906 unten, RGKomm. BGB. § 1282$^1$). Erhielt er also auf Grund seines Pfandrechts nach Fälligkeit seiner Forderung vom Hypothekenschuldner den seine Pfandforderung nicht übersteigenden Betrag, so hat der hierzu allein Berechtigte die Leistung angenommen; eine Leistungsannahme des Hypothekars selbst im Sinne des § 15 kommt mangels seiner Einziehungsbefugnis nicht in Frage. Mag letzterer auch bei solcher Sachlage selbst befugt sein, die Wiedereintragung der Hypothek aus §§ 15, 20 und die Eintragung eines Widerspruchs gemäß § 16$^2$ zu verlangen, weil seinem Vermögen die Hypothek, soweit sie das AwG. als fortbestehend behandelt, trotz des Pfandrechts zugehört, so wird er doch hieran dann kein wesentliches Interesse haben, wenn die wiedereingetragene aufgewertete Hypothek für die Forderung des Pfandgläubigers, soweit diese nicht getilgt ist, weiter verhaftet bliebe. Das letztere ist aber der Fall, wenn jene Forderung aufwertbar ist; denn nach § 1210, 1273$^2$ BGB. haftet die verpfändete Forderung für die Pfandforderung in deren jeweiligem Bestand (Mügel § 15, Abraham Anh. zu § 3). Unterließe der Hypothekar die Anmeldung, so würde der Pfandgläubiger der Sicherheit verlustig gehen, wenn er nicht selbst in der Lage wäre, sich die Erhaltung der aufgewerteten Hypothek gemäß § 16 zu sichern. Im Sinne des AwG. muß es aber liegen, die AwVorteile dem zugänglich zu machen, der zurzeit der Leistung zu ihrer Einziehung und Annahme befugt war und der die Hypothek auch in aufgewertetem Zustande zu seiner Befriedigung beanspruchen kann. Für den hier maßgebenden § 1282 BGB. hat hiernach zweifellos der Pfandgläubiger ein selbständiges Anmeldungsrecht und kann auch die — durch Widerspruch gemäß § 16$^2$ S. 2 zu sichernde — Wiedereintragung beanspruchen. Ob das gleiche auch bei einer vor Fälligkeit der Pfandforderung gemäß § 1281 BGB. an den Hypothekar und den Pfandgläubiger gemeinschaftlich erfolgten Leistung zu gelten hat, braucht hier nicht entschieden zu werden (vgl. für den Pfändungsgläubiger: Schlegelberger § 16$^1$, JRdsch. 1925 Nr. 1148).

Ohne Bedeutung ist hier der Umstand, daß der Gläubiger der verpfändeten Forderung nicht persönlicher Schuldner des A. ist, daß vielmehr der Eigentümer H. persönlicher Schuldner sowohl des A. als auch der Hypothekenforderung ist. Hat er, wie behauptet, zur Befriedigung des A. nicht dessen Forderung, sondern die ihm verpfändete Hypothekenforderung berichtigen wollen, so „gilt“ nach § 1288$^2$ BGB. „die Forderung des Pfandgläubigers, soweit ihm der eingezogene

Betrag zu seiner Befriedigung gebührt, als vom Gläubiger — Hypothekar G. — berichtigt". Da hier G. nicht der persönliche Schuldner des Pfandgläubigers ist, greift ferner gemäß § 1225 S. 2 der § 774 entsprechend Platz. Wäre also A. durch die Zahlung voll befriedigt, so würde seine bisherige Forderung auf den Hypothekar G. übergegangen und das Pfandrecht an der Hypothek wegen Zusammentreffens mit dem Gläubigerrecht in derselben Person erloschen sein (§§ 1273², 1256; Planck BGB. § 1288², 1273²·³); eine Inanspruchnahme der aufgewerteten Hypothek und mithin ein Widerspruch zugunsten des A. gemäß § 16² S. 2 käme dann nicht mehr in Frage. Da aber die angeblich gezahlten 7000 M. zurzeit der Zahlung überhaupt keinen Wert hatten, würde dadurch A. wegen seiner gesicherten, sei es gemäß § 62 AwG. verb. mit § 242 BGB., sei es gemäß § 63 AwG. aufwertbaren Darlehnsforderung nicht befriedigt, die aufwertbare gesicherte Forderung und mit ihr das Pfandrecht an der aufwertbaren Hypothek verblieb also dem A. Insoweit träte also dasselbe Ergebnis ein, als wenn der Eigentümer gar nicht die verpfändete Hypothekenforderung, sondern die gesicherte Forderung des A., deren persönlicher Schuldner er war, hätte berichtigen wollen. An dieser Rechtslage kann auch nichts ändern, daß A. neben dem Befriedigungsbekenntnis noch ausdrücklich die Löschung des Pfandrechts und der Hypothek bewilligte; denn diese Bewilligung beruht auf der — objektiv nicht zutreffenden — Annahme, daß durch die Zahlung die gesicherte Forderung und infolgedessen auch das Pfandrecht an der Hypothek erloschen sei. Dafür, daß A. das Pfandrecht für die nicht erlöschende Pfandforderung gemäß § 1255 BGB. habe aufgeben wollen, liegt kein Anhalt vor. Ebensowenig wie nach dem AwG. das dingliche Recht eines Quittung leistenden Hypothekars dadurch zu dessen Ungunsten beeinflußt wird, daß er daneben noch die Löschung bewilligt, kann es für das Fortbestehen des dinglichen Rechts des Pfandgläubigers an der Hypothek etwas ausmachen, wenn er außer dem — objektiv unrichtigen — Befriedigungsbekenntnis noch ausdrücklich die Löschung seines Pfandrechts bewilligt.

Die Wiedereintragung der aufgewerteten Hypothek und des Pfandrechts des A. an ihr würde, wenn nicht Bewilligungen der Betroffenen beigebracht werden, den Nachweis voraussetzen, daß 1. die Hypothek selbst im gesetzlichen AwBetrage bestehen geblieben ist, 2. die Pfandforderung zu einem bestimmten Betrag aufzuwerten ist (§ 1210 BGB.). Für den Widerspruch bedarf es außer der Anmeldung der Hypothek zur Aufwertung eines Nachweises oder einer Glaubhaftmachung dieser Voraussetzungen nicht, da der aus den Grundakten ersichtliche Sachverhalt das Vorliegen dieser Voraussetzungen nicht ausschließt (vgl. J. Rdsch. 1926 Nr. 69). Die Anmeldung des A. sichert die Aufwertbarkeit der Hypothek für deren Gläubiger und zugleich das Pfandrecht an ihr zugunsten des A. Die Aufwertbarkeit der Hypothek folgt hier aus §§ 15, 18; die der Pfandforderung läßt sich, wenn es sich um eine „Vermögensanlage" handelt, aus § 63 mit §§ 15, 18, 2 ff., andernfalls aus § 62 mit BGB. § 242 herleiten; über die Aw. der letzteren haben die ordentlichen Gerichte zu entscheiden.... Das Grundbuchamt wird nunmehr einen Widerspruch zugunsten der Erben des G., falls sie noch nicht feststehen, für die „unbekannten Erben" unter Angabe der Vollstreckeranordnung (§ 53 GBO.) und zugunsten des A. als Pfandgläubiger eintragen müssen.

β) **Anmeldungsrecht, wenn die Hypothek zu „treuen Händen" übertragen ist. Abtretung des AwAnspruchs.**

Kammergericht, 1. ZS. Beschluß v. 8. April 1926 (1 X 213/26).

Der Beschwerdeführer Kuno A., der am 1. 4. 1913 sein Grundstück verkaufte und aufließ, hat das Restkaufgeld von 90000 M. an seinen Bruder Gottfried abgetreten. Zur Sicherung dieser 90000 M. hat der Käufer ihm am 1. 6. 1913 eine Briefhypothek eintragen lassen. Das Grundstück wurde an N. verkauft und aufgelassen; N. ist am 5. 2. 1914 als Eigentümer eingetragen. Anfang 1923 hat Gottfried über die von N. bewirkte Rückzahlung des Hypothekenkapitals quittiert und die Löschung der Hypothek bewilligt; diese ist am 18. 1. 1924 gelöscht und der Brief unbrauchbar gemacht. Der Beschwerdeführer hat nunmehr unter der Behauptung, daß die Rückzahlung im wesentlichen nach dem 14. 6. 1922 erfolgt sei, einen Anspruch auf Aw. der gelöschten Hypothek angemeldet und sodann beim Grundbuchamt einen Widerspruch gemäß § 16² S. 2 zu seinen Gunsten beantragt; denn, von Gläubigern bedrängt, habe er das Restkaufgeld nur zum Schein abgetreten und habe Gottfried die Hypothek nur zu treuen „Händen besitzen sollen", wie er denn jetzt auch durch die vorgelegte Urkunde v. 14. 8. 25 die Forderung mit den AwRechten dem Beschwerdeführer abgetreten habe. Die Vorinstanzen haben mit Recht abgelehnt.

Bei der Abtretung und Hypothekbestellung für Gottfried handelte es sich nicht um Scheingeschäfte, durch die der mit diesen Rechtsakten verfolgte Zweck, die Hypothek dem Zugriff der Gläubiger des Verkäufers zu entziehen, nicht hätte erreicht werden können; beides war vielmehr ernstlich gemeint. Gottfried ist dadurch Gläubiger des HypRechts geworden. Daß er als Inhaber der Forderung und der Hypothek nur Treuhänder für Kuno war, berührt lediglich das Innenverhältnis beider, ist aber gleichgültig für die Frage, wer die das HypRecht betreffenden Rechtshandlungen vorzunehmen berechtigt ist. Dafür ist vielmehr entscheidend das Außenverhältnis, nach welchem die Hypothek bis zur Löschung dem Gottfried zugestanden hat. Eine Abtretung an Kuno ist bis dahin nicht erfolgt. Jetzt ist, solange nicht die Hypothek wieder eingetragen ist, eine Abtretung nicht mehr möglich. Wenn die Hypothek auch durch Zahlung und Löschung in Wahrheit nicht vollständig untergegangen ist, sondern zum Teil außerhalb des Grundbuchs fortbesteht, so können doch nach Löschung der Hypothek und Unbrauchbarmachung des Briefes die für die Abtretung vorgeschriebenen Formerfordernisse (§ 1154 BGB.) nicht mehr erfüllt werden. Es ist also nicht die Abtretung der „AwHypothek" möglich; besonders erscheint die Umschreibung der gelöschten Hypothek nicht angängig. Eine Abtretung des AwAnspruchs derart, daß der Zessionar die Aw. für sich zu verlangen berechtigt wäre, kommt nicht in Frage. Ein solcher Anspruch besteht als materieller (übertragbarer) Anspruch im Sinne des bürgerlichen Rechts überhaupt nicht; es handelt sich dabei nur um eine, in der AwGesetzgebung beruhende besondere Art der Geltendmachung des aufwertbaren Rechts. Nur das letztere ist abtretbar, kann aber hier zurzeit nicht abgetreten werden. Übrigens wird angenommen werden können, daß Kuno den AwAnspruch wirksam zugunsten des wirklichen Rechtsinhabers Gottfried angemeldet hat, so daß dieser die Aw. von Hypothek und Forderung weiterbetreiben kann. Es wird seine Sache sein, dem bestehenden Treuhandverhältnis gemäß die Hypothek nach Wiedereintragung an Kuno abzutreten.

γ) **Darf das Grundbuchamt die Bescheinigungen der AwStelle (§ 16²) nachprüfen?**
Kammergericht, 1. ZS. Beschluß v. 27. Mai 1926 (X 307/26).

Auf dem Grundstücke des S. ist eine Vorkriegshypothek von 11000 M. für die Sparkasse eingetragen. Am 20. 1. 1923 ist sie auf Grund der Abtretungsurkunde vom 11. 1. 1923 auf W. umgeschrieben. Die Sparkasse hat die Hypothek rechtzeitig gemäß §§ 16, 17 zur Aufwertung angemeldet, und dabei als jetzige Grundstückseigentümer und persönliche Schuldner die drei W. als Erben des 1914 verstorbenen S. bezeichnet. Diesen hat die AwStelle die Anmeldung zugestellt, dies der Sparkasse bescheinigt und später bescheinigt, daß gegen die Anmeldung Einsprüche nicht erhoben worden sind. Das Grundbuchamt hat den von der Sparkasse eingereichten Antrag auf Eintragung der Aw. von 2844 GM. deshalb, weil nach den Erbrechtsakten die Mutter der Geschwister W. noch eine weitere Tochter gehabt habe, beanstandet und einen Erbschein verlangt. Das LG. geht zutreffend davon aus, daß hier eine Grundbuchberichtigung ohne Bewilligung der Betroffenen beantragt ist und der Gläubiger die Voraussetzungen der Unrichtigkeit zu beweisen hat. Die Aw. kraft Rückwirkung für einen früheren Gläubiger setzt voraus, daß das Abtretungsentgelt nach 14. 6. 1922 und vor 14. 2. 1924 angenommen ist und daß rechtzeitig angemeldet ist. Hierzu tritt ebenso wie bei der Wiedereintragung gemäß § 17 Schlußsatz, 16² S. 1 der Nachweis, daß die Einspruchsfrist einspruchslos abgelaufen ist oder daß rechtskräftig eine Aw. kraft Rückwirkung festgestellt ist. Bei diesem Erfordernis handelt es sich aber nicht, wie das LG. annimmt, um Voraussetzungen für den Eintritt der Aw., sondern um Nachweise für deren grundbuchliche Verlautbarung. Ein Nachweismittel für den einspruchlosen Fristablauf bildet die in § 166 DfV. vorgesehene Bescheinigung, deren Erteilung also die vorherige Feststellung des Eigentümers voraussetzt; diese zu treffen ist Sache der AwStelle; denn § 16¹ erfordert für die Anmeldung nicht die Bezeichnung des Eigentümers (Entsch. 9 Sen. des KG. J. Rdsch. 1926 Nr. 708, Nadler 19, 23). Die Stelle hat also, wenn der eingetragene Eigentümer zurzeit der Anmeldung verstorben ist, die Erben zu ermitteln und, soweit diese unbekannt sind, die Bestellung eines Nachlaßpflegers gemäß § 1960 BGB. zu veranlassen (Nadler 23). Unter welchen Voraussetzungen sie die Person der Erben als festgestellt ansieht, unterliegt ihrem alleinigen pflichtmäßigen Ermessen. Stellt sie dem, der nach ihrer Überzeugung Erbe ist, die Anmeldung zu und bescheinigt sie, daß Einspruch nicht eingelegt ist, so erübrigt sich dadurch der sonst nach der allgemeinen Vorschrift des § 36 GBO. für das Grundbuchamt erforderliche Nachweis der Erbfolge. Ein Nachprüfungsrecht, ob der, dem die Anmeldung zugestellt ist, der wirkliche alleinige Eigentümer ist, kann dem Grundbuchamt nach den Zwecken des AwG. nicht zuerkannt werden, weshalb es dem Antragsteller auch nicht die Beibringung eines Erbscheins aufgeben darf (so auch Nadler 46). Denn AwG. und DfV. sind erkennbar überall bestrebt, die Durchführung, besonders die grundbuchliche Regelung der Aw. möglichst zu erleichtern und die Beteiligten kostspieliger und zeitraubender Nachweisungen zu entheben, wie namentlich die mehrfach aufgestellten gesetzlichen Vermutungen erkennen lassen (§ 5 Ges., Art. 2—4 DfV.; im übrigen § 6[1] S. 2 Halbs. 2 Ges., Art. 5, 7, 10, 15, 17 DfV.). Könnte das Grundbuchamt, das seinerseits Zweifel hat, die Beibringung eines Erbscheins verlangen, so würde die Pflicht zur Ermittelung des Eigentümers bei Tod des Eingetragenen von der AwStelle auf den Gläubiger abgewälzt werden; dieser sähe sich genötigt, schon vor der Anmeldung einen Erbschein zu beschaffen, weil sonst, wenn der Erbscheinsrichter andere Erben ermittelt, als die, die die AwStelle als solche behandelt hat, das Verfahren des § 16[1] S. 2, 3 den im Erbschein bezeichneten anderen Erben gegenüber wiederholt werden müßte. Dazu kommt, daß sich der Gläubiger den Erbschein nur mit großen Schwierigkeiten verschaffen könnte, nämlich entweder in der Weise, daß er gegen die, die er für die Erben hält, dahin klagt, daß sie sich als Erben gemäß § 36 GBO. legitimieren, wenn eine solche Klage nicht überhaupt ausgeschlossen sein sollte, oder daß er gegen diese zunächst auf Bewilligung der AwEintragung klagt und nach Rechtskraft des Urteils gemäß §§ 894, 896 ZPO. selbst die Erteilung eines Erbscheins beantragt. In beiden Fällen würde die Durchführung auf längere ungewisse Zeit verzögert werden, was mit den Zwecken des AwG. um so weniger vereinbar wäre, als in den weitaus meisten Fällen, so auch hier, die Frage, ob Rückwirkung stattfindet, ohne weiteres aus dem Inhalt und Datum der Löschungs- und Abtretungserklärung in Verb. mit der Angabe des Gläubigers über Zeit und Höhe der auf die Hypothek geleisteten Zahlung (Art. 3 DfV.) zu entscheiden ist, und die Mitteilung der Anmeldung an den Eigentümer auf eine leere Form hinausläuft. Hat das Grundbuchamt nicht bloß wie hier Zweifel, sondern *bestimmte Kenntnis*, daß ein anderer Eigentümer ist als der, dem die AwStelle die Anmeldung zugestellt hat, so ist es in der Lage, vor Entscheidung über den Eintragungsantrag die Stelle unter Benachrichtigung des Antragstellers hierauf hinzuweisen und ihr Gelegenheit zu geben, die Zustellung der Anmeldung an diesen nachzuholen.

δ) **Nachweisung des Fristablaufs (§ 16[2]) durch Verweisung auf die AwAkten.**

Kammergericht, 1. ZS. Beschluß v. 3. Juni 1926 (X 297/26).

Der Gläubiger hat sich, um den fruchtlosen Ablauf der Einspruchsfrist darzutun, an Stelle der Vorlegung einer Bescheinigung (DfV. Art. 126[1]) auf die Akten der AwStelle bezogen. Dabei handelt es sich allerdings nicht um die Führung des ihm nach § 29 GBO. obliegenden Nachweises durch „Offenkundigkeit". Diese, deren Herbeiführung keine Art des Nachweises ist, sondern welche diesen entbehrlich macht, liegt beim Grundbuchamt vor, wenn es die Kenntnis der sonst des Nachweises bedürftigen Tatsache unabhängig von den bezüglich des Antrags ihm obliegenden Amtspflichten erlangt hat. Besitzt es eine solche Kenntnis nicht, ist es aber nach dem Gesetz verpflichtet, sich die Kenntnis der Tatsache zu verschaffen, dann handelt es sich darum, daß es bei der Führung des den Beteiligten obliegenden Nachweises selber mitzuwirken hat. Eine solche Verpflichtung liegt ihm insoweit ob, als dem Antragsteller gestattet ist, an Stelle der Vorlegung einer Urkunde zu den Grundakten auf andere, die Urkunde enthaltende Akten zu verweisen (Güthe, GBO. § 29[144]), und ferner in den Fällen, in denen an Stelle eines Zeugnisses über den Inhalt des Handels- und Güterrechtsregisters die Bezugnahme auf das Register für ausreichend erklärt ist (§ 35 GBO.). Im Falle des § 35 kann der Inhalt des Registers dem Grundbuchrichter selbstverständlich bereits unabhängig von dem Antrage bekannt und infolgedessen bei dem Grundbuchamt offenkundig sein; ist das der Fall, so bedarf es eines Nachweises und daher der Bezugnahme auf das Register überhaupt nicht mehr. Ist es nicht der Fall, so wird der Grundbuchrichter durch die Bezugnahme zur Einsicht in das Register verpflichtet (Güthe § 35[4]). Dem Falle des § 35 entspricht hier der Ersatz einer Bescheinigung nach Art. 126 a—e DfV. durch Bezugnahme auf die AwAkten. Der § 35 setzt voraus, daß das Grundbuchamt zugleich das Registergericht ist. Für die Aw. der Hypotheken ist in Preußen gemäß Art. 118 DfV. das die Obliegenheiten des Grundbuchamts versehende Amtsgericht zugleich AwStelle. Im Hinblick auf die Zwecke der AwGesetzgebung und namentlich auch der DfV., die die Verfahrensvorschriften in einer den Interessen der Beteiligten möglichst entgegenkommenden und die Durchführung der Anträge erleichternden Weise zu gestalten suchen, ist danach aber in entsprechender Anwendung des § 35 auch für den Nachweis des Ablaufs der Einspruchsfrist die Bezugnahme auf die AwAkten zu gestatten und der Grundbuchrichter für verpflichtet zu erachten, sich die Kenntnis von dem fruchtlosen Fristablauf durch Einsicht in die Akten zu verschaffen; auch hier ist selbstverständlich ein Nachweis nicht mehr erforderlich, wenn er, weil er zB. selber zugleich AwRichter ist, diese Kenntnis bereits besitzt und der fruchtlose Fristablauf infolgedessen bei ihm offenkundig ist. Daß ihm im Gegensatz zu § 35 die Kenntnis vom Fristablauf nicht durch eine öffentliche Urkunde vermittelt wird, ist im Hinblick auf die sonstigen, im AwVerfahren in dieser Richtung zugelassenen Beweiserleichterungen nicht ausschlaggebend. Die Bescheinigung nach Art. 126 a—e ist danach nicht das ausschließliche Mittel zur Führung des Nachweises des Fristablaufs. Hier hat sich das Grundbuchamt anfänglich auch selber zur Einsicht in die Akten für verpflichtet gehalten. Wenn es später die Bescheinigung gefordert hat, so schlägt der Grund, daß ihm nämlich die Akten von der AwStelle nicht zugleich vorgelegt wurden, nicht durch. Daß trotz der Überlastung der Stelle die Vorlegung möglich und zu erlangen war, kann keinem Zweifel unterliegen; andererseits würde der Beibringung der Bescheinigung die Überlastung jener Stelle erst recht im Wege stehen. Deshalb erscheinen auch die Ausführungen des LG. nicht überzeugend, daß im Hinblick auf die Geschäftslast beider Dienststellen eine Verpflichtung des Grundbuchrichters zur Durchführung des Versuches, sich die Kenntnis vom Fristablauf aus den AwAkten zu verschaffen, nicht angenommen werden könne....

ε) **Bringt nur eine schlüssige Anmeldung die Einspruchsfrist in Lauf?**

Kammergericht, 1. ZS. Beschluß v. 30. September 1926 (X 524/26).

... Im § 16[12] ist ein einheitliches zusammenhängendes Verfahren geschaffen, dessen einleitender Akt die Anmeldung, dessen Schlußakt entweder der Einspruch oder bei dessen Unterlassung die Herstellung einer Rechtslage ist, die die Wiedereintragung der aufgewerteten Hypothek mit der gleichen Sicherheit wie ein rechtskräftiges Urteil gewährleistet. Hiernach ist zunächst festzustellen, daß jede Anmeldung, wenn sie überhaupt eine wirksame, auf Aw. der Hypothek gerichtete ernsthafte Willensäußerung enthält, dem Eigentümer und Schuldner von der AwStelle mitzuteilen ist. Da diese Mitteilung eigens zu dem Zwecke erfolgt, um dem Eigentümer und Schuldner Gelegenheit zur Erhebung von Einwendungen mittels Einspruchs zu geben, ist sie auch entgegen der Annahme des LG. in allen Fällen geeignet, die Einspruchsfrist in Lauf zu setzen. Die Anmeldung bedarf aber, wie wohl fast allgemein anerkannt ist, zu ihrer Wirksamkeit keiner Angabe darüber, ob sie wegen eines Vorbehalts (§ 14) oder auf Grund der Rückwirkungsvorschriften (§ 15, 17) verlangt wird. Daraus folgt, daß auch ohne solche Anmeldung, die das AwVerlangen gar nicht oder nicht schlüssig im Sinne der §§ 14, 15, 17 begründet, dem Eigentümer mitzuteilen ist, daß diese Mitteilung die Einspruchsfrist in Lauf setzt, und daß der einspruchslose Ablauf der Frist eine, einem rechtskräftigen Urteil gleiche Feststellung in dem Sinne herbeiführt, daß gegenüber dem Eigentümer die Hypothek aus § 14 oder § 15 als aufwertbar gilt — unbeschadet des Rechtes des Eigentümers, sich auf den öffentlichen Glauben des Grundbuchs (§ 892 BGB., 20[2], 21 AwG. zu berufen. Die §§ 330 ff. ZPO. können im Verfahren des § 16 mangels eines erkennbar dahin gerichteten Gesetzeswillens nicht entsprechend angewendet werden. Denn die aus § 16[2] hervorgehende Folge des Ablaufs der Einspruchsfrist ist nicht, und kann bei dem Nichterfordernis einer Begründung der Anmeldung nicht die sein, daß nur oder auch die in der Anmeldung zur Begründung des Verlangens etwa aufgestellten Behauptungen als zugestanden anzusehen sind, sondern, daß die Aufwertbarkeit und Wiedereintragbarkeit der Hypothek gemäß §§ 14, 15, 17, 20, 21 dem Eigentümer gegenüber als festgestellt gilt. Dabei ist ohne Bedeutung, ob eine Aufwertbarkeit auf Grund Vorbehalts oder auf Grund Rückwirkung als festgestellt gilt, da Inhalt und Umfang der Aw. unabhängig davon sind, ob ihr Grund ein Vorbehalt oder ein Rückwirkungstatbestand ist.

Hiernach muß angenommen werden, daß das Gesetz sowohl den Gläubiger zur Anmeldung zwingen wollte, wenn er die Aw. nicht einbüßen wollte, als auch andererseits den Eigentümer zu nötigen beabsichtigte, auf jede ihm mitgeteilte, gleichviel ob und wie begründete Anmeldung rechtzeitig Einspruch einzulegen, wenn er nicht seine Einwendungen aus §§ 14, 15, 17 verlieren wollte. Daß bei dieser Auffassung der Gläubiger möglicherweise eine nach objektivem Recht erloschene Hypothek infolge bloßer, vielleicht entschuldbarer, Untätigkeit des Eigentümers wiedererhält, mag unbillig erscheinen, kann aber nicht dazu führen, den § 16 entgegen seinem Zwecke dahin auszulegen, daß eine nicht schlüssig begründete

Anmeldung zwar dem Gläubiger sein AwRecht erhalte, der auf die Mitteilung erfolgte Ablauf der Einspruchsfrist aber dem Eigentümer von seinen Einwendungen gegen die Aw. nichts benehme, vielmehr nur die Statthaftigkeit einer Prüfung des Grundbuchamts herbeiführe, dieses aber hinsichtlich der AwVoraussetzungen vor eine unveränderte Rechtslage stelle. Gegen eine Auffassung im letzteren Sinne spricht auch der Umstand, daß das Zeugnis der DfV. Art. 126 Abs. 1 a—c wertlos wäre, wenn das Grundbuchamt in jedem Falle den Inhalt der Anmeldung auf deren Schlüssigkeit prüfen müßte, und nur bei einer schlüssig aus § 14 oder 15 (§ 17) begründeten Anmeldung die AwVoraussetzungen gegenüber dem Eigentümer als festgestellt ansehen könnte. Würde freilich die vom Gläubiger eingereichte Erklärung selbst unzweideutig dahin lauten, daß weder eine Leistung in der Rückwirkungszeit angenommen, noch ein Vorbehalt gemacht sei, so wäre die AwStelle, die ja die Eingabe ihrem Gesamtinhalt nach darauf zu prüfen hat, ob sie den ernstlichen Willen, Aw. der Hypothek zu verlangen, ausdrückt, in der Lage, der Erklärung die Bedeutung einer wirksamen Anmeldung abzusprechen, und wenn sie sie trotzdem dem Eigentümer mitteilt, die Bescheinigung des Art. 126 DfV. und mithin auch eine Bescheinigung über fruchtlosen Ablauf der Einspruchsfrist abzulehnen. Das Grundbuchamt wird in solchem Falle, wenn es zur Feststellung der Anmeldung die AwAkten einsieht, gleichfalls die Anmeldung als nicht im Sinne des § 16[1] wirksam behandeln dürfen.

Vorliegend ergibt zwar die Anmeldung, daß eine Aw. kraft Rückwirkung nicht in Frage kommt, sie besagt dagegen nichts über einen Vorbehalt, läßt also die Möglichkeit, daß ein solcher erklärt ist, offen. Die Erklärung ist also als Anmeldung unbedenklich wirksam. Allerdings ist in anderen Verfahren (AwStelle, Grundbuchamt, Prozeßgericht) nachprüfbar, diese Nachprüfungsmöglichkeit besteht hinsichtlich aller Eintragungsunterlagen, auf die das Grundbuchamt eine Eintragung stützt, bei Geltendmachung von Berichtigungsansprüchen und etwaiger aus diesen hergeleiteter materieller Rechte. Auch der Umstand, daß die Wirkung des Ablaufs der Einspruchsfrist nur gegenüber dem Eigentümer, nicht dagegen gegenüber Gleich- und Nachberechtigten eintritt (Schlegelberger § 20[2], Quassowski 3 a, bb zu § 16, ist für den Erfolg des vorliegenden Eintragungsantrags nicht von Bedeutung, weil es sich hier um die Aw. zugunsten eines früheren Gläubigers handelt, dessen etwaige AwHypothek nach § 21[2] allen im Range gleich und nachgehenden Rechten, ohne Unterschied, ob sie vor oder nach Abtretung erworben sind, im Range nachgeht.

g) α) **Wiedereintragung des Zedenten gegenüber späteren Grundstückserwerbern?**
Kammergericht, 1. ZS. Beschluß v. 8. Juli 1926 (X 405/26).

Der Beschwerdeführer A. hat die für ihn seit 1918 eingetragene Hypothek von 170000 M. durch notarielle Erklärungen vom 17. 10. und 22. 11. 1922 in Teilbeträgen von 150000 und 20000 M. gegen Zahlung der entsprechenden PMSummen an G. abgetreten; die Abtretungen sind am 25. 10. und 3. 12. 1922 im Grundbuche vermerkt. Am 24. 5. 1923 ist das Grundstück an Z. verkauft und aufgelassen; dieser ist auf Grund des am 6. 7. gestellten Antrages am 19. 10. 1923 als Eigentümer eingetragen. Der Antrag des A. auf die Wiedereintragung seines Hypothekenrechts zu dem auf 42434 RM. berechneten AwBetrag ist, nachdem der Anspruch gemäß § 16 angemeldet und die Einspruchsfrist gegenüber Z. fruchtlos verstrichen war, wegen des gutgläubigen Rechtserwerbs des Eigentümers mit Recht abgewiesen.... Dem Erwerber eines Rechts am Grundstück, dem gegenüber aus einem nicht mehr vermerkten Rechte Ansprüche erhoben werden, ist, wie § 892 BGB. ergibt, seine Kenntnis von der Unrichtigkeit des Buches nachzuweisen; bis dahin greift die Fiktion des § 892 zu seinen Gunsten Platz. Der Grundbuchrichter hat danach, wenn ihm ein Antrag auf Berichtigung des Grundbuches durch Wiedereintragung einer gelöschten Hypothek oder eines durch Umschreibung gelöschten Gläubigerrechts vorgelegt wird, sofern das Grundbuch ergibt, daß nach der Löschung oder Umschreibung das Eigentum des Grundstücks gewechselt hat, den Inhalt des Grundbuchs als richtig und den AwAnspruch als nicht bestehend anzusehen, sofern ihm nicht der Nachweis der Bösgläubigkeit des Erwerbers erbracht wird. Der Wiedereintragungsantrag ist wie beim Fehlen dieses Nachweises auch dann abzulehnen, wenn aus den vorliegenden Tatsachen der Mangel der Bösgläubigkeit ohne weiteres zu entnehmen ist. Durch die Versäumung der Einspruchsfrist tritt eine Änderung in dieser Beziehung nicht ein (1 X 352 und 354.26; Quassowski § 16 II F). Die Frage, ob die Löschung des Rechtes des A. durch Umschreibung der Hypothek auf den Zessionar eine Unrichtigkeit des Grundbuchs herbeigeführt hat, muß vom Standpunkte des AwGesetzes aus beurteilt werden. Nach § 17 besteht ein AwAnspruch des A. und ist mithin sein Hypothekenrecht trotz der Umschreibung erhalten geblieben, entweder auf Grund eines bei der Annahme des Abtretungsentgelts erklärten Vorbehalts oder auf Grund der Tatsache, daß er das Entgelt nach 14. 6. 1922 angenommen hat. Zur Kenntnis der Unrichtigkeit des Grundbuches gehört auf Seiten des Erwerbers danach, außer der Kenntnis von der Zahlung des Abtretungsentgelts in entwertetem Gelde, die Kenntnis sowohl des einen oder des anderen dieser Umstände wie auch ihrer Bedeutung als der die Aw. zugunsten des A. begründenden Tatsachen, dh. allgemein die Kenntnis von der die Aw. bedingenden Sach- und Rechtslage (JRdsch. 1925 Nr. 144, AwRechtspr. 1 S. 53). Nur wenn ihm beim Erwerbe des Grundstücks diese Kenntnis innewohnte, kann von einer, die Anwendung der Fiktion des § 892 hindernden Bösgläubigkeit gesprochen werden.

Im Schrifttum sind allerdings zum Teil andere Ansichten vertreten. Nach Lehmann (§ 21[4·6]) sind dem Zedenten gegenüber die Vorschriften über den Glauben des Grundbuchs überhaupt nicht anwendbar, da die Hypothek noch eingetragen ist. Dabei ist dem Umstande keine Rechnung getragen, daß das AwG., obwohl allerdings eine einheitliche Hypothek in Frage steht, das Recht des Zedenten als selbständiges Recht behandelt, das nach besonderen Vorschriften aufgewertet wird. Mügel und Schlegelberger (§ 21[3]) nehmen Gutgläubigkeit des Erwerbers an, wenn zur Zeit des — zwischen dem 14. 2. 1924 und dem 1. 7. 1925 liegenden — Erwerbes die Aw. für den Zessionar bereits eingetragen war (Mügel) oder wenn der Erwerb während der 3. StNV. stattgefunden hat (Schlegelberger), dagegen

Bösgläubigkeit (oder Ausschluß einer Berufung auf § 892), wenn — wie hier — ein AwBetrag noch nicht eingetragen oder der Erwerb vor der 3. StNV. erfolgt war, dieses deshalb, weil der Erwerber dann die Hypothek als solche als ein in seiner Höhe ungewisses Recht übernommen habe. Beide Schriftsteller betrachten das objektive Bestehen einer Buchunrichtigkeit nicht ausschließlich vom Standpunkte des AwG. aus; sie gehen ebenfalls von der Tatsache der Einheitlichkeit der Hypothek aus, ohne die durch das AwG. begründete Selbständigkeit des Rechts des Zedenten genügend zu berücksichtigen, und setzen an die Stelle der Kenntnis der Unrichtigkeit des Grundbuches, wie das Gesetz sie erfordert, die Vorstellung der Möglichkeit des Bestehens einer solchen. Der Senat vermag ihnen nicht beizutreten.

Der Nachweis, daß Z. im dargelegten Sinne bösgläubig gewesen sei, ist bisher nicht erbracht. Für den Grundbuchrichter kam allerdings in Frage, ob er den erforderlichen Nachweis durch Zwischenverfügung aufgeben solle. Allein es kann namentlich die Kenntnis der Bedeutung des Vorbehalts oder des Zahlungszeitpunktes anders als in einem gegen den Eigentümer anzustrengenden Rechtsstreit nicht dargetan werden (1 X 485.24). Dann aber handelt es sich nicht um ein leicht behebbares Eintragungshindernis. Dabei kommt auch in Betracht, daß bei einem Erwerbe nach 15. 7. 1925, soweit § 22² nicht die Berufung auf den Glauben des Grundbuchs ausgeschlossen hat, die Kenntnis von der dem Zedenten zustehenden Aw. allerdings als vorhanden wird angenommen werden müssen. Bei einem früheren Erwerbe wird aber die Berufung auf Unkenntnis in diesem Punkte dem Erwerber zu verstatten sein.

**c) Ist nach § 16² S. 2 die Gutgläubigkeit der Zwischenerwerber zu prüfen?**
Kammergericht, 1. ZS. Beschluß v. 11. März 1926 (X 131/25).

Für A. standen zwei Hypotheken unter Nr. 3 seit 1907 und unter Nr. 4 zufolge einer Abtretung seit 28. 4. 1921 verzeichnet. In notarieller Urkunde vom 22. 5. 1923 hat A. bekannt, das Hypothekenkapital in Gesamthöhe von 360000 M. vom Grundeigentümer E. zurückempfangen zu haben und die Löschung bewilligt, ohne sich AwAnsprüche vorzubehalten. Nach Löschung der Hypotheken hat E. in notarieller Verhandlung vom 19. 1. 1924 das Grundstück an L. verkauft und aufgelassen, worauf L. am 15. 2. 24 als Eigentümer eingetragen wurde. A. hat die Hypotheken demnächst gemäß § 16 — offenbar auf Grund des § 15 — zur Aw. angemeldet und gleichzeitig die Eintragung von Widersprüchen beantragt (§ 16² S. 2). Das Grundbuchamt hat unter Billigung des LG. diese Eintragung abgelehnt. Die weitere Beschwerde ist begründet. Von den Grundsätzen der Beschlüsse (X 716.25 und 38.26) kann auch dann nicht abgewichen werden, wenn bezüglich der Tilgung der Forderung und der Löschung der Hypothek sowie des in Betracht kommenden Zwischenerwerbs ein anscheinend zweifelsfreier Tatbestand vorliegt, der auf die Vernichtung des AwAnspruchs infolge der Gutgläubigkeit des neuen Eigentümers beim Erwerbe des Grundstücks hindeutet. Die Annahme eines in diesem Sinne zweifelsfreien Tatbestandes möchte auf den ersten Blick vielleicht begründet erscheinen in den Fällen einer nach dem Akteninhalt vorbehaltlos erklärten Löschungsbewilligung und eines darauf unter der 3. StNV. erfolgten Eigentumswechsels, da diese V. die Aw. lediglich bei ausreichend erklärtem Vorbehalt zuläßt (vgl. 1. X. 40.26, der jedoch nicht einen Widerspruch betrifft). Ob hier, wo der nach § 892² BGB. maßgebende Zeitpunkt vor der 3. StNV. liegt, von zweifelloser Gutgläubigkeit des Erwerbers überhaupt die Rede sein könute, mag dahingestellt bleiben, denn die Gut- oder Bösgläubigkeit des Zwischenerwerbers ist bei der Entscheidung über die Widerspruchseintragung auch in den anscheinend zweifelsfreien Fällen außer Betracht zu lassen.

Das Verfahren nach § 16² S. 2, der dem Gläubiger lediglich eine beschleunigte Sicherung des nach seiner Behauptung bestehenden Wiedereintragungsanspruchs gewähren soll, hat den Charakter eines nur provisorischen Verfahrens und ist zur gründlichen Nachprüfung der Sach- und Rechtslage nicht bestimmt. Soll dieser Zweck nicht vereitelt werden, so kann der Tatbestand nicht erschöpfend erörtert werden. Für die endgülige Beantwortnng des Bestehens eines Aw-Anspruchs und besonders seines etwaigen Wegfalls auf Grund gutgläubigen Zwischenerwerbs stehen zureichende Erkenntnismittel nicht ohne weiteres zu Gebote. Die Sicherung des Gläubigers kann daher nicht deshalb versagt werden, weil es in diesem Verfahren vorderhand den Anschein hat, als sei infolge gutgläubigen Zwischenerwerbs ein AwAnspruch nicht gegeben. Von einem Ausschluß jeglichen Zweifels in dieser Richtung wird, wenn der Antrag auf Widerspruchseintragung dem Grundbuchamt zur Entscheidung vorliegt, überhaupt kaum je die Rede sein können, obwohl zur Bösgläubigkeit des Erwerbers nicht nur die Kenntnis der den AwAnspruch an sich begründenden Tatsachen, sondern auch die Erkenntnis ihrer Bedeutung als eines das Erlöschen der Hypothek hindernden Umstandes gehört; es wird zB. auch in den Fällen, in denen der Anspruch zunächst lediglich auf § 15 gestützt ist, die Möglichkeit eines aus den Grundakten nicht ersichtlichen, weil außerhalb der Löschungsurkunde erklärten Vorbehalts und des Wissens des Erwerbers um diesen meist nicht völlig ausgeschlossen sein. Der Senat hat demgemäß auch bei anscheinend vorbehaltloser Löschungsbewilligung und darauf unter der 3. StNV. erfolgten Eigentumswechsel den Antrag auf Widerspruchseintragung für begründet erachtet (X. 103/26). Die Frage des guten Glaubens eines Zwischenerwerbers und seiner Folgen soll dem auf die Wiedereintragung der Hypothek gerichteten ordentlichen Verfahren vorbehalten bleiben, d. h. dem Prozeß- oder dem grundbuchrechtlichen Berichtigungsverfahren; in letzterem ist auch dann, wenn der Berichtigungsantrag auf die Bewilligung der in ihrem Rechte Betroffenen gestützt wird, durch die Mitwirkung der Nachhypothekare (vgl. JFG. 2 S. 373) die nötige Gewähr für die in deren Interesse etwa erforderliche Erörterung dieses Punktes gegeben. Die Ausschaltung der Prüfung der Gut- oder Bösgläubigkeit eines Zwischenerwerbs im Widerspruchseintragungsverfahren bedeutet für die Grundbuchämter eine Entlastung, deren sie dringend bedürfen, um den durch das Aufwertungsgesetz ihnen gestellten Aufgaben gerecht werden zu können.

Die Bedenken, daß die Widerspruchseintragungen in den Fällen eines anscheinend „zweifelsfrei“ gutgläubigen Zwischenerwerbs namentlich dem Eigentümer den Verkauf und die Beleihung des Grundstücks erschweren, können nicht ausschlaggebend sein und fallen um so weniger ins Gewicht, als mit der Möglichkeit des Bestehens eines AwAnspruchs in solchen Fällen immer gerechnet werden muß. Der vom LG. erwähnte Fall (vom Gläubiger selber im Antrage auf Widerspruchseintragung behauptete vorbehaltlose Zahlungsannahme im Jahre 1920) hat mit der hier zu erörternden Frage nichts zu tun; denn aus den vorgetragenen Tatsachen ergibt sich, daß ein AwAnspruch schon an sich nicht begründet ist.

**η) Eintragung des Widerspruchs ohne Angabe des AwBetrages.**

Kammergericht, 1. ZS. Beschluß v. 11. Februar 1926 (X 55/26).

Der Standpunkt der Vorinstanzen deckt sich allerdings mit dem Beschlusse v. 29. 10. 1925 (JW. S. 2617). Allein bereits der Beschluß (oben S. 7) hat ausgesprochen, daß der Widerspruch des § 16² den Widersprüchen des allgemeinen Liegenschaftsrechts nicht wesensgleich sei und ihren Grundsätzen nur insoweit unterliege, als diese mit dem Zwecke des AwG. vereinbar seien. Dieser Zweck geht aber dahin, vor Klärung der AwFrage ein vorläufiges Sicherungsmittel gegen die Gefahren des öffentlichen Glaubens zu geben. Dem genügt der Widerspruch, wenn die Eintragung erkennbar macht, daß auf Grund des AwG. das Hypothekenrecht im gesetzmäßigen Umfange weiterhin beansprucht und gegen Beeinträchtigungen infolge gutgläubigen Dritterwerbs vorläufig gesichert werden soll. Eine Feststellung oder Glaubhaftmachung, sei es auch unter Zuhilfenahme der Vermutung des Art. 3 DfV., daß ein Anspruch in bestimmter Höhe bestehe, ist nicht erforderlich. . . . Aus dem Umstand, daß bei Bezeichnung des vom Widerspruch betroffenen Rechts der PMBetrag wieder in das Grundbuch gelangt (vgl. AVf. vom 11. 2. 1926 zu III 3), können Bedenken nicht hergeleitet werden, weil der im Eintragungsvermerk notwendige Hinweis auf § 16² erkennbar macht, daß das Recht nicht zum bisherigen Nennbetrage in PM., sondern nur zu einem Bruchteil in GM. nach Maßgabe des AwG. und den DfV. gesichert sein soll.

**ϑ) Entsprechende Anwendung des § 16² auf den Fall des § 21 Nr. 1.**

Kammergericht, 1. ZS. Beschluß v. 11. Februar 1926 (X 39/26).

Bei der 1903 unter Nr. 3 für A. eingetragenen Hypothek von noch 35000 M. ist am 9. 11. 22 gebucht worden, daß sie als Grundschuld auf den Eigentümer übergegangen und von ihm als Hypothek an X. abgetreten sei. Dieser Eintragung liegt die Quittung und Löschungsbewilligung des A. vom 15. 8. 22 zugrunde. A. hat unter Bezug auf seine Anmeldung bei der AwStelle die Eintragung eines Widerspruchs erfolglos beantragt. Seine weitere Beschwerde ist begründet. Das LG. nimmt den Tatbestand des § 16² als erfüllt an und verlangt die Glaubhaftmachung, daß die Leistung nach 14. 5. 22 oder unter Vorbehalt angenommen sei. Dieser Tatbestand ist jedoch hier nicht gegeben, denn die Nr. 3 ist nicht gelöscht, sondern steht noch, wenn auch in Verbindung mit einer anderen Forderung und für einen anderen Gläubiger, eingetragen. Indessen ist eine entsprechende Anwendung des § 16² anzuerkennen. Die §§ 14, 15 stellen den Rechtssatz auf, daß auch bei bereits ausgezahlten Hypotheken der Gläubiger Aw. verlangen kann, wenn er die Leistung mit Vorbehalt oder im Zeitraum vorgeschrittener Inflation angenommen hat. Die §§ 16 f. behandeln die Durchführung dieses Rechtssatzes in verschiedenen Fällen. Der § 20 erörtert die Wiedereintragung einer bereits gelöschten Hypothek und der § 21 Nr. 1 erklärt dies für entsprechend anwendbar, wenn die Hypothek noch eingetragen ist, jedoch für einen anderen Gläubiger. Als Beispiel für diesen Fall nennt das Gesetz, daß die Hypothek als Grundschuld auf den Eigentümer umgeschrieben ist; der hier vorliegende Sachverhalt, wonach sie alsdann auf einen Dritten weiter übertragen ist, gehört ebenfalls hierher. In solchen Fällen läßt also § 21, sofern nicht gutgläubiger Eigentumswechsel hindernd dazwischen tritt (Mügel § 21³), Aw. zugunsten des unter Vorbehalt oder im Zeitpunkt vorgeschrittener Geldentwertung ausgezahlten Gläubigers und Wiedereintragung des Rechts für ihn eintreten, jedoch mit dem Range hinter dem gegenwärtigen Gläubiger. Es ist nun kein Grund ersichtlich, warum nicht auch der AwAnspruch eines solchen Gläubigers gegen die aus weiteren rechtsgeschäftlichen Vorgängen sich ergebenden Gefahren ebenso geschützt werden soll, wie der Anspruch des Gläubigers im Falle der Löschung. Dies führt dazu, auch den § 16² S. 2 entsprechend anzuwenden....

**c) Eintragung der Aw. bei zurückgezahlten, aber nicht gelöschten Hypotheken.**
Kammergericht, 1. ZS. Beschluß v. 17. Juni 1926 (X 366/26).

Es handelt sich um die Eintragung der Aw. bei einer Hypothek, die im März 1923 zurückgezahlt, aber im Grundbuche noch für den Gläubiger vermerkt ist. Der § 16² knüpft nur die Wiedereintragung einer bereits gelöschten, auf Grund eines Vorbehalts oder kraft Rückwirkung jedoch der Aw. unterliegenden Hypothek an die dort vorgeschriebenen Voraussetzungen. Indem er nicht die gleiche Einschränkung für die Buchung der Aw. bei der zwar zurückgezahlten, aber noch eingetragenen Hypothek anordnet, drückt er aus, daß in diesem Falle die Eintragung nicht von dem Eintritt jener Voraussetzungen abhängen soll. Diese Ansicht geht auch aus § 16³ hervor; denn er gibt dem Eigentümer das Mittel, seine Rechte gegenüber der Möglichkeit zu sichern, daß auf Einspruch die Aw. nach §§ 14, 15 verneint wird.

Die Feststellung, daß der persönliche Schuldner innerhalb der Einspruchsfrist beantragt hat, ihn von der Aw. wegen seiner wirtschaftlichen Notlage gemäß § 15 zu befreien, rechtfertigt nicht die hieraus gegen die Eintragung der Aw. vom LG. gezogenen Folgerungen.... Dieser Antrag kennzeichnet sich als Einspruch gemäß § 16¹; denn diesen kann der persönliche Schuldner auf die Behauptung stützen, daß mit Rücksicht auf § 15 eine Aw. nicht stattfinde. Indem nun das LG. die Beendigung des Einspruchsverfahrens zur Voraussetzung für die Eintragung der Aw. macht, verleugnet es seinen eigenen Grundsatz, daß § 16² vorliegend nicht anzuwenden ist. Um nichts anderes als um den § 16² handelt es sich aber, wenn die Entscheidung der AwStelle abzuwarten ist. Die Vorschrift, daß u. a. erst wieder eingetragen werden kann, nachdem eine Rückwirkung rechtskräftig festgestellt ist, betrifft den Fall, daß innerhalb der Frist ein Einspruch eingelegt ist. Ist nun § 16² nicht anwendbar, falls die zurückgezahlte Hypothek noch nicht gelöscht ist, so kann die Eintragung der Aw. auch nicht von der Beendigung des Einspruchsverfahrens abhängig gemacht werden. Es bedarf hiernach keiner Stellungnahme zu der Streitfrage, ob die erfolgreiche Berufung des persönlichen Schuldners auf § 15 überhaupt die Höhe der HypothekenAw. gemäß § 4 berührt.

h) α) **Kann sich der Zedent Ansprüche aus späterer AwGesetzgebung vorbehalten?** Kammergericht, 1. ZS. Beschluß v. 4. November 1926 (X 668/26).

Die unter Nr. 3 für Theodor T. und für Frau Elise T. eingetragenen je 27000 M. wurden am 20. 8. 1923 gelöscht. Der Beschwerdeführer als Vollstrecker der zuletzt als Alleinerbin des Theodor T. verstorbenen Elise T. beantragte unter Überreichung einer Bescheinigung der AwStelle über den fruchtlosen Ablauf der Einspruchsfrist, die gelöschten Posten in Höhe von zusammen 14 349 GM. wieder einzutragen und auf ihn mit den Zinsen seit 1. 7. 1926 umzuschreiben, und zwar mit dem Bemerken, daß die bei einer etwa zugunsten der Gläubiger erfolgenden Änderung des AwG. sich für letztere ergebenden neuen Rechtsansprüche für die Elise T.sche Nachlaßmasse vorbehalten bleiben. Die Vorinstanzen haben jedoch die Eintragung des Vorbehalts mit Recht abgelehnt. Bei diesem handelt es sich nicht um die übliche Erklärung eines Gläubigers, durch die er sich bei Eintragung der Aw. die Rechte aus einer etwaigen günstigeren zukünftigen Gesetzgebung zu erhalten beabsichtigt (vgl. Aw. Rsp. 1926 S. 136, 345), sondern um einen den Umfang der Abtretung (Umschreibung) beschränkenden Vorbehalt. Durch ihn drückt der Vollstrecker aus, daß die aufgewertete Hypothek nur in ihrem heutigen, durch das Ges. v. 16. Juli 1926 festgelegten Umfange von der T.schen Erbengemeinschaft auf ihn übergehen solle, daß dagegen bei dieser etwaige aus einer späteren AwGesetzgebung sich ergebende Ansprüche verbleiben sollen. Ein solcher Vorbehalt kann jedoch nur eingetragen werden, wenn durch seine Buchung eine Spaltung des bisher einheitlichen Hypothekenrechts herbeigeführt wird, so daß ein Teil der Hypothek bei dem bisherigen Gläubiger zurückbleibt, wie es zB. bei dem Vorbehalt des Zinsrechts der Fall ist. Hier aber soll die Hypothek so, wie sie nach dem AwG. besteht, in vollem Umfang auf den neuen Gläubiger übergehen. Was zurückbehalten wird, ist kein gegenwärtiger, auch nicht bedingt vorhandener Teil der Hypothek, sondern sind rein gedachte, hinsichtlich der Möglichkeit ihrer Entstehung ganz ungewisse Erweiterungsteile des Rechts. Solche nach der jetzigen Rechtslage nicht vorhandenen, sondern nur gedachten und erhofften Teile der Hypothek können nicht als bei dem bisherigen Gläubiger verbleibend im Grundbuche vermerkt werden.

Dazu: Kammergericht, 1. ZS. Beschluß v. 11. November 1926 (X 737/26).

. . . Der gegenwärtige Fall liegt nicht anders als der in 1X 616.24 (JFG 2 S. 384) entschiedene. Wenn in der Urkunde vom 26. 9. 1922 vorab die „120 000 M. Forderungen und Hypotheken" ohne weiteren Zusatz abgetreten sind, so waren damit ebenfalls nur die PMBeträge gemeint; auch hier ist aber der Sache, wenn auch nicht der Form nach mit dem Schlußsatze das, was die Gläubiger auf Grund der Aw. vom Schuldner zu fordern hatten, von der Abtretung ausgenommen; der in X. 616/24 enthaltene Hinweis darauf, daß der PMBetrag keinen festen bestimmbaren Wert darstelle, trifft — für die Zeit der Abtretung — auch vorliegend zu. Das AwG. kann daran nichts ändern. Allerdings geht sein § 17 offensichtlich von der Wirksamkeit einer unter Vorbehalt erklärten Abtretung aus; dieser ist gerade eine Bedingung der Aw. zugunsten des Zedenten als solchen. Aber der Vorbehalt, wie ihn § 17 im Auge hat, betrifft den Gegenwert, das Abtretungsentgelt („die Gegenleistung angenommen"), dagegen steht in § 17 kein auf den Abtretungsgegenstand selber zu beziehender Vorbehalt in Frage (vgl. Quassowski § 17, II). Um einen solchen aber handelt es sich in X. 616/24 wie hier: der von der Abtretung ausgenommene AwBetrag ist ein Teil des an sich abgetretenen, dem Gläubiger zustehenden Hypothekenrechts; der Vorbehalt richtet sich auch nicht lediglich gegen den Zessionar, der für das Abtretungsentgelt allein in Betracht käme, sondern vor allem gegen den Schuldner und Eigentümer. Freilich ist noch aus einem andern Gesichtspunkte, die Frage aufzuwerfen, ob jetzt noch von Unwirksamkeit der Abtretung in Fällen wie der vorliegende die Rede sein kann: da der Vorbehalt die dem Zedenten zustehende Aw., also eben das betrifft, was § 17 dem Zedenten zuspricht, so ist — vom Standpunkte des AwG. aus — nur etwas dem Gesetz Entsprechendes vorbehalten, und ein derartiger, einer Erklärung beigefügter Vorbehalt kann an sich nicht zur Unwirksamkeit der Erklärung führen. Indessen ist diese Frage vom Standpunkte nicht des AwG. aus, sondern des bei der Abtretung geltenden Rechts zu beurteilen; und da zu jener Zeit eine dem § 17 entsprechende Vorschrift nicht bestand, auch von Bestimmungen über die Bemessung des Goldwerts des an den Zessignar abgetretenen PMBetrages und damit von einer festen Abgrenzung zwischen diesem und dem AwBetrage noch nicht die Rede war, muß es auch jetzt bei der Unwirksamkeit der Abtretung verbleiben. Eine Rückwirkung des AwG., wie sie der Senat bei nicht mit einem derartigen Vorbehalt behafteter Abtretung gerade auch bezüglich der ZedentenAw. zB. in dem Sinne angenommen hat, daß beim Vorliegen des § 17 das Grundbuch als schon mit der Abtretungseintragung unrichtig geworden zu gelten habe, kann hier nicht stattfinden, der rechtliche Bestand einer Erklärung vielmehr nur vom Standpunkt des bei ihrer Abgabe geltenden Rechtes aus geprüft werden. Der vom Gläubiger erklärte Vorbehalt betrifft seinem Wortlaut nach den AwAnspruch gegen den persönlichen Schuldner und damit an sich nur die Forderung; da der Schuldner jedoch zugleich der Grundstückseigentümer ist, erscheint die Auffassung gerechtfertigt, daß er sich ebenso auf das dingliche Recht bezieht, so daß er unmittelbar die Unwirksamkeit auch der Abtretung des letzteren herbeigeführt hat; zum mindesten folgt der Nichtübergang der Hypothek aus der Unwirksamkeit der Abtretung der Forderung (§ 1153 BGB) . . .

**β) Beschränkte Abtretbarkeit aufwertungsfähiger gelöschter Hypotheken.**

Kammergericht, 1. ZS. Beschluß v. 7. Oktober 1926 (X 565/66).

Nach den Ausführungen (1 X 213/26) ist eine aufwertungsfähige, gelöschte Hypothek vor ihrer Wiedereintragung nicht abtretbar; eine den Zessionar zum unbeschränkten Inhaber des Rechts machende Abtretung des AwAnspruchs aber kommt nicht in Frage. An diesem Standpunkt ist festzuhalten. Die gelöschte aufwertungsfähige Hypothek ist zwar als außerhalb des Grundbuchs bestehend anzusehen; die Möglichkeit der Abtretung kann also nicht aus dem Grunde verneint werden, daß ein abtretbares Recht überhaupt nicht vorhanden sei. Aber zur Abtretung der Briefhypothek gehört nach § 1154 BGB. die Übergabe des Briefs, zur Abtretnug der Buchhypothek die Eintragung in das Grundbuch. Beide Erfordernisse können nicht erfüllt werden, solange die Hypothek gelöscht und nicht wiedereingetragen, und nachdem der Brief unbrauchbar gemacht, ein neuer aber noch nicht gebildet ist. Dies hat aber nach § 1153² BGB. die Unmöglichkeit der Abtretung der Forderung zur Folge. Der abgelehnte Antrag wird denn auch vor allem auf die in der Urkunde vom 19. 11. 1925 enthaltene Abtretung des „AwAnspruchs" gestützt. Allein dieser durch die AwGesetzgebung geschaffene Anspruch ist kein besonderes, selbständiges Rechtsgebilde, das für sich allein den Gegenstand rechtlicher Verfügungen zu bilden vermöchte, sondern nichts weiter, als eine Funktion des aufwertbaren Rechtes selber, die Geltendmachung des Rechts zur Erlangung der dem Inhaber nach dem Gesetz gebührenden Aw. Das gilt besonders auch von dem Anspruche auf Aw. von Hypothek und gesicherter Forderung. Dieser Anspruch auf Aufwertung von Hypothek und Forderung ist daher auch nicht selbständig abtretbar mit der Wirkung, daß der Zessionar ihn nunmehr für sich geltend zu machen berechtigt wäre. Abtretbar ist vielmehr nur das Recht selber, soweit — dies ist bei gelöschten Hypotheken nicht der Fall — die formellen Voraussetzungen für die Abtretung gegeben sind. Nur in dem Sinn ist eine Abtretung des AwAnspruchs, die jedoch keine eigentliche Abtretung darstellt, möglich, daß der Zessionar dadurch in den Stand gesetzt wird, die Rechte des Abtretenden für diesen, wenn auch im eigenen Namen und Interesse geltend zu machen. Besonders ist das der Fall bei dem Anspruch auf Berichtigung des Grundbuchs durch Wiedereintragung der Hypothek, der, soweit letztere in Frage steht, einen Teil des AwAnspruchs bildet. Der Berichtigungsanspruch ist auch sonst — vgl. RGKomm. § 894²; RG. 112 S. 260; Güthe, GBO. § 14²⁹ — nur beschränkt abtretbar in dem vorstehend dargelegten Sinne; von der Berichtigung zwecks Aw. kann nichts anderes gelten; daran ändert nichts die eigenartige Gestaltung, die mit dem ganzen AwAnspruch hier auch der Berichtigungsanspruch durch das Erfordernis der Anmeldung und das daran sich knüpfende Verfahren gefunden hat. Die Geltendmachung des AwAnspruchs und daher eines Widerspruchs nach § 16² zu seinen Gunsten ist dem Zessionar verschlossen. Dagegen wäre er beim Vorliegen der sonstigen Voraussetzungen, und so auch vorliegend die Beschwerdeführerin, zur Beantragung eines Widerspruchs zugunsten des Zedenten befugt. Die unbeschränkte Abtretbarkeit des AwAnspruchs würde in Wirklichkeit die Abtretbarkeit des aufwertbaren Rechts und also eine Umgehung der Vorschriften bedeuten, aus denen sich für die Zeit zwischen Löschung und Wiedereintragung die Unmöglichkeit der Abtretung von Hypothek und Forderung ergibt.

Die vorstehenden Auffassungen sind das Ergebnis der Anwendung der durch das AwG. nicht ausgeschalteten, sondern auch seinen Bestimmungen zugrunde liegenden Grundsätze und Vorschriften des allgemeinen bürgerlichen Rechts auf die durch die Aw. geschaffenen Rechtsverhältnisse. Gegen die Versagung der Abtretbarkeit des AwAnspruchs können erhebliche praktische Bedenken für die Zeit seit 14. 2. 1924 überhaupt nur bei den bereits gelöschten Hypotheken erhoben werden, da die noch eingetragene Hypothek seitdem in jedem Falle derart abtretbar ist, daß die für den Zedenten bestehenden AwMöglichkeiten dem Zessionar zugute kommen (§§ 2¹ S. 4, 17, vgl. Mügel 3. StNV. § 2⁷). Bei den gelöschten Hypotheken aber ist nach jetziger Sachlage entweder mit alsbaldiger glatter Wiedereintragung zu rechnen; in diesem Falle bedeutet es keinen wesentlichen Nachteil für den Gläubiger, wenn die Möglichkeit einer Verwertung des Rechts durch Abtretung bis zur Wiedereintragung hinausgeschoben wird. Oder diese kann wegen der vom Eigentümer vorgebrachten Einwendungen und benutzten Rechtsbehelfe nicht ohne weiteres stattfinden; dann würde der Versuch einer geldlichen Verwertung des AwAnspruchs durch Abtretung auf Erfolg kaum rechnen können, und der Gläubiger wird wiederum durch die Versagung der Abtretung nicht geschädigt. Wenn darauf hingewiesen wird, daß aus der Nichtabtretbarkeit der HypAwAnsprüche auch die Unpfändbarkeit gemäß § 851¹ ZPO. folge, so wird doch entsprechend der beschränkten Abtretbarkeit auch eine beschränkte Pfändbarkeit des Berichtigungsanspruchs in dem Sinne anzunehmen sein, daß der Pfändungsgläubiger das Recht erlangt, die Eintragung der Hypothek auf den Namen des Schuldners herbeizuführen. Damit ist seinen Interessen ausreichend gedient, zumal ihm die Pfändung auch das Recht der Eintragung eines Widerspruchs zugunsten des Schuldners gibt (vgl. § 857³ ZPO.; RGKomm., Güthe aO.).

γ) **Auch dem Zedenten kann im Falle des § 17 die persönliche Forderung nach allgemeinen Vorschriften aufgewertet werden¹).**

Kammergericht, 9. ZS. Beschluß vom 28. Mai 1926 (Aw. 192/26).

Die Regelung des § 17 läßt sich rechtlich nur in der Weise erklären, daß das dem Gläubiger früher gehörende Recht noch als fortbestehend betrachtet, die Abtretung nur als eine Teilabtretung angesehen wird. Hiermit im Einklang bemerkt auch der AusschBer. S. 18, daß das Recht des Zedenten, soweit es nicht übergegangen sei, wiederhergestellt werden solle und daß unter Anwendung der Rückwirkungsvorschriften möglich sei, es nicht nur mit obligatorischer, sondern auch mit dinglicher Wirkung wieder ins Leben zurückzurufen. Der Zedent ist also nach dem Standpunkte des AwG. stets Gläubiger geblieben. Deshalb muß die persönliche Forderung auch ebenso aufgewertet werden, wie wenn sie nicht abgetreten wäre, vorbehaltlich des § 18. Eine Aw. nach allgemeinen Vorschriften unter Abweichung vom normalen Höchstsatz ist deshalb grundsätzlich zulässig.

¹) Ebenso OLG. Darmstadt 24. 6. 26 Aw. 7/26; Stuttgart 5. 5. 26 JRdsch. Nr. 1159; Mügel DfV. 275; Abraham S. 166; Nadler 173; JW. 1925 S. 2210 u. 2577; Gribel 97, 115; Levis Aw. v. Hyp. 58; Heilfron SteuerZ. 1926 S. 83; Goldschmidt BreslVortr. 10; Raape-Gruchot 65 S. 256. — Demgemäß gilt auch, wie die Bezugnahme auf § 16 im § 17 ergibt, nicht bloß § 8, sondern auch die erweiterte Härteklausel des § 15 gegen den Zedenten, unter den gleichen Voraussetzungen, wie gegen den Gläubiger (RG. 14. 8. 26, JW. 2373).

Der § 11 steht nicht entgegen. Er verdankt seine Entstehung dem Umstande, daß das KG. auch ein abgetretenes Restkaufgeld für frei aufwertbar erklärt hatte. Das sollte nach dem Bericht 9 verhindert werden, weil das Vorrecht einer höheren Aw. sich aus dem Gedanken der Aufgabe eines Sachwerts ableite und nur für den, dessen Kaufgeldforderung noch in erster Hand sei, von Bestand sein könne. Der § 11 richtet sich also nur gegen den Zessionar, nur ihm wird die individuelle Aw. versagt, die Rechte des Zedenten aus § 17 werden durch § 11 überhaupt nicht berührt (oben 1 δ). — Ebensowenig läßt sich (vgl. JW. 1926 S. 527) aus den Worten „auf der Grundlage des für ihn maßgebenden GMBetrags (§§ 2, 3)" die Unzulässigkeit einer Individualaufwertung für den Zedenten herleiten, denn mit jenen Worten soll lediglich auf die Anwendbarkeit der §§ 2, 3 hingewiesen werden. Diese gelten aber auch für die frei aufwertbaren Forderungen, soweit sie nicht wegen der Eigenart dieser Aw. unanwendbar sind. Das AwG. spricht übrigens an einer Stelle ausdrücklich vom GMBetrage frei aufwertbarer Forderungen, denn es beschränkt in § $10^3$ die Aw. gewisser, an sich nach allgemeinen Vorschriften aufzuwertender Ansprüche auf 75 und 100% des GMBetrags der Forderung. — Auch im § $18^2$ bedeutet „AwBetrag" nicht nur 25% des GMBetrags, vielmehr sind auch die Beträge, auf die die frei aufwertbaren Forderungen aufgewertet werden, AwBeträge (vgl. §§ $18^1$, 25, 28). Schließlich wird diese dem Zedenten günstigere Auslegung auch noch durch den Grundsatz gerechtfertigt, daß die die Rechte der Gläubiger beschränkenden Vorschriften des AwG. eng, dagegen die, die für gewisse Fälle die Anwendung der Grundsätze des allgemeinen bürgerlichen Rechts, dh. die freie Aw. zulassen, ausdehnend auszulegen sind (vgl. Beschluß v. 17. 12. 25 Aw. 478/25, JW. 1926 S. 173). N.r.

**δ) Genügt die Löschungsbewilligung des Zessionars, wenn der Zedent seine Aw. angemeldet hat?**

Kammergericht, 1. ZS. Beschluß v. 6. Januar 1927 (x 868/26).

Die unter Nr. 12 eingetragene Hypothek von 120 000 Mark hat A. 1913 in Höhe von 20 000 M. an B. und in Höhe von 100 000 M. an Gr. abgetreten. Beide haben sodann ihre Anteile am 3. 12. 1919 weiter auf X. übertragen. Auf Grund einer Quittung und Löschungsbewilligung des X. vom 21. 3. 1924 beantragt der Grundstückseigentümer die Löschung der Teilbeträge. Die Vorinstanzen lehnten ab, weil die Vorgläubiger AwAnsprüche angemeldet hätten und deshalb zur Löschung ihre Zustimmung erforderlich sei. Dieser Standpunkt entspricht zwar den Beschlüssen (JRdsch. 1925 Nr. 1250 und Nr. 1900), kann jedoch mit Rücksicht auf die Entwicklung, die die Rechtsprechung des Senats inzwischen hinsichtlich der Natur der Ansprüche mehrerer zeitlich aufeinander folgenden Gläubiger an einer aufwertbaren PMHypothek und des Verhältnisses ihrer aufgewerteten Rechte zueinander genommen hat (vgl. x 791/25; 330, 512/1926 und oben S. 24). nicht mehr aufrechterhalten werden . . .

Werden aus dieser neueren Rechtsprechung die notwendigen Rechtsfolgen gezogen, so ergibt sich folgende Rechtslage: Aus dem früher einheitlichen PMRechte sind infolge des AwG. im Falle der §§ 17, $16^1$ mehrere selbständige und voneinander unabhängige Rechte der aufwertungsberechtigten, zeitlich aufeinanderfolgenden Gläubiger geworden. Das Recht des früheren Gläubigers wird nicht dadurch berührt, ob das Recht des ihm zeitlich nachfolgenden Gläubigers im Grundbuch steht, oder ob es auf einen anderen umgeschrieben oder gelöscht ist. Die Gefahr eines Rechtsverlustes auf Grund der Vorschriften über den Glauben des Grundbuchs wird für das Recht des früheren Gläubigers bereits durch die Umschreibung oder die dem § 1155 BGB. entsprechende Abtretung der Briefhypothek begründet, und durch eine spätere Löschung der Zessionshypothek nicht beeinflußt, besonders nicht gesteigert. Das aufgewertete Recht des früheren Gläubigers wird also hinsichtlich seines Entstehens und seines Erlöschens durch die Löschung nicht berührt. Der Zedent wird daher, wenn es sich um Löschung der Hypothek handelt, nicht im Sinne des § 19 GBO. betroffen (wie hier: Quassowski § 17 VII, Schlegelberger § 21[1], OLG. Rostock RAW. 1 S. 79; abweichend Neukirch § 17[8], Mügel, Nachtrag § 17[6], Gottschalk DNotV. 1925 S. 425). Hiernach kommt es nicht darauf an, daß hier die früheren Gläubiger AwAnsprüche angemeldet haben. Es kann auch unerörtert bleiben, wie die Zurücknahme der Anmeldung des A. auf das etwa aufwertbare Recht dieses Gläubigers einwirkt (vgl. Nadler S. 16).

**i) α) Anrechnung des GMBetrages geleisteter Zahlungen.**

Kammergericht, 1. ZS. Beschluß v. 17. Juni 1926 (X 323/26).

... Die Hypothek von 190000 PM. ist zugleich mit dem Eigentumsübergang am 31. 1. 1921 für den Beschwerdeführer A. eingetragen. Dieser Tag ist nach § 2 als Tag des Erwerbes des dinglichen Rechts der Berechnung des GMBetrages zugrunde zu legen. Da es sich um eine Buchhypothek handelt, kommt ein anderer Erwerbstag nicht in Frage, falls nicht die Forderung später entstanden sein sollte und daher der Gläubiger gemäß § 1163 BGB. auch das dingliche Recht erst mit ihrer Entstehung erworben hat. Dieser Fall wird jedoch ausscheiden können, da die Kaufpreisrestforderung nicht später als mit der Eintragung des Eigentumswechsels entstanden sein wird. Übrigens würde ein nach dem 31. 1. 1921 liegender Erwerbsstichtag keine dem Gläubiger günstigere Meßzahl für die Berechnung des GMBetrages der Hypothek ergeben. Soweit die Forderung nicht erst nach der Eintragung entstanden ist, kommt der Tag der Entstehung der Forderung für jene Berechnung grundsätzlich nicht in Betracht (1. X. 120.26). Dieser Tag ist als solcher vielmehr — nach § 4 a. E. — nur dann für die Aw. auch des dinglichen Rechts ausnahmsweise maßgebend, wenn der GMBetrag der Forderung, berechnet nach ihrer Erwerbszeit, niedriger ist als der der Hypothek (die Vorschriften über eine Herabminderung der ForderungsAw. und die dadurch etwa bewirkte Herabminderung der 25prozentigen HypothekenAw. können hier außer Betracht bleiben). Eine höhere Aw. der Hypothek über die nach Maßgabe ihres eigenen Erwerbstages sich ergebenden 25% hinaus infolge Zugrundelegung des Erwerbstages der Forderung kommt sonach nicht in Frage. A. wird also durch die Berechnung der Aw. auf der Grundlage des Eintragungstages auf keinen Fall beschwert. Wird dieser Tag zugrunde gelegt, so ergibt sich ein GMBetrag der Hypothek von 14079 GM. und ein AwBetrag von 3519,75 GM. Auf letzteren Betrag ist gemäß § 18¹ — wenn zugunsten des A. unterstellt wird, daß er die Rückzahlung unter Vorbehalt angenommen hat — der GMWert dieser Zahlung anzurechnen. Legt man als Zahlungstag nicht mit dem LG. den 29. 8. 1921, d. h. den Tag der Ausstellung der Quittung, sondern entsprechend den Angaben der Beschwerde einen Tag im Sept. 1921 zugrunde, so würde der GMWert von 190000 PM. in dem für A. günstigsten Falle, nämlich bei Annahme eines Verhältnisses von 100 PM. = 4,07 GM. (21.—30.) 7733 GM. betragen, den AwBetrag also erheblich übersteigen. Bei Zugrundelegung eines früheren Stichtages wäre das Verhältnis noch ungünstiger.... Der Sachverhalt ergibt sonach, daß im Hinblick auf § 18¹ A. keine Aw. mehr zu beanspruchen hat. Ob auch der § 18² in Frage kommt, bedarf keiner Erörterung; er könnte in keinem Fall eine für A. günstigere Berechnung, nämlich einen gegenüber dem Abs. 1 geringeren Abzug von dem ihm nach den sonstigen Bestimmungen zustehenden AwBetrage zur Folge haben (Quassowski § 18 V A).

**β) Sind Zahlungen auch bei Buchung einer vereinbarten AwSumme abzuziehen?**
Kammergericht, 1. ZS. Beschluß v. 15. April 1926 (X 205/26).

Der Eigentümer hat die unter Nr. 12 am 7. 7. 1910 auf den Beschwerdeführer A. umgeschriebene Hypothek von 3000 M. mit 3000 PM. am 16. 10. 1922 zurückgezahlt und auf Grund der Quittung und Löschungsbewilligung des A. am 1. 11. 1922 löschen lassen. Am 26. 11. 1925 haben der Eigentümer und A. erklärt, der AwBetrag der Nr. 12 belaufe sich auf 750 GM., der zurückgezahlte Betrag sei mit seinem Goldwert auf die erste Zinszahlung verrechnet; die insoweit entstandene Eigentümergrundschuld trete der Eigentümer unter Wiederumwandlung in eine Hypothek an den Gläubiger ab und bewillige die Wiedereintragung der AwSumme von 750 GM., die der Gläubiger beantragt. Die Vorinstanzen haben mit Recht abgelehnt. In der Urkunde vom 26. 11. 1925 wird die Aw. kraft Rückwirkung gemäß § 15, und zwar die einheitliche Eintragung von 750 GM. an der Stelle und mit dem Range der alten PMHypothek begehrt. Eine solche Eintragung könnte auf Grund jener Urkunde erfolgen, wenn es sich bei den 750 GM. nachgewiesenermaßen um den gesetzlichen AwBetrag handelte. Das ist jedoch nicht der Fall. Der GMBetrag der Hypothek ist nach § 2¹ mit 3000 GM. anzusetzen. Der AwBetrag beträgt also nach § 4 an sich 750 GM. Darauf ist jedoch nach § 18¹ der Goldwert der Zahlung anzurechnen, die nach der Angabe auch des Gläubigers — vgl. dazu Art. 3 DfB. — am 16. 10. 1922 mit 3000 PM. geleistet ist, also 4,95 GM. beträgt und die gesetzliche Aw. auf 745,05 GM. mindert. Die Beteiligten haben jedoch, um die Eintragung von 750 GM. an der alten Stelle zu erreichen, den § 18¹ S. 1 durch besondere Vereinbarungen auszuschalten versucht. Sie haben zunächst erklärt, daß der zurückgezahlte PMBetrag mit seinem Goldwert auf die erste Zinszahlung (für die aufgewertete Hypothek) verrechnet sei. Danach mußte es so angesehen werden, als sei auf das Hypothekenkapital nichts gezahlt; der Eigentümer könnte also auch nicht durch eine solche Zahlung die Hypothek — als Grundschuld — ganz oder teilweise erworben haben. Die

Erklärung entzieht danach aber zudem — unter der Voraussetzung, daß eine derartige nachträgliche Vereinbarung über die anderweite Verrechnung der auf eine Hypothek geleisteten Zahlung überhaupt von rechtlicher Bedeutung ist — dem auf § 15 gestützten Antrage, der die Bewirkung und Annahme einer Leistung auf die Hypothekenforderung voraussetzt, völlig den Boden. Ist auf diese nichts gezahlt, so würde die Löschungsbewilligung des Gläubigers eine Aufgabe des Rechtes ohne Zahlung bedeuten und von Aw. nicht die Rede sein. Durch solche nachträgliche Vereinbarungen kann jedoch die Tatsache der auf die Hypothek bewirkten Zahlung mit den sich daran knüpfenden Rechtsfolgen nicht aus der Welt geschafft werden.

Die Eintragung von 750 GM. unter Ausschaltung des § 18 S. 1 soll weiter durch die Abtretung der infolge der Zahlung entstandenen Eigentümergrundschuld an den Gläubiger erreicht werden. Die Zahlung der 3000 PM. wird bei dieser Abrede als auf das Kapital geleistet angenommen und ist in der Tat nach wie vor als auf dieses geleistet anzusehen. Eine infolge der Zahlung entstandene Eigentümergrundschuld bleibt in den Fällen der §§ 14, 15, wenn die Hypothek nicht gelöscht ist, trotz der zugunsten des Gläubigers eintretenden Aw. bestehen. Hier ist jedoch dem Antrage des Eigentümers gemäß die Hypothek gelöscht worden. Dadurch hat er die für ihn entstandene Grundschuld selber aufgegeben (JW. 1926 S. 274). Die Abtretung des damit erloschenen Rechts an den Gläubiger ist jetzt nicht mehr möglich. Eine Aw. und Wiedereintragung der Eigentümergrundschuld kommt in keinem Fall in Frage; besonders sind die Voraussetzungen der §§ 14, 15 nicht gegeben. Das erst wiedereinzutragende Recht wäre auch zur Zeit noch nicht abtretbar. Zudem ist die für eine Abtretung vorgeschriebene Form nicht erfüllt und konnte nicht erfüllt werden.

Aus der Urkunde vom 26. 11. 1925 kann allerdings — ohne Rücksicht auf die beiden vorerörterten Abreden — eine Vereinbarung des § 67, und zwar auf 750 GM. entnommen werden. Bei vereinbarter Aw. steht es an sich im Belieben der Beteiligten, ob und in welcher Weise sie die auf den AwAnspruch geleisteten Zahlungen berücksichtigen wollen. In Frage steht jedoch, in welcher Art grundbuchlich die vereinbarte Summe einzutragen ist. Diese kann nach § 67[1] S. 2, 3 an der Stelle und mit dem Range des PMRechts nur eingetragen werden, soweit sie die 25% nicht übersteigt. Der Überschuß kann, auch beim Nichtvorhandensein nachstehender Rechte Dritter (hier kommt als solches jedoch die Auflassungsvormerkung in Abt. II in Betracht), nur als neue Hypothek an bereiter Stelle eingetragen werden. Der Wortlaut des § 67 S. 3 erweckt den Anschein, als sei auch im Falle der Aw. nach geleisteter Zahlung (§§ 14, 15) bei vereinbarter Aw. an der alten Rangstelle der volle, aus § 4 sich ergebende Betrag ohne Abzug der Zahlungen eintragbar. Eine derartige Eintragung kann aber, im Gegensatz zu Mügel (JW. 1926 S. 274), jedenfalls für den hier vorliegenden Fall der Löschung der Hypothek nicht als zulässig anerkannt werden (vgl. DNotV. 1926 S. 244). — Soweit es sich um schuldrechtliche Ansprüche handelt, gilt die vereinbarte Aw. ohne Rücksicht auf geleistete Zahlungen erst in Höhe der 25% übersteigenden

Summe als Begründung eines neuen Schuldverhältnisses. Hinsichtlich der Hypotheken kann das nicht ohne weiteres gelten. Soweit sich § 67¹ auf die Eintragung im Grundbuche bezieht, ist sein Sinn der, daß durch die Eintragung der vereinbarten Aw. die nachstehenden Berechtigten nicht schlechter gestellt werden dürfen, als es bei gesetzlicher Aw. der Fall wäre. Eine Schlechterstellung würde aber eintreten, wenn bei der Eintragung der 25% an der alten Rangstelle der für die gesetzliche Aw. vorgeschriebene Abzug der Zahlungen nicht stattfände. Ein Grund für eine verschiedenartige Behandlung der beiden Fälle ist nicht erkennbar. Die Annahme ist daher begründet, daß es sich, soweit die Eintragung der Hypotheken in Betracht kommt, bei der Fassung des § 67¹ S. 2, 3 um eine Ungenauigkeit im Ausdruck handelt, insofern mit den dort genannten „25% des GMBetrages" insoweit der gesetzliche AwBetrag gemeint ist, der sich nicht nur aus dem § 4, sondern aus § 4 verb. mit § 18 ergibt; vermutlich ist, wie bei der entsprechenden Fassung des § 13 der 3. StNV., an den Fall der Aw. von Hypotheken nach geleisteter Zahlung nicht gedacht. Der Abzug der Zahlungen erscheint daher auch bei der Buchung des an der alten Rangstelle eintragbaren Betrages einer vereinbarten AwSumme nicht nur an sich als geboten, sondern auch als mit dem Gesetze vereinbar. Der danach sich ergebende Grundsatz kann aber ohne weiteres Geltung beanspruchen, wenn es sich um bereits gelöschte Hypotheken handelt. Denn in diesem Falle vermag, wie dargelegt, die Anrechnung nicht durch die Abtretung der infolge der Zahlung entstandenen Eigentümergrundschuld abgewendet zu werden. Wenn Mügel aO. gerade in diesem Falle die Anrechnung nicht für notwendig erachtet, weil hier nicht noch neben der aufgewerteten Gläubigerhypothek eine Eigentümergrundschuld bestehe und der Betrag von 25% daher ganz vom Gläubiger beansprucht werden könne, so beruht das auf der eben zurückgewiesenen Auslegung des Gesetzes nach dem Wortlaut. Wie sich die Sachlage im Falle noch nicht erfolgter Löschung gestaltet, bedarf hier keiner Erörterung. . . .

**γ) Berechnung des AwBetrages im Falle des § 18 Abs. 2.**

**Kammergericht, 1. ZS. Beschluß v. 21. Oktober 1926 (x 661/26).**

Die herrschende Meinung sieht, ohne zwischen „echter" und „unechter" Zession zu unterscheiden, das an den früheren Gläubiger gezahlte Abtretungsentgelt als anrechnungsfähige Zahlung im Sinne des § 18¹ an und will sie in Höhe ihres Goldwerts von dem GMBetrag der Hypothek des bisherigen Gläubigers abrechnen, wenn der Goldwert der Gegenleistung (Abtretungsentgelt) höher ist, als die Summe der AwBeträge der späteren Gläubiger, während sie im anderen Falle nur die AwBeträge der Zessionarhypotheken abziehen will . . . Der Senat hält diese Auslegung für zutreffend. Sie hat zunächst für sich, daß die Unterscheidung von „echter" und „unechter" Zession überhaupt keine Berechtigung hat, und daß der Ausschußbericht (Drucks. Nr. 1125 S. 19) ausdrücklich unter Gleichstellung von „echter" und „unechter" Zession juristisch ausweislich des zur Erläuterung aufgestellten Beispiels: Friedenshypothek 100 000 Mark, Abtretungsentgelt 10 GM., AwBetrag des Zessionars 2,50 GM., AwBetrag des Zedenten 25 000—10 GM., einerseits das Abtretungsentgelt in jedem Fall einer Zahlung des § 18¹ gleich achtet, andererseits den Abs. 2 nicht anwendet, wenn der Abzug aus Abs. 1 den AwBetrag der Zessionarhypothek übersteigt. Diese Absicht ergibt sich auch aus dem Aufbau des Gesetzes und der Fassung der §§ 17, 18, wenn man sie zusammenhaltend würdigt. Denn der Abschnitt III behandelt in den ersten zwei Unterabschnitten (§§ 14, 15) den Vorbehalt und die Rückwirkung für den Fall, daß der Gläubiger nicht gewechselt hat, im Unterabschnitt 3 b (§ 17) die Aw. nach Abtretung der Hypothek und stellt hier, ohne hinsichtlich der Art der Abtretung eine Einschränkung zu machen, für die Aw. zugunsten des früheren Gläubigers zwei den Unterabschnitten 1 und 2 (§§ 14, 15) entsprechende Voraussetzungen: Annahme der Gegenleistung nach dem 14. 6. 1922 oder unter Vorbehalt auf und schließt daran unter c) den § 18 an. Wenn dieser in diesem Zusammenhange in Abs. 1 von „Zahlungen" spricht, so deutet das darauf hin, daß darunter für den Fall des § 17 das an den früheren Gläubiger für die Aufgabe seines Rechts geleistete Entgelt verstanden sein sollte, gleichviel, ob es vom Erwerber oder vom Eigentümer oder doch für dessen Rechnung dem Zedenten zugeführt ist. Der Gläubiger, der sein Recht durch Löschung oder Abtretung aufgegeben hatte, sollte also in jedem Falle nur insoweit entschädigt werden, als der gesetzliche AwBetrag von 25% des GMBetrages das für die Aufgabe des Rechts an ihn Geleistete übersteigt. Wenn dann Abs. 2 bestimmt, daß der frühere Gläubiger nur den Betrag erhalten solle, um den der für ihn zu berechnende AwBetrag die Gesamtheit der AwBeträge des ihm zeitlich nachfolgenden Gläubigers übersteigt, so war diese, den Abtretungsfall betreffende Sondervorschrift notwendig, um zu verhindern, daß der Eigentümer bei hohen AwBeträgen der Zessionare im Gesamtergebnis mehr als 25% des GMBetrages der Hypothek, berechnet nach ihrem ursprünglichen Begründungstag, zu zahlen hätte. Diese Auslegung wird dem allerseits anerkannten Bestreben des Gesetzes, daß der Gläubigerwechsel für die Höhe der vom Schuldner zu zahlenden Aw. möglichst ohne Einfluß sein, daß andererseits der Gläubiger in allen Fällen der Abtretung gleich behandelt werden soll, am ehesten gerecht [1]).

**k) α) Aufnahme gelöschter, aber aufzuwertender Hypotheken ins geringste Gebot?**

OLG. Hamburg, 1. ZS. Beschluß v. 3. März 1926 (F 108/25).

Nachdem das Grundstück wegen der am 8. 2. 1921 eingetragenen Hypothek Nr. 6 zur Zwangsversteigerung gestellt war, ist die am 25. 9. 1923 gelöschte Hypothek Nr. 3 der Beschwerdeführer nicht im geringsten Gebot berücksichtigt, trotzdem gegen die Löschung am 1. 10. 1925 ein Widerspruch eingetragen und die Hypothek ordnungsgemäß zu den Versteigerungsakten angemeldet worden ist. Die Beschwerde über den Zuschlag blieb erfolglos. Die weitere Beschwerde kann, da die Beschlüsse der Vorinstanzen übereinstimmen, nur auf einen Verstoß gegen das vom LG. einzuhaltende Verfahren gestützt werden (Stein, ZPO. § 568 III 2).

[1]) Werden Darlehnshyp. in der Rückwirkungszeit zurückgezahlt, an ihre Stelle aber neugegründete Darlehnshyp. eines Kreditverbandes gesetzt, so findet § 18² keine Anwendung (RG 14. 10. 26, JW. 2692⁸).

Solche Gründe sind aber nicht vorgebracht worden. Das Rechtsmittel war daher gemäß § 96 ZVG. und § 574 ZPO. als unzulässig zu verwerfen. Es war im übrigen auch unbegründet.

Nach § 44 ZVG. fallen nur die dem betreibenden Gläubiger vorgehenden Rechte in das geringste Gebot. Nach § 20 AwG. erhält aber die wiederauflebende Hypothek Nr. 3 ihren alten Rang, soweit nicht der Glauben des Grundbuchs entgegensteht. Dem Gläubiger der Nr. 6 geht daher gemäß § 892 BGB. die bei seiner Eintragung gelöschte Nr. 3 nur dann vor, wenn ihm damals die Unrichtigkeit des Grundbuchs bekannt war. Das ist nicht erwiesen und nicht anzunehmen. Es genügt nicht, auf die allgemeine Erwägung zu verweisen, der Gläubiger habe annehmen müssen, daß die am 25. 9. 1923 gelöschte Nr. 3 nur mit ihrem PMNennbetrag ausbezahlt worden sei. Es ist nicht festgestellt, daß der betreibende Gläubiger die Daten der Auszahlungen der bereits gelöschten Hypotheken gekannt hätte; er konnte sich auf Grundbuchauszüge, die nur die Tatsache der Löschung ohne irgendwelche Daten angeben, beschränken, eine Pflicht oder auch nur Gewohnheit zur Erkundigung läßt sich nicht feststellen. Überdies lag auch das Wiederaufleben derartig ausbezahlter Hypotheken außerhalb des Rahmens der damals (8. 2. 1924) vom Publikum in Betracht gezogenen und zu ziehenden Möglichkeiten. Im übrigen könnte die geschilderte Erwägung nur das Kennenmüssen des Gläubigers begründen, nicht aber seine nach § 892 BGB. erforderliche positive Kenntnis erweisen (übereinstimmend: OLG. Stettin LZ. 1926 S. 123; Quassowsky II A 1, 2; Michaelis Nr. 1; Lehmann Nr. 1/3, § 20; abweichend: Mügel AwG. § 20, vgl. jedoch DfV. S. 285). Die Bestimmungen über das geringste Gebot sind also richtig angewendet. Doch ist darauf hinzuweisen, daß nach dem Wortlaut des § 66 ZVG. der Hinweis auf den Akteninhalt die Bekanntmachung der Anmeldungen nicht ersetzen kann. B.

β) **Guter Glaube trotz Kenntnis der in PM. geleisteten Zahlung.**

OLG. Hamburg, 1. ZS. Beschluß v. 11. Oktober 1926 (F 71/26).

Die Sparkasse A. verlangt Aw. und Wiedereintragung ihrer am 20. 3. 1923 gelöschten Hypothek. Sie hatte den Nennbetrag am 22. 1. 1923 vom Eigentümer X. erhalten und ihm die am 25. 1. 1923 vollzogene Löschungsbewilligung erteilt. Am 22. 1. 1923 nach der Zahlung hatte X. das Grundstück dem Antraggegner B. verkauft und aufgelassen, worauf die die Auflassung und den Umschreibungsantrag enthaltende Urkunde beim Grundbuchamt eingereicht wurde. Die Vorinstanzen haben auf Grund des § 20² Aw. und Wiedereintragung mit Recht abgelehnt.

Als der Kläger Anfang 1925 das Grundstück erwarb, bestanden die Hypotheken nicht mehr; es konnte auch nach der 3. StNV. ihre nachträgliche Aw. nicht verlangt werden, weil sie vorbehaltlos zurückgezahlt waren. Das Grundbuch war daher damals richtig und der Kläger durfte sich beim Erwerbe des Grundstücks auf das Grundbuch verlassen (§ 20). Sein guter Glaube wurde nicht ausgeschlossen dadurch, daß er damals wirklich mit der Möglichkeit oder auch Wahrscheinlichkeit gerechnet hat, daß die Hypotheken durch das erwartete AwG. wieder aufleben würden. Maßgebend ist die wirkliche Rechtslage, von der der Kläger beim Erwerb ausging. In dem in § 892², BGB. bestimmten Zeitpunkt hatte die Beschwerdeführerin eine dem § 20 GBO. entsprechende Löschungsbewilligung erteilt und damit die rechtsverbindliche Erklärung abgegeben, daß sie ihr dingliches Recht aufgebe. Nach dem Grundsatz des öffentlichen Glaubens galt demnach das Recht auf Grund der nachfolgenden Löschung dem B. gegenüber als erloschen, sofern ihm nicht bekannt war, daß das Recht in Wahrheit nicht oder zum Teil nicht erloschen sei. Es bedarf garnicht der Feststellung, ob das Grundbuch richtig oder unrichtig wurde. Die Gutgläubigkeit des B. hinsichtlich der Richtigkeit des Grundbuchs ist zu vermuten. Die Bösgläubigkeit ist aber nicht schon dann festzustellen, wenn er gewußt haben sollte, daß die Löschung auf Grund der Zahlung des PMNennbetrages bewilligt sei. Denn ein Grundstückserwerber hat im Januar 1923 nicht damit rechnen müssen, trotz Löschungsbewilligung und Löschung sei vielleicht das Recht des Gläubigers materiellrechtlich noch nicht erloschen. Selbst wenn er aber die Vorstellung dieser Möglichkeit gehabt hätte, so wäre ihm damit noch nicht die Kenntnis der Unrichtigkeit des Grundbuchs, die das Gesetz erfordert, nachgewiesen. Auch die Erklärung des B. selbst vor der AwStelle, er habe auf hypothekenfreie Übereignung des Grundstücks bestanden, damit er keine Auseinandersetzung mit den Gläubigern zu führen brauche, läßt auf seine Kenntnis von der Höhe des von X. zurückgezahlten Betrages nicht schließen B.

**γ) Guter Glaube in dem im § 892 Abs. 2 BGB. bestimmten Zeitpunkte.**

Kammergericht, 1. ZS. Beschluß v. 6. Mai 1926 (X 247/26).

Für die D. Bank standen 1925 Vorkriegshypotheken von 14500 (Nr. 2) und 75000 (Nr. 4) M. Als Eigentümer war bis 25. 4. 23 M., seitdem N. eingetragen. Unterm 31. 8. 23 hat die Bank erklärt, bezüglich 5500 M. der Nr. 2 von M. und bezüglich der übrigen Beträge von N. befriedigt zu sein, und hat die Löschung bewilligt. N. hat notariell am 11. 4. 24 das Grundstück an A. verkauft und erklärt, daß ihm die Hypotheken infolge Ablösung zuständen und daß er deren Löschung bewillige, die die beiden Parteien beantragten. Nachdem dem A. am 2. 6. 24 aufgelassen war, reichte der Notar am 13. 9. 24 den Umschreibungsantrag ohne Steuerbescheinigung ein, deren Beschaffung ihm aufgegeben wurde. Nach Fristverlängerung erklärte er jedoch am 22. 11. 24, daß er den Antrag einstweilen zurücknehme und um Rückgabe der Unterlagen bäte. Das Grundbuchamt ließ es dabei bewenden und gab die Urkunden zurück. Am 11. 8. 25 überreichte der Notar die Urkunden von neuem, dazu die Steuerbescheinigung und bat, nunmehr dem Antrag auf Eintragung des A. „stattzugeben". Am 24. 9. 25 reichte er ferner die Löschungsbewilligung vom 31. 8. 23 ein und bat um die im Kaufvertrage beantragte Löschung der Hypotheken. Das Grundbuchamt beschied ihn am 29. 9. 25, daß dem Löschungsantrag erst stattgegeben werden könne, wenn die Bank erkläre, wegen ihrer AwAnsprüche befriedigt zu sein, und trug am 20. 11. 25 den Eigentumswechsel ein. Das LG. hat am 25. 11. 25 die Zwischenverfügung aufgehoben. Es sieht als Zeitpunkt des Antragseingangs, da der damals gestellte Antrag nicht gemäß § 32 GBO. zurückgenommen sei, den 13. 9. 24 an und nimmt in Verb. mit § 20² AwG. gutgläubigen Erwerb als erfolgt an; nur der von M. bezahlte

Teilbetrag der Nr. 2 könne auf den N.schen Antrag noch nicht gelöscht werden, jedenfalls sei das in der Zwischenverfügung erhobene Bedenken des Grundbuchamts unbegründet. Daraufhin hat dieses am 30. 12. 25 die Nr. 4 gelöscht und durch Zwischenverfügung vom 18. 12. 25 hinsichtlich der Nr. 2 „ebenfalls" Zustimmung des M. verlangt. Nunmehr hat die Bank Gegenausführungen gegen die Entscheidung des LG. gemacht, sich auf die Anmeldung ihrer AwAnsprüche bezogen und einen Widerspruch gegen die Löschung der Nr. 4 beantragt. Nachdem das Grundbuchamt dies abgelehnt hatte, hat die Bank die weitere Beschwerde gegen den Beschluß vom 25. 11. 25 eingelegt. Dieser ist dahin zu verstehen, daß das LG. den Beanstandungsgrund mißbilligt und den Löschungsantrag des N., abgesehen von dem nicht beachteten Bedenken hinsichtlich des von M. zurückbezahlten Teils der Nr. 2, für begründet erachtet hat, daß es jedoch, da es sich über letzteres Bedenken zur Vermeidung der unzulässigen Schlechterstellung nicht entscheidend, sondern nur wegweisend aussprechen konnte, die Formel in vollem Umfang auf Aufhebung der Zwischenverfügung vom 17. 9. und Zurückverweisung gefaßt und nur in den Gründen zwischen einem anordnenden Teil (Löschung der Nr. 4) und einem wegweisenden Teil (hinsichtlich der Nr. 2) unterschieden hat. Demnach hat das Grundbuchamt am 30. 12. die Nr. 4 in Ausführung einer vom LG. gegebenen Anweisung gelöscht, wogegen es die Zwischenverfügung vom 18. 12. in Verfolg der Wegweisung erließ. Der Senat hat sich also entscheidend mit der Aufhebung der Verf. vom 29. 9. und der Löschung der Nr. 4 zu befassen, in letzterer Beziehung auf das Ziel der Nachprüfung aus §§ 71², 54 GBO. beschränkt. Von den danach möglichen Behelfen kommt hier nur der Amtswiderspruch in Frage (Güthe GBO.⁴ § 78⁵, KGJ. 52 S. 140). . . . Diese Gesetzesanwendung des LG., die auch geeignet war, das Grundbuch unrichtig zu machen, ist deshalb irrig, weil der § 20² AwG. voraussetzt, daß die Hypotheken gelöscht sind (JW. 1926 S. 181; 1. X. 750 u. 806, 25), diese Voraussetzung aber am 25. 11. 25 mangelte. Nachdem nun aber die Nr. 4 gelöscht ist, erhebt sich die Frage, ob diese Löschung jene Voraussetzung geschaffen, dadurch also das Grundbuch nicht unrichtig gemacht, mithin die Veranlassung zu einem Amtswiderspruch wieder genommen hat. Damit wird unterstellt, daß dem AwG. jede Löschung zur Anwendung des § 20² — also nicht etwa nur eine vor seinem Inkrafttreten erfolgte — genügt. Letzteres kann hier unerörtert bleiben, da die Heranziehung des § 22² bereits zur Verneinung obiger Frage führt. Das LG. meint, der Eigentumserwerb des N. sei im Sinn des § 892² auf den am 13. 9. 24 von ihm eingereichten Antrag zurückzuführen, es liegt also der für den guten Glauben maßgebende Zeitpunkt vor 1. 7. 25. Allein der im Interesse des Erwerbers von der 2. Komm. eingefügte § 892² bezweckt, bei eintragungsbedürftigem Erwerb den für den guten Glauben maßgebenden Zeitpunkt vom unbestimmten Zeitpunkt der erfolgenden Eintragung vorzuverlegen auf den bestimmten Zeitpunkt der Antragstellung beim Grundbuchamt oder der Einigung, falls sie erst nach jenem Zeitpunkt zustandekommt (RG. 74 S. 420; Planck § 892 II 2 d ε; RGKomm. A 13). Ein Antrag, der zurückgewiesen oder zurückgenommen wird, also nicht zur

Eintragung führt, kommt daher nicht in Betracht (RJA. 4 S. 113). Gleiches muß dann gelten, wenn ein Antrag gestellt, vom Antragsteller aber seine Nichterledigung erbeten wird, das Grundbuchamt es — in irrigem Verfahren — dabei bewenden läßt, demnächst aber auf einen neuen Antrag die Eintragung vornimmt. Der erste Antrag bleibt zwar anhängig, darin ist dem LG. beizupflichten; er ist aber nicht als der Antrag anzusehen, der die Eintragung in Lauf bringt; er ist vielmehr eine ins Leere fallende infolge irrigen Verfahrens des Grundbuchamts anhängig gebliebene Verfahrenshandlung. Auf eine derartige Handlung die Wirkungen des gutgläubigen Erwerbs vorzuverlegen, wird dem § 892² nicht gerecht. Der richtigen Anwendung entspricht vielmehr nur die Vorverlegung auf die Antragshandlung, die tatsächlich zur Eintragung geführt hat, das ist hier die Erneuerung des Antrags am 11. 8. 25. Daher reicht das Vorliegen der Löschungsbewilligungen auch hinsichtlich der tatsächlich gelöschten Nr. 4 nicht aus, um deren Erlöschen infolge gutgläubigen Eigentumserwerbs des N. anzunehmen.... Da nun die Quittung vom 31. 8. 23 nach jetziger Rechtsauffassung weder den Übergang der Hypotheken in vollem Umfang auf die Zahlenden nachweist noch als Löschungsbewilligung ausreicht (1. X. 613, 25 DNotZ. 1926 S. 37), so war die Zwischenverfügung des Amtsgerichts vom 29. 9. begründet.

δ) **Betrifft der gute Glaube auch den Erwerbstag der Hypothek?**

OLG. Hamburg, 1. ZS. Beschluß v. 11. November 1926 (F 69/26).

Der Gläubiger A. hat am 28. 6. 1921 von einer seit 1902 eingetragenen Resthypothek von M. 40 000 die rangletzten M. 16 000 an die damalige Eigentümerin abgetreten. Versehentlich hat der Grundbuchrichter die Abtretung der ganzen M. 40 000 am 8. 7. 1921 gebucht, jedoch am 27. 8. 1921 von Amts wegen einen Widerspruch gegen diese Umschreibung der rangersten M. 24 000 zugunsten des A. eingetragen. Am 11. 10. 1921 hat die Eigentümerin eine neue Schuldurkunde über 24 000 dem A. ausgestellt und ihm die rangersten M. 24 000 der ihr grundbuchmäßig zustehenden Grundschuld unter Wiederumwandlung in eine Hypothek für die von ihr anerkannte Schuld unter Briefausschluß abgetreten; dies ist am 22. 10. 1921 eingetragen, wobei zugleich der Widerspruch gelöscht wurde. Nachdem B. das Grundstück am 15. 5. 1925 erworben hatte, hat A. am 10. 3. 1926 beantragt, den AwBetrag der Hypothek — unter Zugrundelegung von 24 000 M. als GM-Betrag — in Höhe von 6000 GM. einzutragen. B. hat dem widersprochen. Allein er kann nicht hinsichtlich der Frage, in welcher Höhe die Hypothek kraft Gesetzes aufgewertet ist, unter Berufung auf den Glauben des Grundbuchs geltend machen, als ihr Erwerbstag sei im Grundbuch der 22. 10. 1921 angegeben. Denn als er das Grundstück erwarb und schon lange vorher, war unmöglich vorauszusehen, in welcher Höhe ein eingetragenes Recht kraft Gesetzes aufgewertet werden werde; denn die durch die 3. StNV. eingeleitete AwGesetzgebung war im Fluß, es war ganz ungewiß, welche Faktoren sie für die Höhe der Aw. als maßgebend erklären werde. Danach war ungewiß, welche Bedeutung eine Eintragung im Grundbuch habe und welche ihr das Gesetz beilegen werde. Auf das Grundbuch konnte ein Grundstückserwerber nur hinsichtlich des Bestehens eines eingetragenen oder gelöschten Rechts vertrauen, nicht hinsichtlich der Höhe seiner Bewertung. Dem hat das AwG. Rechnung getragen, indem es in den Fällen der §§ 20, 21 die Vorschriften über den öffentlichen Glauben für anwendbar erklärt hat, nicht aber für die Umstände, von denen es die Höhe der Aw. abhängig macht. Es erklärt grundsätzlich den Erwerbstag des Anspruchs für maßgebend und vermutet, daß Briefhypotheken am Eintragungstag erworben sind, schreibt aber vor, daß in den Ausnahmefällen des § 3 ganz allgemein, daneben in den in § $5^2$ angeführten Fällen bei Hypotheken ein früherer Zeitpunkt maßgebend sein solle. Ob eine Hypothek unter eine der Ausnahmen fällt, ist meistens aus dem Grundbuch nicht ersichtlich. Die §§ 3, $5^2$ sind aber ohne Einschränkungen, besonders ohne den in den §§ 20, 21 vorhandenen Glauben des Grundbuchs getroffen. Der Gesetzgeber hat für jene Ausnahmefälle den Schutz des öffentlichen Glaubens ausgeschaltet. Nach seinem Willen ist das Grundbuch, dessen Inhalt ungewiß geworden war, so zu lesen, als wenn der nach Maßgabe seiner Vorschriften, auch der §§ 3, $5^2$ berechnete AwBetrag eingetragen wäre.

Für die Höhe der Aw. ist also hier allein der Zeitpunkt entscheidend, der nach §§ 2, 3, 5 zugrunde zu legen ist. Für die persönliche Forderung kann das nicht zweifelhaft sein. Diese ist bereits 1902 erworben und niemals erloschen. Sie ist besonders nicht 1921 der damaligen Grundeigentümerin abgetreten, deren Schuldanerkenntnis vom 11. 10. 1921 nur das Bestehen der alten Schuld bestätigt, wie sich aus der Sachlage ohne weiteres ergibt. Als GMBetrag der persönlichen Forderung gilt deshalb nach § 2 deren Nennbetrag. Ob für die Hypothek nicht der Tag ihrer Eintragung maßgebend ist, sondern der Tag der Eintragung der 1921 von A. erworbenen Hypothek, deren Teilabtretung versehentlich gebucht ist, könnte deshalb zweifelhaft sein, weil sich der Tatbestand mit keinem der Tatbestände ganz deckt, die in den §§ 3, $5^2$ angeführt sind. Es ist aber zu erwägen, daß durch die Eintragung der von A. nicht erklärten Teilabtretung das Grundbuch unrichtig geworden war und A. Anspruch auf dessen Berichtigung hatte. Wäre diese vorgenommen, so stände außer Zweifel, daß nicht der Neuerwerb einer Hypothek vorlag, sondern die grundbuchmäßige Bestätigung des teilweisen Fortbestehens der Hypothek, die der Gläubiger 1912 erworben hatte. Die Rechtslage kann aber nicht dadurch eine andere werden, daß anstatt der Berichtigung eine Hypothek zur Sicherung der nicht erloschenen persönlichen Forderung des A. neu eingetragen worden ist. Der Fall liegt ganz so, wie die Fälle des § $3^2$, § $5^2$, in denen es sich zwar rechtlich um neu begründete Rechte handelt, nicht aber wirtschaftlich. Der Wille des Gesetzgebers ist aus diesen kasuistischen Bestimmungen — es sind vier verschiedene aus demselben Grunde gleichgestellte Fälle — klar erkennbar und es hieße gegen ihn verstoßen, wollte man wegen formalistischer Bedenken gegen eine ausdehnende Auslegung von Ausnahmen Fälle, die nach dem Geist und Sinn des Gesetzes ebenso wie die in diesem angeführten behandelt werden müssen, anders beurteilen. Dasselbe, was für den § $3^2$ gilt, in welchem die Beteiligten aus irgendwelchen Gründen unter Aufhebung des bisherigen Rechts zugunsten desselben Berechtigten ein neues einheitliches Recht begründet haben, muß auch für den Fall gelten, in welchem wegen Erlöschens eines Rechts durch unrichtige Eintragung für denselben Berechtigten ein neues Recht desselben Inhalts begründet ist. V.

**ε) Nachweis der Bösgläubigkeit trotz Ablaufs der Einspruchsfrist.**
**Kammergericht, 1. ZS. Beschluß v. 14. Oktober 1926 (x 655/26).**

Der Beschwerdeführer A. hat über die unter Nr. 1 seit 1911 eingetragene Darlehenshypothek am 5. 4. 1923 quittiert, worauf die Post am 6. 4. 1923 gelöscht ist. Der bis dahin als Eigentümer eingetragene E. hat das Grundstück durch Übertragsvertrag vom 17. 6. 1924 auf seinen Sohn Ernst übertragen und ihm am 23. 4. 1925 vor dem Grundbuchamt aufgelassen; am 27. 4. ist der Eigentumswechsel gebucht. A. hat den Anspruch aus der Nr. 1 rechtzeitig zur Aw. angemeldet und nach fruchtlosem Ablauf der Einspruchsfrist die Wiedereintragung in Höhe des AwBetrages von 2997 GM. beantragt. Der Antrag ist mit Recht zurückgewiesen. Im Zeitpunkt des Grundstückserwerbes wies das Grundbuch die Hypothek Nr. 1 nicht mehr als bestehend auf; zugunsten des Erwerbers gilt sie demnach als erloschen, falls er nicht zur maßgeblichen Zeit (§ 892² BGB.) das Bestehen eines AwAnspruchs und damit das Weiterbestehen des Hypothekenrechts kannte. Diese Kenntnis hat der die Wiedereintragung begehrende Gläubiger nachzuweisen; bis dahin greift die Fiktion des § 892 zugunsten des Erwerbers Platz. Durch die Versäumung der Einspruchsfrist wird in dieser Beziehung nichts geändert. Für den Grundbuchrichter ergibt sich daraus die Notwendigkeit der Abweisung des einseitig vom Gläubiger bei ihm gestellten Wiedereintragungsantrags, falls das Grundbuch einen nach der Löschung stattgehabten Eigentumswechsel verlautbart und ihm die Kenntnis des Erwerbers von der Unrichtigkeit des Buches nicht nachgewiesen wird. Eine Zwischenverfügung ist regelmäßig nicht am Platze, da der Beweis jener Kenntnis von der gesamten, die Aw. bedingenden Sach- und Rechtslage mit den im Grundbuchverfahren zulässigen Beweismitteln ohne einen gegen den Erwerber anzustrengenden Rechtsstreit im allgemeinen nicht wird geführt werden können.

Die vorstehenden Erwägungen treffen auch hier zu. Durch den Hinweis auf die Verwandtschaft des Erwerbers mit dem Veräußerer kann der im übrigen fehlende Nachweis seiner Kenntnis von der Unrichtigkeit des Grundbuchs, besonders soweit dazu die Kenntnis der rechtlichen Bedeutung der AwTatsachen gehört, nicht ersetzt werden. Hieran wird auch durch § 22¹ nichts geändert. Wenn danach, was die Vorschriften über den Glauben des Grundbuchs anlangt, der nach dem 1. 1. 1925 das Grundstück erwerbende Verwandte des Eigentümers zwar nicht ohne weiteres den gleichen Schutz genießt wie ein sonstiger Erwerber, so greifen doch jene Vorschriften dann auch zu *seinen* Gunsten Platz, wenn er nachzuweisen vermag, daß ihm von etwaigen, auf Beeinträchtigung der Gläubigerrechte gerichteten Absichten des anderen Teiles nichts bekannt war. Ob aber nicht diese Voraussetzung erfüllt ist, kann im Grundbuchverfahren nicht nachgeprüft werden. Die nach § 892 als erloschen anzusehende Hypothek kann im Falle des § 22[1] wie in sonstigen Fällen, wenn nicht der Erwerber sie bewilligt, nur auf Grund eines ihn zur Duldung der Eintragung verurteilenden Erkenntnisses wieder eingetragen werden.

**ζ) Wenn sich als Veräußerer und Erwerber dieselben natürlichen Personen in verschiedener rechtlicher Eigenschaft gegenüberstehen.**

Kammergericht, 1. ZS. Beschluß v. 20. Januar 1927 (x 11/27).

Die am 12. 1. 1922 für H. eingetragene Hypothek von 250 000 M. ist auf Grund einer Löschungsbewilligung vom 15. 11. 1922 am 27. 2. 1924 gelöscht. Als Eigentümer war damals eingetragen: die offene HG. P., deren einzige Gesellschafter Alfred und Erich P. notariell am 29. 1. 1925 erklärten, daß die Gesellschaft aufgelöst sei; gleichzeitig haben sie das Grundstück einander je zur Hälfte aufgelassen. Auf den am 4. 2. 1925 eingegangenen Antrag ist das Eigentum am 5. 2. 1925 umgeschrieben. Demnächst hat der Erbe des Gläubigers nach rechtzeitiger Anmeldung die Wiedereintragung der gelöschten Hypothek zu einem AwBetrag von 1392 GM. beantragt. Die Vorinstanzen haben abgelehnt, weil „der Wiedereintragung der gute Glaube des neuen Eigentümers entgegenstehe". Allein der § 892 BGB. ist gemäß der allgemeinen, einschränkungslosen Verweisung des § 20 AwG. im Gebiet des AwRechts in derjenigen Bedeutung anzuwenden, die ihm im allgemeinen Liegenschaftsrecht zukommt. Ihre Anwendbarkeit in einem Falle der vorliegenden Art ist aber zu verneinen. Allerdings wird die offene HG. vermögensrechtlich behandelt wie ein von den einzelnen Gesellschaftern verschiedenes Rechtssubjekt, wenn ihr auch selbständige Rechtspersönlichkeit abgesprochen wird. Es ist deshalb bei Übertragung von Gesellschaftsgrundstücken auf die Teilhaber Auflassung erforderlich (KGJ. 27 S. 276, RG. 65 S. 233). Der Erwerb der Teilhaber ist also ein rechtsgeschäftlicher, und zwar ein solcher, bei dem zwei voneinander vermögensrechtlich, im juristischen Sinn als selbständig behandelte Rechtsinhaber miteinander in Verkehr treten. Auch dem Erfordernisse, daß es sich im Sinne des § 892 um ein sog. Verkehrsgeschäft handeln muß[1]) ist rein rechtlich gedacht genügt. Bei strenger Weiterführung der Rechtsnatur der o. HG. im Verhältnis zu der vermögensrechtlichen Persönlichkeit ihrer Teilhaber müßte man daher allerdings zur Anwendbarkeit der §§ 892 BGB., 20 ff. AwG. kommen. Allein der § 892 will verhindern daß Rechtssubjekte, die das Eigentum oder ein beschränktes dingliches Recht am Grundstück oder einem es belastenden Rechte im Vertrauen auf die Richtigkeit des Grundbuchinhalts erworben haben, unter einer Rechtslage leiden, die das Grundbuch zur Zeit der Rechtsinhaberschaft eines anderen, d. h. einem vom Erwerber verschiedenen Berechtigten, unrichtig gemacht hat. Bei der o. HG. ist aber nur das Vermögen verselbständigt. Träger des Vermögens sind die Teilhaber in ihrer gesellschaftlichen Verbundenheit. Diese selben Vermögensträger sind aber, auch bei Umwandlung des Gesamthandeigentums nach Auf-

[1]) Vgl. Staudinger § 892 III 3a, Planck BGB. II § 892 IIa, § 1196 2[d], von Tuhr Allg. Teil II 1 § 45, S. 136 76[a], Wolff Sachenrecht § 45 II 4, Rosenberg Sachenrecht II 3c. γ zu § 892, Neukirch AwG. § 20 4 I 4b, Beschluß X 719/26 unten S. 61γ.

lösung in Bruchteilseigentum die Eigentümer des Grundstücks oder die Inhaber des sonst von dem Rechtserwerbe betroffenen Rechts. Nach wie vor ist bei einer derartigen Übertragung das Grundstück gemeinschaftliches Eigentum der Gesellschafter, nach wie vor können sie über das mit der Hypothek belastete Grundstück im ganzen nur gemeinschaftlich verfügen. Es besteht also nach wie vor Mitberechtigung der gleichen Personen am Grundstückseigentum; nur die Art der Mitberechtigung ist insofern geändert, als früher auch nicht einmal gedachte (ideelle) Eigentumsanteile den einzelnen Berechtigten zu selbständiger Verfügung zustanden. Es ist kein Grund ersichtlich, warum trotz Gleichheit der Miteigentümer, allein mit Rücksicht auf die geänderte Art der Mitberechtigung und die daraus von der Rechtsprechung gefolgerte Notwendigkeit der Auflassung die früheren Gesellschafter als Bruchteilseigentümer hinsichtlich der Aw. gelöschter Rechte besser gestellt sein sollten, wie als Gesamthandeigentümer im Falle des Bestehenbleibens der o. HG. Es kann dem Zwecke des § 892 BGB. und mithin den des § 20 AwG., das im besonderen Maße wirtschaftlichen Gesichtspunkten Rechnung tragen und durch formaljuristische Erwägungen nicht gehindert sein will, nicht entsprechen, ein Recht, das trotz Löschung zunächst fortbestand, untergehen zu lassen, wenn ein Wechsel nicht in der Person des Eigentümers, sondern nur in der Rechtsform des Eigentums eingetreten ist... Die Beschlüsse des BayObLG. (JFG. 3, S. 409) und des OLG. Stuttgart (RAw. 1 S. 598, J. Rdsch. 1927 Nr. 43) geben keinen Anlaß, die vorliegende Sache gemäß § 79 GBO. dem RG. vorzulegen, weil sie sämtlich Fälle behandeln, die dem vorliegenden nicht völlig gleich geartet sind.

Dazu: Kammergericht, 1. ZS. Beschluß v. 20. Januar 1927 (x 925/26).

Der vorstehende Rechtsgrundsatz ist auf die Fälle eines rechtsgeschäftlichen Eigentumsüberganges der hier in Rede stehenden Art auszudehnen. Hier hat die Übertragung der Grundstücke von der o. HG. auf die neugegründete GmbH. allerdings ihren Übergang auf ein neues, vom bisherigen verschiedenes Rechtssubjekt herbeigeführt, da die Vermögensträger der o. HG. natürliche Personen, mit der GmbH., einer juristischen Person, nicht personengleich sein können; demzufolge konnte auch das Grundstückseigentum auf die GmbH. nur auf rechtsgeschäftlichem Wege durch Auflassung übergehen (Staub HGB. § 105[49], RG. 74 S. 6). Diese äußere Rechtsgestaltung ist jedoch für die Vorschriften über den Glauben des Grundbuchs nicht das allein Entscheidende. Nach dem Zwecke des § 892 wird vielmehr entscheidendes Gewicht auf die innere Willensbildung des Erwerbers als einer vom bisherigen Rechtsinhaber verschiedenen Persönlichkeit gelegt. Diese Willensbildung kann, soweit juristische Personen als Rechtssubjekt in Frage kommen, für sie nur durch die Vermittlung natürlicher Personen als der Organe ihres Willens erfolgen. Das dafür maßgebende Organ der juristischen Person ist — ungeachtet des § 166 BGB. — nicht sowohl ihr gesetzlicher Vertreter, der sie nach außen zu vertreten, ihren Willen nach außen kundzugeben hat, sondern in erster Linie die Gesamtheit ihrer Mitglieder (Gesellschafter), die das oberste Willensorgan der Körperschaft sind, die

— im Innenverhältnis — die Verwaltung und Verfügung über das Körperschaftsvermögen haben, und deren Weisungen — im Innenverhältnis — regelmäßig der gesetzliche Vertreter Folge zu leisten hat. Bei einer GmbH. ist demgemäß das oberste Willensorgan die Gesamtheit der Gesellschafter (vgl. Brodmann § 37[1], § 45; Anm. 1 zu Hachenburg § 45[7]). Sind nun diese natürlichen Personen, die im Innenverhältnis das maßgebende Willensorgan der juristischen Person darstellen, auf der Veräußerer- und Erwerberseite dieselben, mögen sie auch in verschiedener rechtlicher Eigenschaft auftreten, so liegt die nach § 892 erforderliche, auch die Möglichkeit einer verschiedenen „Willensbildung" voraussetzende Verschiedenheit der Berechtigten nicht vor. Die sich hieraus ergebenden Rechtsfolgen stehen auch allein mit dem Sinn der Vorschriften und den Bedürfnissen des Rechtslebens im Einklang. Es kann nicht dem Zweck des § 892 BGB. und mithin dem des § 20 AwG. entsprechen, ein Grundstücksrecht, das trotz Löschung zunächst fortbestand, dadurch untergehen zu lassen, daß es die bisherigen Eigentümer für angezeigt erachtet haben, das Grundstück zum Bestandteil eines ihrer alleinigen Verwaltung und Verfügung unterliegenden Zweckvermögens zu machen. Das Ergebnis der vorstehenden Erwägung läßt sich daher dahin zusammenfassen: Der in X. 11. 27 ausgesprochene Rechtsgrundsatz ist auf alle diejenigen Fälle auszudehnen, in denen sich auf der Veräußerer- und Erwerberseite dieselben natürlichen Personen, wenngleich in verschiedener rechtlicher Eigenschaft, gegenüberstehen, mögen sie jeweils auch nur das nach außen nicht hervortretende Willensorgan einer juristischen Person bilden.

Auf den Gesichtspunkt, daß vorliegend nach dem Inhalt des Auflassungsprotokolls bei der Auflassung der Geschäftsführer der GmbH. einer ihrer Gesellschafter und damit auch einer der Inhaber der o. HG. gewesen ist, braucht hiernach nicht eingegangen zu werden. Auch der Umstand, daß nachträglich die Hälfte der Anteile der GmbH. auf eine Aktien-Ges. übergegangen sei, ist für die Frage des öffentlichen Glaubens ebenso bedeutungslos, wie es für sie keine Bedeutung hätte, wenn die Eigentümerin des Grundstücks noch die o. HG. wäre und nach der Löschung der Hypotheken die Person der Gesellschafter gewechselt hätte.

**l) Wann ist eine Löschungsbewilligung (§ 20²) „erteilt"?**

**α) Kammergericht, 1. ZS. Beschluß v. 30. September 1926 (x 594/26).**

Die Annahme des LG., daß eine Löschungserklärung schon in dem Zeitpunkt der Unterzeichnung und Beglaubigung „erteilt" sei, ist rechtsirrig. „Erteilung" der Bewilligung oder Quittung setzt voraus, daß der Antragsteller sich der Urkunde zugunsten des Eigentümers entäußert, daß er sie zur Herbeiführung der Löschung dem Grundbuchamt, dem Eigentümer oder dessen Vertreter zugehen läßt. Solange der Gläubiger die unterschriebene und beglaubigte Urkunde im Besitz behält, ist sie ein für das Rechtsleben bedeutungsloses, d. h. keiner Rechtswirkungen fähiges Geschehnis. Die Auffassung des LG. liegt seiner Annahme zugrunde, daß möglicherweise die Löschungserklärung vor Eingang des Antrags auf Umschreibung des Eigentums „erteilt" gewesen und damit das

Erlöschen der Hypothek auf Grund der §§ 20² AwG., 892 BGB. herbeigeführt sei. Der Senat ist daher in der Lage, selbst die Sachlage vom Gesichtspunkt des § 20² zu prüfen. Die Löschungserklärung ist in Leipzig am 27. 1. 1923 beglaubigt. Beim Grundbuchamt eingereicht ist sie erst am 24. 12. 1924. Der Vertreter der Grundstückseigentümerin hat seinen Wohnsitz in Berlin; sein Antrag auf Eintragung ihres Eigentums ist am 27. 1. 1923 mittags eingegangen. Dafür, daß er oder ein sonstiger Bevollmächtigter am Beglaubigungstage in Leipzig anwesend gewesen und die Löschungserklärung an diesem Tage mittags oder vorher in Empfang genommen, oder daß der beglaubigende Notar sie für die Eigentümerin entgegengenommen habe, ist kein Anhalt aus den Grundakten ersichtlich. Wenn auch mit dem LG. anzunehmen ist, daß schon eine begründete Möglichkeit des Erloschenseins der Hypothek gemäß § 20² die Wiedereintragung hindere, weil der die Grundbuchberichtigung Beantragende alle Möglichkeiten auszuräumen hat, die der Richtigkeit der beantragten Eintragung entgegenstehen würden (JFG. 2 S. 401, 406), so hätten doch die Vorinstanzen, zumal bei der der Antragstellerin günstig erscheinenden Sachlage, dieser in erster Linie Gelegenheit geben müssen, die Möglichkeit, daß die Hypothek infolge Vorliegens der Voraussetzungen des § 20² erloschen ist, durch ein Zeugnis des Notars (Art. 31, 54 Pr. F.G.) zu entkräften. Dieses hätte sich darüber auszusprechen, ob die Löschungsurkunde vom 26. 1. — beglaubigt am 27. 1. 1923 — noch am 27. 1. 1923 vor 12 Uhr einem Vertreter der Eigentümerin ausgehändigt oder vom Notar für die Eigentümerin entgegengenommen ist, oder nicht. Fällt das Zeugnis verneinend aus, so steht der beantragten Eintragung nichts entgegen. Erst wenn ein Zeugnis dieses Inhalts nicht beizubringen ist, kann nur eine Bewilligung der Eigentümerin dem Antrage zum Erfolge verhelfen. [Ebenso 1 x 524/26.]

**β) Bedeutung einer nach 15. 6. 22 bewilligten Löschung. Anwendung des § 1155.**
Kammergericht, 1. ZS. Beschluß v. 7. Januar 1926 (X 806/25).

M. kaufte durch Vertrag vom 4. 9. 1922 das Grundstück, übernahm gleichzeitig die Hypotheken von insgesamt 550000 M. und wurde am 26. 3. 1923 als Eigentümer eingetragen. Am 25. April 1925 hat er, nachdem eine Hypothek von 8600 M. bereits früher gelöscht war, die Löschung der übrigen Hypotheken von 541400 M. beantragt und eine beglaubigte Erklärung des Gläubigers vom 29. 9. 1922 eingereicht, in der er bekennt, die 541400 M. nebst Zinsen von N. (dem Schwiegervater des M.) erhalten zu haben, und die Löschung bewilligt. Die Vorinstanzen haben zur Beibringung einer nochmaligen Zustimmung des Gläubigers eine Frist mit Recht gesetzt. Wie bereits mehrfach ausgesprochen, bildet eine Löschungsbewilligung, die vom 15. 6. 1922 bis 14. 2. 1924 erteilt ist, eine ausreichende Löschungsunterlage selbst dann nicht, wenn sie über eine Zahlung nichts enthält; es bedarf vielmehr der Beibringung ergänzender Unterlagen, wie des Nachweises eines ausdrücklichen AwVerzichts oder, bei bereits abgelaufener Anmeldefrist, einer Bescheinigung der AwStelle über die Nichtanmeldung. Der Anwendung dieses Grundsatzes auch auf den vorliegenden Fall stehen Bedenken nicht entgegen. Der Umstand, daß nach Ausstellung der Urkunde vom 29. 9. 1922 eine Grundschuld zum Werte von 100000 GM. für einen neuen Gläubiger eingetragen ist, ist für die Frage, ob jene Urkunde allein eine hinreichende Löschungsgrundlage bildet, ohne Belang. Der gutgläubige Erwerb einer neuen Hypothek würde, wenn zur Zeit ihrer Eintragung ältere, unter §§ 14 oder 15 fallende Hypotheken bereits gelöscht gewesen wären, deren Wiedereintragung als solche nicht hindern, sondern lediglich nach §§ 6, 20, 21 eine Rangverschlechterung der als weiterbestehend anzusehenden Posten herbeiführen. Nicht der Bestand der Hypothek sondern nur ihr Rang würde, selbst wenn sie schon gelöscht wäre, durch die weitere Hypothek beeinträchtigt werden. Allein die Tatsache, daß die Hypothek als weiter bestehend zu behandeln ist, mag ihre Löschung erfolgt oder Löschungsbewilligung in dem Rückwirkungszeitraum erteilt sein, hindert die Löschung nach Inkrafttreten des Gesetzes auf Grund einer Bewilligung aus jener Zeit. Die Löschung würde den Bestand der Hypothek selbst, der durch die neue Post nicht berührt wird, in Frage stellen, während lediglich das Rangverhältnis der Klärung bedarf. Diese wird aber durch das Unterbleiben der Löschung nicht gehindert.

Der Beschwerdeführer kann sich auch nicht deshalb auf den Glauben des Grundbuchs berufen, weil bei Eingang des Antrages auf seine Eintragung als Eigentümer bereits die löschungsfähige Quittung vom 29. 9. 1922 erteilt gewesen sei. Die §§ 20², 21 Nr. 2 treffen den vorliegenden Fall schon deshalb nicht, weil die Voraussetzungen des § 1155 BGB. nicht vorliegen.... Danach steht nicht schon der Übergang der Forderung kraft Gesetzes der formgerechten Abtretungserklärung gleich und es genügt deshalb sein, wenn auch in öffentlich beglaubigter Form erbrachter Nachweis noch nicht zur Anwendung des § 1155; eine bloße Quittung aber ist kein Anerkenntnis des Rechtsüberganges (RGKomm. § 1155; Güthe-Triebel 25 zu § 40; KGJ. 25 S. 162, 27 S. 127, 35 S. 292, 52 S. 189; JFG. 1 S. 487). Für die Anwendung des § 21¹ Nr. 2 dem § 1155 eine weitergehende Auslegung zu geben, ist nicht angängig.... Fällt hiermit die Anwendbarkeit des § 21, so besteht auch keine Möglichkeit, den § 20² heranzuziehen. Denn seine unmittelbare Anwendung (ohne den § 21) setzt, wie die Überschrift und der Eingang des Abs. 1 zeigt, nicht nur die Erteilung der Quittung oder der Löschungsbewilligung, sondern auch weiter voraus, daß die Löschung im Anschluß an diese wirklich erfolgt ist (Mügel Nr. 2; Quassowski II B zu § 20). Bei dieser Sachlage kann dahingestellt bleiben, ob nicht der § 20² weiter auch deshalb ausgeschlossen wäre, weil etwa die für eine entsprechende Anwendung der Vorschriften über den Glauben des Grundbuchs aufgestellte Voraussetzung dahin zu verstehen ist, daß beim Eigentumswechsel die Löschungsbewilligung oder Quittung dem bisherigen Eigentümer erteilt sein muß, hier aber der Beschwerdeführer sowohl die fraglichen Hypotheken im Kaufvertrag übernommen, wie anscheinend auch seinerseits die Bezahlung der Hypothekensumme und die Erteilung der Löschungsbewilligung veranlaßt hat.

γ) **Anwendung des § 20², wenn der Käufer eine übernommene Hypothek noch vor dem Stichtage des § 892 BGB. bezahlt hatte.**

Kammergericht, 1. ZS. Beschluß v. 23. Dezember 1926 (x 880/26).

Die unter Nr. 5 für die L.schen Erben eingetragene Hypothek von 25 000 M. ist auf Grund einer Löschungsbewilligung vom 19. 10. 1922, in der der Eigentümer W. gleichzeitig die Löschung beantragte, am 3. 11. 1922 beim Grundbuchamt überreicht und am 3. 1. 1923 gelöscht worden. An diesem Tage ist A. als neuer Eigentümer auf Grund einer Auflassungsverhandlung und eines Umschreibungsantrages vom 6. 11. 1922, die am 28. 11. 1922 beim Grundbuchamt eingingen, eingetragen worden. In dem Kaufvertrag vom 17. 10. 1922 hat A. die Nr. 5 übernommen und sich verpflichtet, löschungsfähige Quittung innerhalb drei Wochen vorzulegen und die Löschung herbeizuführen. Am 10. 6. 1926 haben die Testamentsvollstrecker erfolglos beantragt, die Hpothek in Höhe von 6208 GM. aufgewertet wieder einzutragen. Daß die Voraussetzung des § 20² für die entsprechende Anwendung des § 892 BGB. hier gegeben ist, stellen Vorinstanzen ohne Rechtsirrtum fest. Da Bedenken dagegen, daß die Löschungsbewilligung mit Wissen und Willen des Ausstellers eingereicht ist, nicht ersichtlich sind, ist sie als spätestens im Augenblick des Eingangs beim Grundbuchamt erteilt anzusehen (vgl. X 59/426 unter α). Der nach § 892² maßgebende Zeitpunkt ist aber erst später (28. 11. 1922) eingetreten. Dementsprechend gilt nach § 892, da nachträglich die Hypothek auf Grund jener bei Stellung des Umschreibungsantrags vorliegenden Löschungsbewilligung gelöscht ist (JFG. 3 S. 398; AwR. 1 S. 219), der durch diese geschaffene Grundbuchinhalt zugunsten des Erwerbers, sofern diesem nicht die Unrichtigkeit bekannt war, als richtig.

Wenn die Beschwerde geltend macht, daß sich der Erwerber zwar nach § 892 BGB. seinerseits auf den Glauben des Grundbuchs berufen könne (was hier aber nicht geschehen sei), das Grundbuchamt aber diese Vorschriften über den öffentlichen Glauben nicht von Amts wegen anwenden dürfe, so berücksichtigt sie nicht, daß ihr Antrag auf Eintragung des gesetzlichen AwBetrages ein Berichtigungsantrag ist und nach § 22 GBO., wenn nicht eine Bewilligung des Betroffenen beigebracht wird, der Antragsteller die Unrichtigkeit nachzuweisen hat. Hierzu gehört auch der Nachweis, daß der § 892 wegen der Kenntnis des Erwerbers von dem Fortbestehen des Rechts nicht Platz greift und das Recht daher trotz des Eigentumswechsels erhalten geblieben ist. Dementsprechend hat der Grundbuchrichter, falls sich ein nach der Löschung erfolgter Eigentumserwerb ergibt, den Inhalt des Grundbuchs als richtig und den AwAnspruch als nicht bestehend anzusehen, sofern ihm nicht die „Bösgläubigkeit" des Erwerbers nachgewiesen wird (x 405/26, oben S. 24). Mit dieser Frage hat die andere Frage, ob der Erwerber auf den Schutz des öffentlichen Glaubens verzichten darf und die §§ 20 AwG., 892 BGB. durch eine Berichtigungsbewilligung des Erwerbers ausgeschaltet werden können, nichts zu tun. Bei dieser handelt es sich um ein Berichtigungsverfahren völlig anderer Art, das an durchaus andere Voraussetzungen geknüpft ist und gerade den Unrichtigkeitsnachweis nicht erfordert....

Weiter vermag der Umstand, daß der Erwerber im Kaufvertrage die Hypothek übernommen und sich verpflichtet hat, ihre Löschung herbeizuführen, die Anwendbarkeit des § 892 nicht zu beseitigen. Jener Umstand berührt in keiner Weise die Voraussetzungen des § 892 verb. mit § 20 AwG., nämlich Bewilligung der Löschung vor dem Umschreibungsantrag und tatsächliche Löschung auf Grund der Bewilligung; ebenso aber wird, zum mindestens für den Regelfall, der Ausschlußgrund, den der § 892 vorsieht, nämlich die Kenntnis des Erwerbers von der Unrichtigkeit des Grundbuchs, durch jene Tätigkeiten des Käufers nicht geschaffen. Die Übernahme selbst begründete lediglich schuldrechtliche Wirkungen zwischen Verkäufer und Erwerber, die Beschaffung der Löschungsbewilligung stellte ihre Erfüllung dar. Die allein maßgebende Kenntnis des Erwerbers von der Sachlage und damit die von der Richtigkeit oder Unrichtigkeit des Grundbuchs wurde dadurch, daß er selbst dem Gläubiger zahlte oder für seine Rechnung zahlen ließ, in dem wesentlichen Punkt, daß nämlich der Gläubiger den Nennbetrag der Post erhalten und daraufhin die Löschung bewilligt hat, keine andere als in dem Falle, daß der bisherige Schuldner gezahlt hätte. In einem wie im anderen Falle durfte er mit der gleichen Sicherheit darauf rechnen, daß er das Grundstück unbelastet erwerbe. Das LG. Berlin III (JW. 1925 S. 2640) hat allerdings dem Zwecke der Vorschrift und der Gleichsetzung von Löschungsquittung und -bewilligung im § 20² entnommen, daß die Quittung wie die Bewilligung zugunsten des bisherigen Eigentümers erfolgt sein müsse, so daß es darauf ankomme, wer nach den Rechtsbeziehungen zwischen Veräußerer und Erwerber die Hypothek ablösen mußte. Diese Auslegung, der sich Quassowski § 20 II B und Nadler anschließen, widerspricht dem Wortlaute des Gesetzes, der lediglich auf die Tatsache abstellt, daß im entscheidenden Zeitpunkt die Bewilligung oder Quittung erteilt ist oder wird, und nicht danach unterscheidet, zu wessen Gunsten sie erfolgt. Auch aus dem Umstande, daß die Löschung nur dem Eigentümer, einem dinglich Berechtigten oder dem Grundbuchamt gegenüber bewilligt werden kann, ist nichts Entscheidendes zu entnehmen; denn daraus, daß sie nicht dem zunächst noch unbeteiligten Käufer gegenüber abgegeben werden kann, ist noch nicht zu schließen, daß sie nicht zu seinen Gunsten (und hierauf stellt jene Schlußfolgerung ab) einem Empfangsberechtigten gegenüber abgegeben werden kann. Ob aber der Zweck des Gesetzes dahin ging, dem Erwerber die ihm vom Veräußerer gewährleistete Freiheit des Grundstücks von der Hypothek zu sichern, oder ob nicht der Erwerber sich gerade auf die Freiheit von allen Lasten sollte verlassen können, hinsichtlich deren in dem entscheidenden Augenblick Löschungsquittungen oder -bewilligungen überhaupt vorlagen, ist eben die Frage. Auch aus Billigkeitserwägungen verdient nicht etwa die einschränkende Auslegung den Vorzug. Denn die Abwicklung der Hypothekenablösung hängt, worauf Boesebeck (JW. 1926 S. 2641) mit Recht hinweist, in ihrer schließlich gewählten Form in weitem Umfang von bloßen Zufälligkeiten ab. Es wäre nicht einzusehen, warum der Käufer, der durch die Ablösung und den (entsprechend geringeren) Preis im wesentlichen das Gleiche leistet, als wenn er sich bei entsprechend höherem Preise die vorherige Ablösung durch den Verkäufer ausbedingt, schlechter gestellt sein sollte, wie in dem Falle einer solchen Vereinbarung der Beschaffung reiner Hypothek durch den Veräußerer, die von diesem regelmäßig auch wieder aus den ihm durch den Verkauf zufließenden Mitteln erfolgen wird. Daß der Erwerber bei obiger Ablösung nach dem Stichtag nicht geschützt ist, steht, da der § 892 einmal diesen Zeitpunkt als entscheidend festgelegt hat, nicht der Auffassung entgegen, daß auch der Erwerber, der die Hypothek übernommen und vor dem entscheidenden Zeitpunkt Löschungsbewilligung beschafft hat, geschützt ist.

Diese letztere Ansicht, die bereits in einer Reihe von Beschlüssen des Senats, darunter in x 806/25 (unter β) vertreten und allein mit dem eindeutigen Wortlaut des Gesetzes zu vereinbaren ist, schließt nicht aus, daß im Einzelfall der Erwerber als nicht gutgläubig angesehen werden kann, weil nach den besonderen Umständen des Falles der § 892 ausgeschlossen ist. Um einen derartigen Fall handelt es sich in JW. 1925 S. 2629, wo das OLG. Stettin für den Einzelfall darauf abstellt, daß aus Anlaß bestehender Zweifel geflissentlich der § 892 zur Ausschließung der vielleicht bestehenden Rechte bei bereits weit vorgeschrittener Geldentwertung gebraucht werden sollte und der so handelnde Erwerber nicht nach § 892 geschützt sein könne. Dabei stellt es aber keinen allgemeinen Satz dahin auf, daß der Erwerber, der selbst vor seinem Eintragungsantrage die Hypothekenlöschung herbeiführe, dem Schutz der §§ 20 AwG., 892 BGB. entzogen sei. Unter Bezugnahme auf diesen Beschluß hat neuerdings das OLG. Stuttgart (AwR. 1 S. 687) ausgesprochen, daß eine o. HG., die im Mai 1923 aus ihren Mitteln eine Hypothek zurückgezahlt hat, um darauf das bis dahin belastet gewesene Grundstück zu erwerben, für die früheren Eigentümer das Risiko der ordnungsmäßigen Löschung übernommen habe und sich nicht auf die Löschung durch einen Vormann berufen könne. Daß hiermit eine allgemeine Rechtsregel dahin ausgesprochen sein sollte, daß die Voraussetzungen des § 892 stets dann nicht gegeben sein sollten, wenn der Rückzahlende und der Erwerber dieselbe Person seien, läßt diese Entscheidung nicht deutlich erkennen. Die ausdrückliche Berufung auf Stettin, das gerade darauf Gewicht legt, daß im Sommer 1923 die Ansicht bereits weit ins Volk gedrungen gewesen sei, daß Hypotheken mit ihrem PMNennbetrag nicht wirksam abgefunden werden könnten, und die Entscheidung offensichtlich auf die besonderen Umstände des Falles abstellt, wie der Umstand, daß auch hier die Rückzahlung zu nahezu der gleichen Zeit erfolgt war, deuten wesentlich darauf hin, daß eine derartige allgemein gültige Regel nicht hat aufgestellt werden sollen, sondern die Entscheidung nur im Einzelfall aus jener Zeit maßloser Geldentwertung und der beginnenden Erkenntnis ihrer Bedeutung treffen soll . . .[1])

**m) Trifft der öffentliche Glaube auch die Person des eingetragenen Zessionars?**

α) Kammergericht, 1. ZS. Beschluß v. 7. Oktober 1926 (x 512/26).

Zu § 21 ist streitig, ob die Vorschriften über den Glauben des Grundbuchs auch zugunsten eines Eigentumserwerbers und zum Nachteil eines nach § 17

[1]) Ebenso KG. 9. ZS. am 6. 1. 27 Aw. 880/26 (JW 460).

aufwertungsberechtigten früheren Hypothekars durchgreifen, wenn zur Zeit des Eigentumserwerbs die Hypothek auf den neuen Gläubiger umgeschrieben ist. Mit dem Beschluß v. 1. 8. 1926 (JW. 2210) ist die Streitfrage entgegen den Angriffen Mügels (das.) zu bejahen. Mit Mügel ist davon auszugehen, daß ein aus § 892 BGB. herzuleitender Verlust des AwAnspruchs der Zedentin durch den nach Eintragung der Abtretung stattgehabten rechtsgeschäftlichen Eigentumswechsel voraussetzt, daß das Grundbuch z. Z. des letzteren in bezug auf die Hypothek unrichtig im Sinne des § 894 BGB. war. Mügel verneint diese Voraussetzung, weil erstens das Grundbuch zugunsten eines rechtsgeschäftlichen Erwerbers nur in bezug auf den Bestand (Art, Inhalt, Umfang, Rang) der das Grundstück belastenden Rechte, nicht auch in bezug auf die Person ihrer Inhaber öffentlichen Glauben genieße und weil die vom AwG. an die Abtretung geknüpfte Aw. für den alten und den neuen Gläubiger nur die Person des Rechtsinhabers betreffe. Ersterem wird zugestimmt, letzterem nicht. Das durch die AwGesetzgebung eingeführte Nebeneinander-Bestehen hypothekarischer Rechte des alten und des neuen Gläubigers wird richtiger als eine unter den Bestand des Rechts anstatt als eine unter die Person des Inhabers einzureihende Tatsache angesehen. Sodann verneint Mügel das Bestehen einer Unrichtigkeit des Grundbuchs, weil beim Eigentumswechsel die Hypothek nur dem neuen Gläubiger zugestanden habe und dem Zedenten erst durch das AwG. rückwirkend ein AwRecht verliehen sei. Diese Verleihung hat jedoch auch rückwirkend das Grundbuch unrichtig gemacht und für die Feststellung der Unrichtigkeit ist gleichgültig, auf welchem Grunde sie beruht (Planck[1] § 894 II 1b). Es kann nun dahingestellt bleiben, wie zu entscheiden wäre, wenn die Wirkungen eines nach der Abtretung geschehenen rechtsgeschäftlichen Eigentumswechsels auf das nachträglich rückwirkend geschlossene AwRecht des Zedenten lediglich aus dem BGB. zu beurteilen wären, und ob § 892 zur Vernichtung des erst später rückwirkend verliehenen Rechts anwendbar wäre; der Umstand, daß ein sog. schlechtgläubiger Erwerb folgerichtig solange auszuschließen wäre, als noch keine Kenntnis von einer Aw. zugunsten des alten Gläubigers bestand, schließt aber den § 892 nicht aus. Denn diese Vorschrift, welche nicht nachzuweisenden guten Glauben schützt, sondern umgekehrt nachgewiesenen schlechten Glauben vom Erwerb gemäß dem Grundbuch ausschließt, ist nicht abhängig davon, daß ein schlechter Glaube überhaupt möglich ist. Einer Entscheidung darüber, wie die Frage vom Standpunkt des BGB. aus zu beurteilen wäre, bedarf es indessen nicht, da das AwG. die Grundlage bietet. Die in § 21 für die Eintragung einer Abtretung bestimmte entsprechende Anwendbarkeit des § 20 kann nicht anders verstanden werden, als daß der Gesetzgeber den Vorschriften über den öffentlichen Glauben für den Fall einer eingetragenen Abtretung (§ 21 Nr. 1) die gleiche Wirkung geben wollte wie im Fall der gelöschten Hypothek (§ 20), es sollte also der nach Löschung oder Abtretung eingetretene rechtsgeschäftliche Eigentumswechsel ersternfalls die Hypothek überhaupt, letzternfalls die des alten Gläubigers vernichten. . .

Dazu: Kammergericht, 1. ZS. Beschluß v. 9. Dezember 1926 (x 746/26) [1]).

Auf dem Grundstück des A. waren seit 1912 unter Nr. 1, 2 und 4 im Wege der Abtretung erworbene Briefhypotheken für die Stadt-(Sparkasse) eingetragen, die auf Grund einer von dieser am 16. 6. 1922 erklärten Abtretung am 20. 7. 1922 auf B. umgeschrieben wurden. Die frühere Gläubigerin meldete die Hypotheken rechtzeitig zur Aw. an und beantragte nach Ablauf der Einspruchsfrist ihre Wiedereintragung mit dem gesetzlichen AwBetrage. Das Grundbuchamt wies den Antrag mit Rücksicht darauf zurück, daß die jetzigen Beschwerdeführer auf Grund einer Auflassung vom 16. 10. 1923 am 9. 1. 1924 als Eigentümer des Grundstücks eingetragen worden sind. . . Das LG. meint dagegen, daß sich der Glaube des Grundbuchs zugunsten eines Eigentumserwerbs überhaupt nicht auf die Person des Berechtigten eines in Abt. II oder III eingetragenen Rechts erstrecke. Dies ist — von § 893 BGB. abgesehen — richtig, wenn es sich darum handelt, ob die eingetragene Person oder eine andere der Berechtigte ist. Bei der Aw. gemäß § 17 steht jedoch nicht die Person des Berechtigten in Frage, sondern es handelt sich darum, daß außer dem hinsichtlich der ganzen Hypothek eingetragenen (oder gemäß § 1155 BGB.) ausgewiesenen Berechtigten noch ein zweiter Berechtigter vorhanden ist. Diese Verdopplung des Rechts ist es, die der Glauben des Grundbuchs berührt. Der Grundstückserwerber wird hiernach durch ihn nicht dagegen geschützt, daß die Hypothek anstelle des eingetragenen Gläubigers dem früheren Gläubiger zusteht, sondern dagegen, daß außer der in vollem Umfang auf den gegenwärtigen Gläubiger umgeschriebenen Hypothek noch eine zweite — derselben Wurzel entwachsene — Hypothek für den früheren Gläubiger besteht. Wenn das LG. weiter ausführt, daß die Art der Berechnung des GMBetrages nicht Gegenstand des öffentlichen Glaubens sei, so kann auch dem beigepflichtet werden. Unrichtig ist jedoch, daß § 17 lediglich eine Vorschrift über die Berechnung des MGBetrages einer abgetretenen Hypothek enthalte. Er ordnet vielmehr die Aw. auch zugunsten des früheren Gläubigers neben der zugunsten des gegenwärtigen an. Dagegen verwertet das LG. nicht den für die Auslegung des § 21¹ bedeutsamsten Gesichtspunkt. Der § 17 dankt seine Entstehung der Erwägung, daß der Gläubiger, dem das Hypothekenkapital zurückgezahlt ist, dadurch keinen Schaden haben soll, daß er auf Veranlassung des Eigentümers statt die Löschung zu bewilligen die Hypothek an den neuen Geldgeber abgetreten hat. Das Gesetz hat daher auch dem abtretenden Gläubiger unter der Voraussetzung des § 17 ein AwRecht zugesprochen. Die gewollte Gleichstellung des Zedenten mit dem, der die Löschung bewilligt hat, wäre aber nicht vollkommen, wenn zwar der Gläubiger, dessen Hypothek auf seine Bewilligung hin gelöscht worden ist, durch einen nachfolgenden, des Schutzes des öffentlichen Glaubens teilhaftigen Eigentumserwerb seine AwHypothek gemäß § 20 verlöre, nicht dagegen der Gläubiger, der zufällig die Hypothek abgetreten hat. Die Gleichstellung beider auch hinsichtlich der Ausschließung der Aw. wird durch § 21¹ erstrebt und erreicht. Wie danach der Glaube des Grundbuchs der Wiedereintra-

[1]) Ebenso auch das OLG. Hamburg, 3. ZS. Urteil v. 18. 1. 27 (Bf 305/26).

gung der gelöschten Hypothek entgegensteht, verhindert er auch die Wiedereintragung des früheren, durch Buchung der Abtretung aus dem Grundbuch verschwundenen Gläubigers. . .

Das LG. erwägt schließlich, daß im § 20[1] dem freiwilligen Erwerbe kraft öffentlichen Glaubens der des Zuschlags in der Zwangsversteigerung entspreche, daß dieses aber die in das geringste Gebot aufgenommene abgetretene Hypothek in jeder Beziehung unberührt lasse. Allein in § 20[1] werden lediglich die Vorschriften über das Erlöschen von Rechten durch den Zuschlag den Vorschriften über den Glauben des Grundbuchs in ihrer Wirkung auf die Wiedereintragung der gelöschten Hypothek gleichgestellt. Diese Anordnung war erforderlich, weil dem Ersteher der Schutz des öffentlichen Glaubens nicht zur Seite steht. Ist die abgetretene Hypothek in das geringste Gebot aufgenommen, so erlischt sie nicht durch den Zuschlag (§§ 91, 52 ZVG.), sondern bleibt bestehen. Für die unmittelbare Anwendung des § 20[1] ist dann überhaupt kein Raum. Seine entsprechende Anwendung im Falle des § 21[1] führt allerdings zu der Auffassung, daß das für den früheren Gläubiger in Betracht kommende Hypothekenrecht durch den Zuschlag als erloschen zu gelten hat, wenn es nicht nach den Versteigerungsbedingungen bestehen bleiben soll. Dadurch, daß bei Feststellung des geringsten Gebots die auf den Erwerber umgeschriebene Hypothek berücksichtigt worden ist, hat jedenfalls nicht ohne Weiteres zugleich das Hypothekenrecht des bisherigen Gläubigers Berücksichtigung gefunden. Ist hiernach an der bisherigen Rechtsprechung (1 x 512/26) festzuhalten, so erweist sich die Entscheidung des Grundbuchamts als gerechtfertigt.

**β) Wiedereintragung des Zedenten einer mehrfach abgetretenen Hypothek.**

Kammergericht, 1. ZS. Beschluß v. 27. Mai 1926 (X 330/26).

Bei der hier beantragten Eintragung handelt es sich um die Wiedereintragung des früheren Gläubigers A. einer mehrfach abgetretenen Hypothek gemäß § 21. Mit Recht hat das LG. die Rangbestimmung des Abs. 2 auch vorliegend für maßgebend erklärt. Der Umstand, daß der letzte Gläubiger G. die Hypotheken hat löschen lassen, steht der Anwendung nicht entgegen. Die Wiedereintragung des früheren Gläubigers vollzieht sich auf Grund des § 21, gleichviel, ob die Hypothek des Erwerbers gelöscht ist oder nicht; ihre Löschung ist nur erheblich für die Eintragung der zugunsten des Erwerbers eingetretenen Aw., die sich nach § 20 regelt. Lediglich für die Wiedereintragung der gelöschten Hypothek des Zessionars gilt auch die Rangvorschrift des § 6. Der Rang des AwBetrages des früheren Gläubigers bestimmt sich dagegen nach § 21[2], ohne daß hierbei der Glauben des Grundbuchs von Einfluß ist; denn dort wird das Rangverhältnis des früheren Gläubigers besonders und unabhängig von den Wirkungen des öffentlichen Glaubens festgelegt. Für den Rang des A. ist hiernach unerheblich, ob den Gläubigern der nacheingetragenen Hypotheken beim Erwerb ihres Rechts das Bestehen der Hypotheken Nr. 6, 7 u. 8 bekannt gewesen ist, wobei im übrigen immer nur die Kenntnis von dem Bestehen der Hypotheken des Zessionars in Frage kommen könnte. Da die Eintragung des für A. maßgebenden AwBetrages nicht dadurch ausgeschlossen wird, daß die abgetretenen Hypotheken auf Bewilligung des letzten Gläubigers gelöscht worden sind — ein Eigentumserwerb, der unter Umständen gemäß §§ 20, 21 der Buchung entgegenstehen könnte, liegt nicht vor —, da ferner der bisherige Gläubiger die Eintragung der ihm zustehenden Aw. ohne Rücksicht auf die Eintragung des AwRechts des gegenwärtigen Gläubigers betreiben kann, so ist für das Rangverhältnis des früheren Gläubigers zu den Nachrechten auch nicht der Umstand von Gewicht, daß wie hier der AwBetrag des gegenwärtigen Gläubigers im Grundbuche vermerkt ist. Eine gegenteilige Auffassung würde dem Sinn des § 21² nicht gerecht. Sein Rangverhältnis ist, weil gesetzlich angeordnet, im Grundbuche zu vermerken, sobald eine von ihm erfaßte Eintragung erfolgt. Wird zunächst lediglich der AwBetrag des früheren Gläubigers gebucht, so kommt für das Grundbuch nur dessen Rang zu den Nachrechten in Frage. Zweifelhaft kann lediglich sein, ob § 21² voraussetzt, daß überhaupt ein AwBetrag für den letzten Gläubiger besteht. Vorliegend wären die Hypotheken für G. gemäß § 78 aufzuwerten, falls dieser den Anspruch nach § 78 S. 3, 16 bis 1. 1. 1926 angemeldet hat. Ob dies geschehen ist, darüber fehlt es an Feststellungen, so daß damit gerechnet werden muß, daß ein AwBetrag des G. nach dem AwG. nicht vorhanden ist. Der Wortlaut des § 21² scheint zwar dafür zu sprechen, daß das Bestehen eines AwBetrages des gegenwärtigen Gläubigers Erfordernis für das dort bestimmte Rangverhältnis ist. Hängt jedoch, wie ausgeführt, das Rangverhältnis zwischen dem eingetragenen AwBetrage des früheren Gläubigers und den anderen Rechten zum mindesten nicht von dem Eingetragensein des AwBetrages des gegenwärtigen Gläubigers ab, so ist im Sinne von § 21² unter diesem Betrage, zu dem andere Rechte im gleichen oder nachfolgenden Range stehen, die alte Rangstelle der für die Aw. in Betracht kommenden Hypothek zu verstehen. Von dieser Auffassung aus kann der AwBetrag des A. gemäß § 21² nur mit dem Range nach den später gebuchten Hypotheken eingetragen werden. Es scheidet für den Vorrang lediglich die Nr. 21 aus, die sich, erst am 9. 2. 1926 eingetragen, nach § 22² den AwBetrag des A. vorgehen lassen muß. Eine Abänderung des in § 21² bestimmten Rangverhältnisses, wie sie der Antrag des A. enthält, ist nicht schon mit Zustimmung des Eigentümers zulässig, sondern erfordert auch die Bewilligung der betroffenen Hypothekare.

**Dazu: Kammergericht, 1. ZS. Beschluß v. 10. Juni 1926 (X 376/26).**

Auf dem Grundstücke des E. hafteten für die Sparkasse unter Nr. 1 14000 M. und unter Nr. 2b (erststelliger Teilbetrag) 3000 M. Vorkriegshypotheken. Unter Nr. 2 a, 3, 4 stehen weitere aufgewertete Vorkriegshypotheken für andere Gläubiger eingetragen. Die Hypotheken der Sparkasse wurden am 1. 4. 1923 an X. abgetreten, der am 4. 12. 1925 unter gleichzeitiger Quittungsleistung die Löschung dieser Hypotheken bewilligte. E. beantragte: für die Sparkasse eine Aw. der gelöschten Nr. 1, 2 b von 4247 GM. einzutragen und für ihn im Range vor Nr. 2a, 3 und 4 gemäß § 7 eine Grundschuld von 4350 GM. zu buchen. Das Grundbuchamt löschte die Nr. 1, 2 b, trug für die Sparkasse hinter Nr. 4, also an letzter Stelle eine Aw. von 4247 GM. ein und teilte dem E. mit, daß die Grundschuld mit dem beantragten Range nicht gebucht werden könne, weil die Nr. 1, 2 b den letzten Rang hätten, eine Befugnis im Sinne des § 7 also nicht bestehe. Die Beschwerden des E. und der Sparkasse wurden zurückgewiesen. Der Standpunkt des LG., daß die AwHypotheken der Sparkasse als der früheren Gläubigerin gemäß § 21² den Rang nicht nur hinter der AwHypothek des Zessionars, sondern auch hinter allen nacheingetragenen Rechten habe, daß hierbei nicht unterschieden werden könne, ob die nachstehenden Rechte vor oder nach der Abtretung erworben seien, entspricht der ständigen Rechtsprechung des Senats. Diese, außer von Lehmann-Bösebeck, wohl allgemein dem § 21² gegebene Auslegung ist bei dessen einschränkungsloser Fassung allein gegeben. Die unbilligen Folgen, die diese Auslegung für den früheren Gläubiger in allen den Fällen nach sich zieht, in denen entweder, wie hier, der Gläubiger statt einer Löschungsbewilligung eine Abtretung erklärt, oder der Eigentümer sie statt sie löschen zu lassen, auf sich selbst als Grundschuld umschreiben läßt, kann nicht dazu führen, den Gesetzgeber einen Willen zu unterstellen, der der in diesem Punkte zweifelsfreien Fassung zuwiderliefe. Die AwHypotheken der Sparkasse sind daher mit Recht an bereitester Stelle eingetragen [1]). Eine Eigentümerbefugnis des § 7 ist hiernach vor den Rechten Nr. 2 a, 3 und 4 nicht entstanden. Eine solche kommt, abgesehen von der wegen ihrer Geringfügigkeit bedeutungslosen Zessionarhypothek, nur hinter den Rechten Nr. 2 a, 3 und 4 in Frage, soweit deren GMBetrag in voller Höhe innerhalb der Mündelsicherheitsgrenze liegt, dagegen keinesfalls hinter den unter Nr. 5 eingetragenen AwHypotheken der Sparkasse, da nicht, wie es das AwG. voraussetzt, Nachrechte hinter ihr vorhanden sind.

**n) Bedeutung des § 22². Zur Auslegung des § 6² AwG.**

α) Kammergericht, 1. ZS. Beschluß v. 3. Juni 1926 (x 304/26).

. . . Der § 22² schaltet nicht für die dort bezeichneten Erwerbe den Glauben des Grundbuchs gänzlich aus, er bestimmt vielmehr lediglich, daß der Eintragung des AwBetrages an der bisherigen Rangstelle jener Glauben soweit nicht entgegensteht, als der Zeitpunkt des Erwerbes eines Grundstückrechts oder der in § 892² bestimmte Zeitpunkt nach dem 30. 6. 1925 liegt. Der § 22² sagt dagegen nicht, daß, wenn der AwBetrag einmal mit einem bestimmten Rang eingetragen worden ist, diese Eintragung nicht vom Glauben des Grundbuchs erfaßt werde. Der § 22² ist daher nur gegenüber der Eintragung der Aw. von Einfluß. Die einmal vorgenommene Buchung selbst wird dagegen des Glaubens des Grundbuches teilhaftig, so daß sich an sie ein gutgläubiger Erwerb gemäß § 892 BGB. anschließen kann. Mit der Eintragung der Aw. treten die Vorschriften des BGB. über den öffentlichen Glauben wieder ganz allgemein in Kraft (Quassowski § 6 I B 2). Steht hiernach die hier angefochtene Eintragung — des Rangs der ZusatzAw. hinter den Posten Nr. 13, 14 — unter dem Glauben des Grundbuchs, so erweist sich der Antrag auf ihre völlige Beseitigung nach § 71² S. 1 GBO. als unzulässig.

Der in zweiter Linie gestellte und nach § 71² S. 2, § 80³ GBO. statthafte Antrag auf einen Widerspruch ist unbegründet... Durch die Eintragung vom

23. 3. 1926 ist das Grundbuch nicht unrichtig geworden, wenigstens nicht soweit die Teilhypothek des Beschwerdeführers A. in Betracht kommt. Nach § 6² geht die Zusatzaufwertung den Hypotheken Nr. 13 und 14 im Range nach, wenn diese in der Zeit vom 14. 2. 1924 bis zum 1. 10. 1924 von einem anderen erworben worden sind [1]). Die Nr. 14, von der der dem A. zustehende Betrag ein Teil ist, ist zwar am 2. 8. 1924 begründet worden. Dieser Umstand allein genügt jedoch nicht, um der Hypothek den Vorrang vor der ZusatzAw. zu verschaffen. Voraussetzung hierfür ist vielmehr, daß derjenige, zu dessen Gunsten die Hypothek in dem erwähnten Zeitabschnitt bestellt worden ist, auch noch im Zeitpunkt des Inkrafttretens des AwG., durch das erst jene Aw. geschaffen worden ist, Inhaber der Hypothek ist (Quassowski § 6 I B 3 a). Ist, wie hier, ein Teilbetrag nach 1. 10. 1924, aber vor dem AwG. durch Abtretung weitergegeben worden, so liegt hinsichtlich des abgetretenen Teilbetrages beim Inkrafttreten des AwG. nur ein nach dem 1. 10. 1924 gemachter Erwerb vor; dieser gründet aber keinen Vorrang. Der ganze AwBetrag, wie er durch das AwG. bestimmt ist, hat vielmehr gegenüber einem solchen Rechte den bisherigen Rang der aufgewerteten Hypothek. Der § 6² beruht zwar auf dem Gedanken, daß wer in der dort erwähnten Zeit ein Recht am Grundstück erworben hat, darauf vertrauen konnte, daß seinem Recht nur ein der 3. StNV. entsprechender AwBetrag vorgehe. Er soll daher in seiner Rangstelle keine Einbuße dadurch erleiden, daß nachträglich durch das AwG. ein höherer Satz eingeführt ist. Diese Vergünstigung versagt das Gesetz jedoch dem, der erst nach 1. 10. 1924, als bereits die gesetzgeberischen Vorbereitungen für die Abänderung der 3. StNV. eingeleitet und allgemein bekannt geworden waren, ein Recht am Grundstück erworben hat. Hierbei ist gleichgültig, ob der Erwerb sich auf eine Neubestellung eines Rechts oder auf die Abtretung eines bereits bestehenden Rechts gründet. Es wird daher auch der Berechtigte des Vorrangs gemäß § 6² nicht teilhaftig, der ein in der Zeit vom 14. 2. bis zum 1. 10. 1924 begründetes Recht erst nach 1. 10. 1924, aber vor dem Inkrafttreten des AwG. erworben hat. Die Begründung des erworbenen Rechts in der genannten Zeit hat dem Recht nicht etwa eine unentziehbare Rangstelle verschafft, so daß sie auch auf den späteren Erwerber des Rechts übergeht, sondern das fr. Rangverhältnis beruht lediglich auf der besonderen Vorschrift des AwG. Der Glaube des Grundbuchs spielt im Falle des § 6² keine Rolle. Entscheidend für das Rangverhältnis ist allein, wann derjenige, der bei Inkrafttreten des AwG. Inhaber des Rechts ist, dieses erworben hat. Ist dies in der erwähnten Zeit geschehen, so geht er mit seinem Rechte der ZusatzAw. vor, andernfalls steht er nach. Der Vorrang gebührt hiernach sowohl dem, der eine vor 14. 2. 1924 begründete PMHypothek in der in § 6² bestimmten Zeit erworben hat, wie dem, zu dessen Gunsten in jener Zeit ein Recht bestellt worden ist, vorausgesetzt, daß das Gläubigerrecht bei Inkrafttreten des AwG. noch besteht. Der Vorrang ist dagegen dem versagt, der ein in jener Zeit begründetes Recht erst nach 1. 10. 1924 durch Übertragung er-

[1]) Auch ein am 1. 10. 1924 erworbenes Recht fällt noch unter § 6² (KG. 20. 1. 1927, x 871/26).

langt hat. Unschädlich ist nur die Abtretung, die nach dem Inkrafttreten des AwG. erfolgt. Denn ist für ein von einem anderen erworbenes Recht gemäß § 6 Abs. 2 Aufw.-Ges. der Vorrang vor der Zusatzaufwertung einmal begründet, so steht er auch dem späteren Erwerber des Rechts zu. Da A. die Teilhypothek Nr. 14 frühestens am 20. 3. 1925 erworben hat, so hat er keinen Anspruch aus § 6². Ob den Erwerbern der Nr. 13 und des andern Teilbetrages der Nr. 14 gegenüber das Grundbuch unrichtig geworden ist, bedarf hier keiner Erörterung, da nur auf weitere Beschwerde der Beeinträchtigten die Anweisung zur Eintragung eines Amtswiderspruchs zulässig ist (GBO. § 72² S. 2).

**3) Genügt eine vor 1. 7. 1925 eingetragene Auflassungsvormerkung[1]) dem § 22²?**

Kammergericht, 1. ZS. Beschluß v. 2. Dezember 1926 (x 799/26).

Die für A. seit 1912 unter Nr. 20 eingetragene Darlehnshypothek von 30 000 M. ist zufolge löschungsfähiger Quittung und Löschungsbewilligung vom 2. am 6. 7. 1923 gelöscht. Nunmehr hat A. rechtzeitig die Aw. angemeldet, ohne daß die gegenwärtigen Eigentümer M. und N. Einspruch eingelegt haben. M. und N. haben das Grundstück zufolge eines am 28. 4. 1925 den früheren Eigentümern gemachten und von diesen am 4. Tage angenommenen Angebotes auf Grund einer Auflassung vom gleichen Tage und eines am 5. 10. 1925 beim Grundbuchamt eingegangenen Umschreibungsantrages durch entsprechende Eintragung vom 12. 10. 1925 zu gleichen Teilen erworben, nachdem für sie schon vorher am 27. 5. 1925 auf Grund der Bewilligung der früheren Eigentümer eine Auflassungsvormerkung eingetragen war. Die Wiedereintragung der Hypothek zum gesetzlichen AwBetrage ist mit Recht abgelehnt. Zutreffend ist zunächst, daß die Bewilligung der Eintragung einer Vormerkung eine „Verfügung" im Sinne des § 893 BGB. darstellt, und daß daher zugunsten des aus der Vormerkung Berechtigten, vorausgesetzt, daß der vorgemerkte Anspruch wirklich zum Rechtserwerbe führt, kraft des öffentlichen Glaubens (§§ 892 BGB., § 20 AwG.) der Inhalt des Grundbuchs als richtig gilt (JPG. 2 S. 409). Wäre also die Hypothek des A. nach Eintragung der Vormerkung wieder eingetragen worden, so könnten, nachdem der vorgemerkte Anspruch der Eigentümer durch Eintragung ihres Eigentums verwirklicht ist, die Eigentümer, falls nicht ihre Bösgläubigkeit nachgewiesen wird, die Löschung verlangen, da durch die Wiedereintragung der Hypothek ihr vorgemerktes Recht geschmälert werden würde (Quassowski AwG.³ S. 250). Diese Erwägung führt hier, nachdem das geschützte Recht durch Eintragung der Eigentumsänderung verwirklicht ist, ohne daß bisher die gelöschte Hypothek wieder eingetragen ist, zur Ablehnung des jetzt gestellten Wiedereintragungsantrages, da A. der sich auf den Unrichtigkeitsnachweis stützt (§ 22 GBO.), zur Erbringung dieses Nachweises die Möglichkeit eines gutgläubigen Eigentumserwerbes durch den Nachweis der Bösgläubigkeit ausräumen müßte, ein Nachweis, den A. in der Form des § 29 GBO. bisher nicht erbracht hat und binnen angemessener Frist (§ 18 GBO.) zu erbringen auch ersichtlich nicht in der Lage ist. Der öffentliche Glaube steht mithin der Wiedereintragung im Hinblick auf die

[1]) Ebenso hat das OLG. Rostock am 23. 11. 1926 entschieden (MecklZ. 43 S. 151).

Vormerkung entgegen, obwohl er bei Eingang des Umschreibungsantrages (5. 10. 1925) zufolge des § 22² bereits ausgeschaltet war. Daß durch den fruchtlosen Ablauf der Einspruchsfrist (§ 16² AwG.) die Vorschriften über den Glauben des Grundbuchs dem Eigentümer gegenüber nicht außer Kraft gesetzt werden, hat der Beschluß vom 18. 11. 1926 (1. X 782. 26) gegen die gegenteiligen Ausführungen Abrahams (JW. 1926 S .2350, 2454) eingehend begründet (JW. 1927 S. 65)[1].

**γ) Desgl. eine vor 1. 7. 25 begründete Eigentümergrundschuld?**

Kammergericht, 1. ZS. Beschluß v. 11. November 1926 (x 719/26).

Die unter Nr. 3 für A. eingetragene Darlehnshypothek von 20 000 M. ist am 22. 3. 1923 auf Grund einer Löschungserklärung vom 15. 1. 1923 gelöscht worden. Am 29. 11. 1924 ist für den Grundstückseigentümer auf Grund seiner Bewilligung unter Nr. 8 eine Eigentümergrundschuld von 30 000 GM. eingetragen und am 9. 2. 1925 von ihm unter Übergabe des Briefs an das Bankhaus F. verpfändet. Die Verpfändung ist am 4. 12. 1925 im Grundbuch eingetragen. Am 17. 3. 1926 ist die gelöschte Nr. 3 im AwBetrage von 5000 GM. unter Nr. 9 wieder eingetragen worden und zwar mit dem Vorrang vor Nr. 8. Bei dieser ist in Spalte 5—7 der Vorrang der Nr. 9 vermerkt. Die Pfandgläubigerin beantragte: „Im Grundbuche zu vermerken, daß ihr Pfandrecht an der Grundschuld der Nr. 9 im Range vorgeht". . . Dieser Antrag bezweckte eine Berichtigung des Grundbuchs hinsichtlich des Rangverhältnisses zwischen der verpfändeten Grundschuld und der Nr. 9. Gegen die Ablehnung einer Berichtigung ist die Beschwerde nur unter den gleichen Voraussetzungen zulässig, wie gegen die Rangeintragung selbst. Im Falle einer schon durch die Eintragung von vornherein bewirkten Unrichtigkeit, wie sie hier behauptet wird, ist die Beschwerde nur mit der Beschränkung des § 71² S. 2 GBO. gegeben. Inhaltliche Unzulässigkeit des Rangvermerks kommt hier nicht in Frage. In dem Beschwerdeverlangen ist, wenn auch der Antrag seinem Wortlaute nach den Vermerk des Vorrangs der verpfändeten Grundschuld selbst bezweckt, gleichzeitig das beschränktere Begehren auf Eintragung eines Amtswiderspruchs zu finden. Mit diesem Ziele war also die erste Beschwerde gemäß § 71 GBO. zulässig; um einer Beschwerde im Sinne des § 74 AwG. handelte es sich nicht.

Die Voraussetzungen eines Amtswiderspruchs, daß eine Eintragung unter Verletzung gesetzlicher Vorschriften vorgenommen, und daß durch sie das Grundbuch unrichtig geworden ist, liegen hier hinsichtlich des Pfandrechts vor. Bei der Eintragung der Aw. der Nr. 3 handelte es sich um eine Grundbuchberichtigung; sie durfte also nur so erfolgen, daß sie der wirklichen Rechtslage auch hinsichtlich der Rangverhältnisse entsprach. Hätte die Grundschuld selbst schon zur Zeit ihrer Eintragung auf Grund des § 892 BGB. 20 AwG. den Vorrang vor der AwHypothek erlangt, so käme dieser Vorrang auch dem Pfandrecht, das vor der Wiedereintragung der aufgewerteten Hypothek und vor 1. 7. 1925 entstanden war (§§ 1274, 1154 BGB.), ohne weiteres zustatten. Zutreffend geht aber das LG. davon aus, daß die Grundschuld nicht als ein durch den Glauben des Grundbuchs geschütztes Recht des § 892 BGB. anzusehen ist; denn diese Vorschrift bezweckt den Schutz

[1] Das OLG. Hamburg 10. 1. 1927 (1 F 52/26) ist dem KG. beigetreten.

des Verkehrs, also der einem eingetragenen Berechtigten als Dritte gegenübertretenden Rechtserwerber; bei Rechtsgeschäften, die auf Erwerb des Eigentums selbst gerichtet sind, also der neue Erwerber, bei Erwerb beschränkter dinglicher Rechte der vom bisherigen Rechtsinhaber verschiedene, ihm zum rechtsgeschäftlichen Erwerbe des Rechts selbst oder eines Rechtes an diesem gegenübertretende Dritte. Wenn das BGB. dies in § 892 im Gegensatz zu § 9 des Pr. EEG. vom 5. Mai 1872 nicht besonders hervorhebt, so kann daraus nichts gegenteiliges gefolgert werden. Aus der Entstehungsgeschichte (Mot. 3 S. 211, Denkschr. S. 183, Prot. 3 S. 82) ist nur zu entnehmen, daß das bisherige Erfordernis der Entgeltlichkeit des Erwerbs wegfallen sollte (Staudinger III 3a, Rosenberg Sachenr. II 3 zu § 892, Planck II d zu § 892, 2 d zu § 1196 BGB., v. Tuhr, Allg. Teil II 1 § 45 Anm. 76 a, Wolff Sachenr. § 45 II 4, Oberneck GrBR. § 45 S. 382 Nr. 5). Da das AwG. in §§ 6, 20 ff. die Vorschriften des BGB. über den Glauben des Grundbuchs nur in der bestehenden Ausgestaltung übernommen, nicht aber noch erweitert hat, kann der Erwerb einer vom Eigentümer gemäß § 1196 BGB. für sich selbst bestellten Grundschuld nicht als geschützt angesehen werden. Daraus, daß § 31 die §§ 4—8, 14—30 AwG. schlechthin auf Grundschulden für entsprechend anwendbar erklärt, kann ein entgegenstehender Gesetzeswille nicht entnommen werden. Grundschulden sind vielmehr hinsichtlich des Schutzes des Glaubens des Grundbuchs den Hypotheken nur insoweit als gleichgestellt anzusehen, als sich hinsichtlich ihrer nicht aus den allgemeinen Vorschriften des bürgerlichen Rechts etwas anderes ergibt (vgl. auch Quassowski 4 II C, a zu § 20).

Zutreffend ist auch die Annahme des LG., daß das zugunsten der Firma F. an der Grundschuld bestellte Pfandrecht unter § 892 BGB., 20 AwG. fällt, da es ein Recht an einem das Grundstück belastenden Rechte ist[1]). Es wird daher bei Gutgläubigkeit des Pfandgläubigers an diesem Rechte so erworben, wie dieses nach Inhalt und Rang durch das Grundbuch ausgewiesen wird. Die Annahme des Grundbuchamts, daß F. nicht mehr Rechte erwerben konnte, als der Grundschuldgläubiger hatte, verkennt das Wesen der Wirkungen des öffentlichen Glaubens. Denn dieses besteht gerade darin, daß der gutgläubige Rechtserwerber auf Grund des von der wirklichen Rechtslage abweichenden Grundbuchinhalts etwas erwirbt, was bisher materiellen Rechtsbestand nicht hatte, wenn das Grundbuch es als vorhanden verlautbart. Es gilt donn eben zugunsten des gutgläubigen Erwerbers als so bestehend, wie es aus dem Grundbuch ersichtlich ist. Da hier zur Zeit des Erwerbs des Pfandrechts die Nr. 3 gelöscht war, F. also davon ausgehen konnte, daß die Nr. 3 der verpfändeten Grundschuld nicht im Range vorginge, sondern endgültig erloschen sei, gilt zu seinen Gunsten die Grundschuld als der AwHypothek im Range vorgehend. Von dieser aus dem Grundbuch erkennbaren Rechtslage mußte das Grundbuchamt bei Eintragung der Aw. der Nr. 3 ausgehen. Es durfte deshalb mangels nachgewiesener Schlechtgläubigkeit des F. die AwHypothek nicht schlechthin mit dem Vorrange vor der Grundschuld eintragen, mußte vielmehr berücksichtigen, daß zugunsten des F. die Grundschuld

[1]) Ebenso Bay. ObLG. 18. 12. 26 (BayZ. 23 S. 51).

als der AwHypothek im Range vorgehend, zu gelten hatte, und dieses Rangverhältnis buchen. Die Wirkung dieses relativen Vorranges der Grundschuld äußert sich dahin, daß F., wenn die Voraussetzungen für die Verwirklichung seines Pfandrechts (§§ 1228², 1282 BGB.) eingetreten sind, im Umfange seiner Pfandforderung vor Nr. 9 aus dem Grundstück befriedigt wird, während bei Erlöschen des Pfandrechts der Eigentümer aus dem Grundschuldrecht erst hinter Nr. 9 zur Hebung kommt. Das Grundbuchamt wird nunmehr bei Nr. 9 und bei der Vorrangseintragung zu Nr. 8 einen Widerspruch zugunsten des F. eintragen müssen, der den auf das Pfandrecht beschränkten Vorrang der Grundschuld vor Nr. 9 kenntlich macht.

**Dazu: Kammergericht, 1. ZS. Beschluß v. 16. Dezember 1926 (x 845/26).**

Auf dem A. seit 1908 gehörigen Grundstück haftete unter Nr. 6 eine Vorkriegshypothek von 6500 M. Am 25. 10. 1922 hat der Gläubiger ohne Vorbehalt quittiert und die Löschung bewilligt. Auf Antrag des A. wurde am 28. 2. 1924 die Nr. 6 gelöscht und gleichzeitig eine Eigentümergrundschuld in Höhe des Preises von 10 kg Feingold unter Nr. 10 eingetragen. Am 28. 7. 1926 wurde jedoch die gelöschte Hypothek mit einem AwBetrage von 1612 GM. unter Nr. 11 wieder eingetragen, und zwar mit dem Vorrang vor Nr. 10. A. erhob wegen dieses Vorrangs Beschwerde mit dem Antrag auf Eintragung eines Amtwiderspruchs. Die Annahme des LG., daß § 892² BGB., § 20² AwG. dem Erwerb einer Eigentümergrundschuld gemäß § 1196 BGB. nicht zugute komme, entspricht dem vorstehenden Beschluß in der wesentlich gleichliegenden Sache X 719. 26. Die dort nicht ausdrücklich erörterten §§ 6², 22¹ AwG. können zu keiner anderen Auffassung führen. In § 6² ist offenbar in erster Linie an den Fall gedacht, daß die aufzuwertende Hypothek noch eingetragen ist. Für diesen Fall soll in Durchbrechung des in Abs. 1 aufgestellten Grundsatzes der Rangbeständigkeit der alten Hypothek zugunsten der unter der ersten Geltungszeit der 3. StNV. erworbenen Rechte eine Ausnahme geschaffen werden, weil die Erwerber nur mit einer Aufwertbarkeit der noch im Grundbuch stehenden PMRechte in Höhe von 15% rechnen konnten. Für den Fall, daß das aufzuwertende Recht z. Zt. des Erwerbs der Neurechte gelöscht war, kommt diesen der Vorrang ja in ganzer Höhe gemäß § 892 BGB. § 20² AwG. abgesehen von dem Fall der — regelmäßig nicht nachweisbaren — Bösgläubigkeit der Erwerber zu. Der § 6² läßt mithin die Voraussetzungen für einen gutgläubigen Erwerb nach § 892 BGB. hinsichtlich der Art der geschützten Rechtsgeschäfte unberührt. — Welche Rechtsgeschäfte der § 22¹ hat treffen wollen, wenn es von dem Erwerb von Rechten „durch den Eigentümer" spricht, kann auf sich beruhen, da jedenfalls der § 22¹ keineswegs eine Erweiterung des im allgemeinen bürgerlichen Recht begründeten Schutzes des guten Glaubens, sondern eine Einschränkung bezweckt, indem es gewissen Erwerbern mit Rücksicht auf ihre persönlichen Beziehungen die Berufung auf den Glauben des Grundbuchs bei einem Erwerb nach 1925 erschwert (ebenso Quassowski a. O., Neukirch Anm. 4 I B bb zu § 20, grundsätzlich auch ObLG. in RAw. 1 S. 99).

Wenn die Beschwerde geltend macht, daß die Eigentümergrundschuld ihren

Zweck, die nächstbereite Rangstelle für Kreditaufnahmen zu sichern, bei Versagung des Schutzes des öffentlichen Glaubens nicht erfüllen könnte, so trifft das in dieser Allgemeinheit nicht zu; denn der Kreditgeber, dem die Grundschuld vor Wiedereintragung der gelöschten Hypothek abgetreten oder verpfändet wird, erwirbt sie mit dem Vorrang vor der AwHypothek. Der Eigentümer ist zudem in der Lage, den Kreditgeber hinsichtlich des Ranges auch schon vorher durch Bewilligung einer Vormerkung zu sichern (JFG. 2 S. 409).

o) **Ist § 28² auf den Fall der Rückwirkung (§ 15) beschränkt[1])?**

Kammergericht, 1 ZS. Beschluß v. 18. November 1926 (x 723/26).

. . . Das Gesetz hat im Abschn. III § 15 den Ausdruck „kraft Rückwirkung" begrifflich bestimmt als die bei vorbehaltloser Leistungsannahme in der Zeit vom 15. 6. 1922 bis 14. 2. 1924 erfolgende Aw., und diesen begrifflich so bestimmten Fall dem in § 14 behandelten Fall „auf Grund Vorbehalts" an die Seite gestellt. In diesem beschränkten, die Aw. bei Vorbehalt nicht mitumfassenden Sinne gebraucht das Gesetz den Ausdruck „Aw. kraft Rückwirkung" auch in den weiteren §§ 16, 18, wo es die beiden Fälle nicht unter einer gemeinsamen Bezeichnung „Aw. kraft Rückwirkung" zusammenfaßt, sondern als zwei selbständige Fälle nebeneinander erwähnt; ebenso auch Art. 28 DfV. Hat das Gesetz somit die letztere in einem bestimmten, die Aw. auf Grund Vorbehalts ausschließenden Sinne begrifflich festgelegt, so wäre die Annahme, daß § 28² den Ausdruck „Aw. kraft Rückwirkung" in einem anderen beide Fälle umfassenden Sinne gebraucht habe, nur dann gerechtfertigt, wenn zwingende Gründe darauf hinwiesen. Denn als eine das Zinsrecht einschränkende Bestimmung ist sie nach allgemeinen Grundsätzen eng auszulegen. Die Gründe der Gegner sind der Umstand, daß § 6¹ S. 1 bei Erwähnung der Rückwirkung nur auf die §§ 20, 21, nicht aber auf § 15 hinweist und daß § 16 beide AwFälle hinsichtlich des Anmeldungszwanges und der Zulässigkeit der Wiedereintragung gleich behandelt. Der erste Umstand läßt sich jedoch, wenn nicht eine Ungenauigkeit in der Fassung vorliegt, so erklären, daß das Gesetz hinsichtlich der Rangbeeinflussung gelöschter, wieder einzutragender Hypotheken durch gutgläubige Erwerbsakte alle Fälle des Wiederauflebens gelöschter Hypotheken als Rückwirkungsfälle im weiteren Sinne habe behandeln wollen (Bericht des 18. Aussch. Nr. 1125 S. 17). Hierfür spricht, daß auch § 20, eine für alle Fälle der Wiedereintragung maßgebende Rangvorschrift, seinerseits auf § 6 hinweist und dadurch diesen für die Fälle ergänzt, daß die aufzuwertende Hypothek gelöscht ist.

Aus der gleichartigen Behandlung beider AwFälle hinsichtlich der formellen Voraussetzungen im § 16 lassen sich zwingende Schlüsse für die Auslegung des § 28² im Sinne der Gegenmeinung keineswegs ziehen. Im § 16 handelt es sich nur um die Erhaltung und grundbuchliche Eintragung des AwRechts, in § 28² dagegen um den Inhalt des aufgewerteten Rechts. Es fehlt ein einleuchtender

[1]) Ebenso OLG. Frankfurt AwR. 1 S. 396, desgl. Schlegelberger, Gribel, v. Karger, Nadler 178 und JRdsch. 1925 S. 1132, Rademacher: das neue AwR. S. 102, Levis: Aw. von Hyp. 77, Roß JW. 1925 S. 2574, Josef LZ. 1925 S. 1150, Meyer D. SteuerZ. 1925 S. 855. Dagegen dehnen Mügel, Quassowski, Lehmann, Emminger den § 28² auf den Fall des § 14 aus.

Grund, warum der Gesetzgeber, wenn er auch hinsichtlich der Verzinsung die Aw. „auf Grund Vorbehalts" und die „kraft Rückwirkung" gleich behandeln wollte, im Gegensatz zu den beide AwFälle nebeneinander erwähnenden §§ 16 und 18, in § $28^2$ den nach der Begriffsbestimmung des § 15 die Aw. auf Grund Vorbehalts nicht mitdeckenden Ausdruck „Aw. kraft Rückwirkung" allein ohne Miterwähnung des ersteren Falles gewählt haben sollte.

Als innere Rechtfertigung für die Beschränkung des § $28^2$ läßt sich der Umstand geltend machen, daß bei einer Leistungsannahme unter Vorbehalt die auf Grund der Löschungsbewilligung und der Löschung zunächst eingetretene Lösung des Hypothekenschuldverhältnisses vom Standpunkt des Gesetzgebers nicht als eine so vollständige angesehen werden sollte wie bei einer Löschung auf Grund vorbehaltloser Leistungsannahme und Löschungsbewilligung, und im ersteren Fall der Hypothekenschuldner von vornherein eher mit dem Wiederaufleben der Hypothek rechnen mußte wie im letzteren Falle.

Danach mußte das Grundbuchamt, wenn es einen bestimmten Zinsbeginn (1. 4. 25) in den Eintragungsvermerk aufnehmen wollte, prüfen, ob hier kraft Vorbehalts aufzuwerten war. Auf die Möglichkeit eines solchen wiesen die Umstände hin; denn im Grundbuch war, wenn auch unter der 3. StNV. ein auf einen Vorbehalt gestützter Widerspruch gegen die Löschung eingetragen. Auch das zu den Grundakten eingereichte Schreiben und der Antrag auf Eintragung der Aufwertung enthielten den behaupteten Vorbehalt. Die Unterlassung dieser Behauptung in der jetzt erneuerten Anmeldung war nicht geeignet, etwaige Rechte aus dem Vorbehalt zu vernichten. Denn abgesehen davon, daß die frühere Anmeldung, der als wirksame Anmeldung im Sinne des AwG. zu gelten hat (1 X. 234/26, JRdsch. 1926 Nr. 1293), jene Behauptung enthielt, bedarf die Anmeldung im Sinne des § 16 AwG. gar keiner näheren Begründung des AnwAnspruchs, und die Unterlassung des Einspruchs hat weder die positive Folge, daß die etwaigen zur Begründung behaupteten Tatsachen als festgestellt gelten, noch die negative Folge, daß in der Anmeldung nicht geltend gemachte AwGründe als ausgeschlossen gelten (1 X. 661/26) . . .

o) **Gilt § $28^2$ für die Aw. des früheren Gläubigers?**
**Kammergericht, 1 ZS. Beschluß v. 6. Januar 1927 (x 878/26).**

Die unter Nr. 9 für A. eingetragene Darlehnshypothek von 25 000 M. wurde auf Verlangen des Eigentümers, der am 2. 3. 1923 PM. 25 000 zurückgezahlt hatte, an B. abgetreten und dies am 15. 8. 1923 gebucht. Auf die rechtzeitige Anmeldung des A. ist sodann eingetragen worden, daß die Hypothek nach § 4 zugunsten des A. auf 6244 GM. aufgewertet sei, und zwar verzinslich mit dem in § $28^1$ bestimmten Zinssatz von 1925 ab. Die Beschwerde, die eine Verzinsung nach § $28^1$ verlangt, richtet sich allerdings gegen eine Eintragung, nämlich des Zinsbeginns und beanstandet sie nur insoweit, als sie sich auf die Zeit bis zur Wiedereintragung bezieht. Insoweit aber handelt es sich tatsächlich um Zinsrückstände des § 1159 BGB., die nach Abs. 2 das. dem Glauben des Grundbuchs nicht unterliegen. Dann aber kann gegen diesen Teil die Beschwerde ohne die Beschränkung des § 71² S. 2 GBO. erhoben werden (Güthe-Triebel § 71¹). Der Beschluß (1 X 729/26) steht dem nicht entgegen; dort handelte es sich um das Verlangen, den nach § 28² bestimmten Zinsbeginn auf den 1. 1. 1925 abzuändern, also um einen Angriff gegen eine in vollem Umfang unter dem Schutz des öffentlichen Glaubens stehende Eintragung (wenn auch mit dem Ziel einer nicht darunter fallenden Erweiterung).

In der Sache halten die Vorinstanzen die Regelbestimmung des § 28¹ auch auf den Fall der Aw. zugunsten eines früheren Gläubigers, dessen Hypothek auf den Zessionar umgeschrieben war, grundsätzlich für anwendbar. Allein der § 28² spricht von einer Löschung unmittelbar überhaupt nicht, sondern stellt als Voraussetzung lediglich auf, daß „die Hypothek kraft Rückwirkung wieder eingetragen wird". Irrig ist jedenfalls die Ansicht des LG., daß von einer „Wiedereintragung zugunsten des früheren Gläubigers" nur gesprochen werden könne, wenn die Hypothek als solche gelöscht war. Durch die Umschreibung war die Hypothek allein für den Erwerber eingetragen worden, eine Berechtigung des früheren Gläubigers ergab das Grundbuch nicht mehr. Wird nun durch die Eintragung der Aw. auch für ihn diese Aw-Hypothek wieder auf seinen Namen, den das Grundbuch bisher nicht auswies, eingetragen, so wird man allerdings gerade von einer Wiedereintragung „zugunsten des früheren Gläubigers" sprechen müssen. Fragen kann sich nur, ob diese schon eine „Wiedereintragung der Hypothek" i. S. des § 28² ist. Aber auch das ist der Fall. Zu Unrecht geht das LG. davon aus, daß § 20 nur den Schutz des guten Glaubens bezwecke und aus der entsprechenden Anwendbarkeit, die der § 21 anordnet, keine weiteren Schlüsse für die Auslegung des § 28² gezogen werden könnten. In erster Linie ordnet § 20 an, daß die bereits gelöschte Hypothek in Höhe der Aw. mit dem aus § 6 folgenden Range wiedereinzutragen sei (allerdings vorbehaltlich der Wirkungen des öffentlichen Glaubens). Wenn dann § 21, darunter in Nr. 1 für den Fall der Abtretung mit Umschreibung die entsprechende Anwendung des § 20 bestimmt, so besagt das zunächst gleichfalls, daß die Hypothek in Höhe der Aw., hier allerdings mit dem aus Abs. 2, folgenden Range, „wiedereinzutragen" sei. Wie der Senat bereits mehrfach, besonders für die Wirkung des öffentlichen Glaubens (JFG. 3 S. 358), aber auch allgemein (X 512/26 oben S. 53) ausgesprochen hat, ist die entsprechende Anwendbarkeit des § 20 dahin zu verstehen, daß der Gesetzgeber dessen Vorschriften für den Fall iener eingetragenen Abtretung die gleiche Wirkung geben wollte wie im Fall einer gelöschten Hypothek; dies muß auch hinsichtlich der Wiedereintragung und ihrer Folgen gelten. Demgegenüber vermag der Hinweis darauf, daß die Aw-Hypothek des früheren Gläubigers nur einen Teil des einheitlichen, nur verschiedenen Gläubigern zustehenden Rechts bilde, nicht durchzugreifen. Bereits in JFG. 3 S. 353 ist ausgesprochen, daß Zedent und Zessionar nicht etwa Mitberechtigte einer einheitlichen aufwertbaren Hypothek, sondern ihre Rechte selbständig und unabhängig voneinander zu beurteilen sind. Gerade diese Unabhängigkeit spricht gleichfalls dafür, auch bei der Anwendbarkeit des § 28² auf die Aw. der abgetretenen umgeschriebenen Hypothek diese als selbständiges und daher

„wiedereingetragenes" Recht des Zedenten anzusehen (Neukirch § 28[7]; Quassowski § 28 II C 1[2], auch Cohn JW. 1926 S. 134).

Die Hypothek kann aber auch für den Zedenten „infolge Aw. kraft Rückwirkung" wiedereingetragen werden, nämlich dann, wenn, wie § 17 es als einen der beiden AwFälle vorsieht, die Gegenleistung für die Abtretung wie hier nach 14. 6. 1922 angenommen ist. In § 17 selbst ist dieser Fall nicht ausdrücklich als „kraft Rückwirkung" bezeichnet; doch ist unbedenklich, ihn als vom Gesetze mitinbegriffen anzusehen. Denn die beiden Fälle des § 17 sind im 2. Abschnitt unter III mitbehandelt; während dort in §§ 14, 15 die Vorbehalts- und RückwirkungsAw für den Fall, daß der Gläubiger nicht gewechselt hat, geregelt werden, ordnet § 17 zwei ganz entsprechende Tatbestände des Gläubigerwechsels. Auch die Annahme des Abtretungsentgelts nach 14. 6. 1922 bildet daher einen Fall der Rückwirkungs-Aw. Dieses Ergebnis entspricht auch allein dem Zwecke des § 28[2]. Dieser ging offensichtlich dahin, dem Eigentümer-Schuldner eine Begünstigung für die Fälle zu verschaffen, mit denen er nach der Rechtslage vor Erlaß des AwG. nicht rechnen konnte und hinsichtlich deren irgend ein Recht des jetzt AwBerechtigten aus dem Grundbuch nicht mehr ersichtlich war (vgl. auch RG. 114 S. 183 unten)[1]). . . .

p) α) **Es fallen auch vor 1900 begründete Reallasten unter § 31.**

Kammergericht, 1. FerienZS. Beschluß v. 9. August 1926 (1 x 496/26).

Die in Abt. II Nr. 1 eingetragene Last, wonach jährlich 108 Thaler an den König von Preußen, demnächst an den preuß. Staat zu zahlen waren, ist am 14. 7. 1923 gelöscht worden, nachdem der Eigentümer die vorgesehene Ablösungssumme am 14. 6. 1923 an den Staat gezahlt hatte. Diese Last ist eine Reallast. Daß sie vor 1900 bereits eingetragen war, ist bedeutungslos. Der § 31 findet auch auf solche Reallasten Anwendung (RG. 20. 2. 1926 V 157/25, Quassowski II zu § 31). Das Bedenken der Vorinstanzen, daß der § 31 auf die landesrechtlich begründeten Reallasten nicht anwendbar sei, beruht auf Rechtsirrtum. Nach § 16[2] ist daher ein Widerspruch einzutragen.

β) **Vorranggelöschter, aber aufzuwertender Renten vor inzwischen eingetragenen Hypotheken [2]).**

Kammergericht, 1. ZS. Beschluß v. 2. Dezember 1926 (x 711/26).

Auf dem Rentengute des A. lasteten in Abt. II Nr. 3 seit 12. 10. 1912 zugunsten der Rentenbank zwei bei der Errichtung des Rentengutes begründete Rentenbankrenten. Unter Nr. 4 wurde am selben Tage eine „Abnahme" für die Eltern des Rentengutskäufers eingetragen, die den Renten den Vorrang eingeräumt hatten. Die sonstigen Belastungen (Abt. II Nr. 1, 2, Abt. III Nr. 1

---

[1]) a) Hat der Erwerber den AwBetrag nachträglich bezahlt, so ist Abs. 2 nicht anwendbar; denn er knüpft eine Vergünstigung als Ausnahme von der Regel an eine bestimmte Tatsache und muß deshalb wegfallen, wenn diese nicht durchführbar ist (ObLG. 11. 12. 26, RAw. 83). Ebenso OLG. Karlsruhe, wenn wegen des guten Glaubens des Erwerbers die gelöschte Hypothek nicht wieder eingetragen werden kann.

b) Wird nach § 25[2] S. 2 AwG. die Schuld vorzeitig fällig, so gestattet der 2. ZS. des KG. dem Schuldner den Abzug des Zwischenzinses (DJV. Art. 21); aA. ist der 29. ZS.

[2]) Dagegen gilt eine an erster Stelle gebuchte, aber nicht eintragungsbedürftige Reallast nicht als „erststelliges" Recht des § 7[1] S. 1 (Beschluß desselben ZS. v. 13. 1. 1927, x 887/26).

bis 3) sind gleichzeitig gelöscht. Die „Abnahme" und die später in Abt. II Nr. 5 sowie in Abt. III Nr. 4 und 5 vermerkten Lasten sind ebenfalls gelöscht. Unter Nr. 6 ist am 20. 3. 1925 eine Hypothek von 3000 GM. für ein Goldpfandbriefdarlehen der Landschaft eingetragen. Nachdem Ende 1923 das Kapital der Renten vom Eigentümer in Papiermark zurückgezahlt und demgemäß die Last am 10. 1. 1924 gelöscht worden war, hat die Rentenbank den Anspruch auf Aw. der Renten rechtzeitig angemeldet. Dem Antrage gemäß hat das Grundbuchamt am 26. 3. 1926 die Renten in Abt. II Nr. 6 wieder eingetragen, und zwar mit dem Vermerk, daß sie der Hypothek Nr. 6 im Range nachgehen. Auf Anweisung des LG. hat es jedoch den Vorrang der Renten vor jener Hypothek gebucht und bei dieser einen entsprechenden Vermerk gemacht. Die weitere Beschwerde ist nicht begründet.

Rentenbankrenten, die aus Anlaß der Bildung eines Rentengutes entstanden, genießen nach § 6 Ges. 7. 7. 91 mit § 18¹ Ges. 2. 3. 50 (GS. 112) bei Konkurrenz mit anderen Verpflichtungen die Vorzugsrechte der Staatssteuern, haben also kraft Gesetzes den Vorrang vor allen privatrechtlichen Belastungen des Grundstücks. Sie bedürfen im übrigen zur Begründung der Dinglichkeit nicht der Eintragung und genießen die Vorzugsrechte der Staatssteuern (die nur in bestimmten Ausnahmefällen gegenüber schon früher eingetragenen Rechten auf Grund besonderer behördlicher Entschließung nicht Platz greifen) auch ohne diese (Art. 62 EG. BGB.); ihre Eintragung ist jedoch zulässig (Art. 12¹ AG. zur GBO.). Sie bedürfen nach Art. 22 Nr. 3 AG. zum BGB. gleich den sonstigen Rentenbankrenten der Eintragung besonders nicht zur Erhaltung der Wirksamkeit gegenüber dem Glauben des Grundbuchs. Die nicht eingetragene Rente ist Dritten gegenüber wirksam, nicht nur soweit es sich — gegenüber einem Erwerber des Grundstücks — um ihr Bestehen handelt; sie ist auch wirksam, soweit — den späteren Erwerbern dinglicher Rechte gegenüber — ihr Vorzugsrecht in Frage steht. Die Landschaft könnte sich mithin gegenüber dem Anspruche der Rentenbank auf den Vorrang nicht darauf berufen, daß die Renten bei Eintragung der Hypothek nicht eingetragen waren. An dieser Sachlage ändert aber auch nichts der Umstand, daß bei Eintragung der Hypothek das Grundbuch nicht etwa die Renten überhaupt nicht enthielt, sondern daß es sie als gelöscht aufwies. Mit der bisherigen Rechtsprechung des Senats ist davon auszugehen, daß auf Grund der durch das AwG. erfolgten Verleihung der Aufwertbarkeit an die in der Rückwirkungszeit ausgezahlten und gelöschten Rechte das Grundbuch rückwirkend als mit der Löschung unrichtig geworden anzusehen ist. Die gelöschten Rechte sind also in Wahrheit nicht erloschen. Mit solcher Rechtslage muß aber (vgl. RG. 62 S. 99; 93 S. 63) der nach der Löschung zur Eintragung gelangende Erwerber von Grundstücksrechten rechnen, und zwar nicht nur ein neuer Eigentümer, sondern auch der Erwerber eines begrenzten dinglichen Rechts; dieser muß nicht nur mit dem Nachbestehen des gelöschten Rechts, sondern damit rechnen, daß es im alten Range, also mit dem Vorrange vor seinem Rechte besteht. Wenn hier **nach den Eintragungen im Grundbuche** die Annahme begründet erschien, daß die Renten erloschen seien, so konnte sich diese Annahme doch nur auf eine Tatsache (die

Löschung) gründen, die nicht mit dem öffentlichen Glauben umkleidet war. Bedurfte es zur Begründung der vollen Dinglichkeit der Renten der Eintragung nicht, so war für das Fortbestehen der Rechte und zu ihrer Wirksamkeit gegen Dritte — in Hinsicht auf Bestand und Rang — auch das Eingetragenbleiben nicht erforderlich; der gutgläubige Erwerber von Rechten an einem Grundstück, das mit einer eingetragen gewesenen, aber zu Unrecht gelöschten Rente belastet ist, kann sich auf den Glauben des Grundbuchs nicht berufen. Ausschlaggebend ist dabei, daß nach dem inneren Zusammenhange zwischen den §§ 892, 893 und dem § 873 BGB. der Glaube des Grundbuchs nur für und gegen solche Rechte wirkt, die zur Wirksamkeit gegen Dritte der Eintragung bedürfen. Eine Vermutung für das Erloschensein der Rente gemäß § 891 steht dem Erwerber nicht zur Seite (RG. 62 S. 102/3; vgl. KGJ. 27 S. 115). Der § 20 AwG. kommt der Landschaft nicht zu gute; aus einem anderen Grund aber kann sie den Vorrang vor den Renten nicht beanspruchen. Wie zu entscheiden wäre, wenn die Renten als zunächst erloschen und als erst mit dem AwG., also nach Eintragung der Nr. 6 als wieder aufgelebt anzusehen wären, bedarf keiner Erörterung.

Dem vorstehend Ausgeführten widerspricht nicht der Beschluß des KG. Aw. 680/26 (JW. 1926 S. 2772): dort ist, wenn der in Frage kommende Satz richtig gelesen wird, nicht etwa der Vorrang der Rentenbankrenten vor den sonstigen Belastungen verneint, sondern lediglich die Ansicht als irrig bezeichnet, daß bei der Bemessung der Aw. der gelöschten und wiedereinzutragenden Renten die sonstigen Belastungen deshalb nicht zu berücksichtigen seien, weil die Renten ihnen im Range vorgingen.

q) **Fällt unter „Besitz der Bank" (§ 35³ S. 1) nur ihr Eigenbesitz?**

α) OLG. Hamburg, 1. ZS. Urteil v. 5. Juli 1926 (Bf. 138/26).

Im Falle des § 35³ ist die Bank nach bürgerlichem Recht sowohl, wenn sie nur für sich besitzt, als auch dann Besitzerin, wenn ein Besitzvermittlungsverhältnis zwischen ihr und dem Gläubiger oder dem Schuldner besteht, kraft dessen sie für ihn als mittelbarer Besitzer den unmittelbaren Besitz hat. Aus dem Umstande, daß bereits in § 35² die Aw. der in nur mittelbarem Besitze des Gläubigers befindlichen Verschreibungen geregelt ist, kann nicht geschlossen werden, daß unter „Besitz der Bank" im Abs. 3 nur deren Eigenbesitz und nicht auch der Besitz, den sie als Besitzvermittlerin ausübt, zu verstehen sei. Das hätte der Gesetzgeber ausdrücken müssen. Besitz ist ein Rechtsbegriff, der Eigen- und Fremdbesitz umfaßt. Spricht der Gesetzgeber schlechthin von Besitz, kann sein Wille nicht dahin gegangen sein, den Besitz als Besitzvermittler auszuschließen. Das Gegenteil ergibt sich auch aus den folgenden Bestimmungen. Daß eine Aw. zugunsten der Bank nicht stattfindet, betrifft allerdings den Fall, in welchem die Bank den Gläubiger befriedigt hat und nicht mehr für ihn besitzt. Die weitere Vorschrift des Abs. 3 S. 3 spricht aber stark dafür, daß hier der Fall gemeint ist, in welchem die Bank für den Schuldner eingelöst hat und nun für diesen besitzt. Es wäre zum mindesten sprachlich höchst bedenklich, die Übergabe von Verschreibungen, die die Bank für sich erworben hat und für sich besitzt, als „Ablieferung" zu bezeichnen. Die Bank, die sie für den Schuldner eingelöst hat und für ihn als Beauftragter oder Verwahrer besitzt, hat sie auf sein Verlangen „abzuliefern", während die Bank, die kraft eigenen Erwerbes besitzt, nicht abliefert, sondern ausliefert oder dergl.

Auch die Reichsregierung hat unter Besitz der Bank nicht nur deren Eigenbesitz, sondern auch deren Besitz für den Schuldner verstanden. Das folgt aus Art. 45¹ S. 2 und Abs. 2 DfV. Dieser Abs. 2 widerlegt auch die Auffassung, daß bereits entwertete Verschreibungen überhaupt keine Schuldverschreibungen seien. — Hier sind die drei zum 1. 7. 1922 ausgelosten Obligationen der Beklagten alsbald von der ABank, der Einlösungsstelle, eingelöst und nach Entwertung für die Beklagte in Verwahrung genommen, in der sie sich noch befinden. Sie sind also zugunsten des Klägers, sofern dieser sie bei jener Bank zur Einlösung eingereicht hatte, aufgewertet und die Beklagte zur Einwilligung in ihre Herausgabe verpflichtet. V.

**β) Löschung alter Pfandbriefe nach Zahlung der Aw.**

Kammergericht, 1. ZS. Beschluß v. 8. April 1926 (X 171/26).

Auf dem Rittergute M. stehen für die Pommersche Landschaft auf den Namen des Gutes lautende noch umlaufende 17 Pfandbriefe zu je 300 M. eingetragen, deren Löschung unterm 11. 11. 23 bewilligt und vom Eigentümer beantragt wurde. Die Landschaftsdirektion reichte diese Urkunde mittels einer vom Syndikus i. V. unterzeichneten mit dem Landschaftsstempel versehenen Eingabe ein, in der sie ersucht, „unter Bezugnahme auf § 4 Nr. 2a der ersten V. v. 10. 12. 1925 (GS. 169) den gestellten Anträgen stattzugeben". Die Vorinstanzen lehnten ab, weil eine Löschung der einzelnen, besonders eingetragenen alten Gutspfandbriefe ausgeschlossen sei, „falls diese nicht im Original vorgelegt würden (§ 42 GBO.)". Die weitere Beschwerde ist begründet.

Nach Art. 167 EG. zum BGB. mit Art. 21 AG. zur GBO. sind hier die Voraussetzungen für die Löschung der Pfandbriefe in erster Linie nach der pommerschen Landschaftsordnung v. 15. 3. 1781 (LO.) zu beurteilen (vgl. KGJ. 53 S. 203). Die alten Güterpfandbriefe gewähren der Landschaft ein gesetzliches Pfandrecht am Grundstück zur Sicherung der Ansprüche aus der Pfandbriefanleihe in Höhe des Nennwerts der Pfandbriefe, das seiner Rechtsnatur nach als Hypothek zu bezeichnen ist (Rabe, Wesen der Pfandbriefe 4 I, V, § 10, XIII; Güthe-Triebel zu Art. 21 AG. GBO., Art. 192 EG. BGB.). Nach § 276 LO. werden die Pfandbriefe „nach Einreichung oder Präklusion der Pfandbriefe oder auf Grund der im § 273⁴ gedachten Bescheinigung durch Ersuchen des zuständigen Amtsgerichts" gelöscht. Das LG. meint, dieser § 276 werde nicht durch die V. v. 10. 12. 1925 § 4 Abs. 2 a, c unanwendbar, weil zwar die DurchfV. vom 29. 11. 1925 in Art. 17 die Vorlegung eines Briefes für nicht erforderlich erkläre, wenn die Aufwertung der Hypothek oder wenn ein Widerspruch nach Nr. 2 eingetragen werden solle, dagegen weder das AwG. noch die DurchfV. bestimme, daß auch bei Löschung von Hypotheken unter Umständen die Vorlegung des Hypothekenbriefes oder eines Ausschließungsbeschlusses nicht erforderlich sei. Hiermit wird aber — abgesehen davon, daß es sich hier nicht um Hypotheken-, sondern um Pfandbriefe handelt — die Bedeutung des § 4 verkannt. Hätte damit nur gesagt sein sollen, daß Satzungsvorschriften dann nicht anwendbar seien, wenn das AwG. oder die DurchfV. nicht bereits eine gegenteilige Anordnung getroffen hätten, so wäre § 4² gegenstandslos, weil er nur den bereits reichsrechtlich geschaffenen Rechtszustand bestätigen würde, der § 276 LO. bereits reichsrechtlich außer Anwendung gesetzt wäre. Der § 4 sagt nicht, daß nur Satzungsbestimmungen, die etwas dem AwG. oder der DurchfV. vom 29. 11. 1925 unmittelbar Widersprechendes anordnen, außer Anwendung bleiben sollen, er spricht vielmehr von Satzungsbestimmungen, die mit dem AwG. oder der DurchfV. „nicht in Einklang zu bringen" seien. Diese Ausdrucksweise deutet dahin, daß alle Vorschriften der Satzung betroffen werden sollten, deren Befolgung der beabsichtigten raschen Durchführung des AwG. überhaupt hinderlich sein würde. Diese Voraussetzung ist bezüglich des § 276 LO. gegeben.

Nach dem Hypotheken aller Art umfassenden § 25² AwG. kann der Eigentümer und der Schuldner den AufwBetrag der Hypothek nebst den fälligen Zinsen drei Monate nach Kündigung schon vor 1932 zahlen. Dann muß er auch in der Lage sein, die Hypothek zur Löschung zu bringen. Zu diesem Zweck gibt ihm der § 1144 BGB. das Recht, vom Gläubiger die Aushändigung der zur Löschung erforderlichen Urkunden zu verlangen. Die zur Löschung der Pfandbriefhypotheken bei Anwendung des § 276 LO. erforderlichen Urkunden — Pfandbriefe, Ausschließungsurkunde oder Bescheinigung aus § 273⁴ — kann aber die Landschaft mit Rücksicht auf das AwG. in absehbarer Zeit nicht beschaffen. Die Besitzer der Pfandbriefe sind nicht bekannt. Eine Ausschließung oder Bescheinigung des § 273⁴ setzt nach der LO. eine vorherige Kündigung der Landschaft an die Pfandbriefsinhaber voraus. Abgesehen davon, daß die LO. eine solche nur halbjährlich von Weihnachten zu Johannis oder umgekehrt zuläßt, kann sie zufolge des AwG. während der Dauer des Verteilungsverfahrens aus folgendem Grunde überhaupt nicht erklärt werden. Sie erfolgt entweder auf Barzahlung oder auf Umtausch gegen andere Pfandbriefe (§§ 268 f.), setzt also voraus: im ersteren Falle die Bestimmung des Barbetrages, im zweiten Falle die Angabe, daß und zu welchem Betrag Ersatzpfandbriefe ausgehändigt werden sollen. Durch das AwG. haben sich aber die Ansprüche der Pfandbriefinhaber geändert: sie gehen nicht mehr auf Zahlung des Nennbetrages oder Lieferung gleichhoher Ersatzbriefe, sondern auf Befriedigung nach den Aufw.-Vorschriften, eine Befriedigung, deren Art, Höhe und Zeitpunkt sich nach dem Ergebnis des Verteilungsverfahrens und den Vorschriften weiterer AusfV. bestimmt. Die Befolgung des § 276 LO. würde also dahin führen, daß entgegen dem Zwecke des § 25³ AwG. der Gutseigentümer trotz Abführung des AufwBetrages der Pfandbriefhypothek an die Landschaft als Gläubigerin die Löschung der Pfandbriefe nicht erreichen und sein Bedürfnis nach neuem erststelligen Bankkredit nicht befriedigen könnte. Diese Erwägungen lassen erkennen, daß das in § 276 LO. aufgestellte Löschungserfordernis mit dem AwG. nicht „im Einklang steht", weil ein Festhalten daran der Durchführung der Zwecke des AwG. hinderlich wäre. Die Interessen der Pfandbriefinhaber werden durch die Löschung ohne Beibringung der in § 276 LO. bezeichneten Urkunden nicht gefährdet, weil die vom Gutseigentümer an die Landschaft in Höhe des AufwBetrages gezahlte Ablösungssumme der Teilungsmasse zufließt und in dieser einen gleichhohen Aktivposten bildet, wie ihn die ungelöschte Hypothek darstellen würde (§§ 2 Abs. 2 a, 3 b V. v. 10. 12. 1925). Daß der Grundeigentümer die Pfandbriefhypothek in Höhe der gesetzlichen Aufwertung gezahlt hat, ist jedenfalls durch die Erklärungen des Landschaftsbezirkskollegiums in der weiteren Beschwerde formgemäß (§ 29 GBO.) nachgewiesen, da die Verwaltungsorgane der Landschaft öffentliche Behörden sind (§ 15 LO.).

r) **„Öffentliche Sparkasse". Kaufmannseigenschaft. Guter Glaube.**
OLG. Hamburg, 4. ZS. Urteil v. 4. Juni 1926 (Bf. 120/26).

Weder das BGB. § 1807 noch das AwG. § 55 sprechen sich darüber aus, welche Sparkasse sie als öffentliche angesehen wissen wollen. Die 2 Komm. (4 S. 763) äußern sich vielmehr ausdrücklich dahin, daß jener Begriff einer mehrfachen Deutung fähig sei und deswegen richtiger sei, die Entscheidung hierüber der Regierung des Bundesstaats zu überweisen, in welchem die Sparkasse ihren Sitz habe. Sie sprechen sich also auch nicht darüber aus, welche weiteren Deutungen in Frage kommen können. Man wird aber nicht fehl gehen, wenn man sich im wesentlichen der preußischen Auslegung des Begriffes (AV. vom 27. 6. 1900) dahin anschließt, daß diejenigen Sparkassen darunter fielen, die für Rechnung einer Körperschaft des öffentlichen Rechts betrieben werden oder für die eine solche Körperschaft die Haftung übernommen hat. Daraus und aus den Erwägungen der 2. Komm. ergeben sich zwei Schlußfolgerungen, nämlich 1. daß die Begriffsbestimmung dem Landesrecht übertragen ist; 2. daß das Schwergewicht der Entscheidung über die Zulassung von Sparkassen, zur Anlegung von Mündelgeld bei den zuständigen Landesbehörden liegen soll.

Als Erkenntnisquelle des hamb. Landesrechts kommt außer Gesetz und Verordnung vorwiegend auch das Landesgewohnheitsrecht in Betracht, wie solches sich durch das in allgemeiner Übung bewährte und erprobte allgemeine Rechtsbewußtsein herausgebildet hat. Dem LG. ist darin zu folgen, daß die Klägerin durch ihre jahrzehntelange mustergültige Geschäftsführung das Vertrauen der ganzen Bevölkerung in so hohem Maße erworben hat, daß die Einlagen der Klägerin als eine der sichersten und zuverlässigsten Kapitalsanlagen allgemein betrachtet werden. Bei dieser Sachlage reichen diejenigen satzungsmäßigen Kautelen, die die staatliche Mitwirkung bei beabsichtigten Satzungsänderungen betreffen, und ferner die bei der Klägerin eingeführte Übung, in wichtigen Fragen der Kapitalsbelegung, besonders in außergewöhnlichen Zeiten, die Genehmigung des Staates einzuholen, unbedenklich aus, um die Klägerin als öffentliche Sparkasse anzusehen. Die Beklagte hält allerdings die Kontroll- und Aufsichtsrechte des Staates für unwesentlich. Allein schon die Satzungsbestimmung, daß zu jeder Änderung der Satzung die Staatsgenehmigung erforderlich sei, bedeutet eine erhöhte Sicherheit für die Einleger. Hinzukommt, daß die Klägerin jede Abweichung von der satzungsgemäß vorgeschriebenen Art der Anlegung ihrer Kapitalien selbst wie eine Satzungsänderung behandelt und in allen solchen Fällen die Genehmigung des Staates einholt. Dar bedeutet eine sehr tiefgreifende und für die Sicherheit der Einleger höchst bedeutungsvolle Kontrollmaßnahme des Staates. Dieser Auffassung hat der hamb. Senat durch die V. vom 1. 12. 1899 Ausdruck gegeben. Die Klägerin ist daher eine öffentliche Sparkasse, weil sie nach hamb. Recht als solche anzusehen ist, nicht weil jene V. sie zu einer solchen gemacht hat. Es ist danach rechtlich unerheblich, ob sie unter Staatsaufsicht steht.

Bei dieser Sachlage erübrigt sich ein Eingehen auf die Frage, ob die Klägerin Kaufmann ist. Denn die für sie auf dem Grundstücke der Beklagten eingetragen gewesenen Hypotheken sind kraft Rückwirkung trotz des am 15. 12. 1923 geschlossenen Vergleiches schon auf Grund § 67² S. 2 a. E. Verb. mit §§ 56, 55 aufzuwerten. Der Senat vermag sich übrigens den Ausführungen, mit denen die Kaufmannseigenschaft der Sparkassen begründet wird (KGJ. 28 S. 33, 33 S. 109), nicht anzuschließen, weil bei den Sparkassen die Absicht der Erzielung des Gewinnes zu endgültigem eigenen Nutzen bei Ausübung der Erwerbstätigkeit fortfällt, solche Absicht aber nach richtiger Auffassung vorhanden sein muß, wenn die Voraussetzungen des § 1 HGB. erfüllt sein sollen. Bestätigt wird die hier vertretene Auffassung durch die Denkschrift zum EG. zum HGB. S. 11: „Die Ausdehnung auf alle Arten geschäftlicher Unternehmungen würde zu weit gehen, sie hätte zur Folge, daß auch die verschiedenartigsten, nicht dem Zwecke des Erwerbs dienenden Anstalten, wie Sparkassen, landwirtschaftliche Kreditinstitute und dergl. mehr als Kaufleute gelten müßten; hierzu besteht kein Bedürfnis."

Endlich ist die Frage zu verneinen, ob die am 22. 6. 1925 erklärte Auflassung der Erbengemeinschaft Friedrich Carl R. auf die Kommanditgesellschaft Friedrich R. Erben die rechtliche Wirkung gehabt habe, daß ein gutgläubiger Erwerb der begehrten Aw. entgegenstehe. Denn zwischen den beiden Gesamtheitsgemeinschaften bestand im wesentlichen eine Identität der Gemeinschaftsteilhaber, die mit einem gutgläubigen Erwerb des Grundstücks durch die Kommanditgesellschaft nicht vereinbar ist. Hieran kann auch die Tatsache nichts ändern, daß das Grundbuchamt für den Eigentumsübergang die Form der Auflassung vorgeschrieben und nicht den Weg der Berichtigung des Grundbuchs für gangbar gehalten hat. Für das Grundbuchamt können Gründe maßgebend gewesen sein, die in der verschiedenen Struktion der beiden Gemeinschaften liegen und die als notwendig erscheinen ließen, die Form der Auflassung zu wählen. Auf keinen Fall kann dieses Verfahren maßgebend für die Frage sein, ob die begehrte Aw. der Hypotheken an dem gutgläubigen Erwerb des belasteten Grundstücks scheitert. Die Gründe, die gegen einen solchen Erwerb sprechen, hat das LG. zutreffend und erschöpfend behandelt (vgl. oben S. 46/47).

s) **Aw. früherer Versicherungsansprüche.**

OLG. Hamburg, 7. ZS. Urteil v. 14. Juli 1926 (Bf. 247/26).

Das bei der Beklagten mit 10 500 M. versicherte Motorrad des Klägers wurde im Mai 1921 gestohlen und Beklagte zur Zahlung der Versicherungssumme verurteilt, worauf sie diese am 1. 12. 22 (= 6 GM.) zahlte. Dagegen machte die

Summe am 30. 5. 1921, als der Kläger mit Ersatzansprüchen hervorgetreten ist, 700 GM. aus; er verlangt daher noch 694 GM. Das LG. hat am 5. 5. 26 die Beklagte mit Recht verurteilt, den Schaden zu ersetzen, der dadurch entstand, daß sie mit ihrer Leistung in Verzug geraten ist. Nunmehr sind jedoch die Grundlagen der Entscheidung durch die V. v. 22. 5. 1926 (RGBl. 249) geändert. Nach Art. 3 sind Versicherungsansprüche anderer als der in § 59¹ AwG., Art. 2, 9, 10 der V. genannten Art nur unter bestimmten Voraussetzungen aufzuwerten. Zu ihnen gehört auch der Anspruch des Klägers. Da er ausdrücklich abgelehnt hat, die Leistung als Erfüllung anzunehmen, als ihm am 1. 12. 1922 die Summe gezahlt wurde, kann er jetzt nach Art. 5 eine Aw. nicht fordern. Mit Unrecht macht er geltend, bei dem jetzt erhobenen Anspruch handele es sich um Schadensersatz wegen Verzuges. Die Tatsache, daß eine Geldforderung in der Zeit zwischen Fälligkeit und Begleichung entwertet ist, vermag allein einen AwAnspruch nicht zu begründen, es muß vielmehr ein Rechtsgrund hinzukommen, der den Zahlungspflichtigen verpflichtet, auch die Geldentwertung auszugleichen. Dieser Rechtsgrund wird aus § 242 BGB. entnommen. Liegen wie beim Verzuge besondere Umstände vor, so bilden diese den Rechtsgrund. Der AwAnspruch setzt danach sowohl einen Rechtsgrund wie auch eine Geldentwertung voraus. Bei dieser Sachlage muß auch der hier streitige Anspruch als AwAnspruch im Sinne der V. bezeichnet werden. Überdies zeigt Art. 5², daß die V. die Geldentwertungsansprüche für die von ihr betroffenen Versicherungen erschöpfend und endgültig regeln will und daß es bei abgewickelten Versicherungen nicht zulässig sein soll, die durch den Rückgang der Mark entstandenen Nachteile aus irgendwelchen rechtlichen Gesichtspunkten gegen den Versicherer geltend zu machen. Danach ist auch die Geldentwertung als Verzugsschaden ausgeschlossen. V.

**t) α) Inhalt des AwAnspruchs[1]. Grenze für Nachforderungen.**

OLG. Stettin, 1. ZS. Urteil v. 8. Januar 1926 (U 354/26).

Die Parteien haben nach Rechtskraft des Ehescheidungsurteils den Vertrag vom 12. 12. 1917 „zwecks Auseinandersetzung ihrer güterrechtlichen Verhältnisse" geschlossen. Ihr Gegenstand betraf im wesentlichen die Domäne E., an der beide als Pächter beteiligt waren. Beklagter übernahm die Pachtung und das der Klägerin gehörige Inventar gegen 82 000 M., die in Teilbeträgen zu zahlen waren; doch blieb bis zu ihrer völligen Tilgung das Feld- und Wirtschaftsinventar Eigentum der Klägerin. Diese verlangt mit Recht die Aw. des am 1. 7. 1921 gezahlten Restes von 17 000 PM.

[1]) Verwendet die Brauerei die vom Gastwirt geleistete Sicherheit in ihrem Geschäftsbetriebe, so muß sie den Betrag mindestens in dem Verhältnis aufwerten, in welchem sie das Betriebsvermögen allgemein im Wert erhalten konnte (OLG. München, 3. ZS. Urteil v. 16. 11. 25, BayZ. 22 S. 13): vgl. RG. 114 S. 287, KG. 10. 6. 26 (JW. 2217); über Aw. der Pachtsicherheit: das. 2620. — Das durch Hypothek gesicherte Kaufgeld ist in jedem Falle nach §§ 9, 10 aufzuwerten, also gleichviel ob mit dem Kauf noch andere Ansprüche zB. aus Miete, Gesellschaft usw. verknüpft wurden (Ob.LG. 5. 3. 1926, Samml. 25 S. 83). — Auch eine vor Mitte 1922 geleistete Zahlung kann nicht als Erfüllung angesehen werden, wenn nach den besonderen Umständen die Billigkeit die Zulassung einer Nachforderung gebietet (OLG. München 16. 9. 1926, III 668/26). Ansprüche aus Verträgen zugunsten Dritter: RG. 114 S. 298; Bereicherung: aO. 343.

Wie sich aus § 242 BGB. ergibt, hat sich jede auf eine bestimmte Geldsumme gehende Forderung durch die Geldentwertung in eine nach Treu und Glauben zu bestimmende Leistung umgewandelt, und zwar nicht erst von dem Zeitpunkt ab, in welchem die Geldentwertung ins Ungeheure stieg, sondern seitdem sie solche Fortschritte gemacht hatte, daß die Forderung als eine auf ihren PMNennbetrag gerichtete nicht mehr aufrechterhalten werden kann... Diese Grundsätze finden an sich Anwendung ohne Rücksicht darauf, wann gezahlt ist. Das dringende Interesse der Allgemeinheit an der Erhaltung des Rechtsfriedens macht jedoch notwendig, eine zeitliche Grenze zu finden für Nachforderungen, wenn solche trotz der seinerzeit vom Gläubiger angenommenen Leistung jetzt noch verlangt werden. Maßgebend dafür muß sein die gegenseitige Abwägung des Einzelinteresses des Gläubigers an der Erlangung des vollen Wertes seiner Forderung gegenüber dem Allgemeininteresse an der Erhaltung des Rechtsfriedens. Der Gläubiger muß mit seinem an sich begründeten Anspruch auf Nachzahlung zurücktreten, soweit ihm ein solches Opfer um der Allgemeinheit willen zugemutet werden kann. Der Senat hat als Grenze der „Rückwirkung" in diesem Sinne den im AwG. festgelegten Stichtag vom 15. 6. 1922 gewählt und auch dem dort enthaltenen Gedanken des „Vorbehalts" dadurch Rechnung getragen, daß er eine Nachforderung aus der früheren Zeit noch zuläßt, wenn die besondere Eigenart des Falles es rechtfertigt... Als ausreichende Begründung ist stets anzusehen, wenn der Gläubiger bei der Zahlung zu erkennen gegeben hat, daß sie nicht dem Vertrag entspreche. Das trifft hier zu; denn die Klägerin hat sich, als der Beklagte die letzte Rate ankündigte, einen Anwalt zur Beratung genommen und dem Beklagten geantwortet „daß unter den heute gänzlich veränderten Verhältnissen unser Vertrag auf irgendeine Weise ihnen angepaßt werden muß".

Für die Höhe der Aw. müssen zunächst die Grundsätze für die Aw. von Ansprüchen aus noch nicht erfüllten gegenseitigen Verträgen, die nach der Ansicht der Klägerin zur Festsetzung des AwBetrages unter Berücksichtigung des gegenwärtigen Wertes des Inventars führen müßten, ausscheiden. Wenn nämlich die Klägerin den Übergang des Eigentums an den Inventarstücken auf den Beklagten bestreitet, da er bisher die 82 000 M. ihrem Werte nach nicht voll gezahlt habe, so ist die Frage, ob das Eigentum übergegangen ist oder nicht, entsprechend der damaligen Rechtsauffassung zu beurteilen, die gar nicht von einer Geldentwertung, sondern von einer Teuerung sprach und nach der mit der Zahlung des Nennbetrages der letzten Rate das Eigentum an dem Inventar übergegangen ist. Wenn die heutige Rechtsanschauung den AwAnspruch anders beurteilt, so hat dies doch nur rückwirkende Bedeutung für die Frage, ob durch die Geldleistung ihrem Nennbetrage nach Erfüllung eingetreten ist. Daß auch sonstige — gesetzliche oder vereinbarte — Rechtswirkungen der Zahlung dadurch wieder beseitigt werden, ist im allgemeinen nicht anzunehmen (vgl. Mügel 117, 128, 129). Ganz zu vermeiden ist eine solche weitergehende Rückwirkung freilich nicht. Es muß auch hier die Rücksicht auf Treu und Glauben entscheiden, wieweit die AwGrundsätze, so wie sie heute anerkannt sind, für die einzelnen Wirkungen der Zahlung von Bedeutung sind. Es wäre aber mit Treu und Glauben nicht vereinbar, wenn die Klägerin jetzt nach Jahren den Eigentumsübergang beanstandete, ohne daß sie bisher irgendwie zu erkennen gegeben hätte, daß sie mit dem Eigentumsübergang damals nicht einverstanden gewesen sei. Anders wäre zu urteilen, wenn damals, wie bezüglich des Hauptanspruchs, so bezüglich des Eigentums am Inventar ihr Wille erkennbar dahin gegangen wäre, dem Rechtsverlust zu widersprechen. Der AwBetrag ist daher auch hier nach den beiden Faktoren: der Entwertung, die auch bei dem Gläubiger eingetreten wäre, und der allgemeinen Verarmung zu bestimmen. Sie haben bei sonstiger Gleichstellung des jetzigen Markwertes mit dem Vorkriegswert eine Herabsetzung auf etwa 50 % des Vorkriegsbetrages zur Folge ... Weitere Umstände sprechen jedoch für eine erhebliche Erhöhung ... auf 12 000 RM.

β) **Verspätete Gehaltszahlung. Aufwertung. Schadensersatz.**

OLG. Rostock, 1. ZS. Urteil v. 18. Januar 1926.

Der Kläger macht geltend, daß Art. 7 der V. v. 12. 12. 1923 (RGBl. 1181) die Haftung für ein Verschulden eines Beamten nicht ausgeschlossen habe. Allein schon der Wortlaut „so besteht ... kein Rechtsanspruch auf Ersatz des durch die spätere Auszahlung entstandenen Schadens" läßt keinen Zweifel, daß darunter aller Schaden gerechnet werden soll, der objektiv ohne Rücksicht auf ein Verschulden eines Beamten entstanden ist. Es war das gerade der Zweck des Art. 7, die Haftung für ein Versehen der mit der Berechnung und Auszahlung des Gehalts betrauten Beamten auszuschließen, das bei ihrer außerordentlich gesteigerten Arbeitslast infolge der häufigen Gehaltsnachzahlungen leicht vorkommen konnte; sonst wäre die Bestimmung ziemlich zwecklos gewesen. Denn, wie das Urteil des LG. beweist, liegt die Annahme, daß an irgendeiner Stelle der Behörden bei verspäteter Auszahlung ein Organisationsmangel vorgelegen haben muß, so außerordentlich nahe, daß man zu ihr in fast allen Fällen gelangen würde. Wie RG. 109 S. 127 ausgeführt hat, wird allerdings eine Aw. durch Art. 7 dann nicht ausgeschlossen, wenn der Anspruch selbst bestritten war und deshalb das Gehalt erst erheblich später ausgezahlt wurde. Vorliegend ist aber der Gehaltsbezug selbst niemals streitig gewesen; das Gehalt hat dem Kläger nicht vorenthalten werden sollen, sondern die Auszahlung hat sich nur verzögert. Es handelt sich also hier gerade um Ersatz des durch die spätere Auszahlung entstandenen Schadens, der durch Art. 7 ausgeschlossen ist. Wollte man ihn als AwAnspruch zulassen, so würde der Art. 7 wiederum gegenstandslos. Dr. Br.

β) **Satzungsmäßiger Anspruch für früher ausgeloste Aktien.**

OLG. Hamburg, 5. ZS. Urteil v. 27. Oktober 1926 (Bf. 220/26).

Durch die Auslosung einer Aktie der Lagerhausgesellschaft entsteht nach der Satzung ein Anspruch des Inhabers gegen den beklagten Staat in Höhe von 110 % des auf die Aktie eingezahlten Betrages ... Danach haben die Kläger 1922 infolge Auslosung ihrer Aktien Ansprüche gegen den Staat erworben, die bisher nicht erfüllt sind, deren Erfüllung sie jetzt verlangen, wogegen sie ihrerseits Erfüllung der ihnen obliegenden Gegenleistung anbieten, die der Staat auch anzunehmen bereit ist, wenn er sie auch nicht in der von den Klägern geforderten Höhe abgelten will. Es liegt also durchaus so, wie in den Fällen, in denen zweiseitige Verträge, die während der Geldentwertung zu PMPreisen geschlossen waren, erst jetzt zur Erfüllung gelangen. Bekanntlich geht die Entscheidung dahin, daß für die Bemessung der geldlichen Gegenleistung, auf die die ursprünglich vereinbarte aufzuwerten ist, der heutige Wert der Sachleistung, das, was Zug um Zug und präsumptiv gleichwertig geleistet werden soll, wesentlich in Betracht kommt, unter fernerer Berücksichtigung aller Umstände des Einzelfalles nach Billigkeit.

Hier leistet der Aktionär dem Staat heute eine Aktie, die schon vor 3 Jahren ausgelost ist; gleichwohl ist sie heute für den Staat ganz dasselbe wert wie eine Aktie, die erst jetzt ausgelost wird und die er mit RM. 550 einlöst. Der Hauptzweck, zu dem der Staat die Aktien erwirbt, ist, allmählich in den Besitz des gesamten Aktienkapitals zu kommen; dafür ist es gleichgültig, ob er die hier streitigen 6 Aktien 1922 erhalten hat oder erst jetzt. Sie bringen ihm, sobald er sie hat, die gleichen Dividenden wie die später erworbenen, er braucht für diese nicht einmal Stückzinsen länger als für ein Jahr zu zahlen. Er will die Aktien nicht verkaufen; wollte er es dennoch, so würde er für die 1922 ausgelosten nicht weniger und nicht mehr erzielen als für die später erworbenen. Es liegt also kein Anlaß vor, bei der Bemessung der Gegenleistung für den Erwerb der 6 Aktien von einem andern Wert auszugehen als von dem, den der Staat für heute ausgeloste Aktien zu zahlen hat und der von ihrem Kursstand und auch von ihrem sogenannten inneren Wert ganz unabhängig ist; denn die Gegenleistung ist in der Satzung ziffermäßig festgelegt und somit bewußt losgelöst von Konjunkturschwankungen jeder Art. Hiervon ist nach feststehender Rechtsprechung ein Abschlag zu machen, weil zu der Zeit, als das Rechtsverhältnis der Parteien zu einander begründet wurde und die an sich nicht befristeten Ansprüche der Parteien gegeneinander entstanden, der Gegenwert der Aktien nur in PM. geleistet und gefordert werden konnte, Beklagter also damals die Aktien billiger hätte erwerben können, aber andererseits auch nur, wenn die Kläger sie ihm angeboten hätten. Denn da es sich um Inhaberaktien handelt, war der Staat niemals in der Lage, die ausgelosten Stücke von den ihm unbekannten Aktionären einzufordern, wie auch die Satzung keine Frist für die Einlösung bestimmt. Deshalb sind auch nicht, wie Beklagter meint, die Kläger in Verzug geraten. Es wäre sogar ihr Recht gewesen, die Einlösung etwa im Glauben an eine Besserung der Mark zurückzuhalten und gelegentlich zu verkaufen, obwohl die Meinung der Satzung gewesen ist, daß die Aktien innerhalb angemessener Zeit eingelöst werden würden: denn unter den früheren Verhältnissen konnte ja ein Aktionär kaum ein Interesse haben, das Geld ein Jahr zu 4% und dann zinslos beim Staat liegen zu lassen. Unter Berücksichtigung dieser Umstände erscheint es angemessen, den heutigen Einlösungspreis auf RM. 450 festzusetzen, und zwar unabhängig davon, wann die Kläger ihre einzelnen Aktien erworben haben, besonders ob es während der Geldentwertung geschehen ist. Denn einer ungleichmäßigen Aw. der Einlösungssumme ausgeloster Aktien widerspricht nicht nur deren Natur an sich, sondern hier besonders noch der Umstand, daß der satzungsmäßige Einlösungsbetrag ziffermäßig festgesetzt ist. V.

γ) **Ausleihen von Geld gegen tägliche Kündigung.**

OLG. Hamburg, 7. ZS. Urteil v. 15. November 1926 (Bf. 414/26.)

Bei Hingabe des Geldes (30. 3. und 26. 6. 1922) war die Mark schon auf etwa $^1/_{80}$ entwertet. Die Entwertung hatte sich seit dem Ende des Krieges mit vorübergehenden Schwankungen ständig fortgesetzt, und mit einer weiteren Entwertung mußte gerechnet werden. Alle diese Verhältnisse waren dem Kläger als Kaufmann bekannt. Wenn er unter diesen Umständen Geld mit täglicher Kündigung gegen die Verpflichtung, es zum Nennbetrage zurückzuerstatten, auslieh, so übernahm er in gewissem Maße die Gefahr weiterer Entwertung, wie andererseits die Beklagte die Gefahr eines Steigens der Mark traf. Der Kläger wußte, daß er auf Ausgleichung eines Kursverlustes keinen Anspruch hatte, und übernahm, indem er statt wertbeständiger Anlage seine verfügbaren Markbeträge darlehensweise gegen Verzinsung der Beklagten überließ, bewußt das Kursrisiko. Daß er sich dabei, wie das LG. annimmt, auch nur vorwiegend von dem Interesse der Beklagten habe leiten lassen, ist weder dem Briefwechsel noch der Beweisaufnahme zu entnehmen. Er hat etwa 70% des GMWerts der Darlehenssummen zurückerhalten. Der Verlust von 30% lag innerhalb der Grenzen der übernommenen Gefahr. Auch wenn man die am 7. 9. 1922 geleistete Restzahlung von 600 000 M. für sich allein betrachtet, muß dies gelten. Damals hatte sich die Mark nicht ganz auf $^1/_4$ ihres Kurses v. 26. 6. 1922 entwertet. Berücksichtigt man, daß sich in der letzten Zeit vor der Hingabe des Geldes die Mark seit Anfang 1922 fast auf $^1/_2$, seit Sept. 1921 etwa auf $^1/_4$ entwertet hatte, so ist die Gefahr einer in diesen Grenzen sich haltenden weiteren Entwertung nach dem Grundsatz von Treu und Glauben als vom Kläger übernommen anzusehen. V.

δ) **Keine Aw. von Forderungen in ausländischer Währung.**

OLG. München, 2. ZS. Urteil v. 18. Juni 1926 (L 308/26).

Der AwGedanke, der nach Treu und Glauben in der Hingabe entwerteter Zahlungsmittel keine entsprechende Erfüllung mehr sah, hat sich erst nach langen Kämpfen und erst dann durchgesetzt, als die Entwertung der Mark schon geradezu verhängnisvolle Ausmaße angenommen hatte und das schreiende Mißverhältnis zwischen Leistung und Erfüllung die Festhaltung an der bis dahin herrschenden Auffassung einfach nicht mehr zuließ. Nun sind aber die hier zu berücksichtigenden Verhältnisse der italienischen Währung und die Entwertung der Lire noch lange nicht derart, daß sie mit dem deutschen Währungsverfall ohne weiteres verglichen werden und für die gleichen rechtlichen Folgerungen als genügende Grundlage gelten können. Grundsätzlich ist die Aw. von Forderungen in ausländischer Forderung deshalb abzulehnen. G.

ε) **Beginn der Verjährung von AwAnsprüchen.**

OLG. München, 2. ZS. Urteil v. 6. Mai 1926 (L 254/26).

Der Kläger ist Ende 1922 aus der verklagten Genossenschaft ausgeschieden und hat am 20. 7. 1923 sein Geschäftsguthaben in 5000 PM. erhalten, deren Aw. er verlangt. Da dieses Verlangen dem Hauptanspruch entspringt, verjährt es nach denselben Vorschriften, die für den aufzuwertenden Anspruch gelten; es sind besonders die Fristen dieselben wie für den Hauptanspruch. Die Verjährung des

AwAnspruches kann aber nicht vor dem Zeitpunkt beginnen, in dem die Rechtsprechung ihn allgemein anerkannt hat. Bis dahin ist sie gehemmt, ein Zustand, der rechtsähnlich ist der Hemmung, wenn der Verpflichtete aus irgendeinem Grunde vorübergehend die Leistung nach § 202 BGB. verweigern darf (RG. 111 S. 147; Roth. S. 66 f.; Mügel 185). Der in zwei Jahren verjährende Anspruch des Klägers auf sein Guthaben entstand am 1. 7. 1923 (§ 74 GenG.). Das LG. glaubt, daß er spätestens Ende 1925 verjährt ist, weil damals die Hemmung der Verjährung infolge einheitlicher Änderung der Rechtsprechung, die bis dahin der Geltendmachung von AwAnsprüchen entgegenstand, weggefallen war. Bahnbrechend in der Frage war, von einigen ganz vereinzelten oberstrichterlichen Urteilen abgesehen, erst das Urteil des RG. v. 28. 11. 1923, das mit dem bisher fast durchweg festgehaltenen Grundsatz: Mark ist Mark gebrochen und die rechtliche Zulässigkeit der Aw. hypothekarisch gesicherter Darlehnsforderung anerkannt hat. Es hat sich in der Rechtsprechung erst mit seinem Bekanntwerden (JW. 1924 S. 38) ausgewirkt und erst in der Folge die feste Grundlage gebildet für die Beurteilung von AwAnsprüchen aus anderen Rechtsverhältnissen, soweit diese nicht unter die 3. StNV. und das spätere AwG. fallen. Die bis dahin bestandene Rechtsunsicherheit ist also jedenfalls nicht vor Ablauf der ersten Monate 1924 weggefallen, so daß erst damit die Hemmung der Verjährung aufhörte. G.

**ζ) Bedeutung der „Beziehungen aus der Auseinandersetzung".**

OLG. Stuttgart, 2. ZS. Urteil v. 29. April 1926 (U 20/26).

Der Standpunkt des Beklagten, daß eine nicht über 25 % aufzuwertende Vermögensanlage des § 63¹ vorliege, ist nicht begründet. Nach Lage des Falls, insbesondere angesichts des Umstands, daß das Bargeld dem Vater des Beklagten vom Vater der Klägerin ausgehändigt wurde, ist ohne weiteres anzunehmen, daß die Klägerin mit der Verwendung dieses Geldes im Geschäft des Beklagten und seines Vaters einverstanden war. Demgemäß steht ihr kein Ersatzanspruch wegen Unterlassung der durch § 1377² BGB. vorgeschriebenen mündelsicheren Anlage des Geldes i. S. des § 1391² BGB., sondern nur ein mit der Beendigung der Verwaltung und Nutznießung des Beklagten entstandener gewöhnlicher Ersatzanspruch zu (RGKomm. § 1377 Nr. 5, RG. 65 S. 173). Dieser fällt unter die in § 63² Nr. 2 aufgeführten Ansprüche, die auf den Beziehungen aus der Auseinandersetzung unter geschiedenen Ehegatten beruhen. Diese Ansprüche müssen nicht auf einer Auseinandersetzung beruhen und aus einer solchen hervorgegangen sein, vielmehr genügt, daß sie auf den Beziehungen aus ihr beruhen (Schlegelberger § 10⁴), und der Begriff „Auseinandersetzung" ist nicht in dem engen Sinn der Aufhebung einer Gemeinschaft des § 741 BGB. zu verstehen, was sich schon daraus ergibt, daß er auch für solche Fälle verwendet wird, in denen es an einer Gemeinschaft fehlt, wie bei den Beziehungen zwischen Erben und Pflichtteilberechtigten. Vielmehr ist darunter die Abwicklung einer Gesamtheit von Rechtsbeziehungen zu verstehen und umfassen die „Beziehungen" alle Ersatz-, Gewährleistungs- und Ausgleichsansprüche, die bei der Teilung oder sonstigen Regelung des von den besonderen Beziehungen betroffenen Vermögens entstanden sind (Quassowski § 10 II B., Emmerich zu § 10 Nr. 2, Mügel § 63[3], RG. in JW. 1925 S. 1124, 1765). Dieser Auslegung treten auch andere Erläuterer (besonders Lehmann-Böjebeck, Abraham, Löbinger) zum mindesten nicht entgegen und sie entspricht auch durchaus der Sachlage und Billigkeit. Denn es ist nicht einzusehen, aus welchen gesetzgeberischen Gründen die im gesetzlichen Güterstand stehende Ehefrau bei Rückforderung ihres Beibringens schlechter gestellt sein sollte als eine in irgendeiner Art von GG. lebende Ehefrau.

Ebensowenig läßt sich der Charakter der streitigen Forderung als eine Vermögensanlage damit begründen, daß das Geld mit Zustimmung der Klägerin und ihres Vaters im Geschäft des Beklagten angelegt worden sei. Denn, obwohl das Geld von der Klägerin oder ihrem Vater herrührte und einen Teil ihrer Mitgift bildete, wurde es nicht von ihr, sondern vom Beklagten auf Grund des diesem zustehenden Verwaltungsrechts in dem Geschäft angelegt, so daß von einer Vermögensanlage der Klägerin nicht gesprochen werden kann. Dadurch, daß diese Verwendung mit Zustimmung der Klägerin erfolgte, wird an diesem Ergebnis nichts geändert. S.

u) **Voraussetzung einer Kontokorrentforderung**[1]) **des § 65.**

α) OLG. Hamburg, 6. ZS. Urteil v. 12. Oktober 1926 (Bf. 153/26).

Nachdem nunmehr das gesamte Rechnungsverhältnis der Parteien vorliegt, kann weder aus dem ausgesprochenen Willen der Parteien noch aus der tatsächlichen Übung auf ein Kontokorrent im eigentlichen Sinne oder auf eine laufende Rechnung geschlossen werden. Die Bewegung auf den Konten ist nur gering, für 1921 sind auf der Habenseite 5, auf der Sollseite 8 Beträge aufgeführt. Unerheblich ist auch die gegenseitige Zinsberechnung nach laufenden Zinszahlen, denn diese ist jetzt im Großhandel durchaus und schlechthin üblich. Zutreffend hat dagegen dar LG. ausgeführt, daß die meisten Geschäfte der Parteien alsbald abgerechnet sind, und daß die Art, wie die Beklagte unter Auslassung der gegenseitig abgegoltenen Posten dem Kläger nur die gegenseitig noch nicht getilgten Posten mitgeteilt hat, ohne Zweifel dem Willen der Begründung eines Verhältnisses laufender Rechnung oder eines Kontokorrents entgegensteht. ... V.

Dazu: OLG. München, 3. ZS. Urteil v. 1. Juli 1926 (L 547/26).

Der Kläger hat der Beklagten als Verwalter ihres Sägewerkes aus seinen Mitteln zur Deckung der Ausgaben vom 1. 7. 1918 bis dahin 1922 insgesamt 17 800 PM. vorgeschossen und klagt auf volle Aw. Der § 65 ist hier nicht anwendbar: denn er hat die im Laufe eines Monats ausgelegten Beträge stets in den ersten Tagen des folgenden Monats zurückerhalten. Die einzelnen Posten wurden also nicht durch eine Saldofeststellung getilgt. Diese ist aber auch für die uneigentliche, offene laufende Rechnung wesentliches Erfordernis mit der Wirkung, daß nicht die Vorschriften über An- und Aufrechnung von Zählungen (§§ 366, 369 BGB.) anwendbar sind, sondern daß durch die Zinsung und Anerkennung des Saldos die die Einzelposten beglichen werden (Warn. 18 S. 33). Ebensowenig

[1]) Der § 65 trifft die Einzelposten nur insofern, als sie im Saldo aufgegangen sind, nicht aber die Posten, die zu Unrecht eingestellt sein sollen (RG. 114 S. 273).

greift hier der § $63^1$ Platz, weil die Vorschüsse nur für kurze Zeit gegeben sind. Endlich ist eine Aw. nach § 242 BGB. abzulehnen. Denn das auf die Vorschüsse sich beziehende Rechtsverhältnis war am 30. 6. 22 vollständig erledigt, bei längst abgewickelten Rechtsgeschäften kann aber eine Aw. nicht mehr begehrt werden, zumal erst seit August 1922 nicht mehr an dem Satze „Mark = Mark" festgehalten werden konnte (RG. 112 S. 197). G.

3) **Höchstbetragshypothek. Vereinbarung der Aw. Nachweis.**

Kammergericht, 1. ZS. Beschluß v. 28. Oktober 1926 (x 660/26).

Höchstbetragshypotheken des § 1190 BGB. werden grundsätzlich ebenso aufgewertet wie andere Hypotheken[1]). Streitig ist, ob die Eintragung der Aw. die vorherige Feststellung der Forderungen erfordert, deren Entstehung den Erwerb der Hypothek durch den eingetragenen Gläubiger voraussetzt (RG. 75 S. 250, 78 S. 409.97 S. 226, KGJ. 45 S. 290, 49 S. 225, JFG. 2 S. 441) Eine Stellungnahme erübrigt sich hier, weil nach den bisherigen Erklärungen der Beteiligten anzunehmen ist, daß aus der Geschäftsverbindung nur je eine Darlehnsforderung von 600 und 8000 Mark entstanden ist, die bei der allgemeinen, Forderungen jeder Art deckenden Fassung der Bewilligung als durch die Höchsthypotheken mitgesichert anzusehen sind. Sind diese Darlehne die einzigen auf der Gläubigerseite entstandenen Forderungen, ohne daß es überhaupt zur Eröffnung eines laufenden Rechnungsverhältnisses gekommen ist, so kann § 65 gar nicht zur Anwendung kommen (JRdsch. 1926 Nr. 1165); anderenfalls würden allerdings diese Forderungen, da § 65 im Gegensatz zur 3. StNV. § $12^2$ auch die einzelnen Rechnungsposten der Aw. entzieht (aO. Nr. 1739), nicht aufwertbar und damit auch eine Aufwertbarkeit der Hypotheken zugunsten des Gläubigers gemäß § 4 zu verneinen sein. Allein § 65 nimmt den Fall aus, daß die Beteiligten eine Aw. vereinbart haben, und § $67^3$ spricht allgemein die Zulässigkeit von Vereinbarungen über die Aw. aus (vgl. auch den entsprechenden § 13 der 3. StNV., Mügel § $65^8$). Für den Grundbuchverkehr bedarf es nicht des Nachweises dieser Vereinbarung, sondern gemäß § 19 GBO. nur der Bewilligung der Betroffenen, das sind hier der Eigentümer und der Gläubiger. Die Bewilligungen bedürfen der Form des § 29 GBO. Erklären die Beteiligten in der gleichen Form, daß weitere unter die erwähnten Eintragungsbewilligungen fallende Forderungen nicht in Frage kommen, auch ein laufendes, die Entstehung anderer Forderungen ermöglichendes Rechnungsverhältnis nicht besteht, so steht damit gleichzeitig grundbuchmäßig fest, daß in Höhe der Überschüsse von 100 bz. 2000 Mark endgültige Eigentümergrundschulden entstanden sind, die dann für den Eigentümer aufwertbar sind. Sollen an den bisherigen Eintragungsstellen fortan nur noch Hypotheken zugunsten des Gäubigers in Höhe der geltend gemachten AwBeträge bestehen bleiben, so müßten die Beteiligten die Löschung des Überschusses herbeiführen, auch die Umwandlung der Höchsthypotheken in gewöhnliche Sicherungs- oder Verkehrshypotheken gemäß §§ 878, 877, 1186 BGB. erwägen. Dagegen

[1]) Ebenso Ob.LG. 23.4. 1926, doch kann die durch die Hyp. gesicherte Forderung nur dann aufgewertet werden, wenn sie im Rahmen der Höchsthyp. endgültig feststeht (Samml. 25 S. 150).

ist § 66 hier nicht anwendbar, weil er nur Darlehnsansprüche **gegen** die dort bezeichneten Unternehmen betrifft....

v) **Fallen Sicherheiten unter den Verwahrungsvertrag des § 700 BGB.?**

α) OLG. Hamburg, 1. ZS. Urteil v. 8. November 1926 (Bf. 250/26).

Die Beklagte ist ein ausländisches Bankunternehmen der in § 66 bezeichneten Art, dessen hiesige Zweigniederlassung im Inlande Bankgeschäfte betrieben hat und betreibt. Sie kann sich, da das AwG. in gleicher Weise für Ausländer wie für Inländer gilt (RG. 113 S. 44), auf § 66 berufen, wenn der AwAnspruch auf einem Verwahrungsvertrag des § 700 BGB. beruht. Dies ist aber der Fall. Die Beklagte hat die M. 33725 „als Depot für den Kläger entgegengenommen" mit der Verpflichtung, sie ihm nach Anerkennung der von ihr im Ausgleichsverfahren angemeldeten Darlehnsforderung zurückzuerstatten. Der Vertragswille ging also dahin, daß das Eigentum an jenem Geld auf die Beklagte übergehen und diese verpflichtet sein sollte, die gleiche Geldsumme zurückzugewähren. Der Vertragszweck war, die Sicherheit, die die Beklagte durch den Besitz der Verschiffungsurkunden in Händen hatte und aufgab, durch eine Sicherheit anderer Art zu ersetzen. Alles das ist unstreitig und ergibt, daß alle Tatbestandsmerkmale des in § 700 BGB. begrifflich festgelegten Vertrages erfüllt sind.

Nach der Meinung des Klägers setzt dieser Vertrag begrifflich voraus, daß sein wirtschaftlicher Zweck ausschließlich im Interesse der Hinterleger liege. Das trifft aber beim unregelmäßigen Verwahrungsvertrag ganz gewiß nicht zu. Es genügt, in dieser Hinsicht auf die Girokonten der Banken hinzuweisen, an denen diese wirtschaftlich mindestens dasselbe Interesse haben wie die Konteninhaber; niemand wird daran zweifeln, daß das Girokontenverhältnis ein Hauptfall jener Verwahrung ist, der gerade den § 66 im Interesse der Banken und damit im allgemein wirtschaftlichen Interesse nötig machte. Der Haupteinwand des Klägers, es handle sich um eine Sicherheit, eine solche sei keine Verwahrung, ist nur *insofern* richtig, als die Sicherheit in der Regel nicht in der Form der Verwahrung *geleistet* wird. Sie **kann** das aber, und es ist eben die Frage, ob sie hier im Wege der unregelmäßigen Hinterlegung geleistet ist. Das BGB. §§ 232 ff. bestimmt, in welchen Formen sie geleistet werden kann. Bei vertragsmäßiger Begründung kann sie auch in anderer Weise geschehen, wie durch Sicherungsübereignung oder unregelmäßige Hinterlegung. In allen Fällen bestimmt nicht der Umstand, daß zu Sicherungszwecken ein Recht begründet oder ein Vertrag geschlossen wird, den Rechtscharakter des Rechts oder des Vertrages. Wird die Sicherheit durch Hinterlegung von Geld oder Wertpapieren geleistet, so kommt ein Verwahrungsvertrag zustande; werden dabei die in § 700 BGB. angeführten Vereinbarungen getroffen, so ist der Vertrag ein solcher der im § 700 bezeichneten Art. Der § 233 BGB., wonach im ersten Fall der Berechtigte ein gesetzliches Pfandrecht erwirbt, ändert nichts daran, daß der Vertrag der Realvertrag der Verwahrung ist. Der im zweiten Teil des § 233 angeführte Fall wäre als ein Fall der unregelmäßigen Hinterlegung nach § 700 anzusehen, wenn nicht öffentlich-rechtliche Gesichtspunkte zu beachten wären (vgl. Staudinger BGB. EG. Art. 145 N. 2 A. D; RG. 113

S. 44). Scheiden, wie hier, letztere aus, so liegt ein Vertrag nach § 700 vor. Der Umstand, daß nicht ein Dritter, wie im Falle des § 233 BGB., der ist, zu dessen Gunsten die Sicherheit bestellt wurde, sondern der Verwahrer selbst, rechtfertigt keine andere rechtliche Beurteilung der Vertragsart. Ebensowenig die Tatsache, daß die Rückerstattungsverpflichtung, wenn nicht bedingt, so doch befristet ist. Diese zeitliche Beschränkung ist bei jedem unregelmäßigen Verwahrungsvertrage, zB. dem regelmäßigen Bankdepositengeschäfte, möglich (vgl. § 700[1] S. 2 BGB.). Bei diesem ist aber weiter unbestreitbar, daß der Verwahrer bei Fälligkeit der Forderung des Hinterlegers wegen seiner etwaigen fälligen Forderungen gegen diesen ein Zurückbehaltungs- und Aufrechnungsrecht hat, so daß die vertragsmäßige Einräumung dieses Rechts im Falle der Sicherungshinterlegung keine Besonderheit des Falles darstellt (vgl. übrigens RG. 87 S. 22). V.

**3) Aufrechnung mit den vor 15. 6. 1922 erworbenen Gegenforderungen.**

OLG. Hamburg, 1. ZS. Beschluß v. 26. April 1926 (F 16/26).

Für den Sparverein A. waren im Grundstück des B. 2 Vorkriegshypotheken eingetragen, die am 15. 1. 1923 zurückgezahlt und gelöscht sind. Gegen die beantragte Aw. hat B. mit zwei — vor 15. 6. 1922 erworbenen — Sparguthaben aufgerechnet, von denen das eine ihm, das andere seiner Frau zusteht. Das LG. hat gemäß Art. 19 DfV. die Hypothekenforderungen des A. insoweit für erloschen erklärt, als B. mit der ihm zustehenden Forderung aufgerechnet hat. Die weitere Beschwerde des A., die den Art. 19 für ungültig und auch sonst die Aufrechnung nicht für zulässig erachtet, ist nicht begründet. Daß der Reichstag mit Zustimmung des Reichsrats seine gesetzgebende Gewalt in einem Umfange, wie dies in § 82[2] AwG. geschehen ist, der Reichsregierung delegieren kann, ist anerkannten Rechts. Infolgedessen war sie auch befugt, Abänderungen des geltenden materiellen Rechts hinsichtlich der Aufrechnung von Forderungen der Schuldner vorzunehmen, soweit dies mit dem AwG. und dessen Grundgedanken und mit der ReichsVerf. vereinbar war. In Art. 19 hat sie aber diese Grenzen durchaus innegehalten indem sie allerdings die §§ 387 ff. BGB. für das durch das AwG. betroffene Rechtsgebiet mehrfach abgeändert hat. Diese Abänderungen betreffen zunächst die Zulässigkeit der Aufrechnung, die nach Sinn und Zweck des Art. 19 nicht davon abhängt, daß der AwSchuldner die ihm obliegende Leistung bewirken kann (BGB. § 387). Nach § 25[2] AwG. kann er den AwBetrag erst 3 Monate nach Kündigung zahlen. Es wäre aber unsinnig, wenn er nicht im AufwVerfahren, sondern erst 3 Monate nach Kündigung seiner in diesem Verfahren festgestellten Schuld sollte aufrechnen können. Der gesetzgeberische Gedanke des § 25[2] trifft für die Aufrechnung nicht zu, weil diese das Erlöschen der gegenseitigen Forderungen zum Nennbetrage zur Folge hat. Deshalb stellte Art. 19 auch als Voraussetzung nur das Bestehen einer zur Aufrechnung geeigneten Gegenforderung und die Aufrechnungserklärung fest. Dazu geeignet ist aber jede nach ihrem Gegenstande der aufgewerteten Forderung gleichartige und fällige Gegenforderung. Das Erfordernis, daß der Schuldner auch die geschuldete Leistung, die Zahlung des AwBetrages, bewirken kann, besteht nicht für eine nach Art. 19 erklärte Aufrechnung. — Auch die Wirkung der Aufrechnungserklärung ist in Art. 19 abweichend von § 389 BGB. geregelt. In welchem Umfange Forderung und Gegenforderung als erloschen gelten sollte, mußte auf Grund des AwG. im Einklang mit dessen Sonderregelungen und Grundgedanken besonders bestimmt werden. Eine Abänderung des BGB. war nicht nur zulässig, sondern geboten und gerade die der Regierung durch das Ermächtigungsgesetz gestellte Aufgabe.

Der vom LG. als rechtswirksam anerkannten Aufrechnung steht aber auch der Umstand nicht entgegen, daß die von B. vor 15. 6. 1922 erworbene Gegenforderung nach § 66 nicht aufgewertet ist. Denn, wenn sie deshalb auch wirtschaftlich ein Nichts ist, so sieht sie doch das AwG. (Wortlaut des § 66[1]) und im Einklang damit der Art. 19 rechtlich als bestehend an. Art. 19 ist dahin auszulegen, daß die Aufrechnung gemäß Abs. 1 S. 1 nur von dem Erwerb und Fortbestand einer vor 15. 6. 1922 erworbenen PMGegenforderung abhängig ist, nicht von dem Bestand einer aufgewerteten Gegenforderung. Das ergibt auch der Satz 2 und vermöge Umkehrschlusses hinsichtlich von Sparkassenguthaben der Abs. 2. Auch in diesem Punkte ist eine Abänderung des BGB. festzustellen; denn nach diesem muß auch zurzeit der Aufrechnung eine auf eine Leistung gerichtete Forderung bestehen, die hier in Wahrheit nicht mehr vorhanden ist. Die danach für das AwG. klar erkennbar gewollte und getroffene Regelung ist aber zulässig, weil sie mit den Bestimmungen und Grundgedanken dieses Ges. übereinstimmt. Sie widerspricht besonders nicht etwa dem § 66, denn er versagt für Bankguthaben grundsätzlich die Aw., weil die Zahlung von AwBeträgen für viele Banken verhängnisvoll oder unmöglich gewesen wäre. Es ist aber etwas anderes, ob den Banken Zahlungen zugemutet werden oder ob ihnen, wie durch Art. 19 geschehen, die Geltendmachung von AwAnsprüchen ihren Schuldnern gegenüber insoweit verwehrt wird, als diesen schon vor 15. 6. 1922 Gegenforderungen gegen sie zustanden. B.

**γ) Bankguthaben[1]). Einwendung aus § 66 nach Zwischenurteil.**

OLG. Stuttgart, 2. ZS. Urteil v. 15. Mai 1926.

Das LG. erachtet das Sparguthaben des Klägers bei der beklagten Genossenschaft (Gewerbebank) für eine Vermögensanlage des § 63[1] und wendet § 66 an. Dagegen will die Berufung die Aw. nach § 55 ff. geregelt wissen. Aber die Beklagte ist keine öffentliche oder unter Staatsaufsicht stehende Sparkasse. Eine ausdehnende Auslegung des § 55 oder wenigstens eine einschränkende Auslegung des § 66[1] ist nach Inhalt und Entstehung des § 66 ausgeschlossen. Schon im Ausschuß wurde beantragt, den reinen Sparkassenverkehr zugunsten der Gläubiger von dem Ausschluß der Aw. der Guthaben bei Privatbanken abzugrenzen. Aber der Regierungsvertreter wies ausführlich darauf hin, daß diese Abgrenzung unmöglich sei und andererseits eine noch so geringe AwPflicht den Ruin zahlreicher Banken und damit die Schädigung der Volkswirtschaft mit sich bringe. Aus diesem Werdegang und der uneingeschränkten Fassung ergibt sich, daß sich § 66 auf Privatbanken jeder Art bezieht und auch Ansprüche aus Sparguthaben, wie sie hier in Frage stehen, u. z. bei allen Banken mitumfaßt. Dem Umstand,

---

[1]) Vereinbarung zehnjähriger Unkündbarkeit: RG. 114 S. 354.

daß es sich um ein Sparguthaben bei einer Genossenschaft handelt und daß ein Sparbuch angelegt ist, komme hiernach keine Bedeutung zu.

Auch der prozessuale Einwand des Klägers, daß die Bekl. gegenüber dem Grundurteil im Verfahren über den Betrag sich nicht mehr auf § 66 berufen könne, ist nicht begründet. Das AwG. wertet grundsätzlich alle früher entstandenen, in seinen Bereich fallenden Schuldverhältnisse auf. Die Ausnahme in § 68[1] kann nur dahin ausgelegt werden, daß die erforderte rechtskräftige Entscheidung eine endgültige Regelung der AwFrage im Einzelfall treffen und mit der materiellen Rechtskraft des § 322 ZPO. ausgestattet sein muß; die in § 68[2] gesetzte Ausnahme ist nicht schlüssig für eine andere Auslegung. Dem Erfordernis der materiellen Rechtskraft genügt aber nur das Endurteil, nicht schon das nur aus prozeßökonomischen Gründen geschaffene Zwischenurteil des § 304 ZPO., das nach Abs. 2 das. nur in betreff des Rechtsmittels als Endurteil anzusehen ist. Es ist der herrschenden Meinung (Stein-Jonas, ZPO. § 304 III 3) beizutreten, daß dieses Zwischenurteil den Richter „nicht vermöge der materiellen Rechtskraft, die es nicht hat", sondern nur auf Grund des § 318 ZPO. bindet und daß auch gegenüber dem Grund des Anspruchs im Nachverfahren noch Einreden aus solchen Tatsachen geltend gemacht werden können, die erst nach dem Zwischenurteil entstanden sind und deshalb im Vorverfahren überhaupt nicht zum Gegenstand des Verfahrens gemacht werden konnten. Die Frage, ob auch ein inzwischen in Kraft getretenes Gesetz und sein Inhalt im Nachverfahren zu berücksichtigen ist, ist aus dem Wesen des Gesetzes als einer bindenden Rechtsvorschrift zu bejahen. S.

w) α) **Wirksamkeit der im Januar 1925 abgeschlossenen Vergleiche über die Aw.**
Kammergericht, 9. ZS. Beschluß v. 29. April 1926 (Aw. 133/26).

B., auf dessen Grundstück eine Hypothek für die städtische Sparkasse A. eingetragen war, erklärte am 3. 1. 1925 zu Protokoll, daß er der A. die geschuldeten 5800 M. am 27. 11. 1919 mit 1800 M. und am 28. 7. 1913 mit 4000 M. abgetragen habe, und daß er bereit sei, an Aw. weitere 350 RM. alsbald zu zahlen, wenn vorbehaltlose Löschung erfolge; dies geschah. Die AwStelle, deren Zuständigkeit vereinbart ist, lehnte die beanspruchte Aw. der Hypothek ab, da hier ein nach § 67[1] unberührt bleibender Vergleich vorliege. Das LG. hält dagegen auf Grund der bestrittenen Angaben der A. für erwiesen, daß B. lediglich aus moralischen Gesichtspunkten etwas in den AwFonds der A. gezahlt habe. Es durfte jedoch nicht die bloße Behauptung der A. lediglich deshalb, weil diese eine Sparkasse ist, als wahr annehmen, mindestens hätte es, zumal die Behauptung auch innerlich unwahrscheinlich ist, dem B. Gelegenheit geben müssen, den Gegenbeweis zu führen.

Das LG. legt ferner entscheidendes Gewicht darauf, daß A. im Januar 1925 kein Recht auf eine Aw. hatte und deshalb verpflichtet war, in die Löschung zu willigen. Dabei hat es aber nicht den Zustand berücksichtigt, in welchem sich damals die Entwicklung der Frage befunden hat. Alsbald nach Erlaß der 3. StNV. setzten Bestrebungen zu deren Abänderung ein. In den Wahlkämpfen (Mai 1924) spielte die Aw. schon eine große Rolle. Der damals gewählte Reichstag setzte sofort einen AwAusschuß ein, in welchem verschiedene Parteien Abänderungen beantragten. Der Kampf wurde unter Beteiligung weitester Bevölkerungskreise mit immer steigender Heftigkeit geführt und gab dem Wahlkampf vor den Dezemberwahlen 1924 geradezu sein besonderes Gepräge. Am 4. 12. 1924 erschien die V. des Reichspräsidenten zur einstw. Regelung der Aw. und ist in kürzester Zeit überall bekannt geworden, Anfang 1925 lagen die Verhältnisse hiernach so, daß jedermann, der mit AwFragen, sei es als Gläubiger oder als Schuldner, befaßt war, damit rechnen mußte und rechnete, daß die 3. StNV. nicht mit ihrem bisherigen Inhalt bestehen bleiben, sondern erheblich umgestaltet werden würde. Demgemäß waren sich auch die Parteien, besonders aber die A., als sie wegen der Hypothek verhandelten, dieser Sach- und Rechtslage bewußt. Die Berücksichtigung dieser Sach- und Rechtslage schafft aber die Unterlagen für die zweifelsfreie Feststellung eines Vergleichs. Freilich wird dem B. bekannt gewesen sein, daß er damals zu einer weiteren Zahlung rechtlich nicht verpflichtet war. Er wußte aber, daß eine Abänderung der 3. StNV. bevorstand, die für ihn sehr nachteilig werden konnte und diesen Nachteil wollte er vermeiden, indem er sich rechtzeitig mit seiner Gläubigerin einigte. Diese andererseits war sich allerdings dessen bewußt, daß sie damals nichts zu beanspruchen hatte, sie rechnete aber damit, daß die 3. StNV. zu ihren Gunsten abgeändert werden würde. Sie konnte jedoch nicht darüber zweifeln, daß sie, auch wenn ihr ein Anspruch durch ein neues Gesetz bewilligt werden würde, voraussichtlich nicht vor 1932 eine Zahlung erlangen könnte. Wenn sich die Parteien trotzdem dahin einigten, daß A. gegen 350 M. in die vorbehaltlose Löschung der damals noch formell eingetragenen Hypothek willigte, so ist das ein Vergleich über die Aw. im Sinne der §§ 779 BGB., 67¹ AwG. Sie wollten die Ungewißheit über die Höhe des infolge der Geldentwertung zu zahlenden Betrages beseitigen. Sie taten dies im Wege gegenseitigen Nachgebens, denn die A. gab das noch für sie eingetragene Recht auf, obwohl die empfangenen PM.- und RMBeträge weit hinter dem Friedenswert der Hypothek zurückblieben, und zwar ohne sich die von der künftigen Gesetzgebung etwa zu erwartenden Rechte vorzubehalten, und B. zahlte auf Veranlassung der A. einen über den PMBetrag weit hinausgehenden Geldbetrag. Diese Feststellung ist gerade hier besonders unbedenklich, denn zu den Erwägungen allgemeiner Natur, die diese Feststellung ermöglichen, tritt hier noch die Tatsache hinzu, daß nach dem Protokoll vom 3. 1. 1925 die 350 M. „an Aw." gezahlt sind. Damit ist die Behauptung der A., daß B. die 350 RM. aus *moralischen Gründen* gezahlt habe, nicht zu vereinen, die AwStelle durfte vielmehr auf Grund dieses Protokolls feststellen, daß die Parteien schließlich dahin einig wurden, daß als Abfindung etwaiger *AwAnsprüche* der A. 350 RM. gezahlt werden sollten. Haben sich aber die Parteien im Sinne der §§ 779 BGB., 67 AwG. nach dem 13. 2. 24 verglichen, so bleibt dieser Vergleich nach § 67¹ unberührt[1]). N.

---

[1]) Versicherungsvereine a. G. sind keine Kaufleute, es sei denn, daß sie Versicherungen gegen Prämie übernehmen (KG. 28. 8. 26, 9. Aw. 659/26). Für die Vereinbarung der Verzinsung einer Hyp. bestehen keine Sondervorschriften, es greifen deshalb die allgemeinen Vorschriften, besonders § 1119¹ BGB., Platz (Ob.LG. 31. 5. 26, Samml. 25 S. 216).

**β) Vergleich nach § 67 oder Einigung, daß an Stelle des 1932 fälligen AwBetrages ein geringerer Betrag sofort gezahlt wird? ZusatzAw.**

Kammergericht, 9. ZS. Beschl. v. 10. Juni 1926 (Aw. 320/26).

Auf dem Grundstücke des B. war eine Hypothek von 40 000 M. für die A. eingetragen, die am 23. 2. 1923 zurückgezahlt ist. Verhandlungen nach Erlaß der 3. StNV. führten zu dem Ergebnis, daß B. 4000 M. zahlte, und die A. sich wegen ihrer Ansprüche aus der Hypothek für abgefunden erklärte. A. verlangt mit Recht eine weitere Aw. Nach § 78 findet eine Aw. „nach den Vorschriften dieses Gesetzes" auch dann statt, wenn der Gläubiger nach 13. 2. 1924 eine Leistung angenommen hat. Neben den in § 78 besonders erwähnten §§ 16, 18 bis 24 sind auch alle sonstigen Vorschriften, namentlich § 67, anwendbar. Eine ZusatzAw. kann deshalb nicht beansprucht werden, wenn die Zahlung aus einem nach § 67 wirksamen Vergleiche bewirkt ist. Dies ist aber zu verneinen. Die A., die die PMZahlung unter Vorbehalt angenommen hat, berechnete unterm 14. 5. 1924 den AwBetrag auf Grund der 3. StNV. auf 6000 GM. und zog davon den GMBetrag der geleisteten Zahlung mit 750 ab. Gleichzeitig fragte sie an, wie der Restbetrag erledigt werden sollte, ob durch vorzeitige Rückzahlung oder Eintragung einer GMHypothek. B. erwiderte, daß er mit der Ansicht der A. über die Aw. einig gehe, führte dann aus, daß der AwBetrag, der nach der 3. StNV. frühestens am 1. 1. 1932 zahlbar und mit einem kleinen Zins ausgestattet sei, jetzt etwa 2000 M. betragen dürfte und schlug vor, daß er bereits jetzt 50 % mit 3000 M. zahle, wogegen die A. auf alle Ansprüche Verzicht leisten solle. Die A. erwiderte, daß der Jetztwert von 2000 M. zu gering sei, daß sich, wenn man den GMBetrag von 6000 annehme und die Zwischenzinsen berücksichtige, eine erheblich höhere Summe ergebe als die angebotenen 3000 GM., und schlug die sofortige Zahlung von 4000 M. vor. Am 27. 5. 1924 erklärte sich B. bereit, 4000 M. gegen Unterzeichnung des Reverses: „Wir haben als Aw. unserer Hypothek 4000 RM. erhalten und erklären hiermit, daß dadurch unsere Ansprüche aus der Hypothek restlos abgegolten sind" zu zahlen.

Auf Grund dieses Schriftwechsels hat das LG. rechtlich bedenkenfrei festgestellt, daß nie Ungewißheit oder Streit über die Aw. und deren Höhe bestand, beide Parteien vielmehr vollkommen darüber einig waren, daß die Hypothek nach der 3. StNV. auf 15 % = 6000 M. aufzuwerten war. Streitig und ungewiß war lediglich die Höhe des Abzugs für die vorzeitige Zahlung; nur hierüber wurde verhandelt und dieser Streit im Wege gegenseitigen Nachgebens beseitigt. Das ist aber kein Vergleich nach § 67[1], denn ein solcher muß bezwecken, den Streit (Ungewißheit) über die Höhe des infolge der Geldentwertung zu zahlenden Betrages zu beseitigen. Er wäre anzunehmen, wenn die Parteien mit dem Abkommen und besonders mit dem erklärten und angenommenen Verzicht die Gefahr einer künftigen Gesetzesänderung ausschalten wollten. Hierfür bieten aber die Verhandlungen keinen Anhalt, die Parteien gingen vielmehr übereinstimmend von einer 15 proz. Aw., von einem am 1. 1. 1932 fälligen Betrage von 6000 M. aus und einigten sich lediglich über die Höhe des infolge der *sofortigen* Zahlung zu machenden Abzugs (ebenso Karger 172, Quassowski 499, Mügel

DfV. 355). Auch der im Revers erklärte Verzicht steht der MehrAufwertung nicht entgegen. Er bezieht sich lediglich auf den Mehrbetrag von 2000 M., der sich aus dem Unterschiede der sofort zu zahlenden 4000 M. und des AwBetrages von 6000 M. ergibt, dagegen nicht auf Mehransprüche, die etwa noch aus einer künftigen Gesetzgebung erwachsen könnten. Die Frage, ob die gezahlten 4000 M. mit diesem Betrage oder mit 6000 M. anzurechnen sind, braucht jetzt nicht entschieden zu werden. N.r.

Dagegen. OLG. Dresden, 10. ZS. Urteil v. 26. April 1926.

Der Vergleich des § 779 BGB. und des § 67 AwG. erfordert ein gegenseitiges Nachgeben. Aus dem Vorbringen der Parteien geht jedoch nicht hervor, daß die Beklagte jemals eine höhere Aw. verlangt hat, als der Kläger zuzugestehen bereit war. Die Zweifelsfrage braucht jedoch nicht entschieden zu werden, weil das Abkommen auch als Vergleich aufgefaßt wirksam ist. Denn bei seinem Abschlusse ist nicht in Betracht gezogen worden, ob es zu einer Abänderung des durch die 3. StNV. eingeführten AwRechts kommen werde (RG. 106 S. 398). Als feststehender Sachverhalt lag lediglich die Tatsache zugrunde, daß die Beklagte Gläubigerin einer PMHypothek war und daß jene V. die Aw. solcher Hypotheken vorgeschrieben hatte. Streitig (ungewiß) war also die Höhe des AwBetrages. Der Kläger will die verglichene Frage wegen des Wechsels der Gesetzgebung wieder aufrollen. Hierfür bietet § 779 keine Handhabe. Hätte das Gesetz die Wiederaufrollung solcher Fragen gestatten wollen, so hätte es dies ausdrücken müssen. Der § 67 läßt aber die darin bezeichneten Vergleiche unberührt. Der § 17, der jetzt auch dem Zedenten der Beklagten einen AwAnspruch gegeben hat, schafft weder die fehlende Voraussetzung des § 779 noch schließt er den § 67 aus. Die Frage, ob und in welcher Weise der Anspruch des Zedenten durch das Abkommen berührt wird, ist für das Verhältnis der Parteien zueinander ohne Bedeutung. Zu einem dem Kläger günstigen Ergebnis ist auch dann nicht zu gelangen, wenn im Abkommen eine „Vereinbarung“ des § 67³ gesehen wird. Allerdings bestimmt das AwG. nicht, daß eine solche unberührt bleibt. Wenn es jedoch gegenüber der 3. StNV. § 13, der „Vereinbarungen“ über die Aw. aufrecht erhält, von „Vergleichen“ spricht, so beruht dies darauf, daß nicht schon die Zahlung eines Aufgeldes die Aw. ausschließen sollte, vielmehr war beabsichtigt, den Gläubiger besser zu stellen. Das Abkommen, das die Beklagte besser stellte, als sie nach dem AwG. stände, ist hiernach weder nach dessen Vorschriften noch nach dem bürgerlichen Recht unwirksam. —n—.

**ε) AwAbkommen. Auslegung des Art. 21 DfV.**

OLG. Kiel, 1. ZS. Urteil v. 20. Juli 1926 (U 82/26).

Auf dem Grundbesitze des Beklagten war für den Kläger seit 1900 eine Hypothek von 10 000 M. eingetragen. Am 8. 7. 1924 einigten sich die Parteien dahin, daß der Kläger gegen 1500 GM. die Löschung der Hypothek bewirke und daß, „falls durch die zukünftige Gesetzgebung oder Rechtsprechung ein höherer Betrag als die bezahlten 15 % aus dem Grundstück geschuldet werden sollte, Beklagter ihn trotz der Löschung persönlich zu zahlen hätte“. Nunmehr verlangt der Kläger Zahlung von 1000 RM. nebst 1 % Monatszinsen seit 10. 9. 1925 als Unterschied zwischen den bezahlten 15 % und den jetzigen 25 %. Der Anspruch ist in Höhe von 851 RM. nebst 4 % Zinsen seit 1. 8. 1926 begründet. Da kein Streit über die Höhe der Aw. i. S. von § 69 besteht und auch keiner der Fälle des § 70 vorliegt, ist die AwStelle nicht zuständig.

Da die Parteien damit rechneten, daß der AwSatz von 15 % erhöht werden würde oder daß sich die spätere Rechtsprechung in dieser Richtung bewegen könnte, vereinbarten sie für diesen Fall eine Verpflichtung des Beklagten zur Nachzahlung des Betrages, der dann über die bezahlten 15 % hinausginge. Dieser Mehrbetrag sollte sofort fällig sein. Allerdings bestimmte der § 5 der 3. StNV., daß die Zahlung der aufgewerteten Kapitalbeträge nicht vor 1932 verlangt werden könnte, und die §§ 25, 54 AwG. haben hieran festgehalten. Da jedoch dem Beklagten sehr daran gelegen war, die sofortige Löschung zu erreichen und der Kläger nur deshalb darauf einging, weil er den Betrag sofort ausgezahlt erhielt, so ist das Abkommen dahin auszulegen, daß auch ein danach etwa zu zahlender Mehrbetrag nicht erst am 1. 1. 1932 sondern sofort fällig sein sollte. Treu und Glauben lassen diese Auslegung als geboten erscheinen.

Für den nachzuzahlenden Betrag setzt der Beklagte nicht 25 % = 2500 RM., sondern nur die Summe an, die sich nach Anl. I V. v. 26. 3. 1926 ergibt. Allein an die Berücksichtigung eines Zwischenzinses i. S. des Art. 21 DfV. haben die Parteien am 8. 7. 1924 nicht gedacht. Eine solche Regelung im Anschluß an § 25² AwG. ließ sich damals noch gar nicht voraussehen. Der klare Gedanke des Abkommens ging nur dahin, den Nennbetrag der Hypothek als unverrückbare Berechnungsgrundlage zu nehmen und den damals mit nur 15 % berechneten Betrag um den Betrag zu erhöhen, der sich durch eine etwaige Neugestaltung der Rechtslage ergeben würde. Die Parteien wollten nur den Hundertsatz der Aw. einer etwa eintretenden späteren Veränderung der Rechtsanschauung anpassen.

Unberechtigt ist auch das Verlangen des Beklagten, die gezahlten 1500 RM. so anzusehen, als würden sie erst jetzt bezahlt. Da die Parteien an eine Regelung wie sie der Art. 21 enthält und an die Berücksichtigung eines Zwischenzinses überhaupt nicht gedacht haben, so kann der Art. 21 nicht als vertragliche Regelung des Rechtsverhältnisses herangezogen werden. Aber auch in diesem Falle käme man zu keinem anderen Ergebnis. Denn Art. 21 bezieht sich keinesfalls auf Zahlungen, die vor dem Inkrafttreten des AwG. geleistet worden sind. Daraus also, daß Beklagter 1500 GM. vor diesem Zeitpunkte bereits gezahlt hat, kann er nicht nachträglich das Recht herleiten, diese 1500 GM. so zu bewerten, als ob sie erst unter der Herrschaft der DfV. bezahlt seien. Unter diesen Umständen kann es daher dahingestellt bleiben, ob nicht Art. 21 auch deshalb ausgeschlossen ist, weil die 1500 GM. kraft der Vereinbarung, nicht dagegen vor Eintritt der gesetzlichen oder vertraglichen Fälligkeit gezahlt worden sind (Mügel DfV. Art. 21¹). Der AwBetrag ist deshalb mit 25 % von 10 000 M. zu berechnen und sind auf den hiernach geschuldeten Betrag vorerst nur 1500 GM. anzurechnen. Geschuldet werden mithin an sich noch 1000 RM. Da indessen der Kläger diesen Betrag sofort gezahlt haben will und der Beklagte ihn auch sofort bezahlen muß, so ist er nach Art. 21 zu berechnen. Das obige Bedenken, ob Art. 21 anwendbar sei, ist in diesem Zusammenhange zurückzustellen und kann auf sich beruhen, weil der Kläger ... erklärt hat, die Abrechnung eines Zwischenzinses hinnehmen zu wollen, so daß nur noch über dessen Höhe zu entscheiden ist. Zur Ergänzung des Art. 21 ist auf die Anl. I V. v. 26. 3. 1926 zurückzugehen und deshalb bis auf weiteres für den Zwischenzins 8 % zugrunde zu legen. Da der Restbetrag sofort also im Juli 1926 zu zahlen ist, so beträgt der Barwert der 1000 RM. mithin 85,10 = 851 RM. Wird dieser Betrag nicht bis 31. 7. 1926 bezahlt, so ist er nach den allgemeinen Regeln über Verzug vom 1. 8. 1926 ab mit 4 % jährlich zu verzinsen.

Dr. B.h.

5) **Vergleich über die Annahme der sofortigen Heimzahlung. Aufrechnung. Zuständigkeit der AwStelle.**

OLG. München, 3. ZS. Urteil v. 24. September 1926 (L 545/26).

Die Beklagte, die seit 1. 6. 19 den Klägern 25000 M. dinglich und persönlich schuldete, hatte 1921 auf Löschungsbewilligung und Schadensersatz geklagt, weil die Kläger die Schuldsumme nicht angenommen hatten. Die Parteien verglichen sich dahin, daß die Kläger in die sofortige Rückzahlung willigten und daß durch diesen Vergleich alle zwischen ihnen bestehenden Differenzen ausgeglichen sein sollten. Nachdem am 1. 9. 22 die 25000 M. bezahlt worden, haben die Kläger Aw. dieser Hypothek angemeldet, wogegen die Beklagte Einspruch erhob. Die Klage auf Feststellung des AwRechtes ist begründet.

Der Vergleich hatte die Aw. der 25000 M. in keiner Weise zum Gegenstand. Er erledigte nur den Streit über die Verpflichtung der Kläger zur Annahme der sofortigen Heimzahlung der 25000 RM. und über die Ersatzansprüche der Beklagten wegen dieser Nichtannahme; an eine Aw. haben die Parteien entsprechend der damaligen Auffassung auch sicherlich nicht einmal gedacht (RG. 107 S. 78; Zeiler: 170 AwFälle S. 138/139 Nr. 172). Hiernach ist § 67 nicht anwendbar. Ebenso haben weder die Kläger auf ihr Recht aus §§ 15, 16¹ verzichtet, noch die Beklagte auf Ersatz eines erst unter der Einwirkung der Aw. hervorgerufenen Zögerungsschadens verzichtet (Zeiler 22/23 Nr. 31).

Die Eventualaufrechnung mit diesem Ersatzanspruch ist nicht, wie die Kläger meinen, dem Streit über die AwHöhe vorzubehalten, dh. an die AwStelle zu verweisen. Denn die Prüfung des Klagebegehrens verlangt in erster Linie die Feststellung des Gegenstandes der Aw. Da nach § 1113 BGB. die Belastung darin besteht, daß dem Gläubiger eine bestimmte Geldsumme „zur Befriedigung wegen einer ihm zustehenden Forderung" aus dem Grundstücke zu zahlen ist, so gehört dazu vor allem auch die Feststellung der gesicherten Darlehensforderung. Bei Feststellung einer bestrittenen Geldforderung kann aber die Aufrechnung mit einer gegen die Kläger zustehenden Geldforderung nicht wegen Ungleichartigkeit des Feststellungs- und des Gegenanspruchs zurückgewiesen werden, denn Beklagte rechnet nicht gegen die Feststellung als solche, sondern gegen die den Gegenstand der Feststellung bildende Forderung der Kläger auf und diese beiden Forderungen sind gleichartig im Sinne des § 387 BGB. — Dagegen hätte die Zulassung der Aufrechnung in diesem Rechtsstreite die Feststellung der Hypothekforderung auch der Höhe nach zur Voraussetzung (Gruchot 45 S. 910; BayZ. 22

S. 123), weil § 387 BGB. erfordert, daß der eine Teil die ihm obliegende Leistung bewirken kann (vgl. auch § 322 ZPO.). Diese Feststellung ist aber, weil zur Zuständigkeit der AwStelle gehörig, dem Prozeßgericht entzogen. Die Beklagte muß mit ihrer Aufrechnung bis zur Erledigung des Verfahrens jener Stelle warten. Es braucht deshalb jetzt auf den Rechtsbestand der Gegenforderung nicht eingegangen zu werden, so daß ungeprüft bleiben kann, ob der Schaden nicht auch bei einer früheren Rückzahlung der Hypothek zufolge des § 14 — bei den Banken bestand schon frühzeitig die Übung, sich ihre Rechte vorzubehalten — eingetreten wäre und ob er nicht durch eine bald nach Aufnahme des Darlehens der Beklagten jederzeit mögliche halbjährige Kündigung des Kapitals hätte vermieden werden können (§ 254 BGB.). G.

**ε) Verzicht in einem nach § $67^2$ unwirksamen Vergleich.**

Kammergericht, 9. ZS. Beschluß v. 29. April 1926 (Aw. 101/26).

Für die Hypothekenbank A. war auf dem Grundstück des B. eine Hypothek eingetragen. Am 8. 1. 1923 vereinbarten die Parteien, daß A. gegen eine Entschädigung von 42 500 M. die Löschung der Hypothek bewilligte und auf weitere Entschädigungsansprüche, „selbst wenn künftige Gesetze eine solche zubilligen sollten", verzichtete. A. verlangt mit Recht Aw., weil die gelöschte Hypothek zu ihrer Teilungsmasse gehöre. Das LG. hat ohne Rechtsirrtum einen Vergleich gemäß § $67^1$ festgestellt. Die Parteien waren wegen Auszahlung der Hypothek in Verhandlung getreten; ihre Vorschläge wichen zunächst voneinander ab, B. wollte zwar mehr als den Nennbetrag der Hypothek, aber weniger als den von A. beanspruchten Betrag zahlen. Schließlich schlug A. vor, daß sie eine Entschädigung von 150 % nebst den laufenden Zinsen und den Kosten erhielte und dann auf weitere Entschädigungsansprüche, auch wenn künftige Gesetze ihr solche zubilligen sollten, verzichte; diesen Vorschlag nahm B. an. Danach waren die Parteien in Ungewißheit darüber, ob und in welcher Höhe damals der A. ein AwAnspruch zustand oder künftig durch die Gesetzgebung zugebilligt werden würde. Diese Ungewißheit sollte durch den Vergleich beseitigt werden und wurde durch gegenseitiges Nachgeben beseitigt (BGB. § 779). B. zahlte eine den Nennbetrag der Hypothek übersteigende Entschädigungssumme, während sich A. mit einem hinter dem Friedensgoldwert der Hypothek weit zurückbleibenden Betrag begnügte und auf weitere Ansprüche verzichtete. Dieser Verzicht ist nicht etwa, wie B. es will, für sich allein zu würdigen, vielmehr ist es in der Natur des Vergleichs, der ein gegenseitiges Nachgeben erfordert, begründet, daß er sehr häufig, fast regelmäßig, einen Verzicht auf Mehransprüche enthält, der deshalb das rechtliche Schicksal des Vergleichs teilt (ebenso ObLG. 4. 6. 26, Samml. 25 S. 226; Frankfurt 1. 6., Stuttgart 12. 7., Darmstadt 5. 10. 1926 (1 U 267/26.

Der § 14 S. 2 Halbs. 2 ist hier unanwendbar. Der § 14 regelt im allgemeinen die Folgen der Leistungsannahme unter Vorbehalt, der § 67 dagegen enthält für den Fall, daß sich die Parteien über den Anspruch verglichen haben, eine Sonderregelung, die aber für die ihr unterliegenden Fälle den § 14 ausschließt. Sein S. 1 Halbs. 2 setzt überdies voraus, daß der Gläubiger bei der Annahme der Leistung die persönliche Forderung und die Hypothek scharf unterschieden hat und sich das Recht auf Aw. der Forderung durch einen für diese ausgesprochenen Vorbehalt gewahrt, dagegen auf die der Hypothek ausdrücklich verzichtet hat ... R.r.

ζ) **Wirkt der Vergleich zwischen Zessionar und Schuldner gegen den Zedenten?**

OLG. Breslau, 5. ZS. Urteil v. 15. Dezember 1926 (U 308/26).

... Diese Frage ist mit Nadler (JW. 1925 S. 2210) zu verneinen; denn dem Zedenten steht gemäß § 17 ein selbständiger Anspruch zu, der nicht durch einen zwischen dem Zessionar und dem Eigentümer geschlossenen Vergleich beseitigt werden kann. Unerheblich ist, daß bei dem Vergleichschluß dem Zedenten noch kein AwAnspruch zustand. Das AwG. hat eben die AwPflicht für Hypotheken, die nach 14. 6. 1922 abgetreten wurden, durch Gewährung eines Anspruchs an den Zedenten erweitert. Der § 409 BGB. ist hier belanglos, denn kraft Gesetzes ist trotz der Abtretung ein Anspruch des Zedenten bestehen geblieben und die Forderung auf den Erwerber nur in der Höhe übergegangen, wie sie dem Stande der Mark zu jener Zeit entsprach. Unerörtert kann hier bleiben, ob der Vergleich gemäß § 779 BGB. unwirksam ist, weil die Vertragschließenden davon ausgingen, daß er die Hypothek in ihrem ganzen Umfange beseitige; denn diese Frage berührt lediglich das Verhältnis zwischen dem Kläger, Schuldner und dem Zedenten. Ebensowenig ist zu entscheiden, ob sich die Beklagte auf ihren AwAnspruch nur den Betrag anzurechnen hat, auf den der Zedent nach dem AwG. Anspruch hatte oder auch den darüber hinaus aus dem Vergleiche gezahlten Betrag; denn die Vergleichssumme beträgt nur 327 M., der Anspruch der Beklagten dagegen 13500 GM., so daß auch bei Anrechnung jener 327 M. noch ein AwAnspruch der Beklagten besteht. Das Verlangen des Klägers auf Löschung des für die Beklagte eingetragenen Widerspruchs ist unbegründet. H.l.

η) **Urteil auf Löschung gegen Zahlung**[1]**. Leistungsannahme.**

Kammergericht, 1. ZS. Beschluß v. 18. Februar 1926 (X 74/26).

Auf dem Grundstücke des Beschwerdeführers hafteten für A. Vorkriegshypotheken von zusammen 225 000 M. Durch rechtskräftiges Urteil vom 22. 5. 1924 ist A. „verurteilt, Zugumzug gegen Zahlung von 33 750 GM. am 1. 1. 1932 zu erklären: ich bekenne dieses Darlehen v. 225 000 M. mit allen Zinsen erhalten zu haben und bewillige und beantrage die Löschung dieser Hypothek". Auf Grund dieses Urteils ist am 10. 11. 1924 eine Aw. von 15 % mit 33 750 GM. eingetragen. Als unterm 1. 9. 1925 A. eine Aw. von 25 % beantragte, stellte das Grundbuchamt ihm die Beibringung einer Entscheidung des Prozeßgerichts anheim, die den Eigentümer zur Eintragung der beantragten Aw. verurteilt. Das LG. hob auf und verwies die Sache zurück. Verfehlt ist zunächst die Verfahrensrüge, daß die erste Beschwerde dem Eigentümer nicht mitgeteilt sei. Im grundbuchlichen Eintragungsverfahren besteht eine solche Mitteilungspflicht auch für AwSachen nicht, da der § 73 und die auf ihn gestützten DurchfBestimmungen nur für das Verfahren vor der AwStelle gelten.

In der Sache braucht hier nicht entschieden zu werden, ob § 68² mit dem LG. dahin auszulegen ist, daß ein in der Zeit v. 15. 6. 1922 bis 14. 2. 1924 er-

[1]) § 68¹ erweitert die Rechtskraft nicht über § 322 ZPO. (RG. 114 S. 85).

gangenes rechtskräftiges, eine Aw. von weniger als 25 % festsetzendes Urteil eine Aw. gemäß §§ 2, 4 ff. niemals hindern (so auch Quassowski, Mügel § 68) oder ob er nur besagen will, daß „auf die Rückwirkungsvorschriften des § 15 jeder sich auch dann berufen kann, wenn sein AwBegehren bereits rechtskräftig in jener Zeit mit der Begründung abgelehnt ist, daß ihm wegen vorbehaltloser Annahme der Leistung in jener Zeit eine Aw. nicht zustehe" (so Schlegelberger[4] § 68). Denn hier liegt ein nach 13. 2. 1924 unter der 3. StNV. ergangenes und eine Aw. von 15 % festsetzendes Urteil vor. Eine Leistungsannahme auf Grund dieses Urteils war überhaupt nur nach dem 13. 2. 1924 möglich. Für solche Fälle ist die Regelung in § 78 klar dahin getroffen, daß trotz des Urteils und einer durch es veranlaßten Leistungsannahme die Aw. gemäß §§ 2, 3, 16, 18—24 verlangt werden könne; ein solches Urteil steht der Aw. nach dem AwG. erst recht nicht entgegen, wenn eine Leistung überhaupt noch nicht angenommen ist. Denn durch das Gesetz sollte nur ausgedrückt werden, daß eine Leistungsannahme im Sinne der Erfüllungsannahme (RG. 111 S. 320), entgegen der ihr nach allgemeinem Recht (§§ 362 f. BGB.) regelmäßig zukommenden Wirkung, die Aw. nach dem AwG. nicht ausschließe; die Leistungsannahme sollte also nicht als Voraussetzung hingestellt, sondern als Hindernis für die Aw. ausgeschaltet werden. Liegt sie also überhaupt nicht vor, so greifen die §§ 2 f. ebenso Platz, als wenn die 15 % Aw. der 3. StNV. nicht auf Grund eines Urteils, sondern auf Grund des Unrichtigkeitsnachweises oder einer Bewilligung der Betroffenen (JFG. 2 S. 373) nach Maßgabe der V. eingetragen wäre (Schlegelberger § 78[1,2]).

w) **Verfahren: α) Zuständigkeit[1]). Zur Auslegung des § 91 ZPO.**

OLG. Hamburg, 1. ZS. Beschluß v. 1. März 1926 (F 11/26).

Die Rechtsauffassung der Beschwerde über „ausschließlich" in § 69[1] ist verfehlt. Die §§ 69, 70 regeln erschöpfend die gesetzliche Zuständigkeit der AwStellen. Sie bestimmen nicht, daß diese in AwSachen zuständig und in Streitfällen über die Höhe aufgewerteter Ansprüche ausschließlich zuständig seien. Der § 69[1] ist so zu lesen, daß die AwStelle nur im Falle des Streites über die Höhe entscheidet, und zwar als ausschließliche Entscheidungsstelle. V.

---

[1]) Die AwStelle entscheidet, ob das aufzuwertende Recht ganz oder zum Teil an Stelle eines früheren unstreitigen Rechts nach § 3[2] begründet worden (KG. 18. 11. 1926, 9. Aw. 1124/26), ob ein unter § 10 fallender, nach allgemeinen Grundsätzen aufzuwertender Anspruch besteht, und hat deshalb dessen rechtliche Natur und den Charakter des Vertrages, auf den sich der Anspruch gründet, zu untersuchen; dagegen ist sie für den Streit über den Grund des Anspruchs und dessen Erlöschen nicht zuständig (Bay. ObLG. 7. 6. 26, Z. 22 S. 231); auch nicht für den Streit, ob der Käufer des Grundstücks die Hypothek nur zu 25% übernommen hat (Karlsruhe 26. 7. 26, Badische Rechtspraxis 92 S. 133), sowie nicht für die Beurkundung der Unterwerfung nach § 800 ZPO., weil § 794 Nr. 5 ein Gericht erfordert (ObLG. 24. 7. 1926, JW. 2379). Das ordentliche Gericht ist zuständig: für Arreste (München 6. 8. 1926, Z. 22 S. 396), für die Aw. der persönlichen Forderung nach allgemeinen Grundsätzen (KG. 2. 12. 1926, Aw. 1193/36), für den Streit, ob die Anmeldefrist gewahrt ist (KG. 25. 11. 1926, Aw. 1319/26). Ihre Zuständigkeit kann nach § 71 auch für andere, nicht unter das AwG. unmittelbar oder mittelbar fallende Ansprüche vereinbart werden (ObLG. 8. 1. 26, Z. 22 S. 63), bes. ob ein unter § 62 fallender, dem Grunde nach unstreitiger Anspruch aufzuwerten ist (KG. 29. 3. 26, 9. Aw. 72/26). Die Vereinbarung ist nicht wegen Irrtums anfechtbar (KG. 14. 8. 26, 9. Aw. 675/26).

Dazu: Kammergericht, 1. FerienZS. Beschluß v. 6. September 1926 (1 x 494/26).

Für die B.Bank stehen unter Nr. 2 und 5 Darlehnshypotheken von 332000 M. seit 1909 und von 53000 M. seit 5. 9. 1921 eingetragen. Die Nr. 2 ist bei der Zwangsversteigerung nicht in das geringste Gebot aufgenommen, im Zuschlagsbeschlusse vom 1. 3. 1921 auch als bestehen bleibend nicht aufgeführt. Die Gläubigerin und der Ersteher haben jedoch gemäß § 91² ZVG. das Bestehenbleiben dieser Hypothek vereinbart. Der Ersteher hat notariell am 29. 8. 1921 erklärt: „Ich erkenne die Bank wegen des Hypothekenkapitals von 332000 M. als meine persönliche Gläubigerin an, indem ich mich selbstschuldnerisch zur Zahlung des Kapitals usw. verpflichte. Bezüglich Verzinsung und Heimzahlung sind unter Aufhebung einzelner Bestimmungen der ursprünglichen Schuldurkunde von 1909 die — näher angegebenen — neuen Bestimmungen vereinbart." Nachdem der Ersteher das Grundstück an A. veräußert hatte, hat die Bank beantragt, bei Nr. 2 einen AwBetrag von 83000 und bei Nr. 5 einen solchen von 638 GM. einzutragen wobei sie bezüglich der Nr. 2 den Tag des ursprünglichen Hypothekenerwerbs zugrunde gelegt hat. A. hat hinsichtlich der Nr. 2 widersprochen und gebeten, nur den nach dem 29. 8. 1921 zu berechnenden Betrag einzutragen. Das Grundbuchamt hat mit Rücksicht auf den über die Höhe der Aw. bestehenden Streit die Beibringung einer Entscheidung der AwStelle verlangt. Mit Recht hat das LG. diese Verfügung aufgehoben. Der § 69 weist der AwStelle nur die ausschließliche Zuständigkeit für die Entscheidung eines Streits über die Höhe der Aw. zu, während bei Streit über den Grund — das Bestehen — des AwAnspruchs es bei der Zuständigkeit der ordentlichen Gerichte verbleibt. Das AwG. verbietet aber dem Grundbuchamt nicht die vorherige Eintragung der Aw. nach Maßgabe des eigenen Prüfungsergebnisses im Gegensatz zu § 16², der die Wiedereintragung gelöschter Hypotheken vor Entscheidung des Prozeßgerichts oder der AwStelle ausdrücklich für unzulässig erklärt. Die Eintragung der Aw. ist als Berichtigung des § 22 GBO. aufzufassen. Das Grundbuchamt ist daher bei Streit der Beteiligten über die Höhe der Aw. an einer eigenen Entscheidung über den Eintragungsantrag ebensowenig gehindert, als wenn der Streit den Grund (Bestehen) des AwAnspruchs oder sonstige Berichtigungsvoraussetzungen beträfe. Es hat also dem Antrage stattzugeben, wenn nach seiner Überzeugung die ihm beigebrachten, der Form des § 29 GBO. entsprechenden Urkunden allein oder in Verbindung mit den bei ihm offenkundigen Tatsachen nach dem AwG. die verlangte Aw. rechtfertigen, andernfalls auf Ergänzung der Unterlagen durch Zwischenverfügung hinzuwirken oder den Antrag abzulehnen. § 69 hat nur solche Entscheidungen im Sinne, die der Rechtskraft fähig sind; solche sind aber die des Grundbuchamts über Eintragungsanträge nicht (Güthe-Triebel GBO. § 18²⁶). Aus § 5 DfV. ist nichts Gegenteiliges zu entnehmen; denn er hat seine Ursache lediglich darin, daß der entsprechende § 2¹· ³ der 3. StNV. vereinzelt in einem die vorherige Eintragung hindernden Sinn ausgelegt wurde. Abgesehen hiervon handelt es sich bei der Herabsetzung der Aw. um eine erst in Zukunft, abweichend von der normalen gesetzlichen Aw. nach Billigkeit durch die AwStelle konstitutiv festzusetzende Aw., über die das Grundbuchamt auch vorläufig zu entscheiden nicht in der Lage ist, während es bei Streit über die normale gesetzliche Höhe der Aw. in gleicher Weise zur Prüfung des Eintragungsantrages berufen und befähigt ist, wie bei jedem anderen Berichtigungsantrag, über dessen Voraussetzungen die Beteiligten nicht einig sind. Ergeht später eine für das Grundbuchamt maßgebende, die Höhe der Aw. anders bestimmende Entscheidung der AwStelle, so ist die Eintragung auf Antrag entsprechend zu berichtigen. Das gleiche ist aber auch der Fall, wenn nur über das Bestehen der Aw. dem Grunde nach eine vom Standpunkt des Grundbuchamts abweichende Entscheidung des Prozeßgerichts ergeht. Der gegenteilige Standpunkt würde dazu führen, daß die Eintragung der Aw. auch bei völlig zweifelsfreier Rechtslage durch jedes noch so hinfällige Bestreiten der Höhe zunächst abgelehnt werden müßte, was den Zwecken des AwG. offenbar zuwiderliefe. Daß bei der sofortigen Entscheidung mit Rücksicht auf den Glauben des Grundbuchs bis zur Widerspruchseintragung (§ 892² BGB.) die Gefahr von Rechtsverlusten besteht, ist eine auch bei sonstigen unrichtigen Entscheidungen des Grundbuchamts bestehende Folge der Eintragung.

In der Sache erwägt das LG.: Gemäß § 91² ZVG. sei die Nr. 2 bestehen geblieben. Daraus ergebe sich ohne weiteres, daß die Bank das dingliche Recht nicht durch die Vereinbarung neu erworben habe, so daß insoweit als Erwerbstag jedenfalls nur der ursprüngliche Begründungstag in Frage komme. Die Höhe der Aw. der Hypothek hänge aber nach § 4 weiter davon ab, in welcher Höhe die etwaige persönliche Forderung aufzuwerten sei. Es bedürfe daher ferner der Prüfung, wann diese in ihrem jetzigen Zustande als von der Gläubigerin erworben anzusehen sei. Nehme man nun ein völliges Erlöschen der persönlichen Forderung und die Entstehung einer Grundschuld an, so verbleibe es auf jeden Fall bei der Berechnung des GMBetrages des dinglichen Rechts nach seinem Begründungstage, weil die Umwandlung der Hypothek in eine Grundschuld nach § 3² bedeutungslos sei, so daß bei einer Übernahme der bisher gesicherten Schuld durch den Ersteher, wie sie hier die Urkunde vom 29. 8. 1921 ausdrücke, auch die gesicherte Forderung nach dem gleichen GMBetrage aufzuwerten sei. Dagegen könne bei Annahme einer neubegründeten persönlichen Schuld diese als durch die bestehengebliebene Hypothek gesichert nicht angesehen werden, weil eine Forderungsauswechslung gemäß § 1180 BGB. zur dinglichen Wirksamkeit der Eintragung bedurft hätte.

Die hiergegen erhobenen Angriffe gehen sämtlich fehl. Allerdings sind die in §§ 52¹ S. 2, 91¹ ZVG. für das Erlöschen aufgestellten Voraussetzungen hier in bezug auf die Nr. 2 gegeben, wenn von der Vereinbarung abgesehen wird. Aber für solche Fälle bestimmt gerade § 91², daß diese Rechte ausnahmsweise bestehen bleiben, also nicht erlöschen, wenn das Bestehenbleiben unter den dort bestimmten Voraussetzungen zwischen Gläubiger und Ersteher vereinbart ist. Dies bedeutet, daß das Recht mit rückwirkender Kraft wieder auflebt, dh. so behandelt wird, als wäre das Erlöschen als Wirkung des Zuschlags nicht eingetreten, als lebte vielmehr das Recht vom Zeitpunkte seiner Begründung ab so fort, wie es bis zum Zuschlage bestand (vgl. Jaeckel-Güthe 8, Fischer-Schäfer 5 b, Reinhard 2 zu § 91). Der Umstand, daß die Gläubigerin nur das bare Geld nach dem Werte zurzeit der Versteigerung zu beanspruchen hatte und ihres dinglichen Rechts verlustig gegangen wäre, wenn sie sich einen diesem Werte entsprechenden Betrag hätte auszahlen lassen, kann hieran nichts ändern. Auch andere Gläubiger, die ihre in der gleichen Zeit etwa außerhalb einer Zwangsversteigerung fällig gewordenen Hypotheken stehen ließen, werden der Vorteile der Aw. unter Berechnung nach dem Begründungstage teilhaftig selbst dann, wenn das Bestehenbleiben dem Willen des Eigentümers nicht entsprach. Umsoweniger kann anerkannt werden, daß es eine dem Gesetz zuwider laufende Unbilligkeit bedeute, wenn Eigentümer und Gläubiger sich über Bestehenbleiben einigen und das Recht somit freiwillig der Beeinflussung durch die zukünftige Gesetzgebung unterstellen. Das AwG. läßt besonders in § 3¹ und § 5¹ das Bestreben erkennen, bei Beurteilung des Fortbestandes einer Vermögensanlage unter Zurückstellung juristischer Gesichtspunkte die wirtschaftliche Betrachtungsweise entscheiden zu lassen....

**γ) Ersuchen der AwStellen um Rechtshilfe. GVG. §§ 157.**
Kammergericht, 1. ZS. Beschluß v. 6. Mai 1926 (Gen. IV 2/26).

Aus § 73¹ ergibt sich, daß auch in Sachen der AwStellen die Gerichte nach §§ 157 ff. GVG. zur Rechtshilfe verpflichtet sind (§ 2 FGG., s. auch JW. 1925 S. 1411/2). Aus det Verpflichtung des § 73² ergibt sich die Befugnis der Aw.-Stellen zur Vorladung der Beteiligten, um mit ihnen über den Abschluß eines Vergleichs zu verhandeln und den Vergleich zu beurkunden. Erscheinen im Termin nicht alle Beteiligten, weil ihr persönliches Erscheinen infolge Entfernung ihres Wohnsitzes für sie erschwert oder jedenfalls mit Umständen verknüpft ist, so liegt ein Fall vor, in dem die AwStelle berechtigt ist, das zuständige Amtsgericht um ihre Vorladung zur Stellungnahme zu den von den anderen Beteiligten vorgeschlagenen Vereinbarungen und zur Beurkundung ihrer Erklärungen zu ersuchen. Es handelt sich dabei um einen Akt der Rechtshilfe im Sinne der §§ 157 ff. GVG., weil von dem ersuchten Gericht eine in den Geschäftsbereich des ersuchenden Gerichts fallende Amtshandlung verlangt wird, deren unmittelbare Erledigung ihm durch die örtlichen Verhältnisse erschwert wird. Hier bedurfte der von der AwStelle abgeschlossene Vergleich zu seiner Wirksamkeit des Beitritts der außerhalb des Bezirks wohnenden Eheleute H. Daraus, daß Walter H. selbst darum gebeten hatte, den Beitritt seiner Eltern herbeizuführen, ergibt sich, daß er sich zum selbständigen Vergleichsabschluß auf Grund der ihm erteilten Terminsvollmacht nicht für befugt erachtete. Überdies war diese Vollmacht nur von der Frau H., nicht auch von deren Mann erteilt worden und endlich genügte sie nicht der für Grundbucheintragungen erforderlichen Form des § 29 GBO. Die Ansicht des ersuchten Amtsgerichts, daß „Beurkundungen nicht zu den Rechtshilfeersuchen gehörten", geht fehl. Die Beurkundung des Beitritts zu einem vor der AwStelle abgeschlossenen Vergleich ist in dieser Hinsicht rechtlich nicht anders zu beurteilen, als etwa die Beurkundung des Beitritts zu einem Erbauseinandersetzungsvertrag oder zu einer Erbausweiserklärung, die nach anerkannter Rechtsprechung den Gegenstand einer Rechtshilfe bilden können (Rsp. 8 S. 368; KGJ. 44 S. 102).

**δ) Umfang der Ermittlungspflicht der AwStelle.**

Kammergericht, 9. ZS. Beschluß v. 8. März 1926 (Aw. 38/26).

Die AwStelle hat alle Umstände und Gesichtspunkte, die bei dem nach § 242 BGB. vorzunehmenden Ausgleich der beiderseitigen Interessen erheblich sein können, besonders auch den gegenwärtigen Grundstückswert berücksichtigt und diesen rechtlich bedenkenfrei festgestellt. Sie hat auch die wirtschaftliche Lage des Gläubigers und des Schuldners eingehend geprüft und gewürdigt, besonders auch den Umstand, daß der Schuldner ein nicht unbedeutendes Ausgedinge leisten muß. Es ist weder eine Verletzung des § 12 FGG. noch des § 242 BGB. ersichtlich. Ohne Erfolg rügt der Antragsteller, daß der Wert des Ausgedinges, besonders auch der der Wohnung, zu hoch geschätzt sei. Die AwStelle brauchte in dieser Beziehung genaue Feststellungen nicht zu treffen. Es genügt hier, ebenso wie bei dem Grundstückswerte, daß sie den Wert der Leistung nur ungefähr, nur annähernd festgestellt hat. Denn ihre Entscheidung ist nicht eine rechnerische Aufgabe, sie hat vielmehr auf Grund der Gesamtheit der Umstände des Falles, ohne bezüglich jeder von den Parteien vorgebrachten Einzelheit ganz bestimmte Feststellungen treffen zu müssen, über die Höhe der Aw. zu entscheiden. Sie ist zwar verpflichtet, alle in Betracht kommenden Gesichtspunkte heranzuziehen und sich hierüber auszusprechen, es bleibt aber ihrem pflichtmäßigen Ermessen überlassen, welche Bedeutung sie den einzelnen Umständen beimißt.

Dazu: Kammergericht, 9. ZS. Beschluß v. 21. Oktober 1926 (Aw. 1163/26).

..Hält die AwStelle für aussichtslos, so ist sie nicht berechtigt, vom Sühneverfahren abzusehen. Es kommt nicht selten vor, daß sich der Gegner im Sühnetermin nicht der Erkenntnis verschließt, daß Billigkeit und die Rücksicht auf Treu und Glauben auch in Fällen, in denen ein gesetzlicher Anspruch nicht besteht, die Zubilligung einer Aw. gebieten, und es ist gerade die Aufgabe der AwStelle, in Fällen dieser Art dem Gläubiger zu einer angemessenen Aw. zu verhelfen.

**ε) Aussetzung des AwVerfahrens [1]) gemäß § 148 ZPO. [2])**

Kammergericht, 9. ZS. Beschluß v. 2. Dezember 1926 (Aw. 1169/26).

Es hätte keinen Zweck, den Antragsteller wegen zeitiger Unzuständigkeit

---

[1]) Richtet sich dagegen der Einspruch lediglich gegen das Bestehen des AwAnspruchs, so hat sich die AwStelle auf die Entgegennahme des Einspruchs zu beschränken, aber nicht das Verfahren auszusetzen (KG. 20. 1. 27, Aw. 1129/26). Ebensowenig darf sie aussetzen, wenn zwar aufgerechnet wird, aber zugleich über die Härteklausel des § 15 entschieden werden soll (ObLG. 4. 2. 27, Z. 23 S. 38) oder wenn sie bei Bestreiten des Grundes sich überzeugt, daß die Anrufung des ordentlichen Gerichts erfolglos wäre (KG. 20. 1. 27, JW. 1162).

[2]) Vgl. Rsp. 45 S. 46 s. Nach § 148 ZPO. besteht nur eine Befugnis des Gerichts, während § 77 AwG. einen Antrag erfordert, bei dessen Ausbleiben das Prozeßgericht also nur über den Grund, nicht auch über die Höhe zu entscheiden hätte (vgl. RG. 111 S. 402/3). Welche Folgen sich aber an den fruchtlosen Fristablauf knüpfen, brauchte der § 148 ZPO. nicht zu bestimmen, weil das Gericht an sich auch zur Entscheidung des Präjudizialverhältnisses berufen ist. Die AwStelle darf dagegen über den aufzuwertenden Anspruch nicht entscheiden. Die Sache liegt mithin so wie beim MietEA., das die Friedensmiete feststellen soll; wird das Mietverhältnis selbst bestritten, so hat es gleichwohl die Miete festzustellen und der betroffenen Partei die Angehung des ordentlichen Gerichts zu überlassen (KG. Rechtsentsch. 17Y 113/25). In dieser Weise ist auch hier zweckmäßig zu verfahren. Die Annahme einer „zeitweisen" Unzuständigkeit ist mit § 77,

abzuweisen und ihm dadurch Kosten zu verursachen. Andererseits haben die Beteiligten ein rechtliches Interesse an alsbaldiger Feststellung des AwBetrages. Einer solchen Beschleunigung dient die Setzung der Frist zur Herbeiführung einer rechtskräftigen Prozeßentscheidung; sonst stände es im Belieben des Betroffenen, das AwVerfahren zu verschleppen. Auch insoweit erweist sich die Setzung einer Frist zur Anwendung des AwG. als notwendig und der Senat hat ständig die Fristbestimmung nicht nur als zweckmäßig, sondern sogar für erforderlich erklärt. Den fruchtlosen Ablauf der Frist, die nach Sachlage jeweils zu verlängern ist, darf die AwStelle gegen den Betroffenen verwerten und, wenn dies der Gläubiger ist, seinen Anspruch wegen zeitiger Unzuständigkeit kostenpflichtig abweisen, wobei ihm freilich später noch freisteht, nach Beibringung der Prozeßentscheidung den AwAnspruch nochmals geltend zu machen. Hat dagegen der Schuldner die Frist versäumt, so kann die AwStelle davon, daß sein Bestreiten unbegründet ist, ausgehen und den AwBetrag festsetzen, wie wenn es sich um dessen Höhe handelte. Welchem Beteiligten die Angehung des Prozeßgerichts aufzugeben ist, entscheidet die Lage des Einzelfalles; maßgebend wird in der Regel die Beweislast sein. . . .

Dazu: **Aufhebung des Aussetzungsbeschlusses bei veränderter Sachlage.**
Kammergericht, 9. ZS. Beschluß v. 28. Mai 1926 (Aw. 228/26).

Da die Aussetzung des Verfahrens mit der sofortigen Beschwerde anfechtbar ist, ist das Amtsgericht nach § 18² FGG. an sich zur Aufhebung der Aussetzungsentscheidung nicht befugt. Die Rechtsprechung läßt jedoch eine Ausnahme zu, wenn veränderte Umstände eingetreten sind. Hier sind zwar solche nicht eingetreten, aber es ist dem Gericht die doppelte Anmeldung erst nachträglich bekannt geworden. Auch in diesem Falle muß die Aufhebung für zulässig erachtet werden. Sie läßt sich also auch mit der besonderen Natur der AwEntscheidung rechtfertigen. Das Amtsgericht erklärt sich hierdurch zur Zeit für unzuständig, weil ein Streit über den Anspruch vorliegt. Wenn sich nun nachträglich herausstellt, daß es hierbei von falschen tatsächlichen Voraussetzungen ausgegangen ist, so muß ihm gestattet sein, das Verfahren selbst wieder in Gang zu bringen. N.r.

c) **Ist in AwSachen der Mann zur Vertretung seiner Frau legitimiert?** [1])
OLG. Hamburg, 1. ZS. Beschluß v. 20. Dezember 1926 (F 134/26).

Auf dem Grundstücke, das zum eingebrachten Gute der Frau B. gehört, ist für den Antragsteller eine Hypothek von 50000 Mark eingetragen; die auf 25% ihres GMBetrages aufgewertet ist, während die durch sie gesicherte Forderung auf 20000 GM. aufgewertet wurde. Die Beschwerde des Mannes B über die letztere Aw. ist zurückgewiesen, weil der Mann zur Beschwerde im eigenen Namen nicht legitimiert sei. Allein gemäß § 73 richtet sich im AwVerfahren die Beschwerdeberechtigung nach § 20 FGG. Dem Mann steht also die Beschwerde zu, wenn sein Recht durch die Entscheidungen beeinträchtigt wird. Das ist der Fall, wenn

---

nach welchem das Prozeßgericht mit dem Erlaß seines Urteils bis zur Entscheidung der Awbehörden über die Höhe warten kann, schlechthin unvereinbar. D. H.

[1]) Dagegen sieht das BayObLG. 31. 5. 1926 (JW. 2379) die Aw. in der Richtung gegen die Eheleute als Schuldner für einen Passivprozeß an, in welchem der Mann ohne Vollmacht nicht im Sühnetermin auftreten darf.

eine durch Hypothek gesicherte persönliche Forderung gegen die Frau in Verletzung des AwG. oder allgemeiner AwGrundsätze, soweit diese maßgebend sind, aufgewertet wird. Unter der „Beeinträchtigung" eines Rechtes des Mannes ist grundsätzlich ein unmittelbarer Eingriff in dieses Recht zu verstehen, es genügt aber die Feststellung einer Gefährdung des Bestandes seines Rechtes (vgl. Schlegelberger FGG. § 20, 2 II 2 c). Sein Nutznießungsrecht am eingebrachten Gut wird durch eine auf Gesetzesverletzung beruhende AwEntscheidung zu Lasten der Frau beeinträchtigt, denn der Gläubiger kann ohne Rücksicht auf die Verwaltung und Nutznießung Befriedigung aus dem eingebrachten Gute verlangen (§ 1411 BGB.), der Mann kann daher dem Gläubiger, der auf Grund einer gegen die Frau ergangenen rechtskräftigen AwEntscheidung in das eingebrachte Gut vollstreckt, nicht mehr einwenden, daß die Forderung nicht oder nicht in der festgestellten Höhe bestehe. B.

η) **Ladung zum Sühnetermine [1]). Aw. des Restkaufgeldes.**

OLG. Hamburg, 1. ZS. Beschluß v. 10. Januar 1927 (F 129/26).

A. hat sein Grundstück am 6. 10. 1922 an B. für M. 400000 verkauft; davon sind M. 150500 als Restkaufgeld Ende 1922 bei Eintragung des Eigentumswechsels eingetragen. Nachdem am 2. 1. 1925 B. an X. aufgelassen hatte und dieser am 16. 9. 1925 als Eigentümer gebucht war, hat A. erhöhte Aw. seiner Restkaufgeldforderung gegen B. auf 20000 GM. rechtzeitig beantragt. Die AwStelle hat beide Parteien zu einem Termin, zu dem B. nicht erschien, geladen und nach Erörterung der Sachlage die Aw. dem Antrag entsprechend festgesetzt. Das LG. hat die Sache mit Recht zurückverwiesen. Der zwingende § 73² kann allerdings nicht dahin führen, daß beim Ausbleiben einer Partei im Sühnetermin dieser wiederholt oder gar so lange wiederholt wird, bis beide Parteien, notfalls durch die nach §§ 3, 4 Hamb. AG. zum FGG. zulässigen Druck- und Zwangsmittel bestimmt, erscheinen. Erforderlich ist aber, daß ein Termin zur Sühne, der auch für den Fall der Erfolglosigkeit gleichzeitig zur Verhandlung bestimmt werden kann, ausdrücklich anberaumt und als solcher in der Ladung den Parteien bezeichnet wird. Wenn ihnen nicht erkennbar gemacht wird, daß der Termin, zu dem sie erscheinen sollen, ein Sühnetermin sei, kann von einem Versuch gütlicher Einigung beim Nichterscheinen einer Partei keine Rede sein. Hier sind die Parteien nur zu einem Termin ohne Hervorhebung seiner Zweckbestimmung geladen; danach ist § 73² in der Tat verletzt.

Vor allem aber entbehrt der Beschluß der AwStelle jeder haltbaren Begründung. Die frühere Wertanteilslehre ist vom RG. verworfen; sie wäre auch ganz unanwendbar, weil B. nicht mehr Grundeigentümer ist. Welchen Wert das Grundstück 1917 hatte, ist unerheblich. Entscheidend ist sein Wert beim Kauf-

[1]) Das Einigungsverfahren setzt regelmäßig voraus, daß beide Teile gleichzeitig erscheinen (Bay. ObLG. 22. 5. 25, Samml. 24 S. 194). — Dagegen ist für das AwVerfahren eine mündliche Verhandlung nicht vorgeschrieben; ob und inwieweit die Parteien zu hören sind, bestimmt das Gericht (15. 1. 26, aO. 29). Der Parteieid ist ausgeschlossen (KG. 4. 11. 26; JW. 1927 S. 1005), dagegen kann notfalls eine eidesstattliche Versicherung verlangt werden (KG. 20. 1. 1927, Aw. 1191/26).

abschluß und das Verhältnis des Kaufpreises und des hier streitigen Teilbetrages, bewertet nach ihrer inneren Kaufkraft, zu diesem Wert [Warn. 19 S. 7]. Im übrigen konnte nur die Entwicklung und der Stand der Vermögensverhältnisse beider Parteien eine wichtige und unentbehrliche tatsächliche Grundlage für die Bemessung der Höhe der Aw. geben. Alles das war nach § 12 FGG. von Amts wegen aufzuklären. V.

θ) **Keine Anwendung des § 138 ZPO.** [1])

OLG. Hamburg, 1. ZS. Beschluß v. 18. Oktober 1926 (F. 99/26).

Erklärt sich der Schuldner nicht, so wird die AwStelle nach § 73² versuchen müssen, eine Erklärung durch Vorladung des Schuldners zur Vernehmung herbeizuführen, bei der eine zweckentsprechende Rechtsbelehrung und im Bestreitungsfalle die Frage nach seinem Einverständnis mit der Zuständigkeit der AwStelle für die Entscheidung auch über das Bestehen des Anspruchs geboten sein wird. Erscheint aber der Schuldner nicht oder erklärt er nicht ausdrücklich, daß er das Bestehen nicht bestreite, oder erklärt er nicht sein Einverständnis damit, daß auch darüber die AwStelle entscheide, so fehlt es an der nötigen Grundlage für die Entscheidung über die Höhe der Aw., weil das Bestehen des Anspruchs als streitig anzusehen ist und die Stelle für diesen Streit nicht zuständig ist. V.

ι) **Anordnung des Erscheinens unter Ordnungsstrafe?**

Kammergericht, 9. ZS. Beschluß v. 10. März 1927 (Aw. III 338/27).

Das AwG. und die DfV. enthalten keine Bestimmung über ein Ordnungsstrafverfahren gegen ausbleibende Beteiligte. Das LG. folgert die Zulässigkeit aus der Bezugnahme des § 73 AwG. auf das FGG. (§§ 12, 13, 200, Art. 15 PrFG.). Indessen besteht keineswegs eine übereinstimmende Meinung, daß der Richter der freiw. Gerichtsbarkeit eine Partei auch dann durch Ordnungsstrafen zum Erscheinen zwingen könne, wenn sie nicht — wie der Vater, Vormund oder Pfleger — in einem Pflichtverhältnisse zum Gerichte steht (RG. 57 S. 136; KGJ. 32 S. 41; Schlegelberger FGG. § 13¹⁷). Ferner schreibt § 73 AwG. nur die sinngemäße Anwendung vor, will damit also den inneren Unterschied zwischen beiden Verfahrensarten durchweg beachtet wissen. Schwerwiegende öffentliche Interessen, wie sie der VormRichter bisweilen gegen den Vater, Vormund oder Pfleger zwangsweise durchsetzen muß, sind im AwVerfahren, das nur einen Parteistreit über bürgerlich-rechtliche Ansprüche entscheiden soll, nicht zu wahren. Deshalb fällt für die AwStelle dieser Grund, der in jenen Sachen die Befugnis des Gerichts erfordert, Beteiligte durch Ordnungsstrafen zum Erscheinen in der streitigen Verhandlung zu zwingen. Sie hat sich darauf zu beschränken, aus dem Ausbleiben des Antragstellers die erforderlichen Schlüsse zu ziehen. Schließlich verbietet sich eine entsprechende Heranziehung des § 141³; denn derart einschneidende Zwangsmaßregeln können nur auf unmittelbare Gesetzesvorschrift hin angewendet werden.

[1]) Keine Wiedereinsetzung gegen die Versäumung der Frist des § 12 oder § 16¹ S. 1 (KG. 25. 11. 26, Aw. 1319/26). — Der noch nicht eingetragene Erwerber kann dem Eigentümer als Nebenintervenient beitreten (KG. 2. 12. 26, Aw. 596/26). — Miterben, die die Abwertung einer Nachlaßverbindlichkeit und der dafür eingetragenen Hypothek beantragen, sind notwendige Streitgenossen (KG. 23. 12. 26, JW. 1927 S. 994).

x) **Beschwerde**[1]: α) **Verschuldete Versäumung der Notfrist (§ 73¹).**

OLG. Hamburg, 1. ZS. Beschluß v. 1. Mai 1926 (F 25/25).

Gemäß § 73¹ war auf Grund des § 22² FGG. zu prüfen, ob der Beschwerdeführer A. ohne sein Verschulden verhindert war, die Frist für die Einlegung der sofortigen Beschwerde einzuhalten. Da aber das LG. gerade dies geprüft und seine Entscheidung mit der Feststellung eines solchen Verschuldens begründet hat, kann die irrige Anwendung des nicht anwendbaren § 233 ZPO. nicht zur Aufhebung der Entscheidung führen, weil diese nicht auf jener Gesetzesverletzung beruht. Der zugrunde gelegte Tatbestand rechtfertigt jedoch nicht die rechtliche Feststellung, daß der Vertreter des A. die Versäumung der Notfrist verschuldet habe. Er hat allerdings nach Verkündung des Gerichtsbeschlusses, die Entscheidung solle innerhalb 14 Tagen zugestellt werden, die Frist nicht im Fristenkalender vermerken lassen und sich nicht von Zeit zu Zeit, besonders nach Ablauf der 14 Tage, erkundigt, ob ihm noch nicht zugestellt sei. Allein den Beginn einer Frist, in welcher ein Gericht oder eine Behörde ganz unverbindlich eine Entscheidung abzugeben verheißt, in den Fristenkalender einzutragen, wäre nicht nur unnötig, sondern unzweckmäßig und verkehrt, weil solche Eintragungen nur verwirrend wirken und die Überflüssigkeit und Bedeutung des Kalenders beeinträchtigen würden. Ebensowenig kann verlangt werden, daß der Anwalt bei der Fülle der zu erledigenden Geschäfte den jeweiligen Stand der einzelnen Sache im Kopfe hat. Vorliegend konnte sich der Vertreter ohne Verschulden darauf verlassen, daß die AwStelle die Entscheidung ihrer Erklärung entsprechend zustellen werde und daß sein Bürovorsteher sie, der ihm allgemein erteilten Anweisung entsprechend, alsbald vorlegen werde. Er hat jedoch die Vorlegung der Entscheidung und die alsbaldige Eintragung im Fristenkalender verabsäumt. Das war aber auch vom Anwalt selbst, auch bei Führung eines ordnungsmäßigen Fristenkalenders und dessen fortgesetzter Nachprüfung bei Anwendung der von ihm zu beobachtenden Sorgfalt nicht zu verhindern[2]. B.

β) **§ 73 gilt auch für das LG. Versagung rechtlichen Gehörs.**

OLG. Jena, 1. ZS. Beschluß v. 12. Mai 1926 (W. 213/26).

Der § 73 gilt nicht nur für die AwStelle, sondern auch für die Beschwerdegerichte, soweit hier die Parteien noch mit tatsächlichem Vorbringen gehört werden können. . . . Das Gericht hat nach den Bedürfnissen des Einzelfalles von sich aus zu prüfen, ob überhaupt Ermittlungen, welche und wie sie erhoben werden sollen. Es wird daher wohl immer zweckmäßig und notwendig sein, die Parteien persönlich zu hören und ihnen Gelegenheit zu geben, alles das, was sie für die

---

[1] a) Sie bedarf keines Antrages und keiner Begründung; die Entsch. ist allgemein und allseitig zu prüfen (KG. 4. 9. 26, Aw. 766/26), bes. ob die allgemeinen in §§ 8, 15 enthaltenen Rechtsgrundsätze angewendet sind (ObLG. 29. 3. 26, Samml. 25 S. 117).

b) Auch die Sprungbeschwerde ist nur eine Rechtsbeschwerde (ObLG. 13. 3. 26, aO. 99) und erfordert, daß die Zustimmung des Gegners innerhalb der Beschwerdefrist vorzulegen ist (aO. 83).

[2] Anders, wenn der Anwalt irrtümlich oder versehentlich die weitere Beschwerde an das OLG. einreicht (KG. 7. 8. 26, JW. 2376).

Entscheidung erforderlich und zweckdienlich halten, dem Gerichte frei vorzutragen. Dieses wird dabei auch durch Befragen und Hinweise am besten den Sachverhalt klären, Wichtiges von Unwichtigem scheiden und sich ein einwandfreies, objektives Bild vom Streitstande machen können. Unterbleibt die mündliche Verhandlung so ist dem Gegner zu einer schriftlichen Äußerung das gesamte Vorbringen des Antragstellers zugänglich zu machen. Bleiben dann noch Zweifel, so muß das Gericht von sich aus durch Beweisanfnahme den Sachverhalt zu erforschen suchen und die Parteien zu entsprechenden Beweisanträgen veranlassen. Gegen diese Grundsätze hat das LG. verstoßen; namentlich hätte es prüfen müssen, was die Parteien bei der Hypothekenbestellung vereinbart und was sie gewollt haben, als sie die alte mithaftende Hypothek löschen und 2 Tage später die neue Hypothek eintragen ließen. Die Feststellung, daß sie sich „offenbar" darüber keine Gedanken machten, genügt nicht, solange sich das Gericht durch Anhören des Gegners oder durch eine Beweisaufnahme Aufschluß zu verschaffen vermag. . . . —e—

**γ) Darf das LG. die Sache an die AwStelle zurückverweisen?**

Kammergericht, 9. ZS. Beschluß v. 28. Mai 1926 (Aw. 219/26).

Das LG. ist zwar als Tatsacheninstanz grundsätzlich verpflichtet, selbst die erforderlichen Ermittlungen anzustellen. Es kann sich jedoch, wenn die besonderen Umstände des einzelnen Falles die nochmalige Erörterung der Angelegenheit durch die AwStelle angezeigt erscheinen lassen, auf die Aufhebung und Zurückverweisung beschränken. Die Begründung, daß beide Parteien fern vom LG.-Sitze wohnen und daß noch umfangreiche Ermittlungen anzustellen sind, ist rechtlich nicht zu beanstanden. N.r.

Dazu: OLG. Hamburg, 1. ZS. Beschluß v. 16. April 1926 (F 20/26).

Die Beschwerde des Grundeigentümers vom 25. 2. 1926 richtet sich nicht gegen den auf den Antrag v. 27. 11. 1925 eingetragenen AwBetrag von 15 % der Grundschuld Nr. 1, sondern gegen die Ablehnung des Antrages vom 6. 11. 1925 auf Eintragung eines AwBetrages von 25 %, soweit diese nicht durch die eingetragenen 15 % gegenstandslos geworden ist. Beantragt ist also nicht die Abänderung der Eintragung, sondern Eintragung des noch nicht eingetragenen Restbetrages von 10 % hinter der nicht beanstandeten Eintragung. Bei dieser Sachlage ist die Beschwerde nach § 71² FGG. nicht unzulässig. Da somit der angefochtene Beschluß das Gesetz verletzt, rechtfertigt sich seine Aufhebung (§ 78 FGG.) und, da das LG. sachlich noch nicht Stellung genommen hat, die Zurückweisung der Sache. B.

**δ) Sind Anschlußbeschwerden zulässig?**

OLG. Hamburg, 1. ZS. Beschluß v. 26. April 1926 (F 16/26).

Der Antragsgegner hat in dem am 19. 6. 1926 beim LG. eingegangenen Schriftsatz erklärt, er schließe sich der weiteren Beschwerde des A. an, und hat beantragt zu erkennen, daß er zur Aw. nicht verpflichtet sei. Eine Anschlußbeschwerde ist jedoch nicht zulässig. Der Antrag des Gegners kann nur als selbständige weitere Beschwerde aufgefaßt werden. Diese ist aber nicht innerhalb der Notfrist (§ 74, Art. 124 DfB., § 22¹FGG.) eingelegt, da der angefochtene Beschluß am 2. 3. 1926 zugestellt ist. B.

γ) **Kosten: α) im Falle Rücknahme des AwAntrags.**

Kammergericht, 9. ZS. Beschluß v. 29. März 1926 (Aw. 80/26).

Der Antrag auf Aw. einer gelöschten Hypothek ist in der Regel nur als Anmeldung nach § 16¹ und zugleich als Wiedereintragungsantrag zu behandeln, dagegen nicht auf Einleitung eines Verfahrens nach § 69 gerichtet; denn in den weitaus meisten Fällen herrscht bei der Aw. der Hypothek über die Höhe kein Streit. Beantragt dagegen der Gläubiger einer gelöschten Kaufgeldhypothek „die höchstmögliche Aw. von 100 %", so begehrt er damit eine vom normalen Höchstsatz abweichende Aw. der persönlichen Forderung gemäß §§ 10, 12 und damit ein Verfahren nach § 69 (Nadler 11, 27). Eine Angabe darüber, daß über die Höhe der Aw. Streit besteht, braucht der AwAntrag nicht zu enthalten. Teilt die AwStelle wie hier dem Gegner einen solchen Antrag zur Äußerung mit, so leitet sie damit das Verfahren nach § 69 ein. Hieran wird dadurch nichts geändert, daß darin gleichzeitig eine Mitteilung der Anmeldung nach § 16¹ S. 2 gesehen werden könnte. Ist aber ein eigentliches AwVerfahren nach § 69 eingeleitet, so hat jede Partei ein Recht darauf, daß darin eine Entscheidung ergeht und daß, wenn der Antrag zurückgenommen wird, wenigstens über die Kosten des Verfahrens entschieden wird. Nr.

Dazu: OLG. Darmstadt, 1. ZS. Beschluß v. 10. Februar 1927 (Aw. W 2/27).

Der Gläubiger hat seine gelöschte Hypothek zur Aw. gegen die Eigentümer und die persönlichen Schuldner rechtzeitig angemeldet, diese Anmeldungen jedoch auf den Einspruch der Gegner, daß sie die Grundstücke unbelastet gutgläubig erworben hätten, alsbald zurückgenommen. Die Vorinstanzen haben mit Recht abgelehnt, über die Kosten zu entscheiden. In dem Anmeldungsverfahren (§ 16), das vom eigentlichen AwVerfahren (§§ 69 ff.) zu unterscheiden ist, beschränkt sich die Tätigkeit der Awstelle im wesentlichen auf die Entgegennahme der Anmeldung, ihre Mitteilung an den Gegner und die Entgegennahme des Einspruchs, eine entscheidende Tätigkeit hat sie in diesem rein formellen Verfahren überhaupt nicht auszuüben, so daß sie eine Kostenentscheidung überhaupt nicht zu treffen hat. Auch aus § 76 läßt sich eine solche Befugnis nicht herleiten. Wohl erhebt danach die AwStelle eine Gebühr und verteilt die Kosten nach billigem Ermessen. Der § 76 steht aber im 11. Abschnitt, der vom eigentlichen AwVerfahren handelt, und bezieht sich nur auf dieses; auf das Anmeldungsverfahren ist er nicht anwendbar (KG. 1. 7. 26). Damit steht im Einklang, daß nach der AVf. des preuß. Justizmin. vom 30. 9. 25 und dem Ausschreiben des hess. Justizmin. vom 31. 5. 26 das Anmeldungsverfahren von Gebühren frei ist. Zu einem eigentlichen AwVerfahren ist es hier gar nicht gekommen. Mit der Erhebung des Einspruchs und seiner Mitteilung an den Gläubiger hatte das Anmeldungsverfahren geendet. Ein eigentlicher AwAntrag war nicht gestellt, kann auch in der Anmeldung nicht gesehen werden. Nachdem durch den Einspruch das Bestehen des Anspruchs überhaupt bestritten war, mußte der Streit vor dem ordentlichen Gericht ausgetragen werden [1]). W.r.

---

[1]) § 76¹ gilt auch für die außergerichtlichen Kosten. Ob der einen Partei die gesamten Kosten

β) **Festsetzung des Wertgegenstandes in AwSachen.**

Bayer. Oberstes Landesgericht, ZS. Beschluß v. 24. April 1926 (VIII 43/26).

Für das AwVerfahren bestehen keine Bestimmungen, die das gerichtliche Ermessen — wie es durch die §§ 4—9 ZPO. geschehen ist — einschränken. Hier hat also das Gericht, wenn es sich auch im allgemeinen an jene Grundsätze halten wird, in der die besonderen Verhältnisse des AwVerfahrens berücksichtigenden Weise frei zu entscheiden; dabei sind die Anträge der Parteien zugrunde zu legen. Danach waren 450 RM. unstreitig und nur der Unterschied zwischen den geforderten 2250 und jenen 450, also 1800 RM. im Streit befangen. Daß die Vorinstanzen nicht den Nenn-, sondern den gegenwärtigen Wert der AwSumme von nur 1200 RM. zugrunde gelegt haben, ist nicht zu beanstanden. Es ist nicht anzunehmen, daß der Gläubiger, wenn er die Forderung jetzt veräußern müßte, mit Rücksicht auf ihre späte Fälligkeit mehr als 1200 RM. erhielte. Mit Rücksicht hierauf setzt auch das KG. den Streitwert regelmäßig auf nur $^2/_3$ [jetzt $^4/_5$] des streitigen Betrages fest.

Dazu: OLG. Braunschweig, 1. ZS. Beschluß v. 24. September 1926 (W 146/26).

Dem A. stand aus der Hofüberlassung vom 2. 10. 1913 eine als Grundschuld eingetragene Abfindung von 9000 M. zu. Nachdem die Grundschuld 1921 gegen Zahlung von 5000 M. und Ausstellung eines Schuldscheins über 5600 M. gelöscht worden war, hat A. die Aw. der Abfindung auf 100 % — d. h. nach Abzug der in 344 GM. umgerechneten Zahlung auf 8656 GM. — beantragt. Der Hofeigentümer hat den Anspruch nach Grund und Höhe bestritten, worauf das Verfahren bis zur Entscheidung des Prozeßgerichts ausgesetzt wurde. Als sich zufolge Vergleichs vom 23. Juni 1926 die Parteien auf 4000 RM. geeinigt hatten, hat die AwStelle Entscheidung getroffen und den Streitwert entsprechend der Vergleichssumme auf 4000 RM. festgesetzt. Dagegen hat ihn das LG. auf Beschwerde des Prozeßbevollmächtigten des A. auf 5800 GM. (= $^2/_3$ von 8656) erhöht. Die weitere Beschwerde jenes Bevollmächtigten, der einen Streitwert von 7391 GM. begehrt, ist nach § 27 FGG. zulässig, weil Art. 21 DfV. mit der V. vom 23. 3. 26 verletzt sind.

Der AwBetrag wäre — abgesehen vom Vergleiche — nach § 25 vor 1932 nicht fällig. Für den Streitwert ist mithin der Barwert zugrunde zu legen, der nach Art. 21 DfV. zu berechnen ist. Dabei können die früheren Entsch. des KG. (Gribel § 76[1], Nadler 125) jetzt nicht mehr berücksichtigt werden, nachdem durch die — jetzt durch die V. v. 26. 3. 26 berichtigte — Tabelle zum Art. 21 feste Sätze aufgestellt worden sind, die für den Streitwert jedenfalls dann annähernd anzuwenden sind, wenn wie hier der Antragsteller 100% fordert und der Gegner jede Aw. ablehnt. Da nach Art. 129 DfV. eine starre Bindung an die Tabelle nicht geboten erscheint, hat der Senat den Streitwert auf 7300 RM. abgerundet.

---

auferlegt werden, entscheidet die AwStelle nach billigem Ermessen. Ebenso hat sie bei Rücknahme eines Antrages zu prüfen, welchen Erfolg er gehabt hätte und ob die Zuziehung eines Anwalts zweckentsprechend war (ObLG. 15. 10. 1926, BayZ. 22 S. 261). — Billiges Ermessen bedeutet aber nicht Willkür, die Beziehung zwischen dem festgesetzten und dem auf Grund der Anträge ermittelten Streitwerte darf nicht völlig verschwinden (KG. 16. 12. 26, JW. 1927 S. 853).

γ) **Streitwert bei Beseitigung einer AwHypothek, wenn ein Gesellschafter gegen die offene HG. klagt.**

OLG. Stettin, 1. ZS. Beschluß v. 25. März 1927.

Beantragt ist die vertragsmäßige Beseitigung einer wiedereingetragenen AwHypothek (§ 439² BGB.) durch die offene HG., deren Mitinhaber der Kläger ist. Der Streitwert wird hier gemäß § 3 ZPO. durch den zur Löschung der Hypothek aufzuwendenden Betrag bestimmt, also durch den Betrag, der nach § 25² AwG., Art. 21 DfV. und der V. v. 26. 3. 1926 betr. Berechnung des Zwischenzinses zur alsbaldigen Ablösung der Hypothek (März 1927) zu zahlen ist und nach diesem Barwert $87^{1}/_{2}$% der AwForderung beträgt.

Im übrigen rechtfertigt der Umstand, daß der Kläger zu $^{2}/_{5}$ an der Beklagten beteiligt ist, nicht eine Kürzung des Streitwertes auf $^{3}/_{5}$. Was Gegenstand des Streites ist, richtet sich nach dem Klageantrage, ohne Rücksicht auf das bloß mittelbare wirtschaftliche Interesse des Klägers im Gegensatze zu seinem unmittelbaren Parteiinteresse. Die Gesellschaft hat im Prozesse die Stellung einer juristischen Person und steht so dem Kläger als eine in sich geschlossene fremde Rechtsperson gegenüber. R. h.

δ) **Festsetzung der einer Partei auferlegten Kosten. Beschwerde.**

OLG. Braunschweig, 1. ZS. Beschluß v. 20. November 1926 (W 172/26).

Das AwVerfahren hat damit geendet, daß B. seinen Einspruch zurückgenommen hat und ihm rechtskräftig die durch den Einspruch entstandenen Kosten auferlegt sind. Die Vorinstanzen haben den Kostenfestsetzungsantrag zurückgewiesen, weil die Zuziehung eines Anwalts nicht erforderlich gewesen sei. Die weitere Beschwerde ist unzulässig. Nach § 73¹ sind ebenso wie das FGG. auf das AwVerfahren solche landesgesetzlichen Bestimmungen anzuwenden, die auf dem FGG. beruhen und besonders zu dessen Ausführung rechtsgültig erlassen sind. Für die im Anschluß an ein AwVerfahren festzusetzenden Kosten haben daher auch die den Art. 10, 11 PrFG. entsprechenden §§ 9, 10 Br. FGG. Platz zu greifen (Wagemann³ AwG. § 76²). Daß ein besonderes Festsetzungsverfahren stattfinden darf, ist mit Wagmann anzunehmen. Die von Michaelis vertretene gegenteilige Auffassung ist abzulehnen, weil jeder Anhalt dafür fehlt, daß in dieser Hinsicht das AwVerfahren gegenüber einem sonstigen Verfahren der freiw. Gerichtsbarkeit unterschiedlich zu behandeln sei. Der § 74 ist hier nicht anzuwenden, weil er nur die in der Sache selbst erlassene Endentscheidung betrifft. Sogar die Entscheidung, die, ohne über die Sache selbst zu befinden, einer Partei die Kosten auferlegt, ist nicht nach § 74, sondern nach § 19 FGG. anzufechten. Wie sich aus Art. 10¹ Br. FGG ergibt, hat daher die AwStelle die Kosten festzusetzen; ihre Entsch. kann nach Abs. 3 das. „durch sofortige Beschwerde nach den Bestimmungen der ZPO." angefochten werden. Wegen der danach gebotenen Anwendung des § 568 Abs. 2, 3 ZPO. ist daher hier eine weitere Beschwerde versagt. Übrigens mußte sie auch bei Anwendung des § 74 AwG. scheitern, denn im AwVerfahren ist der § 91² ZPO. nicht anzuwenden, vielmehr kann die Erstattung der Anwaltskosten nur verlangt werden, wenn sie zur zweckentsprechenden Rechtsverfolgung notwendig gewesen sind (vgl. Michaelis, Wagemann, Schlegelberger, Quassowski zu § 70). Das LG. hat aber sein Ermessen nicht ungesetzlich ausgeübt. v. F.

**ε) Eintragung des AwBetrages bei Umschreibung auf die Erben?**

Kammergericht, ZS. 1 a. Beschluß v. 18. Februar 1927 (X 12/27).

Das LG. geht zutreffend davon aus, daß die für die Eintragung des gesetzlichen AwBetrages vorgesehene Gebührenfreiheit nicht die gleichzeitige Umschreibung der aufzuwertenden Hypothek auf die Erben mitumfaßt. Denn durch § $7^1$ Nr. 7 Pr. GKG. sollte dem durch die Geldentwertung geschädigten Gläubiger Gebührenfreiheit für alle Eintragungen gewährt werden, soweit es sich um die Geltendmachung des gesetzlichen Aufwertungsbetrages handelt (1 a X 670. 26). Wird aber gleichzeitig mit der Eintragung des AwBetrages eine Veränderung gegenüber dem bisherigen oder dem durch das AwG. geschaffenen Rechtszustand eingetragen, so sind dafür Gebühren aus § 57 Pr. GKG. zu entrichten. Dies muß besonders für den hier vorliegenden Fall gelten, daß der Betrag für die Erbin des eingetragenen Gläubigers eingetragen wird. Ob die Umschreibung auf die Erben schlechthin oder auf die namentlich bezeichneten Erben erfolgt, ist allerdings für die Gebührenfrage unerheblich. Zweifel könnten hinsichtlich der Gebührenpflichtigkeit der Umschreibung höchstens dann obwalten, wenn es rechtlich nicht möglich wäre, den AwBetrag ohne gleichzeitige Umschreibung auf die Erben grundbuchlich einzutragen. Nach Art. 16 DfV. findet aber die Ausnahmevorschrift des § 41 GBO. entsprechende Anwendung bei Eintragung des gesetzlichen AwBetrages, die geschehen kann, ohne daß gleichzeitig eine Umschreibung auf die Erben des eingetragenen Gläubigers erfolgt. Wird also diese Umschreibung dennoch wie hier ausdrücklich beantragt, so ist sie jedenfalls gemäß § $57^1$, Nr. 2 Pr. GKG. gebührenpflichtig.

Dazu: Kammergericht, ZS. 1 a. Beschluß v. 18. März 1927 (x 109/27).

Eine gelöschte Hypothek kann nur gleichzeitig mit der Erbfolge wiedereingetragen werden, ohne Rücksicht darauf, ob die gleichzeitige Umschreibung auf die Erben beantragt ist oder nicht. Dies folgt aus § 22 GBO. mit § 1115 BGB., weil sie im Berichtigungswege nur gleichzeitig mit der Bezeichnung des jetzigen Gläubigers eingetragen werden kann. Die Erben können auch nicht so angesehen werden, als ob sie schon früher eingetragen waren, weil der Erbfall schon vor der Löschung eingetreten ist und es zu dieser nach § $41^1$, GBO. der vorherigen Eintragung der Erben nicht bedurfte. Tatsächlich war vielmehr lediglich der Erblasser eingetragen, während jetzt die Wiedereintragung auf den Namen der Erben erfolgt ist. Durch diese Umschreibung ist eine Gebühr aus § $57^1$, Nr. 2 Pr. GKG. verwirkt. Der Umstand, daß die Wiedereintragung nach der AVf. v. 11. 1. 1926 III (JMBl. S. 10) in Spalte 1—4 erfolgt, steht nicht entgegen. Die Umschreibung fällt auch nicht unter die Gebührenfreiheit aus § $57^1$, Nr. 7 b, die sich nur auf die Wiedereintragung des gesetzlichen AwBetrages selbst bezieht [1]).

---

[1]) § $7^1$ Nr. 7 a, Pr. GKG. vom 31. 8. 1925 (GS. 111) wollen nur dem Gläubiger die Vergünstigung der Gebührenfreiheit gewähren; demgemäß ist gebührenfrei wohl die Eintragung des Widerspruchs aus § $16^2$ S. 2 AwG., die den Anspruch des Gläubigers auf Wiedereintragung der Hypothek auf Antrag des Gläubigers sichert, nicht aber die Buchung des Widerspruchs aus § $8^a$ AwG., die den gegen den Gläubiger gerichteten Antrag des Eigentümers auf Herabsetzung der Aw. betrifft (KG. 31. 8. 26, 1 a X 753/26).

**ζ) Bedeutung des Art. 130 DfV. der Staatskasse gegenüber.**

OLG. Hamburg, 1. ZS. Beschluß v. 17. Mai 1926 (F 21/26).

Der Meinung der Staatskasse, daß Art. 130 DfV. nur das Verhältnis des Gläubigers zum Grundeigentümer betreffe, daß aber der Staatskasse gegenüber nach § 1 des GKG. der Gläubiger als Antragsteller zahlungspflichtig sei, kann nicht beigetreten werden. In § 76[1] AwG. findet sich eine Vorschrift für die Gebühren der AwStellen; im Gegensatz hierzu spricht Abs. 2 von den in AwSachen erwachsenden Gebühren und Kosten. „AwSache" ist der weitere Begriff, die einzelnen Sachen werden erst durch die Grundbucheintragungen beendet, sofern diese gerade das Ziel des veranlaßten Verfahrens sind. Der Abs. 2 ist daher dahin zu verstehen, daß die Reichsregierung auch über die Kosten für Grundbucheintragungen in AwSachen Vorschriften mit der Wirkung eines Reichsgesetzes zu erlassen ermächtigt ist. So hat auch die Reichsregierung die ihr erteilte Ermächtigung mit Recht aufgefaßt, wie Art. 130 DfV. beweist. In Art. 129 hat sie jedoch davon Abstand genommen, die Höhe der bei den AwStellen entstehenden Gebühren zu regeln, hat vielmehr die Bestimmungen hierüber den Landesbehörden übertragen. Einer gleichen Bestimmung hinsichtlich der Gebühren für die in AwSachen stattfindenden Grundbucheintragungen bedurfte es nicht, weil diese Regelung bereits landesrechtlich getroffen war und auch für AwSachen stillschweigend der Landesgesetzgebung überlassen bleiben konnte. Auf Grund des § 76[2] war die Reichsregierung auch für diese Gebühren ganz allgemein, nicht nur hinsichtlich der Bemessung ihrer Höhe, zu selbständiger, landesrechtliche Vorschriften für AwSachen ausschließenden Regelung befugt. Sie hat diese Befugnis nur insoweit ausgeübt, als sie bestimmt hat, wer im Falle der Eintragung einer Aw. und der Eintragung oder Löschung eines im AwG. vorgesehenen Widerspruchs die Kosten trägt. Diese Vorschrift kann unmöglich als die Regelung nur privatrechtlicher Beziehungen zwischen dem Grundstückgläubiger und dem Grundeigentümer angesehen werden, sie ist ganz offensichtlich in erster Linie öffentlich-rechtlicher Natur; das erhellt aus Wortlaut, Inhalt und Zusammenhang der erörterten Gesetzesstellen und der gesetzgeberischen Absicht.

Der § 76[1] ist eine öffentlich-rechtliche Verfahrensvorschrift. Der Abs. 2 gab die Ermächtigung zu weiteren Vorschriften über Gebühren und Kosten in AwSachen. Der daraufhin für Grundbucheintragungen in AwSachen getroffene Art. 130 ist ein Korrelat des § 76[1] und gleichfalls öffentlich-rechtlicher Natur, wenn er auch zugleich, wie im Prozesse die auf Grund der öffentlich-rechtlichen Bestimmungen der ZPO. erlassene Kostenentscheidung privat-rechtliche Beziehungen der Beteiligten hinsichtlich der Kostentragungspflicht schafft. Auch der klar erkennbare gesetzgeberische Wille läßt diese Auffassung als richtig erscheinen. Die dingliche HypothekenAw. beruht in erster Linie auf der Erwägung, daß der Grundeigentümer sich den Grundstückswert erhalten habe und daß daher die Aw. der Billigkeit entspreche. Es ist nur eine Folge dieser Erwägung, auch die Kosten der durch die Aw. erforderlich gewordenen Grundbucheintragung dem Eigentümer aufzuerlegen. Das kann aber wirksam nur durch eine Vorschrift geschehen, die hinsichtlich der Kosten auch das Verhältnis des Kostenpflichtigen zum Staate regelt, denn nur wenn der Staat die Kosten vom Eigentümer einzieht, ist die Durchführung des vom Gesetzgeber offensichtlich Gewollten gesichert. Hiernach hat Art. 130 für das Gebiet der HypothekenAw. nicht nur den rein privatrechtlichen § 897 BGB., sondern auch die landesgesetzlichen Bestimmungen außer Kraft gesetzt, nach denen der Staat die Grundbuchkosten vom Antragsteller einzieht. Ob der Staat, wenn die Kosten vom Grundeigentümer nicht einzuziehen sind, auf den Antragsteller zurückgreifen kann, steht hier nicht zur Entscheidung.

Zu α) Der Schuldner, dem auf eine seit 1914 auf seinem Grundstück eingetragene und auf 25% = 1875 PM. aufgewertete Hypothek am 2. 1. 1925 1125 GM. zurückgezahlt wurden, ist nicht berechtigt, zu dieser Zahlung einen Zwischenzins hinzurechnen und von dem Restbetrage gemäß Art. 21 D V. abzuziehen. Denn der Art. 21 ist erst am 10. 12. 1925 in Kraft getreten und deshalb (RG. JW. 1926 S. 2094) nicht auf frühere Zahlungen anwendbar. (OLG. Hamburg, 1. ZS. Beschluß v. 25. 2. 27). V.

β) **Auslegung und Anwendung des § 82 AwG.**

OLG. München, 2. ZS. Urteil v. 21. Juni 1926 (L 30/26).

Der Kläger hatte unter der 3. StNV. auf Feststellung geklagt, daß der Beklagten ein AwRecht nicht zustehe, weil sie die Zahlung im Juli 1923 ohne Vorbehalt angenommen habe. Er hat nunmehr erklärt, daß er seinen Anspruch aufgebe, und beantragt, das erste Urteil aufzuheben, die Hauptsache für erledigt zu erklären und der Beklagten die Kosten aufzuerlegen. Letztere beantragt die Berufung auf Kosten des Klägers zurückzuweisen. Unter Aufhebung des angefochtenen Urteils und Niederschlagung der Gerichtskosten ist die Hauptsache für erledigt zu erklären und jeder Partei ihre Kosten aufzuerlegen. Im Berufungsantrage des Klägers liegt eine Zurücknahme der Berufung nicht; daran hat er ersichtlich nicht gedacht, zumal der Antrag, die Hauptsache für erledigt zu erklären, die Aufrechterhaltung der Berufung notwendig voraussetzt. Damit ist aber für die Anwendung des AwG. die Grundlage gegeben, die auch für die zweite Instanz zwingend vorgeschrieben ist. Der Kläger hat unzweideutig kundgetan, daß jetzt der Beklagten ein AwAnspruch zusteht, daß er auf der Klage nicht mehr beharre und daher an der Fortsetzung des Rechtsstreites kein Interesse mehr habe. Damit ist die Hauptsache erledigt und greift der § 82 ohne weiteres Platz. Dieser enthält eine dem Rechtsfrieden dienende Kostenbestimmung. Deshalb ist nunmehr, weil die Hauptsache erledigt ist, auch jede Erörterung darüber zwecklos, ob der Klageanspruch schon nach der früheren Rechtslage unbegründet gewesen sei. Dieser Gesichtspunkt darf gegenüber dem § 82 keine Rolle spielen. Eben deshalb muß auch der Widerspruch der Beklagten dagegen, daß der Rechtsstreit infolge des AwG. erledigt sei, unbeachtet bleiben, da damit nur die Kostenfolge des § 82 abgewendet werden soll. G.

## 2. Mieterschutz.

α) **Voraussetzung für die Erteilung der Vollstreckungsklausel nach § 16.**

OLG. Breslau, 5. ZS. Beschluß v. 6. November 1926 (N 455/26).

Das Urteil vom 28. 5. 1926 hatte das Mietverhältnis der Parteien aufgehoben und den Beklagten nach Sicherung angemessenen Ersatzraumes zur Räumung verurteilt. Der Kläger hat am 6. 8. 1926 mit der Behauptung, er habe am 22. 7. eine Ersatzwohnung zugewiesen und der Beklagte dagegen keine Einwendungen erhoben, eine vollstreckbare Ausfertigung des Urteils beantragt. Der Vorsitzende hat jedoch eine Bescheinigung des Wohnungsamtes über die Sicherung eines angemessenen Ersatzraums verlangt. Die Beschwerde hierüber hatte Erfolg. Die weitere Beschwerde ist begründet. Zunächst liegt eine beschwerdefähige Entscheidung überhaupt nicht vor. Denn die Anordnung des Vorsitzenden bildet nur eine Voraussetzung für die Entscheidung des Gerichtsschreibers und ist für sich nicht anfechtbar. Sodann wird die einwöchige Frist nur durch eine ordnungsmäßige Zuweisung in Lauf gesetzt; diese kann durch die zuständige Gemeindebehörde erfolgen, also diejenige, in deren Bezirk der Ersatzraum liegt und der die Befugnis zum Erlaß von Anordnungen gemäß § 1 WMG. übertragen worden ist. Dies ist in ländlichen Bezirken aber nicht der Gemeinde- oder Amts-(Guts)vorsteher, sondern das Kreiswohnungsamt. Seit der Novelle vom 29. 6. 1926 genügt allerdings auch das Angebot des Vermieters, wenn er oder ein zustimmender Dritter nach wohnungsrechtlichen Vorschriften zur Verfügung über den Ersatzraum berechtigt ist. Das Schreiben vom 22. 7. kann allerdings als ein solches Angebot aufgefaßt werden, sofern die Ersatzwohnung eine dem Kläger gehörige Werkwohnung ist; denn über Werkwohnungen kann der Inhaber des Betriebes im Rahmen von § 15 WMG. frei verfügen. Allein da die Wohnung z. Z. besetzt ist, hätte es der Zustimmung des Inhabers bedurft, daß er bereit ist, die Wohnung jederzeit zu räumen oder sie mit der des Beklagten zu tauschen. Denn nur in diesem Fall ist durch das Angebot des Klägers ein Ersatzraum gesichert. Nach § 16 muß ferner das Angebot nach § 132 BGB., d. h. durch Vermittlung eines Gerichtsvollziehers zugestellt werden. Diesem Erfordernisse vermag aber hier nicht die nicht einmal datierte Bescheinigung des Amtsvorstehers über die Zustellung des Schreibens zu genügen. H.

b) **Die Erlaubnis des Vermieters kann das MEA. nicht mehr ersetzen, wenn das Mietverhältnis, sei es auch unter Vorbehalt von Ersatzraum, aufgehoben ist.**

α) Kammergericht, 17. ZS. Rechtsentscheid v. 19. November 1926 (Y 97/26).

Ist das Mietverhältnis gemäß §§ 27³, 6⁴ aufgehoben, die Vollstreckung aber von der Sicherung von Ersatzraum abhängig gemacht, so ist es erloschen und nur kraft besonderer gesetzlicher Vorschrift sind den Vertragsteilen bis zur Vollstreckung aus Zweckmäßigkeitsgründen beschränkte, vertragsähnliche Rechte gewährt. Diese sollen den bisherigen Zustand erhalten, ihn aber nicht zugunsten eines Teiles ausbauen. Auch verweist § 29 auf § 549 BGB., dieser setzt aber ein Vertragsverhältnis voraus und ist auf ein vertragsähnliches Verhältnis nicht anwendbar. Deshalb kann auch billiges Ermessen nicht zur Anwendung des § 29 führen, da es nach § 40³ nur innerhalb des Rahmens der Gesetzesvorschriften anwendbar ist, also nicht diesen Rahmen bestimmen kann. D.

β) **Die Erlaubnis kann das MEA. nach § 29 auch dann ersetzen, wenn Wohnungsinhaber sich ihre Wohnungen gegenseitig untervermieten wollen, obwohl sie sie nach § 8 WMG. tauschen könnten.**

Kammergericht, 17. ZS. Rechtsentscheid v. 24. Januar 1927 (Y 109/26).

Während der Wohnungstausch durch § 8 WMG. auf selbständige Wohnungen und einen genau bezeichneten Personenkreis beschränkt ist, fehlen solche Schranken in § 29 völlig. Nur bei dem eigentlichen Wohnungstausch, nicht auch bei Entscheidungen nach § 29 ist eine Mitwirkung des Wohnungsamts reichsrechtlich vorgesehen. Den Erfolg eines Tausches können die Beteiligten, wie das RG. (Warn. 19 S. 59) dargelegt hat, in drei Rechtsformen erreichen. Jeder der Wohnungsinhaber kann in den weiterbestehenden Mietvertrag des anderen als Hauptmieter eintreten. Beide können aber auch ihre Mietverhältnisse aufheben und neue Verträge mit den Vermietern abschließen. Drittens kann jeder seine Wohnung dem anderen als Untermieter überlassen. Nur den ersten dieser Fälle betrifft § 8 (vgl. RE. Y 98, 24, Rsp. 44 S. 297).

Wählen die Beteiligten einen der anderen Wege, so sind sie daran durch § 8, dessen Schwerpunkt in den öffentlich rechtlichen Beziehungen der Tauschpartner zum Wohnungsamte liegt (Ruth Mietr. 124), nicht gehindert. Deshalb können sie, falls sie gegenseitige Untervermietung beabsichtigen, beim Widerspruch des Vermieters seine Zustimmung nach § 29 nachsuchen. Die Zwecke der Wohnungswirtschaft stehen dem nicht entgegen; denn die Entscheidung aus § 29 wendet sich in jedem Falle nur gegen den Vermieter und verkürzt das Wohnungsamt in seinen Befugnissen überhaupt nicht. Rücksichten auf den Vermieter können ebensowenig die Anwendung des § 29 hindern, sie vermögen keineswegs die Ersetzung der Zustimmung schlechthin und für alle Fälle als unbillig zu erweisen. Soweit sie aber im Einzelfalle die Weigerung des Vermieters berechtigt erscheinen lassen, gestattet die Verpflichtung des MEA. zur Entscheidung nach billigem Ermessen hier ihre ausreichende Beachtung. D.

γ) **Ist im Verfahren des § 29 streitig, ob in den unterzuvermietenden Räumen eine eigene Wirtschaft[1]) oder Haushaltung geführt werden soll, so hat das MEA. vom Sachvertrag des Mieters auszugehen.**

Kammergericht, 17. ZS. Rechtsentscheid v. 22. Dezember 1926 (Y 100/26).

Bei Räumen, in denen keine eigene Wirtschaft geführt werden soll, ist nach § 29² die Erlaubnis zur Untervermietung nicht zu ersetzen. Die Ersetzung bliebe in solchem Falle ohne Wirkung und wäre die Überlassung des Raumes trotzdem unbefugt. An dieser Rechtsfolge würde auch nichts ändern, wenn das MEA. infolge eigener Sachprüfung zu der Überzeugung gelangt wäre, die Führung einer eigenen Wirtschaft sei beabsichtigt, denn über die unbefugte Gebrauchsüberlassung entscheiden endgültig und für die Parteien verbindlich nur die ordentlichen Gerichte auf die Aufhebungsklage aus § 2 (Rsp. 45 S. 250). Deshalb hat

[1]) Diese erfordert Ausstattung mit eigenen Möbeln des Mieters, selbständige Bedienung und Aufwartung sowie eigene Zubereitung der Speisen und deren Verbrauch in den Mietraum (OLG. Rostock 20. 11. 1926, MecklZ. 43 S. 167).

das MEA. seiner Entscheidung über den Ersetzungsantrag die Sachdarstellung des Antragstellers, also des Mieters, zugrunde zu legen. D.

δ) **Die Erlaubnis kann mit zeitlicher Beschränkung ersetzt werden. Die Entscheidung des MEA. oder der Beschwerdestelle erübrigt sich nicht durch den Ablauf der Zeit, für die die Ersetzung beantragt oder erfolgt ist. — § 320 ZPO. gilt nicht vor dem MEA. und der Beschwerdestelle.**

Kammergericht, 17 ZS. Rechtsentscheid vom 21. März 1927 (Y 24/27).

1. Allerdings kann die Ersetzung nicht unter einer Bedingung erteilt werden; ihrem Wesen entspricht nicht, daß ihre Wirksamkeit vom Eintritt eines ungewissen Ereignisses abhängig gemacht wird. Hier wird sie aber lediglich in beschränktem Umfange erteilt; die Beschränkung führt kein ungewisses Ereignis ein, sondern weicht von der vollen Ersetzung nur darin ab, daß sie eine zeitliche Begrenzung schafft. Derartiges ist auch in ähnlich liegenden Fällen der freiwilligen Gerichtsbarkeit zulässig (vgl. sogar weitergehend KGJ. 37 S. 52). Vorliegend entspricht die zeitliche Begrenzung der Ersetzung sogar dem Antrag der Partei.

2. Der RE. Y. 27.26 spricht nur aus, daß die Beschwerdestelle den Widerspruch des Wohnungsuchenden gegen den Zwangsmietvertrag als prozessuale Tatsache berücksichtigen muß. Auch hier darf die Tatsache des Ablaufs der Frist, auf die sich die Ersetzung bezieht, nicht unberücksichtigt bleiben; nur braucht sie nicht dazu zu führen, die Entscheidung überflüssig zu machen. Vielmehr bleibt immer noch zu beantworten, ob die Weitergabe der Räume an den Untermieter berechtigt war oder nicht; das MEA. und das LG. sind in der Lage, ihr durch die Ersetzung der Genehmigung die Rechtmäßigkeit zu verleihen. Das muß auch in einem Zeitpunkt angängig sein, in dem die Frist, für die die Ersetzung nachgesucht war, bereits abgelaufen ist. Ob durch das Hinzutreten anderer Umstände, etwa des Wegfalls jeglichen Interesses der Beteiligten eine Sachentscheidung entbehrlich werden kann, ist eine andere hier nicht zu erörternde Frage.

3. Daß § 40 MSchG. zwar die §§ 319 u. 321, nicht aber den § 320 ZPO. erwähnt, erklärt sich daraus, daß ein zivilprozessualer Tatbestand im Verfahren vor dem MEA. fehlt; infolgedessen ist § 320 hier auch nicht entsprechend anwendbar. Denn er enthält lediglich einen Ausgleich des § 314 ZPO. § 314 stattet den Tatbestand des Urteils mit einer besonderen Beweiskraft aus, die auch auf tatsächliche Vermerke in den Gründen auszudehnen ist; dies kennt das MSchG. ebensowenig wie eine formelle Beweiskraft des Sitzungsprotokolls. Daraus folgt, daß das LG. bei der Prüfung, welcher Sachverhalt der Entscheidung zugrunde zu legen sei, nicht auf das Sitzungsprotokoll und die tatsächlichen Feststellungen des MEA. angewiesen, sondern im wesentlichen frei ist; die Unrichtigkeit der in den Entscheidungsgründen des MEA. enthaltenen Sachdarstellung kann jederzeit geltend gemacht werden. Es kann dahingestellt bleiben, ob die Darstellung der Gründe eine Vermutung für die Richtigkeit des dargestellten Sachverhalts begründet; auch dann wäre sie entkräftbar wie jede andere Vermutung, ohne daß es eines besonderen an Fristen gebundenen Verfahrens bedurfte. Hiernach kann gegen die Ablehnung des unzulässigen Antrags keine Rechtsbeschwerde erhoben werden.

D.

c) **Das Wohnungsamt kann die durch Täuschung veranlaßte Zuweisung einer Wohnung nach Abschluß des Mietvertrages nur zurücknehmen, wenn der Mieter beim Vertragsschluß die Täuschung kannte.**

Kammergericht, 17. ZS. Rechtsentscheid v. 22. Dezember 1926 (Y 80/26).

Bildet die Möglichkeit der Zurücknahme von Verwaltungsverfügungen die Regel, so ist sie umso mehr zu bejahen, wenn die Verfügung durch unlautere Mittel, wie Täuschung, Bestechung, veranlaßt worden ist. Doch ist auch in solchen Fällen zu prüfen, ob das Gesetz die Zurücknahme zuläßt, wenn dadurch die inzwischen erworbenen Privatrechte verletzt würden. Diese Prüfung mußte dazu führen, sie jedenfalls dann zu versagen, wenn die Zuweisung bereits zu einem Mietvertrage geführt hat und der Mieter an der Machenschaft nicht teil hatte. Die Verkehrssicherheit erfordert, daß jedermann sich auf den Bestand behördlicher Verfügungen verlassen darf. Schon in den im RE. (Rsp. 44 S. 19) angeführten Normen ist nicht zwischen den Gründen unterschieden, die zur Aufhebung des öffentlichrechtlichen Aktes führen könnten, sondern gleichermaßen der durch sie veranlaßte Rechtsverkehr geschützt worden. Daß auch beim Einfluß von Täuschungshandlungen auf die behördliche Verfügung nichts anderes gelten soll, läßt sich ferner besonders klar aus BGB. § 43²·³ nachweisen. Hiernach kann die Rechtsfähigkeit in ganz gleicher Weise entzogen werden, mag der Verein im weiteren Verlaufe seinen Zweck geändert oder die Satzung über den Zweck unrichtige Angaben von vornherein enthalten haben. Da aber im ersten Falle jeder Grund dafür fehlt, die Rechtsfähigkeit etwa rückwirkend zu vernichten, kann die Entziehung nur für den Zweck wirken. Dann aber bleibt die Rechtsfähigkeit — eben wegen der unterschiedslosen Behandlung beider Fälle im Gesetze — bis zur Entziehung auch bestehen, wenn sie durch täuschende Angaben erschlichen war. Heiraus ist ganz allgemein zu schließen, daß Verfügungen, die wegen ihrer unlauteren Entstehung zurückgenommen werden können, mit Rücksicht auf den Verkehr ihre Wirkung nur für die Zukunft verlieren, während sie bis zur Zurücknahme in Kraft bleiben und daher für Rechte, zu deren Erwerb sie gedient haben, eine Grundlage weiterhin abgeben. Dieses Ergebnis kann auch nicht durch § 78 AbgabenO. erschüttert werden. Danach können Anerkennungen mit rückwirkender Kraft zurückgenommen werden, wenn der Beteiligte die Verfügung durch unlautere Mittel veranlaßt hat. Gegenüber den zuvor erwähnten Vorschriften bedeutet § 78 nur eine Sondernorm. Auch wird aus diesen Vorgängen des Steuerrechts nur selten ein andrer als der Beteiligte, der unlauter zu Werke gegangen ist, Rechte erworben haben. Ob in solchen Ausnahmefällen der gutgläubige Dritte die Rückwirkung der Zurücknahme gegen sich gelten lassen müßte, bleibt zudem eine offene Frage; es ist sehr wohl möglich, daß der allgemeine Grundsatz der Verkehrssicherungen auch dann sich als stärker erwiese. Der § 78 ist jedoch hier insofern von Bedeutung, als er zeigt, daß der Rechtsschutz nur mit Rücksicht auf solche Personen gewährt wird, die an der unlauteren Machenschaft nicht beteiligt sind, während dem Täuschenden selbst alle aus der behördlichen Verfügung erwachsenen Vorteile genommen werden, soweit es ohne Verletzung der Unbeteiligten durchführbar ist.

Grundsätzlich können hiernach Verfügungen des Wohnungsamts, die durch Täuschung oder andere verwerfliche Einwirkungen veranlaßt wurden, zwar zurückgenommen werden, jedoch nur mit Wirkung für die Zukunft, daß aber diese Befugnis begrenzt ist durch die Sicherheit des redlichen Rechtsverkehrs. Dieser Grundsatz erleidet aber wichtige Durchbrechungen. Widerruflich muß zunächst die Zuweisung unbedingt bleiben, wenn beide Vertragsteile an der verbotenen Einwirkung auf das Wohnungsamt beteiligt waren oder von ihr wußten. Allerdings unterscheiden die zum Nachweise des Verkehrsschutzes angeführten Bestimmungen hinsichtlich der aufrechterhaltenen Rechtswirkungen nicht, ob die Dritten gutgläubig waren oder nicht. Es handelt sich in diesen Fällen aber auch um öffentlichrechtliche Verfügungen, deren Wirkungsbereich mehr oder weniger unbegrenzt ist, bei denen sich nicht von vornherein übersehen läßt, welche und wieviele Dritte des Verkehrsschutzes bedürfen. Dagegen ermöglicht die Zuweisung von Räumen den Abschluß eines bestimmten Mietvertrages und erschöpft sich in dieser einen Folge. Deshalb kommen als schutzbedürftig nur die Vertragsteile in Betracht. Insoweit diese selbst aber Rechte gar nicht im Vertrauen auf die Ordnungsmäßigkeit der Zuweisung erwerben konnten, läßt sich ein ihnen gewährter Schutz nicht rechtfertigen; vgl. den erwähnten § 78 AbgabenO.

Die Einschränkung des Verkehrsschutzes muß wegen der Eigenart des WM-Rechts sogar noch weitergeführt werden. Diese besteht gerade darin, daß zur Behebung der Raumnot in bestehende Privatrechte eingegriffen wird. Ob ein solcher Eingriff erfolgen darf, hängt nicht davon ab, wie diese Privatrechte erworben sind, sondern richtet sich nach dem Raumbedürfnis des Rauminhabers. Dagegen hindern die Rechte des Vermieters jenen Zugriff nicht schon deshalb, weil er mit dem Rauminhaber einen Vertrag geschlossen hat. Folgerecht steht die Unkenntnis des Vermieters von der Täuschung usw. nicht der Zurücknahme der fehlerhaften Verfügung entgegen; denn es kann der Schutz des guten Glaubens bei fehlerhaftem Rechtserwerb keine stärkere Rechtsstellung geben als der fehlerfreie Erwerb verliehen hätte. Somit ist die Zurücknahme nur dann ausgeschlossen, wenn sie den gutgläubigen Mieter um sein Wohnrecht bringen würde (vgl. JW. 1925 S. 2337; aA. Hertel 54, Stern 24). D.

Dazu: Kammergericht, 17. ZS. Rechtsentscheid v. 22. Dezember 1926 (Y 92/26).

Die vorstehenden Ausführungen treffen ausnahmslos auch für die Genehmigung zu, die das Wohnungsamt zu einem Mietvertrag infolge Täuschung erteilt hat. Auch diese Genehmigung hat zu Folge, daß der Vertrag, der schon vorliegt, wohnungsrechtlich wirksam wird, oder, falls er noch abzuschließen ist, mit voller Wirkung zustande gebracht wird. Mit diesem Erfolg ist wiederum die gesamte Wirkung eingetreten, die die Verfügung des Wohnungsamts überhaupt haben kann. Deshalb ist ihre Zurücknahme auf den Fall zu beschränken, daß der Mieter wegen seines unlauteren Verhaltens keines Schutzes würdig ist. Der Beteiligung ist dabei die Kenntnis von der Täuschung gleichzusetzen. Diese Kenntnis kann aber nur erheblich sein, wenn sie im Zeitpunkt des Rechtserwerbs bestand.

Sie ist übrigens nicht schon daraus zu schließen, daß der Mieter sich bewußt war, die Wohnung außer der Reihe zu erhalten. (WMG. § 8 s.)

d) **Gegen eine nach der rechtskräftigen Entscheidung der Hauptsache ergangene Kostenentscheidung des Mieteinigungsamts ist, auch wenn sie unzulässig ist, kein Rechtsmittel zugelassen.**

Kammergericht, 17. ZS. Rechtsentscheid v. 21. März 1927 (Y 26/27).

Hat § 41² die Kostenentscheidung für sich allein überhaupt der Nachprüfung entzogen, bei ihr also das Bestehenbleiben einer unrichtigen Entscheidung in den Kauf genommen (Rsp. 44 S. 7), so ist auch die Auslegung unberechtigt, von sich aus zwischen verschiedenen Gründen der Unrichtigkeit zu unterscheiden und die Anfechtung einer unzulässigen Entscheidung entgegen dem Wortlaute des § 41 zuzulassen. Vielmehr muß es in allen Fällen bei der Unzulässigkeit der Anfechtung bleiben.

e) **Das MEA. kann seine Entscheidung über die FrM. nicht deshalb abändern, weil sie auf Grund des Einverständnisses der Parteien erlassen ist.**

Kammergericht, 17. ZS. Rechtsentscheid v. 22. Dezember 1925 (Y 102/26).

Sobald das MEA. über die FrM. entschieden hat, kann es selbst diese Entscheidung — abgesehen von den Fällen der §§ 42¹, 44 MSchG. und der Wiederaufnahme des Verfahrens — nicht abändern. Ob es auf Grund eines Einverständnisses der Parteien entschieden hat, ist unerheblich; das ändert nichts daran, daß sich die Entscheidung als Staatsakt darstellt; das Einverständnis bildet lediglich einen Entscheidungsgrund. Die andere Frage, ob das MEA. allein auf Grund der Einigung der Parteien entscheiden durfte, ohne die durch das Gesetz vorgesehene Ermittlung vorgenommen zu haben, bedarf hier keiner Prüfung. Selbst wenn man sie übrigens verneinen wollte, so wäre dabei möglicherweise das Gesetz verletzt und eine Rechtsbeschwerde begründet gewesen. Trotzdem würde es nicht an einer Entscheidung fehlen; sie liegt stets vor, wenn sich der Ausspruch äußerlich als eine Entscheidung darstellt, und das ist immer dann der Fall, wenn das MEA. ihn selbst so bezeichnet.

D.

f) **Hat bei der Entscheidung der Beschwerdestelle ein Mitglied mitgewirkt, das gleichzeitig Mitglied eines Mieteinigungsamtes war, so begründet dies die Wiederaufnahme in entsprechender Anwendung des § 579¹, Nr. 1 ZPO.**

Kammergericht, 17. ZS. Rechtsentscheid v. 21. Februar 1927 (Y 11/27).

Trotz Fehlens einer ausdrücklichen Vorschrift ist auch im Verfahren vor dem MEA. die Wiederaufnahme zulässig. (Rsp. 44 S. 263). § 579¹ Nr. 2 ist hier nicht anwendbar, weil das Mitglied des LG. bei der angefochtenen Entscheidung des MEA. nicht mitgewirkt hat. Hingegen trifft Nr. 1 zu. Der § 42² MSchG. regelt nach dem Zusammenhange nicht etwa die Besetzung des MEA., sondern die der Beschwerdestelle. Er verbietet auch die Zugehörigkeit eines Mitgliedes der Beschwerdestelle zu einem MEA. als stellvertretendes Mitglied (Rsp. 45 S. 261). Ein Verstoß gegen diese Vorschrift hat aber zur Folge, daß die erkennende Beschwerdestelle nicht vorschriftsmäßig besetzt war. Ihr Zweck ist offenbar, die Unabhängigkeit der Beschwerdestelle für ihre Entscheidungen sicherzustellen. Schon die Wichtigkeit dieses Zweckes zwingt, den Schlußsatz in § 42² als ein striktes Verbot aufzufassen. Doch auch der Wortlaut spricht dafür, daß ein Verstoß gegen dieses

Verbot das Mitglied der Beschwerdestelle völlig ungeeignet zur Mitwirkung bei Entscheidungen dieser Stelle macht. Andernfalls hätte es nahegelegen, statt des Wortes „dürfen" den Ausdruck „sollen" zu verwenden. Deshalb ist nur der Schluß zu billigen, daß keinerlei Ausnahme gestattet sein sollte. Dann aber war die Beschwerdestelle mit einem nach dem Gesetze zur Verwendung bei ihr unfähigen Mitgliede, also nicht vorschriftsmäßig besetzt. D.

g) **Anwendung des § 565 ZPO. auf den Fall des § 43¹.**

OLG. Darmstadt, 1. ZS. Beschluß v. 6. Januar 1927 (W 822/26).

Der § 43¹ ist dem § 565 ZPO. nachgebildet; deshalb kann die Auslegung dieses § 565 auch unbedenklich auf die Rechtsbeschwerde Anwendung finden, so daß gemäß RG. 72 S. 212; 74 S. 221 die Beschwerdestelle bei erneuter Rechtsbeschwerde an seine frühere Entscheidung gebunden ist. Ob das MEA. den zur Zurückverweisung führenden früheren Beschwerdebeschluß für zutreffend hält, ist unerheblich; es hat sich mit Recht daran gebunden erachtet. Nach jenem Beschlusse hatte das MEA., nachdem der Vermieter wegen eines eigenen Wohnbedürfnisses Untervermietung verboten hatte, unter billiger Abwägung der beiderseitigen Interessen zu entscheiden, wem der Vorzug gebührt. Es hat nun die Interessen des Vermieters und die des Untermieters gegeneinander abgewogen und dabei verkannt, daß dieser hier zunächst noch garnicht in Betracht kommt, da er durch die Entscheidung nicht unmittelbar berührt wird. Es handelt sich nur um einen Streit zwischen Vermieter und Mieter, deren Interessen hier im Widerstreit stehen und gegeneinander abzuwägen sind. Da dies nicht geschehen ist, war die Sache an das MEA. zurückzuverweisen. Wr.

h) **Ist eine Verfügung des Wohnungsamts nur wegen Nichtbeachtung des WMG. § 11 S. 1 aufgehoben, so hindert die Rechtskraft dieser Entscheidung nicht den erneuten Erlaß einer Verfügung auf Grund desselben Tatbestandes.**

Kammergericht, 17. ZS. Rechtsentscheid v. 24. Januar 1927 (Y 2/27).

Ob § 44 auf die Entscheidungen über Verfügungen des Wohnungsamtes in WMSachen überhaupt anwendbar ist, kann dahingestellt bleiben. Denn wie sein Satz 1 erkennen läßt, ist das Verbot der Wiederholung daran geknüpft, daß die entscheidende Stelle die den Antrag begründenden Tatsachen als zur Begründung unzureichend befunden hat, daß also zur Sache entschieden ist. Hat das MEA. aber nur wegen Nichtbeachtung der im § 11 S. 1 WMG vorgeschriebenen Form aufgehoben, fehlt also eine Sachentscheidung, so hindert die — formelle — Rechtskraft der Entscheidung nicht, daß das Wohnungsamt auf Grund desselben Tatbestandes eine Verfügung erneut erläßt.

i) **Dem Rechtsanwalt stehen im Rechtsbeschwerdeverfahren die in der RAGebO. für die Berufungsinstanz vorgesehenen Gebühren zu. — Die einem Beteiligten auferlegten baren Auslagen brauchen in dem die Erstattung anordnenden Beschlusse nicht sogleich ziffernmäßig angegeben zu werden; die Beschwerdestelle kann die Höhe durch einen späteren Beschluß nachholen.**

Kammergericht, 17. ZS. Rechtsentscheid v. 24. Februar 1927 (Y 4/27).

I. Das Verfahren entspricht nicht dem durch eine Beschwerde nach der ZPO. eingeleiteten, sondern dem auf Berufung (Rsp. 45 S. 263 β). Für die Gebühren des RA. fehlt es aber an einer besonderen Vorschrift. Sie sind gemäß dem RE. (aO. 262) nach der RA.GebO. zu berechnen. Dabei ist durch die Eigenart des

Verfahrens und den Umfang der Tätigkeit, die hier der Anwalt in der Regel aufzuwenden hat, gerechtfertigt, nicht die geringere für die Beschwerden vorgesehene Gebühr, sondern die Gebühren der Berufungsinstanz anzuwenden. Da für die Anwendung der entsprechenden Vorschriften des GKostenG. auf die amtliche Tätigkeit der Umfang dieser Tätigkeit maßgebend war (17 W 6736.26), so ist kein Grund ersichtlich, weshalb die ebenfalls umfangreiche Tätigkeit, die der Anwalt im Rechtsbeschwerdeverfahren zu leisten hat, nach wesentlich anderen Gesichtspunkten abgegolten werden sollte.

2. Verpflichtet die Beschwerdestelle gemäß § 15 VerfA. einen Beteiligten zur Erstattung außergerichtlicher Kosten, so hat sie in ihrem Beschlusse auch die Höhe dieser Kosten anzugeben (Rsp. 44 S. 264). Das LG. hält das bezüglich der entstandenen Anwaltskosten für schwer durchführbar, weil zumeist erst bei der Entscheidung auf die Rechtsbeschwerde der Streitwert für das Verfahren festgesetzt werde. Indessen wird diese Festsetzung auch zu einem früheren Zeitpunkt möglich sein. Vor allem aber vermag die Beschwerdestelle, wenn sie auch den Wert erst zum Schlusse festsetzt, zu gleicher Zeit selbst die Höhe der Anwaltsgebühren zu berechnen. Für den Antrag, über außergerichtliche Kosten zu entscheiden, muß aus diesem Grunde genügen, wenn er sich wegen der noch fehlenden Wertfestsetzung darauf beschränkt, die Anwaltsgebühren in der gesetzlich vorgeschriebenen Höhe zu fordern. Es besteht aber auch kein Hindernis, in einem Beschlusse zunächst die Erstattungspflicht ohne Ziffernangabe auszusprechen und in einem späteren Beschlusse, den wiederum die Beschwerdestelle und nicht etwa der Gerichtsschreiber oder der Vorsitzende fassen muß, die Bezifferung nachzuholen. Dieser zweite Beschluß ist auch nicht eine Ergänznug des ersten im Sinne des § 40[6], denn er ist der Entscheidung über die Höhe des Anspruchs nach vorausgegangener Entscheidung über seinen Grund zu vergleichen[1]). D.

## 3. Reichsmietengesetz v. 22. März 1922/10. Juli 1926.

### a) Miete oder Pacht? Festsetzung der FrM. für Kontore in Bremen.

(α) OLG. Hamburg, 6. ZS. Urteil v. 17. Juni 1925 (Bf 258/25).

Die Entscheidung, ob das MEA. oder die ordentlichen Gerichte die jährliche Miete oder Pacht festzusetzen haben, hängt davon ab, ob der Vertrag vom 3. 3. 1921 ein Miet- oder ein Pachtverhältnis begründet hat. Die Parteien waren von vornherein darüber einig, daß die Beklagte den Hotelbetrieb, der bisher in beiden Gebäuden betrieben wurde, nicht weiterführen, sondern einstellen wollte und das Gebäude für Wohnungen und Kontorzwecke einrichten und umbauen wollte. Das Hotelinventar hat sie den Klägern für 150 000 M.

---

[1]) a) Ergänzungsbeschluß über die Kostenerstattung: Rsp. 45 S. 256 γ nebst Nachtrag; diesem tritt OLG. Rostock 11. 12. 1926 bei (MecklZ. 43 S. 167).

b) Der § 46[3] versteht unter „Kosten" nur die im Abs. 1, 2 bezeichneten Gebühren, Auslagen und Zeitversäumnisvergütung, also nicht den § 91 ZPO. (OLG. Karlsruhe, 4. ZS. Beschluß v. 20. 10. 1925, Badische Rechtspraxis 92 S. 52).

c) Im Falle des § 13[1] ist gegen die Kostenentscheidung des LG. keine weitere Beschwerde nach § 568[3] ZPO. gegeben (OLG. Augsburg 20. 11. 1925, Bay. Z. 22 S. 157).

abgekauft, es ist ihr also nicht zur Benutzung überlassen worden. Andererseits hat sie beabsichtigt, einen großen Teil der Räume für ihre eigenen Kontorzwecke zu benutzen. Die beiden Häuser sind ihr also nicht zur Nutzung eines bestehenden Gewerbebetriebes, noch zum Fruchtgenuß überlassen, sondern lediglich zum Gebrauch auf 10 Jahre gewährt worden. Bedeutungslos ist dabei, daß den Klägern das Recht eingeräumt ist, Umbauten vorzunehmen und daß die Beklagte alle Lasten des Grundstücks tragen muß. Diese Punkte werden bei der Höhe des vereinbarten Entgeltes von jährlich 36 000 M. berücksichtigt worden sein. Auch das ist belanglos, daß der eigentliche Zweck der Beklagten offensichtlich der war, das Grundstück käuflich zu erwerben, und daß man lediglich aus Steuerzwecken davon abgesehen hat. Ein Kauf liegt jedenfalls nicht vor, sondern nur ein Mietvertrag, der grundsätzlich dem RMG. unterliegt. Die Kläger haben auch die Erklärung des § 1¹ am 1. 7. 1922 abgegeben. Beklagte hatte deshalb vom 1. 10. 1922 ab die „gesetzliche Miete" zu bezahlen. Für ihre Festsetzung nach § 1², § 2³ war das MEA. an sich ausschließlich zuständig. Daran ist auch nichts dadurch geändert, daß der Bremer Senat auf Grund des § 22 durch V. v. 14. 6. 1923 seit 1. 7. 1923 Kontore vom RMG. ausgenommen hat. Denn auch wenn der größere Teil der Räume eines Gebäudes Kontore sind, so ist damit ein solches „Kontorhaus" doch nicht dem RMG. entzogen. Dazu hätte der bremische Senat auch nicht die Befugnis gehabt, weil es im § 22 heißt: „. . . bestimmte Arten von Mieträumen . . ."; also nur Mieträume, d. h. Teile von Gebäuden, nicht aber ganze Gebäude können ausgenommen werden. Dementsprechend spricht die V. auch nur von Kontoren, also einzelnen Räumen in Gebäuden.

Indessen hätte hier die Anwendung des RMG. auch für die Zeit nach dem 1. 7. 1923 zur Folge, daß die Vermieter lediglich die gesetzliche Miete beanspruchen könnten, während Beklagte in der Festsetzung des von ihren Untermietern zu zahlenden Mietzinses für die Kontore völlig unbeschränkt ist. Da nun der weitaus überwiegende Teil der beiden Häuser aus Kontoren besteht und schon bei Vertragschluß damit gerechnet wurde, daß Beklagte die Räume zu Kontoren einrichten und weiter vermieten werde, so würde es eine Unbilligkeit bedeuten, wenn sich die Kläger hinsichtlich der Kontorräume mit der gesetzlichen Miete begnügen müßten, während die Beklagte aus den Untervermietungen ein Vielfaches hiervon einnimmt und für die selbst benutzten Kontorräume weit unter deren Mietwert zahlt. Jede Neufestsetzung einer während der Geldentwertung vereinbarten Geldleistung hat sich nach Treu und Glauben zu richten. Das RMG. will ebenfalls nach Möglichkeit Unbilligkeiten und Härten vermeiden und hat die Absicht, auch den Grundeigentümer zu schützen. Dessen Belange wären aber in keiner Weise gewahrt, wenn der Mieter allein den Vorteil aus den für Kontore üblichen höheren Mietsätzen zöge. Andererseits würde die Festsetzung der ganzen Miete für die Häuser deshalb auf Schwierigkeiten stoßen, weil sich das bremische MEA. seit 1. 7. 1923 um die Miete von Kontoren nicht mehr zu kümmern hat, diese Miete aber unbedingt von maßgeblichem Einfluß sein muß auf die Neufestsetzung der Miete für das ganze Haus. Diese Erwägungen zwingen dazu, den Mietzins für die beiden Häuser, trotzdem er im Vertrag einheitlich festgelegt ist, für die Zeit nach 1. 7. 1923 zu trennen in den Teil, der für die Kontore gilt, und in den Teil, der die übrigen, dem RMG. unterliegenden Räume betrifft, und beide Teile nach verschiedenen Grundsätzen und verschiedenen Stellen im Streitfalle festsetzen zu lassen. Die Partei, die von dem durch das MEA. für die Zeit bis 1. 7. 1923 noch festzusetzenden, gemäß § 15 als vereinbart geltenden Kontormiete in Zukunft abweichen will, kann nur das ordentliche Gericht anrufen. V.

**β) RMG. und die im Kaufvertrage vereinbarte Miete?**

OLG. Hamburg, 2. ZS. Urteil v. 11. Februar 1926 (Bf 615/25).

Die Beklagte hat ihr Grundstück am 1. 8. 1922 dem X (Rechtsvorgänger des Klägers) für $1^1/_2$ Million M. verkauft und dabei bestimmt, daß sie ihre Wohnung gegen eine jährliche Miete von 4000 M. (= 16 RM.) bis 1937 behalten dürfe. X hat ihr später erklärt, daß die Miete nach dem RMietenG. berechnet werden solle. Das MEA. hat sich jedoch für die Festsetzung der gesetzlichen Miete für unzuständig erklärt, weil die Miete untrennbar mit dem Kaufe zusammenhänge. Der Kläger fordert auf Grund einer FrMiete von 4000 M. für die ersten vier Monate 1925 833 RM. Die Beklagte will nur den Goldwert der vereinbarten Miete zahlen. Das LG. hat mit RG. 108 Nr. 93 [1]) sich nicht für zuständig gehalten und den Kläger nochmals an das MEA. verwiesen. Der Senat hält dagegen hier das RMG. nicht für anwendbar. Dieses ging allerdings davon aus, daß für Wohnräume allgemein nur die Miete gezahlt werden solle, die nach dem Gesetz oder der Entscheidung der zuständigen Instanz angemessen ist. Wollte man es jedoch ausnahmslos auch auf Verträge anwenden, in denen eine entgeltliche Überlassung von Wohnräumen in Zusammenhang mit Bestimmungen anderer Art vereinbart wird, also auf Kaufverträge, Auseinandersetzungen, ergäben sich Folgen, die es auch bei der Grundanschauung, von der es ausging, nicht gewollt haben kann. Die vereinbarte Miete kann mit Rücksicht auf andere Teile des Vertrages hoch oder niedrig festgesetzt sein. Es wäre höchst ungerecht, wenn der Teil, der ein Interesse daran hat, nunmehr ohne jede Rücksicht auf diese anderen Bestimmungen die Erhöhung (Herabsetzung) der Miete auf den nach dem Gesetz als angemessen geltenden Betrag fordern könnte. Einen Weg, wie solchen Folgen zu begegnen wäre, hat das RG. nicht gewiesen, sich vielmehr auf die Ausführung beschränkt, daß das Gesetz in dem von ihm entschiedenen Fall zu keinem unbilligen Ergebnisse führt. Bei sachgemäßer Auslegung kann das Gesetz jedenfalls dann nicht angewendet werden, wenn die entgeltliche Überlassung der Wohnräume in untrennbarem Zusammenhang mit Vereinbarungen über andere entgeltliche Leistungen vereinbart ist, wenn sich die Vertragsparteien also nicht nur als Vermieter und Mieter gegenüberstehen.

Hier haben sie — nach den allgemeinen Lebenserfahrungen — die Überlassung des Grundstücks und den Kaufpreis auf der einen und die Überlassung

[1]) Auch bei besonders billig bemessener Miete kann der Verkäufer die gesetzliche Miete verlangen (RG. 3. ZS. Urteile v. 8. u. 15. 6. 1926, JW. 1927 S. 579, 580).

der Räume und das dafür zu entrichtende Entgelt auf der anderen Seite zusammen in ihre Rechnung eingestellt und daraufhin den Vertrag abgeschlossen. Ob die Beklagte in erster Linie ein Interesse daran hatte, sich für längere Zeit eine Wohnung zu sichern und ob die Miete von 4000 M. damals angemessen war, ist bedeutungslos. Daß sich der Stand der Mark und die Höhe der Miete in der damaligen Währung bis 1937 gleich bleiben würden, können die Vertragsparteien nicht angenommen haben. Sie müssen in Rücksicht gezogen haben, daß die Festlegung der Miete für einen so langen Zeitraum für einen Teil gewagt war, und haben danach den Kaufpreis bemessen. Würde nunmehr nach dem Gesetz bestimmt, daß die Beklagte die gesetzliche Miete ohne jede Rücksicht auf die Höhe des Kaufpreises zu zahlen habe, so wäre das ein unvernünftiges Ergebnis.

Auch eine Auslegung des Vertrages oder — wie das RG. es will — eine Anwendung des § 242 BGB. führen nicht dazu, daß mehr als der Goldwert der vereinbarten Miete zu zahlen ist. Nach dem Kurse v. 1. 8. 1922 hatte die Beklagte für ihr Grundstück 7200 GM. zu erhalten. Nimmt man dann weiter zugunsten des Klägers an, daß der Mietwert nach dem Stande vor dem Kriege 4000 GM. sei und läßt die nach dem Vertrage zu zahlende Miete außer Ansatz, so kämen, wenn 15 Jahre gerechnet werden, 70 000 GM. dazu, so daß Beklagte einen Preis von etwa 77 000 GM. erhalten hat. Das ist für ein 2178 qm großes Grundstück an der S. Straße unzweifelhaft ein ungewöhnlich niedriger Preis. Müßte Beklagte jetzt eine höhere Miete zahlen als sie nach dem Vertrage und dem Gesetze verpflichtet ist, also sich mit einem noch geringeren Entgelt für das Grundstück begnügen, so wäre das nicht billig, sondern höchst unbillig. — Daß sie sich seinerzeit für den Goldwert des Kaufpreises mehr Sachen hätte kaufen können als vor dem Kriege und als jetzt, kann daran nichts ändern....

Ob jetzt auch die Interessen des **Klägers**, der das Grundstück am 6. 1. 1925 gekauft hat und in den Mietvertrag für noch 12 Jahre eingetreten ist, zu beachten wären, mag dahingestellt bleiben. Wird die Frage bejaht, so hat er das Grundstück für 105 600 RM. erworben und würde, wenn man wieder von einem Mietwerte von 4000 GM. ausgeht, im ganzen etwa 154 000 RM. zahlen. Sieht man davon ab, daß derartige Grundstücke bei der gegenwärtigen Wirtschaftslage nur schwer verkäuflich sind, wird das auch kein hoher Preis sein. Immerhin mag er sich dann für den Kläger ungünstig stellen; er hätte zuviel bezahlt. Wie er aber selbst vorträgt, hat er sich um die Bedingungen der Vermietung vor dem Verkauf nicht gekümmert. Das Ergebnis würde auch dann kein anderes werden. Müßte Beklagte mehr zahlen als wozu sie an sich verpflichtet ist, käme das nicht auf eine Treu und Glauben entsprechende Ausgleichung der beiderseitigen Interessen hinaus, sondern auf eine einseitige Begünstigung des Klägers.

γ) **Fortbenutzung des Verkäufers bei ausgeschlossener Mieterhöhung.**

OLG. Stuttgart, 4. ZS. Urteil v. 8. November 1926.

A. verkaufte sein Haus am 4. 9. 1920 an M. um 70 000 M.; davon wurden 20 000 M. bar bezahlt und der Rest (verzinslich zu $4^1/_2$ %) durch Buchhypothek auf dem Haus sichergestellt. Auch wurde dem A. die unentgeltliche Weiterbenützung der

Wohnung und des Ladens bis 1. 4. 1921 eingeräumt; von da ab war ein Mietzins von jährlich 2000 M. — bis 1. 4. 1926 unveränderlich — zu bezahlen. Nachdem am 9. 4. 1924 der Kläger das Anwesen unter Übernahme der eingetragenen Hypotheken gekauft hatte, verlangt er von A. 117 RM. monatlichen Mietzins als gesetzliche Miete. Die Klage ist nicht begründet. Nach dem RMG. § 1 kann allerdings die gesetzliche Miete verlangt werden, auch wenn im Mietvertrag die Kündigung auf Jahre hinaus ausgeschlossen und der Mietzins festgelegt ist. Andererseits ist aber die Aufwertung restlicher Kaufpreisforderungen, soweit sie hypothekarisch sichergestellt sind, durch das AwG. beschränkt, auch die persönliche Forderung darf in der Regel nicht über 100 % aufgewertet werden. Hiernach ergäbe sich eine wesentliche Verschiebung in den Werten der aus dem Kauf- und Mietvertrag von 1920 beiden Parteien zustehenden Forderungen. Diese waren aber annähernd gleichwertig, d. h. die ersteren waren um 500 PM. (= 30 GM.) größer als die letzteren. Weiterhin war der Kläger bis 1. 4. 1926 in der freien Verfügung sowohl hinsichtlich der vermieteten Wohn- und Geschäftsräume, als auch hinsichtlich der Hypothek durch Ausschluß der Kündigung gebunden. Endlich sollte der Mietzins bis zum Ablauf der festgesetzten Zeit unverändert bleiben. Letzteres bedeutete bei dem engen inneren Zusammenhang des Kauf- und des Mietvertrags nicht bloß die Vereinbarung eines bestimmten Mietzinses auf eine bestimmte Zeit. Vielmehr drückten die Parteien damit aus, daß die beiderseitigen Leistungen in ihrem gegenseitigen Verhältnis unverändert bleiben sollten, daß also der Käufer in dieser Zeit tatsächlich ein Mehr gegenüber der Leistung der Verkäufer nicht beanspruchen sollte. Dieser ist also auch durch Versagung einer Aufwertung der Miete oder der Festsetzung der gesetzlichen Miete in keiner Weise benachteiligt. Er hätte ja auch ohne die Währungsverschlechterung in dieser Zeit nichts erhalten; hier versagt eine Berufung auf Treu und Glauben. Allerdings haben die Parteien die an sich nahegelegene Vereinbarung, daß Hypotheken- und Mietzins miteinander verrechnet werden und der Verkäufer nur den Überschuß an Hypothekzinsen zu fordern hat, nicht getroffen. Dies erklärt sich aber aus der Möglichkeit, daß die Verkäufer etwa das Mietverhältnis oder den Kaufpreisrest kündigten. Da die Aufrechnung der beiden Forderungen, solange sie einander gegenüberstanden, sich von selbst verstand, bedurfte es hierüber keiner besonderen Vereinbarung. Daß tatsächlich aufgerechnet wurde, hat Beklagter durch die Abrechnung dargetan[1]. S.

b) α) **Vereinbarung der gesetzlichen Miete.**

OLG. Stuttgart, 1. ZS. Beschluß v. 11. Juni 1926.

Die Vorkriegsmiete der Wohnung war 280 M. jhrlich. Bei Verabredung des vom neuen Mieter ab 1. Mai 1923 zu zahlenden Mietzinses wurde mit Rücksicht auf vorausgegangene Instandsetzungsarbeiten eine FrM. von jährlich 400 M. als Grundlage der künftig jeweils zu berechnenden gesetzlichen Miete anerkannt. Auch wenn damit eine gesetzliche Miete vereinbart ist, so hat doch der Mieter dadurch sein Recht aus § 1[1] nicht verloren. Kommt dann kein Einverständnis über die Höhe der gesetzlichen Miete zustande, so entscheidet hierüber auf An-

[1]) Die Revision hat das RG. (V. 199/26) zurückgewiesen.

trag das MEA. (§§ 1², 2³). Auf dieses Recht, die gesetzliche Miete statt einer vereinbarten zu wählen, können die Parteien nach § 19 rechtswirksam überhaupt nicht verzichten. S.

Dazu: OLG. Hamburg, 7. ZS. Urteil v. 1. November 1926 (Bf. 339/26).

Das LG. hat angenommen, daß die FrM. durch die Vereinbarung vom 1. 9. 1924: „eine FrM. v. RM. 40 000 wird festgesetzt" nicht unabänderlich festgelegt ist, vielmehr die Beklagten trotzdem befugt sind, sie gemäß § 2² durch das MEA. feststellen zu lassen und die Erklärung aus § 1¹ S. 1 abzugeben. Dem steht der § 1² nicht entgegen. Denn er beschränkt die Zuständigkeit des MEA. nicht auf Streitigkeiten über die gesetzliche Miete, sondern bedeutet nur, daß es bei Streitigkeiten über die Höhe der zu zahlenden Miete zuständig sein soll, gleichgültig, ob sie sich auf deren Höhe oder auf deren Grundlage, die FrM., beziehen. Die Einigung vom 1. 9. 1924 band danach die Beklagten nur solange, als sie mit ihr einverstanden waren. Sobald sie fortfiel, war Streit über die Höhe der FrM. im Sinne des § 2³.

β) **Wirkung des Vergleichs über die FrM., wenn auf Antrag eines Teiles das Verfahren vor dem MEA. fortgesetzt wird.**

Kammergericht, 17. ZS. Beschluß v. 19. November 1925 (W 6472/25).

Die Parteien, die am 1. 7. 1922 eine Jahresmiete von 4500 M. vereinbart hatten, haben sich am 4. 12. 1922 vor dem MEA. dahin geeinigt, daß der Mietberechnung eine FrM. von 7500 M. zugrunde zu legen sei. Die Beklagte (Mieter) hat jedoch im Juli 1924 das MEA. wegen anderweiter Festsetzung der FrM. angerufen und sich am 8. 3. 1925 dahin verglichen, daß die Miete seit dem 1. 1. 1925 auf Grund einer FrM. von 6000 M. berechnet wird. Bald darauf hat sie die Fortsetzung des Verfahrens vor dem MEA. beantragt und gegen dessen Beschluß vom 29. 7. 1925, der die FrM. auf 6200 M. festsetzte, Rechtsbeschwerde eingelegt. Der Kläger fordert jetzt Mietrückstände von 1. 7. 1924 bis 31. 3. 1925 und von 1. 8. bis 30. 9. 1925. Das LG. hat den Rechtsstreit bis zur Entscheidung der Rechtsbeschwerde ausgesetzt. Die Beschwerde des Klägers ist hinsichtlich des überwiegenden Teils der Klageforderung begründet, da diese insoweit nicht von der Festsetzung der FrM. abhängt (§ 148 ZPO.). Darüber, daß die gesetzliche Miete gezahlt werden sollte, waren die Parteien einig. Auch über ihre Höhe bestand Einverständnis; denn § 1² setzt nur voraus, daß Mieter und Vermieter tatsächlich derselben Ansicht sind, welche FrM. zugrunde zu legen ist, sei es, daß sie darüber einig sind, daß diese Miete tatsächlich am 1. 7. 1914 gezahlt worden sei oder daß sie zwar von der damals gezahlten abweiche, aber aus den im § 2⁴ aufgeführten Gründen als die damals ortsübliche anzusehen sei. Dieses Einverständnis bindet die Parteien aber nur solange, als es tatsächlich besteht. Spräche man ihm die Wirkung zu, beide Teile endgültig zu binden, so wäre einer Umgehung des RMG. Tor und Tür geöffnet. Daß § 19 den Verzicht auf die Forderung der gesetzlichen Miete als solcher, nicht aber den auf Festsetzung der Berechnungsgrundlage, nämlich der FrM. ausschließe, widerspräche dem Willen des Gesetzes, daß es auf Wunsch eines Vertragsteils stets voll zur Anwendung gelange. Es genügt daher zur Beendigung des Einverständnisses, daß die eine Partei der anderen seine Abkehr von ihm offenbart; bis dahin sind aber beide Teile an es gebunden. Zwischen den Parteien aber bestand es bis zur letzten Anrufung des MEA., nämlich der, die auf den 8. 3. 1925 folgte. Dabei ist hier unerheblich, wie jener Vergleich auszulegen ist, ob nach ihm bis Ende 1924 eine FrM. von 7500 M. und vom 1. 1. 1925 eine von 6000 M. oder ob eine andere und welche FrM. bis 1924 zugrunde zu legen ist. Jedenfalls wirkt die Entscheidung des MEA. erst für die Zeit nach der Abkehr der Beklagten von dem am 8. 3. 1925 geäußerten Einverständnisse. D.

γ) **Hatte der Mieter am 1. 7. 1914 neben der Raummiete für jeden Fall der Benutzung einer vom Vermieter gestellten Einrichtung, z. B. einer Waschküche, Einzelbeträge zu zahlen, so ist ihr Gesamtbetrag in dem mit 30. 6. 1914 abschließenden Jahr für das Haus zu errechnen und bei Ermittlung der FrM. der Raummiete anteilig hinzuzurechnen.**

Kammergericht, 17. ZS. Rechtsentscheid v. 7. Januar 1926 (Y 151/25).

Die Bereitstellung der Waschküche gehört zu den Pflichten des Vermieters aus dem Mietvertrage; ihre Kosten gehören daher zu den Betriebskosten (§ 21 V. v. 17. 4. 1924, Nr. B X 4, 7; Pr. Ausfbest. v. 4. 8. 1923). Wurde für die Benutzung ein besonderes Entgelt gezahlt, so ist es ein Teil des Mietzinses und erhöht somit die FrM. Ob es dabei alle durch die Benutzung entstehenden Kosten, also für Wasserverbrauch, Beleuchtung, Waschkessel oder andere Waschgeräte, vielleicht auch für den Raum abgelten sollte oder nur einen Teil, während der Rest durch die Raummiete abgegolten wurde, ist hierbei unerheblich. Das Eigenartige dieses Entgeltes, daß es vielfach nur für jeden Fall der Benutzung gezahlt wurde, wird nun dadurch beseitigt, daß es der FrM. hinzugerechnet wird; dies ist aber nicht anders als z. B. in dem Fall, in welchem ein Mieter den tatsächlichen Wasserverbrauch bezahlte, und ist eine Folge der grundsätzlichen Vereinheitlichung der Mietberechnung des RMG. und der dazu ergangenen Pr. V. durch Annahme fester Hundertsätze für die einzelnen Bestandteile der Miete, besonders für die Betriebskosten.

Es geht daher auch nicht an, der FrM. die im letzten Jahre vor 1. 7. 1914 aufgelaufene Summe der Einzelbeträge für die Benutzung der Waschküche hinzuzählen, die der damalige Wohnungsinhaber gerade bezahlt hat, denn die Häufigkeit der Benutzung kann aus den mannigfaltigsten Gründen sehr verschieden gewesen sein. Es muß vielmehr ein durchschnittliches Vielfaches der im Hause gezahlten Einzelbeträge der FrM. hinzugerechnet werden. Da dieses Vielfache in den einzelnen Häusern wegen der Lage und Art der Waschküche, der Zahl der Benutzer und aus anderen Gründen verschieden war, so kann auch nur die durchschnittliche Benutzung der Waschküche des einzelnen Hauses zugrunde gelegt werden. D.n.

Dazu: **Hatte am 1. Juli 1914 der Mieter ihm nach dem BGB. nicht obliegende mietrechtliche Nebenleistungen und Verpflichtungen übernommen, die auf die Höhe des Mietzinses offenbar von Einfluß waren, so ist ihr damaliger Wert dem damals vereinbarten Mietzins hinzuzurechnen und der Gesamtbetrag als FrM. festzustellen** [1]**.**

Kammergericht, 17. ZS. Rechtsentscheid v. 24. Januar 1927 (Y 3/27).

Nach § 20 S. 1 hat die Kosten der Erhaltung des Mietraums und die Betriebs-

[1] a) Eine solche Verpflichtung kann auch die Übernahme von Instandsetzungsarbeiten

kosten der Vermieter zu tragen; zu ihrer Abgeltung ist ein Teil der Hundertsätze der FrM. bestimmt. Dabei ist aber Voraussetzung, daß die FrM. diese Lasten des Vermieters enthalten hat. Hat der Mieter sie getragen, so hat er als Gegenleistung für die Raumüberlassung nicht nur das bar zu zahlende Entgelt, sondern außer diesem auch die Betriebs- und Ausbesserungskosten übernommen. Es ist daher wenn diese offenbar auf den Mietzins von Einfluß waren, ihre Höhe nach § 2² in Geld zu veranschlagen und bei Bemessung der FrM. zu berücksichtigen, u. z. bei unregelmäßigen in der Weise, daß ihr Gesamtbetrag in dem mit dem 30. 6. 1914 abschließenden Jahre für das Haus errechnet und der Raummiete anteilig hinzugerechnet wird (Y 151/25). Da hierdurch die FrM. ermittelt werden soll, können die Leistungen auch nur in dem am 1. 7. 1914 vereinbarten Umfang und mit ihrem damaligen Wert berücksichtigt werden. Läßt sich somit die FrM. feststellen, ist besonders eine Teilung des Mietgegenstandes, anders als wie wenn Raum und Garten zu einheitlichem Mietzins vermietet waren, nicht erforderlich, so gibt der Umstand, daß die Leistungen am 1. 7. 1914 anders als nach dem BGB. geregelt waren, auch keinen Grund, die FrM. nach § 2¹ festzusetzen (ebenso Rostock MeckZ. 43 S. 107). D.

δ) **Hatte der Vermieter (Mieter) ihm nach BGB. nicht obliegende Nebenleistungen oder Verpflichtungen vor 1. Juli 1914 übernommen, so war die Übernahme auf die Festsetzung der Höhe des Mietzinses offenbar von Einfluß, wenn sie einen Vermögenswert darstellt und nicht im Einzelfalle besondere Umstände den Einfluß ausschließen.**

Kammergericht, 17. ZS. Rechtsentscheid v. 14. Mai 1926 (Y 48/26).

Leistungen, die einen Vermögenswert nicht darstellen, wie das Anzünden und Auslöschen der Treppenbeleuchtung durch den Mieter, Schließen der Haustür am Abend, ihr Aufschließen am Morgen, werden häufig ohne Einfluß auf die Mietzinsbildung gewesen sein. Auf sie ist aber nicht einzugehen, da sie der Rechtsfrage nicht zugrunde liegen. Anders ist es jedoch, wenn ein Vertragsteil abweichend vom BGB. Leistungen von Vermögenswert übernommen hat, z. B. der Vermieter die Rückverwandlung von Bureau- in Wohnraum oder umgekehrt oder der Mieter Schönheitsreparaturen, die Zahlung von Wasser-, Müll- und Schornsteinfegergeld. Voraussetzung hierfür ist aber, daß die Übernahme im Einzelfalle ernstlich, nicht nur formularmäßig erfolgt ist. Der Mieter hat dann eben tatsächlich einen Mietzins abzüglich der Umbaukosten oder zuzüglich des Wasser-pp.-geldes übernommen. Dem anderen Teile bleibt demgegenüber immer noch die Darlegung offen, daß trotzdem die Übernahme ohne Einfluß auf die Höhe des Mietzinses war.

ε) **Zuständigkeit des MEA. zur Festsetzung der FrM.¹) Auskunft über die tatsächliche FrM. nur zur Feststellung der FrM.**

Kammergericht, 17. ZS. Urteil v. 5. Oktober 1925 (U 3943/25).

1. Der Kläger hat Geschäftsräume gemietet, die am 1. 7. 1914 an drei

---

durch den Mieter sein. Der Fortfall einer ihm nach BGB. nicht obliegende Leistung nach 1. 7. 1914 ist unerheblich (KG., 17. ZS. Rechtsentscheid v. 21. März 1927, Y 22/27).

b) § 2² Pr. MietzinsV. wird durch die Pr. Verordnungen über die Regelung der gesetzlichen Miete nicht berührt (aO.).

¹) Der RE. v. 8. 12. 24 (Rsp. 44 S. 15) wird aufrecht erhalten (RE. v. 25. 11. 1925 Y 142/25)

andere Personen teils als Laden, teils als Wohnung vermietet waren. Die FrM., die zusammen noch nicht ganz 16 000 M. betragen haben soll, hat auf Antrag des beklagten Vermieters das MEA. auf 32 500 M., besonders wegen der durch die Eröffnung des Bahnhofs hervorgerufenen Veränderung in der Bedeutung der Gegend, festgesetzt. Die Klage auf Ungültigkeit dieses Beschlusses ist unbegründet. Der wesentlichste dem MEA. zugewiesene Aufgabenkreis ist der der Feststellung (§ $2^3$) und der Festsetzung (§ $2^4$) der FrM. von Mieträumen. Die sachliche Richtigkeit einer innerhalb dieser Grenzen, also seiner Zuständigkeit getroffenen Entscheidung darf das ordentliche Gericht nicht beanstanden (vgl. RG. 103 S. 273, Warn. 1922 Nr. 117). Voraussetzung für den Fall, daß die Entscheidung eine über den § $2^5$ (Ausgleichung der FrM.) und § 5 V. über die Mietzinsbildung (Umlegung von Betriebskosten und Abgaben) hinausgehende Bedeutung haben soll, ist nur, daß auf das Mietverhältnis der Parteien das RMG. Anwendung findet und gesetzliche Miete gilt, daß also die Erklärung aus § 1 abgegeben ist, daß Miete, nicht Pacht vorliegt, daß nicht Neubau gegeben ist und ähnl. Das Vorliegen dieser Voraussetzungen hat das ordentliche Gericht zu prüfen. Sie sind aber vorliegend unstreitig gegeben. Das MEA. ist daher innerhalb seiner Zuständigkeit geblieben und seine Entscheidung ist auch für das ordentliche Gericht bindend, selbst wenn die Beweisaufnahme falsch gewürdigt und das Vorliegen des zur anderweiten Festsetzung der FrM. erforderlichen Tatbestandes des § $2^4$ zu unrecht angenommen worden wäre. Übrigens hält der Senat aus den in Rsp. 44 S. 269, 272 angegebenen Gründen den Tatbestand des § $2^4$ für gegeben.

2. Das Verlangen des Klägers auf Auskunft über die am 1. 7. 1914 gezahlten Miete und Vorlegung der Mietverträge stützt sich auf § $2^2$ und kann, da seine Durchführung im RMG. nicht beschränkt worden ist, auch vor dem ordentlichen Gerichte geltend gemacht werden (ebenso Ebel § $2^6$; a. M. Brumby 91). Der § $2^2$ bezieht sich aber, wie seine Fassung und Stellung zwischen Abs. 1 und 3 ergibt, nur auf die Feststellung der FrM. Daß er sich nicht auch auf ihre Festsetzung beziehen kann, ergibt sich schon aus der Erwägung, daß in diesem Falle die FrM. unter Außerachtlassung der am 1. 7. 1914 tatsächlich gezahlten Miete nur nach der Ortsüblichkeit festzusetzen ist. Da aber nach dem verbindlichen Beschlusse des MEA. ein Verfahren auf Feststellung der FrM. nicht mehr in Frage kommt, so ist auch der Anspruch auf Auskunftserteilung und Vorlegung der Mietverträge unbegründet. D.n.

c) α) **An der Verpflichtung des MEA. und der Beschwerdestelle zur Entscheidung über die Höhe der FrM. hat die PrV. vom 11. 11. 1926 nichts geändert.**

Kammergericht, 17. ZS. Rechtsentscheid v. 21. Februar 1927 (Y 9. u. 13. 27).

Nach Rsp. 44 S. 15 darf die sachliche Entscheidung auf die beantragte Festsetzung der FrM. auch dann nicht abgelehnt werden, wenn für das Rechtsverhältnis der Parteien die gesetzliche Miete nicht gilt und auch gar nicht in Geltung gesetzt werden kann. Diese Rechtsansicht folgert der Senat vor allem aus § 5 MietzinsV. vom 17. 4. 1924. Dieser § 5 ist aber für die Geschäftsräume nicht außer Kraft getreten. Nach § $4^1$ V. vom 11. 11. 1926 werden Geschäftsräume zwar vom RMG.

ausgenommen, die AusfBestimmungen aber nicht ausgeschlossen. Deshalb haben solche AusfVorschriften ihre Bedeutung behalten, deren Anwendung nicht begrifflich davon abhängt, daß die Räume selbst dem RMG. unterstellt sind. Diese Abhängigkeit besteht aber gerade für § 5 MietzinsV. nicht, denn sein Inhalt ist eben, daß die Geltung oder Geltungsmöglichkeit der gesetzlichen Miete nicht Voraussetzung der begehrten Entscheidung auf den Antrag sein soll. Aus der Fassung der V. v. 11. 11. 1926 ist deshalb einwandfrei zu entnehmen, daß jener § 5 für Geschäftsräume seine Bedeutung behalten hat, daß also auch weiterhin Entscheidungen über die Höhe der FrM. nachgesucht werden können. Dieses Ergebnis wird bestätigt durch die abweichende Regelung für möblierte Zimmer, die keine selbständige Wohnung darstellen. Für diese hat nämlich § 1 PrV. v. 12. 12. 1924 zugleich mit dem RMG. auch sämtliche dazu erlassenen AusfBestimmungen außer Anwendung gesetzt, so daß bei jenen Zimmern für eine Bestimmung des Mietzinses durch das MEA. kein Raum mehr ist (Y 15/26). Diese Verschiedenheit muß auch als beabsichtigt betrachtet werden, denn sonst wäre voraussichtlich der Wortlaut in Anlehnung an die frühere V. gefaßt worden. — Ebensowenig ist aus § 5² der V. v. 11. 11. 1926 zu schließen, daß alle erst nach ihrem Inkrafttreten anhängig gewordenen Rechtsstreitigkeiten nicht mehr nach dem bisherigen Gesetz erledigt würden. Diese Folgerung ist wegen der Weitergeltung des § 5 MietzinsV. unzutreffend, die Übergangsvorschrift vielmehr eine Bestätigung der vom Senat gegebenen Antwort. Anders läge es, wenn die V. auch eine Ausnahme von §§ 37/47 MSchG. angeordnet hätte. Das ist aber nicht geschehen und wäre auch unzulässig wegen der Begrenzung, die § 52 das für die Landesbehörden enthält. D.

3) **Das MEA. darf die Feststellung oder Festsetzung der FrM. nicht deshalb ablehnen, weil der Antragsteller einen erforderten Auslagenvorschuß für die Zuziehung eines Sachverständigen nicht gezahlt hat.**

Kammergericht, 17. ZS. Rechtsentscheid v. 22. Dezember 1926 (Y 105/26).

Aus § 10 VerfA. vom 19. 9. 1923 läßt sich die Anwendbarkeit des § 379 ZPO. nicht herleiten. Neigt man aber selbst zu der Auffassung, daß die Einforderung des Vorschusses schon zur Erledigung der Beweisaufnahme selbst gehört, so spricht § 10 doch immer nur von einer entsprechenden Anwendung der Bestimmungen der ZPO. Der § 379 beruht aber auf dem Grundsatz, daß die Partei ihre Behauptungen dem Gericht nachzuweisen und die Folgen zu tragen hat, wenn sie den Beweis nicht führt; die Folge der Nichtzahlung ist danach auch der Ausschluß der Partei mit dem Beweismittel, so daß die Tatsache, für die sie beweispflichtig ist, als nicht erwiesen gilt. Eine Beweislast in diesem Sinne gibt es aber im Verfahren vor dem MEA. nicht (RE. 17 Y 48/26); es gibt daher auch keine beweispflichtigen Parteien. Das muß besonders dann gelten, wenn es sich um Beweiserhebungen bei Feststellung oder Festsetzung der FrM. handelt. Es widerspräche den Grundsätzen des Verfahrens, wenn die Partei hier wegen Nichtzahlung eines Vorschusses mit einem Beweismittel ausgeschlossen würde. Ist aber das schon unzulässig, so ist die Folge einer Zurückweisung des Antrags erst recht abzulehnen, die über die Wirkungen des § 379 ZPO. noch hinausginge und das Ergebnis hätte, daß der Mietvertrag ohne Inhalt bliebe. Selbst aus einer Anwendung der ZPO. ergäbe sich diese Folge nicht, weil sie der ZPO. unbekannt ist. Im übrigen können nach § 10 aO. sogar noch über § 144 ZPO. hinaus nicht nur Sachverständige, sondern auch Zeugen von Amtswegen vernommen werden. D.

d) α) **Die RE. Y 19/24 (Rsp. 48 S. 246) und Y 104/24, werden aufrecht erhalten. War am 1. Juli 1914 ein Garten zusammen mit Gebäuden vermietet, so ist die FrM. für diese nicht festzustellen, sondern festzusetzen[1]).**

Kammergericht, 17. ZS., Rechtsentscheid v. 19. November 1926 (Y 83/26).

1. Das Raumnotrecht ist in den drei Gesetzen: RMG., MSchG. und WMG. geregelt. Ihr Gegenstand ist die Raumnutzung; der Begriff des Raumes ist aber nicht in allen dreien derselbe. Raum im Sinne des WMG. umfaßt unstreitig nicht die zum Raum gehörigen Gärten besonders Hausgärten (ebenso der Erlaß des Wohlfahrtsmin. vom 20. 4. 24 bei Becker JurRdsch. 26 S. 667 und Pr. Kompetenzkonfliktshof, VerwBl. 42 S. 499), während Raum im Sinne des § 4² MSchG. in der Fassung vom 30. 6. 1926 den dazugehörigen Hausgarten mitumfaßt. Es ist daher der Schluß nicht begründet, daß, weil Raum im Sinne des einen Gesetzes den Garten mitumfasse, dies auch für die anderen Gesetze gelten müsse. Dabei kann nach den beachtenswerten Ausführungen von Becker (aO. 665) ganz dahingestellt bleiben, ob die Neufassung des § 4² überhaupt zwinge, auch im Sinne des § 1 MSchG. unter Gebäudeteilen den dazu gehörigen Garten einzubegreifen, oder ob auch jetzt noch eine Teilkündigung des Gartens zulässig geblieben ist. Jedenfalls ist der vom LG. gezogene Schluß nicht begründet. Denn den für die Regelung maßgebenden Ministern war der von ihrer Auffassung abweichende Standpunkt des Rechtsentscheides bekannt (Becker 667). Wenn nun unter ihrer Mitwirkung das MSchG. und das RMG. in anderem durch das Ges. vom 29. 6. 1926 in Übereinstimmung gebracht wurden, eine solche Regelung aber für den zum Mietraum gehörigen Garten unterblieb, so zwingt dies zu dem Schlusse, daß der Gesetzgeber insoweit eine Übereinstimmung der Gesetze nicht herbeiführen wollte. Dies muß umso mehr gelten, als durch die vom RE. getroffene Gesetzauslegung die Einheitlichkeit des Vertrages nicht betroffen, sondern nur für den Raum und den Garten eine getrennte Grundlage zur Mietberechnung gegeben wird, die in den zahlreichen Fällen, in denen ein Vorgarten ohne besonderen Mietwert mit überlassen ist, sich sogar in der Errechnung der Raummiete erschöpft. — Auch daraus daß MEA. und Beschwerdestelle sich der Entscheidung solcher Fragen zu enthalten habe, die allein das ordentliche Gericht endgültig zu entscheiden hat (vgl. 17 Y 140/24, 142/25), läßt sich nicht mit Krieg (aO. 80) eine abweichende Antwort begründen. Denn die Prüfung der Art des Mietraumes ist gerade eine der dem MEA. im § 2 RMG. übertragenen Aufgaben und nur das MEA., nicht das ordentliche Gericht hat zu entscheiden, ob eine Friedensmietfestsetzung den Garten zu umfassen hat.

2. Hat am 1. 7. 1914 ein einheitlicher Mietvertrag für Gebäude(teile) mit dem Garten unter Vereinbarung eines einheitlichen Mietzinses bestanden, so ist nicht angängig die Gartenmiete, ähnlich wie eine Nebenleistung im Sinne des

[1]) Waren am 1. 7. 1914 Räume mit Einrichtung für einen Gesamtzins vermietet, so ist die FrM. nicht festzustellen, sondern festzusetzen (KG. 22. 12. 1926, Y 106/26).

§ 2[2] PrV. vom 17. 4. 1924 aus der Gesamtmiete herauszuschälen, da der Garten ein Teil der Mietsache selbst ist. Vielmehr bestand für die Gebäudeteile allein — dies ist ja der Gegenstand der Ermittlung der FrM. — am 1. 7. 1914 nicht ein vereinbarter Mietzins. D.

β) **Die Einführung von Gebühren für die Straßenreinigung oder die Entwässerungsanlage rechtfertigt nicht die Festsetzung der FrM. nach § 2[4].**

Kammergericht, 17. ZS. Rechtsentscheid v. 21. März 1927 (Y 22/27).

Durch die gesetzliche Miete werden alle Leistungen des Vermieters abgegolten. Hierbei ist unerheblich, ob sie, wenn sie nur am 1. 7. 1914 schon gewährt wurden, z. B. Straßenreinigung, den Vermieter jetzt mehr oder weniger belasten. Den Ausgleich für diese Änderung sollen die Hundertsätze der gesetzlichen Miete bilden. Reichen sie in einem Ort abweichend von dem übrigen Gebiete Preußens nicht aus, so ist es Sache der obersten Landesbehörde, die in der Einleitung der V. v. 25. 6. 24/26 vorbehaltene andere Regelung zu treffen. Nie kann aber der Umstand, daß die Hundertsätze die Betriebskosten des Vermieters zu hoch oder zu niedrig abgelten, einen Grund zur Festsetzung der FrM. bilden (so schon RE. v. 4. 10. 26, Y 90/26). Wird aber aus einem andern Grunde die FrM. festgesetzt, so ist nach § 2[1] RMG. und § 4 MietzinsV. der ortsübliche Mietzins zu ermitteln. Hierbei ist aber zu beachten: ortsüblicher Mietzins ist nicht nur der am 1. 7. 1914 bar gezahlte Mietzins, sondern neben diesem noch der Wert etwaiger ortsüblicher übergesetzlicher Leistungen. D.

γ) **Abänderung der FrM. Bewachung des mit einem Gerüst versehenen Hauses.**

Kammergericht, 17. ZS. Urteil v. 13. Dezember 1926 (U 5950/26).

1. Da für die Parteien seit 1. 10. 1922 die gesetzliche Miete gilt, ist der Mietzins nach der FrM. zu berechnen. Diese hat das MEA. am 25. 11. 1922 auf 4800 M. festgesetzt, aber auf Antrag des klagenden Vermieters am 15. 9. 1923 auf 5200 M. erhöht. Eine solche Abänderung eines vor 1. 10. 1923 ergangenen Beschlusses ist auf Grund billigen Ermessens zulässig (RG. 103 S. 314, KG. Rsp. 43 S. 262 u. 332) und hat die Wirkung, daß der erste Beschluß aufgehoben und dadurch der im § 15 festgesetzten Folge entkleidet ist, also nicht als vereinbarte Bestimmung des Mietvertrages zu gelten hat. Gilt die erste Festsetzung der FrM. auch nicht kraft Gesetzes als vereinbarte Bestimmung, so kann sie doch dieselbe Geltung kraft tatsächlicher Vereinbarung herbeiführen. Eine solche ist in dem Verhalten der Vertragsteile zu sehen, daß sie nämlich, trotz der Zulässigkeit einer Abänderung des Beschlusses sich bei ihm beruhigten und den Mietzins auf seiner Grundlage forderten und zahlten. Eine andere Auslegung würde die Rechtssicherheit beeinträchtigen, und es erscheint nicht angängig, jahrelange im gegenseitigen Einvernehmen vorgenommene Mietberechnungen rückwirkend als unwirksam aufzuheben nur deshalb, weil eine andere Berechnung später als die richtigere festgestellt worden ist. Sobald aber eine Partei der anderen unzweideutig zu erkennen gegeben hat, daß sie den Beschluß als Vertragsinhalt nicht anerkenne, und im Anschluß daran mit Erfolg seine Abänderung betrieben hat, sind die Vertragsteile über die Höhe der FrM. nicht mehr einig. Bis zu diesem Zeitpunkt, wobei mit Rücksicht auf die monatliche Mietzahlung erst der nächste Monat in Frage kommt,

wirkt der Abänderungsbeschluß des MEA. zurück, vorliegend also bis 1. 10. 1924. Da im übrigen die Miete richtig berechnet, auch eine Aufrechnung gegen die Miete vertraglich ausgeschlossen ist, ist die Klageforderung auf 200 M. Mietunterschied bei einer FrM. v. 4800 und 5200 M. ab 1. 10. 1924 begründet.

2. Widerklagend fordert der Beklagte Ersatz der Kosten, die ihm durch die Bewachung des Hauses anteilig entstanden sind. Ein Hauseigentümer, der zu baulichen Veränderungen ein Gerüst an seinem Haus anbringen läßt, erhöht dadurch die den Mietern drohende Diebstahlsgefahr, indem ein Einsteigen in die höher gelegenen Stockwerke erleichtert wird. Ihm liegt daher die Vertragspflicht ob, diese Gefahrerhöhung tunlichst durch zweckmäßige Bewachung wieder auszugleichen. Trifft er trotz Aufforderung nicht die notwendigen Maßnahmen, so kann der Mieter sie selbst treffen und Ersatz der erforderlichen Aufwendungen verlangen (§ 538² BGB). Da der Kläger insoweit im Verzug ist und über die Höhe der Aufwendungen kein Streit besteht, ist die Widerklage begründet. D.

c) α) **Allgemeine Veränderungen des ganzen Ortes, z. B. Entstehung von Industrie in einer bisher rein ländlichen Ortschaft, können eine Neufestsetzung der FrM. nach § 2⁴ S. 1 rechtfertigen**[1]).

Kammergericht, 17. ZS. Rechtsentscheid v. 4. Februar 1926 (Y 5/26).

Die Begründung des RE. (Rsp. 44 S. 272) zwingt ohne weiteres zur Bejahung der jetzt gestellten Frage. Die Annahme, daß die Änderung der Verhältnisse eines ganzen Ortes zu einer Änderung des Mietwertes der einzelnen Mieträume nur infolge der Raumnot führen könnten, entspricht nicht der Erfahrung. Sie geht schon deshalb fehl, weil derartige Änderungen auch zu einer Verringerung des Mietwertes führen können, so z. B. wenn ein Ort, der bisher wegen seiner Ruhe und gesunden Lage als Kurort und vornehmer Wohnort galt, durch die Entstehung vereinzelter Fabrikanlagen von seinen bisherigen Vorzügen einbüßt. Andrerseits war es auch in der Vorkriegszeit eine allgemeine Erscheinung, daß Ortschaften, in denen die Industrie anwuchs und damit die Bevölkerungszahl zunahm, ansteigende Mieten im Vergleiche zu Orten ohne eine derartige Entwicklung aufwiesen. Derartige Erscheinungen können also auch heute zum mindesten nicht ausschließlich auf die Raumnot zurückgeführt werden, deren Berücksichtigung nach dem Gesetze vermieden werden muß. Danach kann der Umstand, daß sich das Wesen des ganzen Ortes verändert hat, geeignet sein, eine Neufestsetzung der FrM. zu rechtfertigen. Die Beschwerdestelle weist noch darauf hin, daß die Notwendigkeit, dabei Vergleichsräume heranzuziehen, durch den alle Mieträume dieses Ortes berührenden Einfluß der Änderung zwar erschwert wird, Bedenken gegen die Festsetzung selbst aber nicht erweckt. (Y 130/25.)

β) **Ist von einer Wohnung nach 1. 7. 1914 ein Teil abgetrennt worden, so ist die FrM. für die Restwohnung nach § 2⁴ festzusetzen.**

Kammergericht, 17. ZS. Rechtsentscheid v. 12. Oktober 1925 (Y 110/25).

An dem RE. (Rsp. 43 S. 335) und v. 11. 7. 1925 (JW. 2257) ist fest-

[1]) Für das bisherige Recht hat der RE. v. 25. 11. 25 (17 Y 141/25) ausgesprochen: „Die allgemeine Verschlechterung der wirtschaftlichen Lage des Gewerbes, dem der Betrieb des Mieters angehört, kann die Neufestsetzung der FrM. nach § 2⁴ S. 1 nicht rechtfertigen", weil das Mißverhältnis zwischen FrM. zum ortsüblichen Mietzinse bestanden haben muß.

zuhalten. Der § 2¹ setzt voraus, daß der Gegenstand des Mietvertrages jetzt und am 1. 7. 1914 derselbe ist, daß also der Bestand der Mieträume in seinem Umfang unverändert geblieben ist. Diese Auslegung allein wird den wirtschaftlichen Erfordernissen gerecht. Die Änderung im Bestande der Mieträume bringt zugunsten des Mieters oder des Vermieters eine Abweichung in der wirtschaftlichen Wertschätzung der Mieträume mit sich, so daß füglich die am 1. 7. 1914 gezahlte Miete nicht mehr den Wertmesser für die Mieträume bilden kann. Bei späterer Abtrennung eines Teils einer Wohnung fehlt es somit für die Restwohnung an einer am 1. 7. 1914 vereinbarten Miete. Es ist daher die FrM. für die Restwohnung nach § 2⁴ Fall 1 festzusetzen (ebenso BayObLG. München, Samml. 24 S. 268; Rostock 15. 5. 25, MecklZ. 367)[1]). D.n.

γ) **Die FrM. für eine Wohnung, die aus der Vereinigung mehrerer Räume nach 1. 7. 1914 hervorgegangen ist, kann unter Umständen ebenso hoch oder geringer festgesetzt werden als die, die für einen Teil der vereinigten Räume am 1. 7. 1914 bestand.**

Kammergericht, 17. ZS. Rechtsentscheid v. 18. Juni 1926 (Y 57/26).

Sind Räume in anderem Umfange als am 1. 7. 1914 vermietet, so besteht für das Mietverhältnis keine nach § 2¹ maßgebliche FrM.; diese ist deshalb nach § 2⁴ ohne Unterschied der Einzelfälle in Höhe des ortsüblichen Mietzinses festzusetzen. Dabei sind, wie das Bay. ObLG. (Samml. 24 S. 268) darlegt, nur die Vorschriften maßgebend, wie sie Abs. 4 für das einzuschlagende Verfahren aufstellt. Auch jener Entscheid verkennt nicht die Möglichkeit, daß die festzusetzende FrM. bei Teilung der Wohnung im Mißverhältnis zu der tatsächlichen FrM. der ganzen Wohnung stehen, nämlich für den Teil höher als für das ganze sein kann, führt aber aus, daß ein solches Ergebnis getragen werden müsse, weil es in der grundsätzlichen Unterscheidung des Gesetzes zwischen den besonderen Fällen der Feststellung der FrM. einerseits und den genau umgrenzten Fällen für die Festsetzung des ortsüblichen Mietzinses andrerseits seine Ursache hat. Dieser Begründung ist nur beizutreten; sie gilt in gleicher Weise gegenüber der Möglichkeit, daß die festzusetzende FrM. für die vergrößerte Wohnung die für einen Teil der Wohnung festzustellende nicht erreicht oder doch nicht überschreitet. Ein solches Ergebnis wird bei richterlicher Auswahl der Vergleichsräume ohnehin nur vorkommen, wenn die FrM. der Teilwohnung den ortsüblichen Mietzins überstieg.

Die Beschwerdestelle vermeint eine Mindestgrenze für die Festsetzung aus dem Umstand ableiten zu können, daß die Abweichung der tatsächlich am 1. Juli 1914 geltenden FrM. vom ortsüblichen Mietzins allein noch keinen Grund zur Neufestsetzung abgibt. Indessen darf diese Bestimmung, die die Zahl der Festsetzungen einschränkt und deshalb nur für den Grund der Festsetzung gegeben ist, nicht ohne weiteres für ihre Höhe als maßgeblich herangezogen werden. Eine solche Bedeutung dürfte man der Vorschrift keinesfalls nur für den besonderen

---

[1]) Ebenso kann, wenn von 2 Häusern desselben Eigentümers, die zu einheitlichem Zinse vermietet waren, das eine veräußert wird, jeder der Erwerber für sein Grundstück die Festsetzung der FrM. auch dann verlangen, wenn diese für die zusammen vermieteten Häuser schon vor der Veräußerung festgesetzt worden (ObLG. 25. 9./1926, Samml. 25 S. 332).

Fall der Teilung oder Vergrößerung einer Wohnung beilegen; vielmehr mußte sie, wenn sie sich überhaupt für die Höhe der FrM. verwenden ließe, in gleicher Weise gelten, wenn wesentliche bauliche Veränderungen nach Abs. 4 S. 2 den Grund für die Festsetzung abgeben. Dann müßte allgemein angenommen werden, daß, wer die Festsetzung begehren kann, nicht schlechter gestellt werden darf als ohne sie. Diese Annahme widerspräche aber dem Inhalt des Gesetzes, der für die Festsetzung nur den ortsüblichen Mietzins als Maßstab verwendet.

d) α) **Die nach 1. 7. 1914 begonnene Verwendung einer Wohnung zum Fremdenheim oder Untervermietung von Wohnräumen zu gewerblichen Zwecken kann die Festsetzung der FrM. nach § 2⁴ S. 2 rechtfertigen.**

Kammergericht, 17. ZS. Rechtsentscheid v. 22. Dezember 1926 (Y 99/26).

Räume werden zu einem wesentlich anderen Zweck verwendet, wenn sie früher dem Wohnzweck dienten, nunmehr aber geschäftlichen oder gewerblichen Zwecken dienen. Ob diese anderweite Benutzung durch den Mieter selbst oder durch einen Untermieter erfolgt, ist dabei unerheblich. Die selbst gewerbsmäßige Aufnahme von Untermietern in eine Wohnung zu Wohnzwecken ändert aber im allgemeinen nicht wesentlich den Verwendungszweck. Dies geschieht erst dann, wenn durch Art und Zahl der Untermieter, kurze Dauer des Wohnaufenthalts und ähnliches eine andere Benutzungsart herbeigeführt ist, wie dies besonders bei einem Fremdenheim der Fall ist. Dieser neue Zweck begründet aber nur dann die Neufestsetzung der FrM., wenn er einen abweichenden Mietzins rechtfertigt, wenn also für die Räume in ihrer geänderten Zweckbestimmung am 1. 7. 1914 ortsüblich ein anderer Mietzins gegolten hätte, was im Einzelfalle zu prüfen ist. Einer Erhöhung der FrM. steht auch der § 17 S. 3 MietzinsV. v. 17. 4. 1924 nicht entgegen, weil sie allein auf der Änderung der Verwendung beruht. D.

β) **Als FrM. ist für Gebäude oder Gebäudeteile, die zu wesentlich anderen Zwecken verwendet werden (§ 2⁴ S. 2), der ortsübliche Mietzins auch dann festzusetzen, wenn er den Mietzins, der am 1. 7. 1914 bei anderer Verwendungsart vereinbart war, übersteigt und eine Vergleichung des damaligen und des jetzigen Verwendungszweckes nur eine Ermäßigung des Mietzinses rechtfertigen würde.**

Kammergericht, 17. ZS. Rechtsentscheid v. 18. Juni 1926 (Y 59/26).

Sobald die gesetzlichen Voraussetzungen für die Festsetzung der FrM. vorliegen, hat der Mietzins, der tatsächlich für die am 1. 7. 1914 beginnende Mietzeit vereinbart war, für das MEA. keinerlei Bedeutung; es hat vielmehr stets den ortsüblichen Mietzins festzusetzen, den es durch Vergleichung mit anderen Räumen ermittelt. Dabei ist auch unerheblich, welcher Vertragsteil das Verfahren betreibt und ob der Spruch des MEA. den Mietzins zugunsten dieses oder des anderen Vertragsteiles beeinflußt. Das Gesetz kennt nur eine festzusetzende FrM., eben den ortsüblichen Mietzins. Es darf nicht etwa ein verschiedenes Ergebnis zustandekommen, je nachdem der Vermieter die Festsetzung mit dem Ziele einer Erhöhung des zu zahlenden Zinses beantragt hat oder ob der Mieter den Antrag stellt, um seine Zahlungspflicht zu verringern. Dies gilt wie bei den sonstigen Tatbeständen, bei denen das Gesetz eine Festsetzung zuläßt, so auch, wenn die Räume zu wesentlich anderen Zwecken verwendet werden. Diese Änderung gestattet die Festsetzung allerdings nicht schlechthin, sondern nur dann, wenn die Zweckänderung einen abweichenden Mietzins rechtfertigt. Das MEA. hat also nicht nur zu prüfen, ob die Mieträume nunmehr anders benutzt als am 1. 7. 1914, sondern auch zu erwägen, ob dieser Umstand einen abweichenden Mietzins zur Folge haben muß. Jedoch hat hierbei der seinerzeit vereinbarte Mietzins keine Bedeutung. Es ist vielmehr objektiv zu untersuchen, ob Räume der Art und Lage, wie sie den Gegenstand des Mietverhältnisses bilden, einen verschiedenen Mietzins zu bringen pflegen, je nachdem sie zu dem jetzigen oder dem früheren Zwecke verwendet werden. Ist diese Frage ebenfalls zu bejahen, so ist der Grund für die Festsetzung der FrM. gegeben. Für das Verfahren finden dann die allgemein aufgestellten Grundsätze des § 2⁴ Anwendung. D.

γ) **Die FrM. nach § 2⁴ kann nicht festgesetzt werden wegen einer Verschlechterung des Mietraumes, deren Beseitigung der Mieter nach BGB. beanspruchen kann.**

Kammergericht, 17. ZS. Rechtsentscheid v. 9. Juli 1926 (Y 75/26).

Hat sich seit 1. 7. 1914 die Beschaffenheit eines Mietraums geändert, ist er besonders baulich durch die Tätigkeit eines Vertragsteils, durch allmähliche Entwicklung oder Zufall verändert und haben sich die Parteien dahin geeinigt, daß die Gewährung des Raumes in diesem Zustande die dem Vermieter obliegende Leistung darstelle, oder hat der Mieter beim Vertragsschlusse die die Beschaffenheit des Raumes verändernden Mängel gekannt (BGB. §§ 539, 540), so ist der so geänderte Raum Gegenstand des Vertrages geworden. Auf diesem Gedanken beruht der RE. (Rsp. 44 S. 271 sowie Y 25.26). Sind aber nach Vertragsschluß Veränderungen eingetreten, die nicht zum Vertragsinhalt gemacht sind, so kann, wenn sie Mängel der Mietsache darstellen, der Mieter auch bei der gesetzlichen Miete (§ 20) nach § 536 BGB. die Beseitigung der Mängel fordern; der mangelhafte Mietraum ist alsdann nicht die Leistung, die der Vermieter zu gewähren hat. Anders ist es, wenn die Beseitigung der Verschlechterung dem Vermieter nicht zuzumuten oder nicht möglich ist. Alsdann ist, mögen sonst dem Mieter auch nach BGB. (§ 537) Minderungsansprüche zustehen, ein Dauerzustand mit der Unmöglichkeit seiner Änderung eingetreten, der den Inhalt des Mietvertrages dahin beeinflußt, daß der Vermieter seine Leistung nunmehr nur durch Gewährung des verschlechterten Raumes zu erfüllen braucht, wie dies der RE. (Rsp. 44 S. 272) für die Verschlechterung der Gegend ausspricht. Hat also der Mieter keinen Erfüllungsanspruch auf Beseitigung der Verschlechterung, so ist diese bei Festsetzung der FrM. zu berücksichtigen.

Hat nun auch das MEA. nicht solche Fragen — z. B. ob deren abschließende Entscheidung dem ordentlichen Gerichte zusteht, ob die FrM für die Vertragsteile Geltung erlangen kann oder ob dies wegen des Vorliegens von Pacht, Neubau oder dgl. ausgeschlossen ist — nicht abschließend zu entscheiden, so handelt es sich doch bei der Prüfung, wie beschaffen der Mietraum ist (ebenso RE. vom 22. 4. 1926, Y 38.26) nicht um die Geltung der FrM., sondern um ihre Bildung, die die eigenste Aufgabe des MEA. ist. Es hat daher zu prüfen und zu entscheiden, ob eine Verschlechterung des Mietraumes wegen des dem Mieter nach BGB. zustehenden Anspruchs auf Beseitigung bei der Festsetzung der FrM. nicht zu berücksichtigen ist oder ob sie wegen des Fehlens eines derartigen Erfüllungsanspruchs jene Festsetzung rechtfertigen kann. Im zweiten Falle ist nach § 2⁴ noch erforderlich, daß infolge der Verschlechterung, wenn sie schon am 1. 7. 1914 bestanden hätte, der ortsübliche Mietzins damals vom tatsächlich vereinbarten in außergewöhnlichem Umfang abgewichen wäre. D.

e) α) **Zur Ermittlung des ortsüblichen Mietzinses kann die Heranziehung nur eines Vergleichsgegenstandes genügen.**

Kammergericht, 17. ZS. Rechtsentscheid v. 19. November 1926 (Y 94/26).

Der § 4 MietzinsV. entspricht im wesentlichen dem § 2¹ S. 3 RMG., dessen Ausführungsvorschrift er ist, und dient der Ermittlung des ortsüblichen Mietzinses. Wie die Begründung zu § 2 RMG. ausführt, „wird das MEA. eingehend darzulegen haben, in welcher Weise es diesen Zins festgestellt hat; hierbei werden besonders die Mieten anderer Räume des Hauses anzugeben sein". Der Umstand, daß hier von Räumen in der Mehrzahl gesprochen wird, während die Mietsache, für die die FrM. festzusetzen ist, vielfach nur aus einem Raum bestehen kann, erscheint ohne Bedeutung, da die Bestimmungen nur den Regelfall berücksichtigen, in welchem sowohl die Mietsache aus mehreren Räumen besteht, als auch mehrere zum Vergleich geeignete Mietsachen vorhanden sind. Die Bestimmung erfordert aber nicht, daß stets mehrere Vergleichsgegenstände heranzuziehen sind. D.

β) **Das MEA. braucht die Vergleichsräume nicht in Augenschein zu nehmen. Geschieht dies, so ist den Beteiligten Gelegenheit zu geben, dieser Beweiserhebung beizuwohnen.**

Kammergericht, 17. ZS. Rechtsentscheid v. 24. Januar 1927 (Y 1/27).

1. Wie sich aus § 2¹ ergibt, kann die Höhe der FrM. nur dadurch ermittelt werden, daß das MEA. die Mieträmue mit anderen ähnlichen vergleicht, deren Mietzins für die mit 1. 7. 1914 beginnende Mietzeit bekannt ist. Woher es aber die Kenntnis von der Beschaffenheit und dem Mietzinse dieser Vergleichsräume erlangt hat, ist bedeutungslos. Die Fassung der Vorschrift gibt besonders keinen Anhalt dafür, daß es gehindert wäre, für die Entscheidung Erfahrungen zu verwenden, die es nicht erst in diesem Verfahren, sondern in früheren durch Beweisaufnahme gesammelt hat. Kann es seine eigenen Kenntnisse der einschlägigen Verhältnisse verwenden, so braucht es nicht jeweils die Vergleichsräume selbst zu besichtigen, sondern kann jedes Mittel benutzen, das mit ausreichender Zuverlässigkeit zum Ziele führt. Deshalb darf es die Besichtigung auch dem Sachverständigen überlassen oder vorhandene Aufzeichnungen, etwa die in § 18² behandelten Berichte oder ähnliches benutzen. Daran ändert auch nichts, daß in seinem Beschlusse gemäß Rsp. 44 S. 259 die Vergleichsräume bezeichnet und die Tatsachen, auf denen die Festsetzung der FrM. beruht, angegeben werden müssen; denn dieser Angabe bedarf es nur, um der Beschwerdestelle die Nachprüfung der Entscheidung zu ermöglichen.

2. Auch das Verfahren vor dem MEA. wird von dem Grundsatz des rechtlichen Gehörs beherrscht (§ 40³ MSchG.). Sofern das Amt bei der Ermittlung des ortsüblichen Mietzinses nicht nur seine eigene Sachkunde verwendet, sondern andere Unterlagen heranzieht, müssen die Beteiligten Gelegenheit haben, sich zu den Beweisstücken, den Gutachten oder Urkunden ausreichend zu äußern. Haben sie auch keinen Anspruch darauf, bei der Besichtigung der Vergleichsräume anwesend

zu sein, müssen sie doch gegen das Gutachten selbst und damit auch gegen die Verwendbarkeit der Vergleichsräume Einwendungen erheben können. Deshalb wird in der Regel zweckmäßig sein, wenn das MEA. dem Sachverständigen aufgibt, bei Besichtigungen die Beteiligten hinzuzuziehen, soweit die Inhaber der Vergleichsräume dem nicht widersprechen. Besichtigt dagegen das MEA. insgesamt oder durch beauftragte Mitglieder selbst die Räume, so handelt es sich dabei nicht, wie das LG. meint, um die pflichtmäßige Beschaffung eines Vergleichsmaßstabes und deshalb schon um einen Teil der entscheidenden Tätigkeit, sondern um einen richterlichen Augenschein, also eine Beweisaufnahme. Deshalb ist § 40³ S. 3 MSchG. auf sie unmittelbar anzuwenden; die Auslegung des LG. liefe dem Zwecke dieser Vorschrift zuwider, der nach der Begründung (S. 51) gerade die Sicherung der Beteiligten gegen Überraschung ist. D.

γ) **Bei Festsetzung der FrM. hat das MEA. zu entscheiden, welcher Art die Mieträume sind, um danach die Vergleichsräume zu bestimmen. — Ein Gericht ist ein gewerblicher Betrieb des § 10¹.**

Kammergericht, 17. ZS. Rechtsentscheid v. 22. April 1926 (Y 38/16).

1. ... Nach § 4 V. v. 17. 4./11. 6. 1924 (GS. 553) sind zur Bestimmung des ortsüblichen Mietzinses Vergleichsräume gleicher Art heranzuziehen. Das MEA. muß sich deshalb darüber schlüssig machen, welcher Art die Mieträume sind, besonders ob sie Wohn-, Geschäftsräume oder zu Geschäftszwecken benutzte Wohnräume sind. Es kann auch diese Feststellung nicht etwa dem ordentlichen Gerichte überlassen, da sie zu dem Aufgabenkreise des MEA. gehört. Auch dem Entscheid (Y 14/24) ist etwas anderes nicht zu entnehmen; denn dort enthielt die Entscheidung über die Zugehörigkeit eines Hauses zu den Geschäfts- und Industriehäusern gleichzeitig die Entscheidung, ob das RMG. überhaupt Anwendung finde. Diese kann aber abschließend nur das ordentliche Gericht treffen. Wie die FrM. im Einzelfalle zu ermitteln ist, hat aber nicht das ordentliche Gericht, sondern gerade das MEA. zu entscheiden.

2. Maßgebend für die Auslegung des § 10¹ ist, wie in Rsp. 43 S. 464, 44 S. 14 ausgeführt ist, daß es nur darauf ankommt, daß die Räume von dem darin untergebrachten Betriebe ebenso stark wie von einem Gewerbebetriebe benutzt werden, ohne daß ein Erwerb bezweckt zu werden brauche. Dies paßt nicht nur auf den Geschäftsbetrieb der Post, sondern auch anderer Behörden (vgl. RG. 111 S. 11). Besonders trifft dies infolge des Verkehrs des Publikums und der Tätigkeit der Beamten auch auf ein Amtsgerichtsgebäude zu. Daß bei ihm die Abnutzung möglicherweise geringer ist als bei der Post, ist bei der Bemessung der Höhe des Zuschlages zu berücksichtigen. D.n.

δ) **Der RE. vom 25. 11. 1925 (Y. 130/25), wonach die Feststellung des MEA., daß geeignete Vergleichsräume nicht vorhanden seien, stets auf einer Verletzung des Gesetzes beruht, wird aufrechterhalten [1]).**

Kammergericht, 17. ZS. Rechtsentscheid v. 31. März 1926 (Y 30/26).

Anders als durch Vergleichung läßt sich der ortsübliche Mietzins nicht er-

---

[1]) Ausnahmsweise können auch solche Räume zum Vergleiche herangezogen werden, für die die FrM. festgesetzt ist, wenn z. B. die ursprünglichen sehr geeigneten Vergleichsräume durch Umbau, Brand oder dgl. weggefallen sind oder wenn eine allgemeine Veränderung des Orts

mitteln; deshalb entspricht eine Festsetzung, die den Mietzins für ähnliche Räume nicht berücksichtigt, nicht dem § 2⁴ S. 3. Dabei ist dem Umstande Rechnung zu tragen, daß nur selten Räume zu finden sein werden, die den Räumen, für die die Festsetzung erfolgt, völlig oder doch fast in jeder Beziehung gleichen. Das hat zur Folge, daß Räume herangezogen werden müssen, die möglichst ähnlich sind, daß aber nötigenfalls auch Räume genügen, bei denen die Ähnlichkeit nur gering ist, sofern nur mit der erforderlichen Sorgfalt ermittelt ist, daß geeignetere Vergleichsräume nicht vorhanden sind. Dabei werden auch solche Räume auszuscheiden sein, die dem MEA. infolge Weigerung der Besitzer oder aus anderen Gründen nicht zugänglich sind. Ist die Ähnlichkeit auch noch so gering, so wird der für sie vereinbarte Mietzins doch stets noch einen Anhalt für die Festsetzung geben. Das Gesetz hat nun einmal diesen Weg zur Ermittlung des Ergebnisses gewiesen und damit gezeigt, daß Schätzungen auf anderer Grundlage unzulässig sind. Wollte man in Einzelfällen von der Heranziehung der Vergleichsräume absehen, so fehlte ein zuverlässiger Weg für die Ermittlung der FrM. überhaupt. Dies gilt besonders für Preußen, da durch § 4 V. v. 17. 4. 1924 die Festsetzung nicht durch Aufstellung von Durchschnittsmietpreisen nach dem Flächenraum erfolgen darf (Rsp. 44 S. 13). Deshalb muß, falls innerhalb der Gemeinde keinerlei Vergleichsräume zu finden sind, das Gesetz über seinen Wortlaut hinaus dahin ausgelegt werden, daß solche Räume außerhalb des Gemeindebezirks zu suchen sind. Das MEA. darf nicht etwa beliebige Wohnungen heranziehen, sondern hat pflichtmäßig zu entscheiden, ob nicht geeignetere Vergleichsräume vorhanden sind; darin wird es auch von der Beschwerdestelle überwacht. . . . D.n.

**f) Bei Festsetzung der FrM. für Räume, die schon vor 1. 7. 1914 fertiggestellt waren, aber nachher baulich verändert wurden, sind die gegen die Friedenszeit erhöhten Baukosten dieser Veränderungen zu berücksichtigen [1]).**

Kammergericht, 17. ZS. Rechtsentscheid v. 18. Juni 1926 (Y 45/26).

Der Wortlaut des § 2⁴ S. 4 schreibt eine entsprechende Erhöhung der FrM. nur bei Bauten vor, die in der Zeit vom 1. 7. 1914 bis 30. 6. 1918 fertiggestellt sind. Bauliche Veränderungen vorhandener Räume sind aber nicht ohne weiteres als Bauten dieser Art anzusehen. Indessen muß S. 4 sinngemäß auch auf sie angewendet werden (JW. 1925 S. 2256). Dies folgt aus dem Zwecke der Bestimmungen über die FrM. Sie sollen ein Ansteigen des Mietzinses infolge der Raumnot verhindern, nicht dagegen die Abgeltung wirklicher, mit der Raumnot außer Zusammenhang stehender Wertsteigerungen der Mieträume ausschließen. Daß dabei auch die gegen die Friedenszeit erhöhten Baukosten einen beachtlichen Gesichtspunkt abgeben, geht aus S. 4 deutlich hervor. Bei diesem Zusammenhange besteht kein Anlaß, die Kostenerhöhung zwar bei völlig neuen

---

oder Ortsteils (durch Änderung der Verkehrsmittel, Entstehung einer Industrie, Anlage von Entwässerungen eingetreten ist (RE. v. 14. Mai 1926, Y 54/26).

[1]) Dagegen sind dabei auf Kosten des Mieters vorgenommene Veränderungen nicht zu berücksichtigen (RE. v. 31. 3. 1926, Y 25/26). — Eine Wohnung ist erst dann „fertiggestellt", wenn die baupolizeiliche Wohnungsbewilligung erteilt ist. (Ob.LG. 8. 5. 1926, Samml. 25 S. 187).

Bauten, nicht aber bei baulichen Veränderungen älterer Räume in der Höhe der FrM. abzugelten. Insbesondere darf ein Anlaß für die verschiedene Behandlung nicht aus dem Wortlaut des S. 4 entnommen werden. Dieser fand sich im Entw. noch nicht, sondern ist vom Ausschuß eingefügt worden. Über die näheren Umstände, die dazu geführt haben, geben die Drucksachen keinen Aufschluß. Es muß deshalb angenommen werden, daß der Satz dazu dienen sollte, dem Vermieter im Mietzinse ein entsprechendes Entgelt dafür zu gewähren, wenn er nach dem 1. 7. 1914 infolge erhöhter Baukosten ein höheres Kapital in die Mietsache verwendet hat. Diesen Gedanken hat man ausgedrückt, indem man den bedeutsamsten Fall der Herstellung des ganzen Baus mit erhöhten Kosten im Auge hatte. Daß dieser Umstand die Berücksichtigung vermehrten Kapitalaufwands bei baulichen Veränderungen ausschließen sollte, obwohl eine Zurücksetzung des Vermieters in diesem Falle nicht recht erklärlich wäre, dafür fehlt jeder Anhalt. Deshalb ist der im S. 4 enthaltene Rechtsgedanke auch auf bauliche Veränderungen entsprechend auszudehnen. Dabei macht es keinen Unterschied, ob sie erst nach 30. 6. 1918 vorgenommen sind, denn diese Zeitgrenze hat das Gesetz für Bauten offenbar nur deshalb eingeführt, weil solche Bauten dem RMG. nach § 16 überhaupt nicht unterliegen.

g) **Mietberechnung bei Inanspruchnahme von Wohnungsteilen.**

Kammergericht, 17. ZS. Urteil v. 14. Juni 1926 (U 2307/26).

Da der Beklagte die vom Kläger gemietete Wohnung nur mit insgesamt drei Personen bewohnte und außerdem noch ein Landhaus zur Verfügung hatte, hat das Wohnungsamt 1922 einen Teil der Wohnung als übergroß dem Beklagten gegenüber beansprucht. Das MEA. hat dies bestätigt und über den durch bauliche Veränderungen abgetrennten Wohnungsteil zwischen dem Beklagten und X. einen Untermietvertrag abgeschlossen; auf Anrufen des Beklagten und des X. auch die FrM. der Teilwohnungen auf 5400 und 2000 M. festgesetzt. Der Beklagte hat für August 1925 die Miete nur nach 5400 + 2000 M. = 7400 M. bezahlt, während der Kläger die FrM., die für die Gesamtwohnung 9200 M. beträgt, zugrunde legt und den Unterschied einklagt. Der Anspruch ist begründet. Werden Teile einer übergroßen Wohnung nach § 6 A d Berl. Bek. v. 12. 5. 1921 in der Weise wie hier beansprucht, so werden die Rechtsbeziehungen zwischen Mieter und Vermieter nicht berührt, besonders wurde der Gebrauch nicht teilweise im Sinne des § 541 BGB. entzogen, wobei dahingestellt bleiben kann, ob ein nach der Überlassung erst entstandenes Recht eines Dritten die Anwendung des § 541 begründen kann (verneinend RG. 65 S. 33; bejahend RG. Komm. § 541[1]). Der Mieter blieb verfügungsberechtigt über die ganze Wohnung; er blieb es ebenso wie wenn er den Wohnungsteil freiwillig untervermietet hätte. Er erlangte auch mit einer etwaigen Beendigung der Untermiete völlig unbeschränktes VerfRecht, das nur durch eine neue — jetzt nur wegen Doppelwohnung noch statthafte — Inanspruchnahme hätte eingeschränkt werden können. Im übrigen lag der Umstand, daß das Gebrauchsrecht des Mieters beschränkt wurde, in seiner Person. Gerade der Umstand, daß er die Wohnung nicht mit einer im Hinblick auf die allgemeine Wohnungsnot ausreichend großen Zahl von Hausgenossen bewohnte, machte die Inanspruchnahme des Wohnungsteils möglich. Insoweit ist auch nicht eine teilweise Befreiung des Beklagten von der Zahlung des Mietzinses nach § 552 BGB. begründet (RGKomm. § 552[1]).

h) **Bei der gesetzlichen Untermiete ist von der gesetzlichen Miete des Hauptmietverhältnisses, auch wenn sie für dieses nicht gilt, auszugehen. Steht diese nicht fest, so ist sie zu errechnen.**

α) Kammergericht, 17. ZS. Rechtsentscheid v. 4. März 1926 (Y 2/26).

Der § 14 bezweckt nach der Begründung, die bei der Untervermietung ganz besonders eingetretene, durch die tatsächlichen Verhältnisse nicht gerechtfertigte Steigerung der Mietpreise zu bekämpfen. Er gibt daher dem Untermieter das Recht, die gesetzliche Untermiete zu wählen. Als Grundsatz zu ihrer Berechnung bestimmt § 14 nur, daß der Mietzins in einem angemessenen Verhältnisse zu dem auf den Raum entfallenden Teile des Hauptmietzinses stehen muß. Darüber, ob dieser der tatsächlich geltende oder der gesetzliche ist, sagt § 14 nichts. Aber nur die gesetzliche, nicht die sonst vereinbarte Miete kann den Ausgangspunkt aller Mietfestsetzungen bilden (Kiefersauer, Ebel zu § 14). Sie allein schließt eine Übervorteilung des Untermieters durch eine Einigung zwischen Haupt- und Untervermieter aus, bringt den objektiven Maßstab des Gesetzes zur Anwendung und schaltet die subjektiven Gründe, die für die Vereinbarung einer Vertragsmiete zwischen Haupt- und Untervermieter maßgebend sein können, aus. Auch paßt auf sie allein die Bestimmung der Zuschläge für Nebenleistungen in Hundertsätzen zur Raummiete. Würde die vertragliche Hauptmiete zugrunde gelegt, so hätten Haupt- und Untervermieter stets in der Hand, durch Änderung dieser auch die gesetzliche Untermiete zu ändern. Das Gesetz will aber dem Unter- ebenso wie dem Hauptmieter stets den Rückgriff auf die vom RMG. als angemessen angesehene Normalmiete ermöglichen. Es ist daher die AusfBest. Preußens zu § 14 — die es zunächst in der V. v. 12. 6. 1922 (GS. 129), wie auch jetzt noch Bayern (§ 30), Württ. (§ 13) und Baden (§ 33) auf den „Hauptmietzins" abstellte —, die jetzt aber in § 17 V. von der gesetzlichen Miete ausgeht, die der Untervermieter selbst für den leeren Raum zahlt, in Übereinstimmung mit der genaueren Fassung der V. Sachsens (§ 36), Thüringens (§ 7) und Berlins (§ 16) — ähnlich Hessen (Art. 11) — dahin zu verstehen, daß zur Grundlage die vom Hauptmieter für den leeren Raum zu zahlende gesetzliche Miete zu nehmen ist ohne Rücksicht darauf, ob sie auch zwischen ihm und dem Hauptvermieter gilt.

Läßt sich die gesetzliche Hauptmiete nicht errechnen, weil eine FrM. für die Gesamträume nicht vereinbart war oder sich nicht feststellen läßt, auch nicht festgesetzt ist, so ist die Hauptfriedensmiete nach § 2[4] zu ermitteln. Sie ist, da sie nur zwischen Untermieter und seinem Vermieter festgesetzt ist, auch nur für diese bindend.

D.n.

β) **Bei Festsetzung der gesetzlichen Untermiete ist die wirtschaftliche Lage der Vertragsteile nicht zu berücksichtigen.**

Kammergericht, 17. ZS. Rechtsentscheid v. 14. Mai 1926 (Y 43/26).

Der § 40[3] MSchG. gilt nicht für die Fälle, in denen sich aus besonderen Bestimmungen ergibt, daß die Anwendung billigen Ermessens ausgeschlossen werden soll. Solche Bestimmungen enthalten die §§ 2, 3 RMG.; hier gibt das

Gesetz für die Bildung der Miete feste Sätze, von denen nur unter ganz bestimmten Voraussetzungen abgewichen werden kann. Die Freiheit, die dem MEA. in diesen Fällen gewährt ist, ist auch nicht unbeschränkt; die Berücksichtigung persönlicher Verhältnisse ist hier nirgends zugelassen und das Ermessen des MEA. hat sich auf Umstände sachlicher Art zu beschränken. Diese Grundsätze, die für die Bildung der gesetzlichen Miete leerer Räume gelten, sind auch dann anzuwenden, wenn Nebenleistungen, wie Einrichtungsgegenstände oder Dienste, gewährt werden. Auch hier handelt es sich lediglich um einen Fall der Mietbildung; das Gesetz gibt keinen Anhalt dafür, daß der in den §§ 2, 3 ausgedrückte Grundsatz, die Miete allein nach sachlichen Rücksichten zu bilden, nicht gelten solle, wenn es sich nicht um leere, sondern um mit Einrichtungsgegenständen versehene Räume handelt. Der § 14[1] bedeutet, daß bei Festsetzung der Untermiete des leeren Raumes das Verhältnis zu errechnen ist, in dem die weitervermieteten Räume zur ganzen Wohnung stehen. Dementsprechend hat auch die oberste Landesbehörde für die Untermiete möblierter Räume vielfach feste Sätze gegeben; in den Fällen, in denen das nicht geschehen, sondern ein Rahmen gegeben ist, innerhalb dessen sich der Mietzins für derartige Räume zu bewegen hat, bedeutet die dem MEA. innerhalb des Rahmens gewährte Freiheit nicht, daß persönliche Verhältnisse berücksichtigt werden könnten. Auch innerhalb des Rahmens ist der Mietzins immer nur nach sachlichen Rücksichten, besonders der Art der Möblierung, der Art der Benutzung und der hierdurch herbeigeführten Abnutzung zu bemessen.

γ) **Ist streitig, ob ganz oder teilweise möbliert vermietete Räume eine selbständige Wohnung darstellen, so hat das MEA. bei Bestimmung des Mietzinses den Vortrag des Antragstellers zugrunde zu legen.**

Kammergericht, 17. ZS. Rechtsentscheid v. 4. März 1926 (Y 7/26).

Nach 17 Y 15/26 vom 4. 3. 1926 hat, wenn im Verfahren zur Bestimmung des Mietzinses für eine selbständige Wohnung nicht darstellende Räume streitig ist, ob sie möbliert oder unmöbliert vermietet sind, das MEA. den Vortrag des Antragstellers zugrunde zu legen. Dieser Entscheid beruht auf dem Grundsatz, daß MEA. und Beschwerdestelle hinsichtlich der bürgerlichrechtlichen Streitpunkte vom Sachvortrage des Antragstellers auszugehen haben (vgl. bes. Y 140/24, Y 6/26 vom 4. 2. 1926). Er findet auch vorliegend Anwendung. Ergibt jener Vortrag einen Tatbestand, für den die FrM. unzweifelhaft nicht festzusetzen ist, so kann der Antrag zurückgewiesen werden; dieser Fall liegt dann nicht vor, wenn nach dem vorgetragenen Sachverhalt zweifelhaft sein kann, ob ein Fall der Festsetzung gegeben ist, wenn z. B. zweifelhaft ist, ob die Räume möblierte Zimmer sind oder eine selbständige Wohnung darstellen, ob das Mietverhältnis, das sich auf mehrere teils möblierte, teils unmöblierte Räume erstreckt, insgesamt nach den Vorschriften über möblierte oder leere Räume zu behandeln, also eine verschiedene Beurteilung möglich ist. In allen solchen Fällen haben MEA. und Beschwerdestelle, wie schon in der Begründung von 17 Y 15/26 ausgeführt ist, nicht nur vom Sachvortrage, sondern auch von der Rechtsauffassung des Antragstellers auszugehen und, wenn danach das RMG. anwendbar ist, die FrM. festzusetzen, mag diese Auffassung auch nach ihrer Ansicht unzutreffend sein.

h) **Hat der Hauseigentümer oder ein Nutzungsberechtigter des § 14² Teile des bis dahin von ihm allein benutzten Hauses vermietet, so ist nicht der Mietzins nach § 14 zu ermitteln, sondern die FrM. nach § 2 festzustellen oder festzusetzen.**

Kammergericht, 17. ZS. Rechtsentscheid v. 22. Dezember 1926 (Y 101/26).

Der § 14 bezog sich im Entw. nur auf die Untermiete und bezieht sich auch jetzt in der Hauptsache auf diese. Wenn der Abs. 2 Mieter des Eigentümers den Untermietern gleichsetzt, so geschah dies nur für den Fall, daß diese Mieter wirtschaftlich Untermietern gleichzusetzen sind. Ein Bedürfnis für diese Regelung besteht nur dann, wenn außer dem Eigentümer mindestens ein Mieter das Haus bewohnte; denn in diesem Falle steht jedem der Mieter der Anspruch zu, nach § 2⁵ einen Ausgleich der FrMieten herbeizuführen. Bestände aber der § 14 nicht, so hätte jeder neue Untermieter die Möglichkeit, seinerseits einen Ausgleich nach § 2⁵ herbeizuführen, und so bestände die Gefahr, daß bei dem naturgemäß häufigeren Wechsel der Untermieter die Beständigkeit der Mietfestsetzung gestört würde. Dem hilft § 14 ab, indem Untermieter und die ihnen in Abs. 2 wirtschaftlich gleichgestellten Mieter nicht selbständig die Festsetzung und den Ausgleich herbeiführen, sondern nur auf die FrM. der Hauptwohnung als Rechnungsgrundlage zurückgreifen können. Dieses Bedürfnis, das den Mieter auch im wesentlichen vor Übervorteilungen schützen soll, besteht aber nicht, wenn der Eigentümer eines Einfamilienhauses ihn als Mieter aufnimmt. Dann schützt § 2 beide Teile ausreichend. Vermietet der Eigentümer auch den Rest, so ist für § 14 diesen beiden Mietern gegenüber kein Raum mehr. D.

i) **Zur Auslegung des Begriffs „Ortsgebrauch" in § 7 PrV. vom 17. 4. 1924.**

OLG. Breslau, 5. ZS. Urteil v. 5. Juni 1926 (U 16/26).

Unter „Ortsgebrauch" ist nicht bloß eine auf Herkunft herrührende Übung zu verstehen, sondern in erster Linie eine örtliche Anordnung, die die Tragung der Schönheitsreparaturen auf Grund der AusfBest. zum RMG. regelt. Für Bildung eines abweichenden verpflichtenden Ortsgebrauchs war unter dem RMG. überhaupt kein Raum und es ist nicht anzunehmen, daß die V. v. 17. 4. 1924 lediglich einen erst künftig sich bildenden Ortsgebrauch im Sinn hatte. Hiergegen spricht schon die Form: „Hat der Mieter . . . übernommen", die eine damals bestehende Übernahme voraussetzt. Ebensowenig hat sie an einen etwa vor dem RMG. bestehenden Ortsgebrauch anknüpfen wollen; denn auf ihm beruhende Verpflichtungen des Mieters waren mit dem Platzgreifen der gesetzlichen Miete erloschen. Es ist vielmehr anzunehmen, daß die V. an den damals bestehenden Zustand, der sich örtlich sehr verschieden entwickelt hatte, anzuknüpfen beabsichtigte. Nach § 20 lag überall da, wo die gesetzliche Miete Platz griff, die Instandhaltung der Mieträume, also auch die Schönheitsreparaturen, dem Vermieter ob, der hierfür einen besonderen Zuschlag für laufende Instandsetzungen erhielt. Bereits die Pr. AusfBest. v. 12. 6. 1922 zu § 3³ RMG. hatte aber den Gemeinden die Befugnis eingeräumt, jene Ausbesserungen aus dem allgemeinen Hundertsatz herauszunehmen. Dies wünschten gerade die Hausbesitzer, weil die festgesetzten Zuschläge zur Ausführung der laufenden Instandsetzungen nicht ausreichten und ihnen durch die erwähnte Regelung möglich wurde, die erforderlichen Schönheitsreparaturen auf Kosten der Mieter ausführen zu lassen. Diese Befugnis hatte auch die Stadt Breslau durch V. v. 30. 9. 1922 ausgeübt und dieselbe Bestimmung auch in alle späteren Anordnungen übernommen. Danach war in Breslau bis zum 1. 5. 1924 der Vermieter berechtigt und verpflichtet, die Schönheitsreparaturen auszuführen. Der Mieter hatte aber, ganz gleich, ob er die Ausbesserungen verlangt hatte oder sie gegen seinen Willen ausgeführt waren, dem Vermieter die dafür aufgewandten Kosten gegen Vorzeigen der Belege zu ersetzen. Der Mieter war also in Wirklichkeit der eigentliche Verpflichtete, wenn auch die Ausführung dem Vermieter oblag. Der § 7 bezweckte nun offenbar die Beibehaltung dieser Regelung, so wie sie sich in den einzelnen Gemeinden gestaltet hatte, zu ermöglichen. Der Mieter sollte da, wo er bisher wirtschaftlich mit jenen Reparaturen belastet war, berechtigt sein, auch fernerhin ihre Ausführung selbst zu übernehmen und dafür die Miete um 4 % zu kürzen. Dem Mieter stand deshalb in solchen Fällen am 1. 5. 1924 das Wahlrecht zu, ob er sie weiter tragen oder wieder dem Vermieter überlassen wollte. Er konnte das Wahlrecht auch gegen den Willen des Hausbesitzers ausüben; diesem dagegen stand ein solches Wahlrecht nicht zu. Führte der Mieter aber die ihm obliegenden Reparaturen nicht aus, so war der Hausbesitzer berechtigt, die Ausführung wieder selbst zu übernehmen und die unverkürzte Miete zu verlangen. H.

k) **Eine Entscheidung, die das MEA. als „Stelle" des § 6² trifft, ist durch Rechtsbeschwerde nicht anfechtbar, auch nicht mit der Begründung, daß die Gemeinde das MEA. nicht habe bestimmen dürfen oder daß dieses seine Befugnisse überschritten habe.**

Kammergericht, 17. ZS. Rechtsentscheid v. 21. Februar 1927 (Y 16/27).

Auf Grund des § 6¹ hat Preußen im § 11 MietzinsV. als „Stelle" die Gemeinde bestimmt, in einigen Punkten das Verfahren geregelt und im übrigen dessen Ordnung der Gemeinde übertragen. Ob diese ihre Aufgaben dem MEA. übertragen kann, bedarf hier keiner Entscheidung. Denn auch wenn das MEA. eine von ihr begründete und unterhaltene Stelle ist, und eine „Art Personalunion" zwischen ihm und einer mit anderen Aufgaben betrauten Schiedsstelle möglich ist (Kaisenberg, KleinGO. 117⁶, Askenasy, Pr. VerwBl. 47 S. 281), so kann die Gemeinde doch nie die Zuständigkeit einer Stelle schaffen, die ihrer Verwaltung nicht untersteht. So wenig die Landesgesetzgebung dem Reichsgericht Aufgaben, z. B. die Erteilung von Rechtsentscheiden, übertragen darf, kann durch die Anordnung einer Gemeinde dem LG. als staatlich bestellter Beschwerdestelle eine Aufgabe übertragen werden.

l) **Ersatzanspruch der Gemeinde gegen den Hauseigentümer nach § 8.**

OLG. Kiel, 1. ZS. Urteil v. 20. Dezember 1926.

Der Beklagte ist Eigentümer eines Hauses in der Stadt A. 1923 verlangte diese, der Beklagte solle Ausbesserungsarbeiten an seinem alten, von 9 Familien bewohnten Hause ausführen, und führte nach längerem Schriftwechsel eine Anzahl dieser Arbeiten aus. Ihre Klage auf Ersatz der dafür erwachsenen Kosten ist nach §§ 677, 679. 683 BGB. begründet. Denn sie hat die Arbeiten für einen anderen, d. h. für den Beklagten, ausführen lassen. Zuzugeben ist, daß sie dadurch auch ein eigenes Geschäft hätte besorgen *können*; der § 8 RMG. gab damals den Gemeinden, wenn der Vermieter notwendige große Instandsetzungsarbeiten in

Mieträumen mit gesetzlicher Miete — um solche handelt es sich hier — nicht ausführen ließ, das Recht, die Arbeiten selber vorzunehmen und zur Tilgung der Kosten entweder das Hauskonto zu beanspruchen oder beim MEA. zu beantragen, daß die Mieter einen Zuschlag zum Mietzins an die Gemeinde abzuführen hätten. Hätte sie von vornherein ein derartiges Vorgehen gegen die Mieter vorgehabt, so hätte angenommen werden können, daß sie bei der Ausführung der Arbeiten lediglich für sich selbst und ihre Einwohner, nicht aber für den Beklagten hätte tätig werden wollen. Hier ergibt sich jedoch aus dem Briefwechsel, daß sie ein Geschäft für den Beklagten ausführen wollte und daß sie diesen Willen auch äußerlich erkenntlich gemacht hat. Denn immer wieder hat sie vor Beginn der Arbeiten betont, daß er selber die Arbeiten bezahlen oder für sie eine Sicherungshypothek eintragen lassen müsse. Die Ausführung der Arbeiten lag auch in seinem Interesse. Wären sie nicht ausgeführt worden, so hätte das Haus wegen Baufälligkeit geräumt werden müssen. Die Abbruchsgenehmigung aber wäre trotzdem nicht erteilt worden. Der Beklagte hätte also nur Ausgaben für das Haus, aber keine Einnahmen gehabt. Außerdem aber hätte er gemäß § 7 RMG. und XVIII der Pr. AusfBest. (GS. 388) das Recht gehabt, die Ausgaben für die Instandsetzung auf die Mieter verteilen zu lassen; er hätte in wenigen Jahren seine Unkosten bei geringer Belastung der Mieter ersetzt erhalten, selbst wenn ein Mieter zeitweise nicht zahlungsfähig gewesen wäre. Ob die Ausführung der Arbeiten auch dem Willen des Beklagten entsprach, kann dahingestellt bleiben; denn ein entgegenstehender Wille des Geschäftsherrn kommt nicht in Betracht, wenn die rechtzeitige Erfüllung der Pflicht im öffentlichen Interesse lag. Der Beklagte hatte aber gegenüber seinen Mietern aus § 536 BGB. die Verpflichtung der Erhaltung des Wohnraumes. Schon in der Vorkriegszeit war anerkannt, daß die Instandsetzung baufällig gewordener Wohnräume im öffentlichen Interesse liege; um so mehr muß dieses heute gelten, da der Mieter wegen der großen Wohnungsnot nicht wie früher aus dem baufälligen Hause auszuziehen in der Lage ist.

Der Beklagte meint, § 8 RMG. habe eine Sonderregelung dahin getroffen, daß den Gemeinden ein Rückgriffsrecht gegen den Hauseigentümer versagt werde. Allein § 8 regelt nur das Rechtsverhältnis zwischen der Gemeinde und den Mietern (Brumby RMG. § 8), nicht auch zwischen der Gemeinde und dem Hauseigentümer in bezug auf das aufgewendete Kapital (Müller RMG. § 8); hierfür gelten vielmehr die allgemeinen Vorschriften über Geschäftsführung. Der § 8 RMG. gibt daneben auch da, wo sonst ein Recht aus § 679 BGB. nicht bestände, ein Eingriffsrecht und er will den § 683 nicht beschränken, sondern erweitern. Daß nach dem Wortlaut und Sinn des § 8 die Gemeinde auch gegen den Hauseigentümer zunächst einen Anspruch hat, ergibt sich aus Satz 4, der einen ursprünglichen Anspruch des Vermieters gegen seine Mieter aus der Ausführung der Arbeiten durch die Gemeinde voraussetzt. Der Vermieter hat aber diesen Anspruch nur, wenn er seinerseits zur Erstattung an die Gemeinde verpflichtet ist. Daß diese durch das Recht, ihre Ansprüche im Zwangsverfahren beizutreiben, in der gerichtlichen Geltendmachung nicht beschränkt ist, kann nicht zweifelhaft sein. Dr. By.

m) **Bei nachträglicher Erhöhung des Gemeindezuschlages zur Grundvermögenssteuer kann der Vermieter den erhöhten Zuschlag auch für die zurückliegende Zeit auf die Mieter umlegen.**

Kammergericht, 17. ZS. Rechtsentscheid v. 21. März 1927 (Y 19/27).

Die gesetzliche Miete in Preußen besteht auf Grund des § 22 aus zwei Teilen: den Hundertsätzen der FrM. und den Umlagen nebst Kosten von Sonderleistungen (§§ 6, 8 ff. MietzinsV. v. 17. 4. 1924). Die Anordnung, daß auch der 100% übersteigende Zuschlag der Gemeinde zur staatlichen Grundvermögenssteuer auf die Mieter umgelegt werden kann, geht nicht über die im § 22 der Landesbehörde erteilte Befugnis hinaus und ist daher wirksam. Umlagen können ihrer Natur nach je nach den tatsächlichen Auslagen in ihrer Höhe wechseln. Dies ist eben der Grund, warum die umlagefähigen Kosten des Vermieters nicht in die Hundertsätze einbegriffen sind, wie dies besonders für Sammelheizung und Wassergeld offen zutage tritt. Auf diese Umlagen findet § 11 S. 4 RMG. keine Anwendung. Spricht schon § 11 nur von den durch die Landesbehörde festgesetzten Hundertsätzen, so läßt vor allem der Begriff der Umlage erkennen, daß § 11 auf ihre Berechnung nicht anwendbar ist, da diese nicht die Landesbehörde vornimmt, sondern je nach der Höhe der tatsächlichen Kosten der Vermieter auf Grund der Festsetzung der Steuerbehörde. Hieran ändert auch nichts, wenn die Gemeinde die Höhe der Umlagen in Hundertsätzen der FrM. bezeichnet. Denn diese Bezeichnung soll nur einen Anhalt für die Berechnung geben, bindet aber die Beteiligten nicht; umgelegt kann vielmehr nur der tatsächlich zur Hebung kommende Steuerzuschlag werden. Wird daher die Steuerleistung rückwirkend erhöht, so kann der Vermieter den nunmehr fällig gewordenen Betrag, soweit er 100% der Grundvermögenssteuer übersteigt, auch auf die Mieter umlegen (ebenso der Wohlfahrtsmin. am 23. 12. 25).

n) **Das MEA. ist für den Streit zwischen Vermieter und Mieter über den Anteil des Mieters an den Kosten der Sammelheizung zuständig. Soweit Kosten z. B. der Nachtheizung in Geschäftsräumen, nur bei einzelnen Rauminhabern entstehen, haben nur diese sie zu tragen.**

Kammergericht, 17. ZS. Rechtsentscheid v. 21. Februar 1927 (Y 13/27.)

Die Kosten der Sammelheizung bilden einen Teil der gesetzlichen Miete, da diese nicht nur aus den Hundertsätzen der FrM., sondern auch aus den Umlagen und den Kosten von Sonderleistungen besteht (ebenso für Lohnumlagen: KG. 17. W. 2079/26; Kiefersauer, Mietzinsbildung $27^{80}$ für Umlagen nach § 12). da hiernach das MEA. für diesen Streit zuständig ist, hat es auch zu entscheiden, ob die Kosten, die in Streit sind, bei allen Rauminhabern entstehen, die also jeder Mieter nur anteilig zu tragen hat, oder die nur bei einem Teil entstehen, die also nur diese Rauminhaber treffen. Die Sammelheizung ist eine Nebenleistung des Vermieters im Sinne des § $2^1$ S. 3 und des § 3 MietzinsbildungV. Soweit ihre Kosten nur bei einzelnen Mietern entstehen, haben nur diese sie zu tragen (§ $12^1$ S. 2, § 10 S. 2 Berl. Bek. über die Mietzinsbildung). Voraussetzung ist nur, daß sie einem Rauminhaber in einer das normale Maß übersteigenden Weise gewährt wird und eine Trennung der Sonder- von der Normalleistung möglich ist.

Dazu: **Ein Urteil auf Inbetriebsetzung des Fahrstuhls ist nach § 887 ZPO. zu vollstrecken.**

Kammergericht, 17. ZS. Beschluß v. 5. Mai 1927 (W 35/27).

Der Vermieter hat dem Urteil, den Fahrstuhl in dem vom Gläubiger bewohnten Hause in gebrauchsfähigen Zustand zu versetzen, nicht entsprochen. Den Antrag des Gläubigers, ihn gemäß § 887 ZPO. zu ermächtigen, den Fahrstuhl auf Kosten des Schuldners gebrauchsfähig zu machen, hat das LG zurückgewiesen, weil dadurch das Hausrecht des Schuldners verletzt würde. Diesen Standpunkt hat allerdings der Senat in JW. 1923 S. 56, 1042/3 eingenommen, ihn aber schon am 5. Juni 1924 (JW. 2038) aufgegeben. Denn allein maßgebend für die Unterscheidung der vertretbaren Handlungen des § 887 von den unvertretbaren des § 885 ZPO. ist, ob die Vornahme der Handlung durch einen anderen als den Schuldner vom Standpunkt des Gläubigers aus hinreichend ist. Dies ist der Fall. Abgesehen davon, daß beim Fahrstuhl der Gläubiger Mitbesitz an diesem hat, hindert der Besitz des Schuldners nicht Eingriffe in dieses Recht, wie § 892 ZPO. erkennen läßt. Aus demselben Grunde steht auch das Hausrecht des Schuldners nicht der Vollstreckung entgegen (ebenso Schultz, JW. 1924 S. 1043, 1925 S. 2038, Falkmann Zwangsvollstr. 2. Aufl. S. 935 b).

o) **Die Feststellung oder Festsetzung der FrMiete wirkt nur für das Mietverhältnis der am Verfahren Beteiligten und der künftig etwa als Vermieter oder Mieter in dasselbe Mietverhältnis Eintretenden.**

Kammergericht, 17. ZS. Rechtsentscheid v. 14. Mai 1926 (Y 49/26).

Der Rechtsentscheid v. 31. 3. 1926 (Y 10/26 bei Hertel 137), lautend: „Hat das MEA. die FrM. endgültig festgesetzt, so kann das Verfahren nicht deshalb wiederholt werden, weil der Hauseigentümer gewechselt hat." ist dahin begründet, daß die Wirkung der Entscheidung sich nach § 15 bestimmt, deshalb auf das Mietverhältnis dieser Mietparteien beschränkt ist. Daraus ergibt sich ohne weiteres, daß mit dem Mietverhältnis auch die Bedeutung der früheren Entscheidung endet und nicht etwa solange fortwirkt, als der Mietgegenstand unverändert bleibt. Andrerseits ist die Wirkung mit dem Mietverhältnis und nicht mit der Persönlichkeit der am Verfahren Beteiligten verknüpft, so daß ein Wechsel der Personen, der unter Fortbestehen desselben Mietverhältnisses erfolgt, auf die Bedeutung der einmal endgültig gewordenen Entscheidung keinen Einfluß ausübt. Ist also ein neuer Eigentümer durch Gesamtrechtsnachfolge oder gemäß § 571 BGB. in das Mietverhältnis eingetreten oder hat ein anderer Mieter es durch Gesamtnachfolge oder ohne eine solche durch Rechtsgeschäft übernommen, so sind auch diese Personen an die frühere Feststellung oder Festsetzung der FrMiete gebunden. Hingegen kann das Verfahren schlechthin wiederholt werden, wenn das damalige Mietverhältnis wie hier beendet und ein neues begründet ist[1]).

---

[1]) a) Die zur Instandsetzung des Hauses und Zahlung der Steuern bestimmten Mieten sind keine zweckgebundenen Forderungen und deshalb in voller Höhe pfändbar (Dresden 28. 12. 25 SächsA. 3 S. 193) Frankfurt JMdsch. 1926 S. 1245, Hamm 13. 11. u. 30. 12. 1926, JW. 1927 S. 605, Karlsruhe 12. 1. 27 BadRpr. 93 S. 52, Königsberg 22. 2. und Rostock 18. 12. 1926 JW. 1927 S. 1093. Dagegen hält das KG. die für Betriebskosten, für Instandsetzung und für die Hauszinssteuer bestimmten Teile der gesetzlichen Miete für zweckgebunden und insoweit nach § 399 BGB. für unabtretbar und nach § 851 ZPO. für unpfändbar (JW. 1927 S. 568 u. 1393 zu 14).

b) Miete, wenn das Wohnrecht nach § 1090 BGB. eingetragen ist: Warn. 19 S. 80.

c) „Verpflichtung" im § 20 S. 1 Halbs. 2: RG. 115 S. 47, 277.

## 4. Wohnungsmangelgesetz.

a) **Eine örtliche Anordnung zum WMG. ist nur gültig, wenn die Ermächtigungen veröffentlicht worden sind, auf denen sie beruht. Es genügt, wenn sie auf die Ermächtigungen Bezug nimmt.**

Kammergericht, 17. ZS. Rechtsentscheid v. 11. Dezember 1925 (Y 108/25).

Nach § 1 des hier maßgebenden WMG. v. 11. 5. 1920 — wie auch des v. 26. 7. 1923 — bildet die Ermächtigung die rechtliche Grundlage für die von der Gemeindebehörde zu erlassenden Anordnungen, die auf Grund des Wohnungsmangelgesetzes erlassenen Anordnungen als Rechtsverordnungen anzusehen sind. Denn es handelt sich nicht um Verordnungen, die sich lediglich innerhalb des Organismus der Verwaltung bewegen und die Handhabung der Verwaltung regeln, sondern um Maßnahmen, die in die subjektiven Rechte, besonders das Eigentum der Staatsbürger eingreifen. Daran wird dadurch nichts geändert, daß das WMG. einen Rahmen für die darin vorgesehenen Verordnungen von Gemeindebehörden enthält. Das wird in nahezu allen Fällen, in denen ein Recht zu ihrem Erlaß besteht, zutreffen; dieses Recht beruht regelmäßig auf einer gesetzlichen Ermächtigung, die gleichzeitig die Grenzen dieses Rechtes umschreibt. Umschreibt sie sie aber in einer derart allgemeinen und weiten Form wie vorliegend, so stellen sich die einzelnen auf ihr beruhenden Anordnungen als selbständige Rechtsnormen dar; sie sind mehr als eine bloß verwaltungsmäßige Durchführung einer bereits vorliegenden Rechtsnorm. Das gilt nicht nur für Verordnungen, die auf Grund des § 9 WMV. v. 23. 9. 1918/11. 5. 1920 ergangen sind, sondern auch für die gemäß §§ 1, 2—5 erlassenen Anordnungen; hier stellt sich die einzelne Anordnung als selbständiger Eingriff in private Rechte dar. Demgemäß gilt auch für die hier fr. Verordnungen der allgemeine Grundsatz, daß zu ihrer Wirksamkeit nicht nur die Verkündung des Rechtssatzes selbst, sondern auch die Verkündung der gesetzlichen Voraussetzungen, von denen die Befugnis zu ihrem Erlaß abhängt, erforderlich ist. Das folgt zwar nicht unmittelbar aus einer besonderen Vorschrift, wie der des § 140 LVG. Aber dieser Bestimmung stellt nur einen Ausfluß des erwähnten Grundsatzes dar, nach welchem ebenso wie beim Gesetz die Verkündung erst die Wirksamkeit nach außen herbeiführt. Was in § 140 aO. ausdrücklich ausgesprochen ist, muß sinngemäß für alle Rechtsverordnungen gelten: „die Innehaltung des polizeilichen Gebietes, auf dem äußerlich erkennbar gemacht werden" (Rosin, PolVR. 261, KGJ. 8 S. 140, 28 C 3, 43 S. 366). Die Rechtsfrage erledigt sich auch nicht etwa durch die MinisterialAnordn. vom 19. 9. 1923 (GS. 446) und vom 11. 1. 1924 (GS. 27); denn sie hatten nur den Zweck, die bisher zeitlich beschränkte Dauer von Anordnungen zu verlängern. Daß durch sie darüber hinaus auch Anordnungen, die der formellen Gültigkeit entbehrten, zu unmittelbaren Anordnungen des Ministers erhoben und damit wirksam gemacht werden sollten, kann aus ihnen nicht entnommen werden. Auch der Erlaß vom 11. 8. 1921 (Volkswohlfahrt 1921 S. 372) kann zu keiner anderweitigen Beurteilung führen.

Dagegen reicht aus, wenn aus der Veröffentlichung deutlich ersichtlich wird, auf welchen Grundlagen die verkündete Anordnung beruht. Dazu ist nicht unbedingt erforderlich, daß die Ermächtigung, auf die sie sich stützt, nach ihrem vollen Wortlaut bekanntgegeben wird; vielmehr genügt, daß sie besteht und ihr Bestehen öffentlich bekanntgegeben wird. Diese Erfordernisse sind erfüllt, wenn die Anordnung in ihrem Eingang auf die Ermächtigungen Bezug nimmt.

Dazu: **Anordnungen aus § 6 WMG. sind nicht deshalb unwirksam, weil sie die Zustimmung des Reichsarbeitsmin. nicht erwähnen.**

Kammergericht, 17 ZS. Rechtsentscheid v. 21. März 1927 (Y 23/27).

Über den vorstehenden RE. hinaus hat der 3. StrafS. des KG. (S. 284/26) die Gültigkeit der Anordnungen des § 6 auch davon abhängig gemacht, daß die Zustimmung des Arbeitsmin. zu der durch die oberste Landesbehörde erteilten Ermächtigung in ihnen erwähnt wird (so auch Hertel 89, Kiefersauer § 6[1]). Allein dieser Beurteilung kann nicht beigetreten werden. Die Anordnungen, die von der Landesbehörde oder von den durch sie ermächtigten Stellen aus § 6 getroffen werden, sind Rechtsverordnungen, und zwar solche des Landesrechts. Deshalb bestimmt sich die Weise, in welcher sie veröffentlicht werden müssen, ebenfalls nach dem Landesrecht. Der vorstehende RE. führt nun aus, daß zur Wirksamkeit von Rechtsverordnungen die Verkündung nicht nur des Rechtssatzes erforderlich sei, sondern auch die gesetzlichen Voraussetzungen für die Befugnis zu ihrem Erlasse. Aus diesem Grundsatz folgt aber nicht, daß auch die Zustimmung zur Ermächtigung aus § 6 in irgendeiner Form veröffentlicht werden muß. Landesrechtliche Vorschriften über die Verkündung landesrechtlicher Verordnungen können nicht die Abgrenzung der Befugnisse des Landes gegenüber dem Reiche betreffen, sondern erschöpfen sich in dem Zwecke, dem Landesangehörigen die Prüfung der Gesetzmäßigkeit in bezug auf die Befugnisse und Zuständigkeiten der Behörden innerhalb des Landes zu ermöglichen. Die Prüfung, ob die erforderliche Zustimmung des Arbeitsmin. vorliegt, betrifft keine durch Landesrecht geregelte Voraussetzung der Verordnung, sondern die Abgrenzung der Staatsgewalt des Landes gegenüber dem Reiche. Eine Überschreitung der hiefür der Staatsgewalt gestreckten Grenzen kann die Ungültigkeit der Verordnungen zur Folge haben, und darauf können sich die Landesangehörigen unter Hinweis auf das Reichsrecht berufen. Etwas anderes ist aber, ob das Landesrecht durch die Bestimmungen über die Form der Verkündung die Grundlagen für die Nachprüfung der Gültigkeit in dieser Richtung schaffen muß. Das ist nicht anzunehmen; denn mangels ausdrücklicher gegenteiliger Bestimmungen ist davon auszugehen, daß sich das Land durch sein eigenes Recht keiner Überwachung durch die Landesangehörigen hinsichtlich der Grenzen seiner Landeshoheit unterwirft, sich vielmehr vorbehält, über die ordnungsmäßige Ausübung dieser Hoheit und die Innehaltung der vom Reichsrecht gesetzten Schranken selbst zu wachen. D.

b) **Räume, die bis 1. 10. 1918 teils zu Wohn-, teils zu anderen Zwecken bestimmt oder benutzt waren, unterliegen dem Verbot des § 2², wenn der Wohnzweck überwog [1]).**

Kammergericht, 17. ZS. Rechtsentscheid v. 4. Februar 1926 (Y 148/25).

Der § 2 unterscheidet zwischen Räumen, die bis 1. 10. 1918 zu Wohnzwecken,

---

[1]) Gegen sämtliche Entscheidungen der Gemeindebehörde aus § 2 ist die Beschwerde an das MEA. (§ 16) nicht zulässig (RE. v. 17. 3. 1926, 17 Y 20/26).

und solchen, die zu anderen Zwecken bestimmt oder benutzt waren. Unter eine dieser beiden Gruppen ist jeder Raum zu bringen. War der Zweck ein gemischter, diente also der Raum teils Wohn-, teils anderen, besonders Geschäftszwecken, so ist das wirtschaftliche Übergewicht eines der verschiedenen zusammentreffenden Zwecke ausschlaggebend (vgl. Rsp. 44 S. 258). Überwog bis 1. 10. 1918 der Wohnzweck über den anderen Zweck, so ist der Raum ein Wohnraum und es findet auf ihn das Verbot des § 2² Anwendung, soweit dem nicht die durch die Pr. A. v. 24. 5. 1925 (GS. 60) zugelassene Erleichterung entgegensteht.

c) α) **Rechtmäßig hat die Benutzung der Wohnung jeder begonnen, den der Verf.-Berechtigte oder sein gesetzlicher Vertreter in der Absicht, eine Hausgemeinschaft mit ihm zu begründen, in die Wohnung aufgenommen hat, bevor diese „unbenutzt" geworden war.**

Kammergericht, 17. ZS. Rechtsentscheid v. 25. November 1925 (Y 102/26).

Bei der Prüfung, ob eine Wohnung „unbenutzt" ist, hat nach der ständigen, zuletzt in Y 128/25 vertretenen Rechtsprechung die Benutzung der Räume, durch Personen, die nach den wohnungsrechtlichen Bestimmungen nicht dazu befugt sind, außer Betracht zu bleiben. Nach Y 106/24 (Rsp. 44 S. 18) gilt aber eine Wohnung nicht als „unbenutzt", wenn sie von Personen benutzt wird, die die Benutzung entweder schon vor Beginn der Wohnungsbewirtschaftung ausübten oder später im Einklang mit den wohnungsrechtlichen Vorschriften begonnen haben. Das gilt besonders für die Aufnahme von Personen in die Hausgemeinschaft des VerfBerechtigten. Diese Aufnahme ist kein Rechtsgeschäft, sondern nur das rein tatsächliche Verhältnis, das dadurch gegeben ist, daß er seine Wohnung als den Mittelpunkt der Lebensführung mit einem anderen teilt. Daß der Aufgenommene sich an den Kosten der Lebensführung beteiligt, ändert hieran nichts; nur darf die Aufnahme nicht überwiegend zu vermögensrechtlichen Zwecken erfolgen, da sonst je nach dem schuldrechtlichen Zwecke Untermiete, Dienstvertrag oder ein anderes Schuldverhältnis gegeben ist. Nur der Zweck der Aufnahme ist bestimmend, nicht die Art der Aufgenommenen, deren Kreis grundsätzlich unbeschränkt ist. Er wird nur infolge der Zweckbestimmung auf solche beschränkt sein, die durch Verwandtschaft im weitesten Sinne und Freundschaft oder ähnliche Beziehungen — z. B. Aufnahme eines Pflegekindes ohne Erwerbszweck — mit dem VerfBerechtigten verbunden sind. — Die Aufnahme muß, um wohnungsrechtlich bedeutsam zu sein, zu einer Zeit erfolgen, in der dieser noch nicht zugunsten der Allgemeinheit beschränkt ist. Ob er aber sich selbst in der Wohnung zur Zeit der Aufnahme aufhält, ist unerheblich. Nur erfordert der Zweck der Aufnahme, daß er die Absicht der Rückkehr noch nicht aufgegeben hat oder hat aufgeben müssen. So ist besonders der Aufenthalt in einem Krankenhaus, falls er nicht mit Sicherheit dauernd ist, kein Hinderungsgrund für die Aufnahme von Personen in die Wohnung.

Die Aufnahme, die nur ein tatsächliches Verhalten ist, kann auch durch einen VerfBerechtigten erfolgen, der geistig erkrankt ist, wenn er nur Verständnis für den Begriff der Hausgemeinschaft hat; sonst steht sie nur seinem gesetzlichen Vertreter innerhalb seines Wirkungskreises, also z. B. nicht einem Pfleger zu, der nur zur Wahrnehmung der Rechte in einem Rentenverfahren bestellt ist. Denn die Aufnahme greift in die Persönlichkeitsrechte des VerfBerechtigten ein. Auch bestehen keine Bedenken, daß der gesetzliche Vertreter sich selbst in die Hausgemeinschaft aufnimmt. Voraussetzung dafür ist aber stets, daß sie nicht etwa der Umgehung wohnungsrechtlicher Bestimmungen dient; denn dann würde der Zweck der Hausgemeinschaft wenn nicht ganz fehlen, so doch hinter dem Umgehungszwecke wesentlich zurücktreten. D.

Dazu: Kammergericht, 17. ZS. Rechtsentscheid v. 20. Januar 1926 (Y 126/25).

Aus dem RE. (Rsp. 43 S. 249), der aufrechterhalten werden muß, folgt noch nicht, daß dem Erben die eigene Benutzung der ererbten Wohnräume nicht durch örtliche Anordnungen verwehrt sein kann [unten g]. Vielmehr läßt sich denken, daß die Gemeindebehörde auf Grund solcher besonderen Rechtssätze die Räume beanspruchen darf, obwohl die Wohnung nicht unbenutzt im Sinne des Reichsrechts ist. Wohl aber ist bei einem solchen Zugriff stets der Erbe als der VerfBerechtigte anzusehen, weil nach bürgerlichem Rechte der Besitz an der Wohnung und die privatrechtlichen Ansprüche auf sie mit der Erbfolge kraft Gesetzes auf ihn übergegangen sind. Ob das Verbot der örtlichen Anordnung, Wohnräume ohne Zustimmung des Wohnungsamts in Gebrauch zu nehmen, den Erben an dem Beziehen der Wohnung hindert, läßt sich nicht allgemein beantworten, vielmehr kommt es stets auf den wirklichen Inhalt dieses Verbots an. D.

β) **Nach dem Tode des Altsitzers wird die Inanspruchnahme seiner Wohnung nicht dadurch ausgeschlossen, daß diese von Personen weiter benutzt wird, die er aufgenommen hatte.**

Kammergericht, 17. ZS. Rechtsentscheide v. 25. Nov. 1925 (Y 128) u. 14. Mai 1926 (Y 47/26).

Ein Widerspruch gegenüber dem RE. Y 7/24 liegt nicht vor. Dort ist ausgesprochen, daß der Tod des Inhabers die Wohnung allein noch nicht zu einer unbenutzten mache; das kommt erst dann in Frage, wenn die Erben die Nachlaßwohnung tatsächlich aufgeben. Dagegen handelt es sich hier um eine Altsitzerwohnung, deren Inhaber verstorben war. Da sein Recht nicht, wie in Y 7/24 vererblich, sondern nur lebenslänglich war, ist sein Recht überhaupt erloschen und ein VerfBerechtigter, dessen Recht geeignet erscheinen könnte, der Benutzung der Wohnung durch die tatsächlich darin befindlichen Personen zur Grundlage zu dienen, nicht mehr vorhanden. D.

γ) **Der Untermieter ist nicht VerfBerechtigter über die ihm überlassenen Räume wenn der Hauptmietvertrag beendet ist.**

Kammergericht, 17. ZS. Rechtsentscheid v. 4. Februar 1926 (Y 155/26).

Die örtliche Anordnung legt dem VerfBerechtigten die Anzeige des Freiwerdens von Wohnraum auf und bestimmt für das Wohnungsamt ein Recht zur Inanspruchnahme des Raumes binnen 14 Tagen nach der Anzeige. Das VerfRecht muß eine tatsächliche und rechtliche Grundlage haben. Hat also jemand eine Wohnung in Untermiete und verläßt er diese, z. B. infolge Umzugs oder Verlegung des Wohnsitzes in das Ausland, besteht aber die Haupt- und die Untermiete fort, so ist er auch beim Unbenutztwerden seiner Wohnung noch VerfBerechtigter. Wird aber die Hauptmiete durch irgend einen Grund beendet oder fällt sie sonst fort, z. B. wegen Nichtigkeit, so fehlt nunmehr eine der beiden Grundlagen seines VerfRechts, nämlich die bürgerlich-rechtliche. D.

Dazu: **Eine untervermietete Wohnung gilt dagegen nicht als „unbenutzt" so lange der Hauptmieter eine bisher zu seiner Hausgemeinschaft gehörige Person in der Wohnung beläßt.**

Kammergericht, 17. ZS. Rechtsentscheid v. 21. April 1927 (Y 33/27).

Ist der Begriff der Unbenutztheit von Räumen schon in § 3 gegenüber dem Wortsinn durch Abs. 2 erweitert, so ist dies in noch größeren Umfange durch § 2 Nr. 3 b Berl.WMR. v. 30. 12. 1924 geschehen. Dort wird der Unbenutztheit der Zustand gleichgestellt, der dadurch eintritt, daß der Hauptmieter die Wohnung nicht mehr für eigenes, sondern nur für fremdes Wohnbedürfnis benutzt. Dem eigenen Wohnbedürfnisse des Hauptmieters ist das seiner Hausgenossen gleichzustellen, die die Benutzung der Wohnung rechtmäßig begonnen haben (vgl. RE. 17 Y 106/24 Rsp. 44 S. 18 und Y 102/25 vorstehend zu α). Das ist das Wohnbedürfnis solcher Personen, die der Mieter in seine Hausgemeinschaft aufgenommen hat, um mit ihnen die Wohnung als Mittelpunkt der Lebensführung zu teilen, nicht also Angestellter oder Dienstboten. Ob die Hausgenossen voll- oder minderjährig sind, ist dabei unerheblich. Es geht keineswegs an, die von örtlichen Bekanntmachungen für die Vererblichkeit des Wohnrechts getroffenen Einschränkungen auf volljährige Erben oder bestimmte Arten volljähriger Erben ausdehnend auf die Benutzung der Wohnung durch Hausgenossen anzuwenden. Benutzt daher der Mieter die Wohnung noch, um das Wohnungsbedürfnis seiner Hausgenossen zu befriedigen, sei es, daß ihm die Verpflichtung hierzu gesetzlich obliegt oder daß er sie freiwillig übernommen hat, so ist die Wohnung noch von ihm benutzt, sei es auch, daß er sie im übrigen untervermietet oder unentgeltlich abgegeben hat. Voraussetzung ist nur, daß er es ist, der dem Hausgenossen die Wohnung fortgewährt in den Räumen, über die er verfügen darf, ob in seinem eigenen Haushalt oder nunmehr in dem des Untermieters, ist unerheblich. D.

δ) **Eine von der Polizei mit oder ohne Zustimmung des Wohnungsamts zur Unterbringung Obdachloser beschlagnahmte Wohnung wird nicht dadurch zu einer „benutzten" Wohnung, daß der Hauseigentümer sie mit Zustimmung der Polizei bezieht, selbst wenn er ihr andere Räume zur Verfügung gestellt hat.**

Kammergericht, 17. ZS. Rechtsentscheid v. 4. Februar 1926 (Y 154/25).

Die Obdachlosigkeit von Personen kann zu einer Störung der öffentlichen Ordnung werden. Deshalb gehört es unter Umständen zu den Obliegenheiten der Polizei, ihnen ein Unterkommen zu beschaffen. Ist sie zur Bereitstellung der erforderlichen Räume auf andere Weise nicht imstande, so kann sie auch wie hier mittels Beschlagnahme in das Recht eines Dritten eingreifen. Ob sie sich hierüber vorher mit dem Wohnungsamt ins Vernehmen gesetzt hatte, ist belanglos, denn dessen Zustimmung würde an dem Wesen des öffentlichrechtlichen Eingriffs nichts ändern. Solange die Polizei die beschlagnahmten Räume zu ihrer Verfügung hält, werden sie als unbenutzt im Sinne des WMG. nicht zu betrachten sein, da sie solange der Bewirtschaftung von Wohnraum entzogen sind; denn auch das Wohnungsamt kann nicht befugt sein, durch eine anderweite Verfügung die Wohnung der polizeilichen Zweckbestimmung zu nehmen. Sobald aber wegen

Wegfalls des Bedürfnisses oder aus anderen Gründen die Beschlagnahme aufgegeben wird, können die Räume, die tatsächlich nicht benutzt sind, für die Wohnungswirtschaft als unbenutzte beansprucht werden. Ob das Bedürfnis für die polizeiliche Maßnahme weggefallen ist, weil Obdachlose nicht mehr vorhanden oder weil zu ihrer Unterbringung andere Räume verfügbar sind, ist ohne Belang, denn es kommt allein darauf an, daß die öffentliche Gewalt nicht mehr dem Wohnungsamt bei der Überlassung des Wohnraums an Wohnungsucher im Wege steht. Hat der Dritte, in dessen Recht die Polizei mit der Maßnahme eingegriffen hatte, andere Räume zur Verfügung gestellt, sei es daß die Polizei sie ihm abmieten konnte oder sie beschlagnahmt hat, so hat auch dieser besondere Umstand keine Bedeutung. Er ändert nichts daran, daß die Beschlagnahme der ersten Wohnung nicht mehr besteht. Endlich ist auch einflußlos, wenn die Polizei dem Dritten bei der Aufhebung der Beschlagnahme erklärte, er dürfe selbst in die freigegebene Wohnung einziehen. Diese Erklärung könnte nach der Sachlage stets nur bedeuten, daß die Polizei, also als Folge ihrer Beschlagnahmehandlung, seinem Einzuge Hindernisse nicht in den Weg setze. Dagegen hat die Polizei nicht über die Verteilung des Wohnraums unter dem Gesichtspunkt der Wohnungsbewirtschaftung zu befinden. Ihre Erklärung kann also nicht als ein Ersatz der erforderlichen Zustimmung des Wohnungsamts zum Einzuge des VerfBerechtigten in die unbenutzte Wohnung gemeint sein.

Die Freigabe ist auch nicht deshalb anders zu beurteilen, weil sie nur im Austausch mit anderen Räumen des VerfBerechtigten erfolgte. Dadurch wird die Rechtslage nicht geändert, besonders ist der Austausch ein Wohnungstausch (§ 3) schon deshalb nicht, weil der Polizei die beschlagnahmte Wohnung nicht wie einem sonstigen Wohnungsinhaber, sondern nur zur vorübergehenden Unterbringung Obdachloser zur Verfügung stand und ihre Beziehungen zu dieser Wohnung alsbald gelöst werden mußten, wenn sie anderweitige Unterkunft für die Obdachlosen beschafft hatte.

ε) **Wohnräume sind nicht deshalb benutzt, weil der VerfBerechtigte sich vorübergehend darin aufhält, um ihre Inanspruchnahme zu verhindern.**

Kammergericht, 17. ZS. Rechtsentscheid v. 22. Dezember 1926 (Y 108/26).

Ob eine Wohnung „benutzt" ist, ist zwar unabhängig von dem Beweggrunde der Benutzung. Es ist sehr wohl möglich, daß der Verf.Berechtigte sie nur noch benutzt, um sie seinem Erben, dessen wirtschaftliche Selbständigmachung bevorsteht, zu erhalten. Auch ist daran festzuhalten, daß der § 3 als Ausnahme nicht ausdehnend auszulegen ist. Es ist aber für den Begriff der Benutztheit wie überhaupt im WMRecht besonders auf die tatsächlichen und nicht nur scheinbaren Verhältnisse Gewicht zu legen. Ob aber der Wille der Benutzung nur vorgetäuscht wird, ist mit besonderer Vorsicht festzustellen, da § 3 einen tiefen Eingriff in die Rechte des VerfBerechtigten enthält. Ergeben aber die Begleitumstände, wie z. B. hier, daß er bewußt die wohnungsrechtlichen Bestimmungen über die Übertragung von Wohnungen umgeht, daß er der Wohnung zu Wohnzwecken garnicht bedarf und die Benutzung auf ein Mindestmaß beschränkt, daß er also die Benutzung nur vortäuscht, so ist die Wohnung tatsächlich von ihm nicht benutzt, da die

Aufbewahrung von Sachen nach § 5 WMG. und die Untervermietung nach § 2 Berl. WMR. außer Betracht bleibt. D.

d) α) **Die Inanspruchnahme von Wohnungen als künftig frei werdend wird nicht schon dadurch zulässig, daß eine örtliche Anordnung die Anzeige des bevorstehenden Freiwerdens vorschreibt.**

Kammergericht, 17. ZS. Rechtsentscheid v. 12. Oktober 1925 (Y 75/25).

Zur Unterbringung Wohnungsuchender kann der Magistrat beschlagnahmen: unbenutzte Wohnungen oder andere unbenutzte Räume, die zu Wohnzwecken geeignet sind. Diese örtliche Anordnung hat also gegenüber § 3 die Anzeigepflicht unzweideutig erweitert. Diese soll aber nur dem Wohnungsamt einen Überblick über den sicher und — in der erweiterten Form — über den unter Umständen seinem Zugriff unterliegenden Raum verschaffen. Eine derartige vorbereitende Maßnahme kann aber das Recht des tatsächlichen Zugriffs nicht erweitern. Hätte die Anordnung eine insofern über § 4 hinausgehende Regelung treffen wollen, als schon gekündigte oder freiwerdende Räume noch vor dem Eintritt ihrer Unbenutztheit dem Zugriff unterliegen sollten, so hätte dies unzweideutig ausgedrückt werden müssen; aus der Ausdehnung der Anzeigepflicht allein läßt sich jedenfalls eine Erweiterung des Rechts zur Inanspruchnahme nicht entnehmen. D.

Dazu: **Die Frist des § 3[1] Berl. WMR. wird auch dadurch in Lauf gesetzt, daß der Hausbesitzer vor dem Auszuge des Rauminhabers anzeigt, daß dieser den Raum zu einem bestimmten künftigen Termin verlassen wird. Die Frist läuft aber keinesfalls früher als zwei Wochen seit dem Freiwerden des Raumes ab.**

Kammergericht, 17. ZS. Rechtsentscheid v. 21. April 1927 (Y 37/27).

Bei dem Zusammenhange des § 2 Nr. 1 a mit § 3 Nr. 1 WMR. v. 30. 12. 1924 kann nicht wohl daran gezweifelt werden, daß der Fristlauf durch jede Anzeige begonnen wird, die gemäß § 2 Nr. 1 a erstattet worden ist. Es macht also keinen Unterschied, ob die Räume als frei oder als freiwerdend angezeigt worden sind. Auch für die Annahme, daß es bei Räumen, deren künftiges Freiwerden angezeigt ist, nach dem Freiwerden einer nochmaligen Anzeige bedürfe, bietet das WMR. keinerlei Anhalt. Das LG. glaubt, bis zum Freiwerden müsse nicht der Hausbesitzer, sondern der Rauminhaber als Verfügungsberechtigter gelten und anzeigen. Allein auch die Anzeige künftigen Freiwerdens betrifft lediglich die Zeit, in der der Rauminhaber nicht mehr verfügen darf. Ferner kann der Fristablauf nach der Anzeige niemals dem inzwischen ausgezogenen Rauminhaber, sondern stets nur dem Hausbesitzer Vorteil bringen. Bei dieser Sachlage hätte es wenig Wirkung versprochen, wenn die Anzeigepflicht dem Rauminhaber auferlegt worden wäre. Eine solche Regelung könnte nur angenommen werden, wenn der Wortlaut zwingend dafür spräche. Tatsächlich aber sind die Vorschriften derart gefaßt, daß sie weit zwangloser gegen das LG. verwendet werden können. Nicht der Mieter, sondern der Hausbesitzer ist anzeigepflichtig. Daß neben ihm sonstige VerfBerechtigte erwähnt sind, deutet nicht auf eine Verpflichtung des Mieters hin, sondern findet seine Erklärung in der Möglichkeit, daß das Recht an den freiwerdenden Räumen Anderen als dem Hausbesitzer, Nießbraucher, Zwangs-, Konkursverwalter, Testamentsvollstrecker, zufällt. Dem Wohnungsamt müssen volle zwei Wochen seit dem Freiwerden der Räume zur Erklärung gegeben sein, sodaß die Frist nicht vorher ablaufen kann. Andernfalls könnte vorkommen, daß die Gemeinde die Frist überhaupt nicht einzuhalten vermag. Nach Y 17/26 wird die Frist nur durch eine formgerechte Inanspruchnahme der Räume gewahrt. Diese aber ist nach dem RE. 15. Oktober 1926 17. Y 87/26 — Entscheidungen des Kammergerichts in Mietsachen 5 3; Mietgericht 1926, 127; Einigungsamt 1926, 515; Deutsches Wohnungsarchiv 1926, 714; Juristische Rundschau 1927, 140; Hertel, Mieterschutz 4 A 229 — erst zulässig, wenn die Räume frei sind.

β) **§ 2 PrV. vom 12. 12. 1924 schließt die Inanspruchnahme einer selbständigen, d. h. räumlich und wirtschaftlich getrennten Wohnung nicht aus, die früher Teil einer übergroßen Wohnung war.**

Kammergericht, 17. ZS. Rechtsentscheid v. 4. März 1926 (Y 9/26).

Nach dem RE. v. 22. 6. 25 (Rsp. 44 S. 285) sind Räume dadurch, daß sie längere Zeit hindurch jemanden als Wohnung überlassen worden, noch nicht zu einer selbständigen Wohnung geworden. Auf Räume, die früher Teil einer Wohnung waren, inzwischen aber eine selbständige Wohnung geworden sind, ist aber § 2 V. nicht anwendbar; denn diese werden nunmehr nicht als Teil der übergroßen Wohnung, sondern als unbenutzte selbständige Wohnung beansprucht. Daher ist die jetzige Inanspruchnahme davon abhängig, ob die Wohnung eine selbständige geworden ist, unabhängig von den Befugnissen, die einem früheren Benutzer eingeräumt sind. Eine selbständige Wohnung liegt begrifflich dann vor, wenn sie eine räumlich und wirtschaftlich getrennte Wohnung ist, also eine abgeschlossene Wohnung, in der ein selbständiger Haushalt geführt werden kann, ohne daß die Mitbenutzung anderer Räume im Hause mehr als ortsüblich erfolgt, wie dies schon Y. 110. 24 (Rsp. 44 S. 284) ausspricht. [Vgl. jetzt § 33 a MSchG.]

**Dagegen läßt § 4¹ nicht zu, eine Wohnung zu teilen und über die Teile Zwangsmietverträge mit verschiedenen Wohnungsuchenden festzusetzen.**

Kammergericht, 17. ZS. Rechtsentscheid v. 22. Februar 1927 (Y 10/27).

Der Wortlaut und der Inhalt des — dem jetzigen § 4¹ im wesentlichen entsprechenden — § 4¹ MWV. v. 23. 9. 1918 lassen erkennen, daß die frei gewordene Wohnung oder sonstige zum Wohnen geeignete Raumeinheiten als einheitlicher Gegenstand für die Unterbringung Wohnungsuchender erfaßt werden sollen. Auch der Begründung zur WMV. läßt sich entnehmen, daß das Zugriffsrecht der Gemeinde den Wohngegenstand nur einheitlich erfassen sollte. Es kann daher auch nicht von Bedeutung sein, ob die Einheit baulich leicht geteilt werden kann, vielmehr muß die Einheit der Wohnung bei der Inanspruchnahme und bei Abschluß der Zwangsmiete gewahrt bleiben. D.

γ) **Räume, die bis 1. 10. 1918 nicht zu Wohnzwecken bestimmt oder benutzt waren, können nach § 5 Nr. 1a Berl.WNR. vom 30. 12. 1924 nicht mehr beansprucht werden**[1]).

Kammergericht, 17. ZS. Rechtsentscheid v. 22. April 1926 (Y 22/26).

Der § 1 WNR., der inhaltlich mit der Anordn. v. 24. 5. 1925 (GS. 60) übereinstimmt, läßt die Benutzung von Räumen, die bis 1.10.1918 anderen als Wohnzwecken dienten, zu gewerblichen und ähnlichen Zwecken ohne weiteres auch

[1]) Dagegen können Räume (z. B. Ateliers), die bis zum 1. 10. 1918 zu Wohnzwecken benutzt waren, auch wenn sie ihrer Bauart nach keine Wohnräume sind, nach ihrem Freiwerden als Wohn-

dann zu, wenn sie nachher als Wohnung benutzt worden sind. Dabei wird auch nicht unterschieden, ob der VerfBerechtigte sie späterhin nur vorübergehend als Wohnung verwendet oder dauernd diesem Zwecke zugeführt hatte. Ebensowenig kommt es darauf an, ob die Zweckänderung zur baulichen Umgestaltung der Räume geführt hat oder die jetzige Zweckänderung eine solche nötig machen würde. Hieraus ergibt sich, daß der VerfBerechtigte Räume, die bis 1. 10. 1918 anderen als Wohnzwecken dienten, die aber später als Wohnung benutzt wurden, nach Beendigung der jeweiligen Benutzung zu anderen als Wohnzwecken wirksam bestimmen kann. Da er hierbei an keine Frist gebunden ist, so könnte er die maßgebliche Erklärung auch noch abgeben, nachdem das Wohnungsamt die Räume beansprucht hat, sofern nur diese Verfügung noch nicht rechtskräftig ist. Daraus aber folgt, daß es solche Räume nur beanspruchen kann, sofern es auch zur Inanspruchnahme von Räumen befugt ist, die nicht Wohnzwecken zu dienen bestimmt sind. Eine andere Auslegung ist schon dadurch ausgeschlossen, daß sie das Zweckbestimmungsrecht des VerfBerechtigten, das durch § 1 und vor allem auch durch die erwähnte Pr. Anordnung begründet ist, in einer gegen das geltende Recht verstoßenden Weise beschränken würde.

Durch § 5 Nr. 1a und b ist dem Magistrat auch die Möglichkeit genommen, solche Räume zu beanspruchen, die der VerfBerechtigte, obwohl sie bisher als Wohnung dienten, gemäß § 1 anderen Zwecken zuführen darf, weil sie bis zum 1. 10. 1918 nicht zu Wohnzwecken bestimmt oder benutzt waren. Die Unzulässigkeit dieses Zugriffs besteht übrigens auch dann, wenn der VerfBerechtigte sein Recht, die Räume anderen Zwecken zuzuführen, nicht ausübt, sondern sie weiter als Wohnung benutzt, sei es für sich selbst oder durch Überlassung an Dritte. Es ist nicht der Zweck des § 1, die Benutzung solcher Räume als Wohnung zu verhindern, im Gegenteil ist es auch weiterhin der Allgemeinheit nur dienlich, wenn sie zur Unterbringung Wohnungsuchender tatsächlich verwendet werden. Die Annahme, daß der VerfBerechtigte sein Recht zur freien Verfügung über diese Räume einbüßt, sofern er sie als Wohnung verwendet, würde einen Anreiz geben, die Räume nur für andere Zwecke zu benutzen, also eine mit den geltenden Bestimmungen nicht bezweckte Schädigung in der Befriedigung des Wohnbedürfnisses hervorrufen. D.

Dazu: **Können nach einer aus § 6 erlassenen örtlichen Anordnung zur Unterbringung Wohnungsuchender unbenutzte Wohnungen oder andere zu Wohnzwecken geeignete Räume beansprucht werden, so besteht diese Befugnis auch bei solchen Räumen, die bis 1. 10. 1918 nicht zu Wohnzwecken bestimmt oder benutzt waren. Die Inanspruchnahme ist jedoch, falls sie nicht vor 1. 12. 1926 rechtskräftig ausgesprochen oder durchgeführt worden ist, nur zulässig, wenn die Räume an diesem Tage zu Wohnzwecken bestimmt waren oder dazu gemäß dem Mietvertrage benutzt wurden.**

Kammergericht, 17. ZS. Rechtsentscheid v. 21. März 1927 (U 27/27).

Der vorstehende RE. Y 22/26 ist auf die Sonderbestimmungen des Berliner WMR. gestützt. Sofern dagegen eine örtliche Anordnung auch die Inanspruchnahme anderer Räume die zu Wohnzwecken geeignet sind, gestattet, kann nichts

---

räume, also auch nach § 5 Nr. 1 a Berl. WMR. beansprucht werden (RE. v. 21. 2. 1927, 17. Y 6/27). Vgl. oben b.

darauf ankommen, zu welchem Zwecke diese Räume bis 1.10.1918 bestimmt oder benutzt waren. Es kommt aber weiterhin darauf an wie sich die Rechtslage gestaltet, nachdem die PrV. v. 11.11.1926 das WMG für Geschäftsräume außer Kraft gesetzt (§ 2) und als Geschäftsraum ansieht, was bei ihrem Inkrafttreten (1.12.1926) nicht Wohnraum ist. Soweit eine Inanspruchnahme nicht an diesem Tage schon rechtskräftig oder durchgeführt war, also nach § 5[1] aufrecht erhalten bleibt, ist sie trotz der weitergehenden örtlichen Anordnung nur noch zulässig, falls sie Wohnraum betrifft. Ob Wohnraum vorliegt, entscheidet sich nach dem Zustande am 1.12.1926; wozu der Raum früher benutzt oder bestimmt war, ist ohne Belang. Der Berl. Gem. Ausschuß hält deshalb (Einigungsamt 1926, S. 548) für „Wohnraum" jeden Raum, der gemäß dem Vertrage der Streitteile am 1.12.1926 zu Wohnzwecken benutzt war. Hier wird, da die V. den Begriff einheitlich für den Mieterschutz und das WMRecht bestimmt, mit Recht beim Wohnraum darauf abgestellt, ob diese Benutzung, von einem Mieter und nicht vom Hauseigentümer vorgenommen, dem vertraglichen Zweck entspricht. Für das WMG.ist auch ein Raum, der am 1.12. 1926 unbenutzt war, mit Brumby (Einigungsamt 1927, S. 548[1]) als Wohnraum anzusehen, der damals zu Wohnzwecken bestimmt war. D.

δ) **„Gesetzwidrig" (§ 5 Nr. 1c) ist nur ein Zweck, der selbst gegen das Gesetz verstößt, nicht aber ein an sich erlaubter, zu dessen Erfüllung die benutzten Räume nicht verwendet werden dürfen.**

Kammergericht, 17. ZS. Rechtsentscheid v. 12. Oktober 1925 (Y 105/125).

Der § 5 Nr. 1c WMR. ist dem Art. V des NotG. v. 24. 2. 1923 und der AusfAnw. v. 18. 5. 1923 nachgebildet, deren Zweck war, zur Zeit des Abwehrkampfes an Rhein und Ruhr Unsittlichkeit und Unmäßigkeit im unbesetzten Gebiete einzudämmen. Die Benutzung von Räumen zur Unzucht und Schlemmerei sollte getroffen werden. Hieraus ergibt sich, daß der Zweck der Raumnutzung gegen das Gesetz verstoßen muß unabhängigdavon, wo er verfolgt wird, also Kuppelei, Glücksspiele, Falschmünzerei, Geheimbündelei. Es genügt jedoch nicht, daß der Zweck erlaubt ist, aber zu seiner Verfolgung die gegebenen Räume nicht verwendet werden dürfen, z. B. Kochen oder Heizen an einer polizeilich nicht genehmigten Feuerstelle; denn dadurch wird der Zweck noch kein unerlaubter. Es kann somit die Benutzung von Wohnraum zu Geschäftszwecken, wenn sie auch gesetzwidrig war — ob sie es jetzt noch ist, bedürfte einer tatsächlichen Nachprüfung auf Grund der V. v. 24. 5. 1925 (GS. 60) —, keinen „gesetzwidrigen" Zweck darstellen. Die Gründe, die das LG. für ausdehnende Auslegung anführt, treffen nicht zu. Denn die im § 17 WMG. zugelassene Geldstrafe bis 10000 RM. und bei Gewinnsucht, die bei Umwandlung von Wohn- in Geschäftsraum stets vorliegen dürfte, bis zu 100000 RM. sichert die öffentliche Belange hinreichend, abgesehen davon, daß die oberste Landesbehörde die Wiederherstellung des früheren Zustandes anordnen kann. D.

ε) **Die Inanspruchnahme ist nicht deshalb aufzuheben, weil sie die Wohnung einem Untermieter als Hauptmieter zuweist.**

Kammergericht, 17. ZS. Rechtsentscheid v. 21. März 1927 (U 12/27).

Solange die Untermieter die Wohnung als solche inne haben, ist ihrem Wohnbedürfnis nicht in vollem Umfange genügt. Sie sind zwar untergebracht; ihr Wohnrecht beruht aber allein auf dem Mietverhältnis des Hauptmieters und endet, sobald dieses aus irgendwelchen Gründen endet. Die geschaffene Abhilfe ist somit nicht endgültig; mit der von ihrem Willen unabhängigen Beendigung der Hauptmiete fallen die Untermieter wieder in den Kreis der Wohnungsucher zurück. Demgegenüber führt das LG. aus, daß für die Allgemeinheit ein Interesse an der Beschlagnahme erst dann entstehe, wenn die Räume durch Auszug der Untermieter frei geworden seien oder das Freiwerden in nächster Zeit bevorstehe. Allein der Wohnungssucher bleibt, solange sein Wohnbedürfnis nicht durch Zuweisung einer eigenen Wohnung voll befriedigt ist, Wohnungsucher und entlastet die Wohnungswirtschaft nicht durch seine Unterbringung als Untermieter. Dieses noch fortdauernde Interesse der Allgemeinheit ist nach § 4 zu berücksichtigen.

D.

e) **Ein Mieter hört dadurch, daß er unter Vorbehalt der Sicherung eines Ersatzraumes zur Räumung verurteilt ist, noch nicht auf, VerfBerechtigter des § 4 zu sein.**

Kammergericht, 17. ZS. Rechtsentscheid v. 25. November 1925 (Y 134/26).

„VerfBerechtigt" ist, wer tatsächlich in der Lage ist, den Raum ohne Verletzung fremder Rechte zu benutzen oder durch andere benutzen zu lassen (Rsp. 43 S. 260, 341). Nach MSchG. § 6³ — jetzt Abs. 4 behält aber der Mieter bis zur Sicherung des Ersatzraumes die aus dem bisherigen Mietverhältnis sich ergebenden Rechte, d. h. er ist noch weiterhin tatsächlich in der Lage, den Raum ohne Verletzung der Rechte des Vermieters zu benutzen. Dem steht auch nicht der RE. v. 19. 1. 1925 (Y 148/24) entgegen, daß nach rechtskräftiger Mietaufhebung ein Wohnungstausch nach § 8 nicht mehr erzwungen werden kann. Denn § 8 setzt die Möglichkeit der Übertragung vertraglicher Rechte voraus, § 6³ gibt aber dem bisherigen Mieter an Stelle der beendeten Vertragsrechte nur zeitlich beschränkte vertragsähnliche Rechte. Diese bewirken aber, daß er bis zu ihrer Beendigung durch Sicherung des Ersatzraumes oder Herausgabe des Mietraumes Verfügungsberechtigter im Sinne der §§ 4, 6 bleibt. Gibt er vorher, z. B. durch Umzug in ein Fremdenheim oder ins Ausland, aber unter Zurücklassung der Möbel (§ 3) ihn auf, so sind die nunmehr als unbenutzt geltenden Räume ihm gegenüber zu beanspruchen, ebenso nach örtlichen Bestimmungen im Fall der Doppelwohnung. — Sollen die Räume schon während jener Benutzung für den Fall des Freiwerdens beansprucht werden, so richtet sich die Inanspruchnahme nicht gegen den Mieter sondern gegen die bei Freiwerden der Räume wieder in Wirksamkeit tretende, VerfBerechtigung des Vermieters und muß daher auch gegen diesen erfolgen. . . .

**Dazu: Der Festsetzung eines Zwangsvertrages mit dem VerfBerechtigten steht nicht entgegen, wenn dieser trotz der ihm gegenüber erfolgten Inanspruchnahme die Räume einem Dritten überlassen hat.**

Kammergericht, 17. ZS. Rechtsentscheid v. 9. Juli 1926 (Y 78/26).

Durch das Freiwerden der Wohnung ist der Hauseigentümer VerfBerechtigter geworden. Ihre Inanspruchnahme hat sein Recht dahin beschränkt, daß er nur in Übereinstimmung mit dem Wohnungsamt verfügen konnte. Überließ er trotzdem die Wohnung einem Dritten u. z. ohne Vertrag, so hat dieser Dritte ihm gegenüber keine Ansprüche, die dessen Rechte einschränken. Geschah aber die Überlassung auf Grund eines Vertrages, so ist dieser infolge der Inanspruchnahme unwirksam, ohne daß von Bedeutung ist, ob auch sonst der Abschluß eines Mietevertrages der Zustimmung des Wohnungsamtes bedurft hätte. Es hat daher der VerfBerechtigte auch nach der unberechtigten Überlassung noch das — nur zugunsten des Wohnungsamtes beschränkte — Verfügungsrecht über die Wohnung und ist der Zwangsvertrag mit ihm festzusetzen. Die unwirksame Überlassung kann aber unter Umständen ebenso, wie nach dem RE. (Rsp. 43 S. 255) bei der Räumungsforderung an den Schwarzmieter, auch bei der Festsetzung der Zwangsmiete berücksichtigt werden: RE. v. 7. 4. 1925 4, Rsp. 44 S 294 D.

f) α) **Die Besorgnis eines „unverhältnismäßigen Nachteils" kann dadurch ausgeschlossen sein, daß dem VerfBerechtigten Räume zur Verfügung stehen, auf die das WMG. nach § 12 keine Anwendung findet [1]).**

Kammergericht, 17. ZS. Rechtsentscheid v. 12. Oktober 1925 (Y 118/25).

Aus dem Zwecke des § 4 S. 2 ergibt sich ohne weiteres, daß nicht unbeachtet bleiben darf, wenn dem VerfBerechtigten genügend andere Räume die Befriedigung seiner schutzwürdigen Bedürfnisse ermöglichen. Daß es sich dabei um Räume handelt, die nach 1. 7. 1918 bezugsfertig geworden sind, kann bei der Entscheidung, ob ihm ein unverhältnismäßiger und deshalb nicht zu duldender Nachteil entsteht, keine wesentliche Bedeutung haben. Der § 12 steht der Berücksichtigung solcher Räume nicht entgegen, denn er verbietet nur die Anwendung der zwangswirtschaftlichen Bestimmungen auf die neu geschaffenen Räume. Um solche Vorschriften handelt es sich aber bei § 4 nicht, sondern es sollen die Folgen der Inanspruchnahme auf ihre Billigkeit geprüft werden. Was diese erfordert, ergibt sich aber nur aus den tatsächlichen Umständen des Falles, und wäre mit ihr unvereinbar, wenn die neu geschaffenen Räume außer acht blieben.

β) **Das MEA. hat auf Beschwerde gegen eine Inanspruchnahme, auch wenn die Festsetzung eines Zwangsvertrages nicht beantragt ist, zu prüfen, ob aus der Vermietung an sich ein unverhältnismäßiger Nachteil zu besorgen ist [2]).**

Kammergericht, 17. ZS. Rechtsentscheid v. 31. März 1926 (Y 21/26).

Das LG. ist zutreffend der Ansicht, daß, wenn das MEA. die Inanspruchnahme nach billigem Ermessen bestätigt hat, dies bei Festsetzung der Zwangsmiete nicht die erneute Prüfung eines unverhältnismäßigen Nachteils entbehrlich mache. Seine Bedenken daraus, daß die Prüfung im zweiten Fall anders als im ersten ausfallen kann, sind aber nicht begründet. Hebt das MEA. die Inanspruchnahme nach billigem Ermessen auf, so ist sie damit erschöpft und der

---

[1]) Die RE. v. 7. 4. und v. 29. 5. 1925 (Rsp. 44 S. 294, JRdsch. 1925 Nr. 1541) über die Frage, wann ein „unverhältnismäßiger Nachteil" zu besorgen sein kann, werden aufrechterhalten (RE. v. 22. 4. 1926, Y 33/26). Er liegt auch nicht darin, daß der VerfBerechtigte verhindert wird, die Wohnräume entgegen der PrV. v. 24. 5. 1925 zu anderen als Wohnzwecken zu vermieten (RE. v. 21. 2. 1927, Y 8/27).

[2]) Auch in den Fällen, auf die sich die Pr.V. v. 29. 5. 1925 bezieht, hat das MEA. zu prüfen, ob aus dem beantragten Zwangsvertrag für den VerfBerechtigten ein unverhältnismäßiger Nachteil zu besorgen ist (RE. v. 25. 11. 1925, Y 146/25). — Hat das MEA. den Antrag des Wohnungsamts auf Festsetzung des Zwangsvertrages für eine Beamtenwohnung abgelehnt, so steht der zuständigen Behörde (§ 3[1] V. v. 29. 5. 1925) die Rechtsbeschwerde nicht zu (RE. v. 25. 11. 1925 Y 144/25).

VerfBerechtigte wieder unbeschränkt (Rsp. 44 S. 292). Wird sie aber bestätigt, so muß auch bei Festsetzung der Zwangsmiete nach billigem Ermessen entschieden werden, und diese Anwendung kann alsdann immer noch, besonders auf Grund neuer Tatsachen oder Gesichtspunkte, zur Abweisung führen. Dies ist eben die Folge davon, wenn das MEA. über die Inanspruchnahme und die Zwangsmiete, wie es möglich ist, nicht in einem einheitlichen, sondern in zwei getrennten Verfahren entscheidet. D.

γ) **Bei der Rechtsbeschwerde des Vermieters hat die Beschwerdestelle den Widerspruch des Wohnungsuchers gegen den Zwangsvertrag zu berücksichtigen. — Das MEA kann die Räumungsaufforderung des Wohnungsamts nach billigem Ermessen auch dann aufheben, wenn der VerfBerechtigte dem Aufgeforderten nicht vermieten will.**[1])

Kammergericht, 17. ZS. Rechtsentscheid v. 31. März 1926 (Y 27/26).

1. Der Zwangsvertrag gilt nur dann als geschlossen, wenn der Wohnungsucher nicht rechtzeitig Widerspruch erhebt. Hiernach ist dessen Unterlassung nicht nur eine materiellrechtliche Voraussetzung für die vertraglichen Rechte zwischen den Parteien des Zwangsvertrages, sondern zugleich die prozessuale Vorbedingung für die Wirkung der Entscheidung des MEA. Deshalb muß der Widerspruch des Zwangsmieters beachtet werden. Dabei handelt es sich nicht um die unzulässige Verwendung neuer Tatsachen für die Rechtsbeschwerde, sondern nur um den Umstand, daß die zunächst nur bedingt wirksame Entscheidung durch Ausfall der Bedingung unwirksam geworden ist. Es wäre unverständlich, wenn in solchem Falle das LG. prüfen müßte, ob das MEA. mit Recht den Zwangsvertrag festgesetzt hat, während in Wirklichkeit der nachzuprüfenden Entscheidung durch den Widerspruch jede Bedeutung genommen ist. Daß MEA. und LG. sich der Entscheidung über bürgerliche Rechtsstreitigkeiten zu enthalten haben, hat hier keine Bedeutung, denn dieser Grundsatz gilt nur mit Rücksicht darauf, daß ihre Entscheidungen die ordentlichen Gerichte, wo diese zuständig sind, nicht zu binden vermögen. Hier aber handelt es sich um die Schaffung eines neuen Rechtsverhältnisses durch das Verfahren vor jenen Stellen. Dieses Rechtsverhältnis kann aber die Beschwerdestelle überhaupt nicht mehr schaffen, nachdem der Widerspruch erhoben ist, denn dieser ist eine einseitige Willenserklärung, die den Zwangsvertrag und deshalb auch die weitere Nachprüfung des festgesetzten Vertrages beendet. Wie das MEA. keinen Zwangsvertrag mit einem Wohnungsucher festsetzen darf, der zum Vertrage nicht bereit ist, so kann das LG. eine Festsetzung nicht mehr nachprüfen und etwa bestätigen, nachdem jener durch den Widerspruch den Wegfall seiner Bereitwilligkeit erklärt hat (JW. 1925 S. 2634). Es kommt hinzu, daß sich der Widerspruch, der dem MEA. zu erklären ist, als Prozeßhandlung darstellt. Seine Wirksamkeit, die Rücknahme oder Anfechtung unterliegt daher den Regeln des Prozeßrechts, und es ist nicht anzunehmen, daß für die Beurteilung eine andere Stelle zuständig sein könnte als für das Verfahren, in dem die Prozeßhandlung vorzunehmen ist.

---

[1]) Durch eine auf Grund von § 6 erlassene Bek. kann nicht ausgeschlossen werden, daß das MEA. bei der Entscheidung über eine Räumungsaufforderung des Wohnungsamtes billiges Ermessen anwendet (RE. v. 24. 1. 1927 (Y 110/26)). Vgl. Rsp. 44 S. 25.

Wie der Widerspruch zu berücksichtigen ist, hängt zunächst von dem Inhalt der angefochtenen Entscheidung ab. Ist ihr ohne Festsetzung eines Zwangsvertrages eine rechtskräftige Inanspruchnahme vorausgegangen, waren also ihre allgemeinen Voraussetzungen nicht mehr zu prüfen, so erschöpft sich die angefochtene Entscheidung in der Herstellung des Rechtsverhältnisses zwischen dem Vermieter und dem Wohnungsucher und hat dann durch den fristgemäßen Widerspruch ihre Bedeutung völlig verloren. Ob das LG. die Rechtsbeschwerde als zur Hauptsache erledigt betrachtet und nur über die Kosten entscheidet, besonders wenn alle Beteiligten über das Vorliegen eines wirksamen Widerspruchs einig sind, oder ob die Entscheidung auch formell aufgehoben wird, ist im wesentlichen eine Frage der Zweckmäßigkeit. Hat dagegen das MEA. durch die Festsetzung zugleich über die allgemeinen Voraussetzungen der Inanspruchnahme überhaupt entschieden, so erübrigen sich durch den Widerspruch natürlich nur die Nachprüfungen, die mit seiner Person zusammenhängen.

2. Das MEA. kann eine Räumungsaufforderung des Wohnungsamts, selbst wenn sie rechtlich begründet ist, unter Anwendung des billigen Ermessens aufheben. Dieser Grundsatz gilt auch, wenn der VerfBerechtigte B. seine Wohnung, deren Benutzung er infolge Wegzuges aufgegeben hatte, dem VerfBerechtigten C. in Untermiete gegeben hat und der zur Räumung aufgeforderte C. die Räume besitzt, ohne daß sie ihm vom Hauswirt A. überlassen sind; denn das MEA. hat infolge der Beschwerde des Betroffenen aus § 16 nur über die Ausübung der öffentlich-rechtlichen Befugnisse der Gemeindebehörde in dem Einzelfalle zu befinden. Seine Entscheidung greift in die privatrechtlichen Beziehungen des Betroffenen zu anderen Personen, besonders zu A. oder sonstigen VerfBerechtigten, nicht ein. Ist A. willens und befugt, den C. aus den Räumen zu entfernen, so wird er daran durch die vom MEA. ausgesprochene Aufhebung der Räumungsverfügung in keiner Weise gehindert. Deshalb kann diese Aufhebung aus Billigkeitsgründen auch bezüglich solcher Räume erfolgen, für die wohnungsrechtliche Beschränkungen des VerfBerechtigten überhaupt nicht oder nur in geringerem Maße bestehen. D.

**δ) Der RE. vom 12. 6. 1924 (Rsp. 13 S. 258) gilt auch für den Fall, daß der Wohnungssucher unter Vorbehalt von Ersatzraum zur Räumung seiner bisherigen Wohnung verurteilt ist.**

Kammergericht, 17. ZS. Rechtsentscheid v. 9. Juli 1926 (y 76/26).

... Die Wirkung des Widerspruchs kann nicht für solche Fälle, in denen der Zwangsvertrag Ersatzraum im Sinne des § 16. MSchG. sichern sollte, ausgeschlossen werden, selbst wenn der Wegfall der Zwangsmiete unter allen Umständen das Fehlen der Sicherung von Ersatzraum bedeutete. Ob aber diese Folge überhaupt oder doch stets eintreten wird, ist keineswegs sicher. Darüber hat allerdings nicht das MEA. zu entscheiden; deshalb kann es auch nicht durch Rechtsentscheid verbindlich beantwortet werden. Es genügt hier der Hinweis, daß die Ablehnung des Zwangsvertrages die Sicherung anderweitigen Ersatzraums unnötig machen könnte, zum mindesten wenn der zur Räumung verurteilte Mieter grundlos abgelehnt hat. Auch wenn er zunächst bezüglich des ihm zugewiesenen Ersatzraums einen freiwilligen Mietvertrag abschließt, diesen aber später wieder aufhebt, wird er schwerlich noch einen Ersatzraum beanspruchen dürfen. Allerdings kann zweifelhaft sein, ob gerade der Widerspruch für den Verlust des Ersatzraums ursächlich war, wenn der Vermieter gegen die Festsetzung Rechtsbeschwerde eingelegt hatte. Ob das Prozeßgericht in solchem Falle von sich aus zu prüfen hat, welchen Erfolg sie ohne den Widerspruch gehabt hätte, kann hier auf sich beruhen. Jedenfalls kann die wohnungsmangelrechtliche Regelung der Folgen des Widerspruchs nicht durch den Inhalt des § 16 MSchG. geändert werden; dazu wäre eine entsprechende Vorschrift nötig gewesen. D.

g) α) **Der Zwangsvertrag hat den Raum und den Mietzins anzugeben; als Mietzins genügt ein bestimmbarer Betrag, etwa die gesetzliche Miete. Sonstige Bestimmungen, z. B. über den Beginn der Miete oder Vorauszahlung des Mietzinses, kann das MEA. nach billigem Ermessen treffen** [1]).

Kammergericht, 17. ZS. Rechtsentscheid v. 18. Juni 1926 (Y 68/26).

1. Der Zwangsvertrag entsteht durch einen Staatshoheitsakt, ist aber ein wahrer Mietvertrag (ebenso KG., JW. 23 S. 765); auf ihn findet daher das BGB. Anwendung, nach dessen § 535 wesentlicher Bestandteil die Einigung über die Sache und über den Mietzins ist. Daß dieser ziffernmäßig angegeben werden müsse, ist nicht erforderlich; es genügt vielmehr, daß er bestimmbar ist. Dies muß auch für die Zwangsmiete gelten. Da der Staatshoheitsakt nur bezweckt, den Willen des VerfBerechtigten mit Rücksicht auf die entgegenstehenden Interessen der Wohnungswirtschaft und des zugewiesenen Wohnungsuchers zu brechen, so ginge es über diesen Zweck hinaus, eine im übrigen, z. B. über die Höhe des Mietzinses bestehende Einigkeit der Vertragsteile nicht zu berücksichtigen. Besteht sie nicht, so wird in der Regel die gesetzliche Miete als Mietzins zu bestimmen sein. Denn diese allein kann dem Willen des Gesetzes den erforderlichen Ausgleich zwischen den widerstrebenden Belangen der Vermieter und der Mieter herbeiführen. Da aber auch diese Entscheidung nach billigem Ermessen erfolgen muß (§ 40³ MSchG.), so darf ausnahmsweise — zB. wegen starker, aber doch mit Rücksicht auf den Wohnungsmarkt den Vertragsschluß nicht hindernder Beeinträchtigung des Vermieters — ein anderer Mietzins festgesetzt werden. — Bei Bestimmung der gesetzlichen Miete bedarf es übrigens nicht der Angabe der FrM., da auch so der Mietzins ausreichend bestimmbar ist. Diese Angabe unterbleibt sogar zweckmäßig, wenn ihre Ermittlung zur Verzögerung des Abschlusses führen würde, und kann alsdann besser einem besonderen Verfahren vorbehalten bleiben.

2. Der Zwangsvertrag gilt als abgeschlossen, wenn die Entscheidung des MEA. rechtskräftig ist. Von wann aber das Mietverhältnis beginnt, kann zweckmäßig nur nach Lage des einzelnen Falles entschieden werden. Von Bedeutung kann hierfür sein, ob die Wohnung tatsächlich oder nur rechtlich unbenutzt ist oder ob sie vielleicht nach örtlichem Recht schon als freiwerdend beschlagnahmt ist oder ob der Mieter schon durch einstw. Anordnung den Besitz der Mieträume erlangt hat. In jedem Fall ist auch diese Entscheidung nach billigem Ermessen zu treffen.

Soweit die Vertragsfreiheit nicht gesetzlich beschränkt ist, kann das MEA. auch, wenn das billige Ermessen es erfordert, vom BGB. abweichende Verein-

[1]) Der Vertrag muß den Mietzins und bei noch nicht freien Wohnungen den Beginn der Miete festsetzen (OLG. Rostock 20. 11. 26, MecklZ. 45 S. 166).

barungen[1]) festsetzen (Begründung zur WMV. im Reichsanz. 1918 Nr. 228). Demnach kann besonders auch die Vorauszahlung der Miete festgesetzt werden. D.

β) **Im Zwangsvertrage kann dem Mieter die Mitbenutzung eines Aborts oder einer Wasserstelle im ortsüblichen Umfang auch dann eingeräumt werden, wenn sie in der Verfügung des Wohnungsamtes nicht erwähnt ist. Diese Inanspruchnahme ist jedenfalls nach endgültiger Festsetzung des Zwangsvertrages nicht mehr zulässig, ebensowenig dessen entsprechende Abänderung.**

Kammergericht, 17. ZS. Rechtsentscheid v. 21. Februar 1927 (Y 5/27).

Diese Inanspruchnahme bezieht sich auf die unbenutzte Wohnungseinheit nebst allem, was als Zubehör zu dieser Wohnung gehört, also besonders dem Nebengelaß, der Mitbenutzung von Flur, Hof, Bleiche, Waschküche o. dgl. Einer besonderen Aufzählung dieses Zubehörs in der Verfügung bedarf es nicht (ebenso Hertel, 64). Es kann aber sowohl das Wohnungsamt dabei ein Mitbenutzungsrecht ausschließen, als das MEA. die Verfügung hinsichtlich eines Mitbenutzungsrechts aufheben, wenn z. B. die Mitbenutzung des Hofes unverhältnismäßigen Nachteil für den Vermieter, der dort sein Gewerbe ausübt, besorgen läßt. Die Verfügung erstreckt sich auf die Mitbenutzung eines außerhalb der Wohnung gelegenen Aborts und einer besonderen Wasserstelle, soweit dies ortsüblich ist. Hiefür genügt, wenn sie zwar nicht in vielen Häusern des Ortes, wohl aber in dem betr. Hause von jeher üblich war. Ist sie nicht aufgeführt, so ist eine Ergänzung der Verfügung nicht erforderlich. Soweit sich die Inanspruchnahme erstreckt, kann sich auch der Zwangsvertrag erstrecken. Auch in ihm bedarf es keiner Aufführung des Zubehörs; er kann aber auch ausdrücklich die — in der Verfügung nicht erwähnte — Mitbenutzung eines Aborts oder einer Wasserstelle einräumen, soweit sie ortsüblich und nicht etwa schon auf die Beschwerde des VerfBerechtigten gegen die Inanspruchnahme ausgeschlossen worden ist. Ist die Festsetzung des Zwangsvertrages rechtskräftig abgeschlossen, so steht die Feststellung seines Inhalts, da nach § 4 als vereinbart gilt, bei Streit allein dem ordentlichen Gerichte zu. Aber auch eine Erläuterung oder Änderung seines Inhaltes durch das Wohnungs- oder des MEA. kann nach der Rechtskraft des ihn festsetzenden Beschlusses nicht mehr zwangsweise erfolgen; es käme daher nur eine neue Inanspruchnahme in Frage. Ihr Ziel wäre die Abänderung des rechtskräftigen Zwangsvertrages; dafür fehlt es aber an jeder gesetzlichen Grundlage. Diese kann § 44 MSchG., wenn überhaupt auf WMSachen anwendbar, nicht bilden, da ein Antrag nicht abgewiesen ist. Auch § $40_6$ das. versagt, da das MEA. — sofern der Zwangsvertrag nicht das Mitbenutzungsrecht bei richtiger Auslegung umfaßt — keinen Anspruch übergangen hat. Eine selbständige Inanspruchnahme eines Aborts oder einer Wasserstelle oder gar eines Mitbenutzungsrechtes an ihnen ist aber begrifflich ausgeschlossen. D.

h) **Nach § 6 kann angeordnet werden, daß Wohnräume, deren VerfBerechtigter gestorben ist, dem Zugriff des Wohnungsamts nur dann nicht unterliegen, wenn ein volljähriger Erbe zum Hausstande des Erblassers gehört hat oder wenn ein volljähriger Abkömmling Erbe geworden ist und als Wohnungssucher in der Dringlichkeitsliste eingetragen ist.**

Kammergericht, 17. ZS. Rechtsentscheid v. 4. Februar 1926 (Y 3/26).

---

[1]) Dagegen nicht: Höhe des Zinses, Vertragsdauer, Kündigungsfrist, Instandsetzungspflicht (KG. 16. 5. 1927, 17 Y 43/27).

Die örtliche Anordnung schränkt die Rechte der Erben von Wohnungsinhabern gegenüber der reichsrechtlichen Regelung zugunsten der Bewirtschaftung des verfügbaren Wohnraums ein. Da weder der Senat noch auch das MEA. zu prüfen haben, ob Anordnungen, die auf § 6 beruhen, durch außergewöhnliche Mißstände geboten und ihrem Inhalte nach zu deren Behebung zweckmäßig sind, so ist nur zu entscheiden, ob die Anordnung zwingenden Bestimmungen widerspricht. Wenngleich nach dem WMG. die Rechte der Erben auf die Nachlaßwohnung weitergehen, so ist doch kein Grund ersichtlich, weshalb die oberste Landesbehörde oder die von ihr ermächtigten Stellen auf Grund des § 6 diese Rechte nicht in der Art beschränken könnten, wie es hier geschah, zumal § 19 MSchG. den Schutz des Erben gegen Kündigung ganz ähnlich einschränkt [oben c α].

i) α) **Das MEA. darf die Ersetzung der Genehmigung der Gemeindebehörde zum Wohnungstausch nicht deshalb ablehnen, weil ein Vermieter seine Zustimmung widerrufen hat.**

Kammergericht, 17. ZS. Rechtsentscheid v. 4. März 1926 (Y 4/26).

Die Bestimmung, daß die Zustimmung der Vermieter in schriftlicher Form beizufügen ist, soll dem Wohnungsamt die Bearbeitung von Anträgen ersparen, die infolge Versagung jener Genehmigung nicht zu einem Tausche führen können. Es ist dies aber eine reine Formvorschrift, bei der nur zu prüfen ist, ob der Vermieter die Erklärung abgegeben hat, ob sie eine Zustimmung zum Wohnungstausch enthält und ob sie schriftlich ist. Die Frage, ob sie bürgerlich-rechtlich wirksam und etwa mit Erfolg angefochten ist, kann bindend nur in ordentlichen Gerichtsverfahren entschieden werden. Weder das Wohnungsamt noch das ersetzende MEA. hat sie zu prüfen, abgesehen davon, daß diese Prüfung auch dem Zweck des § 8 widerspricht, der durch die Frist von 14 Tagen klar erkennen läßt, daß beschleunigt über die Genehmigung zu entscheiden ist. Es kann auf diese Weise allerdings eine Genehmigung erteilt werden, die infolge des Fehlens oder Wegfalls der Zustimmung eines Vermieters bedeutungslos bleibt; dies ist aber nicht anders, als wenn diese unmittelbar nach der Genehmigung der Behörde wegfällt.

β) **Die Zustimmung des Vermieters kann das MEA. nach § 8 nur ersetzen, wenn alle Tauschbewerber selbständige, benutzte Wohnungen haben.**

Kammergericht, 17. ZS. Rechtsentscheid v. 25. November 1925 (Y 143/25).

Nach § 8 hat das Wohnungsamt die wohnungswirtschaftlichen Auswirkungen des Tausches zu prüfen; dies berührt aber nicht das Recht des Vermieters zu rügen, daß die Voraussetzungen des § 8 nicht vorlägen; denn eine Maßnahme aus § 8 greift in seine Rechte ein und ist deshalb nur soweit zulässig, als er eben von § 8 zugelassen ist. Er kann daher das Fehlen jedes Tatbestandserfordernisses des § 8 rügen; er kann rügen, daß der Tauschbewerber nicht zu dem im § 8 umgrenzten Personenkreise gehöre, daß die Tauschwohnung nicht im Reichsgebiete liege und daß sie entweder nicht benutzt oder nicht selbständig ist. Durch Zulassung von Tauschbewerbern, bei denen diese Voraussetzungen nicht gegeben sind, wird der Kreis der Tauschbewerber über die gesetzlichen Bestimmungen hinaus erweitert und der Vermieter beschwert.

Dazu: **Das MEA. hat zu prüfen, ob der Tausch ernstlich gewollt ist, besonders ob der Mieter die eine zu tauschende Wohnung benutzen will.**

Kammergericht, 17. ZS. Rechtsentscheid v. 22. Dezember 1926 (Y 104/26).

Wenn auch das Wohnungsamt die wohnungswirtschaftlichen Auswirkungen des Tausches zu prüfen hat (so OLG. Rostock 22. 7. 25), so wird doch dadurch das Recht des Vermieters nicht berührt, zu rügen, daß eins der Erfordernisse des § 8 nicht vorliege (ebenso vorstehender RE. Y 143/25); denn nur in diesem Falle kann das MEA. in die Rechte des Vermieters eingreifen. Wesentliche Voraussetzung ist aber, daß die Tauschenden die Absicht der Raumbenutzung, also den Willen zur tatsächlichen Vollziehung haben, wie dies schon im RE. vom 14. 5. 1926 17. Y 44/26 und in Warn. 1926, S. 61) ausgesprochen ist. Der Vermieter kann daher einwenden, daß seinem Mieter dieser Wille fehle. Das MEA. hat alsdann zu prüfen, ob ein Tausch ernstlich gewollt ist (ebenso OLG. Rostock 10. 11. 25 und 21. 1. 26, MecklZ. 42, S. 185, 314); vgl. auch OLG Darmstadt 29. 4. 26, HessRsp. 26, S. 231) D.

γ) **Der § 8 findet auch Anwendung, wenn nur eine der Tauschwohnungen diesem Gesetze unterliegt**[1]**. Benutzt ist eine Tauschwohnung auch dann, wenn der VerfBerechtigte sie nicht bezogen hat, aber der Einzug seines Tauschgegners in Aussicht steht.**

Kammergericht, 17. ZS. Rechtsentscheid v. 22. April 1926 (Y 31/26).

Der § 8 ist in vollem Umfange nur auf Wohnungen anwendbar, die der Zwangswirtschaft unterliegen. Ist wie hier eine der Wohnungen ihr nicht unterstellt, so kann auch bezüglich ihrer das MEA. weder die Genehmigung des Wohnungsamtes noch die Zustimmung des Vermieters ersetzen (§§ 12, 13). Damit fällt aber noch nicht schlechthin der § 8; denn er fordert nur, daß Wohnungen, nicht aber, daß zwangsbewirtschaftete Wohnungen getauscht werden. Die Bedenken (JW. 1926 S. 977¹) greifen nicht durch. Die Rangordnung der Bewerber wird sehr häufig durch einen Tausch, besonders aus weniger dicht besiedelten Gebieten in eine Großstadt, durchbrochen. Der Tausch ist der ausdrückliche vorgesehene Weg, einem Wohnungsinhaber schnell eine ihm wirtschaftlich besser passende Wohnung zu beschaffen, wobei als Grenze nur gefordert wird, daß der Tauschende zu den im § 14 Bezeichneten, also den vor 1914 in Deutschland Wohnenden, Heimkehrern oder Flüchtlingen gehört. Daß aber durch den Umzug in einen Neubau dem Bezieher ein irgendwie erheblicher Wohnanspruch entstehen könnte, kann nicht anerkannt werden; denn dem steht stets die freiwillige Aufgabe der Altwohnung entgegen.

2. Das Erfordernis der Benutzung ist getroffen, um einen Scheintausch zu verhindern (Ebel, Pr. VerwBl. 46 S. 37). Ihm wird daher genügt, wenn jemand zulässigerweise ein Recht zur Benutzung der Wohnung erlangt hat und besitzt. Daß er die Wohnung selbst bezogen habe, kann nicht gefordert werden, da dies, wenn er die Wohnung alsbald vertauschen will, nur zwecklose Umzüge verursachen (ebenso Nußbaum-Prinz 67, Hertel 107) und einen Scheintausch noch stärker verschleiern würde. Damit aber die Wohnung nicht unbenutzt wird (§ 3), wenn sie für den Tauschgegner geräumt wird, ist erforderlich, daß dessen Einzug in Aussicht steht. D.

δ) **Auf Antrag des Wohnungsamts darf die Zustimmung nicht ersetzt werden.**

Kammergericht, 17. ZS. Rechtsentscheid v. 22. April 1926 (Y 29/26).

---

[1]) Dagegen ist § 8 auf einen Tausch zwischen Wohnung und Geschäftsraum nicht anwendbar (RE. v. 21. April 1927, y 34/27). Vgl. Rsp. 44 S. 257.

Wie § 29 bezweckt auch § 8 die zwischen Mieter und Vermieter nach BGB. bestehenden Beziehungen anderweit zu regeln. Während nach BGB. der Vermieter zustimmen muß, wenn an Stelle eines Mieters ein anderer treten soll, und für eine Ersetzung dieser Zustimmung kein Raum ist, läßt § 8 die Möglichkeit einer Ersetzung durch das MEA. zu. Dafür, daß über diese Abänderung hinaus eine dritte außerhalb der Parteien stehende Stelle ermächtigt werden sollte, in die Rechtsbeziehungen der Parteien einzugreifen und auf die Regelung des Mietverhältnisses bezügliche Anträge zu stellen, fehlt jeder Anhalt. Hätte der Gemeindebehörde nicht allein ein Aufsichtsrecht, wie der Genehmigungszwang es ergibt, sondern ein selbständiges Antragsrecht gewährt werden sollen, so hätte das im Gesetz ausgedrückt werden müssen. Im übrigen gilt für die Stellung des Wohnungsamtes der RE. Y 79/25 (JW. 1925 S. 2718) auch hier. D.

k) α) **Die Genehmigung der Vermieter und des Wohnungsamts zum Wohnungstausch kann auch nach dessen Durchführung ersetzt werden.**

Kammergericht, 17. ZS. Rechtsentscheid v. 21. Februar 1927 (Y 17/27).

Daß der Mangel eines nicht genehmigten Tausches durch Nachholung der Genehmigung geheilt werden kann, entspricht dem BGB. § 184; auch in den Fällen, in denen die Wirksamkeit eines Rechtsgeschäftes von der Zustimmung einer Behörde abhängt, kann regelmäßig die Zustimmung nachträglich als Genehmigung erteilt werden. Ein Zwang wird dadurch nicht ausgeübt; die Erklärung des MEA. tritt vielmehr lediglich an die Stelle der Erklärung der Beteiligten mit der Wirkung, als hätten diese sie selbst abgegeben. Der Tausch verstieß allerdings, ehe er genemigt war, gegen ein öffentlichrechtliches Verbot. Verboten war er aber nur deshalb, weil er der Bewilligung entbehrte; mit ihrer Nachholung oder deren Ersetzung wird er zulässig und verliert seinen Charakter als verbotene Maßnahme. Dieses Ergebnis entspricht auch dem Zweck der Bestimmung, daß weder die Belange des Vermieters noch die des Wohnungsamts verletzt werden sollen.

β) **Darf das Wohnungsamt seine Tauschgenehmigung zurücknehmen?**

OLG. Darmstadt, 1. ZS. Beschluß v. 18. Februar 1926 (W 98/28).

... Es kann unerörtert bleiben, ob eine Tauschgenehmigung dann zurückgenommen werden könnte, wenn eine der Tauschparteien durch betrügerische Angaben die Gemeindebehörde getäuscht hätte. Vorliegend war aber die Genehmigung erteilt worden, nachdem jede Gemeindebehörde die Tauschfähigkeit der in ihrem Bezirke gelegenen Wohnung geprüft und anerkannt hatte. Es wäre Aufgabe, auch Recht des Wohnungsamts gewesen, sich vorher durch Rückfrage bei der anderen Gemeindebehörde nochmals zu vergewissern, ob die dort in Tausch gegebene Wohnung dem § 8 entspricht. Nachdem aber die zuständigen Behörden die Voraussetzungen des § 8 geprüft, daraufhin die Genehmigung erteilt und den Tauschparteien bekannt gegeben und diese den Tausch vollzogen hatten, war es nicht mehr angängig, daß das Wohnungsamt auf Grund von Behauptungen, deren Richtigkeit es vor seiner Beschlußfassung hätte feststellen müssen, die einmal erteilte und wirksam gewordene Genehmigung wieder zurückzog.

Dr. M.

l) **Versagt eine Gemeinde die Genehmigung zum Wohnungstausch**[1]**, so steht die Beschwerde nach § 16 auch den Tauschpartnern zu, deren Wohnungen im Bezirk anderer Gemeinden liegen.**

Kammergericht, 17. ZS. Rechtsentscheid v. 16. Juni 1926 (Y 60/26).

Durch den Wohnungstausch haben die Tauschenden gegeneinander Rechte erlangt. Diese werden voll, also auch wohnungsrechtlich, wirksam, wenn die beteiligten Gemeindebehörden ihn genehmigen, sie werden aber ganz hinfällig, wenn nur eine von ihnen endgültig ablehnt. Diese Versagung wirkt daher nicht nur gegen den im Bezirk der ablehnenden Behörde wohnhaften Tauschpartner, sondern gegen alle Beteiligten unmittelbar. Dafür, daß trotzdem der nicht in der Gemeinde wohnhafte Tauschpartner nicht antrags- und beschwerdeberechtigt gegenüber der anderen Gemeindebehörde ist (so Hertel 111, zweifelnd: Bandmann, Einigungsamt 1926 S. 457), fehlt es an der gesetzlichen Grundlage und ist hier um so weniger anzunehmen, weil das Wohnungsamt die Gründe der Versagung gerade den Verhältnissen des im anderen Bezirk wohnhaften Tauschpartners entnimmt. D.

m) **Die Erlaubnis des Vermieters zur Übertragung der Mietrechte auf einen Dritten kann nach § 29 MSchG. nicht ersetzt werden.**

α) Kammergericht, 17. ZS. Rechtsentscheid v. 21. März 1927 (y 29/27).

Die Überlassung des Gebrauchs des Wohnraums ist etwas rein tatsächliches und umfaßt nur die tatsächliche Ausübung des Besitzes. Es können daher durch die Ersetzung der Erlaubnis keine Vertragsbeziehungen zwischen dem Vermieter und dem Dritten geschaffen werden (ebenso Ebel 160 N. 6³, Stern, Mieterschutz 203; abw. Kiefersauer, 147²). Für eine ausdehnende oder eine entsprechende Auslegung des § 29 auf die Abtretung der Rechte aus dem Mietvertrage ergibt sich aber aus der Entstehung und dem Zweck des § 29 nicht nur nichts, vielmehr sprechen diese gegen eine derartige Auslegung. Der § 29 will eine Entlastung des Mieters durch Einnahmen aus Untermiete und gleichzeitig eine Linderung der Wohnungsnot durch Aufnahme von Untermietern ermöglichen. Die Abtretung der Mietrechte würde im Gegenteil dem Mieter ermöglichen, die vollen Rechte eines Mieters dem zu verschaffen, der unter Berücksichtigung der allgemeinen Wohnungsnot noch nicht diese Rechte erlangen kann, also den einzelnen vor der Allgemeinheit zu bevorzugen.

β) **Eigene Wirtschaft oder Haushaltung im Sinne des 29² kann auch ein Untermieter führen, der dafür keine eigenen Angestellten hat oder sich der Unterstützung des Mieters bedient.**

Kammergericht, 17 ZS. Rechtsentscheid v. 21. April 1927 (+ 36/27).

Der RE. v. 22. 12. 1926 (JW. 1927, S. 593), wonach bei Streit darüber, ob zur Führung einer eigenen Wirtschaft oder Haushaltung untervermietet werden soll, vom Sachvortrag des Antragstellers auszugehen ist, schließt nicht aus, daß das MEA. zu prüfen hat, ob die vom Mieter vorgetragenen oder nicht bestrittenen Tatsachen ergeben, es solle kein eigener Haushalt geführt werden. Bei Beratung der dem § 29² entsprechenden Abänderung des § 24 hat der Regierungsvertreter

---

[1]) Das Wohnungsamt hat auch zu berücksichtigen, daß der Vermieter ohne den Tausch seinen eigenen Raumbedarf befriedigen könnte (KG. 16. 5. 27, 17 Y 40/27).

auf Stern, 128 jetzt 193: „Eigene Wirtschaft hat der Mieter, der in den Räumen wohnt, schläft kocht und speist" verwiesen. Hierdurch wird aber die Frage nicht berührt, inwieweit die Führung des Haushalts des Untermieters abhängig sein darf. Außer Zweifel ist, daß dieser dazu keiner eigenen Angestellten bedarf. Eheleute, aber auch Einzelpersonen können ihre Wirtschaft vollständig selbst besorgen, ohne sich fremder Hilfe zu bedienen (Begr. zu § 24). Bedienen sie sich aber fremder Hilfe und wird diese vom Mieter oder seinen Hausgenossen geleistet, so kann der Umstand, daß diese Hilfspersonen den Weisungen des Untermieters bezüglich der Wirtschaftsführung zu entsprechen haben, einen Anhalt dafür geben, daß der Untermieter eigene Wirtschaft führt. Zwingend ist dieser Schluß jedoch nicht; so kann z. B. bei einem Studenten, der das Frühstück für eine bestimmte Zeit bestellt und sich vom Mieter Zutaten zum Abendessen einkaufen läßt, hieraus noch nicht gefolgert werden, daß er einen eigenen Haushalt führt. Die Abhängigkeit des Untermieters in seiner Wirtschaftsführung vom Mieter muß gegenüber der Selbständigkeit des Untermieters in der Wirtschaftsführung zurücktreten.

n) α) **Verfügungen der Gemeindebehörden in WMSachen bedürfen der Unterschrift des zuständigen Beamten. Hat dieser die Urschrift mit seinem vollen oder abgekürzten Namen unterschrieben, so ist der Schriftform dadurch genügt, daß ein Bureaubeamter die Reinschrift ausfertigt oder beglaubigt. Die Angabe, daß die Urschrift unterschrieben ist, genügt nicht; die Reinschrift muß vielmehr den Namen des verfügenden Beamten ergeben** [1]).

Kammergericht, 17. ZS. Rechtsentscheid v. 31. März 1926 (Y 14/26).

Die Verfügungen nach § 11 sind Landesverwaltungsangelegenheiten (Rsp. 43 S. 255). Danach muß der Empfänger aus dem Schriftstück ersehen können, welche Behörde es abgesandt und welcher Beamte sie bei Abgabe ihrer Erklärung vertreten und unterschrieben hat. Hat der Beamte, der die Gemeinde dabei zuständigerweise vertritt, unterschrieben, so genügt dies. Ob außer diesem dem Betroffenen zugehenden Schriftstück eine Abschrift oder Urschrift bei den Gemeindeakten behalten wird, ist eine innere Angelegenheit und berührt die Wirksamkeit des den Betroffenen zugehenden Schriftstückes nicht (Pr. OVG. 47 S. 393).

Schriftstücke der Behörden können aber ebenso wie der Gerichte im allgemeinen auch in der Weise angefertigt werden, daß die Urschrift zu den Akten geht und dem Betroffenen eine Ausfertigung oder begl. Abschrift zugestellt wird (ebenso KGJ. 50 S. 13). Hierzu ist erforderlich, daß die Gemeinde die Urschrift zurückbehält, daß der zuständige Beamte sie unterschrieben hat, da sie sonst nur den Entwurf einer Verfügung darstellt, wobei nach der Übung der Behörden genügt, daß der Name abgekürzt wird, und ferner, daß eine begl. Abschrift oder Ausfertigung hergestellt und dem VerfBerechtigten zugestellt wird [1]). Abschrift oder Ausfertigung muß aber, um vollständig zu sein und dem Betroffenen die Nachprüfung zu gestatten, ob der zuständige Beamte verfügt hat, den Namen des Beamten angeben, der die Urschrift unterzeichnet hat; hierzu genügt die Angabe „gez. Unterschrift" nicht. Die Übereinstimmung zwischen der Urschrift und der

[1]) Auf die im § 11 vorgeschriebene tatsächliche und rechtliche Begründung der Gemeindebehörde kann der Betroffene nicht verzichten (RE. v. 31. 10. 1925, 17 Y 131/25).

begl. Abschrift oder Ausfertigung muß schließlich ein Bureaubeamter mit seinen Namen auf der Reinschrift beglaubigen. D.

β) **Eine Beschlagnahme, bei der die rechtlichen Voraussetzungen nicht erfüllt waren, wird durch deren späteres Eintreten nicht wirksam.**

Kammergericht, 17. ZS. Rechtsentscheid v. 9. Juli 1926 (Y 67/26).

Aus den Anforderungen des § 11 ist ersichtlich, daß eine jede Inanspruchnahme von Räumen durch die besondere Art des Eingriffs und den mit ihr verfolgten Zweck, somit auch durch die rechtliche Begründung gekennzeichnet ist, die ihr das Wohnungsamt gegeben hat (JW. 1925, S. 1414). Die Beschwerde des § 16 ist ein Rechtsbehelf, um die Gesetzmäßigkeit des Eingriffs zur Nachprüfung durch das MEA. zu bringen. Daraus folgt unmittelbar, daß der Ausgang der Beschwerde davon abhängen muß, ob die Beschlagnahme bei ihrem Erlaß berechtigt war, daß aber nicht entscheidend ist, ob sie in einem späteren Zeitpunkte gesetzmäßig vorgenommen werden konnte (OLG. Darmstadt, Hess. Rspr. 1924, S. 82). Daran ändert auch der Umstand nichts, daß das MEA. eine rechtmäßig vorgenommene Verfügung aufzuheben hat, wenn mit Rücksicht auf eine spätere Veränderung des Tatbestandes das billige Ermessen es erfordert. Dieses hat die Interessen des Betroffenen gegenüber einem nach dem WMRecht zugelassenen Eingriff abzuwägen, es kann aber nicht dazu benutzt werden, um den unzulässigen Eingriff mit Rechtswirkung auszustatten. Darin läge eine Entschließung des MEA über die Anwendung von Befugnissen, die nicht ihm, sondern allein der Gemeinde zusteht. D.

o) **Wohnungen, auf die nach der PrV. v. 11. 11. 1926 das WMG. keine Anwendung findet, sind bei der Prüfung, ob eine Doppelwohnung vorliegt, zu berücksichtigen.**

Kammergericht, 17. ZS. Rechtsentscheid v. 21. Februar 1927 (Y 7/27).

Bei der LockerungsV. bleibt der den Wohnungssuchenden zur Verfügung stehende Raum nicht wie in dem Falle, daß eine Neubauwohnung die zweite Wohnung ist, gegenüber dem Stichtage v. 1. 7. 1918 unverändert (Rsp. 43 S. 345) sondern er wird durch die Hinzunahme der zweiten Wohnung verkleinert. Dieses Ergebnis ist wohnungswirtschaftlich unerfreulich, kann nicht gewollt sein und ist daher nicht zuzulassen (a. M. Ebel-Lilienthal, Erg. Bd. 107 und Eyck, LockV., 3). Allerdings kann es dadurch erreicht werden, daß der VerfBerechtigte die teure Wohnung als Hauptwohnung wählt (ebenso schon für die Neubauwohnung Ruth, JW. 1924, S. 837). Dabei ist aber immer Voraussetzung, daß die Wahl nicht zum Schein geschieht und den Tatsachen nicht widerspricht. D.

p) α) **Das MEA. darf eine Räumungsverfügung mit der Maßgabe bestätigen, daß es eine Räumungsfrist gewährt.**

Kammergericht, 17. ZS. Rechtsentscheid v. 15. März 1926 (Y 18/26).

Bestimmt das MEA. bei Zurückweisung der Beschwerde eine Räumungsfrist, so legt es keinen anderen als den wirklich bestehenden Sachverhalt zugrunde. Es erledigt auch den Streitfall erschöpfend, denn einer weiteren Entscheidung bedarf es nicht; vielmehr bestimmt sich der Ablauf der Räumungsfrist ohne weiteres nach dem Kalender und ist für jedermann erkennbar. Es liegt insoweit nicht anders als bei den Räumungsfristen in Gerichtsurteilen, die das Gesetz ausdrücklich zuläßt. In der Räumungsfrist liegt allerdings ein Eingriff in die Vollstreckbarkeit der bestätigten Verfügung, jedoch handelt es sich dabei nur um den zeitweisen Aufschub der Vollstreckung selbst; dazu ist das MEA. befugt. Zwar bestimmt Nr. 6 Pr. AusfBestimmungen vom 3. 7. 1920, daß die Beschwerde keine aufschiebende Wirkung hat, wenn die Verfügung ohne Nachteil für das Gemeinwesen nicht ausgesetzt werden kann. Trotzdem können aber MEA. und LG. dem Wohnungsamt durch einstw. Anordnung die Vollstreckung vor der Rechtskraft untersagen (Rsp. 43 S. 265). Bei dieser Rechtslage ist kein Grund ersichtlich, weshalb die Vollstreckung nicht auch durch eine Räumungsfrist in der Endentscheidung sollte hinausgeschoben werden können. Daß ein Bedürfnis dafür vorliegen kann, ist ohne weiteres zu bejahen. Wenn aber das MEA. die angefochtene Verfügung sogar aufzuheben vermag, weil die Billigkeit es erfordert, so ist nicht einzusehen, weshalb es den Anforderungen der Billigkeit nicht auch durch das schwächere Mittel einer Räumungsfrist gerecht werden dürfte. D.

β) **Gegen Maßnahmen zur Durchführung einer rechtskräftigen Räumungsverfügung des Wohnungsamts ist Beschwerde an das MEA. in Preußen nicht zugelassen.**

Kammergericht, 17. ZS. Rechtsentscheid v. 22. April 1926 (Y 35/26).

Über die Durchführung der getroffenen Anordnungen enthält § 11 nur die Ermächtigung, sie im Wege unmittelbaren polizeilichen Zwanges vorzunehmen. Wo davon Gebrauch gemacht wird, richten sich also die Vollstreckungshandlungen nach dem Polizeirecht der Länder und beruhen nicht auf dem WMG. Deshalb richtet sich die Zulassung von Rechtsbehelfen gegen sie ebenfalls nur nach dem Recht des Landes. Aus § 16 kann die Zulässigkeit der Beschwerde nicht hergeleitet werden, weil die Vollstreckungshandlungen nicht Verfügungen des WMG. darstellen. Auch nach preuß. Recht ist eine Zuständigkeit des MEA. zur Nachprüfung solcher Vollstreckungsmaßnahmen nicht begründet worden. Zur Nachprüfung gehört auch die Prüfung, ob die Räumungsverfügung eine ausreichende Grundlage für die zwangsweise Durchführung ist. Somit hat das MEA. auch nicht darüber zu befinden, ob es einer neuen Räumungsverfügung bedarf, wenn der Mieter nach zwangsweiser Entfernung aus der Wohnung wiederum in diese eingezogen ist und nochmals durch Zwang entfernt werden soll.

γ) **Gegen die Zuweisung einer Wohnung durch die Gemeindebehörde hat der Wohnungsucher keine Beschwerde an das MEA.**

Kammergericht, 17. ZS. Rechtsentscheid v. 12. Oktober 1925 (Y 125/25).

Der § 16 bezweckt, eine Nachprüfung der Verfügungen zu ermöglichen, die durch einen Staatshoheitsakt den Empfänger in der Ausübung seiner bestehenden Rechte verkürzen und in diese eingreifen (Y 76, 88, 96, 25). Der Wohnungsucher hat aber als solcher noch kein Recht, sondern nur die Antwartschaft. Die Verfügung, die ihm eine Wohnung zuweist, greift daher auch nicht in bestehende Rechte ein. Sie kann auch nicht deshalb als solcher Eingriff angesehen werden, weil sie die Anwartschaft auf eine Zuweisung beendet oder, bei grundloser Ab-

[1]) Die in § 3[1] Berl. WMA. v. 30. 12. 1924 vorgesehene Frist wird nur dadurch gewahrt, daß das Wohnungsamt dem VerfBerechtigten eine dem § 11 S. 1 entsprechende Inanspruchnahmeverfügung zustellt (RE. v. 31. März 1926 Y 17/26). Vgl. Rsp. 44 S. 299, 300.

lehnung vielleicht beeinträchtigt. Denn die Anwartschaft ist eben nach dem WMG. noch kein Recht. D.

**δ) Versagt das Wohnungsamt die nach der örtlichen Anordnung erforderliche Genehmigung eines Mietvertrages, den auf Grund eines Mietberechtigungsscheins ein Wohnungsuchender geschlossen hat, so steht diesem die Beschwerde nach § 16 nicht zu.**

Kammergericht, 17. ZS. Rechtsentscheid v. 21. April 1927 (Y 31/27).

Nach der örtlichen WMBek. erlangt der Wohnungsucher durch den Mietberechtigungsschein und den Abschluß eines Mietvertrages noch kein Recht, sondern beides in Verbindung mit der Genehmigung des Vertrages durch das Wohnungsamt verschafft ihm erst ein Recht auf die Wohnung. Vor Erteilung dieser Genehmigung hat er daher nur die Anwartschaft auf die Erlangung eines Rechts. Der § 16 ermöglicht nur die Nachprüfung von Verfügungen, die durch einen Staatshoheitsakt den Empfänger in der Ausübung seiner bestehenden Rechte verkürzen und in seine Rechte eingreifen. Die Verfügung, die dem Inhaber eines Mietberechtigungsscheins die Genehmigung versagt, greift aber nicht in bestehende Rechte des Wohnungsuchenden ein. D.

## 5. Familienrecht.

**a) Eheschließung geschiedener Österreicher. Ehefähigkeitszeugnisse.**

Kammergericht, ZS. 1 a. Beschluß v. 5. November 1926 (x 678/26).

Die hier wohnende kath. Anna K., österr. Staatsangehörige, hatte 1915 vor dem Standesamt in Budapest mit dem gleichfalls kath. Österreicher H. die Ehe geschlossen. Nachdem das Bezirksgericht Wien 1924 den Ehegatten die Scheidung von Tisch und Bett bewilligt hatte, will sich Frau H. jetzt mit dem preuß. Staatsangehörigen N. in Berlin verheiraten und hat dazu vom Bundeskanzleramt in Wien Befreiung vom Ehehindernisse des Ehebandes sowie ein Zeugnis dahin erhalten, daß kein Umstand bekannt sei, der nach österr. Rechte dem Abschlusse der Ehe mit N. entgegenstehe. Der hiesige Standesbeamte hat jedoch den Erlaß des Aufgebots unter Billigung des Amtsgerichts abgelehnt. Das LG. hat ihn aber dazu angewiesen. Die weitere Beschwerde des Oberpräsidenten ist zulässig (RG. 102 S. 118) und begründet. Die Frage, ob der Standesbeamte überhaupt befugt ist, gegenüber dem formell einwandfreien Ehefähigkeitszeugnis das öst. materielle Recht nachzuprüfen, muß angesichts der §§ 44, 48, 69 PStG. bejaht werden. Allerdings bindet jenes in Art. 43 § 1 PrAG. zum BGB. (vgl. § 315²) vorgeschriebene Zeugnis den Standesbeamten von der sonst ihm obliegenden Pflicht, die materiellen Eheerfordernisse nach dem ausländischen Rechte zu prüfen; er ist durch das Zeugnis gedeckt. Das schließt aber nicht aus, daß er, wenn er im Einzelfalle ein Ehehindernis als vorhanden ansieht, die Eheschließung ablehnt und eine etwaige gerichtliche Anweisung abwartet. Das Zeugnis nimmt ihm also nicht die Befugnis, zu der Prüfung einzutreten, ob nicht gleichwohl ein Ehehindernis vorliegt (vgl. StAZ. S. 279); andernfalls hätte es einer dahingehenden ausdrücklichen Bestimmung bedurft. Hiernach fragt es sich, ob der Standesbeamte nach dem insoweit maßgebenden öst. Rechte mit Recht angenommen hat, daß die Ehe noch fortbestehe und gemäß § 62 Öst. BGB. das Ehehindernis des bestehenden Ehebandes begründe. Das

LG. meint nun, daß der erteilte Dispens die Ehe gänzlich aufgelöst habe . . . Allerdings geht die österr. Verwaltungspraxis dahin, daß auf Grund des § 83 Dispense vom Hindernisse des Ehebandes erteilt werden können, und es sind und werden dann auch in zahlreichen Fällen auf Grund solcher Dispense in Österreich Ehen geschlossen (Dispensehen). Dürfte man nun den Art. 13¹ EG. zum BGB., der hier die Anwendung des öst. Rechts vorschreibt, dahin verstehen, daß nur rein tatsächlich zu prüfen sei, ob die Antragstellerin in Österreich „heiraten könnte" (so Bergmann in StAZ. 1925, S. 365), so wäre, da diese Frage bejaht werden müßte, für eine weitere Prüfung des Standesbeamten nach der rechtlichen Seite hier kein Raum mehr. Der Art. 13¹ verweist aber nicht auf die im Heimatsstaate des Ausländers bestehende Verwaltungspraxis, sondern auf die dort geltenden Gesetze, so daß bei einem Gegensatze zwischen beiden lediglich die letzteren maßgebend sind. Nun kann nach § 111 Öst. BGB. das Band einer gültigen Ehe zwischen kahol. Personen nur durch den Tod der Ehegatten getrennt werden. Durch Art. 66 des Vertrages von St. Germain, der für Österreich die Verpflichtung ausspricht, alle Ungleichheiten zwischen den Konfessionen zu beseitigen, ist nach der Auffassung der öst. Gerichte das bestehende Gesetz (§ 111) nicht geändert oder aufgehoben worden (JW. 1925 S. 337), und dieser Auffassung ist beizupflichten. Der Versuch, durch ein Gesetz die grundsätzliche Trennbarkeit auch kath. Ehen einzuführen, ist gescheitert. Den § 83, wonach aus wichtigen Gründen die Landesbehörde die Nachsicht von Ehehindernissen gewähren kann, hat zwar nach dem Umsturz die öst. Landesregiernng abweichend von der früher im allgemeinen herrschenden Auffassung dahin ausgelegt, daß sie sich nicht nur auf sog. auflösliche Ehehindernisse, sondern auch auf das zu diesen nicht gehörende Hindernis des Ehebandes beziehe. Der VerwGH. hat jedoch am 19. März 1921 diese Praxis für unzulässig erklärt und eine solche Dispensverfügung aufgehoben. In Übereinstimmung hiermit hat auch der Oberste GH. im Gutachten v. 5. Juli 1921 die auf Grund Dispenses geschlossene Ehe, wenn auch keine „Nicht-Ehe", so doch eine nichtige Ehe sei (vgl. Ehrenzweig, System⁶ II 2 S. 66, OLG. Jena (vgl. StAZ. 1922 S. 41,50) und BayObLG. (JFG. 1 S. 112). Dem LG. steht schon der Umstand entgegen, daß die Auflösung einer Ehe nicht in die Macht der Verwaltungsbehörden gegeben sei (StAZ. 1921 S. 111); ferner die in § 63 PensionsGes. für Bundesbeamte v. 17. 12. 1921 und in andern (bei Ehrenzweig aO. erwähnten) Gesetzen getroffene Regelung der Witwenpensionen nach doppelt verheirateten Beamten. Danach ist mit Ehrenzweig 67 (vgl. auch JW. 1925 S. 323) jetzt als „klargestellt" anzusehen, daß weder der Dispens für sich allein, noch die Schließung der Dispensehe die erste Ehe aufhebt . . Daß der Art. 30 EG. der Anwendung des öst. Rechts hier nicht entgegensteht, hat bereits das BayObLG. (JFG. 2 S. 113) zutreffend begründet. Der Gesichtspunkt, daß die Unauflöslichkeit kath. Ehen den heutigen Anschauungen nicht mehr entspreche, könnte nur die Bestrebungen rechtfertigen, die auf eine Abänderung des geltenden Rechtszustandes abzielen; bis zu einer solchen Abänderung muß es bei letzterem sein Bewenden behalten.

b) **Eheanfechtung bei bloßem Nichtwissen früherer Erkrankung.**

OLG. Hamburg, 2. ZS. Urteil v. 19. Januar 1926 (Bf 413/25).

Nach dem Beweisergebnisse war die Beklagte vor der Ehe an Syphilis erkrankt gewesen, hiervon hat jedoch der Kläger erst 4 Monat vor der Klage erfahren. Da nicht festzustellen ist, daß sich die Beklagte ihre Krankheit durch Geschlechtsverkehr zugezogen hat, hat sich der Kläger nicht darauf gestützt, daß sie bei der Eheschließung nicht mehr unbescholten gewesen sei, sondern nur auf die Tatsache der früheren Erkrankung. Nach ihren Angaben ist sie seinerzeit von dem behandelnden Arzt als geheilt entlassen. Da irgendwelche Anhaltspunkte für das Gegenteil nicht vorliegen, kann sich sonach der Irrtum des Klägers im Sinne des § 1333 nur auf die Frage bezogen haben, ob die frühere Erkrankung im Körper der Beklagten für den Laien und vielleicht auch für den Arzt nicht erkennbare Veränderungen herbeigeführt hatte, die später die Wirkungen ausüben konnten, die eine überstandene Syphilis haben kann. Würden die Gerichte einer Anfechtungsklage nur deshalb stattgeben, weil der eine Ehegatte vor der Ehe syphilitisch erkrankt und dies dem andern nicht bekannt gewesen ist, so ergäben sich Folgen, die den Anschauungen weiter Volkskreise über das Wesen der Ehe widersprächen. Die Gerichte haben nach geltendem Gesetz nicht nachzuprüfen, ob die Fortsetzung der Ehe dem klagenden Ehegatten zuzumuten ist. Der Anfechtungsklage müßte auch dann entsprochen werden, wenn ihre Veranlassung in Wahrheit nicht darin liegt, daß der Ehegatte die eingetretenen oder die möglichen zukünftigen Folgen der Erkrankung nicht auf sich nehmen will, sondern darin, daß er aus anderen Gründen die Ehe nicht fortzusetzen wünscht. Die Anfechtungen wären nicht nur bei der Syphilis, sondern stets möglich, wenn ein Ehegatte bei der Eheschließung eine ihm selbst unbekannte, vielleicht auch eine für den Arzt noch nicht erkennbare Krankheit oder eine Anlage zu einer solchen hat, sofern die Krankheit nur von der Art ist, daß der andere Ehegatte verständigerweise wegen ihrer Folgen oder wegen der Möglichkeit ihres Eintritts von der Ehe abgesehen hätte. Ob in solchem Falle nach allgemeinem Sprachgebrauch und demgemäß im Sinne des § 1333 von einer Eigenschaft der Beklagten gesprochen werden kann, mag dahingestellt bleiben. Zugunsten des Klägers mag die Frage bejaht werden . . . Er hat sich aber ersichtlich über die Frage, ob die Beklagte etwa einmal eine syphilitische Affektion gehabt habe, überhaupt keine Vorstellung gebildet. Er hat nur nichts von solcher Erkrankung gewußt; sonst hätte er sich erkundigt. Hätte er dann von der Beklagten oder mit deren Wissen von einem Dritten eine falsche Antwort erhalten, hätte die Klage begründet sein können...

c) **§ 1361, wenn sich der Mann freiwillig getrennt hat.**

OLG. Hamburg, 4. ZS. Beschluß v. 8. Oktober 1926 (Z. 214/26).

Beide Parteien haben aus § 1568 auf Scheidung geklagt. Der Beklagte, der die gemeinschaftliche Wohnung bereits Ende 1925 verlassen hatte, begehrt jetzt Herausgabe der im Tenor bezeichneten Möbel, weil die Klägerin die Wohnung mit zwei vollständigen Zimmereinrichtungen und einer Kücheneinrichtung besitze, er selbst aber sich ein leeres Zimmer mieten und einrichten wolle. Das LG. hält eine einstw. Verfügung innerhalb des Scheidungsprozesses gemäß § 627 ZPO.,

§ 1361 BGB. nicht für zulässig. Allerdings hat der Mann ein auf § 1361 gegründetes materielles Recht auf Herausgabe von Sachen nicht; denn ein solches der Unterhaltspflicht entspringendes Recht steht nur der Frau zu. Allein hier handelt es sich nur darum, daß eine Modalität der Trennung geregelt wird. Die Parteien haben sich bereits tatsächich getrennt; einer Gestattung des Getrenntlebens selbst, die anderenfalls bei dem Maße der Zerrüttung erforderlich wäre, bedarf es daher nicht. Zur Trennung gehört aber auch eine Regelung des Besitzes am Hausrat, soweit dies zur Durchführung der Trennung notwendig ist, d. h. soweit der einen oder der anderen Partei nicht zugemutet werden kann, während des Ehestreites ohne jeden Hausrat allein zu leben. Diese rechtliche Begründung hat auch das RG. (Gruchot 53 S. 1114) in keiner Weise berührt; es führt lediglich mit Recht aus, daß der Mann keinen Anspruch aus § 1361 hat, und behandelt im übrigen überhaupt nicht den Fall, daß die Frau mit dem Hausrat in der bisher gemeinschaftlichen Wohnung verblieben ist, sondern Einrichtungsgegenstände „an sich genommen", d. h. also doch wohl ihrerseits den Mann und die Wohnung verlassen hat. Hier aber kann dem Manne, der die Wohnung freiwillig verlassen hat, nicht zugemutet werden, der Frau eine mehr als ausreichende Einrichtung zu belassen, selbst aber sich ohne allen Hausrat durchzuschlagen; müßte die Trennung erst gestattet werden, so wäre daher unbedenklich auf Antrag mit der Trennung die vorläufige Verteilung des Hausrats anzuordnen gewesen. Daß die Trennung selbst bereits stattgefunden hat, hindert aber nicht die nun beantragte nachträgliche Anordnung der Herausgabe von Sachen; denn es wäre zu gewärtigen oder wenigstens möglich, daß der Mann sonst in die Wohnung zurückkehrt und damit einen für die Klägerin unerträglichen Zustand herbeiführt. P.

d) **Haftung des Mannes für die Kosten des mit der Frau geführten Prozesses.**
OLG. Hamm, 1. ZS. Beschluß v. 13. Oktober 1926 (W 298/26).

Die Streitfrage, ob die Haftung des Mannes für die Kosten weiter besteht, wenn nachträglich die Frau zu den Kosten rechtskräftig verurteilt worden ist, verneint der hiesige 2. ZS. (W. 150/16, 18/19) für den Fall, daß der Mann auch dann nicht hafte, wenn ihm vor der Rechtskraft die Kostenrechnung zugestellt sei. Dagegen hat der hiesige 10. ZS. in solchem Falle die Weiterhaftung des Mannes ständig angenommen, sofern gegen das Urteil kein Rechtsmittel mehr gegeben sei; für diesen letzteren Fall verneint auch er eine Weiterhaftung, weil bis zur Rechtskraft des die Frau mit den Kosten belastenden Urteils ein Schwebezustand bestehe, während dessen den Mann die Kostenlast treffe; sei er vor jener Rechtskraft durch Zusendung der Kostenrechnung beansprucht und mit der Zahlung säumig, so könne er sich seiner einmal entstandenen Verpflichtung nicht entledigen (W 30/21, 14 u. 98/22). Diesen Ausführungen war nicht beizutreten (so auch Jonas GKG; Baumbach zu §88[2]). Denn die aus §§1387 Nr. 1, 1388 sich ergebende Kostenpflicht des Mannes ist nur eine vorläufige und sie fällt endgültig fort, wenn durch die die Frau verurteilende Entscheidung feststeht, daß die Kosten nicht den Mann treffen, sondern das Vorbehaltsgut (vgl. RG. 47 S. 74). Die bis zur Rechtskraft bestehende Verpflichtung des Mannes wird nicht dadurch endgültig, daß ihm vor der Rechtskraft die Gerichtskosten abgefordert sind; denn die Übersendung der Kostenrechnung ist nicht geeignet, die in § 1416[1] bestimmte Folge zu verhindern. Hat der Mann wie hier den von ihm bei Beginn der 2. Instanz geforderten Gerichtskostenvorschuß gezahlt, so ist auch für § 86 GKG. kein Platz. Eine Heranziehung des § 286 BGB. ist nicht angängig; selbst wenn der Mann in Zahlungsverzug geraten wäre. Hieraus könnte lediglich ein Ersatzanspruch der Staatskasse hergeleitet werden; dieser Anspruch aber wäre lediglich im Klagewege geltend zu machen [1]). N.

Dazu: OLG. Hamburg, 6. ZS. Urteil v. 7. Februar 1925 (Bf 518/25).

Für die Kosten des von der Frau über ihre Beteiligung an dem hier fraglichen Grabe geführten Rechtsstreits haftet der beklagte Mann dem Kläger als Gesamtschuldner; denn um die Fälle des § 1415 Nr. 2, 3 handelt es sich nicht, weil ein sich auf das Vorbehaltsgut (§§ 1366/70) beziehendes Rechtsverhältnis nicht in Frage steht. Ebensowenig greift § 1416[2] Platz; denn da ein Vorbehaltsgut nicht vorliegt, hat jeder Gläubiger der Frau Anspruch auf Befriedigung aus dem eingebrachten Gut, es sei denn, daß eine der in §§ 1412/4 gedachten Ausnahmen vorliegt (Stein zu § 739 ZPO.), was hier nicht der Fall ist. Zweitens liegt offenbar eine persönliche Angelegenheit der Frau vor (§ 1416[2] S. 2) und es darf auch gesagt werden, daß die Aufwendung der Kosten den Umständen nach geboten ist. Naturgemäß erstreckt sich die Haftung des Mannes nicht nur auf die Kosten des Rechtsstreits selbst, soweit sie die Frau betreffen, sondern auch auf entsprechende Vollstreckungskosten, die zwar, soweit zur Anerkennung verurteilt ist, mit Rücksicht auf § 894 ZPO. höchstens in Aufwendungen, die dem Nachweise der Rechtskraft, z. B. gemäß § 896, dienen, soweit aber Duldung der Aufstellung des Grabsteins in Frage steht, auch in den gemäß § 890 ZPO. auferlegten Strafen bestehen könnten[2]). B.

e) **Geschlechtsverkehr in dem Glauben, der andere Gatte seit tot.**

OLG. Hamm, 1. ZS. Urteil v. 12. Dezember 1925 (U 203/25).

. . . Ein Geschlechtsverkehr, den die Beklagte 1920 in dem irrigen Glauben ausübte, ihr Mann (Kläger) sei tot, war kein „Ehebruch". Einen vollen Beweis für diese Behauptung zu erbringen, kann ihr nach Lage der Sache nicht zugemutet werden. Der Kläger stand 1919 als Feldwebel bei einer zum Grenzschutz gehörigen Truppe im Baltikum; von dort aus besuchte er Anfang 1919 seine

[1]) Selbst wenn die Gebühren dem Armenanwalte am 6. 4. 26 ausgezahlt wurden, an welchem noch ein Anspruch der Frau auf Vorschußzahlung gegeben war, stand doch am Tage der Ausstellung der Kostenrechnung (13/4) bereits endgültig fest, daß der Kläger nicht die Kosten zu zahlen hatte; die Staatskasse konnte sie daher von ihm nicht fordern (OLG. Hamburg v. 25. 5. 26, 4 Z 90/26). Auch von der Prozeßgebühr, für die er allerdings nach § 86 GKG. als Gesamtschuldner neben der Frau noch jetzt haften würde, ist er ausnahmsweise von vornherein dadurch ausgeschlossen worden, daß die Frau im Armenrecht klagte; denn ihre Befreiung vom Kostenvorschusse kommt auch ihrem Manne zugute (Hamburg 7. 7. 1925; 6 Bf 297/24). Sind im Prozeßvergleiche die außergerichtlichen Kosten aufgehoben, besteht also kein Anspruch des Armenanwalts der auf die Staatskasse übergehen könnte, so haftet der Mann auch nicht nach güterrechtlichen Grundsätzen der §§ 1787/8 (Hamburg 8. 5. 1925, 5 Z 92/25).

[2]) § 1437 enthält für den Abschluß des Ehevertrages keine Abweichung von den allgemeinen Grundsätzen (ObLG. 13. 7. 1925 Samml. 24 S. 240).

Familie in Berlin. Nach seiner Rückkehr schrieb er an die Beklagte am 30. 3. 1919, sie kämen in diesen Tagen vielleicht mit den Russen ins Gefecht. Die Beklagte versichert, daß sie nach diesem Brief und bei dem Ausbleiben aller weiteren Nachrichten sowie der Erfolglosigkeit der behördlichen Nachfragen Ende 1919 davon überzeugt gewesen sei, ihr Mann sei tot. Hiernach durfte ihr der richterliche Eid über ihre Behauptung anvertraut werden. N.

f) **Eintragung ausländischer Vornamen in die Standesregister.**

Kammergericht, ZS. 1a. Beschluß v. 10. Dezember 1926 (X 1019/26).

Der preuß. Staatsangehörige S. meldete die Geburt seines Sohnes auf den Vornamen „Czesław" an. Der Standesbeamte verweigerte dies, erklärte sich aber bereit statt dessen „Czeslaus" einzutragen. Der Antrag des S., das Standesamt zur Eintragung des angemeldeten Vornamens anzuweisen, wurde zurückgewiesen. Seine weitere Beschwerde ist begründet. Die Entscheidung hängt davon ab, ob für den polnischen Vornamen „Czesław" eine anerkannte deutsche Sprachform besteht. Ist dies der Fall, so ist er hier nach dem Grundsatze, daß die Standesregister in deutscher Sprache geführt werden, lediglich in der deutschen Form einzutragen (KGJ. 20 S. 252). Die besonderen Verwaltungsvorschriften, nach denen in Bezirken mit vorwiegend polnischer Bevölkerung zunächst die deutsche und daneben in Klammern die polnische Form anzugeben ist (Hinschius-Boschan, S. 437[10]), sowie der nur für Ausländer geltende Erlaß vom 27. 10. 1903 (StAZ. 1904 S. 1) kommen nicht zur Anwendung, da, wie das LG. feststellt, die Gemeinde überwiegend deutsch spricht und der Antragsteller Inländer ist. Andererseits steht dem oben Gesagten auch nicht der Art. 113 RVerf. entgegen, da die Eintragung der deutschen Namensform in das Standesregister nicht den Antragsteller im Gebrauche seiner Muttersprache beeinträchtigt. Besteht dagegen keine anerkannte deutsche Sprachform, handelt es sich also um einen lediglich formsprachlichen Vornamen, so schließt der § 11[1] Bek. v. 25. 3. 1899 die Eintragung von Vornamen, die lediglich einer fremden Sprache angehören, und zwar auch bei Inländern, nicht aus (KGJ. 20 S. 253) und steht auch der Anwendung fremder Schriftzeichen in solchen Namen nicht entgegen (vgl. AVf. v. 11. 3. 1898 im Bl. für i. V. 58). Daraus folgt, daß der Vornahme Czesław, und zwar auch mit dem ihm eigentümlichen gestrichenen „ł", einzutragen ist. Denn wie in der auch auf Vornamen und auf Inländer bezüglichen (StAZ. 1900 S. 199) AVf. v. 11. 3. 1898 zutreffend ausgeführt ist, hat der Standesbeamte, wenn es sich zur Wiedergabe der fremden Schriftzeichen nur darum handelt, den im Deutschen üblichen gothischen und lateinischen Buchstaben kleine Zeichen wie Punkte, Striche, Häkchen (hier den Strich durch das l) hinzuzufügen, die Pflicht, diese kleinen Zeichen besonders deutlich einzutragen.

Ob aber für den Vornamen eine anerkannte deutsche Sprachform besteht, — wie dies z. B. für den Vornamen Stanisław in KGJ. 20 S. 254 angenommen wurde — ist bisher nicht genügend geklärt. Das LG. führt aus, der Vorname sei im Deutschen durch „Czeslaus" zu „ersetzen", wie es durch Befragen des Dolmetschers festgestellt habe. Allein eine Äußerung des Dolmetschers findet sich nicht bei den Akten, und hiervon abgesehen kann es nicht darauf ankommen, den Vornamen im Deutschen irgendwie künstlich zu „ersetzen", sondern ob er in die deutsche Sprache unter der Form „Czeslaus" oder unter irgendeiner anderen Form gebräuchlicherweise wirklich aufgenommen worden ist (vgl. KGJ. 20 S. 254). Über diese Frage gibt das LG. keine klare Auskunft und es wird zu ihrer Beantwortung weiterer Ermittelungen, besonders durch Anhörung Sachverständiger, bedürfen (vgl. übrigens StAZ. 1883 S. 261, andererseits 1905 S. 149).

g) **Maßgebender Zeitpunkt für die Höhe der Aussteuer**[1]).

α) OLG. Hamm, 1. ZS. Urteil v. 22. November 1925 (U 196/24).

Die Leistungsfähigkeit des Vaters nach § 1620 ist regelmäßig nach seinem zur Zeit der Heirat der Tochter bestehenden Vermögens- und Erwerbsverhältnissen zu beurteilen. Eine Abweichung ist nur zuzulassen, wenn und soweit Umstände vorliegen, die eine nach der Heirat eintretende Veränderung in den Verhältnissen des Vaters so bestimmt erwarten lassen, daß sie nach der Verkehrsanschauung als jene im Zeitpunkt der Verheiratung vorhandene Fähigkeit erhöhend oder herabsetzend behandelt werden dürfen. Daran fehlt es hier. Demnach ist grundsätzlich nicht statthaft, den Pflichtigen, der am Heiratstage eine angemessene Aussteuer zu liefern überhaupt nicht im Stande, wohl aber zu künftigen, auf längere Zeit sich erstreckenden Teilleistungen fähig ist, solche ohne sein Einverständnis durch Urteil aufzugeben. Dies widerspräche dem Wesen der Aussteuer, die begrifflich und verkehrsüblich in einer ungeteilten Sachlieferung besteht. Diese Beurteilung gilt auch für die an die Stelle des Lieferungsanspruches tretende Geldforderung, die sich nicht etwa als eine Forderung auf Schadenersatz behandeln läßt. . . Dagegen mußte der Beklagte bei richtigem Verständnis seiner Vaterpflicht schon vor der Eheschließung aus seinen monatlichen Gehaltsbezügen Rücklagen machen, um bei der zu erwartenden Heirat der Tochter eine Aussteuer geben zu können. Hieraus mußte er nach und nach die nötigen Aussteuerstücke anschaffen, wie das damals (1923) die Väter erwachsener Töchter vielfach taten. Reichte das Ersparte nicht aus, um bei der Heirat die erforderlichen Gegenstände anzuschaffen, so hatte er für das Fehlende seinen Kredit zu benutzen . . . Seine Aussteuerpflicht bestand auch dann, wenn er sich mit der Tochter verfeindete, so daß nichts darauf ankommt, wer die Entfremdung der Parteien verschuldete. . . .

β) OLG. München, 3. ZS. Urteil v. 18. Oktober 1926 (L 619/26).

In ganz Altbayern und Schwaben und wohl auch weit darüber hinaus besteht unter den bäuerlichen Landwirten die uralte Sitte, daß die Töchter, die ausheiraten, ein Heiratsgut, also eine Ausstattung erhalten, die ganz oder annähernd dem Elterngut entspricht, das sie bei der Übergabe des Anwesens an ein Kind ausgezeigt erhalten und auf das es dann angerechnet wird. Haben sie das Heiratgut noch nicht erhalten, so wird es ihnen bei der Übergabe ausgezeigt. Aber ein solches Heiratgut wird ihnen versprochen. Eine Ausnahme tritt nur dann ein, wenn die Eltern ein überschuldetes Anwesen haben oder sonst zu arm dazu sind. Der Beklagte hat aber den Söhnen ein Elterngut von je 1200 M.

[1]) Diese kann begrifflich auch noch längere Zeit nach der Hochzeit gegeben werden (Entsch. des RFinH. 10 S. 306).

ausgezeigt. Diese Volkssitte ist so tief eingewurzelt, daß sie fast als Gewohnheitsrecht erscheint. An ihr wird auch unter dem BGB. zäh festgehalten. Diese Volkssitte begründet aber in diesen Kreisen eine tatsächliche Vermutung für das Vorliegen eines Ausstattungsversprechens von solcher Stärke, daß sie einer Rechtsvermutung gleichkommt. Demnach besteht dafür, daß der Beklagte seiner klagenden Tochter dieselbe Ausstattung versprochen hat, wie er sie seinen anderen Töchtern versprochen und gegeben hat, eine so hohe Wahrscheinlichkeit, daß sich die Beweislast umkehrt. Beklagter hat aber bewiesen, daß er keine Ausstattung (Heiratgut) versprochen hat. G.

h) **Religiöse Erziehung. Abänderung einer getroffenen „Bestimmung".**
Kammergericht. 3S. 1a. Beschluß v. 6. November 1925 (X 899/25).

Aus der Ehe des 1914 gefallenen kath. August R. sind vier Kinder hervorgegangen, darunter der am 2. 9. 1912 geborene Paul, den sein Stiefvater bevormundet. Dieser ist nach dem Tode der evang. Mündelmutter eine neue Ehe eingegangen; er sowohl wie seine jetzige Frau sind katholisch. Ursprünglich waren die vier Kinder R. katholisch erzogen worden; sie besuchten (Paul seit 1918) die kath. Volksschule. Im Sommer 1922 erklärte jedoch die Mutter, Witwe R., dem Leiter der kath. Volksschule, daß sie ihre Kinder Maria und Paul von jetzt ab in die evang. Volksschule schicke, worauf alsbald die Umschulung erfolgte. Nachdem der Vormund nach dem Tode der Mündelmutter (1923) dem evang. Pfarrer eine schriftliche Erklärung dahin abgegeben hatte, daß Paul weiter die evang. Schule besuchen solle, erklärte er nach seiner am 1. 6. 1925 erfolgten Verheiratung mit seiner jetzigen Frau am 12. 6. 1925 schriftlich dem kath. Pfarrer, daß Paul katholisch erzogen werden solle. Am 25. 6. 1925 hat er diese Erklärung vor dem VormGericht aufrecht erhalten und zugleich gebeten, die etwa erforderliche Genehmigung zu erteilen. Die Vorinstanzen haben dies mit Recht abgelehnt.

Ohne Rechtsirrtum hat das LG. darin, daß die Mutter im Sommer 1922 den Paul in die evang. Schule gebracht habe, in Verbindung mit ihrer zum VormRichter gemachten Äußerung, sie habe dies getan, um mit ihrem Kinde in dieselbe Kirche zu gehen, eine rechtswirksame Bestimmung der religiösen Erziehung des Paul gefunden. Auch die weitere Annahme, die Mutter habe zu ihren Lebzeiten diese Bestimmung nicht geändert, ist rechtlich bedenkenfrei. Bloße Äußerungen des Bedauerns über jenen Schritt stellen keine solche Änderung dar, die nur durch eine anderweite „Bestimmung", also durch ein den Abänderungswillen deutlich ausdrückendes Tun hätte erfolgen können. Ein solches läge daher auch nicht in der angeblichen Äußerung der Mutter zum Vormunde: „Mit der religiösen Erziehung der Kinder mache es nur so wie Du willst." Danach konnte der Vormund die Bestimmung der Mutter nicht mehr ändern (§ $3^2$ S. 6 RelErzG.). Ob in jener Äußerung der Mutter, wie das LG. meint, eine „Bevollmächtigung des Vormunds" gesehen werden könnte, „seinerseits über die religiöse Erziehung zu bestimmen", kann dahingestellt bleiben. Denn die Mutter konnte ihn nicht rechtwirksam ermächtigen, die von ihr getroffene Bestimmung zu ändern. Der § $3^2$ S. 6 enthält zwingendes Recht; ein Ausnahmefall, in dem der Vormund unter bestimmten Voraussetzungen befugt sein soll, auch eine bereits erfolgte Bestimmung über die religiöse Erziehung des Mündels zu ändern, ist lediglich in dem — vorliegend nicht in Betracht kommenden — § 10 das. vorgesehen (vgl. Engelmann § 10²). Aus § 3² S. 6 folgt daher, daß der bestimmungsberechtigte Elternteil den Vormund zu einer Änderung der getroffenen Bestimmung nicht wirksam ermächtigen kann. Angesichts der dargelegten Rechtslage können endlich auch die — auf tatsächlichem Gebiete liegenden — Bedenken nicht durchgreifen, die der beschwerdeführende Pfarrer besonders daraus herleitet, daß Paul im Hause der kath. Eheleute Fl. lebt, die kath. Taufe erhalten, früher 4 Jahre die kath. Schule besucht hat und jetzt wieder lieber sie besuchen möchte [1]).

i) **Entziehung der Personensorge nach § 1635 S. 2 Halbsatz 2.**

α) Kammergericht, ZS. 1 a. Beschluß v. 4. Februar 1927 (x 80/27.)

Das LG. hatte am 2. 3. 1926 nach § 1635¹ S. 2 Halbs. 1 die Sorge für die Person des Kindes dem Vater entzogen und der Mutter übertragen. Nach Halbs. 2 das. kann (und muß) diese Anordnung wieder aufgehoben werden, wenn sie nicht mehr erforderlich ist. Auf diesem Halbs. 2 beruht der jetzt angefochtene Beschwerdebeschluß, wenn auch seine Formel der Fassung dieser Vorschrift nicht genau entspricht. Allein das LG. hat, entgegen dem — auch auf die Aufhebung nach Halbs. 2 bezüglichen — § 43 RJWG., unterlassen, das zuständige Jugendamt zu hören (Schiedermair, RJWG. §43³). Auch hiervon abgesehen hat es den Sachverhalt nicht genügend geklärt, sich vielmehr im wesentlichen auf die Frage beschränkt, ob unter der Sorge des Vaters die kath. Erziehung des Kindes genügend gewährleistet erscheine. . . Der Sachverhalt bedarf hier besonders auch insoweit eingehender Aufklärung, als ermittelt werden muß, ob der Vater aus Liebe und väterlichem Interesse oder etwa aus eigensüchtigen Beweggründen (z. B. um die Unterhaltsrente zu vermeiden) das Kind zu sich nehmen will. Es muß ermittelt werden, wie der Vater sich bisher dem Kinde gegenüber verhalten hat, ob er ihm Liebe und Interesse bewiesen, sich persönlich um sein Wohl gekümmert, besonders auch Mittel zu seinem Unterhalte gewährt hat. Läge die Sache so, daß er das Kind, das anscheinend bei der Mutter liebevoll und sorgfältig gepflegt wird, aus solchen gedeihlichen Verhältnissen herausnehmen will, obwohl das Kind bei ihm selbst keine richtige Liebe zu erwarten hat, so würde eine solche Verpflanzung eine so wesentliche Verschlechterung der Lebensverhältnisse des Kindes bedeuten, daß der Beschluß nicht aufgehoben werden könnte.

β) **Abweichende Anordnung nach § 1635¹ S. 2 zugunsten der schuldig erklärten Mutter?**

Kammergericht, ZS. 1 a. Beschluß v. 29. Januar 1926 (X 42/26).

Im Falle bloßen Getrenntlebens der Eltern macht sich der Vater, falls er die

---

[1]) Nach § 9 Ges. kann ein „bestehender" Vertrag bei Lebzeiten der Eltern nur auf Antrag beider Gatten aufgehoben werden, auch wenn ihre Ehe aus Verschulden des einen Gatten geschieden ist; das VormGericht hat die Zweckmäßigkeit der Aufhebung nicht zu prüfen (ObLG 4. 8. 1926, Samml. 25 S. 312).

b) Der Vater darf zwar jederzeit, auch im Laufe des Schuljahres das Kind vom Religionsunterricht abmelden; die Abmeldung erfordert jedoch eine Einigung der Eltern über die religiöse Erziehung des Kindes oder die Zustimmung der Frau (OLG. Dresden, 1 StrS. Urteil v. 22. 12. 1926, SächsArch. 4 S. 208).

noch jugendlichen Kinder nicht bei sich selbst aufnehmen kann oder will, regelmäßig eines ihr Wohl gefährdenden Sorgerechtsmißbrauchs schuldig, wenn er sie ohne zwingenden Grund von der Mutter fortnimmt und an dritter Stelle unterbringt (RJA. 17 S. 32; 1 a X 904/25). Entsprechende Grundsätze müssen aber auch für den nach § 1635[1] S. 1 sorgeberechtigten Vater gelten. Denn die Mutter hat das Personensorgerecht nach § 1635[1] S. 1 nur zugunsten des Vaters verloren. Das Gesetz faßt das dort dem einen Elternteile gegebene Recht der Personensorge nur als eine zeitweilige Beschränkung der natürlichen Elternrechte des anderen Elternteils auf, deren Wegfall für ihn die Wiederherstellung seiner Elternrechte in ihrem normalen Umfange zur Folge hat. Das beruht auf dem zutreffenden Gedanken, daß der andere Elternteil seinen Kindern immer noch näher steht als jeder Dritte, bei dem die Kinder untergebracht werden könnten, und deshalb voraussichtlich besser für sie sorgen wird, als es ein Dritter könnte. Der Umstand der Schuldigerklärung beweist nur, daß er sich gegen den anderen Ehegatten vergangen hat, nicht aber, daß das gleiche gegenüber seinen Kindern geschehen ist (vgl. Mot. 4 S. 623; KGJ. 30 S. 43; RG. 102 S. 287). Aus diesen Grundgedanken ist — jedenfalls bei jugendlichen Kindern, für die (wie hier für einen fünfjährigen Knaben) die mütterliche Pflege und Obhut noch von besonderem Werte ist — der Satz abzuleiten, daß ein nach § 1635[1] S. 1 sorgeberechtigter Vater, der ein solches Kind nicht selbst zu sich nehmen kann oder will und deshalb damit umgeht, es anderweitig unterzubrignen, hierbei die Mutter nicht ohne weiteres ausschalten darf, sondern, bevor er das Kind Dritten gibt, prüfen muß, ob es bei der Mutter gefährdet wäre. Ist letzteres zu verneinen, so darf er im Interesse des Kindes die Mutter nicht übergehen. Stürbe er oder würde ihm das Personensorgerecht entzogen, so ginge dieses ohne weiteres auf die Mutter über, sofern nicht gegen sie aus § 1666 eingeschritten werden müßte (KGJ. 46 S. 35). . .

Von diesen Gesichtspunkten aus hat das LG. den Sachverhalt nicht geprüft. Auch wenn sich der Vater nur vorübergehend in Sch. aufhält, darf er bei der anderweitigen Unterbringung des Kindes die Mutter nicht grundlos übergehen. Überdies scheint aber hier der Vater bereits seit fast einem Jahr in Sch. zu leben, so daß von einem bloß vorübergehenden Aufenthalt daselbst nicht wohl gesprochen werden kann. Ebenso reicht die Tatsache, daß das Kind bei seinen jetzigen Pflegeeltern an sich einwandfrei versorgt ist (dies konnte das LG. auf Grund des Berichtes der Kreisfürsorgerin unbedenklich feststellen), nicht für die Annahme hin, daß die Fortdauer dieses Zustandes im Interesse des Kindes liege. Das wäre nur der Fall, wenn sich aus besonderen Umständen ergäbe, daß die Regel hier nicht zutrifft, vielmehr das Kind im Interesse seines Wohles nicht der Mutter überlassen werden kann.

γ) **Inhalt der Verkehrsregelung nach § 1636** [1]).

Kammergericht, ZS. 1 a. Beschluß v. 28. Januar 1927 (x 50/27).

Das LG. hat abweichend vom Amtsgericht den Verkehr des Vaters mit den

---

[1]) a) Diese stellt keine Zugumzug zu erfüllende Anordnung dar, sondern gibt jedem Gatten

Kindern in der Weise geregelt, daß er die Kinder an jedem Sonntage mit dem 10 Uhrzuge ab N. abholen darf und dahin mit dem 8 Uhrzuge ab V. zurückzubringen hat und daß die Zusammenkünfte in V. bei der Familie X. erfolgen. Die weitere Beschwerde der Mutter rügt zunächst, daß die Bezahlung der Bahnfahrten hätte geregelt werden müssen. Allein die Frage, welcher Elternteil die Kosten für Aufwendungen zu tragen hat, die durch die Verkehrsregelung erwachsen, hat nicht das VormGericht, sondern im Streitfalle das Prozeßgericht zu entscheiden (vgl. RJA. 8 S. 89). Dagegen darf die Verkehrsregelung nicht weiter in das Recht des Personensorgeberechtigten (hier der Mutter) eingreifen, als ihr Zweck, die verwandtschaftlichen Beziehungen zwischen dem Kinde und dem anderen Ehegatten zu pflegen, es erfordert (KGJ. 48 S. 5). Das LG. hat aber weder geprüft, ob dazu vier Besuche im Monat, noch dazu von einer Dauer, die die Kinder jedesmal fast den ganzen Tag von der Mutter fernhält, erforderlich sind, noch auch, ob der gleiche Gesichtspunkt erheischt, daß die Kinder zum Zwecke des Verkehrs ihren und der Mutter Aufenthaltsort N. verlassen und Bahnfahrten machen, die sie aus dem Aufsichtsbereiche der Mutter weiter entfernen, als dies bei einem Verkehr in N. der Fall wäre. Ließe sich der erwähnte Zweck durch Maßnahmen erreichen, die weniger in das Erziehungs-, Aufsichts- und Aufenthaltsbestimmungsrecht der Mutter (§ 1631[1]) eingreifen, so müßten sie gewählt werden. Die Erwägung, die Kinder seien nicht so klein, daß ihnen die Bahnfahrten gesundheitlich schaden könnten, vermag die Regelung des LG. nicht zu tragen. Der sorgeberechtigten Mutter steht aber auch an erster Stelle die Entscheidung darüber zu, ob bei den Begegnungen der Kinder mit dem Vater ein Dritter zugegen darf sein darf (KGJ. 48 S. 5). Es erhellt aber nicht, ob Vorsorge dafür getroffen ist, daß die Kinder der Familie X. nicht ohne den Willen der Mutter auch mit Anderen zusammentreffen und verkehren; ja der Mutter ist nicht einmal Gelegenheit gegeben worden, sich zu der Auswahl gerade dieser Zusammenkunftsstelle zu äußern. Andererseits fehlt jede Begründung für die Ansicht des LG., dem Vater könne nicht zugemutet werden, seine Kinder nur in N. im städtischen Kinderhorte zu besuchen. Sollte übrigens dieser (aus zZt. nicht ersichtlichen Gründen) nicht geeignet sein, so wäre das LG. der Verpflichtung, einen anderen passenden Ort in N. zu ermitteln (§ 12 FGG.), nicht dadurch enthoben, daß einem solchen weder die Mutter noch das Jugendamt N. (die übrigens beide danach gar nicht befragt worden sind) „vorgeschlagen" haben. Eine andere Frage ist, ob für die Anordnung des Amtsgerichts, daß die Zusammenkünfte im Kinderhort in N. nur in Gegenwart des Haus-

das Recht, für seine Person die Durchführung der Regelung zu verlangen (ObLG. 2. 1. 1926, Samml. 25 S. 1). Gegenüber dem Recht eines Elternteils, mit seinem Kinde persönlich zu verkehren, versagt der § 226 BGB. unter allen Umständen (ObLG. 13. 11. 26, aO. 418).

b) Der anstößige Lebenswandel der Mutter kann, selbst wenn sie solchen jetzt noch weiter führen sollte, nicht dazu führen, ihr den Verkehr mit dem Kinde vorübergehend zu untersagen, wenn nach der Art und der zeitlichen Beschränkung der Verkehrsregelung eine Gefährdung des Kindes in sittlicher Beziehung nicht zu befürchten ist (KG. ZS. 1a. Beschluß v. 12. 2. 1926 X 97/26).

inspektors stattfinden sollten, ein hinreichender Grund vorlag. In dieser Beziehung, d. h. also für die Frage, ob der Verkehr der Kinder mit dem Vater nur unter Aufsicht eines Dritten zu gestatten sein möchte, wird auf KGJ. 30 S. 45 (vgl. auch KGJ. 48 S. 5 ff.) hingewiesen.

k) **Ist die Rangrücktrittserklärung des Vaters genehmigungspflichtig?**

Kammergericht, 1. ZS. Beschluß v. 4. Nov. 1926 (X 700/26).

Der vom Vater für die Hypothek seines minderjährigen Sohnes erklärte Rangrücktritt fällt unter keines der im BGB. im einzelnen benannten Rechtsgeschäfte, die der Genehmigung des VormGerichts bedürfen (§§ 1643, 1821[1] Nr. 1 bis 3, 1822 Nr. 1, 3, 5, 8, 11). Der Wille des Gesetzes, ein Geschäft, wie den Rangrücktritt im allgemeinen dem Vater auch ohne Genehmigung zu gestatten, ergibt sich klar auch daraus, daß der § 1822 Nr. 13 in § 1643 nicht erwähnt ist. Hierdurch wird aber nicht dem § 1641 vorgegriffen: Ein Rangrücktritt kann eine Schenkung sein (RG. 48 S. 136; Celle Rsp. 8 S. 75; Karlsruhe in LeipZ. 1917 S. 1281[9], dagegen RGR[5] § 516[4]). Demnach war hier zu untersuchen, ob die Bewilligung des Vaters Schenkung ist. Da sie über die ihr zugrunde liegenden Vorgänge keinen Aufschluß gibt, mußte gemäß der durch § 18 GBO. gebotenen Übung des Grundbuchverfahrens dem Beschwerdeführer durch Zwischenverfügung Gelegenheit gegeben werden, durch Aufdeckung des Grundgeschäfts die Möglichkeit einer Schenkung auszuschließen (RJA. 14 S. 274. KGJ. 33 S. 164). Die hier der Ablehnung vorangegangene Zwischenverfügung war dahin gegangen, daß die Entgeltlichkeit nachzuweisen sei. Das ist nicht völlig treffend. Schenkung ist ein engerer Begriff als unentgeltliche Verfügung. Schenkung erfordert nach § 516, daß der Schenker durch Zuwendung aus seinem Vermögen den Beschenkten bereichert und beide Teile über die Unentgeltlichkeit einig sind. Ob dann, wenn die Rangstelle, in die der den Vorrang Einräumende zurücktritt, eine gleichsichere ist wie die vorher von ihm innegehabte, überhaupt von einer Zuwendung aus dem Vermögen des Zurücktretenden gesprochen werden kann, mag dahingestellt bleiben, weil der Beweis gleicher Sicherheit grundbuchmäßig schwer zu erbringen sein wird. Jedenfalls aber werden die Umstände des Falles bei dessen Aufdeckung regelmäßig ein Urteil darüber ermöglichen, ob eine unentgeltliche Bereicherung gewollt ist. Ein derartiger Wille ist im allgemeinen nicht zu vermuten und wird meist da verneint werden können, wo andere Geschäftszwecke klar erkennbar sind, zB. die Absicht, durch Zuführung neuen Kredits für den Eigentümer das beliehene Grundstück im Wert zu heben und dadurch auch den Rangplatz des zurücktretenden Rechts zu einem sicheren zu machen. Trotz der hiernach nicht völlig treffenden und genauen Ausdrucksweise kann die Zwischenverfügung nicht als irrig oder unvollständig bezeichnet werden. Der Antrag ist daher richtig behandelt.

l) a) **Prüfung der Gefährdung bei Unterbringung der Kinder in Internate.**

Kammergericht ZS. 1a. Beschluß v. 18. 2. 1927 (X 97/27).

A. lebt von seiner Frau getrennt. Diese hat beantragt, dem Vater das Recht der Sorge für die Person der bei ihr befindlichen Kinder zu entziehen. Die weitere Beschwerde über die Zurückweisung des Antrags ist begründet. Die Gefährdungsfrage ist stets konkret unter eingehender und individueller Würdigung der

Persönlichkeiten zu behandeln. Allgemeine Hinweise auf Verhältnisse, die im gegebenen Falle gar nicht vorliegen, können nicht genügen. Deshalb ist ohne Wert, daß die Eheleute, die im besten Einvernehmen stehen, ihre Kinder in Internaten unterbringen. Denn vorliegend leben die Eheleute getrennt, nachdem der Vater 14 Tage nach der Geburt des jüngsten Kindes seine Familie verlassen hat. Es ist aber ein großer Unterschied, ob harmonisch lebende Eltern ihre Kinder zeitweise in einem Internat erziehen lassen, oder ob ein Vater, der seine Kinder verlassen und ihnen dadurch das Elternhaus zerstört hat, sie nun auch noch von der ihnen naturgemäß doppelt teuer gewordenen Mutter gegen deren Willen entfernen will und zwar aus dem verwerflichen Grunde, dadurch die Mutter zur Scheidungsklage zu veranlassen. Das LG. hat also übersehen, daß es im vorliegenden Falle sehr wohl einen das Wohl der Kinder gefährdenden Sorgerechtsmißbrauch bedeuten kann, wenn der Vater aus eigensüchtigen Beweggründen die Kinder von der Mutter trennen will, mit der sie, seitdem er selbst vor Jahren bereits die Familie verlassen hat, naturgemäß doppelt enge Bande verknüpfen. Hieran wird dadurch, daß die Kinder in dem Internate an sich einwandfrei untergebracht sein würden, nichts geändert, da ihnen dort die unter den obwaltenden Umständen für sie trotz ihres Alters von 13 bz. 7 Jahren besonders wertvolle ständige Verbindung mit der Mutter ohne Not genommen wäre. Der weitere Hinweis auf § 1635[1] S. 1 geht schon deshalb fehl, weil die Eltern hier nicht geschieden sind und es sich überdies nicht um Söhne, sondern um Töchter handelt. Es trifft aber auch nicht zu, daß die Mutter sich widerspreche, wenn sie die Scheidungsklage deshalb nicht erheben wolle, um das Interesse der Kinder zu wahren. Denn wenn sie auch im Falle der Scheidung voraussichtlich das Personensorgerecht über die Kinder bekommen würde, so hegt sie doch wahrscheinlich noch den Wunsch und die Hoffnung, daß sich ihr Mann wieder zu ihr und den Kindern zurückfinden werde. Schließlich kann auch der allgemeinen Bemerkung des LG., bei getrennt lebenden Eheleuten sei die Unterbringung der Kinder an einem neutralen Orte sogar zu empfehlen, kein Gewicht beigelegt werden. Einen Erfahrungssatz dieses Inhalts gibt es keineswegs, es kommt vielmehr stets auf die besonderen Umstände des Falles an. Bei der Tochter R. kommt noch hinzu, daß sie kränklich und zurückgeblieben ist, so daß mit besonderer Sorgfalt nach Anhörung eines ärztlichen Sachverständigen geprüft werden mußte, ob sie durch eine Trennung von der Mutter und die Unterbringung im Internate nicht gesundheitlich und seelisch gefährdet würde. . .

β) **Gefährdet ein Religionswechsel stets das geistige Wohl des Kindes?**
Bayer. Oberstes Landesgericht, ZS. Beschluß v. 28. 12. 1926 (III 133).

. . . . 1. Zur Entscheidung über die Rechtswirksamkeit des Austritts aus einer Kirche oder die Zugehörigkeit zu ihr sind die Gerichte nicht zuständig. Der § 7 Ges. v. 15. 7. 1921 setzt die Zuständigkeit des VormGerichts nur für Streitigkeiten fest, die das Recht betreffen, über die religiöse Erziehung des Kindes zu bestimmen. Das LG. war lediglich mit der Frage befaßt, ob die Tatsache, daß die uneheliche Mutter am 1. 3. 1926 den Austritt des Ende 1914 geborenen

Mündels aus der kath. Religionsgemeinschaft erklärt hat, einen hinreichenden Grund gebildet hat, ihr das Recht zu entziehen, über die religiöse Erziehung des Mündels zu bestimmen. Hierfür war die Frage, ob die Mutter wirksam für den Mündel erklären durfte, nicht maßgebend. Abgesehen davon hat sie die Erklärung nicht in Vertretung des Kindes abgegeben, sondern kraft des ihr im § 1707 S. 2 Halbs. 1 verliehenen Rechts, für die Person des Kindes zu sorgen (Ges. v. 15. 7. 1921 § 2[1]).

2. Führt der Erziehungsberechtigte aus eigennützigen oder sonst verwerflichen Gründen oder unter Umständen, die das Wohl des Kindes gefährden, einen Religionswechsel des Minderjährigen herbei, so kann dies einen Grund bilden, nach § 1666 einzuschreiten. Eine allgemein gültige Regel läßt sich hierfür nicht stellen, vielmehr hängt alles von der Lage des Einzelfalles ab. . . Vorliegend konnte nicht erwiesen werden, daß die Mutter selbst aus verwerflichen Gründen von der katholischen zur protestantischen Religion übergetreten ist. Eine gewisse Unterstützung findet diese Feststellung in der Tatsache, daß die Großmutter des Mündels protestantisch war. Läßt sich aber nicht feststellen, daß die Mutter selbst ihre Religion aus verwerflichen Gründen gewechselt hat, so ist schon an sich nicht wahrscheinlich, daß der gleichzeitig erfolgte Religionswechsel des Kindes es ist.

Nach Lage der Sache kann hier das leibliche Wohl des Mündels überhaupt nicht gefährdet werden. Aber auch eine Gefährdung seines geistigen Wohles ist nicht nachgewiesen. Vor allem kann sie natürlich nicht schon der Religionswechsel als solcher mit sich bringen. Das trifft unter Umständen zu, wenn es sich um den Übertritt zu einem Bekenntnis handelt, das auf ganz anderen Grundlagen beruht, als das bisherige, also etwa von einem christlichen Bekenntnisse zum mosaischen oder mohammedanischen. In solchen Fällen könnte tatsächlich in der Seele des Kindes eine das geistige Wohl gefährdende Verwirrung aller religiösen Begriffe herbeigeführt werden. Hier handelt es sich aber um zwei Bekenntnisse, die — wenn auch ihre Lehren im einzelnen voneinander abweichen — doch in allem Wesentlichen auf der gleichen Grundlage beruhen. Die Unterschiede zwischen ihren Lehrsätzen sind doch im allgemeinen derart, daß sie für den Verstand eines Kindes schwer oder überhaupt nicht faßbar sind, und deshalb kann nicht ohne weiteres angenommen werden, daß allein schon durch einen Wechsel des Bekenntnisses eine das geistige Wohl des Kindes gefährdende Verwirrung der religiösen Begriffe zu befürchten ist. Davon könnte nur dann gesprochen werden, wenn Anhaltspunkte dafür vorliegen, daß der Minderjährige den Bekenntniswechsel als ungehörigen Zwang oder als Verletzung seiner Gefühle empfindet, so daß er dem neuen Bekenntnis mit Abneigung gegenübersteht und infolgedessen zu befürchten ist, daß es zu einer gedeihlichen religiösen Erziehung bei ihm überhaupt nicht kommen kann. Davon aber kann hier offenbar keine Rede sein. . . Samml.

γ) OLG. Stuttgart, 1. ZS. Beschluß v. 24. 4. 1925.

Ist die uneheliche Mutter von der Gefährdung ihres dem kath. Bekenntnis angehörigen Kindes überzeugt, falls es in der Umgebung der evang. Pflegeeltern verbleibt, so könnte ihr Verlangen auf seine Herausgabe vielleicht nicht als Mißbrauch ihres Rechts (§ 1666) angesehen werden. Allein nachdem das Amtsgericht durch Aufstellung eines kath. Pflegers zur Wahrung der religiösen Bedürfnisse allen gerechten und billigen Anforderungen genügt hat, so begehrt sie etwas, was das geistige und leibliche Wohl ihres Kindes aufs erheblichste gefährdet.

δ) **Wenn dem Manne die Personensorge entzogen und dann die Ehe aus Verschulden der Frau geschieden wird?**

Kammergericht ZS. 1 a. Beschluß v. 3. 11. 1926 (X 1072/26).

Der § 1636 S. 2, auf den sich die Vorinstanzen stützen, setzt voraus, daß dem zur Personensorge nicht berechtigten Elternteile nach § 1635 die Personensorge nicht zusteht. Das ist hier nicht der Fall. Denn da dem Vater die elterliche Gewalt, also auch die Personensorge, vor der — aus Verschulden der Frau ausgesprochenen — Scheidung auf Grund des § 1666 entzogen ist, kann § 1635 keine Anwendung finden (RGKomm. § 1635[1]); der Vater erhält nicht etwa die Personensorge deshalb zurück, weil sie ihm nach § 1635[1] S. 1 zufiele. Vielmehr steht dem Vormunde jenes Recht zu, auf das nach §§ 1793, 1800 die §§ 1631 ff. über das Sorgerecht des Vaters entsprechende Anwendung finden. Dieses schließt aber das Recht in sich, über den Verkehr des Kindes mit Anderen zu bestimmen. Der Vormund hat daher auch allein die Befugnis, den Verkehr des Kindes mit dem Vater zu regeln; das VormGericht kann nur auf dem durch die §§ 1837, 1886 vorgezeichneten Wege eingreifen (RGKomm. und Planck § 1666[4]; RJA. 4 S. 139; 17 S. 16).

Dazu: Kammergericht, ZS. 1 a. Beschluß v. 20. 11. 1925 (X 996/25).

Sobald einem geschiedenen Elternteile das ihm nach § 1635[1] S. 1 zustehende Personensorgerecht auf Grund des § 1666 entzogen ist, geht es auf den andern Ehegatten — hier also auf die für schuldig erklärte Mutter — über (KG. 30 S. 40; 46 S. 37; RGZ. 102 S. 283). Es war also hier gar kein Raum für Bestellung eines Pflegers zu dem Zwecke, die dem Vater entzogene Personensorge auszuüben. Diese ging unmittelbar auf die Mutter über, sofern es nicht auch ihr entzogen und alsdann zur Ausübung des der Mutter entzogenen Personensorgerechts ein Pfleger bestellt wurde. Dies ist hier nicht geschehen, so daß die Personensorge, nachdem sie dem Vater entzogen war, der Mutter zustand. Daher mußte das Amtsgericht, bevor es gegen den Vater eine abschließende Anordnung aus § 1666 treffen durfte, prüfen, ob der Mutter ohne Besorgnis einer Gefährdung des Kindes die Personensorge anvertraut werden könne oder ob auch das Recht der Mutter auszuschalten und die Personensorge deshalb einem Pfleger zu übertragen sei (KGJ. 46 S. 35).

ε) **Vermögensentziehung wegen Erbschaftsausschlagung.**

OLG. Hamburg. 1. ZS. Beschluß v. 23. 6. 1926 (F 39/26).

Unzutreffend nimmt das LG. an, daß die vom VormGericht beschlossene Entziehung der Vermögensverwaltung ohne weiteres als eine nach § 1667 statthafte Maßregel getroffen werden konnte. Die Sorge für das Vermögen durfte dem Vater nach § 1670 erst dann genommen werden, wenn er einer auf Grund § 1667 getroffnenen „Anordnung" nicht nachkam. Als solche wird allerdings die ihm gemachte Auflage, sich die Genehmigung zur Ausschlagung der seinen Kindern angefallenen Erbschaft erteilen zu lassen, angesehen werden können. — Dagegen stellt das LG. nicht fest, daß jener Nachlaß überschuldet ist. Denn gegen den Vater kann nach § 1667 f. nur eingeschritten und vor allem nach § 1670 die schwerste Maßregel nur getroffen werden, wenn seine Maßnahmen das Kindesvermögen in der Tat objektiv gefährden. Ob dies der Fall ist und infolgedessen die Annahme der Erbschaft das Vermögen der Kinder wirklich gefährdet, hätte das LG. selbst prüfen und feststellen müssen; es genügt nicht, daß Dritte es meinen.

m) **Bedeutung des § 1697 BGB.**

(Kammergericht, ZS. 1a. Beschluß v. 22. Oktober 1926 (Gen. IV 1. 26/123).

Die Witwe H. hat bei dem hiesigen Amtsgericht die Anordnung einer Vormundschaft über ihren 1908 geborenen Sohn beantragt, der aus ihrer ersten, 1912 geschiedenen Ehe mit dem 1923 in A., seinem Wohnsitze, verstorbenen B. hervorgegangen ist. Der zweite Mann ist 1913 verstorben. Zuständig für die Einleitung der Vormundschaft wäre demnach gemäß §§ 11, 1635² BGB., § 36 FGG. das Amtsgericht A., sofern es einer solchen überhaupt bedürfte. Das wäre der Fall, wenn die Mutter schon durch ihre zweite Verheiratung die elterliche Gewalt endgültig verloren und sie nicht, weil die zweite Ehe durch den Tod des Mannes H. bereits 1913 gelöst war, mit dem Ableben ihres ersten Mannes 1923 gemäß § 1684 Nr. 1 BGB. erlangt hätte. Es fragt sich also, ob die Eingehung einer neuen Ehe den Verlust der elterlichen Gewalt über die Kinder aus einer früheren Ehe dauernd, besonders auch dann herbeiführt, wenn in dem Zeitpunkt, in welchem ihr diese Gewalt nach § 1684 zufiele, die zweite Ehe bereits gelöst ist. Der Wortlaut des § 1697 BGB. selbst gibt hierüber keinen Aufschluß. Anerkannten Rechtens ist allerdings, daß die Mutter mit der Auflösung der neuen Ehe die bei deren Eingehung verlorene elterliche Gewalt über ihre ersteheliche Kinder nicht wieder erlangt. (KGJ. 29 S. 31). Auch hat das RG. in einem die §§ 41, 46 PrVormO. behandelnden Falle (JW. 1901 S. 357¹²) ausgesprochen, daß die Mutter hier seit 1. 1. 1900 die elterliche Gewalt über ihre erstehelichen Kinder erlangt habe, ohne daß § 1697, der auf die Vergangenheit nicht bezogen werden könne, hieran etwas geändert habe. Ebenso erklärt es (Recht 1907 S. 311 Nr. 609), daß die Mutter in solchem Falle nicht nachträglich auf Grund des § 1697 die elterliche Gewalt verliere, während sie diese, wenn die zweite Ehe noch am 1. 1. 1900 bestanden hätte, mit diesem Zeitpunkt allerdings durch § 1697 verloren hätte (vgl. RGSt. 34 S. 317). Demgegenüber hat das KG. (DJZ. 1900 S. 166) angenommen, daß eine Mutter, die vor 1900 eine zweite Ehe einging, trotz Lösung dieser Ehe beim Inkrafttreten des BGB. nicht fähig gewesen ist, die elterliche Gewalt über ihre erstehelichen Kinder zu erhalten. Ebenso hat das OLG. Dresden (Ann. 22 S. 174) erklärt, daß der verwitweten Mutter, die eine neue Ehe einging und vor 1900 anderweit verwitwet wurde, die elterliche Gewalt über die erstehelichen Kinder nicht zukomme [1]). Da sich diese Entscheidungen nur auf die Übergangszeit beziehen und nur den Fall betreffen, daß die zweite Ehe der Mutter bereits vor 1900 wieder gelöst war, be-

---

[1]) Gl. A. Blankmeister im Recht 1900 S. 226, Staudinger § 1697¹², RGKomm. 7 vor § 1616, Dernburg, Familienrecht § 83⁵; A.A., namentlich Habicht, Einwirkung des BGB. 615².

darf es keiner Angehung des RG. gemäß FGG. § 28², obwohl der Senat auch im vorliegenden Falle der Ansicht ist, daß die Mutter, deren erste Ehe 1912 geschieden ist, die elterliche Gewalt über ihren Sohn erster Ehe nicht erlangt hat.

Die Streitfrage ist aus der Entstehungsgeschichte des § 1697 BGB. sowie aus der Absicht und dem Zweck zu lösen, die zur Einführung der Vorschrift bestimmt haben. Im I. Entwurfe bestimmte § 1560, daß der Elternteil, der die elterliche Gewalt, wenn sie ihm zugestanden hätte, nach §§ 1557², 1558 (Ges § 1697), 1559 verloren haben würde, sie auch nicht erlangen könne. Der § 1560 ist zwar später gestrichen, jedoch nur deshalb, weil man ihn für selbstverständlich ansah (Mat. bei Mugdan 4 S. 1006). Schon hieraus ist deutlich erkennbar, daß der Gesetzgeber an die Tatsache der Wiederverheiratung den dauernden Verlust der elterlichen Gewalt der Mutter über ihre ersteheIichen Kinder knüpfen wollte und daß seine Absicht nicht etwa dahin gegangen ist, sie während der Dauer der zweiten Ehe nur ruhen zu lassen. Über den Grund des § 1558 erklärt die Denkschrift: „Durch die Eingehung einer neuen Ehe tritt die Mutter in ein Abhängigkeitsverhältnis zu dem jetzigen Mann und damit ist regelmäßig eine Gefährdung der Kinder aus der früheren Ehe verbunden. Mit Rücksicht hierauf erscheint es gerechtfertigt, ihr auch nicht die elterliche Nutznießung zu belassen". „Die Gefährdung wird, — wie bereits das KG. (DIZ. 1900 S. 166) ausgesprochen hat — durch die Lösung der neuen Ehe nicht beseitigt; besteht auch das Abhängigkeitsverhältnis vom zweiten Manne nicht fort, so sind doch die Rücksichten der Mutter auf die aus der neuen Ehe etwa hervorgegangenen Kinder und die vermögensrechtlichen Wirkungen ihrer Wiederverheiratung geeignet, auch weiterhin die Kinder erster Ehe des besonderen vormundschaftlichen Schutzes bedürftig erscheinen zu lassen." Demgemäß kommt auch Blanckmeister aO. zu dem gleichen Ergebnisse.

Ähnliche Erwägungen liegen dem § 1647 zugrunde; auch hier nimmt der Gesetzgeber an, daß der Vater durch die Konkurseröffnung die zur Fortführung der Verwaltung des Kindesvermögens erforderliche Vertrauenswürdigkeit verloren hat (vgl. RGKomm. § 1647¹, KGJ. 43 S. 37/8). Nur wird hier durch Abs. 2 das VormGericht ermächtigt, dem Vater nach Aufhebung des Konkurses die Vermögensverwaltung wieder zu übertragen. Ein Wiederaufleben des früheren verlorenen Rechtes der Verwaltung lediglich wegen Fortfalles der Ursache seines Verlustes findet aber auch hier nicht statt. — Unter entsprechender Würdigung der oben dargelegten Gesichtspunkte des Gesetzgebers ist ferner in KGJ. 53 S. 41 ausgesprochen, daß eine verheiratete Frau, die allein ein minderjähriges Kind an Kindesstatt angenommen hat, nicht die volle elterliche Gewalt erhält, sondern nur das Recht und die Pflicht für die Person des Kindes zu sorgen. Hierfür wird mit Staudinger (6 vor § 1676) auf den Satz der Motive (4 S. 842) verwiesen, daß Tatsachen, die den Verlust der elterlichen Gewalt herbeiführten, auch den Erwerb, der erst nach Eintritt dieser Tatsachen möglich wurde, hinderten. Der § 1697 BGB. soll also seine Wirkung dahin äußern, daß die Wiederverheiratung einer Mutter dauernd und unwiederbringlich nicht nur den Verlust der elterlichen Gewalt über ihre ersteheIichen Kinder nach sich zieht, sondern auch den künftigen Erwerb dieses Rechts hindert. Es ist deshalb bedeutungslos, ob die Mutter bei Eingehung der zweiten Ehe die elterliche Gewalt über die erstehelichen Kinder bereits besaß, oder ob die Tatsachen, die an sich den Übergang dieses Rechtes auf sie zur Folge hätten, erst später, sei es noch während Bestehens, sei es nach Lösung der zweiten Ehe eintreten. Ein etwaiges Bedenken aus dem Wortlaute des § 1697: „Die Mutter verliert . . . ." dahingehend, daß ein Verlieren den vorherigen Erwerb und Besitz der elterlichen Gewalt voraussetze, fällt, wenn man mit Blanckmeister aO. annimmt, daß der Gesetzgeber nach seinem unzweideutigen Willen das Wort: „verlieren" im Sinne von „unfähig werden" angewendet hat.

n) α) **Umfaßt EG. Art. 20 S. 1 die Namensgebung aus § 1706² S. 2?**
Kammergericht, ZS. 1a. Beschluß v. 3. Juli 1925 (X 375/25).

Die aus Zürich gebürtige Schweiz. Staatsangehörige K. hat hier 1908 den Herbert K. geboren. Nachdem sie 1914 in Rio den deutschen Reichsangehörigen W. geheiratet hatte, hat dieser am 20. 7. 1914 vor dem hiesigen Amtsgericht erklärt, daß er dem Herbert K. seinen Familiennamen W. erteile. Dies hat der Standesbeamte am Rande der Geburtsurkunde vermerkt. Nach Scheidung der Ehe hat auf Antrag des W. das Amtsgericht angeordnet, daß jener Randvermerk zu löschen ist. Das LG. hat dagegen den Antrag des W. zurückgewiesen. Die weitere Beschwerde ist begründet. Mit Recht geht allerdings das LG. davon aus, daß das Kind mit seiner Geburt die schweiz. Staatsangehörigkeit erlangt und diese durch die Heirat der Mutter und die dadurch für die Mutter begründete deutsche Reichsangehörigkeit nicht verloren hat. Die hiernach zu beantwortende Frage, ob die — dem schweiz. Recht unbekannte — Namenserteilung des W. gegenüber dem schweiz. Kinde wirksam erfolgen konnte, bejaht das LG. im Gegensatze zu dem Gutachten des Prof. Martin Wolff. Es stimmt auch darin mit dem Erlaß vom 26. 3. 1904 (Stdb. 1904 S. 225) und der im deutschen Schrifttum überwiegend vertretenen Auffassung (Hinschius-Boschan PStG. S. 508; Stölzel-Spieler 332; Winkler ZB. für FG. 11 S. 432; Habicht Internat. Privatr. 1907 S. 158 III). Diese Auffassung beruht auf der Annahme, daß Art. 20 Satz 1 EG. auch den § 1706² S. 2 umfasse. Diese Annahme ist nicht zutreffend.

Allerdings beruht der Name, den das uneheliche Kind durch seine Geburt erwirbt, auf dem Rechtsverhältnis zwischen ihm und der Mutter. Das mit der Geburt erlangte Namensrecht ist aber sogleich sein eigenes, absolutes und höchstpersönliches Recht. Spätere Änderungen dieses Geburtsnamens berühren also nur das Namensrecht des Kindes, nicht aber das Rechtsverhältnis zwischen Mutter und Kind. Erhält dieses z. B. durch obrigkeitlichen Akt oder durch Verheiratung einen anderen Namen, so wird dadurch der Inhalt jenes Rechtsverhältnisses in keiner Weise geändert. Nicht anders steht es mit der Namensänderung gemäß § 1706² S. 2, die noch nach dem Tode der Mutter erfolgen kann, zu einer Zeit also, in der das Rechtsverhältnis nicht mehr besteht. Deshalb kann auch der Umstand, daß die Namenserteilung zu Lebzeiten der Mutter deren Einwilligung voraussetzt, nicht im Sinne des LG. verwertet werden. Das gleiche gilt von seinem Hinweise, daß „der Namen gebende Mann der Mutter gar nicht der Vater des Kindes ist und sein kann." Soll damit gesagt sein, daß die Namengebung nicht das Verhältnis zwischen Vater und Kind betreffe, so ist das zwar richtig, rechtfertigt aber nicht den Schluß, daß sie deshalb das Rechtsverhältnis zwischen Mutter und Kind betreffe. Betroffen wird lediglich das Namensrecht des Kindes.

Demgegenüber schlägt auch die Bezugnahme des LG. auf die Entstehungsgeschichte des Art. 20 EG. und des § 1706² S. 2 nicht durch . . . Selbst wenn es aber richtig wäre, daß Art. 20 in der sog. Bundesratsfassung die §§ 1705—1707 BGB. in ihrer damaligen Fassung (§§ 1683—1685) uneingeschränkt umfaßt habe, so würde das noch nicht den Schluß rechtfertigen, daß die spätere Einfügung des Namenserteilungsrechts in § 1706 zugleich die Unterstellung dieser Rechtseinrichtung unter Art. 20 EG. bedeutet habe. Jene Einfügung erklärt sich vielmehr hinreichend dadurch, daß § 1706 über den Familiennamen des Kindes bestimmt und daher das Namenserteilungsrecht des Stiefvaters zweckmäßigerweise hier eingeordnet wurde. Der Annahme des LG., durch diese Einordnung sei ausgedrückt, daß jenes Recht als eine Norm aus dem Rechtsverhältnisse zwischen Mutter und Kind anzusehen sei, fehlt nach alledem die Grundlage.

Ebensowenig kann die Anwendung des Art. 20 damit begründet werden, daß eine andere Vorschrift des EG. nicht in Betracht komme. Tatsächlich sind, wie übereinstimmend angenommen wurde, die Art. 21, 22, an die allenfalls zu denken wäre, ausgeschlossen (vgl. z. B. Winkler aO.). Daraus folgt aber keineswegs, daß Art. 20 angewendet werden müsse, dessen Voraussetzungen ebenfalls nicht vorliegen. Vielmehr ergibt sich, daß die Regelung des internat. Privatrechts im EG. auch hier eine Lücke enthält. Entsprechend seinem allgemeinen Grundsatze, daß für das Namensrecht das Personalstatut des Namensträgers, d. h. das Recht seines Heimatsstaates gilt (KGJ. 35 S. 46; RG. 95 S. 272 Walker, intern. PrR. 1924 S. 738/9), ist daher die Frage, ob das Kind durch die Namenserteilung das Recht auf den Familiennamen W. erlangt hat, nach dem Heimatsrechte des Kindes zu beantworten. Hiernach ergibt sich aus Art. 28 Schweiz. Ges. vom 25. 6. 1891, daß das Kind insoweit dem Rechte seines Heimatkantons untersteht. Da dieses, wie das schweiz. Recht überhaupt, eine Namenserteilung durch den Stiefvater nicht kennt, war die durch W. unwirksam und das Kind hat gemäß Art. 324 Schweiz. ZGB. nur den Namen der Mutter. Daraus, daß die schweiz. Behörde das Kind bereits aufgefordert hat, seinen in den Heimatsregistern geführten Geburtsnamen K. in den Namen W. unter den Formen des Art. 30 ZGB. abzuändern, folgt nicht etwa, daß die Behörde die Namenserteilung als in der Schweiz wirksam anerkennt, sondern gerade das Gegenteil. Denn nach Art. 30 kann der Regierung des Heimatkantons die Änderung des Namens aus wichtigen Gründen bewilligen. Die Schweizer Behörde vertritt also offenbar gerade den Standpunkt, daß die Namenserteilung durch W. auch nach schweiz. Rechte nicht eine Namensänderung bewirkt habe, so daß letztere nur obrigkeitlich bewilligt werden könne (Stdb. 1918 S. 159). Da nach alledem die Namenserteilung unwirksam war, muß der Randvermerk dementsprechend berichtigt werden. Eine Berichtigung durch Löschung kennt aber das PStdG. nicht; die berichtigende Eintragung muß stets einen positiven Inhalt haben, der hier nur darin bestehen kann, daß die Namenserteilung als unwirksam bezeichnet wird.

β) **Beschwerderecht der unehelichen Mutter.**

Kammergericht, ZS. 1 a. Beschluß v. 25. März 1927 (X 214/27).

Die uneheliche Mutter hat nach § 1707 nur die Personensorge, nicht aber die elterliche Gewalt; zur Vertretung des Kindes ist sie nicht berechtigt. Daher ist sie in Ansehung der Volljährigkeitserklärung des Sohnes weder nach § 56¹ FGG. antrags-, noch nach § 4² S. 1 BGB. verbietungsberechtigt. Wer aber weder ein Antrags- noch ein Verbietungsrecht hat, hat auch kein Beschwerderecht (Schlegelberger FGG. § 56⁵; Keidel § 56²; Josef, ZBl. FG. 13 S. 390; KG. v. 26. März 1926, 1 a. X. 227/26) ...

γ) **Anfechtung des Anerkenntnisses aus § 1718.**

OLG. München, 1. ZS. Beschluß v. 15. Januar 1926 (990/25).

A. will sein Anerkenntnis der unehelichen Vaterschaft wegen Täuschung anfechten. Das LG. hat ihm jedoch das Armenrecht verweigert, weil nur das Amtsgericht über Ansprüche aus einem außerehelichen Beischlaf zuständig sei. Allein unter GVG. § 23 Nr. 2 fallen nur solche Ansprüche, die unmittelbar und ausschließlich aus der Tatsache des Beischlafes abgeleitet werden. Dieser als solcher muß nicht bloß ein Inzidentpunkt, sondern der Entstehungsgrund des Anspruchs sein. Aus der Tatsache, daß die OLGerichte und das RG. wiederholt die Zulässigkeit der Anfechtung geprüft haben, ist zu folgern, daß die Zuständigkeit des LG. regelmäßig nicht bestritten und soweit sie wie bei Armenrechtsgesuchen von Amts wegen geprüft werden mußte, stets bejaht worden ist. Das AG. ist sogar ohne Rücksicht auf den Streitwert ausschließlich zuständig (GVG. § 23); denn das Anerkenntnis hat nicht nur für den Unterhaltsanspruch Bedeutung, sondern dient auch der Feststellung der Blutsverwandtschaft (PStG. §§ 25, 26; BGB. §§ 1310, 1719/21, 1723, 1785). G.

δ) **Feststellung der Legitimation nach § 1719.**

Bayer. Oberstes Landesgericht, ZS. Beschluß v. 8. Januar 1926.

Aus der Nov. v. 11. 6. 1920 geht hervor, daß in Zukunft die Feststellung der Legitimationen nicht mehr vom Antrag eines Beteiligten abhängig sein sollte, daß vielmehr das VormGericht von Amts wegen tätig werden muß. Es sind also die vorgesetzten Verwaltungsbehörden berechtigt, die Einleitung eines Verfahrens nach § 26 PStG. anzuregen.

Die Feststellung der Legitimation ist nicht durch das Vorhandensein eines VormGerichts bedingt... Durch die Bezeichnung des Gerichts als VormGericht wird nicht ausgedrückt, daß eine Vormundschaft anhängig sein muß, sondern daß einerseits das Gericht zuständig ist, dem die Verrichtungen des VormGerichts zugewiesen sind (§ 35 FGG.), andererseits daß sich das Verfahren nach den für VormSachen geltenden Vorschriften des FGG. bestimmt.

Die einmal begründete Zuständigkeit eines VormGerichts wird allerdings durch eine Änderung der sie bedingenden Verhältnisse nicht beeinträchtigt. Dies gilt jedoch nur für die Zeit, so lange die Vormundschaft besteht. Fällt sie weg und ergibt sich später abermals Anlaß zu einer Tätigkeit z. B. nach §§ 1447, 1635, so ist hierfür das Gericht zuständig, das nunmehr nach § 43 FGG. zuständig ist. Samml. 25 S. 7.

p) α) **Ein Nasciturus hindert nicht die Kindesannahme.**

Kammergericht, 1 ZS. 1 a. Beschluß v. 3. April 1925 (X 225/25).

Mit der im Schrifttum herrschenden Ansicht ist anzunehmen, daß ein Nasciturus kein Hindernis der Kindesannahme und auf deren Wirksamkeit die später erfolgende Geburt des Kindes ohne Einfluß ist (Mot. 4 S. 958). Gleichgültig ist, ob der beim Vertragsschlusse vorhandene Nasciturus vor oder nach der Bestätigung geboren wird. Die Ansicht von Kipp (Lehrb. § 91[13]), daß es in ersterem Fall im Zeitpunkte der Entscheidung über die Bestätigung an dem Erfordernis des Fehlens ehelicher Abkömmlinge mangele, ist nicht begründet, da es für die Frage, ob der Annehmende eheliche Abkömmlinge hat (§ 1741), nicht auf die Zeit der Bestätigung, sondern auf die des Vertragsschlusses ankommt [1]).

β) **Kann die Mutter allgemein einwilligen?**

Kammergericht, ZS. 1a. Beschluß v. 30. Oktober 1925 (X 885/25).

...Die Frage, ob die Weigerung des Gerichts, die Genehmigung des VormGerichts (§ 1751² nachzusuchen, berechtigt ist, hängt allein davon ab, ob die von der unehelichen Mutter der Minderjährigen bereits am 10. 10. 1919 notariell erklärte Einwilligung rechtlich wirksam ist; denn in diesem Falle wäre ihre jetzige Ablehnung, eine neue Einwilligung zu erklären, nach § 1746¹ S. 2 bedeutungslos. Schon der Inhalt der §§ 1747/8 läßt erkennen, daß es sich bei der „Einwilligung" nicht um eine Willenserklärung rein formeller Art, sondern um eine solche von besonderer Bedeutung und von weittragenden Folgen handelt, die deshalb auch nicht der VormRichter ersetzen kann. Das Einwilligungsrecht bildet einen Ausfluß des natürlichen Verwandtschaftsverhältnisses (RGKomm. § 1747¹). Der betreffende Elternteil hat es nach freiem pflichtgemäßen Ermessen auszuüben und deshalb eingehend und gewissenhaft alle in Betracht kommenden Umstände zu prüfen. Mit dem Zweck und Wesen der Einwilligung als eines höchstpersönlichen Rechtes, das mittelbar tief eingreifende familienrechtliche Wirkungen erzeugt, ist daher unvereinbar, daß sie ganz allgemein und lediglich im Hinblick auf eine vielleicht künftig sich einmal bietende Gelegenheit zum Abschluß eines Annahmevertrags nach Art einer Blankettvollmacht erteilt wird. Sie kann vielmehr nicht allgemein, sondern nur zu einer bestimmten Kindesannahme erklärt werden. Ob sie auch weiter noch den Namen des Annehmenden enthalten muß (vgl. Planck § 1747²), braucht hier nicht geprüft zu werden, da die Urkunde von 1919 schon dem ersterwähnten Erfordernis nicht entspricht. In ihr willigt die Witwe „gegenüber dem für die Bestätigung des Annahmevertrages zuständigen Gerichte darein, daß ihr Kind an Kindesstatt oder als gemeinschaftliches Kind an Kindesstatt angenommen wird". Sie erklärt dann weiter, daß den Namen des

---

[1]) In Preußen hat, wenn das Amtsgericht die Befreiung von § 1744 abgelehnt, über die Beschwerde der Justizminister zu entscheiden (KG. 3. 4. 1925).

oder der Annehmenden der Vormund des Kindes angeben werde, und bittet endlich, eine Ausfertigung dem Verein L. zu erteilen. Dieser Wortlaut ergibt deutlich, daß damals ein bestimmter Annahmevertrag noch nicht in Frage kam, daß noch nicht feststand, welches Gericht gemäß § 66 FGG. für die Bestätigung zuständig sein würde, und ob die Annahme durch eine Einzelperson (§ 1441) oder als gemeinschaftliche durch ein Ehepaar (§ 1749) erfolgen würde und daß Verhandlungen mit bestimmten Personen noch nicht angeknüpft waren. Die Kindesmutter wollte anscheinend ihre Einwilligung, wie die beantragte Ausfertigung zeigt, dem Verein L. überlassen, damit er davon bei sich bietender Gelegenheit nach seinem Ermessen Gebrauch machen könnte....

**γ) Macht die Entschädigung der Mutter den Vertrag nichtig?**

OLG. Kiel, 1. ZS. Urteil v. 7. Juli 1927 (U. 55/27).

Ein Abkommen, durch das der Mutter für die Einwilligung in die Annahme ihres Kindes eine Entschädigung gewährt wird, verletzt im allgemeinen nach der in weiten Volkskreisen herrschenden Ansicht nicht die guten Sitten. Eine billige Entschädigung für den durch die Annahme herbeigeführten Verlust des Kindes wird sogar unter Umständen durchaus am Platze und keinesfalls mit dem Makel der Anstößigkeit belastet sein (RGKomm. § 1748[1], Staudinger § 1455 A b). Besondere Umstände, die hier das Rechtsgeschäft doch zu einem unsittlichen machen, hat der Beklagte nicht angeführt. Alles, was er behauptet: die Kägerin habe erst im letzten Augenblick eine Entschädigung von 1000 RM. gefordert, sie sei schon reichlich vom Kindesvater abgefunden gewesen, sie habe seine Liebe zum Kinde in unlauterer Weise ausgenutzt, genügt nicht. Gerade in den Kreisen, denen die Klägerin angehört — sie ist Hausgehilfin —, sieht man im allgemeinem durchaus nicht als sittewidrig an, wenn sich die Mutter eines unehelichen Kindes eine Geldsumme für ihre Einwilligung in die Kindesannahme von dem Abnehmenden zahlen läßt. Die Ansicht der beteiligten Kreise ist aber bei der Beurteilung eines Rechtsgeschäftes als eines sittlichen oder unsittlichen wesentlich mitbestimmend. In vielen Fällen wird es kühle Überlegung der Kindesmutter sein, die sie veranlaßt, die Zahlung einer Geldsumme zu verlangen. Häufig genug wird auch der Annehmende beim Vertragsschluß das Kind schon bei sich und liebgewonnen haben. Zumeist wird die Kindesmutter bei einem Verlangen einer Abfindung sich bewußt sein, daß sie durch die Ablehnung der Kindesannahme die äußere Lage ihres Kindes wesentlich verschlechtert. Derartige in der Natur der Sache liegende Erwägungen können noch nicht das Geschäft zu einem unsittlichen machen. Dr. B.p.

**δ) Annahme eines gemeinsch. Kindes als einheitlicher Vertrag.**

OLG. Hamburg, 1. ZS. Urteil v. 2. März 1927 (Bf. 49/27).

Am 4. 9. 1920 haben der Kläger A. und seine Frau mit dem Vormund des am 17. 7. 1920 außerehelich geborenen Beklagten den Vertrag geschlossen, inhalts dessen die Eheleute A. den Beklagten mit Einwilligung seiner Mutter als gemeinschaftliches Kind annahmen. Diesen Vertrag hat das Amtsgericht bestätigt und die VormBehörde genehmigt. Die Ehe des Klägers ist am 16. 5. 1924 geschieden, weil die Frau an einer Geisteskrankheit leide, die schon 1920 ihren Anfang genommen und die geistige Gemeinschaft zwischen den Eheleuten aufgehoben habe. Der Kläger, der eine zweite Ehe eingegangen ist, begehrt nunmehr die Feststellung, daß der Adoptionsvertrag nichtig sei. Das LG. hat abgewiesen; denn dem § 1749¹ sei nicht zu entnehmen, daß die Annahme eines gemeinschaftlichen Kindes ein einziger Vertrag sei, sondern besage nur, daß niemand das eheliche Kind mehrerer Personen sein könne, wenn diese nicht verheiratet seien oder gewesen seien. Diese Ausführungen treffen jedoch nicht zu. Beide Ehegatten haben zu Protokoll zunächst erklärt, sie beabsichtigten, den Beklagten als gemeinschaftliches Kind anzunehmen. Ebenso hat die Mutter des Kindes erklärt, sie willige darein, daß ihr Kind von den Eheleuten als gemeinschaftliches Kind angenommen werde. Ebenso sind beim Vertragschluß beide Eheleute — nicht etwa der Kläger allein — als Vertragschließende bezeichnet und haben wiederum erklärt, daß sie den Beklagten als gemeinschaftliches Kind annähmen. Demgemäß kann der Vertrag auch nur als einheitlicher angesehen werden. Er zerfällt nicht in zwei Verträge, d. h. in ein Abkommen des Klägers mit dem Beklagten und ferner in einen Annahmevertrag seiner ersten Frau mit dem angenommenen Kinde; besonders hat nicht etwa der Fall des § 1749² vorgelegen. Hieraus folgt, daß, wenn von den beiden Annehmenden der eine Teil geisteskrank war, dies nach § 139 grundsätzlich den ganzen Vertrag nichtig macht.... Daraus, daß der Kläger geäußert hat, er wolle wieder heiraten, oder er habe die neue Ehe nur geschlossen, damit das adoptierte Kind eine Mutter habe, ist keineswegs zu folgern, daß er seinerzeit die Adoption nicht als eine gemeinschaftliche angesehen wissen wollte oder daß er auch allein sie vorgenommen hätte. Hiernach war gemäß § 643 ZPO. festzustellen, daß zwischen den Parteien ein Eltern- und Kindesverhältnis nicht begründet ist und nicht besteht. V.

**ε) Darf der Vormund wegen Verschiedenheit des Bekenntnisses den Annahmevertrag ablehnen?**

Bayer. Oberstes Landgericht, Beschluß v. 14. Mai 1926.

Der evang. A. wünscht die minderjährige Elfriede O. an Kindesstatt anzunehmen und hat sich verpflichtet, sie in der kath. Religion ihrer Mutter erziehen zu lassen und sich der Kontrolle des Pfarramts zu unterwerfen. Trotzdem hat der Berufsvormund seine Zustimmung zum Abschluß des Adoptionsvertrages verweigert, da er durch diesen die religiös-sittlichen Interessen des Kindes für gefährdet erachte, das Amtsgericht hat ihn nach § 1886 entlassen, denn er setze sich dadurch, daß er die Vorteile, die dem Kind aus der Adoption erwachsen, unter einseitiger Betonung des konfessionellen Moments ablehne, in einen Gegensatz zu den Interessen des Mündels. Das LG. hat dagegen die Bestellung eines Pflegers nach § 1796 angeordnet. Die weitere Beschwerde ist begründet. Allerdings ist den Vorinstanzen darin beizutreten, daß die Verschiedenheit des Bekenntnisses für sich allein keinen Grund bilden kann, den Abschluß des Ausnahmevertrages zu verweigern. Allein nach § 33 JWG. ist die Anwendung des § 1886 auf die Amtsvormundschaft ausgeschlossen. Auf diese ist zwar der § 1796 anwendbar, er trifft aber nur den Fall, daß die Interessen des Vormundes und des Mündels in einer bestimmten Angelegenheit sich derart gegenüberstehen, daß der Vormund nicht geeignet erscheint, die Interessen des Mündels zweckentsprechend wahrzunehmen. Daran fehlt es hier, wo es sich lediglich um eine Meinungsverschiedenheit zwischen Vormund und VormGericht darüber handelt, ob eine bestimmte Maßregel, an der der Vormund nicht persönlich, sondern nur im Interesse des Mündels beteiligt ist, dem Mündel schädlich oder nützlich ist. Die einzige Möglichkeit, hier die Interessen des Mündels wahrzunehmen, bietet der § 44 JWG. Danach muß es, wenn die Kindesannahme dem Interesse des Mündels förderlich ist und der Amtsvormund den Vertragsschluß mit unzureichender Begründung verweigert, auch als den Interessen des Mündels förderlich angesehen werden, für eine anderweitige Vertretung des Mündels zu sorgen. Läßt nun § 44 die vollständige Ersetzung des Amtsvormunds zu, so erscheint es auch als zulässig, seine Vertretungsbefugnis nur für eine bestimmte Angelegenheit oder für einen bestimmten Kreis auszuschalten und hierfür einen Pfleger zu bestellen. Nach § 44a S. 3 ist aber vor der von Amts wegen ergehenden Entscheidung das Jugendamt zu hören.

**ζ) Ist der Vertrag nichtig, der das Kind zum ehelichen machen soll?[1])**

OLG. Hamburg, 1 ZS. Beschluß v. 2. Februar 1927 (F 11/27).

...Die Feststellung des LG., der Annahmevertrag solle der Angenommenen nur die Führung des Namens „R." ermöglichen, so daß sie künftig in ihren Papieren als Adoptivtochter des R. bezeichnet werde, daß aber die Parteien etwas weiteres als die Übertragung des Namens R. nicht beabsichtigt hätten, widerspricht dem Akteninhalte. Denn nach den von Anfang an abgegebenen Erklärungen ist der Zweck des Vertrages ausgesprochenermaßen, von der Angenommenen den Mangel der ehelichen Geburt, der in der Familie ihres Verlobten vielleicht als Makel gelten könnte, zu nehmen und sie zu einem ehelichen Kinde zu machen. Also nicht darauf kommt es den Vertragschließenden an oder doch gewiß nicht nur darauf, daß die Angenommene anstelle ihres Geburtsnamens einen bestimmten anderen Namen erhalte, sondern sie scheinen mit der vereinbarten Adoption erreichen zu wollen, daß die Angenommene die rechtliche Stellung eines ehelichen Kindes des Annehmenden erhalte, also dasjenige zu bezwecken, was nach § 1757 die Folge einer gültigen Annahme ist. Trifft dies zu, so wird zunächst zu prüfen sein, ob der Vertrag dann irgendwie noch als sittenwidrig gelten kann, selbst falls wirklich ein inniges Kindesverhältnis nicht hergestellt werden soll. Besonders wird auch zu untersuchen sein, ob dann noch auf Grund der gemachten Angaben zweifelsfrei festgestellt werden kann, ein wirkliches Eltern- und Kindesverhältnis solle nicht begründet werden, oder ob nicht der Annehmende und die Angenommene vielleicht nur gemeint haben, seine Begründung komme zur Zeit nicht in Frage, weil die Angenommene zunächst ins Ausland gehe (Warn. 1911 Nr. 3). B.

**η) Annahme eines deutschen Kindes durch im Auslande wohnende Ausländer. Randvermerk in der Geburtsurkunde.**

Kammergericht, ZS 1a. Beschluß v. 29. Oktober 1926 (X 808/26).

Die tschechoslowakischen Eheleute Lorand schlossen am 21. 1. 1924 vor dem

[1]) Keine Nichtigkeit bei gutem Glauben und lauterem Willen des Annehmenden: RG. 114 S. 338.

Notar in Berlin mit dem Vormunde der Ilse F., der 1921 in Frankfurt geborenen Tochter der Berta F. daselbst, nach Einwilligung der letzteren einen Vertrag dahin, daß sie die Ilse als gemeinschaftliches Kind annehmen und daß es hinfort nur noch den Familiennamen Lorand führen sollte. Sie beauftragten zugleich den Vormund, die Genehmigung des Vertrages, die gerichtliche Bestätigung und die standesamtliche Umschreibung zu beantragen. Nachdem das VormGericht am 2.2.1924 genehmigt hatte, beantragte der Vormund die Umschreibung des Mündels im Standesregister und überreichte eine Bestätigung des Vertrages durch das tschechoslowakische Justizmin. vom 18.9.1924. Das Standesamt in Frankfurt lehnte am 9.2.25 ab, weil die erforderliche Bestätigung des Vertrages durch ein inländisches Gericht fehle, auch nach dem Beschlusse vom 18. 9. 1924 Bedenken beständen, ob die Annehmenden berechtigt seien, sich „Lorand" zu nennen, und ob sie nicht vielmehr den Namen „Löwy" zu führen hätten. Der Vormund beantragte darauf am 16. 2. 1925 bei dem Amtsgericht Frankfurt, falls es dortseits notwendig erscheine, den Vertrag zu bestätigen, sonst aber anzuordnen, daß das Standesamt die durch die Adoption bedingte Änderung des Familiennamens „F." in „Lorand" — notfalls in Löwy — als Randvermerk einzutragen habe. Das Amtsgericht wies am 27. 2. 1925 gemäß § 11³ PStG. das Standesamt an, die Namensänderung F. in Ilse Lorand vorzunehmen. Dagegen hat das LG. auf Beschwerde des RegPräsidenten diesen Beschluß aufgehoben und die Anträge des Vormundes auf Berichtigung und Bestätigung abgewiesen. Die weitere Beschwerde der Eheleute Lorand ist begründet. Zutreffend geht das LG. davon aus, daß das Standesamt schon am 9. 2. 1925 die Beischreibung eines Randvermerks aus § 26 PStG. im Sinne des § 11³ abgelehnt hat. Demgemäß waren die — freilich inkorrekten — Anträge des Vormunds v. 16. 2. 1925 dahin zu verstehen, daß als Hauptantrag der Anweisung des Standesbeamten, einen Randvermerk über die Veränderung der Standesrechte einzutragen, gewollt war und daß als Hilfsantrag die Bestätigung des Vertrages gelten sollte, falls sie noch für nötig erachtet würde. Das Amtsgericht hätte daher von seinem Standpunkt aus anweisen müssen, einen (vom Gericht konkret zu formulierenden) Randvermerk über die Veränderung der Standesrechte (§ 26 PStG.) einzutragen. Die Fassung seiner Beschlußformel ist daher nicht richtig. Gegen die den Standesbeamten auf Grund des § 11³ anweisende Entscheidung stand der Aufsichtsbehörde die Beschwerde zu (vgl. RG. 102 S. 118). Das LG hatte also materiell zu entscheiden. Es hat nur die Anträge auf Berichtigung des Registers sowie auf Bestätigung des Vertrags abgelehnt. Bei dem Worte „Berichtigung" handelt es sich nur um ein Vergreifen im Ausdrucke; denn das LG. hat, wie die Gründe ergeben, richtig erkannt, daß keine Berichtigung nach §§ 65 ff., sondern ein Randvermerk nach § 26 auf dem Wege des § 11³ mit dem oben als „Hauptantrag" bezeichneten Antrage des Vormunds bezweckt wurde. Geht man nun davon aus, daß das Amtsgericht diesem „Hauptantrage", nur nicht in richtiger Fassung, stattgegeben hatte, so war das LG., wenn es aufhob, mit dem oben erwähnten Hilfsantrag (auf Bestätigung) nicht befaßt, da das Amtsgericht über ihn nicht formell (nur in den

Gründen) entschieden hatte und, weil es dem Hauptantrage (wenn auch nicht in zutreffender Form) stattgab, gar nicht entscheiden konnte. Das LG. hätte also, wenn es den Hauptantrag des Vormunds ablehnte, die Entscheidung über den Hilfsantrag dem Amtsgericht überlassen müssen. Die weitere Beschwerde hält aber die Entscheidung des LG. über den Hilfsantrag materiell für richtig und ficht sie nur für den Fall an, daß der Senat den Beschluß des Amtsgerichts nicht aufrechterhalten kann, wenn „die Ablehnung der Bestätigung" bestehen bleibt. Dies muß für den Fall, daß der „Hauptantrag" an das LG. zurückzuverweisen ist, dahin verstanden werden, daß die Entscheidung des LG. über den Hilfsantrag nur angefochten ist, falls der Senat eine Bestätigung des amtsgerichtlichen Beschlusses (mit der erforderlichen formalen Korrektur) durch das LG. nur dann für möglich hält, wenn auch dessen Entscheidung über den Hilfsantrag aufgehoben wird.

Das LG. führt zwar zutreffend aus, daß es an einem für die Bestätigung zuständigen deutschen Gerichte fehlt, wenn wie hier die Annehmenden Ausländer sind, die im Inlande weder Wohnsitz noch Aufenthalt haben. Eine Bestätigung des Vertrages vom 21. 1. 1924 durch ein deutsches Gericht kann also nicht in Frage kommen. Dagegen ist die Ansicht, daß dieser Mangel auch der Eintragung eines Randvermerks nach § 26 PStG. entgegenstehe, rechtsirrtümlich. Aus dem Grundgedanken des Art. 22[1] EG.BGB. folgt, daß die Kindesannahme, wenn der Annehmende eine ausländische Staatsangehörigkeit besitzt, nach den Gesetzen seines Heimatsstaats zu beurteilen ist (vgl. JFG. 1 S. 99). Handelt es sich dabei um ein deutsches Kind, so greift zu dessen Schutze nach Art. 22[a] die weitere Bestimmung Platz, daß zur Wirksamkeit der Annahme in Deutschland die nach den deutschen Gesetzen erforderliche Einwilligung des Kindes und seiner Verwandten unerläßlich ist, wenn die, im übrigen nach dem Heimatsrechte des Annehmenden zu beurteilende, Adoption vor den deutschen Gerichten Wirksamkeit erlangen soll (Staudinger 7 a zu Art. 22 EG.). Ergibt sich hiernach, daß die Adoption eines deutschen Kindes durch einen Ausländer in Deutschland wirksam sein kann, so ist nicht abzusehen, warum der Vermerk dieser Änderung im Geburtsregister des deutschen Kindes nicht zulässig sein sollte. Wie das Bay.ObLG. anläßlich der analog liegenden Ehelichkeitserklärung durch Verfügung einer ausländischen Staatsgewalt zutreffend ausgeführt hat (JFG. 1 S. 137, 139 ff.), enthält dann auch das PStG. keine Bestimmung, nach der die Eintragung von Randvermerken über Änderung von Standesrechten auf die Fälle beschränkt wäre, in denen es sich um eine auf Grund inländischen Rechts erfolgte und durch inländische öffentliche Urkunden nachgewiesene Veränderung handelt. Bei seiner an sich zutreffenden Bemerkung, daß der § 26 ebenso wie der § 55 PStG. sich nur auf inländische Rechtsverhältnisse bezögen, übersieht das LG., daß eine nach Art. 22 EG. in Deutschland *wirksame* Adoption *deutsche* Rechtsverhältnisse betrifft (RG. 88 S. 247). Für den Bereich des § 55 PStG. hat denn auch das RG. (88 S. 244) bereits entschieden, daß ein Randvermerk auf Grund eines im Inlande wirksamen ausländischen Scheidungsurteils zulässig ist. Der Hinweis des LG. auf die Schwierigkeiten, die für den Standesbeamten mit der Prüfung des einschlägigen zwischenstaatlichen und ausländischen Rechts verbunden seien, kann ebenfalls nicht durchgreifen (RG. 88 S. 250). Der Senat läßt deshalb mit dem ObLG. einen Randvermerk auf Grund einer nach ausländischem Recht erfolgten Standesveränderung zu, sofern die ausländische Staatsgewalt zu der von ihr getroffenen Verfügung nach den deutschen Gesetzen zuständig gewesen ist und diese Verfügung nach den deutschen Gesetzen für das Inland Rechtswirksamkeit erlangt hat. Vorliegend ist danach die Beischreibung eines Randvermerks nach § 26 zulässig, sofern die Adoption den maßgebenden Bestimmungen des Heimatsrechts des Annehmenden entspricht und auch die zugunsten des deutschen Kindes gegebenen Schutzvorschriften des Art. 22a EG. gewahrt sind. Das LG. kann also unter den erwähnten Voraussetzungen den amtsgerichtlichen Beschluß bestätigen, ohne daß seine die Bestätigung des Vertrages ablehnende Entscheidung aufgehoben zu werden braucht...

q) **Vormundschaft** [1]); α) **Anlegung einer Waisenrente.**

Kammergericht, ZS. 1a. Beschluß v. 18. Juni 1926 (X 540/26).

Der Vormund hat 252 RM. Waisenrente seines Mündels bei der Darlehnskasse e. G. m. unbeschr. H. eingezahlt. Die Vorinstanzen halten jedoch diese Anlegung nicht für mündelsicher und verlangen Einzahlung bei einer öffentlichen Sparkasse.... Allein sie hätten zunächst prüfen müssen, ob der Vormund nach § 1806 das Mündelgeld überhaupt verzinslich anlegen mußte. Wäre es zur Bestreitung von Ausgaben bereit zu halten, dann brauchte er es weder verzinslich noch mündelsicher anzulegen, und seine Einzahlung bei der Genossenschaftskasse wäre in keiner Weise zu beanstanden. Handelt es sich nicht um derartiges Geld, dann ist allerdings der Vormund zu mündelsicherer Anlegung nach §§ 1807, 1808 verpflichtet. Während der bisherige § 1811 dem VormGericht das Recht gab, aus besonderen Gründen eine andere Anlegung zu gestatten, hat jetzt das Ges. vom 23. 6. 1923 (RGBl. I 411) grundsätzlich eine abweichende anderweite Anlegung für zulässig erklärt, nur setzt es hierbei voraus, daß diese nicht den Grundsätzen einer wirtschaftlichen Vermögensverwaltung zuwiderläuft. Ob die Erlaubnis zu einer anderweiten Anlegung zu verweigern ist, hängt hiernach von den besonderen Umständen des einzelnen Falles ab. Selbstverständlich ist dabei auch in erster Linie die Sicherheit der Anlage zu prüfen, denn die Hingabe des Geldes an einen unsicheren Gläubiger wäre mit einer wirtschaftlichen Vermögensverwaltung nicht vereinbar. Ist sonach zwar besonderes

[1]) a) Die politische Richtung des als Vormund (Pfleger) Vorgeschlagenen hat grundsätzlich auszuscheiden; nur ausnahmsweise ist sie zu berücksichtigen, wenn für die Kinder des strenggläubigen und demgemäß auch politisch eingestellten Vaters, der zur zweiten Ehe schreiten will, ein ganz links eingestellter Auseinandersetzungspfleger bestellt wird (OLG. 4. 7. 1925, Samml. 24 S. 227). b) Ist der Amtsvormund ordnungsmäßig verpflichtet, so genügt dem § 1789 schriftliche Mitteilung der Bestellung im besonderen Fall unter Übersendung einer Bestallung und ausdrücklichem Hinweis auf das abgelegte allgemeine Gelöbnis (26. 5. 25, aD. 193).

Gewicht darauf zu legen, daß der Mündel dereinst wieder in den vollen Besitz seiner Gelder überhaupt gelangt, so ist es doch andererseits keineswegs erforderlich, daß über diese Gelder jederzeit verfügt werden kann und daß sie auf Verlangen sofort zurückgezahlt werden müssen. Diese Annahme des LG. ist nach dem Wortlaut und Sinn des neu gefaßten § 1811 nicht gerechtfertigt. Gerade nach den Grundsätzen einer wirtschaftlichen Vermögensverwaltung wird es häufig geboten sein, Gelder auf längere Zeit festzulegen, denn nur in diesem Falle sind für gewöhnlich größere Vorteile mit der Hergabe des Geldes verbunden. Kurzfristige oder jederzeit abrufbare Darlehen werden, die Sicherheit der Rückzahlung vorausgesetzt, in der Regel nur gering verzinst. Auch die in § 1807 vorgesehene Anlegung kennt nicht das Erfordernis der sofortigen Verfügbarkeit der angelegten Gelder. Gerade die dort aufgezählten Arten einer zulässigen Anlegung setzen eine längere Festlegung der Gelder voraus. Wollte das LG. aber die Sicherheit der Anlegung in Zweifel ziehen, dann wäre lediglich aus diesem Grunde die Erlaubnis zur Anlegung zu versagen. Ob eine solche Sicherheit gewährleistet ist oder nicht, bedarf gemäß § 12 FGG. sorgfältiger Prüfung unter Berücksichtigung aller in Betracht kommenden Umstände. Da hier die Genossen für die Verbindlichkeiten der Genossenschaft dieser sowie unmittelbar den Gläubigern mit ihrem ganzen Vermögen haften, so dürfte die vielleicht nicht allzu hohe Mitgliederzahl von 120 für sich allein nicht ohne weiteres die Besorgnis einer Gefährdung für die bei dieser Kasse angelegten Gelder von nur 252,29 RM. rechtfertigen, vielmehr wären zu einer Begründung einer solchen Annahme noch weitere Feststellungen nötig, z. B. daß die Geschäftsführung nicht einwandfrei sei, daß die Kasse erhebliche Schulden besitze und daß die Genossen unvermögende Leute seien.

**β) Ist der Erwerb von Geschäftsanteilen genehmigungspflichtig?**

Kammergericht, 1 ZS. Beschluß v. 7. Oktober 1926 (X 598/26).

Nachdem 1903 die Maschinenwerke GmbH. mit einem Stammkapital von 62 500 M. und drei Stammeinlagen von 59 500, 2000 und 1000 M. gegründet worden, erwarb 1911 der Direktor Josef Z. einen Geschäftsanteil von 1000 M. Nach der 1916 eingereichten Liste waren Gesellschafter: Josef Z. mit 16 500 M. und seine minderjährigen Kinder Andreas mit 30 000 M. und Ursula mit 16 000 M. Stammeinlage. In der Versammlung vom 19. 5. 1926, in der allein Josef Z. als Vertreter dieser sämtlichen Gesellschafter, deren Geschäftsanteile nach seiner Erklärung noch die gleichen waren, auftrat, und zwar für seine Kinder als deren gesetzlicher Vertreter, wurde die Umstellung der Gesellschaft auf 100 000 M. beschlossen und die Geschäftsanteile anderweit festgesetzt. Die Anmeldung ist mit Recht beanstandet. Die Vorinstanzen prüfen zunächst, ob der Erwerb der Geschäftsanteile durch die Geschwister Z. ein Rechtsgeschäft der §§ 1822, 1643 darstellt. Ist dies der Fall und die Genehmigung nicht erteilt, so ist der Abtretungsvertrag bisher nicht wirksam geworden (§ 1829); die Geschwister Z. sind daher noch nicht Gesellschafter und es ist der Umstellungsbeschluß nicht in einer ordnungsmäßig berufenen Versammlung gefaßt, da über die Einladung der bisherigen Inhaber der Geschäftsanteile nichts erhellt.

Ohne Rechtsirrtum unterwerfen aber auch die Vorinstanzen den offensichtlich entgeltlichen Erwerb der Geschäftsanteile im Hinblick darauf, daß es sich rund um $^3/_4$ des Stammkapitals handelt, dem § 1822 Nr. 3. Der Senat hat bereits in JFG. 3 S. 206 ausgesprochen, daß sich die Abtretung von Geschäftsanteilen einer ein Erwerbsgeschäft betreibenden GmbH. nach den Umständen des Einzelfalles als ein auf Veräußerung eines Erwerbsgeschäftes gerichteter Vertrag darstellen könne. An dieser Auffassung ist, auch gegenüber den von Hachenburg in JW. 1926 S. 600 erhobenen Bedenken, festzuhalten; eine Unterscheidung zwischen wissentlicher Umgehung und anderen Fällen entbehrt des inneren Grundes; denn entscheidend ist allein der Gesichtspunkt des ausreichenden Schutzes des Minderjährigen und dieser kann nicht bei Eintritt des gleichen wirtschaftlichen Erfolges zu einer verschiedenen Beurteilung führen, je nachdem, ob eine wissentliche Umgehung der Vorschriften beabsichtigt war, oder nicht. Etwaige praktische Schwierigkeiten aber können, auch wenn sie in größerem Umfange vorhanden sein sollten, was nicht anzuerkennen ist, die Auslegung des Gesetzes in jenem Sinne, die allein dem Sinne und Zwecke des Gesetzes gerecht wird, nicht beeinträchtigen. Wie für die Veräußerung muß sie aber aus den gleichen, in der früheren Entscheidung dargelegten Gründen auch für den Erwerb von Geschäftsanteilen gelten (vgl. auch Brodmann 6 zu § 2).

Die Genehmigung erweist sich aber auch aus § 1822 Nr. 10 als erforderlich. Nach KGJ. 44 S. 142 bedarf die Beteiligung eines Minderjährigen an der Gründung einer GmbH. der Genehmigung, weil er damit fremde Verbindlichkeiten übernimmt, wofür auf §§ 24, 31$^{3,4}$ GmbH. verwiesen wird. Die gleiche Haftung trifft auch den Minderjährigen, der nach der Gründung Geschäftsanteile erwirbt; die aus §§ 24, 31$^3$ folgenden Verbindlichkeiten aber fallen unter die in § 1822 Nr. 10 erwähnten „fremden Verbindlichkeiten“, zu denen auch künftige oder bedingte gehören, und es rechtfertigt sich die Anwendung des § 1822 Nr. 10 auf den Beitritt zu einer GmbH., weil der Begriff der „Übernahme einer fremden Verbindlichkeit“ weit auszulegen ist und auch die Fälle, in denen der Eintritt in eine fremde Schuld die gesetzliche Folge eines Rechtsgeschäfts ist, umfaßt. Der Genehmigung bedarf der Abtretungsvertrag, um dessen Wirksamkeit und Wirkungen es sich handelt. Ob sie ohne weiteres in einer Genehmigung der Umstellungsverhandlung, deren Beibringung das Registergericht anstelle der Genehmigung der Zessionen anheimstellt, zu finden sein müßte, kann dahinstehen; denn jedenfalls ist die Beschwerdeführerin dadurch nicht beschwert.

Hiernach kann ungeprüft bleiben die weitere Erörterung des LG., daß Josef Z. bei Fassung des Umstellungsbeschlusses seine Kinder im Hinblick auf § 181 nicht habe vertreten dürfen, besonders ob die Stimmabgabe, die jedenfalls eine einseitige Willenserklärung gegenüber der Gesellschaft ist, auch, wie § 181 es erfordert, als ein Rechtsgeschäft (vgl. RG. 68 S. 324) anzusehen ist. Rechtsirrig wäre es jedoch, wenn das LG. aus der Tatsache, daß es sich um eine Änderung des Gesellschaftsvertrages handelt, allein die Anwendbarkeit des

§ 181 ableiten wollte; eine derartige Änderung kann nicht etwa mit dem ursprünglichen Vertragsabschlusse verglichen werden, sondern ist das Ergebnis eines nach Stimmenmehrheit (wenn auch erhöhter) gefaßten Beschlusses, der sich, abgesehen von §§ 53 ff. GmbH., nach den allgemeinen Regeln richtet (Staub § 53[9]); nur wenn für die Abstimmung allgemein der § 181 anwendbar wäre, käme sie auch für die Satzungsänderungen in Betracht. — Nach der Sachlage kann auch dahingestellt bleiben, ob den Gesellschaftern bei der Umstellung bei Einstimmigkeit regelmäßig das Recht zuzugestehen ist (vgl. JFG. 3 S. 243, 248), ihre Anteilsberechtigung so zu regeln, als ob es sich um Gründung einer neuen Gesellschaft handelte, sie also die Anteile völlig unabhängig von den früheren bemessen könnten, eine Frage, die in ihrer allgemeinen Fassung der Beschluß (JFG. 3 S. 254) nicht entschieden hat (vgl. auch Abraham in JW. 1925 S. 218; Becker in Rdsch. für GmbH. 25 S. 447, 501).

**γ) Prüfung der Pflegschaftsanordnung? „Vermögen"[1]).**

Kammergericht, ZS. 1a. Beschluß v. 25. März 1927 (X 253/27).

In dem gegenwärtigen, die Vergütung betreffenden Verfahren ist die Rechtmäßigkeit der Pflegschaftsanordnung nicht nachzuprüfen; vielmehr wird der Anspruch des Pflegers auf die Vergütung dadurch nicht berührt, daß die Pflegschaft etwa ohne gesetzlichen Grund eingeleitet war (KG. 23. 11. 1923, 1a X 96/23). Dagegen ist unter „Vermögen" des § 1836[3] S. 2 nur das vom Pfleger (Vormund) verwaltete Aktivvermögen zu verstehen (KGJ. 45 S. 44). Es muß also nicht nur Vermögen vorhanden sein, sondern der Pfleger muß es auch verwaltet haben. Anscheinend hat hier der Pfleger die Werte, die das LG. als „Vermögen" bezeichnet, gar nicht verwaltet. Seine Tätigkeit hat sich im wesentlichen auf Empfang und Weitergabe der monatlichen Rente von 250 M. beschränkt, die unmittelbar für den Unterhalt des Mündels bestimmt war, wie das auch dem vom Gerichte bestimmten Wirkungskreise des Pflegers entspräche. Läge die Sache aber so, dann hätte die Rente, ähnlich wie das Ruhegehalt eines Pfleglings, eine besondere Verwaltung nicht erfordert und wäre deshalb nicht zum „Vermögen" zu zählen (vgl. RJA. 15 S. 267).

**δ) Anhörung des Vormundes im Verfahren des § 1886.**

Kammergericht, ZS. 1a. Beschluß v. 11. Dezember 1925 (X 1057/25).

Nachdem Anfang 1920 das Vormundschaftsgericht den Stiefvater T. zum Vormunde der beiden ersteheliehen Kinder bestellt hatte, hat es ihn 1925 aus dem Amt entlassen, weil er mit der Mündelmutter in Scheidung und von der Familie getrennt lebe. Das LG. hat die Frage, ob diese bloße Tatsache dem § 1886 genügt, unentschieden gelassen, und ihm wäre nicht entgegenzutreten,

---

[1]) a) Das VormGericht hat zwar die vom Vormund bei der Rechnungslegung gemachten Aufwendungen rechnungsmäßig und rechnerisch zu prüfen, darf aber nicht einen den Vormund und den Mündel bindenden Kostenfestsetzungsbeschluß erlassen (Bay. ObLG. 13. 11. 25, Samml. 24 S. 329).

b) In Bayern, wo die Taubstummenanstalten unter § 1838 fallen, kann das VormGericht den Vormund die Einschaffung des Mündels zur Erziehung anordnen und den Vormund dazu durch Geldstrafe anhalten (Bay. ObLG. 7. 5. 26, Samml. 25 S. 181).

wenn es sie verneint hätte. Denn nur dann, wenn sich aus jener Tatsache ohne weiteres die Frage ergäbe, daß ein ferneres gedeihliches Wirken des Vormunds ausgeschlossen wäre, könnte sie für § 1886 in Betracht kommen. Das ist aber mangels besonderer Umstände nicht anzunehmen, da sehr wohl denkbar ist, daß ein mit der Mündelmutter in Scheidung und von ihr und den Mündeln getrennt lebender Vormund sowohl willens wie in der Lage sein kann, das Amt als Vormund ordnungsmäßig und zum Wohle der Mündel auszuüben. Die tatsächlichen Feststellungen sind nun weder in Verbindung mit obiger Tatsache noch für sich allein geeignet, die Zurückweisung der Beschwerde zu rechtfertigen. Zwar ist im Verfahren aus § 1886 die Anhörung des Vormunds nicht ausdrücklich vorgeschrieben. Es ergibt sich aber aus der Natur der Sache, daß der Vormund, wenn tunlich, vor seiner Entlassung über die Anlaß gebenden Umstände zu hören ist (Staudinger BGB. §1886[4], Schlegelberger FGG. § 12[20]). Hier ist er aber weder in der Verhandlung vom 5. 10 1925 noch später über die vom LG. verwerteten Angaben der Mündelmutter gehört worden und ebensowenig hat es ihm Gelegenheit gegeben, sich zu der im Scheidungsprozesse gemachten Aussage des Mündels zu äußern, die es vielmehr ohne weiteres seinen Feststellungen zugrunde gelegt hat. Dieses Verfahren verstößt gegen § 12 FGG. Zur Ermittelung der Wahrheit und Vermeidung einer einseitigen Beurteilung war hier die Anhörung des Vormunds um so nötiger, als die Mündelmutter mit dem Vormund im Prozesse steht und der Mündel ein 13jähriges Kind ist, dessen Aussage wie Kinderaussagen überhaupt mit besonderer Vorsicht zu prüfen ist. Endlich kann auch die allgemeine Bemerkung des LG., der Vormund habe sich „nicht genügend" um die Mündel gekümmert, mangels Feststellung der konkreten Tatsachen nicht ausreichen.

**ε) Umfang der Pflichten des Vormunds nach § 1901.**

Kammergericht, ZS. 1a. Beschluß v. 28. Januar 1927 (X 40/27).

Das LG. stellt fest, der Mündel sei wegen seines Lungenleidens zum Teil bettlägerig und bedürfe nach dem ärztlichen Gutachten besserer Ernährung: besonders solle er täglich 2 Liter Vollmilch zu sich nehmen. Allerdings erheischt auch im Falle des § 1901[1] der Zweck der Vormundschaft, daß der Vormund die zur Pflege und Heilung des Mündels nötigen Maßnahmen trifft, und man wird dies nicht nur auf die unmittelbar mit dem Entmündigungsgrunde (hier der Geistesschwäche des Mündels) zusammenhängende Pflegebedürftigkeit, sondern auch auf den Fall körperlicher Erkrankungen des Mündels beziehen können. Allein eine Verpflichtung des Vormunds, zum Zwecke solcher Pflege aus dem Milchertrage seiner eigenen Wirtschaft dem Mündel gegen Bezahlung Milch zu liefern, besteht nicht. Ob der Vormund jene Milch veräußern will, steht in seinem freien Belieben, und der Mündel steht ihm insoweit nicht anders gegenüber wie irgendein Dritter. Daß der Vormund sich — allerdings vergeblich — bemüht hat, für den Mündel anderweitig Milch zu beschaffen, hatte bereits das Amtsgericht festgestellt.

Ohne Rechtsirrtum hält das LG. ferner den Vormund nicht für verpflichtet, sich täglich von dem Befinden des Mündels zu überzeugen. Auch insoweit dürfen die Pflichten des Vormunds nicht überspannt werden. Er muß sich zwar von Zeit zu Zeit vom Ergehen des Mündels persönlich überzeugen, braucht aber Bettlägerigkeit des Mündels nicht schon ohne weiteres als Anlaß zu persönlichen Besuchen anzusehen, und es ist in solchem Falle Sache des Mündels, ihn von dem Wunsche nach persönlichen Besuchen zu benachrichtigen. Daß hierzu der Mündel in der Lage war, hat das LG. ausdrücklich und einwandfrei damit begründet, daß der Mündel während seiner Krankheit sein Vieh von M. hat besorgen lassen, durch den er also dem Vormund etwaige Wünsche hätte mitteilen können.

**r) Nachprüfung der Zuständigkeit des Entmündigungsgerichts?**

Kammergericht, ZS. 1a. Beschluß v. 14. Mai 1926 (X 293/26).

An dem bereits in KGJ. 21 S. 209, 212 ausgesprochenen Grundsatze, daß der VormRichter nach der Einleitung des Entmündigungsverfahrens nicht mehr zu prüfen hat, ob es zu Recht eingeleitet ist oder fortgeführt wird, ist auch gegenüber den im Schrifttum vertretenen abweichenden Meinungen schon aus praktischen Erwägungen festzuhalten. Der VormRichter hat mit jener Einleitung zu rechnen und seinerseits zu prüfen, ob auf Grund dieser Tatsache Maßregeln zur Fürsorge für die Person oder das Vermögen des zu Entmündigenden zu treffen sind. Nachdem hier das Verfahren eingeleitet war, hatte mithin er und das an seine Stelle getretene LG. die Frage, ob das Entmündigungsgericht örtlich zuständig war, nicht zu prüfen. Auch im übrigen sind die Voraussetzungen des § 1906 gegeben, da das LG. einwandfrei festgestellt hat, daß die vorläufige Vormundschaft zur Abwendung einer erheblichen Gefährdung des Vermögens des zu Entmündigenden erforderlich ist.

Die Beschwerde rügt ferner, daß das Amtsgericht Berlin auch nicht das zur Anwendung des § 1906 BGB. nach § 36 FGG. örtlich zuständige Vorm.-Gericht sei. Allein hat das LG. die Vormundschaft sachlich zutreffend angeordnet, so ist eine Beschwerde mit dem Ziele der Aufhebung des bisherigen Verfahrens oder der vorläufigen Vormundschaft unzulässig (KGJ. 30 A. 4; JFG. 1 S. 38, 40). Das VormGericht, an das die Akten nunmehr zurückgelangen (vgl. KGJ. 42 S. 34, 35), wird nach der Vormundsbestellung unverzüglich von Amts wegen der Abgabe der vorläufigen Vormundschaft an das etwa örtlich zuständige sächsische Amtsgericht näherzutreten (KGJ. 42 S. 35) und bei Meinungsverschiedenheiten die Entscheidung der zuständigen Instanz nachzusuchen haben (KGJ. 30 A. 9)[1].

**s) Pflegschaft: α) wegen Widerstreits materieller Interessen.**

**Kammergericht, ZS. 1a. Beschluß v. 1. Juli 1927 (X 596/27).**

In dem Alimentenprozesse der minderjährigen Erika A. gegen den minderjährigen Hans N., vertreten durch seinen Vater, hat dieser behauptet, daß sein Vater mit der Mündelmutter innerhalb der gesetzlichen Empfängniszeit ge-

[1]) Das VormGericht hat bei Bestellung eines Pflegers aus § 1902 nicht sachlich das vorzunehmende Geschäft zu würdigen und, weil dieses dem Minderjährigen schädlich sei, die Pflegschaft abzulehnen (ObLG. 7. 5. 26, Samml. 25 S. 178).

schlechtlich verkehrt habe. Da der Vater hierüber solange nicht als Zeuge vernommen werden kann, als er im Rechtsstreit als gesetzlicher Vertreter auftritt, hat er die Bestellung eines Pflegers beantragt. Die Vorinstanzen haben dies abgelehnt, weil das Hauskind nach § 1909 einen Pfleger nur für Angelegenheiten erhalte, an deren Besorgung der Gewalthaber verhindert sei; möge auch dem Beklagten wünschenswert erscheinen, daß sein Vater als Zeuge in dem Rechtsstreite vernommen werde, und dürfe dieser demnach als gesetzlicher Vertreter in dem Prozesse als Zeuge nicht gehört werden, so verhindere dieser Umstand den Vater nicht in einer Angelegenheit, die ihm als Gewalthaber obliege; die Angelegenheit, die er vorliegend als Gewalthaber zu besorgen habe, sei die, seinen beklagten Sohn in obigem Rechtsstreite gesetzlich zu vertreten; darin sei er aber nicht behindert. Die weitere Beschwerde ist unbegründet. In dem von der Pflegschaft handelnden 3. Titel des Buches sind diejenigen Fälle, in welchen eine Pflegschaft statthaft ist, einzeln aufgeführt. Es handelt sich hierbei nicht um die Aufstellung allgemeiner Rechtsgrundsätze, sondern um fest abgegrenzte Einzelfälle. Abweichend von der VormO. § 90 hat eben das BGB. eine allgemeine Klausel, die das VormGericht ermächtigt, in allen Fällen eines nach seinem Ermessen vorhandenen tatsächlichen Schutzbedürfnisses eine Pflegschaft anzuordnen, nicht aufgenommen (Mot. 4 S. 1252; KGJ. 26 A 21). Daß nun eine Verhinderung des Vaters im Sinne des § 1909 kraft Gesetzes nicht gegeben ist, bedarf keiner Darlegung. Es kann sich daher nur fragen, ob etwa wegen Interessenkollision gemäß §§ 1630² S. 2, 1796 dem Vater die Vertretung des Sohnes im Prozesse entzogen werden müßte, so daß auf diese Weise ein Verhinderungsfall und damit die Voraussetzung für eine Pflegerbestellung entstände (vgl. OLG. 14 S. 272; 16 S. 36, 37; KGJ. 29 A 24; 31 A 10). Auch dies ist aber nicht der Fall. In Betracht kommt hier nach Lage des Falles gemäß § 1796² (§ 1630² S. 2) nur, ob das Interesse des Minderjährigen zu dem Interesse des Vaters in erheblichem Gegensatze steht. Das ist zu verneinen. Denken ließe sich nur daran, daß das Interesse des Sohnes dahin gehe, seine Behauptung von seinem Vater im Prozesse als Zeugen bestätigt zu erhalten, das Interesse des Vaters aber sei, den Sohn im Prozesse zu vertreten, und daß die Beförderung des einen Interesses nur auf Kosten des anderen geschehen könne (vgl. KGJ. 29 A 26). Allein dies bedeutet, wie bereits Weber (ZBl. FGG. 1911 S. 740) für den ähnlichen Fall der zum Vormund bestellten unehelichen Mutter zutreffend ausgeführt hat, keinen Widerstreit materieller Interessen, wie er in § 1796² vorausgesetzt wird. Die materiellen Interessen von Vater und Sohn kreuzen sich nicht, sind vielmehr die gleichen, nämlich die Abwehr des Unterhaltsanspruchs. Es liegt nach dem betreffenden Ausdrucke Webers nichts vor als eine „prozeßrechtliche Unvereinbarkeit", die eben die Anwendung des § 1796² nicht rechtfertigen kann.

**β) Beschwerde des ausländischen Mannes über die aus § 1910 für die Frau eingeleitete Pflegschaft.**

Kammergericht, ZS. 1a. Beschluß v. 18. Juni 1926 (X 509/26).

Das Amtsgericht hatte Ende 1924 auf Antrag der Eheleute A., die beide polnische Staatsangehörige sind, eine Pflegschaft über die Frau A. zur Besorgung ihrer Vermögensangelegenheiten, weil sie selbst hierzu infolge geistigen Gebrechens nicht in der Lage ist, gemäß § 1910 angeordnet und zum Pfleger den in Lodz ansässigen Vater der Frau A. bestellt. Den Antrag des Mannes v. 12. 10. 1925 auf Aufhebung der Pflegschaft, deren Voraussetzung fortgefallen sei, hat es am 11. 1. 1926 zurückgewiesen. Das LG. geht mit Recht davon aus, daß die Beschwerdeberechtigung des Mannes gegen die Pflegschaft aus § 1910 nach deutschem Rechte zu beurteilen ist, obschon beide Eheleute Ausländer sind; denn die das Beschwerderecht und Verfahren regelnden Vorschriften des FGG. finden auf alle, von einem deutschen Gericht angeordneten Vormund(Pfleg)schaften Anwendung, mögen sie einen In- oder Ausländer betreffen. — Von § 57 FGG. scheiden hier ohne weiteres die Nr. 3 und 9 aus . . .; es bleibt also nur der § 20 übrig. Nach seinem Abs. 1 ist ein unmittelbarer Eingriff in ein Recht des Beschwerdeführers erforderlich (RJA. 13 S. 69). Einen solchen Eingriff stellt jedoch die gemäß § 1910 erfolgte Bestellung eines Pflegers für die Vermögensangelegenheiten der Frau A. nicht dar. Dem Pfleger kommen an dem Vermögen der Frau nur die Rechte zu, die diese selbst hat; seine Bestellung hat also lediglich die Wirkung, daß er anstelle der Frau deren Vermögensangelegenheiten verwaltet. Das mag unter Umständen für den Mann bei der Ausübung seiner Rechte am Frauengut unbequem sein, da der Pfleger sich seinen Wünschen und Forderungen gegenüber vielleicht unnachgiebiger zeigen wird als die Frau selbst; gesetzlich bestehende Rechte des Mannes am Frauenvermögen werden jedoch dadurch nicht beeinträchtigt, vielmehr kann er seine Rechte an diesem Vermögen nach wie vor in der gleichen Weise geltend machen. Aus diesen Gründen ist bereits das Beschwerderecht des Mannes aus § 20 FGG. gegen die Bestellung eines Pflegers für die Vermögensangelegenheiten einer in Gütertrennung lebenden Frau verneint (RJA. 13 S. 69, vgl. RGKomm. § 1910[1]); auch das OLG. Dresden hat der Frau das Beschwerderecht über die abgelehnte Aufhebung einer Abwesenheitspflegschaft dann versagt, wenn der Antrag damit begründet war, daß der Pfleger namens des Mannes Rechte an einer der Frau zugefallenen Erbschaft geltend machte (Seuff. 66 S. 378). Vorliegend ist zwar aus dem Güterrechtsvertrage nicht klar ersichtlich, in welchem Güterrechte die Eheleute A. leben. Indessen kommt es hierauf nicht an, denn die Wirkungen einer von einem deutschen VormGericht angeordneten Pflegschaft sind nach dem Rechte des Staates zu beurteilen, dem die VormBehörde angehört, also nach deutschem Rechte (vgl. Staudinger, EG. Art. 23 Anm. 7 VI). Für das deutsche Güterrecht ist jedoch mangels entgegenstehender Vorschriften nicht bloß für den Fall der Gütertrennung, sondern ganz allgemein eine Beeinträchtigung der Rechte des Mannes am Frauengut durch die Bestellung eines Vermögensverwalters für die Frau gemäß § 1910 zu verneinen.

Auf Grund des § 20[2] FGG. ist ein Beschwerderecht gleichfalls nicht anzuerkennen, denn wenn auch der Mann seinerzeit mit seiner Frau die Pflegschaft beantragt hat, so war doch diese unabhängig vom Antrag beim Vorliegen der gesetzlichen Voraussetzungen, und ebenso ist sie nach § 1919 von Amtswegen aufzuheben. Ein Antrag der Pflegebefohlenen selbst, der nach § 1920 zur Aufhebung zwingen würde, liegt nicht vor. Das Amtsgericht wird jedoch von Amtswegen zu prüfen haben, ob die Pflegschaft entsprechend dem Art. 23² EG. eingeleitet ist; denn als „vorläufige Maßregel" kann eine seit Ende 1924 bestehende Pflegschaft nicht angesehen werden.

**γ) Pflegschaft über einen hier wohnenden Schweizer[1]).**

Kammergericht, ZS. 1 a. Beschluß v. 4. Februar 1927 (X 1190/26).

Das Amtsgericht B. hat die aus Verschulden des Mannes geschiedene Frau in B. als Pfleger für ihren minderjährigen Sohn bestellt, um dessen Unterhaltsanspruch gegen den Vater in Stuttgart (jetzt in Straßburg) geltend zu machen. Das LG. stellt zwar fest, daß das Kind, das sich mit Zustimmung des Vaters in B. bei der Mutter befinde, schweizerischer Staatsangehöriger sei. Es hat aber nicht erörtert, ob hier vorliegend nicht das auch im Verhältnisse zwischen dem Deutschen Reich und der Schweiz geltende Haager Abkommen vom 12. 6. 1902 (RGBl. 1904 S. 240, 1905 S. 716), besonders der Art. 7 anzuwenden ist, das innerhalb seines Bereichs dem Art. 23 EG. BGB. vorginge. Allein das Abkommen gilt nur für die Vormundschaft im eigentlichen Sinn, und darunter fallen nicht Maßnahmen zur Einschränkung der elterlichen oder väterlichen Gewalt, auch nicht die Pflegschaft oder die ihr etwa entsprechende Beistandschaft des Art. 392 Schweiz. ZGB. (vgl. Walker, Intern. Privatr. 1926 S. 790; Meili-Mamelok, Intern. Privat- und Zivilprozeßrecht 1911 S. 274). Auch auf Grund des Art. 7 kann daher ein Pfleger nur bestellt werden, wenn und soweit dadurch die Tätigkeit eines (noch nicht bestellten oder am Eingreifen verhinderten) Vormunds ersetzt werden soll, nicht aber in Fällen, in denen wie hier wegen Bestehens einer elterlichen Gewalt eine eigentliche Vormundschaft nicht in Frage kommt (vgl. Zitelmann, Intern. Privatr. 2 S. 935). Danach ist nunmehr auf Art. 23 EG. einzugehen. Aus dem Zusammenhange seiner Abs. 1, 2 ergibt sich, daß die Bestellung eines Vormunds oder Pflegers als vorläufige Maßregel (Abs. 2) ausgeschlossen ist, weil darin eben die Anordnung einer Vormundschaft oder Pflegschaft (Abs. 1) läge. Die Anordnung einer Pflegschaft für einen Ausländer ist „hier an die engeren Voraussetzungen des Art. 23¹ gebunden" (Zitelmann aO.; KGJ. 31 S. 49). Die Voraussetzungen des Abs. 1 sind aber bisher nicht festgestellt und auf Abs. 2 kann nach dem oben Dargelegten die Pflegschaft nicht gestützt werden. Sollte daher selbst, worüber aber das LG. konkrete Feststellungen nicht getroffen hat, die Mutter auf Grund ihrer Pflegerbestellung bereits prozessual ordnungsmäßig geklagt haben und deshalb im anhängigen Rechtsstreit der Vater an der Vertretung des Kindes kraft Gesetzes verhindert sein (vgl. KGJ. 31 S. 13), so gibt es doch keine vorläufige Maßregel, mit der das VormGericht für die Vertretung des Sohnes im Zivilprozesse sorgen könnte (KGJ. 27 S. 166). Die Pflegschaft kann nach alledem nicht aufrechterhalten werden.

---

[1]) Gegen Ausländer stehen dem deutschen Richter mindestens die Maßregeln als vorläufige zu, die im § 1666 BGB. zugelassen sind, gleichviel ob es sich um eheliche oder uneheliche Kinder handelt, auch wenn die Staatsangehörigkeit noch nicht festgestellt ist und sich die Anwendung des Haager Abkommens nicht übersehen läßt (ObLG. 16. 10. 26, Samml. 25 S. 369).

**t) Verkehrsregelung. Ort. Überwachungspfleger.**

Kammergericht, ZS. 1a. Beschluß v. 1. Juli 1927 (X 692/27).

In obiger Sache (S. 175) hat das LG. nach weiteren Ermittelungen den Verkehr dahin geregelt, „daß der Vater an jedem ersten Sonntag im Monat nachm. von 2 bis 5 Uhr in der Wohnung seiner Eltern mit dem Kinde zusammentreffen darf. Die Mutter hat zu diesem Zweck die Verbringung des Kindes dorthin zu veranlassen; die Rückschaffung liegt dem Vater ob. . . ." Allein der Verkehr findet nur statt, wenn der Vater mindestens eine Woche vorher der Mutter schriftlich Anzeige davon macht.

Für die Beschwerde werden keine Gebühren erhoben. Im übrigen treffen die Kosten den Betriebsleiter Karl Steffen. Gegen diesen Beschluß hat die Mutter weitere Beschwerde erhoben. Das Rechtsmittel ist zulässig und auf Grund gegebenen Beschwerderechts in gehöriger Form eingelegt. Ihm war auch der Erfolg nicht zu versagen.

Hinsichtlich des Orts des Verkehrs hatte die Mutter die Räume einer charitativen Vereinigung vorgeschlagen und erklärte, daß sie ein Zusammentreffen in der Wohnung von A. oder St. nicht dulde. Gleichwohl hat das LG. die Wohnung von St. (Eltern des Vaters) als Verkehrsort gewählt, weil das Band der Liebe und Anhänglichkeit, auf das auch der aus Alleinschuld geschiedene Ehegatte einen Anspruch habe, sich am ehesten stärken und festigen lasse, wenn sich Vater und Kind, da die Familie ihre Räume nicht zur Verfügung stellen wolle, bei den Eltern des Vaters, „im Kreis der Familie" treffen. Hierbei hat es zunächst schon die erforderliche Aufklärung unterlassen, aus welchen Gründen die Mutter sich gegen die Wahl der Wohnung St. als Verkehrsort gewendet hat. Läge die Sache z. B. so, daß sie mit den Eltern des Vaters in gespannten Beziehungen lebt, oder hätte sie für ihre Stellungnahme sonstige stichhaltige Gründe, so könnte ihr nicht zugemutet werden, den Verkehr an diesem Orte stattfinden zu lassen. Auch hat das LG. übersehen, daß der zur Personensorge berechtigten Mutter an erster Stelle die Entscheidung darüber zusteht, ob bei den Begegnungen des Kindes mit dem Vater ein Dritter zugegen sein darf, und daß sie das Recht hat, Begegnungen des Kindes mit andern, ihr nicht genehmen Personen zu verhindern. Zwar kann das VormGericht eine abweichende Anordnung treffen, wenn diese aus besonderen Gründen geboten erscheint oder der Widerspruch der Mutter sich als Rechtsmißbrauch oder Schikane darstellt (oben S. 176). In dieser Beziehung fehlt es aber bisher an jeder Aufklärung des Sachverhalts.

Die Zuziehung eines sog. Überwachungspflegers hält das LG. nicht für geboten. Es führt zwar aus, daß die Feststellungen des Scheidungsurteils „kein vorteilhaftes Bild vom Wesen und Charakter" des Vaters gewährten. Es unterläßt aber, der wichtigen Frage nachzugehen, wie denn der Vater sich bisher dem Kinde gegenüber verhalten hat. In dieser Beziehung hatte die Mutter vorgebracht, der Vater habe sich bislang um das Kind nicht im geringsten gekümmert und habe es im Sommer 1925 buchstäblich hungern und darben lassen, während er zur Bestreitung seines ehewidrigen Verkehrs Geld genug gehabt habe. Würden diese

Behauptungen bestätigt, so ergäben sie in Verbindung mit den schon hinsichtlich der Vertrauenswürdigkeit des Vaters getroffenen Feststellungen ein so bedenkliches Bild von der Persönlichkeit des Vaters, daß die Notwendigkeit, den Verkehr durch eine Vertrauensperson überwachen zu lassen, nicht von der Hand zu weisen wäre. Es ist hierzu keineswegs erforderlich, daß der Verkehr mit einer Gefahr für die körperliche Integrität des Kindes verbunden wäre oder daß die Befürchtung einer Entführung des Kindes gerechtfertigt erscheint. Vielmehr genügt, wenn dem Vater nach seiner Persönlichkeit und seiner inneren Einstellung gegenüber dem Kinde nicht das Vertrauen entgegengebracht werden kann, daß er ohne Beaufsichtigung den Verkehrszweck wahren werde. Dieses Vertrauen wird aber nicht am Platze sein, wenn zu den schon festgestellten Verfehlungen des Vaters noch der Umstand hinzutreten sollte, daß der Vater bisher keine Liebe und kein Interesse für das Kind gezeigt hat. Wenn er ferner, was das LG. als möglich hinstellt, wegen der Scheidung der Mutter übelgesinnt ist, so würde bei seinem Charakter durchaus die Befürchtung naheliegen, daß er das Kind in einem gegen die Mutter gerichteten Sinne zu beeinflussen suchen werde, was ebenfalls bereits eine Überwachung des Verkehrs rechtfertigen würde (vgl. KGJ. 30 A 45). Die hiernach gebotene weitere Aufklärung wird dann auch hinsichtlich der Zahl und Dauer der vorzusehenden Zusammenkünfte eine erneute Erörterung erforderlich machen.

**u) Randvermerk nach § 55 PStG. bei Ehen von Ausländern.**

Kammergericht, ZS. 1a. Beschluß v. 8. Juli 1927 (X 660/27).

Der Beschwerdeführer A. schloß 1924 hier vor dem Standesbeamten mit Wanda L. die Ehe; demnächst haben die Eheleute, die jüdischer Religion und türkischer Staatsangehörigkeit sind, die Ehe auch nach der Vorschrift der jüdischen Religion vor dem hiesigen Rabbinat geschlossen. Am 4. Juni 1926 beantragte A. beim Standesamt die Wiederauflösung seiner Ehe auf der Heiratsurkunde zu vermerken. Beigefügt war eine Bescheinigung des hiesigen Rabbinats, wonach vor ihm am 8. 6. 1925 die Scheidung zwischen den Eheleuten gemäß dem jüdischen Religionsgesetze vollzogen worden war, und des Großrabbinats der Türkei, das diese Scheidung anerkannte und bestätigte. Als das Standesamt die Eintragung ablehnte, erwirkte A. das am 23. 11. 1926 verkündete Urteil des hiesigen LG., dessen Formel lautet: „Die Ehe . . . ist rechtlich gelöst." Nachdem das Standesamt die auf Grund dieses Urteils beantragte Eintragung wiederum abgelehnt hatte, hat das Amtsgericht es zur Eintragung des Randvermerks angewiesen. Die weitere Beschwerde über die Aufhebung dieses Beschlusses ist begründet.

Das LG. führt aus: Als Grundlage eines Randvermerks nach § 55 PStG. kommt ein Feststellungsurteil nur für die Fälle einer Feststellung der Nichtigkeit, des Bestehens und des Nichtbestehens einer Ehe in Frage. Eine Ehe unter Lebenden werde, von der Todeserklärung nach § 1348 abgesehen, nur durch rechtskräftiges Scheidungsurteil aufgelöst, nicht aber durch ein Urteil, das die Auflösung der Ehe auf Grund anderweiter Tatsachen feststellte. In jedem Fall entbehre es einer rechtsgestaltenden Wirkung und sei für den Fortbestand der Ehe bedeutungslos. Allein eine Klage auf Feststellung des Bestehens oder Nichtbestehens einer

Ehe unter den Parteien (§§ $606^1$, 638 ZPO.) ist u. a. auch dann zulässig, wenn tatsächlich oder rechtlich zweifelhaft ist, ob eine formgerecht geschlossene Ehe aufgelöst ist; besonders gehört hierher das Bestehen oder Nichtbestehen einer Ehe im Hinblick auf die vom ausländischen Gericht ausgesprochene Scheidung (Stein-Jonas, ZPO. III 4 vor § 606; Warn. 1921 Nr. 35; RG. 102 S. 82, 109 S. 385 f.). Das auf eine solche Klage ergehende Urteil wirkt, sofern es bei Lebzeiten beider Ehegatten rechtskräftig wird, für und gegen alle (§ $629^2$ ZPO.). Es bedarf daher der Prüfung, ob es sich hier um ein solches Urteil handelt. In diesem wäre es, da § 55 PStG. unter der „Feststellung des Nichtbestehens" nichts anderes versteht als die §§ $606^1$, $629^2$, 638 ZPO., eine ausreichende Grundlage für einen entsprechenden Randvermerk. Zu dieser Prüfung reichen die bisherigen Feststellungen, die nur die Urteilsformel enthalten, nicht aus, zumal es weiterhin auch an einer hinreichenden Feststellung über die Rechtskraft des Urteils fehlt, das gegebenenfalls von Amtswegen zugestellt werden mußte. Die Rechtskraft des Urteils würde auch etwaige Mängel seines Inhalts decken (Stein I vor § 578) und für die Frage, ob ein Randvermerk nach § 55 PStG. einzutragen ist, eine Nachprüfung seiner Richtigkeit dem Standesbeamten verbieten (JFG. 1 S. 115; 2 S. 145). — Aber auch die weitere Auffassung des LG., vorliegend sei die Scheidung durch das hiesige Rabbinat ausgesprochen, dieses, nicht das die Scheidung bloß anerkennende und bestätigende Großrabbinat sei die Stelle, die die Scheidung ausgesprochen habe, ist nicht ausreichend begründet und bedürfte erforderlichenfalls genauer Nachprüfung, bei der sich das LG. nicht mit den von ihm erwähnten Bescheinigungen allein begnügen dürfte (vgl. Warn. 1921 Nr. 35 S. 41). Hat, was hiernach nicht auszuschließen ist, das Großrabbinat selbständig entschieden, als türkisches geistliches Gericht innerhalb der ihm nach türkischem Recht beiwohnenden Zuständigkeit die Ehe geschieden und handelt es sich dabei um ein rechtskräftig gewordenes Urteil, so stände keine in Deutschland vollzogene rituelle Ehescheidung, die freilich gegen § 76 PStG. und § $15^3$ GOG. verstieße, sondern ein Scheidungsurteil eines ausländischen Gerichts in Frage...

## 6. Jugendwohlfahrtsgesetz vom 9. Juli 1922.

### a) Eigene Ermittelungen des LG. über Beschwerdebehauptungen [1]).

Kammergericht, ZS. 1 a. Beschluß v. 30. Oktober 1925 (X 891/25).

Der Minderjährige Heinrich H. und sein Vater wurden am 30. 4. 1925 bei dem Transport gestohlener Kiefernwurzeln betroffen. Der Amtsanwalt hat mit Zustimmung des Jugendrichters gegen Heinrich das Verfahren gemäß § 32 JGG. „eingestellt", nachdem gegen ihn auf Ersuchen des Jugendrichters durch Beschluß des VormRichters gemäß §§ 5, 7 JGG. als Erziehungsmaßregel die Unterbrin-

[1]) a) Berichte von Organen einer Jugendfürsorgestelle genügen nicht dem § 12 FGG., wenn Beteiligte sachliche Gegenbeweise angeboten haben (ObLG. Samml. 25 S. 36, 73) oder wenn sie nicht auf eigener Wahrnehmung beruhen (aO. 36, 102).

b) Das Jugendamt darf die Amtsgerichte um Vernehmung über Anerkennung der Vaterschaft und Unterhaltszahlung ersuchen und über die Ablehnung nach FGG. beschweren (Rostock 11. 11. 25, JFG. 3 S. 34).

gung in einer guten Dienststelle angeordnet war. Das LG. hat auf die Beschwerde des Vaters dessen Behauptungen durch das zuständige Landjägeramt nachprüfen lassen und sodann die Beschwerde zurückgewiesen. Allein es hätte 1925 als unbegründet von der Anstellung eigener Ermittlungen über jene Behauptungen nur dann absehen dürfen, wenn es für die Frage, ob und welche Erziehungsmaßnahme gegen den Jugendlichen zu verhängen war auf eine nähere Feststellung der tatsächlichen Verhältnisse gar nicht ankam sondern diese Maßnahme entweder nur zwangläufig mit einem etwaigen Vorschlage des Jugendrichters übereinstimmend beschlossen oder unabhängig hiervon vom VormRichter völlig nach freiem Ermessen verhängt verden könnte. Beides trifft jedoch nicht zu.

Die Frage, ob gegen einen über 14 aber noch nicht 18 Jahre alten Jugendlichen, der eine mit Strafe bedrohte Handlung begangen hat, Erziehungsmaßregeln erforderlich sind, hat nach §§ 5, 6 allein der Jugendrichter zu prüfen. Hält er sie für nötig, so hat er sie entweder selbst anzuordnen oder auszusprechen, daß sie erforderlich sind, ihre Auswahl und Anordnung aber dem VormGericht zu überlassen, das alsdann eine Erziehungsmaßregel anordnen muß (§ 5²). Jener Ausspruch des Jugendrichters ist also für den VormRichter bindend, wie schon in der Begründung (Drucks. 1920/22 Nr. 5171 zu § 5, 6) mit dem Bemerken hervorgehoben wird, dem Gericht solle die Gewähr dafür geboten werden, daß etwas für die Erziehung des Jugendlichen geschehen würde. Eine Prüfung der Schuldfrage steht sonach regelmäßig dem VormRichter nicht zu. Ob man freilich aus der späteren Fortlassung der im Entwurf II § 5 vorgesehenen selbständigen Prüfungspflicht der Schuldfrage mit Hellwig (JGG. § 5⁷) folgern darf, der VormRichter müsse eine Erziehungsmaßnahme selbst dann anordnen, wenn er zu der Überzeugung gelange, daß der Jugendliche die Tat gar nicht begangen oder doch für sie nicht strafrechtlich verantwortlich gemacht werden könne, mag dahingestellt bleiben; denn keinesfalls darf er, solange die tatsächlichen Voraussetzungen noch dieselben wie z. Z. des Ausspruchs sind, von Erziehungsmaßnahmen absehen. Treten aber in der Zwischenzeit oder nach der Anordnung wesentliche Änderungen hinsichtlich der tatsächlichen Voraussetzungen zutage, dann ist auch der VormRichter berechtigt, den Ausspruch des Jugendrichters unausgeführt zu lassen oder, sofern er bereits Maßnahmen angeordnet hat, diese zu ändern oder aufzuheben. Diesen Standpunkt vertritt anscheinend auch die AVf. vom 20. 6. 1923 unter II 1 (JMBl. 450); desgl. Kiesow § 5⁵.

Welche der im § 7 aufgeführten Maßnahmen der VormRichter anwenden will, untersteht nur seinem pflichtgemäßen Ermessen. Hier ist er an einen etwaigen Vorschlag des Jugendrichters nicht gebunden. Nur darf er keine andere als eine der unter Nr. 1—6 in § 7 aufgeführten oder von der Reichsregierung auf Grund des § 7² für unzulässig erklärten Maßregeln anordnen, denn die Aufzählung im § 7 ist erschöpfend und keine bloße Anführung einzelner Beispiele (Drews-Sandré § 7¹; Kiesow § 5⁵, § 7²; Hellwig § 5⁷ § 7¹·²). Nach § 7³ ist das freie Ermessen nur insofern beschränkt, als die Voraussetzungen, die Ausführung und Aufhebung sowie das Erlöschen der Schutzaufsicht und der FE. sich nach dem JWG.

bestimmen und als die Reichsregierung bezüglich der anderen Maßregeln das Erforderliche mit Zustimmung des Reichsrats bestimmen kann, was bisher nicht geschehen ist. Im übrigen darf freilich auch hier das freie Ermessen erst dann geübt werden, wenn der Sachverhalt, zB. das sonstige Verhalten des Jugendlichen seine häuslichen Verhältnisse usw. ausreichend aufgeklärt ist. Ob eine solche Aufklärung ausreichend vorgenommen ist, ist im Beschwerdewege nachzuprüfen, da eine Erziehungsmaßregel nicht im Gnadenwege nach II 1 AVf. vom 20. 6. 1923 geändert oder aufgehoben wird. — Nach der Begründung zu § 7 decken sich die Erziehungsmaßregeln mit den nach §§ 1666 1838 BGB. zulässigen insofern, als jedenfalls alle Maßnahmen, die nach dem BGB. getroffen werden können, auch auf Grund des § 7 statthaft sind. Andererseits kann aber auch das VormGericht jede nach § 7 zulässige Maßnahme treffen, wenn diese nach dem BGB. nicht zulässig wäre. Zu beachten ist aber, daß die Maßnahmen des § 7 sich unmittelbar gegen den Erziehungsbedürftigen richten, ohne Rücksicht auf das Erziehungsrecht des Gewalthabers (Kiesow § 7²). Hiernach wäre das LG. verpflichtet gewesen, selbst gemäß § 12 FGG. alle diejenigen Umstände näher zu erörtern, die von entscheidender Bedeutung dafür sein konnten, ob gegen den Jugendlichen noch zur Zeit des Beschwerdebeschlusses grade die Unterbringung in einer Dienststelle oder vielmehr eine andere zulässige Maßnahme geboten und ausreichend war.

b) **Übertragung der Befugnisse der Altersvormundschaft auf einzelne Mitglieder.** Kammergericht, ZS. 1 a. Beschluß v. 18. Dezember 1925 (X 930/25).

Für den 1921 unehelich geborenen Karl S. ist der Stadtsekretär K. 1922 zum Berufsvormund bestellt worden. Am 3. 2. 1925 verlautbarte K. als gesetzlicher Vertreter des Kindes vor dem Amtsgericht in A. einen Kindesannahmevertrag, dessen Bestätigung das Amtsgericht unter Billigung des LG. versagte. Die weitere Beschwerde des Jugendamts ist nicht begründet. Die über das Kind geführte Berufsvormundschaft ging am 1. 4. 1924 gemäß §§ 27², 29¹ AG. JWG. als gesetzliche Amtsvormundschaft im Sinne des § 32 JWG. auf das Jugendamt über. Dieses war nunmehr berechtigt die Ausübung der vormundschaftlichen Obliegenheiten einzelnen seiner Mitglieder oder Beamten zu übertragen, die im Umfange der Übertragung zur gesetzlichen Vertretung der Mündel berechtigt sind. Nach der Satzung der Stadt A. § 10 haben die vom Magistrat beauftragten Beamten selbständig die Amtsvormundschaften des Jugendamts zu führen. Da der Magistrat den K. mit der Vormundschaft beauftragt hat, halten ihn die Vorinstanzen nicht zur gesetzlichen Vertretung des Kindes bei dem Annahmevertrag für berechtigt. Diese Auffassung erscheint zutreffend. Aus §§ 2/4, 7/9, 15, 16, 33, 39 sowie aus dem sonstigen Inhalt des JWG. und des Pr. AG. ergibt sich, daß zwar die Jugendämter Einrichtungen der Stadt- und Landkreise sind, daß ihre Aufgaben Selbstverwaltungsangelegenheiten der Gemeinden und Gemeindeverbände darstellen, daß Tätigkeit und Organisation sich im Rahmen der Gemeindeverfassungsgesetze zu bewegen haben und daß für die Verwaltung der Vorstand jener Körper verantwortlich ist (vgl. Pr. AusfAnw. II A. 2, 7), daß aber andererseits die Jugendämter selbständige Funktionen haben, die durch Reichs-

und Landesgesetz besonders geregelt sind. Lediglich aus diesen Vorschriften leiten sie ihre Rechte her und nicht, wie die Deputationen aus einem Auftrage des Magistrats, wie dies § 59 StädteO. v. 30. 5. 1853 bestimmt. Das Jugendamt ist also kraft Gesetzes unmittelbarer, selbständiger Träger von Rechten und Pflichten nach Art einer Behörde und hat deshalb weitergehende Rechte als eine städtische Deputation. Das vom Gesetze dem Jugendamt übertragene Recht, die Befugnisse zur Ausübung der Amtsvormundschaft auf einzelne seiner Mitglieder oder Beamten zu übertragen, kann daher nicht der Vorstand des Selbstverwaltungskörpers (Magistrat) ausüben oder ihm überlassen werden. Der angeführte § 10 der Satzung verstößt daher gegen das Gesetz. Daß K. leitender Beamter und Mitglied des Jugendamts ist, vermag die durch § 32 ausdrücklich vorgeschriebene Übertragung der Rechte durch das Jugendamt auf ihn nicht zu ersetzen. Eine stillschweigende Billigung oder nachträgliche Genehmigung des Jugendamts kann den Mangel nicht heilen, vielmehr muß im Interesse der Rechtssicherheit ein klarer Nachweis der Übertragung gefordert werden, da die betraute Persönlichkeit als gesetzlicher Vertreter des Mündels gilt und für dieses die folgenschwersten Rechtsgeschäfte schließen kann. Sie muß sich deshalb durch eine von dem Jugendamt ausgestellte, zweckmäßig auf die berichtigte Bestallung zu setzende Bescheinigung ausweisen (§ 37 JWG., § 29² AG. JWG.). — Ob ein ausdrücklicher nachträglicher Bestätigungsbeschluß des Jugendamts den Mangel heilen könnte, braucht hier nicht geprüft zu werden, da ein solcher Beschluß nicht behauptet ist. ...

c) **Örtliche Zuständigkeit für Bevormundung Minderjähriger[1]).**

α) Kammergericht, 1 ZS. 1 a. Beschluß v. 18. Januar 1926 (Gen. IV 1/26).

Die 1896 unehelich geborene Else K. war 1925 an verschiedenen Orten als Hausangestellte tätig und kam am 1. 9. 1925 nach Berlin (Wedding). Am 18. 11. 25 wurde sie dort von einem Knaben entbunden und zog bald darauf zu ihrer Mutter nach Neukölln. Auf Ersuchen des Jugendamts Berlin-Wedding hat ihm das dortige Amtsgericht eine Bescheinigung über den Eintritt der gesetzlichen Amtsvormundschaft erteilt und die Akten „zuständigkeitshalber" dem Amtsgericht Neukölln übersandt. Dieses erklärte sich für unzuständig, wurde aber gemäß § 5 FGG. als örtlich zuständiges Gericht bestimmt. Die örtliche Zuständigkeit des VormGerichts wird auch jetzt durch § 36 FGG. geregelt. Der § 35 RJWG. entscheidet nur die Frage, welches Jugendamt die Amtsvormundschaft zu führen hat (1 a Gen. IV. 1/24 und 1/25). Da die Mutter des Gerhard unehelich geboren ist, teilt sie ihrerseits nach § 11¹ S. 1 BGB. den Wohnsitz ihrer Mutter ohne Rücksicht darauf, daß sie volljährig geworden ist, es sei denn, daß sie vorher gemäß § 8 BGB. einen anderen Wohnsitz begründet hat. Dadurch, daß sie nach ihrer Volljährigkeit als Hausangestellte außerhalb ihres Wohnsitzes tätig gewesen ist, hat sie keinen neuen Wohnsitz begründet, da der Art. 14 § 1⁴ AG. z. BGB. noch zu Recht besteht. Durch den Aufruf des Rates der Volksbeauftragten vom 12. 11. 1918 (RGBl.

---

[1]) Der Geburt des unehelichen Kindes steht im Sinne des § 35 die Rechtskraft des Urteils gleich, das nach § 1596 BGB. die Unehelichkeit des Kindes feststellt (Bay. ObLG. 17. 7. 26, Samml. 25, S. 298).

1303) sind allerdings die GesindeO. außer Kraft gesetzt, und dies haben das Ges. vom 4. 3. 1919 (RGBl. 285) sowie der Art 178² RVerf. aufrecht erhalten. In dem Aufrufe handelt es sich aber nur um die Aufhebung der GesindeO., die gemäß Art. 95 EG. BGB.Geltung behalten hatten. Der Art. 14 AG., welcher Vorschriften über das Gesinderecht enthält, ist jedoch nicht aufgehoben worden (RGKomm. BGB. § 7¹).

Unter dem in Art. 14 AG. erwähnten „Gesindeverhältnis" ist jetzt das Hausangestelltenverhältnis zu verstehen. Selbst wenn man den Art. 14 § 1¹ als aufgehoben ansehen wollte, würde auf Grund allgemeiner rechtlicher Erwägungen anzunehmen sein, daß ein außerhalb ihres Wohnsitzes als Hausangestellter tätiges Kind in der Regel keinen neuen Wohnsitz begründet. Der Wohnsitz wird dadurch an einem bestimmten Ort erworben, daß sich der Betreffende dort ständig niederläßt. Bei der Eingehung eines Hausangestelltenverhältnisses fehlt es aber an der Absicht der ständigen Niederlassung, falls es nicht ausnahmsweise den Charakter einer dauernden Erwerbsstellung hat (RGKomm. aO., Rsp. 2 S. 71 u. 443, 3 S. 38). Elise K. ist an verschiedenen Orten als Hausangestellte tätig gewesen, ohne daß ihr Dienstverhältnis den Charakter einer dauernden Erwerbsstellung gehabt hat. Da sie mithin auch nach der Volljährigkeit den Wohnsitz ihrer Mutter geteilt hat, so ist nach § 11 BGB., § 36 FGG. das Gericht örtlich zuständig, in dessen Bezirk zur Zeit der Geburt des Kindes dessen Großmutter gewohnt hat; denn zu dieser Zeit ist die Anordnung der Vormundschaft erforderlich geworden.

β) OLG. Hamburg, 1. ZS. Beschluß v. 2. März 1927 (F 41/27).

Der Vater des Mündels ist nach der Scheidung seiner Ehe (1913) nach E. verzogen und wohnt jetzt dort. Das Kind ist bei der hier wohnenden Mutter des Vaters verblieben und dort aufgezogen. Die hiesige VormBehörde hat die vorläufige FE. des Kindes angeordnet und auf Grund des § 5 FGG. die Entscheidung des Senats angerufen, der das Amtsgericht E. für zuständig erklärte. Allerdings ist durch § 11 BGB. zwingendes Recht nicht gegeben und der Vater rechtlich in der Lage, einen von seinem Wohnsitze verschiedenen Wohnsitz des Kindes zu begründen. Solche Absicht bedarf aber, um für dritte Personen und Behörden wirksam zu werden, des erkennbaren Ausdrucks (KGJ. 38 S. 79). Der Umstand, daß der Vater rein tatsächlich das Kind der Fürsorge anderer in deren Wohnung überläßt, genügt keinenfalls als Ausdruck des rechtlichen Willens, daß der gesetzliche Wohnsitz des Kindes fortab unabhängig von dem väterlichen Wohnsitze und der Regel des § 11 BGB. sein solle. Eine solche Abänderung der gesetzlichen Norm muß in irgendeiner (wenn auch nur aus sonstigen Umständen) schlüssigen Form als rechtlich gewollt erkennbar gemacht werden. Andernfalls würde die (zumal in Streitfällen geschiedener Eltern bezüglich des gemeinsamen, nicht bei dem Vater befindlichen Kindes oft erforderliche) Bestimmung des örtlich zuständigen Vorm.-Gerichts bei Wohnungswechseln des Vaters und zumal des Kindes sicherer Grundlagen entbehren (vgl. § 11¹ S. 2: „rechtsgültig aufhebt"). Hier hat aber der Vater das Kind lediglich in Hamburg zurückgelassen und sich seit 1910 nicht mehr um es bekümmert. V.

**d) Bedeutung des § 39. Beschwerde nach § 28[1].**

Kammergericht, 30. 1 a. Beschluß v. 1. Mai 1925 (X 297/25).

... Das LG. nimmt zutreffend an, daß gegen die Entscheidungen aus § 39[2] Beschwerde zulässig ist (Drucks. 1920 Nr. 1666). Das Beschwerderecht des Kreisjugendamts B., das die Weiterführung nicht übernehmen will, folgt aus § 20[2] FGG. Auch die weitere Stellungnahme des LG. ist im Ergebnisse rechtlich nicht zu beanstanden. Da im Bezirke des die Vormundschaft führenden Jugendamts des Saalkreises vor dem 1. 4. 1924 eine Sammel(Berufs)vormundschaft bestanden hat, gilt gemäß §§ 27, 29 AG. JWG. die am 1. 4. 1924 auf das genannte Jugendamt übergegangene Vormundschaft über die Minderjährige Else seitdem als „gesetzliche Amtsvormundschaft" (§ 29[1] AG.). Sie fällt also unter die § 39 RJWG. und für dessen Anwendung genügt, wenn das die Vormundschaft führende Jugendamt gesetzlicher Amtsvormund ist (oder gemäß § 29 AG. als solcher gilt) und die Weiterführung durch das Jugendamt eines andern Bezirks im Mündelinteresse geboten ist. Nicht erforderlich ist, daß das ersuchte Jugendamt, falls das Kind in seinem Betriebe geboren wäre, gesetzlicher Amtsvormund geworden (§ 35) oder als solcher zu behandeln wäre (§§ 27, 29 AG.). Das Kreisjugendamt Bi. kann sich also der Weiterführung nicht durch den Hinweis entziehen, daß Elsa vor 1. 4. 1924 geboren sei und im Kreise B. vordem keine Sammel- oder Berufsvormundschaft bestanden habe. Es handelt sich hier um die Weiterführung einer seit 1. 4. 1924 als gesetzliche Amtsvormundschaft zu behandelnden Vormundschaft, mithin ist der Fall des § 39 gegeben.

**e) Gilt § 66 auch für die vorbeugende FE.?**

Bayer. Oberstes Landesgericht, ZS. Beschluß v. 17. Juli 1926 (III 66/25).

... Das LG. läßt dahingestellt sein, ob der § 63[1] Nr. 1 oder 2 gegeben sei, weil es da wie dort nicht angehe, die Unterstützungskosten der öffentlichen Fürsorge mit Hilfe der FE. abzuwälzen. Diese Auffassung ist nicht gerechtfertigt. Allerdings vermag die unklare Fassung zu Zweifeln Anlaß zu geben; allein die Entstehung und der Zweck rechtfertigen die Ansicht, daß der § 55, der überhaupt nur für die vorbeugende, nicht für die heilende FE. gilt, neben den sachlich-rechtlichen Voraussetzungen des § 63[1] Nr. 1 noch eine weitere solche Voraussetzung für die Zulässigkeit der vorbeugenden FE. bestimmt, nicht etwa nur das Verhältnis zwischen den Kostenträgern der öffentlichen Fürsorgepflicht und denen der FE. regeln wollte, was praktisch wenig Bedeutung hätte. § 55 steht im Abschnitt V und bestand ehedem aus den §§ 49—54, die durch die V. v. 13. 2. 24 (RGBl. 100) und die auf Grund ihres § 6 aufgestellten Reichsgrundsätze v. 4. 12. 24 und 7. 9. 25 ersetzt sind. Er hat aber durch diesen Ersatz seine Tragweite nicht geändert. Im Zusammenhange mit § 49/54 wollte er nach der Begründung des JWG. (Aktenstück Nr. 1666 S. 1264) feststellen, daß die Fälle, in denen besondere Aufwendungen durch die Entfernung des hilfsbedürftigen Minderjährigen erforderlich würden, nicht in den Bereich der FE. fielen. Die neuen Vorschriften über die Fürsorgepflicht erheischen keine andere Beurteilung. Danach muß § 55 dahin verstanden werden, daß eine vorbeugende FE. unzulässig ist, wenn keine besonderen Aufwendungen zum gedachten Zweck erforderlich werden (so Fichtl § 55 und KG.). Er wollte die Grenzlinien zwischen der FE. und der öffentlichen Fürsorgepflicht ziehen, das Verhältnis zwischen dem Eingreifen des VormGerichts vermittels Anordnung der (vorbeugenden) FE. regeln, nachdem schon durch den früheren § 49 JWG., wie jetzt durch den angef. § 6 geschehen, die öffentliche Unterstützungspflicht auf die Erziehung ausgedehnt worden war ... Das Eingreifen dieser Pflicht schließt aber nicht aus, daß das VormGericht Maßnahmen anderer Art im Rahmen der §§ 1631, 1666, 1838 treffen kann. Handelt es sich um die heilende FE., so kann unter Umständen das Eintreten der öffentlichen Fürsorgepflicht Veranlassung geben, die im § $63^1$ Nr. 2 bestimmte Voraussetzung, daß die FE. erforderlich sein muß, zu verneinen. Dies ist aber hier eine Ermessensfrage, eine sachlich-rechtliche Voraussetzung der heilenden FE. ist das Nichteintreten der öffentlichen Fürsorgepflicht nicht. Nach diesen beiden Richtungen spielt allerdings die Kostenfrage schon bei der Anordnung der FE. eine Rolle und ist insoweit nicht der Würdigung des VormGerichts entrückt.

j) **Vorläufige FE. und Schutzaufsicht. Verwahrlosung.**

a) Kammergericht, ZS. 1a. Beschluß v. 18. September 1925 (X 717/25).

Das Amtsgericht hat am 27. Juni 1925 auf Grund des § 63 Nr. 2 Minderjährige der FE. überwiesen, nachdem es bereits am 2. 2. 1925 auf Grund des § 67 ihre vorläufige FE. angeordnet hatte. Das LG. hat auf die von der Mutter gegen den Beschluß v. 2. 6. 1925 eingelegte sofortige Beschwerde diesen aufgehoben und die Schutzaufsicht angeordnet. Die weitere Beschwerde des Jugendamts rügt zunächst als einen „Formfehler", daß das LG. nicht auch den Beschluß v. 2. 2. 25 aufgehoben hat; sei aber dieser noch in Kraft, so könne die Schutzaufsicht nicht daneben bestehen. Allein das LG. war mit dem Beschlusse v. 2. 2. 25 gar nicht befaßt, konnte ihn also nicht aufheben; er tritt von selbst außer Kraft, sobald die endgültige Unterbringung rechtskräftig abgelehnt ist. In demselben Augenblick, d. h. mit der Rechtskraft dieses Beschlusses, wird auch erst die Schutzaufsicht wirksam. Das folgt aus § $29^2$ i. V. mit § 26 FGG. Die vorläufige FE. und die Schutzaufsicht lösen sich also ab.

Auch im übrigen geht das LG. zutreffend davon aus, daß die FE. erst als letztes und äußerstes Erziehungsmittel angeordnet werden dürfe. Es würdigt das Ermittelungsergebnis dahin, daß, wie bisher lediglich feststehe, die Minderjährige arbeitsscheu sei und einmal Sachen ihrer Eltern verschenkt habe. Dagegen sei nicht dargetan, daß sie häufig ihre Arbeitsstellen gewechselt und daß sie Geschlechtsverkehr gehabt habe. Daß sie abends mit jungen Burschen zusammenstehe, sei nicht so schwerwiegend, da es in diesen Kreisen häufiger vorkomme. Danach ist das LG. abweichend vom Amtsgerichte, das in sittlicher Beziehung bereits eine gewisse Verwahrlosung als bestehend angenommen hatte, zu dem Ergebnisse gelangt, daß von einer beginnenden sittlichen Verwahrlosung noch nicht gesprochen werden könne. Die Ausführung der Beschwerde, daß die FE. heute auch bei einer Verwahrlosung angeordnet werden könne, die sich noch „im ersten Stadium" befinde, übersieht, daß das LG. nicht nur einen „hohen", sondern überhaupt jeden „Grad" von Verwahrlosung verneint. Damit fällt der § $63^1$ Nr. 2, und daher erübrigt sich ein Eingehen auf die Frage, wie im Falle einer Verwahrlosung die „Notwendigkeit" der FE. nach § 63 Nr. 2 zu prüfen sei. Da auch der § 63 Nr. 1 bei dem gegebenen Sachverhalte nicht in Frage kommt, erweist sich mithin die Aufhebung des amtsgerichtlichen Beschlusses als rechtlich einwandfrei, während die Feststellungen des LG. ausreichen, um die Anordnung der Schutzaufsicht nach § 56 zu rechtfertigen [1]).

β) OLG. Karlsruhe, 1. ZS. Beschluß v. 17. Juni 1925 (22/25).

... Trotz der Verschiedenheit hinsichtlich der Voraussetzungen und des Verfahrens verfolgen beide Maßnahmen dasselbe Ziel der Fürsorge für das körperliche, geistige und sittliche Wohl der Minderjährigen. Von beiden Maßnahmen stellt sich aber die Schutzaufsicht als milder dar. Daraus folgt ohne weiteres, daß in dem Antrag des Jugendamts auf Schutzaufsicht kein Antrag auf FE. zu finden ist und daß, wenn das VormGericht diese für angebracht hält, es das Jugendamt nochmals hören muß. Umgekehrt hat aber das Gericht, das im Laufe des FEVerfahrens zu der Ansicht kommt, daß die Schutzaufsicht ausreicht, nicht das Jugendamt nochmals zu hören. Denn der Antrag auf FE. umfaßt jedenfalls auch die Schutzaufsicht. Es wird also wohl auch das LG., das im FEVerfahren zu entscheiden hat, auf Schutzaufsicht erkennen können, wenn es letztere zur Erreichung des Zwecks der Fürsorge für ausreichend erachtet. Der Umstand, daß das Verfahren, besonders auf Beschwerde, in beiden Fällen verschieden geregelt ist, kann kein Hindernis sein und das Ergebnis der zu treffenden Entscheidung nicht beeinflussen. Unbedenklich erscheint es jedenfalls dann, wenn es sich wie hier lediglich um eine vorläufige Maßnahme im FEVerfahren handelt. Hielt das LG. zwar mit dem VormGericht eine vorläufige Maßnahme für angebracht, die vorläufige FE. aber nicht für geboten, vielmehr die Schutzaufsicht für ausreichend, so könnte es erstere aufheben und auf letztere erkennen. Daß es die Schutzaufsicht nur als vorläufige Maßnahme und nicht als endgültige dachte, kann nach dem Inhalte des Beschlusses nicht zweifelhaft sein; es wollte dem Laufe des FEVerfahrens nicht vorgreifen. Badische Rechtspraxis.

g) α) **FE. jugendlicher Kinder. Körperliche Verwahrlosung.**

Kammergericht, ZS. 1a. Beschluß v. 7. Mai 1926 (X 406/26).

Auf den Antrag des Jugendamts, die 4 Kinder J. der FE. zu überweisen und zugleich die vorläufige FE. anzuordnen, hat das VormGericht den Eltern J. auf Grund des § 1666 BGB. das Recht der Personensorge entzogen, das Jugendamt als Sorgerechtspfleger bestellt und „den weitergehenden Antrag" zurückgewiesen. Die Beschwerde blieb erfolglos. Das LG. erachtet eine bereits erfolgte Verwahrlosung nicht als vorliegend; aber auch § 63 Nr. 1 sei nicht anwendbar. Der § 1666 BGB. sei zwar gegeben, auch sei die Entfernung der Minderjährigen aus ihrer bisherigen Umgebung erforderlich, dagegen sei bei ihnen die Unterbringung zur FE. nicht am Platze. Allein schon die An-

---

[1]) Das LG. kann an Stelle der vom VormGericht angeordneten vorl. FE. auf Schutzaufsicht erkennen, gleichwohl ob auch diese nur als vorläufige oder schon als endgültige Maßnahme gedacht ist (Bay. ObLG. 20. 12. 26, Samml. 25 S. 474).

nahme, daß eine Verwahrlosung noch nicht vorliege, ist in keiner Weise näher begründet. Es wäre rechtsirrtümlich, wenn das LG. etwa davon ausgegangen wäre, daß im Sinne des § 63 Nr. 2 nur ein sittliche Verwahrlosung in Betracht käme; auch eine körperliche Verwahrlosung genügt. Bei den älteren Kindern könnte übrigens auch sehr wohl bereits eine sittliche Verwahrlosung in Betracht kommen. Eine untere Altersgrenze für die FE. hat das Gesetz nicht vorgesehen, da sich die Möglichkeit der Unterbringung im frühesten Kindesalter nicht entbehren läßt [so auch ObLG. 17. 7. 26, Samml. 25 S. 297]. Letzteres gilt nicht nur für § 63[1] Nr. 2, sondern auch für Nr. 1. Auch hier gibt das LG. keine ausreichende Begründung und erörtert in keiner Weise, wie es sich die anderweitige geeignete Unterbringung ohne FE. vorstellt, ob namentlich dem im Falle bloßer Sorgerechtsentziehung zu bestellende Sorgerechtspfleger die dafür erforderlichen Mittel zur Verfügung ständen.

**ß) FE. einer verheirateten Minderjährigen.**

OLG. Darmstadt, 1. ZS. Beschluß v. 24. Februar 1927 (W 86/27).

Die Vorinstanzen haben die 16jährige Ehefrau B. gemäß § 63[1] Nr. 2 endgültig der FE. überwiesen. Die weitere Beschwerde des Jugendamts ist zulässig. Denn wenn das Gesetz dem Minderjährigen, seinem gesetzlichen Vertreter und seinen Eltern das Beschwerderecht nur für den Fall der Anordnung der FE. einräumt, die Antragsberechtigten und der FEBehörde aber nicht in dieser Weise beschränkt, so ergibt sich schon hieraus, daß es diesen in allen Fällen das Beschwerderecht gewähren will. Man kann auch nicht sagen, daß das JA. durch den Beschluß nicht beschwert sei, denn es hat öffentliche Interessen zu wahren und hat ein Interesse daran, daß auf FE. nur dann erkannt wird, wenn sie gesetzlich geboten und zulässig ist. Das Rechtsmittel ist jedoch unbegründet. Schon daraus, daß der Fall der Verheiratung einer Minderjährigen weder im RJWG. noch im JGG. überhaupt erwähnt wird, ist zu schließen, daß das Gesetz der Verheiratung nicht die Wirkung, die FE. auszuschließen oder zu beendigen, beilegen will. Jeden Zweifel schließt aber die Begründung zu § 7 JGG. aus: „Bei der Anwendung von Erziehungsmaßregeln gegenüber weiblichen Personen ist selbstverständlich auf die Tatsache der Verheiratung Rücksicht zu nehmen". Zu den Maßregeln, die hiernach auch gegen verheiratete Frauen für zulässig erachtet werden, gehört auch die FE. Das JGG. steht hier in engster Verbindung mit dem RJWG.; denn nach § 7[2] bestimmen sich die Voraussetzungen, die Ausführung und Aufhebung sowie das Erlöschen der Schutzaufsicht und der FE. nach dem RJWG. (so auch Blaum RJWG. (3) § 63[1]; Hellwig RJG. § 7[3]; Kiesow RJG. § 7[10]). Es bedarf keiner Entscheidung der in der Beschwerde aufgeworfenen Frage, ob dem Kinde ein Erziehungsanspruch mit einer bürgerlich- und einer öffentlich-rechtlichen Seite zusteht oder ob zwei selbständige Erziehungsansprüche bestehen. Die Ansicht, daß der Anspruch auf öffentliche Erziehung nur dann bestehe, wenn der Anspruch auf Familienerziehung durch die dazu Berufenen (Eltern, Vormund) nicht erfüllt werde, und daß, wenn er nach § 1633 BGB. durch die Verheiratung der Minderjährigen weggefallen sei, auch kein öffentlich-rechtlicher Anspruch mehr bestehe, läßt sich aus dem RJWG. nicht begründen. Es erkennt in § 1 einen öffentlich-rechtlichen Erziehungsanspruch an und erklärt ausdrücklich, daß das Recht und die Pflicht der Eltern, also der bürgerliche Erziehungsanspruch, dadurch nicht berührt werde. Es sagt weiter, daß öffentliche Jugendhilfe nur insoweit eintrete, als der Anspruch des Kindes auf Erziehung von der Familie nicht erfüllt werde, und daß sie auch hinter der Mitarbeit freiwilliger Tätigkeit zurücktrete. Damit ist nicht gesagt, daß die öffentliche Jugendhilfe von dem Bestehen eines bürgerlich-rechtlichen Erziehungsanspruchs abhängig sei. Unter dem „Anspruch" ist hier der durch das RJWG. verliehene Anspruch zu verstehen. Wird er von anderer Seite erfüllt, so ist für die Jugendfürsorge kein Raum. Nicht vom Erziehungsberechtigten, sondern von der Familie, der ein Erziehungsrecht nicht zusteht, ist die Rede. Auch aus § 63 RJWG. läßt sich jedenfalls hier, wo es sich um die Beseitigung der bereits eingetretenen Verwahrlosung handelt (§ 63[1] Nr. 2), nicht entnehmen, daß der öffentliche Erziehungsanspruch durch den Wegfall des bürgerlichen erloschen sei. Wenn die FE. zur Beseitigung der Verwahrlosung wegen Unzulänglichkeit der Erziehung erforderlich ist, wenn also die Erziehungsberechtigten versagt haben und versagen werden, so wird doch eine Besserung nicht deshalb gewährleistet erscheinen, weil der bürgerliche Erziehungsanspruch weggefallen ist. In solchen Fällen kann die öffentliche Erziehung erst recht geboten sein. Wr.

**γ) Bedeutung des „erforderlich" im § 63 Nr. 2.**

OLG. Hamburg, 1. ZS. Beschluß v. 21. April 1926 (F 22/26).

Die weitere Beschwerde des Jugendamts über die Ablehnung der FE. ist unbegründet. Richtig ist vielleicht, daß in einem Falle, in welchem die private Erziehung eines Minderjährigen nicht ausreicht, um eine bei ihm bereits eingetretene Verwahrlosung zu beseitigen und nur staatliche FE. Erfolg verspricht, das Gericht sie anordnen kann und muß. Daß das Gesetz dies aber schon gebiete, wenn sich auch nur die bisher erfolgte Erziehung als ungenügend erwiesen habe und daß nicht zu beachten sei, ob nicht noch die Möglichkeit einer anderweitigen erfolgreicheren privaten Erziehung bestehe, ist irrig. Weder Wortlaut noch Zweck des § 63 Nr. 2 zwingen zu einer derartigen Auslegung. Wäre er in dieser Weise zu verstehen, so würde sie in Fällen wie hier, wenn nämlich die Eltern geschieden sind und das verwahrloste Kind bislang bei dem schuldlosen Elternteil gewesen ist, für den anderen Elternteil eine häufig unverdiente Härte bedeuten und den § 1635[1] BGB., obwohl seine Anwendung an sich angemessen wäre, unanwendbar machen. Daß der Gesetzgeber solches gewollt habe, ist nicht anzunehmen; vielmehr kann dem § 63 Nr. 2 nur der Sinn beigelegt werden, daß, wenn überhaupt die private Erziehung durch einen Erziehungsberechtigten, vor allem auch die durch den anderen Elternteil als den bislang damit befaßten, nicht zu erreichen vermöge, daß der Minderjährige aus einer bei ihm schon eingetretenen Verwahrlosung errettet werde und hierzu nur noch staatliche Ersatzerziehung verhelfen könne, das VormGericht diese herbeiführen müsse. Nur erst, wenn die staatliche Indiehandnahme der Erziehung zur Beseitigung der Verwahrlosung „erforderlich" ist, also andere Erziehung versagt, besteht der Zwang der Anordnung der FE. Danach hat das LG. nicht das

Gesetz verletzt, wenn es entschieden hat, es sei zunächst zu versuchen, ob nicht die Unterbringung des Kindes bei der Mutter, die notfalls noch als Erziehungsberechtigte in Frage kommt, und die Leitung der Erziehung durch diese hinlänglich gut und wirksam sei, um das Kind vor weiterer Verwahrlosung zu bewahren und der schon vorhandenen Verwahrlosung abzuhelfen. . . . V.

**b) Müssen die Minderjährigen gesetzlich vertreten sein?[1])**

α) Kammergericht, ZS. 1a. Beschluß v. 9. Juli 1926 (X 403/26).

Die Vorinstanzen halten nicht für erforderlich, daß die Minderjährigen im FEVerfahren gesetzlich vertreten sind; der § 65² sei nur eine Sollvorschrift, die hier nicht ohne erhebliche Schwierigkeiten hätte befolgt werden können, während die Mußvorschrift in § 65⁵ noch jetzt, nötigenfalls durch öffentliche Zustellung, erfüllt werden könne. Diese Ausführungen verletzen das Gesetz. Die Ehe der Eltern ist wegen Verschuldens des Mannes geschieden, dessen Aufenthalt angeblich unbekannt ist, während die Mutter anderweit verheiratet ist. Ob der Vater aber überhaupt noch lebt, steht mangels irgendwelcher Nachforschungen nicht fest; jedenfalls ist er an der Ausübung der elterlichen Gewalt, besonders an der Vertretung der Kinder tatsächlich verhindert. Sein Recht kann, weil die Ehe geschieden ist, auch nicht die Mutter ausüben; zulässig wäre vielleicht eine Übertragung dieser Ausübung auf sie nach § 1685² BGB., sie ist jedoch nicht erfolgt. Ein Vormund oder Pfleger für die Kinder ist nicht vorhanden. Diese sind also tatsächlich nicht vertreten gewesen; denn der Umstand, daß ihr Vater vielleicht noch an einem unbekannten Orte lebt, genügt der vom Gesetze geforderten Vertretung des Minderjährigen im FEVerfahren in keiner Weise. Daß sie aber zwingend geboten ist, hat bereits für das frühere Ges. vom 2. 7. 1900 der grundlegende Beschluß vom 8. 1. 1911 (1 a. X. 1142/10) ausgesprochen. . . . Seine Erwägungen treffen für die jetzt geltende den §§ 62 ff. JWG. auch noch im wesentlichen zu, zumal diese den Vorschriften des früheren PrGes. fast durchweg nachgebildet sind. Allerdings ist die Wiederaufnahme des Verfahrens für den nichtgehörten gesetzlichen Vertreter jetzt fortgefallen, wofür den Eltern als solchen und ohne Rücksicht auf ihre Vertretungsbefugnis ein selbständiges Beschwerderecht gegeben ist. Im übrigen aber bestimmt auch jetzt § 65: daß der gesetzliche Vertreter gehört werden soll (Abs. 2), daß ihm der die FE. anordnende Beschluß zuzustellen ist (Abs. 5) und daß ihm gegen den Beschluß die sofortige Beschwerde zusteht (Abs. 6). Auch aus §§ 67, 72 a ist zu entnehmen, daß der Gesetzgeber davon ausgegangen ist, der Minderjährige müsse im FEVerfahren nach den Vorschriften des BGB. gesetzlich vertreten sein, sei es, daß er unter elterlicher Gewalt stehe, sei es, daß er einen Vormund oder Pfleger habe. Wenn das Gesetz davon spricht, daß das Gericht dem gesetzlichen Vertreter gegenüber bestimmte Handlungen vornehmen soll oder

---

[1]) a) Verlegt das Kind Wohnsitz und Aufenthalt während des Verfahrens, so ist das Pfarramt zu hören, in dessen Bezirk es in diesem Zeitpunkte wohnt oder sich aufhält (OLbG. 4. 2. 27, Bay Z. 23 S. 12).

b) § 65² erstreckt sich nicht auf das Beschwerdeverfahren, wenn sich das LG. auf neue Tatsachen stützt oder neue Beweise erhoben hat (OLG. Karlsruhe, 1. ZS. 5. 2. 25, Badische Rechtspraxis S. 18).

muß und daß diesem selbst bestimmte Rechte zustehen, so setzt es damit voraus, daß tatsächlich auch ein gesetzlicher Vertreter während des ganzen Verfahrens vorhanden ist und vorhanden sein muß. Keinesfalls ist etwa die Annahme begründet, daß die Vorschriften nur dann zur Anwendung kommen sollen, wenn, wie es regelmäßig der Fall sein wird, ein gesetzlicher Vertreter auch wirklich vorhanden ist. — Aus Inhalt und Zweck der angeführten Vorschriften, besonders aus der allerdings nur durch Sollvorschrift vorgeschriebenen Anhörungspflicht ergibt sich aber auch weiter, daß während des ganzen Verfahrens der Minderjährige gesetzlich vertreten sein muß und daß der etwaige Mangel einer solchen Vertretung nicht erst nach Abschluß des Verfahrens beseitigt werden darf. Denn der Vertreter wäre dann vor vollendete Tatsachen gestellt und nicht mehr in der Lage, die Interessen seinen Schutzbefohlenen im vollen Umfange zu wahren.

**β) Gleichzeitige Anordnungen aus § 65⁴ und aus § 67.**

Kammergericht, ZS. 1a. Beschluß v. 12. Juni 1925 (X 422/25).

Die Maßnahmen aus § 65⁴ und aus § 67 sind nach Zweck und Inhalt verschieden und voneinander völlig unabhängig; erstere bereitet lediglich die Entscheidung über die Anordnung oder Ablehnung der endgültigen FE. vor und ist eine reine Ermittelungsmaßnahme, die dem § 12 FGG. unterfällt als Bestandteil des ordentlichen FEVerfahrens. Die letztere ist dagegen eine schleunige Sicherungsmaßregel, bei der sich die tatsächliche Prüfung nicht auf das Vorliegen der für die endgültigen FE. aufgestellte Voraussetzungen (§ 63) und daher auch nicht auf die Erziehungsfähigkeit und die dafür vom medizinischen Standpunkt aus erheblichen Gesichtspunkte zu erstrecken hat. Deshalb darf die ärztliche Untersuchung oder Anstaltsbeobachtung nach § 65⁴ nicht als Durchführungsmaßregel der vorläufigen FE., wohl aber als Teil des ordentlichen FEVerfahrens gleichzeitig mit der schleunigen Sicherungsmaßregel des § 67 (vorläufige FE.) verfügt werden. An diesen in 1 a X 955/24 ausgesprochenen Grundsätzen ist festzuhalten. Schlössen sich die beiden Maßnahmen gegenseitig aus, so müßte nach Anordnung der vorl. FE. eine Anordnung aus § 65⁴ für unzulässig erachtet, mindestens aber angenommen werden, daß, wenn die Anordnung aus § 65⁴ nach der aus § 67 erfolgt, die letztere ganz oder für die Dauer der Anstaltsbeobachtung — höchstens 6 Wochen — aufgehoben werden müßte, ein Ergebnis, das abzulehnen wäre. Aus dem Umstande, daß während der Anstellungsbeobachtung die Gefahr der (weiteren) Verwahrlosung regelmäßig nicht bestehen wird, kann daher auch kein Grund gegen die gleichzeitige Anordnung der beiden Maßnahmen entnommen werden. Die Anordnung aus § 67 ist in diesem Falle dahin zu verstehen, daß während ihrer Dauer die Ermittelungsmaßnahme aus § 65⁴ als Teil des ordentlichen FE.-Verfahrens — nicht etwa als Durchführungsmaßregel der vorläufigen FE. — stattzufinden hat. Bei dieser Sach- und Rechtslage ist nicht ersichtlich, inwiefern der Gesichtspunkt, daß wohl die Kosten der vorl. FE., nicht aber die aus § 65⁴ von der FEBehörde zu tragen seien, gegen die gleichzeitige Anordnung der beiden Maßnahmen sprechen könnte. Im übrigen ist bereits in 1 a X 955/24 darauf hingewiesen worden, daß die Kostentragung bei der Frage, ob eine gleichzeitige Anordnung der beiden Maßnahmen zulässig und im einzelnen Fall angezeigt erscheint, überhaupt keine ausschlaggebende Rolle spielen könnte [1]).

**γ) Keine vorläufige FE. [2]), wenn die endgültige nicht mehr rechtzeitig anzuordnen ist.**
Kammergericht, ZS. 1 a. Beschluß v. 8. April 1927 (X 349/27).

Im Verfahren aus § 67 braucht die Erfolgsaussicht (§ 63²) nicht geprüft zu werden (JFG. 3 S. 94). Es genügt, daß das eingeleitete FEVerfahren zur Anordnung der endgültigen FE. führen kann, also nicht von vornherein aussichtslos erscheint, und außerdem Gefahr im Verzuge vorliegt, d. h. mit dem Aufschube der Unterbringung bis zum Abschlusse des Verfahrens die dringende Gefahr der (weiteren) Verwahrlosung der Minderjährigen verknüpft ist (vgl. JFG. 2 S. 115). Diese Voraussetzungen liegen hier vor. Stände freilich bereits fest, daß die endgültige FE vor der Vollendung des 20. Lebensjahres der — am 21. 5. 1907 geborenen — Minderjährigen nicht mehr angeordnet werden kann, so wäre auch für die vorläufige FE. kein Raum mehr (vgl. KGJ. 38 S. 108). Allein entscheidend ist hier der Zeitpunkt, in dem das LG. über die gegen die Anordnung der endgültigen FE. erhobene Beschwerde beschließt. Hat also in diesem Zeitpunkte die Minderjährige das 20. Lebensjahr noch nicht vollendet, so kann nicht darauf, daß sie nach Erlaß des Beschwerdebeschlusses 20 Jahre alt geworden istse, eine weitere Beschwerde gestützt werden. Die Frage, ob auch der Senat noch vor Vollendung des 20. Jahres entscheiden könnte, ist danach auszuscheiden. Die Möglichkeit aber, daß das LG., noch bevor die Minderjährige diese Altersgrenze erreicht, zur Entscheidung über die endgültige FE. gelangen kann, ist hier gegeben....

**i) α) Aussetzung des Beschwerdeverfahrens bei Verneinung einer Verwahrlosung.**
Kammergericht, ZS. 1 a. Beschluß v. 5. Februar 1926 (X 40/26).

Das Amtsgericht hat am 21. 11. 1925 aus § 63 Nr. 2 die 17 jährige Anna B. der FE. überwiesen, nachdem schon vorher am 28. 8. 1925 aus § 67 die vorläufige FE. angeordnet worden war. Das LG. hat den Beschluß v. 21. 11. 25 aufgehoben und das Verfahren auf $^1/_2$ Jahr ausgesetzt. Es nimmt eine Verwahrlosung der Minderjährigen nicht an; ebensowenig seien in der Person des Vaters die Voraussetzungen des § 1666 BGB. gegeben. Allein sah es darnach die Voraussetzungen für die FE. nicht als vorliegend an, so mußte es sich darauf beschränken, den Beschluß vom 21. 11. 1925 aufzuheben; denn für eine Aussetzung des Verfahrens war unter diesen Umständen kein Raum mehr, weil es von seinem Standpunkt aus mangels Anwendbarkeit des § 63¹ Nr. 1 u. 2 die Beschwerde des Vaters für begründet erachten mußte. Lagen aber die Voraussetzungen für eine Aussetzung vor, so durfte es wiederum den Beschluß v. 21. 11. 1925 nicht aufheben, sondern nur das Beschwerdeverfahren aussetzen, und es mußte nach Ablauf der Frist die nötigen Ermittelungen selbst anstellen, um alsdann über die Beschwerde zu entscheiden. Der eingeschlagene Weg läuft auf die unzulässige Be-

---

[1]) Nach § 65 Abs. 7 bildet der Umstand, daß möglicherweise einmal der Aufenthalt des Mündels wechselt, keinen Grund gegen die Übernahme der Vormundschaft; das FEVerfahren kann nur gleichzeitig mit dieser abgegeben werden (ObLG. 4. 6. 26, Samml. 25 S. 222).

[2]) Für diese müssen die Voraussetzungen der §§ 55, 63 mindestens glaubhaft gemacht sein (Bay. ObLG. 21. 10. 26, Samml. 25, S. 379).

endigung der Beschwerdeinstanz durch einen Aussetzungsbeschluß hinaus (vgl. KG. v. 27. 2. 25, 1 a. X. 145/25). Im Falle der Aussetzung des Beschwerdeverfahrens hätte das LG. aber den Beschluß des Amtsgerichts vom 28. 8. 1923, weil, wenn eine Aussetzung am Platze ist, „Gefahr im Verzuge" nicht mehr vorliegen kann (KGJ. 48 S. 48; Beschluß v. 27. 3. 25, 1 a. X. 172/25), aufheben und gleichzeitig Schutzaufsicht anordnen müssen (§ 66³). Das LG. hat aber nichts darüber festgestellt, wie sich der Vater den erziehlichen Bedürfnissen der Tochter gegenüber verhalten hat und wie er sich verhalten mußte. Ergäbe sich, daß insofern eine das Wohl der Tochter gefährdende schuldhafte Vernachlässigung vorliegt, § 1666 BGB. also eingriffe und zur Verhütung der Verwahrlosung (sofern eine solche noch nicht besteht) die Entfernung der Minderjährigen aus ihrer bisherigen Umgebung erforderlich ist, so fragt sich weiter, ob eine geeignete Unterbringung im Wege der FE. notwendig ist. Das wäre, da die Minderjährige bereits in erwerbsfähigem Alter steht, zu verneinen, wenn dem erzieherischen Bedürfnisse durch Unterbringung in einer geeigneten Dienststelle genügte; denn diese könnte nach Sorgerechtsentziehung durch den Sorgerechtspfleger bewirkt werden. Nach der ständigen Rechtsprechung des Senats ist § 63¹ Nr. 1 gegenüber bereits erwerbsfähigen Minderjährigen deshalb regelmäßig nur anwendbar, wenn eine planmäßige Anstaltserziehung, wie sie nur die FE. bietet, erforderlich ist, um den erzieherischen Bedürfnissen zu genügen (KG. v. 1. 5. 25, 1 a. X. 286/25). Ob diese Voraussetzung hier zutrifft, bedarf gleichfalls eingehender Prüfung.

Aber auch die Frage, ob — bei Unanwendbarkeit des § 63¹ Nr. 1 — die Nr. 2 anzuwenden wäre, ist eingehender zu prüfen. Wenn das LG. trotz Geschlechtsverkehr und Unwahrhaftigkeit der Minderjährigen und trotz ihres Hanges „immer, wieder fortzulaufen", eine Verwahrlosung noch nicht für vorliegend erachtet, so ist nicht erkennbar, ob es nicht etwa davon ausgegangen ist, daß § 63 Nr. 2 eine bereits vorgeschrittene Verwahrlosung erfordere. Eine solche Auffassung wäre zu mißbilligen, da die Nr. 2 unter „Verwahrlosung" auch eine erst im Anfangsstadium befindliche versteht. Vor weiterer Klärung läßt sich aber auch noch nicht beurteilen, ob eine Aussetzung am Platze ist, die sich nur darstellen kann als die Festsetzung einer Bewährungsfrist zur Gewinnung eines abschließenden Urteils über die Notwendigkeit der FE. (KG. 1 a. X. 145, 172. 25).

**β) Berechnung der zweijährigen Aussetzungsfrist.**

Kammergericht, ZS. 1 a. Beschluß v. 26. November 1926 (X 1068/26).

Das Amtsgericht hat am 1. 3. 1925 aus § 66 das FEVerfahren auf 1 Jahr ausgesetzt; am 1. 12. 1925 aber diese Aussetzung aufgehoben und auf Grund des § 63¹ Nr. 2 die FE. angeordnet. Auf die Beschwerde der Mutter hat das LG. am 19. 10. 1926 das Verfahren auf 1 Jahr ausgesetzt und während der Dauer der Aussetzung die Schutzansicht angeordnet. Die weitere Beschwerde des Landesdirektors ist unbegründet. Allerdings darf die Gesamtdauer der Aussetzung, mag das Amtsgericht oder das LG. sie ausgesprochen haben, den Zeitraum von 2 Jahren nicht übersteigen. Keineswegs ist etwa eine Instanz ohne Rücksicht auf die von der anderen bewilligte und bereits verflossene Aussetzungsdauer befugt, eine weitere, die Höchstgrenze von 2 Jahren überschreitende Frist zu gewähren. Gegen diesen Grundsatz verstößt aber das LG. nicht. Beschluß des Amtsgerichts ist allen Beteiligten — der Minderjährigen, ihrer Mutter, dem Jugendamt und dem Beschwerdeführer als Vertreter der FEBehörde — am 3. 12. 1925 zugestellt und damit nach § 16[1] FGG. wirksam geworden. Hieran wurde durch die Beschwerde der Mutter nichts geändert, denn gegen die Aufhebung der Aussetzung stand ihr ein Beschwerderecht überhaupt nicht zu (1 a. X. 143/26). Zweck einer solchen Beschwerde könnte nur sein, den Fortgang des ordentlichen Verfahrens zu hindern. Das ist aber nach dem Gesetz nicht zulässig, vielmehr steht die Beschwerde den Eltern nach §§ 65[6], 67 immer nur gegen die das Verfahren endgültig oder vorläufig abschließenden Entscheidungen zu. Die Beschwerde konnte sich daher nur gegen die endgültige Anordnung der FE. richten und hatte nach § 65[6] nur insoweit aufschiebende Wirkung. Bis zum Wirksamwerden des Aufhebungsbeschlusses vom 1. 12. 25 waren also nur etwa 9 Monate verflossen. Aber auch abgesehen hiervon konnte sich die Wirkung des Beschlusses vom 1. 3. 1925 höchstens auf ein Jahr, beginnend mit der Zustellung an die Beteiligten, erstrecken, sofern nicht das Gericht diese Frist verlängerte. Ausdrücklich ist dies bis zum 19. 10. 26 nicht geschehen, und von einer stillschweigenden Verlängerung, sofern sie überhaupt zulässig wäre, kann schon deshalb keine Rede sein, weil durch den Beschluß vom 1. 12. 25 die frühere Aussetzung ausdrücklich aufgehoben ist und das Ermittelungsverfahren fortging. Die Zeit aber, welche erforderlich ist, um Ermittelungen darüber anzustellen, ob nach Ablauf oder Aufhebung der ersten Aussetzung eine weitere Aussetzung angezeigt war oder ob das Verfahren fortzusetzen ist, kann schon deshalb als „Aussetzung" nicht mehr in Frage kommen, weil das Gericht während dieser Zeit wiederum eine auf den Abschluß des Verfahrens gerichtete Tätigkeit entfaltet, die nur ausnahmsweise und „aus besonderen Gründen" (§ 66) zu einer weiteren Verlängerung der Aussetzung führen soll. Wollte man auch diese Zeit als „Aussetzung" ansehen, dann würde unter Umständen bei längerer Dauer der Nachforschungen dem Minderjährigen die ihm vom Gesetz zugedachte Bewährungszeit von insgesamt 2 Jahren unbilligerweise verkürzt werden. Daß die Frist rein kalendermäßig, beginnend vom Tage des Wirksamwerdens des ersten Aussetzungsbeschlusses ab gerechnet werden soll, ist weder nach dem Wortlaut noch nach dem Zweck und Absicht des Gesetzes anzunehmen. Zu beachten ist nach § 66 S. 3 lediglich, daß die Aussetzung nicht über das vollendete 20. Lebensjahr des Minderjährigen hinaus sich erstrecken darf; das trifft aber hier nicht zu.

**γ) Ist eine mehr als zweimalige Aussetzung zulässig?**

Kammergericht, ZS. 1 a. Beschluß v. 23. April 1926 (X 349/26).

Das Jugendamt hat gegen den 1908 geborenen August W. die FE. beantragt, nachdem über ihn bereits die Anordnung der Schutzaufsicht gemäß dem JWG. verhängt war. Im Einverständnis mit dem Jugendamt hat das VormGericht das Verfahren zunächst durch Beschlüsse auf 18 Monate und schließlich vom 9. Februar bis 16. Mai 1926 aussetzt. Gegen letzteren Beschluß hat der Landeshauptmann sofortige Beschwerde erfolglos erhoben. Seiner weiteren Beschwerde darüber, daß das LG. eine mehr als zweimalige Aussetzung für unzulässig erachtet hat, ist zuzugeben, daß der Wortlaut des § 66¹ mit dieser Auslegung an sich vereinbar sein mag. Keineswegs schließt er aber eine andere Auslegung aus; der Absicht und dem Zwecke des Gesetzes wird vielmehr die gegenteilige Ansicht gerecht, die auch der Senat bisher stets stillschweigend gebilligt hat. Durch § 61¹ soll nur eine zeitliche Begrenzung der Dauer für die Aussetzung gegeben und ausgedrückt werden, daß das Verfahren immer nur auf bestimmte Zeit, nicht aber unbefristet ausgesetzt werden darf. Das ergibt sich deutlich auch aus der Begründung (Drucks. 1920 Nr. 1666 S. 1271). Daß eine Verlängerung der ersten Aussetzungsfrist, die regelmäßig höchstens ein Jahr betragen soll, hiernach nur noch einmal zulässig ist, ist aus dieser, vom Gesetzgeber selbst gegebenen Erläuterung nicht zu entnehmen. Nach der Absicht des Gesetzes soll die FE., weil sie tief in das Verhältnis des Minderjährigen zu seinen Eltern und seiner Familie eingreift und in vielen Fällen ein vollständige Loslösung von der Familie zur Folge hat, nur dann zur Anwendung kommen, wenn alle anderen in Betracht kommenden Möglichkeiten der Einwirkung erschöpft sind (Pr. AusfAnw. VI 4). Der VormRichter soll also, bevor er das äußerste und stärkste Erziehungsmittel anwendet, die Möglichkeit haben, dem Minderjährigen und seinen Eltern nochmals Gelegenheit zu geben, durch Änderung ihres bisherigen Verhaltens und Umgestaltung der sonstigen Lebensverhältnisse die Anordnung der Schutzerziehung zu beseitigen. Da es hierzu in der Regel längerer Zeit bedarf, hat das Gesetz auch die Dauer der Aussetzung auf die Höchstzeit von zwei Jahren bemessen. Wie im übrigen der Vorm.-Richter diesen Fristraum zerlegen will, bleibt seinem pflichtgemäßen Ermessen überlassen, nur muß er nach § 66¹ letzter Satz beachten, daß das Verfahren nicht über das vollendete 20. Lebensjahr hinaus ausgesetzt werden kann. Je nach den Umständen wird er daher die Dauer der einzelnen Aussetzung zu bemessen haben, um sich ein richtiges Bild über die weitere Entwicklung des Minderjährigen und über die Notwendigkeit der FE. machen zu können. Reicht die zu diesem Zwecke gesetzte erstmalige Frist nicht aus, die freilich nicht zu kurz bemessen sein darf, dann ist er nicht gehindert, die Frist so oft bis zu der höchst zulässigen Dauer von zwei Jahren zu verlängern, bis er bestimmt feststellen kann, ob die nach § 63¹ Nr. 1 oder 2 erforderlichen Voraussetzungen nunmehr gegeben sind oder nicht. Die Ansicht des Beschwerdeführers würde dahin führen, daß das Verfahren zunächst regelmäßig auf ein Jahr und daß es dann nochmals ebenfalls auf ein Jahr ausgesetzt wird, ohne daß die besonderen Umstände des Falles die erforderliche Berücksichtigung finden. Außerdem würde bei kürzerer Bemessung der einzelnen Aussetzungsfrist dem Minderjährigen und seinen Eltern nicht die volle Bewährungsfrist von zwei Jahren zugute kommen.

**δ) Hat im Falle des § 72² der Landesdirektor zu entscheiden? Beschwerderecht.**
Kammergericht, ZS. 1a. Beschluß v. 26. Juni 1925 (X 531/25).

Das Amtsgericht in Beuthen (O/Schl.) hatte rechtskräftig 1918 den 1910 geborenen Georg B. aus § 1 Nr. 3 Pr. Ges. v. 2. 7. 1900 der FE. überwiesen. Nachdem der Landeshauptmann der Provinz Oberschlesien ein Gesuch des Vaters auf vorzeitige Entlassung seines Sohnes aus der FE. zurückgewiesen hatte, hat das um Entscheidung angerufene VormGericht aus formellen Gründen eine Abänderung dieses Bescheides abgelehnt, weil nur der ProvAusschuß über das Gesuch des Vaters hätte entscheiden dürfen. Die Beschwerde des Landeshauptmanns ist als unzulässig verworfen, weil er nicht beschwert werde. Allein er beansprucht für sich das Recht, über Anträge auf vorzeitige Aufhebung der FE. gemäß § 72² JWG., § 21¹ AG.JWG. zu entscheiden. Das Amtsgericht hat dieses Recht nicht bloß in den Gründen verneint, sondern auch in der Formel seines Beschlusses ausdrücklich hervorgehoben, daß es nur „aus formalen Gründen" den Antrag des Vaters zurückweise. Die Formel, die aus den Gründen zu erläutern ist, besagt also, daß das Amtsgericht die im Verfahren aus § 72³ ihm zustehende Entscheidung nur deshalb ablehnt, weil die dafür vom Gesetz geforderte Grundlage, nämlich ein ablehnender Beschluß der FEBehörde noch nicht vorliegt. Demgegenüber muß der Beschwerdeführer befugt erscheinen, die Frage seiner Berechtigung endgültig klarzustellen, da anzunehmen ist, daß das Amtsgericht auch in anderen gleichliegenden Fällen seinen Rechtsstandpunkt aufrecht erhalten und damit die Durchführung des Aufhebungsverfahrens unmöglich machen würde, sofern der Antragsteller seinerseits auf Ausübung des Beschwerderechts verzichtete und sich darauf beschränkte, erneute Anträge bei der als zuständig bezeichneten Stelle einzureichen, die wiederum dem Beschwerdeführer zur Entscheidung zugeleitet würden. -- Die Beschwerde ist als die einfache anzusehen, da ein die FE. aufhebender Beschluß des Amtsgerichts gemäß § 72³ JWG., § 21¹ AG. ist überhaupt noch nicht ergangen und lediglich gegen einen solchen Beschluß die sofortige Beschwerde gegeben ist.

Die Beschwerde ist auch **begründet**. Allerdings sind nach der ProvO. v. 29. 6. 75/22. 3. 81 in Verbindung mit den Gesetzen v. 14. 10. 19, §§ 1, 2, 4, 5, v. 14. 1. 21, v. 25. 7. 22 § 2 C, § 4 und v. 25. 7. 23 der ProvAusschuß und der Landesdirektor „nicht wesenseins", wie das Amtsgericht ausführt. Vielmehr wird zur Verwaltung der Angelegenheiten des ProvVerbandes für jede Provinz ein ProvAusschuß gebildet, dessen Mitglied zwar der Landesdirektor von Amts wegen ist, dessen Vorsitz er jedoch nicht führen kann. ... Nach §§ 57, 87 ist somit der Landesdirektor kraft Gesetzes als geschäftsführendes Organ des nicht ständig versammelten Ausschusses zur Erledigung der diesem durch § 72³, JWG. §§ 21, 18 AG. übertragenen Geschäfte der FEBehörde berechtigt. Bereits nach früherem Pr. Recht beruhte diese Geschäftsführung innerhalb der Provinzial- und Bezirksverbände bei dem Landesdirektor (vgl. Schmitz, FG.⁵ § 14³). Die Denkschrift zum AG. JWG. § 19 (Drucks. 1921/23 Nr. 5396) wollte es bei der früheren Ordnung belassen, nach der der Landesdirektor in der hier fr. Provinz anerkanntes Organ für die Durchführung der FE. gewesen ist.

Hinzu kommt, daß in einer vom oberschles. Prov.Ausschuß am 20. 1. 25 beschlossenen und vom ProvLandtag am 26. 1. 25 bestätigten Anweisung des Prov.-Verbandes für die Ausführung der FE. ausdrücklich bestimmt ist, daß die endgültige Entlassung aus der FE. vor beendeter Minderjährigkeit ... durch den Landeshauptmann erfolgt (§ 12). Hiermit stehen auch die vom Pr. Wohlfahrtsmin. erlassenen AusfBest. unter VI Nr. 3, 15, 30 im Einklang, die freilich nur für die Verwaltungsbehörden, nicht aber für die Gerichte bindend sind [1]).

## 7. Erbrecht.

### a) „Berufungsgrund" des § 1944. Kenntnis des Wahlrechts.

Kammergericht, 1. ZS. Beschluß v. 28. Januar 1926 (X 32/26).

Nachdem A. am 26. 8. 23 ohne letztwillige Verfügung verstorben war, beantragte seine Witwe auf Grund der notariellen Verhandlung vom 13. 5. 25 einen Erbschein dahin, daß sie alleinige Erbin ihres Mannes geworden sei. In einer zweiten Verhandlung v. 23. 6. 25 hat sie ihren Antrag ausdrücklich auf das BGB. gestützt mit der Erklärung, daß sie als Erbe nach Märkischem ProvRecht die Erbfolge nach dem BGB. wähle. Die Vorinstanzen haben jedoch mit Recht angenommen, daß sie die in Art. 46 § 3 Pr. AG. gestattete Wahl nicht rechtzeitig ausgeübt habe. ... Sie will das Bestehen jenes ProvRechts für ihre Ehe und die Notwendigkeit einer Wahlerklärung, um zum Erbrecht nach BGB. zu gelangen, nicht gekannt haben. Hieraus ergibt sich aber noch nicht das Vorliegen eines beachtlichen Irrtums und einer daraus folgenden Unkenntnis von dem Anfall oder dem Berufungsgrunde. Dafür, daß sie nicht alsbald von dem Tode ihres Mannes Kenntnis erhalten hätte, ist keinerlei Anhalt gegeben. Es kann sich also nur fragen, ob durch ihren Irrtum ihre Kenntnis vom Berufungsgrunde beeinträchtigt worden ist: das ist zu verneinen. „Berufungsgrund" des § 1944 sind Gesetz oder Verfügung von Todes wegen, wobei jedoch das Gesetz nicht in seiner allgemeinen Eigenschaft als rechtsordnende Einrichtung in Frage kommt, sondern „derjenige Tatbestand, der nach der Rechtsordnung geeignet und erforderlich ist, ein Erbrecht, sei es hinsichtlich des ganzen Nachlasses, sei es zu einem bestimmten Bruchteil zu erzeugen" (JFG. 1 S. 146). Berufungsgrund für die Witwe ist also ihre Eigenschaft als Frau des Erblassers, die in Verbindung mit der gesetzlichen Anordnung des Ehegattenerbrechts ihre Erbberechtigung schafft. Auch über diesen Tatbestand hat

---

[1]) a) Das Bay. JAG. v. 20. 7. 1925 Art. 37 hat das sofortige vormgerichtliche Aufhebungsverfahren gewählt (Abs. 1), in diesem die Anhörung der Anstalt, in der der Minderjährige untergebracht ist, vorgeschrieben (Abs. 2) und gegen den Beschluß, der die Aufhebung ablehnt, dem Antragsteller die sofortige Beschwerde gegeben. Diese Abs. 2, 3 sind rechtswirksam; die Anhörung der Anstalt ist zwingend und wird durch die Einholung eines „Führungsberichts" nicht erfüllt. Ebensowenig befreien die Erhebungen der FEBehörde das VormGericht von der ihm nach § 12 FGG. obliegenden Verpflichtung (Bay. ObLG. 23. 11. 1926, Samml. 25 S. 428).

b) Hat, nachdem die Eltern selbst die Aufhebung beantragt und begründet hatten, der Vater allein die Beschwerde mit sachlichen Äußerungen eingelegt, so ist beiden Eltern ausreichendes Gehör gewährt (11. 8. 26 aO. 316).

c) Haben die Voraussetzungen der FE. von vornherein nicht vorgelegen, so ist die weitere Ausführung der FE. als zwecklos aufzuheben (14. 3. 27, Z. 23 S. 196).

d) Für die Akteneinsicht fehlen besondere Vorschriften, deshalb ist § 34 FGG. maßgebend und sie danach vornehmlich dann zu verweigern, wenn dem berechtigten Interesse des Antragstellers ein gleich oder höher berechtigtes Interesse der Öffentlichkeit oder eines Dritten an der Geheimhaltung des Akteninhalts gegenübersteht; insbes. ist die Einsicht der Akten über die Anordnung der FE. weder für den Aufhebungsantrag des § 72 noch für die Einwendungen gegen die Ausführung der FE. erforderlich (10. 12. 1926, Samml. 258, 451).

sie sich offensichtlich nicht geirrt. Die konkrete Vorschrift aber, auf der das Erbrecht beruht, gehört nicht zum „Berufungsgrund"; die Unkenntnis über sie ist daher kein Hindernis für den Beginn der Ausschlagungsfrist, andernfalls würden Kenntnisse von dem Erben erfordert, die dem Laien nahezu ausnahmslos fehlen. In diesem Sinne hat sich bereits der Beschluß (KGJ. 41 S. 55) ausgesprochen und auch darauf hingewiesen, daß die Verfasser des Entwurfs des AusfG. die Auffassung von der Unerheblichkeit der Kenntnis des Wahlrechts für den Beginn des Fristenlaufs geteilt haben (vgl. auch RGKomm. § 1944[2]). Die abweichende Ansicht Weißlers (2 S. 336) übersieht, daß auch der märk. Gatte in jedem Falle, wie er auch sein Wahlrecht ausübt, gesetzlicher Erbe in seiner Eigenschaft als Gatte wird (vgl. KGJ. 19 S. 35, 35 S. 213), der „Berufungsgrund" also stets der gleiche bleibt und sich lediglich das Maß seiner Beteiligung je nach der Wahlausübung verschieden gestaltet; die Kenntnis von Höhe und Umfang des Erbteils ist jedoch für den Beginn der Ausschlagungsfrist ohne Bedeutung (vgl. auch 1 X 222. 22). Die Entscheidung des Bay. ObLG. (Samml. 10 S. 212) bezieht sich auf die Frist nicht für die Ausschlagung der Erbschaft, sondern für die Ablehnung der Fortsetzung der GG. Ob der — übrigens nicht unbestrittenen (vgl. Seuff. Bl. 74 S. 451; Staudinger I 2 b zu § 1484) — Meinung des ObLG. beizutreten sein möchte, kann dahingestellt bleiben. Sie will die Frist erst mit der Kenntnis von der Fortsetzung der GG. beginnen lassen und geht dabei anscheinend von einer Gleichstellung der „Fortsetzung der GG." mit dem „Anfall" des § 1944 aus. Hier handelt es sich aber in jedem Fall um den mit dem Tode des Erblassers eingetretenen Anfall allein und steht nicht eine entsprechende Anwendung des § 1944, wie sie § 1484 vorschreibt, mit der Möglichkeit der vom ObLG. getroffenen Beurteilung, sondern seine unmittelbare Anwendung in Frage. Ob etwa in der Erklärung vom 23. 6. 25 eine Anfechtung der Versäumung der Ausschlagungsfrist nach § 1956 gesehen werden könnte, kann dahingestellt bleiben. Denn sie würde nach § 1957 als Annahme gelten, eine weitere Folge aber nicht herbeiführen, besonders nicht einen neuen Fristenlauf eröffnen, die Wahlberechtigung würde durch sie nicht wiederaufleben oder sonst irgendwie berührt werden. Durch die Nichtbenutzung der Ausschlagungsfrist zur Wahlerklärung ist das Wahlrecht vielmehr endgültig verloren gegangen.

**b) Nachlaßverwaltung. Aufhebung. Beschwerderecht des Verwalters.**

Bayer. Oberstes Landesgericht, 3S. Beschluß v. 11. Dezember 1926 (Nr. 128/26).

1. Aus § 1985[2] folgt das rechtliche Interesse des Nachlaßverwalters (FGG. § 57 Nr. 3, 75), daß die Verwaltung nicht vor Erledigung seiner Aufgabe aufgehoben wird. Die Rechtslage ist hier eine andere als in sonstigen Fällen der Pflegschaft. Deshalb kann dahingestellt bleiben, ob sonst ein Pfleger gegen die Aufhebung der Pflegschaft ein Beschwerderecht hat (KGJ. 40 S. 41). Der Nachlaßverwalter hat das Beschwerderecht im eigenen Namen. Wenn er hier sagt, daß er es auch „Namens der Nachlaßgläubiger" ausübe, so ist das offenbar dahin zu verstehen, daß er es auch im Interesse der Nachlaßgläubiger ausüben wolle; denn zur Vertretung einzelner Gläubiger wäre er nicht legitimiert. —

Die Beschwerde ist die einfache; denn der Beschwerdeführer ist nicht nach § 1886 entlassen, sondern sein Amt ist wegen Aufhebung der Pflegschaft selbst erloschen. Die §§ 60, 75 FGG. finden demnach keine Anwendung.

2. Die Nachlaßverwaltung bezweckt, wie aus § 1975 klar hervorgeht, die Befriedigung der Nachlaßgläubiger; sie muß daher nach § 1919 aufgehoben werden, wenn diese befriedigt sind (RG. 72 S. 263). Die Auseinandersetzung unter Miterben fällt mithin nicht in den Bereich ihrer Aufgaben, sondern ist Sache der Erben oder des Nachlaßgerichts. Das Urteil (JW. 1925 S. 785) betrifft die Testamentsvollstreckung und ist § 2204 hier angesichts des § 1975 nicht entsprechend anzuwenden. — Ebensowenig kann die Beitreibung der den Erben etwa zustehenden AufwAnsprüche Sache des Nachlaßverwalters sein. Dieser hat zwar die Nachlaßforderungen festzustellen und beizutreiben, soweit dies zur Befriedigung der Nachlaßgläubiger erforderlich ist. Hat er jedoch wie hier diesen Zweck durch Befriedigung aller bekannten Gläubiger erfüllt, so ist seine Aufgabe beendet und er hat den Erben zu überlassen, ob und wie sie die Ansprüche, die vom Erblasser auf sie übergegangen sind oder ihnen aus der Veräußerung von Erbschaften zustehen, geltend machen wollen. — Auch Ansprüche des Verwalters auf Vergütung und Auslagen können nicht die Aufhebung der Verwaltung verzögern. Denn wenn auch — wie im Falle der Vormundschaft — die Vergütung (§ 1987) schon vor Beendigung der Verwaltung als Teilvergütung gewährt werden kann, so ist doch für die endgültige Festsetzung die Aufhebung der Verwaltung geradezu Voraussetzung ihrer Festsetzung; denn erst jetzt steht der Umfang der Verwaltung fest, von dem doch die Höhe der Vergütung abhängt. Die Frage, ob dem Verwalter noch ein Anspruch nach § 1987 zusteht, kann nur auf die Ausantwortung des Rücklasses, an dem ihm ein Rückbehaltungsrecht zusteht (Planck § 1988[6]), von Einfluß sein.

3. Die nachträglich von Nachlaßgläubigern beanspruchte Aufwertung kann nach § 27 FGG. nicht berücksichtigt werden. ... Denn auf Grund der einwandfreien Feststellung des LG., daß alle damals bekannten Nachlaßverbindlichkeiten befriedigt waren, konnte ohne Verstoß gegen Rechtsätze die Verwaltung aufgehoben werden; sie nur wegen etwaiger AufwAnsprüche fortdauern zu lassen, ging ebensowenig an als ihre Aufrechterhaltung wegen möglicher anderer Forderungen an den Nachlaß. Hierzu kommt, daß die Gläubiger für ihre Forderungen so, wie sie sie erhoben hatten, befriedigt sind. Erheben sie nunmehr mit der Behauptung, die Befriedigung sei unvollständig gewesen, weitere Ansprüche, so haben sie das mit den Erben auszumachen. ...

c) **Besitznahme als Voraussetzung der §§ 2027, 260.**

OLG. München, 3. ZS. Beschluß v. 27. Februar 1926 (L 208/26).

Das LG. nimmt an, daß der Beklagte nach § 2027² zur Auskunft über den Bestand des Nachlasses und folglich nach § 260 zur Vorlage eines Verzeichnisses verpflichtet sei. Diese Vorschriften setzen aber voraus, daß der Beklagte eine Sache aus dem Nachlaß in Besitz genommen hat, bevor der Kläger als Erbe den Besitz tatsächlich ergriffen hat. Der Kläger hat aber diese Voraussetzungen nicht nachgewiesen. Zwar hat der Beklagte den gesamten Hausrat, den die Erblasserin bei ihrem Umzug zu ihm gebracht hatte, nach ihrem Tode in seinem Besitz gehabt. Aber dieser Hausrat gehörte nicht zu ihrem Nachlaß. Der Beklagte hat ihn kraft des Unterhaltungsvertrages von 1918 schon vor dem Erbfalle gemäß § 930 zu Eigentum und unmittelbarem Besitz erworben. Daß er die 2000 M., die außerdem vorhanden waren, ohne oder gar gegen den Willen des Klägers in Besitz genommen habe, ist gar nicht behauptet. Es bleiben noch die Pfandbriefe zu 300 M. Diese hat die Erblasserin durch Verfügung unter Lebenden den Kindern des Beklagten geschenkt und übergeben, so daß sie nicht mehr Bestandteil des Nachlasses sind. Außerdem ist anzunehmen, daß die Kinder und nicht der Beklagte Besitzer dieser Wertpapiere waren. Der Kläger hätte also beweisen müssen, daß der Beklagte andere Sachen aus dem Nachlaß in Besitz genommen hat, bevor er selbst den Besitz tatsächlich ergriffen hatte. Das konnte ihm nicht schwer fallen: denn er war der einzige Sohn und Erbe der Verstorbenen, hat mit ihr unter einem Dache in engster häuslicher Gemeinschaft gewohnt und wußte genau, was sie bei ihrem Wegzuge mitgenommen hatte. Zudem war ihm auch nicht der Zutritt zu den Räumen verwehrt, wo die Erblasserin zur Zeit ihres Todes gewohnt und ihre Habe verwahrt hatte. ... Dagegen hat sich der Beklagte zur Zeit des Erbfalles mit der Erblasserin in häuslicher Gemeinschaft befunden (§ 2028). Bezüglich des Verbleibes der Erbschaftsgegenstände ist er keinesfalls verpflichtet, ein Verzeichnis des Nachlasses vorzulegen. Er hat nicht über dessen Bestand und damit über einen Inbegriff von Sachen Auskunft zu geben, § 260 ist also nicht anwendbar. Es fallen aber unter die Auskunftspflicht nicht Gegenstände, die nicht zum Nachlasse gehörten, vor allem nicht Schenkungen, die die Erblasserin noch durch Verfügung unter Lebenden an Hausgenossen gemacht hat (RGKomm. § 2028²). Der Beklagte hat dem Kläger schon alsbald nach dem Tode der Erblasserin darüber Auskunft gegeben, daß keine anderen Gegenstände als die im Unterhaltsvertrag aufgeführten in sein Haus und in seinen Besitz gekommen und daß die Pfandbriefe seinen Kindern geschenkt und übergeben worden seien. Damit ist zugleich erklärt, daß ihm von dem Verbleib anderer Erbschaftsgegenstände nichts bekannt sei und daß er auch keine erbschaftlichen Geschäfte geführt habe. G.

d) **Veräußerung: α) des auf das Grundstück beschränkten Erbanteils. Bedeutung des § 22² GBO.**

Kammergericht, 1. ZS. Beschluß v. 19. November 1925 (X 720/25).

Als Eigentümer sind eingetragen fünf Personen als Miterben in ungeteilter Erbengemeinschaft, „darunter“ Elfriede und Kurt H. Der letztere ist verstorben und beerbt von seinem Vater Johann und seiner Schwester Elfriede. Johann H. hat notariell am 5. 7. 24 mit X. vereinbart: „H. verkauft seinen Anteil an dem Nachlaß seines Sohnes Kurt für 2100 GM. an X., dieser überläßt dem H. die zum Nachlaß gehörigen beweglichen Sachen, Gelder und Wertpapiere. H. überträgt hiermit seinen Anteil an X.“ Am 1. 4. 25 hat sodann X. notariell erklärt, daß er den von ihm erworbenen Anteil am Kurtschen Nachlaß auf den Beschwerdeführer R. übertrage. R. hat die Übertragung angenommen und sodann beantragt, das Grundbuch dahin zu berichtigen, daß „an Stelle des Kurt a) dessen Miterbin

Elfriede und b) R. als Erwerber des Erbteils des Johann H. Miteigentümer in ungeteilter Erbengemeinschaft nach Kurt geworden sind." Die Vorinstanzen haben beanstandet, daß 1. nur „eine Übertragung des Anteils an unbeweglichen Sachen" gewollt, der ganze Anteil also nur zum Schein verkauft sei, und 2. im übrigen die Berichtigung auch gemäß § 22² GBO. die Zustimmung der Miterbin Elfriede erfordere. Die weitere Beschwerde ist begründet.

Die Urkunde von 1924 verhält sich in § 1 und 2 über den schuldrechtlichen Verkauf (§ 2371), in S. 3 über den dinglichen Übertragungsakt (§ 2033¹). Für das Grundbuch hat nur die „Übertragung" Bedeutung. Ist sie wirklich erfolgt, so ist das den Veräußerer als Miteigentümer ausweisende Grundbuch unrichtig. Wirksam wäre die hier urkundlich besonders niedergelegte, nach ihrer Fassung auf einzelne Nachlaßbestandteile nicht beschränkte Übertragung allerdings nicht, wenn sie nur zum Schein erfolgt, in Wahrheit nicht die Übertragung des Erbschaftsanteils, sondern nur des Anteils am Grundbesitz gewollt wäre (§ 117). Wenn auch davon auszugehen ist, daß bei einer „Verkauf" und „Übertragung" verlautbarenden Urkunde das Grundbuchamt die den ersteren betreffenden Bestimmungen zur Feststellung der Scheinnatur der letzteren verwerten kann, so hätte es doch bei der Auslegung der Urkunde gemäß § 133 prüfen müssen, ob nicht der aus S. 2 und 3 im Zusammenhalt miteinander erkennbare Zweck der Beteiligten, dem Käufer X. das Mitverfügungsrecht über den Grundbesitz zu verschaffen, dem Verkäufer Johannes H. aber die Rechte am beweglichen Nachlaß zu erhalten, durch das Erklärte in der Weise wirksam vereinbart ist, daß die Übertragung des Erbschaftsanteils als solchen ernsthaft gewollt, der Erwerber aber schuldrechtlich verpflichtet sein solle, die ihm etwa bei der Auseinandersetzung zufallenden Rechte am beweglichen Nachlaß auf den Erbschaftsverkäufer zu übertragen (vgl. Leonhard, Erbrecht § 2033 VII, § 2033⁵; JW. 1909 S. 20¹¹). ... Daß dieser Weg hier gewählt und deshalb der dem Johann H. am Grundbesitz kraft seines anteiligen Miterbrechts zustehenden Verfügungsrechts auf X. wirksam übertragen ist, ergibt zweifelsfrei die in S. 1 gewählte Ausdrucksweise — „verkauft seinen Anteil am Nachlaß" — verb. mit der in Vollziehung dieses Erbteilsverkaufs in besonderem Satze beurkundeten unbeschränkten Übertragung des Erbanteils.

Auch der zweite Anstand ist unbegründet. Wird der Erbanteil eines Miterben gemäß § 2033¹ auf einen anderen übertragen, so wird allerdings das den Übertragenden als Miteigentümer kraft Erbrechts ausweisende Grundbuch unrichtig. Nach § 22² GBO. darf es durch Eintragung eines Eigentümers, sofern nicht der Fall des § 14 vorliegt, nur mit Zustimmung des einzutragenden Eigentümers berichtigt werden. Dies gilt auch dann, wenn im Berichtigungswege mehrere Miterben auf Antrag eines von ihnen eingetragen werden sollen; es müssen dann die sämtlichen Miterben zustimmen. Stirbt einer von mehreren bereits als Eigentümer in Erbengemeinschaft eingetragenen Miterben und treten an seine Stelle mehrere als Miterben oder als rechtsgeschäftliche Anteilserwerber, so müssen grundsätzlich alle Anteilserwerber zustimmen (Güthe GBO. § 22⁶⁰ KGJ. 25

S. 113, 37 S. 279). Dabei ist aber vorausgesetzt, daß diese nicht schon als Miteigentümer kraft Erbengemeinschaft eingetragen, also nicht mit dem bereits eingetragenen Miterben personengleich sind. Ist das letztere der Fall, so bedarf es nicht ihrer Zustimmung zu der Eintragung, daß sie auch zu dem Anteil des aus der Gemeinschaft infolge Todes oder Anteilsübertragung ausgeschiedenen Miterben an der Erbengemeinschaft teilnehmen. Denn den Miterben kraft Erbengemeinschaft stehen an Nachlaßgrundstücken nicht selbständige Eigentumsanteile zu; sie sind vielmehr Subjekte eines ungeteilten Gemeinschaftsrechts; der Erwerb eines weiteren Anteils an der Erbschaft als Ganzem begründet für sie keinen neuen Eigentumserwerb an den einzelnen Nachlaßgegenständen, sondern eine Erweiterung ihres Anteilsrechts an der Erbschaft und einen Anspruch gegen die Miterben, entsprechend diesem erweiterten Anteilsrecht, bei der Auseinandersetzung in bezug auf die einzelnen Nachlaßbestandteile berücksichtigt zu werden. Der gesetzgeberische Grund für § 22², daß „das Eigentum, abgesehen von der ihm an sich innewohnenden Bedeutung, nicht bloß Rechte gewähre, sondern auch Verpflichtungen öffentlich-rechtlicher Natur, besonders in steuerlicher Hinsicht auferlege" (Denkschr. 40), versagt, wenn im Wege der formellen Eigentumsberichtigung bei den Teilnehmern an einer Erbengemeinschaft ein Rechtsnachfolgeverhältnis, das einen neuen Teilnehmer an der Eigentumsgemeinschaft nicht einführt, grundbuchlich verlautbart werden soll. So liegt aber die Sache, wenn ein bereits als Miteigentümer in Erbengemeinschaft eingetragener den Erbschaftsanteil eines anderen Gemeinschafters zu seinem bisherigen hinzuerwirbt; es entsteht in seiner Person kein neues Eigentum.

**β) sämtlicher Erbanteile und die V. v. 15. 3. 1918.**

Kammergericht, 1. ZS. Beschluß v. 14. Mai 1926 (X 314/26).

Die sämtlichen Erben des Grundeigentümers haben ihre Erbanteile notariell an A. verkauft und übertragen. Der Antrag des A., ihn im Wege der Berichtigung als Eigentümer einzutragen, wurde beanstandet, weil die nach § 1 V. v. 15. 3. 18 (RGBl. 129) erforderliche landrätliche Genehmigung nicht beigebracht sei. Die weitere Beschwerde ist begründet. ... Von den Rechtsakten, an die in § 1 die Genehmigungspflicht geknüpft ist, können hier nur die „Auflassung" und die „Vereinbarungen, die die Verpflichtung zur Übereignung eines Grundstücks zum Gegenstande haben", in Frage kommen. Eine Auflassung liegt nicht vor; es bedurfte ihrer auch nicht, denn der Erwerb sämtlicher Erbanteile gemäß § 2033 hatte mit dinglicher Rechtswirkung den Übergang des gesamten Nachlasses einschließlich des dazu gehörigen Grundstücks auf den Erwerber zur unmittelbaren Folge (RG. 68 S. 142/3). — Die zugrundeliegenden schuldrechtlichen Verträge (§§ 2371, 1922²) können auch nicht als solche „Vereinbarungen" angesehen werden. Als Gegenstand der Übertragung des Nachlaßanteils ist nicht ein einzelner Nachlaßgegenstand oder ein Anteil daran zu erachten, sondern nur die Mitberechtigung des übertragenden Miterben an Gesamthandvermögen, am Nachlaß als ganzem; es kann deshalb auch die schuldrechtliche Verpflichtung nur auf Verschaffung dieser Mitberechtigung, nicht aber auf Übereignung eines Nachlaßgrundstücks gerichtet sein (RJA. 4 S. 117). — Auch ist im Hinblick auf die Gleichheit des wirtschaftlichen Erfolges eine ausdehnende Anwendung der in § 1 vorgesehenen Fälle auf Rechtsvorgänge anderer Art nicht für zulässig zu erachten. Trotz der durch ihren Zweck gebotenen weitgehenden Auslegung der V. (JMBl. 1918 S 69) ist doch davon auszugehen, daß die Abgrenzung ihres Anwendungsgebiets in erster Linie dem Gesetzgeber oblag. Dieser hat die Fälle, in denen die Genehmigungspflicht platzgreifen sollte, in § 1 nach rechtlichen Merkmalen aufgezählt und genau bezeichnet. Dafür, daß es die Absicht war, damit auch andere, wirtschaftlich ähnlich liegende Fälle zu treffen, fehlt jeder Anhalt. Der Umstand, daß von dem einen Eigentumsübergang begründenden Rechtsakte die Genehmigung nur für die Auflassung und nicht einmal für den häufigen Fall des Zuschlags erfordert ist, spricht sogar gegen die Annahme, daß das Erfordernis auch an andere Akte geknüpft werden sollte. Es kommt hinzu, daß, wenn der § 1 auf andere nur wirtschaftlich gleichliegende Fälle hätte ausgedehnt werden sollen, er dies sicherlich, wie es in anderen vorher und nachher erlassenen Gesetzen geschehen ist, irgendwie ausgedrückt hätte. Auf ähnlichen Erwägungen beruht denn auch RG. 104 S. 42.

e) **Vermutung des § 2052. Aufwertung der Vorempfänge.**

Kammergericht, 3. ZS. Urteil v. 12. April 1926 (U. 7056/26).

Hat der Erblasser nur für einige der als Erben eingesetzten Abkömmlinge die Erbteile so bestimmt, daß sie zueinander in demselben Verhältnis wie die gesetzlichen Erbteile stehen, so ist im Zweifel anzunehmen, daß jedenfalls im Verhältnis zwischen den erwähnten Abkömmlingen eine Ausgleichung wie bei der gesetzlichen Erbfolge stattfinden solle (RG. 90 S. 420, aA. RGKomm. § 2052[1]). Der Wortlaut des § 2052 steht nicht unbedingt entgegen, da das Wort „die" nicht notwendig sämtliche Abkömmlinge zu bedeuten braucht. Der innere Grund des § 2052 aber ergibt sich aus der Erwägung, daß die Ausgleichung so tief im Volksbewußtsein wurzelt und dem allgemeinen Rechtsempfinden entspricht, daß bei einem Erblasser, der Abkömmlinge hinterläßt, die Vorstellung einer Beerbung nach Maßgabe der gesetzlichen Erbteile regelmäßig mit der Vorstellung des Eintretens einer Ausgleichungspflicht untrennbar verbunden ist.

Dagegen hat Beklagte die ihr gewährte Ausstattung nicht zum vollen Goldmarkkurse, sondern nur nach § 242 aufzuwerten[1]). Verfehlt wäre eine Bezugnahme auf den § 2055², der so wenig wie der § 2311¹ an die völlige Entwertung des Geldes gedacht hat; vielmehr wurde das Geld immer nur als ein dauernder Wertträger angesehen, so daß der Wert einer Sache durch einen bestimmten Ertrag des als stabil angesehenen gesetzlichen Zahlungsmittels ausdrückbar sei. Bei wörtlicher Anwendung des Gesetzes wäre demnach in der Weise auszugleichen, daß der den beiden Töchtern zukommende Nachlaß nach seinem PMWert zur Zeit des Erbfalls (1921) abzuschätzen wäre und die Beklagte auf ihren Erbteil sich 50 000 PM. für die ihr 1909 gewährte Ausstattung anrechnen lassen müßte. Da eine solche Regelung nicht mehr als angemessen empfunden wird, hat jetzt eine

[1]) So auch Sachse JW. 1926 S. 773; abweichend Kohler JW. 1925 S. 338, Sonnen das. 594, Mügel 89 u. 179.

gewisse Aufwertung nach § 242 platzzugreifen. Hierbei wäre eine grundsätzliche Anrechnung zum vollen GMBetrag unbillig. Denn § 2055² geht offenbar davon aus, daß regelmäßig das Vermögen des Erblassers gerade aus Veranlassung und in Höhe der früheren Zuwendung verringert ist; daher soll der andere Abkömmling, der keine Zuwendung erhalten hat, für diesen Ausfall entschädigt werden. Diese Erwägung greift oft gar nicht mehr Platz, wenn das durch die Geldentwertung betroffene Vermögen so verringert wurde, daß der auf der früheren Zuwendung beruhende Vermögensausfall kaum noch ins Gewicht fällt. Außerdem bezweckt die Ausgleichung, eine gewisse nachträgliche Gleichstellung der Abkömmlinge hinsichtlich ihrer Ausstattungsempfänge herbeizuführen. Das Gegenteil, nämlich eine erhebliche Begünstigung der erst bei dem Erbfall durch die Ausgleichung zu bedenkenden Abkömmlinge, träte ein, wenn der vor der Geldentwertung durch die Ausstattungsgewährung bedachte Abkömmling sein Geld infolge der Geldentwertung größtenteils wieder verloren hat, während der jetzt zu bedenkende Abkömmling einen hohen GMBetrag erhalten soll, den er sich voraussichtlich dauernd wertbeständig wird erhalten können. Außerdem ist, was früher zeitgemäß war, es jetzt vielfach nicht mehr; Heiratsausstattungen in der Höhe, wie sie im Frieden möglich waren, kommen jetzt nur noch selten vor; der jetzt durch die Ausgleichung zu bedenkende Abkömmling würde sich daher im Verhältnis zu seiner Umwelt, wenn er jetzt einen gleichhohen GMBetrag wie der früher bedachte Abkömmling erhielte, bedeutend besser stehen als jener. Wdt.

**f) Nacherbfolge in den Erbteil des Nacherben [1]). Ermächtigung der Witwe zu dessen Ernennung. Erwähnung im Erbschein.**

Kammergericht, 1. ZS. Beschluß v. 1. Juli 1926 (X 257/26).

Die allgemeine Bestimmung des § 1922² gilt auch für die Beerbung nach Höferecht und wird auch durch den der Frau gemäß § 25 Höfeges. für Hann. v. 9. 8. 09 vermachten Nießbrauch nicht ausgeschaltet, wenn auch der Vollzug der Auseinandersetzung dadurch hinausgeschoben wird (Drechsler Höfer. 1921 § 23; Linckelmann § 23⁷³). Es ist also mit den Vorinstanzen die Testamentsbestimmung: „Stirbt mein Sohn Walter vor Übernahme des Hofes, so tritt meine Tochter Marie in allem an seinen Platz und teilt sich ihren Erbteil mit den übrigen" als die Anordnung einer Nacherbfolge in den Erbteil des Anerben zu verstehen. Sie ist rechtlich zulässig. . . . Denn das Besondere der höferechtlichen oder Anbeerbung beruht in der Auszeichnung eines unter mehreren zur Beerbung gelangenden Miterben dadurch, daß der Hof kraft Gesetzes, nicht erst durch rechtsgeschäftliche Auseinandersetzung, auf ersteren übergeht und er dafür mit Abfindungsansprüchen der letzteren belastet wird. Es fragt sich zuerst, ob es möglich ist, daß mit dem Erbfall eine Miterbenmehrheit noch nicht eintritt, Vorerbe vielmehr nur eine einzige Person ist, in der das Vermögen des Erblassers zusammengehalten wird, und daß

[1]) Das Höfeges. für Hannover v. 2. 6. 1874 §§ 13, 14 ist durch die Änderungen des Ges. v. 28. 7. 1909 § 10 Nr. 1 Abs. 3 S. 1 nicht auch dahin, daß die Abkömmlinge des zunächst Berufenen nicht mehr allein untereinander, sondern neben ihren Onkeln und Tanten konkurrieren, abgeändert worden; vielmehr ist es in dieser Hinsicht bei dem alten Rechtszustand verblieben (KG. 8. 10. 1925, 1 X 594/25).

erst mit dem Nacherbfall eine Beerbung durch mehrere unter Auszeichnung des einen von ihnen als Anerben stattfindet. Ein Grund, diese Möglichkeit abzulehnen, ist nicht ersichtlich und um so weniger anzunehmen, als das Höfegesetz selber in §§ 28 ff. eine derartige Beerbungsweise zugunsten des überlebenden Ehegatten kraft Gesetzes dann eintreten läßt, wenn der Hof gütergemeinschaftlichen Ehegatten ohne gemeinschaftliche Abkömmlinge gehört, und ein Ehegatte stirbt, der seinerseits Abkömmlinge hat und von dem der Hof herstammt. Wenn auch dieser erste Fall einer erst im Nacherbfall eintretenden Mitbeerbung hier nicht vorliegt, so zeigt seine Erörterung, daß eine grundsätzliche und allgemeine Unvereinbarkeit der höferechtlichen Beerbungsweise mit der bürgerlichrechtlichen Nachbeerbung nicht besteht. In dem anderen — auch hier vorliegenden — Fall, daß bereits mit dem Erbfall Mitbeerbung eingetreten ist, muß unterschieden werden, ob eine Nachbeerbung in den durch Anerbstellung gekennzeichneten Erbteil des einen Miterben stattfinden oder ob die Auszeichnung als Anerbschaft unter Loslösung vom Erbteil des bisher dadurch ausgezeichneten Miterben durch Nacherbfall auf einen anderen übertragen werden kann. Das erstere nicht zuzulassen und die Nachbeerbung in den Anteil des Anerben auszuschließen bloß deshalb, weil er Anerbe ist, liegt kein Grund vor; es läßt sich auch aus dem Höfegesetz, das doch nur für die Beerbung eine besondere Regelung aufstellt, nicht der allgemeine Satz ableiten, daß das Eigentum am Hofe nur ein so unumschränktes sein kann, daß es nicht den mit einer Vorerbschaft verbundenen Beschränkungen zugänglich wäre. Nur das ergibt sich aus dem Höfeges. als selbstverständliche Voraussetzung, daß der vom Erblasser als Nacherbe Eingesetzte zu den Personen des § 10 gehören muß; dies ist der hier vorliegende Fall. Daraus, daß sich Marie, die an Stelle des Walter tritt, in ihren Erbteil mit den übrigen teilen soll, ergibt sich der Wille des Erblassers, daß sie den durch die Anerbstellung ausgezeichneten Erbteil des Walter unter verhältnismäßigem Verlust ihres eigenen Erbteils erhalten soll. Demnach gibt der Fall keinen Anlaß, zu entscheiden, ob auch der bloße „Nach"-Übergang der Vorzugsstellung als Anerbe auf einen anderen Miterben — wodurch eine erneute Feststellung der Abfindungsansprüche der übrigen Miterben nötig würde — bürgerlich- und höferechtlich zulässig wäre. Mithin ist eine Nacherbeinsetzung eines der dem Kreise der gesetzlichen Anerben angehörigen, vom Erblasser nicht an erster Stelle als Anerben benannten Miterben auf den durch Anbeerbung gekennzeichneten Erbteil zulässig.

Aus diesem Satz ergeben sich zwei Auswirkungen. Die erste ist die, daß, falls Walter vor Hofesübernahme ohne Abkömmlinge stirbt, also der Nacherbfall eintritt, seine etwaigen sonstigen Erben, besonders zB. eine Witwe, leer ausgehen; das muß als Wille des Erblassers angesehen werden. Die zweite ist die Frage, was mit dem Erbteil geschieht, den die als Nacherbin tretende Marie bisher gehabt hat. Ohne Anordnung des Erblassers würde sie ihren sonstigen Erbteil nicht verlieren. Hier besagt aber die Bestimmung des Erblassers offenbar, daß sie ihn zugunsten der anderen noch vorhandenen Geschwisterstämme in dem Verhältnis verliert, als diese an einer Beerbung nach dem Erblasser in diesem Zeitpunkte beteiligt sein würden (vgl. § 2066 S. 2). Der Erbschein ist hiernach unrichtig nicht nur insofern, als er die bedingte Nacherbeinsetzung der Marie in den Erbteil des Walter nicht erwähnt, sondern auch insofern, als er die ebenfalls bedingte Nacherbeinsetzung der zur Zeit des Bedingungseintritts noch vorhandenen Geschwisterstämme in den Erbteil der Marie nicht angibt.

Die vom Erblasser weiter seiner Frau erteilte Ermächtigung, bei Wegfall von Walter und Marie vor Hofesübernahme den Anerben zu bestimmen, hält das LG. neben der Erbeinsetzung der beiden Genannten nach § 21 Ges. mit Recht für zulässig. Denn der § 21 schafft eine Ausnahme von § 2065² und füllt damit eine seit 1900 fühlbar gewordene Lücke aus. Es ist nun, wenn man die Nachbeerbung in den Erbteil des Anerben zuläßt, kein Grund ersichtlich, den § 21 auf den Fall, daß sich der Erblasser der eigenen Ernennung des Anerben enthalten hat, und nicht auch auf den Fall anzuwenden, daß er eine solche Bestimmung getroffen, aber zugleich eine Nachbeerbung vorgesehen hat. Der § 21 steht solcher Auslegung nicht entgegen. Im ersteren Falle bleibt der Nachlaß unverteilt und sind die besonderen Wirkungen des Anerbenrechts aufgeschoben, bis der Gatte das Wahlrecht ausübt oder verliert (so Linckelmann und Drechsler, die nur an diese Möglichkeit denken); im letzteren Fall, wo die Anerbwirkung bereits eingetreten ist, tritt der gemäß § 21 bestimmte Nacherbe bei Wegfall des bisherigen Anerben durch den Nacherbfall an dessen Stelle; hier muß allerdings, um einen herrenlosen Zustand zu vermeiden, eine Rückwirkung der Bestimmung des Nachanerben auf den Nacherbfall angenommen und der § 21¹ mit dieser Maßgabe ausgelegt werden. — Schließlich ist zu prüfen, ob eine Ermächtigung gemäß § 21 im Erbschein zu erwähnen ist. Auch diese Frage ist zu bejahen. Denn ist der Anerbe im Erbschein zu erwähnen (so zutreffend KGJ. 34 S. 333, 43 S. 285), so muß in einem vor Ausübung der Wahl oder Verlust des Wahlrechts ausgestellten Erbschein auch die künftige Erlangung der Anerbstellung durch einen Miterben (oder dessen Abkömmlinge, Linckelmann und Drechsler) Erwähnung finden.

**g) Testamentsvollstrecker: α) Entgeltliche Geschäfte während der Geldentwertung.**
Kammergericht, 1. ZS. Beschluß v. 10. Dezember 1925 (X 746/25).

Der Senat hat für die Inflationszeit zwischen Verfügungen über in Geld abgestellte Rechte, also besonders Hypotheken, und solche über Grundstücke unterschieden. Erstere schienen, solange nicht eine allgemeine Überzeugung von der Notwendigkeit einer Umwertung in eine wertbeständige Rechnungseinheit, zunächst also in eine vom Verkehr geschaffene Goldmark, durchbrach, mit dem Schicksal der Mark unlösbar verflochten, also dem Verfall überlassen (JW. 1924 S. 1907, ebenso Hamburg, Rsp. 44 S. 95/6). Dagegen blieben Grundstücke vom Währungsverfall unberührt. Es spricht keine Erfahrungstatsache dafür, daß die Umsetzung solcher Sachwerte in sich entwertendes Papiergeld vom Standpunkt ordnungsmäßiger Vermögensverwaltung aus gerechtfertigt war. Es mögen im gegebenen Fall Umstände den Verkauf als wirtschaftlich gebotene, entgeltliche Verwaltungsmaßnahme erscheinen lassen, zB. die Zwangswirtschaft, die Beschaffung barer Mittel und dergl. In solchem Falle muß dann aber der Nachweis der Entgeltlichkeit mit den im Grundbuchverfahren zulässigen Beweismitteln (§ 29 GBO.) erbracht werden....

Dazu: OLG. Hamburg, 6 ZS. Urteil v. 6. Oktober 1925. (Bf 556/24.)

Der Beklagte hatte an sich die Befugnis, über das Nachlaßgrundstück zu verfügen. Seine Entschließung, es zu verkaufen oder dem Nachlasse zu erhalten, war weder durch Gesetz noch durch Anordnung des Erblassers beschränkt, sondern unterlag lediglich seinen pflichtgemäßen Ermessen. Besonders bestand nach den die Stellung des Vollstreckers beherrschenden Grundsätzen für ihn weder die Pflicht, das Grundstück dem Nachlasse zu erhalten und zu diesem Zweck die Hilfe und den Rat der Erben anzugehen, noch war er an die Zustimmung der Erben oder an deren Wünsche gebunden (Staudinger § 2216²). ... Ihm ist eine schuldhafte Verletzung der ordnungsgemäßen Nachlaßverwaltung nicht nachzuweisen. Die Beweisaufnahme hat eine Reihe von Umständen ergeben, die ohne Zweifel das Grundstück sowohl zur Zeit des Verkaufs (August 1923) als auch noch auf lange Jahre hinaus bis jedenfalls in die jetzige Zeit hinein als eine schwere Last für den Besitzer erscheinen lassen.... Auch ist gerichtsbekannt und ergibt sich aus der Lage der Grundstücke, aus der Größe und Anzahl der Wohnungen und der Höhe der Mieten, daß die Mieter einer ärmlichen Bevölkerungsschicht angehören, die nicht in der Lage ist, die nach dem RMietenG. zugelassene Umlage größerer Wiederherstellungsarbeiten aufzubringen. Umfangreiche Arbeiten, wie Erneuerung der Fußböden, der Decken, der Dächer usw. wären erforderlich gewesen. Selbst wenn die Gemeinde die Kosten dieser Arbeiten vorgestreckt hätte, so wäre doch das Grundstück mit einer größeren Hypothek belastet gewesen, deren Verzinsung jedenfalls während der Zwangswirtschaft ebenfalls eine größere, vielleicht untragbare Last für den Nachlaß bedeutet hätte. Jedenfalls ist für den jetzigen Besitzer der Besitz des Grundstücks bisher verlustreich gewesen. Bei der feuchten Lage des Grundstücks und der Art der Wohnungen und der Mieter erscheint daher fraglich, ob der Besitz des Grundstücks überall als ein Aktivum anzusprechen war, da umfangreiche Arbeiten innerhalb kurzer Zeiträume immer von neuem wieder erforderlich gewesen wären.

Der Kläger meint aber, daß ein „Sachwert" immer als ein positiver Wert anzusehen ist. So dachten viele zur Inflationszeit und glaubten, in der Erwerbung von „Sachwerten", zu denen man Waren, Grundstücke, Aktien usw. zählte, wertbeständige Anlagen sich zu schaffen. Die Entwicklung der Wirtschaft hat diese Ansicht widerlegt. Aktien und Waren sind im Werte gefallen, und die ganz ungewöhnlich große Zahl der zu verkaufenden Grundstücke hierorts lassen erkennen, daß viele Grundbesitzer ihre durch die Inflationszeit hindurch geretteten Häuser nicht mehr halten können.

Bei dieser Sachlage ist dem Beklagten ein Vorwurf auch daraus nicht zu machen, daß er sich den Erlös des Grundstücks in Papiermark hat auszahlen lassen und daß dieser dann auf der Sparkasse durch den völligen Zusammenbruch der Mark entwertet worden ist. Wenn auch bei der Entwicklung des Standes der Mark bereits vor dem Verkaufe nur wenige der Wirtschaft Kundige noch auf die

Beständigkeit oder Besserung der Mark gehofft haben, so fand der Verkauf doch zu einer Zeit statt, in der die Hoffnung auf Wiederherstellung des Wertes der Mark nicht völlig zerstreut war. Der Stand des Dollars schwankte im August 1923 nicht unbeträchtlich, das hoffnungslose Fallen der Mark aber setzte erst im September ein. V.

**β) Ist eine vorläufige Enthebung des Vollstreckers zulässig?**
Kammergericht, 1. ZS. Beschluß v. 7. Mai 1925 (X 161/25).

... Der § 2227 betrifft nur die eine endgültige Beendigung des Amtes herbeiführende Entlassung des Vollstreckers. Dadurch wird aber noch nicht die Möglichkeit ausgeschlossen, in dem auf die Entlassung gerichteten Verfahren zunächst eine Anordnung auf vorläufige Amtsenthebung zu erlassen. Für die Beschwerde würde sie ihre Grundlage in § 24³ FGG. finden. Ob auch für das amtsgerichtliche Verfahren aus allgemeinen Erwägungen vorläufige Entscheidungen zuzulassen sind, kann dahingestellt bleiben. Eine vorläufige Entlassung eines Vollstreckers kann jedenfalls mit Rücksicht auf die Besonderheit des Amtes nicht in Frage kommen. Soweit sein Verwaltungsrecht nach § 2205 reicht, ermangelt der Erbe des Rechts, über die Nachlaßgegenstände zu verfügen. Würde eine vorläufige Amtsenthebung zugelassen, so müßte das Nachlaßgericht auch die Möglichkeit haben, während ihrer Dauer für den Nachlaß anderweit zu sorgen. Allein es kann besonders nicht an Stelle des enthobenen Vollstreckers einen anderen ernennen. Aber auch dann, wenn der Erblasser im Testament darum ersucht hat (§ 2200), kann es sich nur um die Ernennung eines endgültig und nicht bloß vorläufig zum Amt berufenen Vollstreckers handeln. Andere Möglichkeiten wie etwa die Bestellung eines Pflegers stehen dem Nachlaßgericht nicht zur Verfügung; der Fall des § 1960 wird in der Regel nicht gegeben sein. Es entsteht so bei einer vorläufigen Amtsenthebung eine Ungewißheit, wer nunmehr zur Verwaltung und Verfügung über den Nachlaß befugt ist. Da dabei eine Entlassung des Vollstreckers nicht vorläge, mithin eine Beendigung seines Amtes noch nicht eingetreten wäre, so würde die Vollstreckung fortbestehen. Der Vollstrecker dürfte nur vorläufig die ihm kraft Gesetzes oder Testaments zustehenden Befugnisse nicht ausüben. Damit würde aber nicht der Erbe das Verfügungsrecht erlangen; auch würde das dem Vollstrecker erteilte Zeugnis nicht von selbst kraftlos (§ 2368³ Halbs. 2), wie es auf der anderen Seite auch nicht unrichtig und daher nicht einziehbar würde (§§ 2361, 2368³). Der enthobene Vollstrecker könnte weiter gemäß §§ 2365/7 wirksam für und gegen den Nachlaß Rechtshandlungen vornehmen. Das Nachlaßgericht darf daher nur über die endgültige Entlassung befinden. Zu diesem Zwecke hat es nach § 12 FGG. von Amtswegen den Sachverhalt zu ermitteln, ohne dabei an Beweisanträge der Beteiligten gebunden zu sein. Der Zeitpunkt, wann der Sachverhalt genügend festgestellt und daher zu entscheiden ist, unterliegt lediglich seinem Ermessen; diese Beteiligten haben darauf keinen Einfluß. Die Rechtsprechung, welche sich über die Zulässigkeit von vorläufigen Anordnungen im Verfahren gemäß §§ 1666, 1635 BGB. verhält (RJA. 1 S. 92 und 11 S. 85; JW. 1910 S. 113, Rsp. 16 S. 6, KGJ. 45 S. 29), ist vorliegend ohne Bedeutung. Sie beruht auf der Besonderheit jener Vorschriften, nach denen dem VormGericht ganz allgemein das Recht beigelegt ist, „die erforderlichen Maßregeln“ zu ergreifen. ...

Dazu: OLG. Rostock, 2. ZS. Beschluß v. 30. Mai 1925.

Soweit der Anspruch der Erben gegen den Notar N. daraus hergeleitet wird, daß der Erblasser seit 1919 geschäftsunfähig gewesen sei, sind die Erben, nicht der Vollstrecker A. klageberechtigt; denn diese Unfähigkeit würde auch dem Testament und damit der in ihr enthaltenen Ernennung des Vollstreckers die Gültigkeit nehmen. Insoweit werden also die Erben in der Ausübung ihrer Rechte dadurch, daß A. Vollstrecker ist, nicht beeinträchtigt und liegt ein Anlaß zu seiner Entlassung nicht vor. Hat aber der Erblasser die Verträge im Zustande vorübergehender Störung der Geistestätigkeit abgeschlossen, dann wären sie, nicht aber die Vollstreckerernennung nichtig und A., nicht die Erben klageberechtigt. A. hat dann die Aussichten dieser Klage objektiv zu prüfen und die Annahme läßt sich nicht abweisen, daß A. seine nahen verwandtschaftlichen und geschäftlichen Beziehungen zu N. an der unbefangenen Prüfung gehemmt ist. Bei dem hohen Wert, den diese Prüfung für die Erben hat, erscheint die Entlassung des A. gerechtfertigt.

**b) Bedeutung des § 2238. „Erklärung“ der Schreibunkunde (§ 2242[2]).**

α) Kammergericht, 1. ZS. Beschluß v. 24. September 1925 (X 489/25).

Die Witwe des eingetragenen Eigentümers hat, gestützt auf dessen Nottestament v. 16. 3. 14, als angebliche Alleinerbin die Nachlaßgrundstücke durch notariellen Vertrag vom 13. 10. 24 an X. verkauft und aufgelassen und dessen Eintragung als Eigentümer beantragt. Der Antrag wurde zurückgewiesen, weil das Dorftestament nicht gültig sei. Die weitere Beschwerde ist begründet. Bei den Grundakten befindet sich ein Erbschein nach A., der bescheinigt, daß dessen Witwe seine Alleinerbin geworden sei. Hätte sie diesen Erbschein, der auf Grund des Dorftestaments erteilt ist, nach § 36 GBO. benutzt, so hätte neuerdings das Grundbuchamt nicht ihre Verfügungsbefugnis deshalb beanstanden können, weil das Testament wegen Verletzung einer Formvorschrift nichtig sei; denn nach ständiger Rechtsprechung ist der Erbschein nicht nur hinsichtlich der Auslegung des Inhalts, sondern auch hinsichtlich der Formungültigkeit des Testaments für den Grundbuchrichter bindend (vgl. KGJ. 37 S. 249). Die Beschwerde hat sich aber auf den Erbschein, der bisher nicht für kraftlos erklärt ist, nicht bezogen und der Richter hat andere Urkunden, auch wenn sie sich bei den Gerichtsakten befinden, zur Ergänzung der mit dem Antrag überreichten, nur zu verwerten, soweit sie ihm bekannt sind (Güthe-Triebel § 1[13]). Er ist aber nicht verpflichtet, die Grundakten zu durchforschen, um das etwaige Vorhandensein von Urkunden festzustellen, die zur Ergänzung von Bedeutung sein könnten.

Da hier auf das Dorftestament und die Testamentsakten im Umschreibungsantrage verwiesen ist, also die Erbfolge ohne Hinweis auf einen Erbschein nach § 36[1] S. 2 GBO. nachgewiesen werden sollte, so hatte der Grundbuchrichter zunächst die Verfügung und das Eröffnungsprotokoll auf ihre Formgültigkeit zu prüfen und war, wenn sich die Verletzung einer wesentlichen Formvorschrift ergab, zur Zurückweisung des Antrages berechtigt und verpflichtet (Güthe-Triebel § 36[55]). Er leitet die Nichtigkeit schon daraus her, daß trotz des Textes: „Ich übergebe hiermit die meinen letzten Willen enthaltende Schrift . . .“ ein schriftliches Testament nicht vorliege und daß vor der unterschriftlichen Vollziehung der Vermerk über die Verwahrung des Testaments sich befinde. Allein der Erblasser hat seinen letzten Willen, wie das Protokoll zeigt, mündlich erklärt; die weiteren Erklärungen bezüglich Übergabe einer Schrift entsprechen offensichtlich nicht den Tatsachen, sondern beruhen anscheinend darauf, daß der Gemeindevorsteher glaubte, das von ihm aufgenommene Protokoll selbst als die im § 2238 erwähnte, zu übergebende Schrift ansehen zu sollen. Dieser Zusatz ist zwar irrig, beeinträchtigt aber die Gültigkeit des Testaments nicht. Ebenso unschädlich ist die Anordnung über die Aufbewahrung; sie ist für die Wahrung der Testamentsform ohne jede Bedeutung und berührt nur die Innehaltung der Ordnungsvorschrift des § 2246.

Aber auch die im § 2242[2] vorgeschriebene Feststellung, daß der Erblasser erklärt habe, nicht schreiben zu können, ist als getroffen anzusehen. Denn es genügt, daß sie in irgendeiner Weise aus dem Protokoll ersichtlich ist, ohne daß sie mit bestimmten, rechtsförmlichen Worten zu erfolgen brauchte; besonders kann die Unterkreuzung des Protokolls durch den Erblasser mit seinen Handzeichen von Bedeutung sein. Die Erklärung, nicht schreiben zu können, kann hierbei nicht nur dann als festgestellt angesehen werden, wenn die von den Urkundspersonen am Schluß des Testaments getroffene Feststellung, daß der Erblasser nicht schreiben könne, von dem Vermerk über Vorlesung und Genehmigung gedeckt wird. Vielmehr muß genügen, wenn aus der Feststellung irgendwie auch die Kundgebung des Schreibunvermögens durch den Erblasser zu ersehen ist. So erachtet RG. 65 S. 375 und 69 S. 83 die Worte: „Der Erblasser hat nicht unterschrieben, weil er des Schreibens unkundig sei“ für hinreichend und erblickt die Erklärung, nicht schreiben zu können, auch in der Feststellung, der Erblasser habe, weil des Schreibens unkundig, das Protokoll mit seinem Handzeichen versehen, und zwar ohne daß es dabei erörtert, ob dies Zeichen hinter dem Feststellungsvermerk steht oder nicht; ebenso wird in Warn. 1917 Nr. 243 die Bemerkung „Handzeichen des H., der wegen Schwäche seinen Namen nicht schreiben konnte“ eine, wenn auch nur notdürftige Erfüllung des Formerfordernisses gesehen. Hier schließt sich an den Vermerk über die Verlesung, Genehmigung und Unterschrift das Handzeichen, und es folgt der Vermerk: „Dem Erblasser war es infolge seiner großen Schwäche nicht möglich, seine Unterschrift zu geben, daher machte er statt dessen oben verzeichnete drei Kreuze.“ Diese Unterkreuzung verb. mit den vorgehenden und nachfolgenden Vermerken läßt unbedenklich ersehen, daß der Erblasser, zur Unterschrift aufgefordert, sich hierzu nicht in der Lage erklärte und statt dessen die drei Kreuze machte, weiter aber auch, daß die Urkundspersonen die Abgabe dieser Erklärung über die Schreibunfähigkeit mit ihrer Schlußfeststellung bescheinigen wollten; dies ergibt besonders der letzte Satz der Feststellung. Entsprechend ist auch bereits in KGJ. 37 S. 126 ausgesprochen, daß, sofern aus der Urkunde selbst zweifelsfrei die Echtheit des Handzeichens hervorgeht, in diesem regelmäßig die Erklärung des Fertigers zu finden sei, daß er nicht unterschreiben könne.

γ) Kammergericht, 3S. 1b. Beschluß v. 12. Mai 1927 (X 365/27).

Die Erblasserin hat die Niederschrift über die Errichtung ihres Testaments nicht unterschrieben. Am Schluß vor der Unterschrift des Notars und der Zeugen ist aber vermerkt: „Das Protokoll wurde der Erblasserin vorgelesen, von ihr genehmigt, mit Rücksicht auf die eingetretene zeitliche Lähmung der rechten Hand nicht unterschrieben." Das LG. hält das Testament für ungültig, weil die Urkundspersonen nur objektiv die Schreibunfähigkeit der Erblasserin festgestellt haben. Die weitere Beschwerde ist begründet. Abgelehnt werden muß allerdings nach der Fassung des Vermerks die Meinung, daß die Feststellung der Vorlesung und Genehmigung der Niederschrift vorliegend auch den dieser Feststellung nachfolgenden Vermerk der Schreibunfähigkeit mitumfasse. Der vorliegende Fall steht auch nicht den Fällen gleich, in denen der Erblasser das Protokoll unterkreuzt hatte und deshalb, sofern die Echtheit des Handzeichens aus der Urkunde selbst zweifelsfrei hervorging, in dem Handzeichen seine — durch schlüssige Handlungen erfolgte — „Erklärung" des Schreibunvermögens gefunden werden konnte. Anders geartet ist auch der in RG. 65 S. 375 behandelte Fall, in welchem aus der indirekten Rede ohne weiteres die ausdrückliche Erklärung entnommen werden durfte. Es ist indessen bei der Frage, ob in der Feststellung der Urkundsperson, daß ein Beteiligter nicht schreiben könne, zugleich die Feststellung seiner Erklärung über sein Schreibunvermögen gefunden werden kann, von einer Würdigung des Sachverhaltes nach dem natürlichen Laufe der Dinge unter Berücksichtigung der Verhältnisse des praktischen Lebens auszugehen, wobei die Möglichkeit außergewöhnlicher Umstände regelmäßig nicht in Betracht gezogen zu werden braucht. Aus der vorliegend getroffenen Feststellung folgt bei natürlicher Beurteilung, daß der Notar, der wohl kaum in der Lage war, aus eigener Sachkunde den Eintritt einer zeitlichen Lähmung der rechten Hand festzustellen, die Erblasserin zur Unterschrift aufgefordert oder sie gefragt hat, ob sie unterschreiben könne, und daß sie darauf erwidert hat, sie sei dazu wegen der eingetretenen seitlichen Lähmung der rechten Hand außerstande. Nicht anders würde die Sache liegen, wenn etwa diese Antwort von einer anderen anwesenden Person erteilt wäre und die Erblasserin nicht widersprochen hätte; alsdann hätte sie dadurch die „Erklärung" zwar nicht ausdrücklich, wohl aber durch schlüssige Handlungen abgegeben. Die Möglichkeit indes, daß der Notar schon vor der Testamentserrichtung durch Hörensagen von der seitlichen Lähmung der Erblasserin erfahren, daß er dadurch auf die Schreibunfähigkeit geschlossen und sich mit dieser Kenntnis und der daraus gezogenen Schlußfolgerung begnügt haben sollte, ohne die Erblasserin bei der Testamentsaufnahme noch darüber zu befragen, liegt dermaßen außer aller Wahrscheinlichkeit und würde eine so schwere Pflichtverletzung des Notars bedeuten, daß sie mangels Vorliegens besonderer Umstände nicht ernstlich erwogen zu werden braucht (vgl. RG. 65 S. 375).

i) **Eröffnung eines Testaments oder Erbvertrages zur Einsichtnahme.**
Kammergericht, 3S. 1b. Beschluß v. 28. März 1927 (X 68/27).

Die Entscheidung der Vorinstanzen, daß die Eröffnung eines in die besondere amtliche Verwahrung gebrachten Erbvertrages zur Einsichtnahme und Abschriftserteilung nur im Einverständnis beider Vertragschließender statthaft sei, entspricht allerdings der früheren Rechtsprechung. ... Diese läßt sich jedoch nicht aufrecht erhalten. Das Recht, den in besonderer amtlicher Verwahrung gebrachten Erbvertrag einzusehen und eine Abschrift zu verlangen, kann allerdings weder aus § 2264 hergeleitet werden, der sich nur auf eröffnete Testamente bezieht, noch aus § 34 FGG., da Testamente und Erbverträge, solange sie sich in der besonderen amtlichen Verwahrung des Gerichts befinden, nicht zu den „Gerichtsakten" zu rechnen sind (Pr. FG. Art. 50/53. Drucks. 1899 Nr. 35 S. 38; Schlegelberger Nr. 2; Josef N. 1 zu Art. 50). Die entsprechende Befugnis der Beteiligten ergibt sich jedoch aus dem allgemeinen Gesichtspunkte, daß den Personen, die eine Urkunde errichtet haben, das Recht, diese Urkunde einzusehen und sich eine Abschrift von ihr erteilen zu lassen, grundsätzlich nicht verwehrt werden kann, es sei denn, daß im Einzelfalle gewichtige Gründe entgegenstehen. Dieser Gesichtspunkt muß auch für Verfügungen von Todeswegen gelten, die nach §§ 2246, 2277 in die besondere amtliche Verwahrung gebracht sind. Diese dient lediglich der Sicherung des Willens der Beteiligten durch Erhaltung der Unversehrtheit der Urkunde sowie ihrer Geheimhaltung gegenüber Dritten; es wäre zweckwidrig, diese Personen, die das Testament oder den Erbvertrag errichtet haben, zu hindern, sich über die von ihnen getroffenen Bestimmungen zu vergewissern. Dieser Satz muß bei gemeinschaftlichen Testamenten und Erbverträgen für jeden der Beteiligten gelten, ohne Rücksicht auf das Einverständnis des anderen, der es häufig mit Rücksicht auf seine widerstreitenden Belange versagen wird. Der früher herangezogene Gesichtspunkt der gemeinsamen Verfügungsgewalt der Beteiligten über die Urkunde kann nicht durchgreifen, da die vorübergehende Entnahme aus der amtlichen Verwahrung und Eröffnung zur Einsicht und Abschriftserteilung eine Verfügung über die Urkunde nicht darstellt.

Das Amtsgericht wird selbstverständlich dabei die gebotene Vorsicht obwalten lassen müssen, um die Beweiskraft der Urkunde sicherzustellen; es wird besonders über Entnahme, Eröffnung, Einsichtnahme und Wiederverschließung eine Niederschrift aufzunehmen und in ihr die Unversehrtheit der Urkunde ausdrücklich festzustellen haben. Die Einsichtnahme wird auch regelmäßig nur in Gegenwart eines Gerichtsbeamten gestattet werden können. Auch wird den Beteiligten Gelegenheit zu geben sein, der Eröffnung und Wiederverschließung beizuwohnen, damit sie in der Lage sind, sich von der Unversehrtheit der Urkunde zu überzeugen, es sei denn, daß eine solche Zuziehung der Beteiligten im Einzelfalle nicht tunlich sein sollte. Ebenso wird, wenn es sich um die Einsichtnahme gemeinschaftlicher Testamente und Erbverträge handelt und der Vertrag nur von einem Beteiligten gestellt wird, der andere, soweit tunlich, bei der Einsichtnahme hinzuzuziehen sein, ohne daß diese allerdings von der Anwesenheit des anderen Beteiligten abhängig gemacht werden könnte.

**k) Besorgnis, daß die Errichtung vor einem Richter nicht mehr möglich sei?** [1])

Kammergericht, 1. ZS. Beschluß v. 24. September 1925 (X 580/25).

Am Schlusse des Dorftestaments ist hinter der Unterschrift des Erblassers vermerkt: „Die Errichtung des Testaments vor dem Richter schien nicht mehr möglich"; hierauf folgen die Unterschriften des GemVorstehers, eines Schöffen und des GemSchreibers. Das LG. meint, aus der gerichtsbekannten Tatsache, daß der dem Errichtungsorte G. am nächsten wohnende Notar ebenso wie das Amtsgericht seinen Amtssitz in Oppeln hatte, folge, daß ein Notar nicht früher als ein Richter hätte herbeigeholt werden können; hieraus folgert es, daß in dem erwähnten Vermerk auch die Feststellung liege, daß die Errichtung vor einem Notar nicht mehr geschehen könnte. Allein der § 2249² erfordert die Feststellung der Besorgnis im Protokolle, daß die Errichtung vor einem Richter oder Notar nicht mehr möglich sein werde. Es ist zwar dafür nicht der Gebrauch bestimmter Worte vorgeschrieben; es genügt vielmehr, wenn nur überhaupt die Feststellung aus dem Protokollinhalt zuverlässig zu entnehmen ist (RG. JW. 1903 Beil. 64). Immer ist aber erforderlich, daß aus dem Protokoll zu ersehen ist, daß die Besorgnis bestand, es werde die Errichtung weder vor einem Richter noch vor einem Notar mehr möglich sein. Wäre die Feststellung hinsichtlich des Richters ohne weiteres gleichbedeutend mit der Feststellung, daß auch die Errichtung vor einem Notar nicht mehr möglich sein werde, so hätte es der Erwähnung des Notars nicht bedurft. Wenn aber das LG. nach den Umständen des einzelnen Falles je nach den örtlichen Verhältnissen die Besorgnis hinsichtlich des Richters auch die hinsichtlich des Notars mitumfassen lassen will oder nicht, so wird die Entscheidung, ob die Urkunde formgültig ist, abhängig gemacht von Umständen, die völlig außerhalb der Urkunde liegen. Eine Heranziehung solcher Umstände ist aber nach allgemeinen Grundsätzen für die Prüfung der Formgültigkeit nicht angängig, vielmehr muß sich aus der Urkunde selbst feststellen lassen, ob sie den Formerfordernissen genügt oder nicht (JW. 1917 S. 220). Im übrigen kann auch der Folgerung des LG., daß sich bereits aus der Tatsache, daß der nächste Notar am Sitze des zuständigen Amtsgerichts auch seinen Amtssitz habe, die Unmöglichkeit früherer Herbeiholung des Notars als des Richters ergebe, nicht zugestimmt werden. Denn für die schnellere Zuziehung ist von besonderer Bedeutung die Möglichkeit schnellerer Erreichbarkeit; diese wird aber in vielen Fällen bei dem Notar gegeben sein, der in kleinen Städten meist seine Wohn- und Geschäftsräume vereinigt haben und auch außerhalb seiner Geschäftszeiten häufig leicht durch Fernsprecher zu erreichen sein wird, während der Richter ohne Schwierigkeiten meist nur während der Dienststunden erreichbar ist. Diese naheliegenden Erwägungen hat das LG. nicht beachtet und dadurch die rechtliche Bedeutung des § 2249² verkannt.

[1]) Auch die Erklärung des Erblassers, er habe den GemVorsteher mit der Niederschrift beauftragt, weil ihm nicht möglich sei, einen Richter oder Notar zu beordern, genügt nicht (OLG. Rostock 9. 9. 25, JFG. 3 S. 164).

**l) Wird der § 2269 durch die Anordnung, daß der Überlebende über sein eigenes Vermögen letztwillig verfügen dürfe, ausgeschaltet?[1])**

Kammergericht, 1. ZS. Beschluß v. 1. Oktober 1925 (X 528/25).

Die Eheleute D. haben sich am 8. 3. 20 im gemeinschaftlichen Testament gegenseitig zu Erben eingesetzt und bestimmt, daß nach dem Tode des Letztlebenden der dann noch vorhandene Nachlaß an ihren Enkel Karl und dessen Abkömmlinge zu gleichen Teilen nach Kopfzahl fallen soll. Nach § 2 fällt, wenn Karl ohne Abkömmlinge verstirbt, das ihm zufallende Vermögen je zur Hälfte an die beiderseitigen Verwandten der Erblasser. Im § 3 ist schließlich dem Überlebenden, auch wenn er die Erbschaft nicht ausgeschlagen habe, die Befugnis eingeräumt, über sein eigenes Vermögen von Todes wegen zu verfügen. Das Nachlaßgericht hat dem hinterbliebenen Mann einen Erbschein dahin erteilt, daß er alleiniger Erbe seiner Frau sei. Die von Karl beantragte Einziehung dieses Erbscheins wurde abgelehnt, weil eine Vor- und Nacherbschaft nicht angeordnet, vielmehr der Fall des § 2269 gegeben sei. Die weitere Beschwerde ist begründet. Nach § 2269 (entsprechend der Auslegungsregel des § 2301²) ist im Zweifel die Erbeinsetzung dahin zu verstehen, daß der Dritte für den gesamten Nachlaß als Erbe des zuletzt versterbenden Ehegatten eingesetzt ist. Soll diese Anwendung vermieden werden, so muß sich ein abweichender Wille der Erblasser so deutlich feststellen lassen, daß begründete Zweifel nicht bestehen bleiben. Aus dem Testament wäre hier allerdings auf einen der Regelung des § 2269 entgegenstehenden Willen dann keinesfalls zu schließen gewesen, wenn sich seine Anordnungen auf die §§ 1, 2 beschränkt hätten. Der § 3 ändert die Rechtslage jedoch wesentlich. Eine derartige Anordnung ist, auch wenn sich die Ehegatten gegenseitig, wie hier, bedenken und damit an sich die Voraussetzungen des § 2270² gegeben sind, unbedenklich zulässig (RGKomm. § 2271¹; RG. 79 S. 33). Ihre Bedeutung kann jedoch je nach den Umständen verschieden sein. Sie kann dahin gemeint sein, daß der Überlebende seine eigenen Verfügungen, auch soweit sie wechselbezüglichen Charakter tragen noch nach dem Tode des anderen Gatten widerrufen und damit die in §§ 2270 f. vorgesehenen Wirkungen herbeiführen darf (Seuff. 76 Nr. 163). Sie kann aber auch dahin gemeint sein, daß das Verhältnis der Wechselbezüglichkeit (vgl. § 2270²) ausgeschlossen sein soll (RGKomm. § 2270¹; RG. 79 S. 34) und die gemeinschaftlichen Anordnungen dadurch bedingt sein sollen, daß der Überlebende nicht anderweit letztwillig verfügen werde.

Hätten die Erblasser mit § 3 eine Anordnung i. S. der ersteren Möglichkeit treffen wollen, so wäre, wenn der Überlebende diese Befugnis ausübte, die unmittelbare Folge, daß entsprechend dem § 2270¹ auch die Verfügungen des Erstverstorbenen ihrer Wirksamkeit entkleidet und damit auch dem Überlebenden sein Erbrecht, das sich auf das Testament gründet, entzogen werden würde. Diese

[1]) Die Bestimmung: „Wir behalten uns die gemeinsame Abänderung dieses Testaments jederzeit vor, wie auch ich, der Mann, mir, falls ich der Längstlebende wäre, die jederzeitige Abänderung vorbehalten will" drückt den Willen der Eheleute unverkennbar aus, daß die Frau allein das Testament nicht abändern dürfe (OLG. Hamburg, 6. ZS. Urteil v. 5. April 1927, Bf. 44/26).

Absicht hat aber zweifellos den Erblassern fern gelegen; vielmehr ging ihr Wille offenbar dahin, dem Letztlebenden neben der als dauernd gedachten Einsetzung als Erbe noch die weitere Befugnis einzuräumen, gegebenenfalls über sein eigenes Vermögen anderweit letztwillig zu verfügen. Die §§ 1, 2 allein lassen im übrigen auch insofern keinen Zweifel daran, daß die Erblasser den beiderseitigen Nachlaß grundsätzlich als einheitlichen behandelt wissen wollen. Es spricht dafür die Anordnung, daß nach dem Tode des Letztlebenden der dann noch vorhandene Nachlaß dem Enkel und seinen Abkömmlingen zufallen solle, womit nicht nur auf die tatsächliche Vereinigung beider Vermögensmassen in der Hand des Überlebenden hingedeutet wird; einen gewissen Anhalt für diese Absicht gibt ferner auch die Erbeinsetzung der beiderseitigen Verwandten, wenn auch zuzugeben ist, daß diese hier nicht von der gleichen Bedeutung ist, wie wenn die Verwandten bereits als unmittelbare Erben des Letztlebenden bedacht wären (vgl. RG. 79 S. 278). Diese grundsätzliche Vereinheitlichung des beiderseitigen Nachlasses ist jedoch für den Fall, daß der Überlebende die Befugnis aus § 3 gebraucht, wieder zu lösen, da dann bezüglich des Vermögens des Letztversterbenden dessen Anordnungen zur Anwendung gelangen, für das Vermögen des Erstversterbenden aber nach dem Tode des Überlebenden der Enkel und die sonst in §§ 1 u. 2 genannten Erben werden. In diesem letzteren Falle tritt allerdings hinsichtlich des Nachlasses des Erstversterbenden eine Nacherbfolge ein, bedingt dadurch, daß der Überlebende gemäß § 3 über sein eigenes Vermögen verfügt, also eine Regelung, wie sie bereits häufig ähnlich dann angenommen ist, wenn der Überlebende nur für den Fall, daß er sich nicht wieder verheirate, zum Vollerben nach § 2269 eingesetzt ist (KGJ. 42 A 109). Liegt hiernach eine bedingte Nacherbeinsetzung des Enkels vor, so ist der erteilte Erbschein, der diese Anordnung nicht wiedergibt, unrichtig und einzuziehen. Wird die Erteilung eines anderweiten Erbscheins neu beantragt, so wird zu prüfen sein, wie der § 1 zu beurteilen ist, ob besonders der Enkel Karl und seine etwaigen Abkömmlinge gleichzeitig als Erben des Überlebenden und bedingt als Nacherben des Erstverstorbenen berufen sein sollen, oder ob die Abkömmlinge erst nach dem Enkel als Nacherben bzw. weitere Nacherben eintreten sollen, wobei zu beachten bleibt, daß als unmittelbare Erben des Überlebenden nur die bei seinem Tode vorhandenen Abkömmlinge neben den Enkel treten können, zu dieser Zeit noch nicht erzeugte Abkömmlinge aber erst als Nacherben zu der Erbschaft gelangen könnten (§ 2101). Zu berücksichtigen ist weiter, daß, wie in KGJ. 42 A 109 grundsätzlich bei Verbindung einer Erbeinsetzung nach § 2269 mit einer bedingten Nacherbeinsetzung der Kinder für den Fall der Wiederverheiratung des Überlebenden ausgesprochen, mangels besonderer Umstände davon auszugehen ist, daß die Eheleute einander als Vorerben im Rahmen der gesetzlichen Ermächtigung haben befreien wollen, wofür hier im übrigen auch § 1 („der dann vorhandene Nachlaß") spricht.

m) **Eigentumsbeschränkung wegen einer die Erben betreffenden Verpflichtung?**

Kammergericht, 1. ZS. Beschluß v. 28. Oktober 1926 (X 640/26).

Auf dem Rittergute, das den Beschwerdeführer Ernst v. Z. seit 21. 9. 1899 als Eigentümer ausweist, ist zugleich in Abt. II Nr. 9 eingetragen: „die in § 8 des gerichtlich genehmigten Erbvergleichs vom 19. 9. 1899 näher bezeichnete Verfügungsbeschränkung des Eigentümers sowie das daselbst den Brüdern Georg, Joachim, Karl v. Z. eingeräumte Vorkaufsrecht". Der Erbvergleich betrifft die Erbteilung nach dem Vorbesitzer zwischen dessen Witwe und den 4 Söhnen und lautet sodann:

§ 8. Ernst v. Z. beantragt, in Abt. II folgende Verfügungsbeschränkung einzutragen: Falls der Gutsübernehmer ohne männliche Deszendenz verstirbt, so sind seine Erben verpflichtet, das Gut den Brüdern v. Z. zur Übernahme für 1 Million Mark anzubieten, und haben sich für diesen Fall die Brüder darüber in der angemessenen Reihenfolge ... zu entscheiden. Erst wenn sämtliche Brüder verstorben sind, treten deren männliche Deszendenten, und zwar dem Lebensalter nach, an deren Stelle. Sollte Ernst v. Z. das Gut verkaufen, so soll seinen Brüdern das Vorkaufsrecht in derselben Reihenfolge und für denselben Preis zustehen.

Den Antrag, diese Beschränkung — nicht auch das Vorkaufsrecht — von Amtswegen zu löschen, weil sie eine freiwillig und ohne Gegenleistung übernommene Verfügung von Todeswegen sei, haben die Vorinstanzen zurückgewiesen. Dem LG. ist darin beizutreten, daß der Antrag sowohl aus § 54 wie aus § 22 GBO. zu prüfen und daß für die Zulässigkeit der Beschränkung von dem zur Zeit der Eintragung gültigen Recht auszugehen ist (Art. 168 EG., Güthe GBO. § 54[27]). Nach ALR. konnte ein Eigentümer sein Eigentumsrecht zugunsten eines Dritten durch Gewährung eines Rechts zur Sache für diesen, zB. eines Ankaufsrechts einschränken (Eccius Pr. Privatr. 3 § 169 Nr. 3, Dernburg Pr. Privatr. 1 §§ 184/5). Im Ergebnis Ähnliches ist nach heutigem Recht durch eine Vormerkung für den Anspruch auf Eigentumsübertragung möglich. Sich hierauf stützend hat das LG. den Fall daraufhin geprüft, ob Ernst eine einseitige Verfügung von Todeswegen habe treffen wollen und ob sein jetzt von ihm behaupteter Widerruf die Beschränkung vernichtet habe; es verneint beides.

Diese Beurteilungsweise trifft indessen nicht das Wesentliche des Falls. Das besteht vielmehr darin, daß Ernst die dem Ankaufsrecht gegenüberstehende Verpflichtung nicht für sich oder für sich und seine Erben, sondern nur für letztere übernommen hat. Das besagt nicht nur der Wortlaut, sondern auch der zwischen dem Vorkaufsrecht bei Lebzeiten des Ernst und der Beschränkung seiner Erben unterscheidende Sinn der Eintragung und ihr in der Beschwerde offenbar richtig gekennzeichneter Beweggrund: die Erhaltung des Guts in der Familie auf eine „weitere" Generation zu ermöglichen. Die entscheidende Frage ist mithin die, ob Ernst das Eigentum wegen einer seine Erben treffende Verpflichtung beschränken konnte. Die vom LG. angeführten KGJ. 21 S. 138, 31 S. 255 betreffen Fälle ohne die Eigenart des hier vorliegenden. Ebensowenig führt Eccius (3 § 169) den Fall an, daß der Eigentümer seine Erben verpflichten will. Die Frage, ob eine solche Verpflichtung und eine dementsprechende Beschränkung begründet werden kann, ist nicht schuld- oder sachen-, sondern erbrechtlicher Natur. Denn sie ist nichts anderes als eine solche aus einem Vermächtnis, und der erwähnte § 8 enthält daher, soweit er die Pflicht der Erben zum Anbieten des Guts ausspricht, das Inaussichtstellen einer eine derartige Vermächtnisverordnung enthaltenden Verfügung von Todeswegen. Die Frage, ob sich jemand einem andern gegenüber hinsichtlich seines Willens von Todeswegen binden konnte, war für das frühere Recht streitig (Windscheid-Kipp 3 § 529[4], Rehbein Entsch. 2 S. 535 Note). Das BGB. hat in § 2302 Verträge, durch die sich jemand verpflichtet, eine Verfügung von Todeswegen zu errichten, für nichtig erklärt; es sieht trotz der durch besondere Gründe gebotenen Zulassung des Erbvertrags die Testierfreiheit als ein unverzichtbares Recht und eine Bindung des Erblassers als den guten Sitten zuwiderlaufend an (Strohal Erbr. 1 § 18[10]; Planck § 2302[1]). Die Rechtsprechung hat angenommen, daß § 2302 allgemein verbietender und darum auch rückwirkender Art sei (RG. 75 S. 34; Rsp. 8 S. 290). Dem ist beizutreten. Die Nichtigkeit, die insoweit dem Inhalt des § 8 anhaftet, ergreift auch die Eigentumsbeschränkung, denn eine solche setzt, wenn sie wegen einer Verpflichtung des Eigentümers vorgenommen wird, deren Gültigkeit voraus.

Der vom RG. (80 S. 175; 88 S. 137; 98 S. 279) zu § 331 BGB. vertretene Standpunkt ist hier, abgesehen von seiner Anwendbarkeit auf preuß. Recht, nicht verwendbar. Er setzt nämlich, entsprechend dem § 331, voraus, daß sich ein bei Vertragsschluß vorhandener verpflichtungsfähiger Schuldner gegenüber dem Versprechensempfänger verpflichtet und daß mit dessen Tode von ihm bedachte Personen das Recht auf die Leistung haben sollen. Hier sind aber weder die Erben des Ernst gegenwärtige verpflichtungsfähige Schuldner noch ist ein Versprechensempfänger vorhanden, dessen Tod die Voraussetzungen für das Recht eines Dritten schaffen soll. — Der Löschungsantrag ist daher begründet, ohne daß entschieden zu werden braucht, ob § 54 oder § 22 GBO. die Grundlage für ihn geben.

**n) Erbverzicht: α) Auslegung der §§ 2346, 2350².**

Kammergericht, 1. ZS. Beschluß v. 28. Mai 1925 (X 328/25).

Der Erblasser Albert P. hat aus seiner ersten, geschiedenen Ehe die Tochter Martha hinterlassen, die 1917 notariell gegen Zahlung von 1300 M. auf ihr gesetzliches Erbrecht gegenüber dem Vater verzichtete. Seine zweite Ehe war kinderlos, während von Geschwistern noch sein Bruder Johannes P. am Leben ist. Auf Antrag der Witwe hat das Amtsgericht einen Erbschein dahin, daß sie alleinige Erbin des Albert P. sei, erteilt, ihn jedoch mit der Begründung, daß auch Martha zur Hälfte Miterbin sei, eingezogen. Die Beschwerde ist mit Recht zurückgewiesen. Nach § 2346 wäre, falls die weitere Regelung des § 2350 nicht bestände, die Witwe gemäß § 1931 zur einen Hälfte der Erbschaft als gesetzlicher Erbe berufen, die andere Hälfte aber fiele dem Johannes gemäß § 1925 zu.

Nach § 2350² gilt aber weiter im Zweifel der Verzicht der Martha nur zugunsten der anderen Abkömmlinge und des Ehegatten des Erblassers. Diese Bestimmung bedeutet jedoch nicht, daß der ganze Erbteil, der dem verzichtenden Abkömmling ohne den Verzicht zustände, demjenigen zufiele, zu dessen Gunsten (ausdrücklich oder nach der Auslegungsregel des § 2350²) verzichtet wird. Eine solche Auffassung ist mit dem in § 2346 ausgesprochenen Grundsatz und mit dem Wortlaut des § 2350² nicht vereinbar. Gilt nach § 2346 der Verzichtende als derart von der gesetzlichen Erbfolge ausgeschlossen, wie er zur Zeit des Erbfalles nicht mehr lebte, so tritt eine anderweite gesetzliche Erbfolge ein, die dieser Fiktion entspricht. Über diese allgemeine Wirkung des Verzichts hinaus müßte nun, sollte die Auffassung der Beschwerde zutreffen, der § 2350² eine nochmalige weitere Änderung dieser neuen gesetzlichen Erbfolge zugunsten des durch den Verzicht Begünstigten anordnen. Eine solche Bestimmung, die wohl entsprechend der Fassung des § 2346 in zweifelsfreier Form ausgesprochen worden wäre, trifft er jedoch nicht. Er will vielmehr, wie seine Formulierung zeigt, lediglich dem Verzicht insoweit, als er nicht zum Vorteil dessen, dem er nutzen soll, bei Anwendung des § 2346 wirken kann, seine Wirkung entziehen („nur . . . gelten soll") und insoweit auch die im § 2346 ausgesprochene Folge des Verzichts beseitigen. Er hat lediglich die negative Bedeutung, daß er insoweit nicht gelten soll, als er den gesetzlichen Erben der zweiten und der weiteren Ordnungen zustatten kommen würde; wird der Begünstigte nur zum Teil Erbe, so hat, wie auch im entsprechenden Falle des § 2350¹, der Verzicht nur insoweit Wirksamkeit. Die Richtigkeit dieser Auffassung, die ebenso im Schrifttum allgemein vertreten wird, wird auch durch die Prot. (S. 7643) bestätigt. . . . Die Witwe ist hiernach, da der Erbverzicht ihr durch § 2350² eine weitergehende Berechtigung, als ihr schon nach § 2346 zusteht, nicht verleiht, nach § 2346 Erbe zu dem Bruchteil geworden, der ihr zustände, wenn sie neben dem Bruder erben würde, also zur Hälfte; die andere Hälfte steht, da sie nach der Regel des § 2346 dem Bruder zufiele, insoweit aber nach dem unbedenklich anzuwendenden § 2350² der Verzicht „nicht gilt", der Martha zu, als ob sie insoweit nicht verzichtet hätte.

**β) bei vertragsmäßigen Zuwendungen eines Erbvertrages.**

Bayer. Oberstes Landesgericht, 3S. Beschluß v. 11. Juli 1925 (III 77).

Nach § 2352 kann eine Zuwendung, die im Erbvertrag durch einseitige nicht bindende Verfügung (§ 2299) angeordnet ist, wie eine im Testament angeordnete durch Verzichtsvertrag zwischen dem Bedachten und dem Erblasser beseitigt werden. Bei im Erbvertrag enthaltener vertragsmäßigen Zuwendung aber ist zu unterscheiden: für die an den anderen Vertragschließenden ist der Erbverzichtsvertrag nicht zugelassen; sie kann nur im Wege der gänzlichen oder teilweisen Aufhebung des Erbvertrags nach § 2290 beseitigt werden. Der Erbverzichtsvertrag (§ 2352) ist auf vertragsmäßige Zuwendungen eines Erbvertrags an Dritte beschränkt (Planck, RGKomm., Staudinger zu § 2352). . . . Hier enthält der Erbvertrag, den die Eheleute A. und Hans R. (unehelicher Sohn der Frau A.) 1899 geschlossen haben, die Einsetzung des überlebenden Gatten zum alleinigen Vollerben des verstorbenen, während Hans als Erbe des letztversterbenden Gatten eingesetzt ist (§§ 2280, 2269).

Nach dem Tode der Frau (1905) hat der Mann die Erbschaft aus dem Erbvertrag angenommen und erscheint nur noch er als Erblasser des § 2352 S. 2. Für die Gültigkeit des von ihm mit Hans 1908 geschlossenen Erbverzichtsvertrages kommt also darauf an, ob die Zuwendung im Erbvertrag an Hans als an einen Dritten gemacht ist. Dies ist zu verneinen. Denn Hans ist Vertragschließender zunächst deshalb, weil er den Erbvertrag mitunterzeichnet hat und als solche alle bei dessen Abschlusse materiell Beteiligten nach dem Sprachgebrauche des BGB. anzusehen sind (Planck vor § 2274). Hierzu kommt, daß er durch Annahme der ihm im Erbvertrag ausgesetzten Vermächtnisse auf sein Pflichtteilsrecht gegenüber der Frau A. verzichtet hat. ... [RG. 116 S. 321].

**n) Erbschein: α) nach § 10 des westf. Ges. v. 16. 4. 1860.**

Kammergericht, ZS. 1 b. Beschluß v. 24. März 1927 (X 145/27).

Der Beschwerdeführer Robert A. hatte ausdrücklich einen gemeinschaftlichen Erbschein nach beiden Eltern, also auch nach dem zuerst verstorbenen Vater beantragt, und gerade mit Rücksicht hierauf haben die Vorinstanzen den Antrag, u. z. zu Recht, beanstandet. Zunächst ist die Ausstellung eines solchen Erbscheins nach mehreren Erblassern überhaupt unzulässig (KGJ. 44 S. 99), sodann aber sind im Falle einer fortgesetzten GG. zwischen dem überlebenden Ehegatten und den unabgefundenen eigenen Kindern nach § 10 Ges. vom 16. 4. 1860 im Hinblick auf die Ausgestaltung dieser Gemeinschaft die Kinder hinsichtlich ihres Anteils am gemeinschaftlichen Vermögen nicht als Erben des BGB., sondern als GG.Genossen des Überlebenden zu betrachten; sie können deshalb auch kein Zeugnis über ihr Erbrecht und die Größe ihres Erbteils gemäß § 2353 beanspruchen, vielmehr kommt nur ein Zeugnis nach § 1507 in Frage (Rsp. 11 S. 266, KGJ. 34 S. 229, 44 S. 114). ...

Für die weitere Behandlung ist auf folgendes hinzuweisen:

1. Wie das Testament der Witwe auszulegen ist, ist Sache der tatsächlichen Würdigung. Bildet das Grundstück in der Tat den allein wesentlichen Teil des früheren Gesamtgutes, das den alleinigen Nachlaß darstellt, so wird die Auslegung des Testaments: „Ich bestimme meinen Sohn Robert als Universalerben meines Nachlasses als Möbeln usw. Das Mitverfügungsrecht meiner Tochter Elisabeth. Das Haus soll dem Robert, der Elisabeth und Ferdinande zu gleichen Teilen gehören, dem Robert soll das Kaufrecht vorbehalten werden ..." dahin, daß die drei genannten Kinder als Erben zu je $^1/_3$ eingesetzt seien, nicht zu beanstanden sein.

2. Nach § 101 Ges. vom 16. 4. 1860 war die Witwe berechtigt, letztwillig die Sukzession in das gemeinschaftliche Vermögen zu regeln. Sie war also befugt, die drei Kinder zu Erben des gütergem. Vermögens einzusetzen. Den übrigen 7 Kindern steht zwar ein Anspruch auf den Wert des Schichtteils und auf den Pflichtteil zu; dabei handelt es sich jedoch um einen persönlichen (schuldrechtlichen) Anspruch, der die Erbfolge nicht berührt. Jene Befugnis stellt eine Sonderbestimmung eigener Art dar, die dem Überlebenden das Recht gibt, über eine Vermögensmasse, an der ihm nur Anteilsrechte zustehen, letztwillig so zu verfügen, als ob sie sein alleiniges Eigentum wäre (Brenken Gruchot 39 S. 78, Riehl, Westf. Bauernrecht 77). Abzulehnen ist dabei indessen, als mit den heutigen Rechtsbegriffen unvereinbar, die Auffassung, daß der Überlebende auf diese Weise nachträglich und rückwirkend die Erbfolge nach dem verstorbenen Gatten bestimmen könne. Es kann sich immer nur um eine Erbfolge nach dem Überleben-

den handeln, zu dessen Nachlaß auch das ihm zu Lebzeiten nur anteilmäßig gehörige Gesamtgut zu rechnen ist.

3. Für den Beschwerdeführer wesentlich ist die Frage, in welcher Form der Erbschein nach der Witwe zu erteilen ist. Ein Erbschein des Inhalts, daß die drei Kinder Erben ihrer Mutter zu je $^1/_3$ geworden seien, würde für ihren Ausweis gegenüber dem Grundbuchamt nicht genügen, auch nicht in Verbindung mit einem Zeugnis über die fortgesetzte GG., das nur dahin erteilt werden könnte, daß die Witwe mit ihren 7 Kindern die GG. fortgesetzt habe. Ein solcher Erbschein würde nicht ergeben, daß auch die Anteile der anderen vier Kinder an der fortgesetzten GG. auf die drei Erben übergegangen sind. Andererseits kann ein Erbschein dahin, daß die drei Kinder Erben des Vermögens der fortgesetzten GG. geworden seien, nach §§ 2353 ff. nicht erteilt werden. Ein gegenständlich beschränkter Erbschein ist — abgesehen von dem Sonderfall des § 2369 — dem BGB. fremd. Die Möglichkeit eines vorschriftsmäßigen Ausweises gegenüber dem Grundbuchamte wird aber den Testamentserben dadurch gegeben werden können, daß dem in gewöhnlicher Form nach der Mutter zu erteilenden Erbschein der Zusatz beigefügt wird: „Die Erbfolge erstreckt sich auch auf das ehemalige gütergem. Vermögen der Erblasserin und ihres verstorbenen Mannes." Dies würde lediglich eine mit dem BGB. nicht widersprechende Klarstellung bedeuten.

**β) Kurze Geburts-, Todesscheine als öffentliche Urkunden des § 2356.**

Kammergericht, 1. ZS. Beschluß v. 4. November 1926 (X 717/26).

Der Senat hat zu der Frage, ob andere Bescheinigungen des Standesbeamten als vollständige Auszüge aus dem Standesregister zu den in § 2356 bezeichneten öffentlichen Urkunden gehören, bereits wiederholt Stellung genommen (Rsp. 39 S. 24, RJA. 15 S. 219, KGJ. 53 S. 86). Diese kann jedoch nicht mehr in vollem Umfang aufrecht erhalten werden, nachdem auf Grund der V. vom 14. 2. 24 (RGBl. I S. 116) durch Einfügung der §§ 15 a—15 c in das PStG. kurze Geburts-, Heirats- und Todesscheine" eingeführt worden sind. Welchen Inhalt diese „Scheine" haben müssen, ist in § 15 b vorgeschrieben. Nach § 15 a beweisen sie, daß die Geburt, die Eheschließung oder der Sterbefall im Register unter der bezeichneten Nummer beurkundet sind. Für die Frage, ob und in welchem Umfange den Geburts- und Todesscheinen — nur diese kommen vorliegend in Betracht — im Erbscheinsverfahren die Beweiskraft öffentlicher Urkunden des § 2356 zukommt, ergibt sich folgendes:

1. Todesscheine (§ 15 b Abs. 3) sind für den im § 2356 verb. mit § 2354 Nr. 1 und 3 erforderten Nachweis ausreichend. Sie beweisen zwar nur, daß der Sterbefall im Register beurkundet ist und schließen den Nachweis der Unrichtigkeit ihres Inhalts oder der Beurkundung nicht aus (Stölzel, PStG. 1926 N. 3 zu § 15 a). Regelmäßig wird indessen der Nachlaßrichter aus dem Umstande, daß der Sterbefall im Register beurkundet ist, mittelbar zu seiner vollen Überzeugung die Tatsache des Todes der Person, über die der Sterbefall verlautet, sowie des Zeitpunktes des Todes entnehmen können. Nach dem Inhalt des Scheins werden regelmäßig auch irgendwelche Zweifel an der Personengleichheit der im Schein

aufgeführten Person mit dem in der Erbausweiserklärung Benannten nicht aufkommen können. Der Grund, daß die Scheine nichts über die Eltern des Verstorbenen ergeben, gibt um so weniger zu Bedenken Anlaß, als jetzt gemäß Ges. vom 11. 6. 20 die Eintragung des Sterbefalls in das Standesregister die Eltern überhaupt nicht mehr zu bezeichnen hat. Falls sich im Einzelfall Bedenken gegen die Personenübereinstimmung ergeben, hat das Nachlaßgericht ihnen gemäß § 2358 nachzugehen.

2. Bescheinigungen über die Geburt sind gemäß § 2356 verb. mit 2354 Nr. 3 besonders erforderlich zum Nachweise des Verhältnisses, auf dem das angebliche Erbrecht des Antragstellers beruht. In dieser Hinsicht sind jedoch die Geburtsscheine des § 15 b nicht verwertbar, da sie nur die Bezeichnung des Namens sowie des Ortes und Tages der Geburt enthalten, aus diesen Angaben allein aber über das Verhältnis, auf dem das Erbrecht des Antragstellers beruht, nichts zu entnehmen ist. Hierzu bedarf es einer Aufdeckung der Abstammung, die die Geburtsscheine nicht beweisen. Eine sich auch auf die Abstammung, d. h. die Person der Eltern, erstreckende Beweiskraft haben nach wie vor nur die vollständigen Auszüge aus dem Geburtsregister (§ 15[1, 2], § 22[1] Nr. 5, § 26 PStG., Stölzel 6 B zu § 15).

Die Antragsteller haben danach zum Nachweis ihres Erbrechts nach § 2356 verb. mit § 2354 durch öffentliche Urkunden darzutun: a) die Zeit des Todes des Erblassers, ihres Bruders, b) zum Nachweise des Verhältnisses, auf dem ihr Erbrecht nach ihrem Bruder beruht, ihre eigene Abstammung sowie die des Erblassers, die nur dadurch nachgewiesen werden kann, daß sie Geschwister des Erblassers sind, c) die Zeit des Ablebens ihrer Eltern, da diese den Antragsteller von der Erbfolge ausschließen würden (§ 1925). — Der Zeitpunkt des Todes des Erblassers und seiner Eltern kann auch durch Todesscheine gemäß § 15 b PStG. nachgewiesen werden. Die eingereichten Bescheinigungen enthalten jedoch weder das Alter noch den Geburtsort noch auch den Stand und den letzten Wohnort der Verstorbenen. — Auch der Nachweis zu b ist nicht durch Geburtsurkunden in vollständiger Ausfertigung erbracht werden. Daran vermag auch der Umstand nichts zu ändern, daß zwei der abgekürzten Geburtsscheine auch die Namen der Eltern enthalten, da sich die Beweiskraft dieser Scheine nach § 15 a auf diese Angaben nicht erstreckt. Die Zwischenverfügung des Nachlaßgerichts entspricht hiernach nur insofern der Rechtslage, als von den Beschwerdeführern die Beibringung ihrer Geburtsurkunden, d. h. vollständiger Auszüge aus dem Geburtsregister verlangt ist. Dagegen durfte ein solcher Auszug aus dem Standesregister nicht auch zum Nachweise des Todes des Erblassers verlangt werden, da insoweit auch ein Todesschein gemäß § 15 b genügte. Das Nachlaßgericht wird zu erwägen haben, ob es die weitere Zwischenverfügung nicht auch auf die Beschaffung einer vollständigen Geburtsurkunde des Erblassers sowie von Sterbeurkunden oder Todesscheinen der Eltern des Erblassers zu erstrecken haben wird. Dabei muß ihm allerdings überlassen bleiben, ob es im Hinblick darauf, daß bereits ein Erbschein nach der Mutter des Erblassers erteilt ist, von dem standesamtlichen Nachweis ihres Todes absehen will; der Tod des Vaters des Erblassers sowie der Zeitpunkt des Todes wird jedoch durch diesen Erbschein, wenn auch in ihm die Mutter des Erblassers als Witwe bezeichnet ist, in keinem Falle bewiesen.

γ) **Verweisung auf den Rechtsweg? Auslegung des Testaments.**

OLG. Dresden, 6. ZS. Beschluß v. 26. April 1927 (Reg. 101/27).

... Der § 2359 zwingt das Gericht, nach Abschluß der Ermittlungen nach freier Überzeugung darüber zu entscheiden, welche Tatsachen es für festgestellt erachtet. Aus ihnen hat es selbständig die Folgerungen zu ziehen, die das geltend gemachte Erbrecht als begründet oder nicht begründet erscheinen lassen. Danach ist der Erbschein so, wie er beantragt ist, zu erteilen oder zu verweigern. Hieraus folgt, daß der Antragsteller keineswegs zur Entscheidung streitiger Tat- oder Rechtsfragen auf den Prozeßweg verwiesen werden darf. Ebensowenig darf sich das Gericht durch den Widerspruch einzelner Beteiligter davon abhalten lassen, die Tatsachen zu prüfen und über die Auslegung des Testaments selbständig zu befinden. Die Sache ist daher an das LG. zurückzuverweisen, das folgendes zu erwägen haben wird:

Nach dem Wortlaute hat der Erblasser zweifellos die Beschwerdeführerin Kora zur Erbin eingesetzt. Dies ergibt sich aus der Bestimmung, daß auf sie alles, wie es steht und liegt, totes und lebendes Inventar übergeht. Nur eine weitere Ausführung dieses Willens ist die Anordnung, daß ihr auch die Zinsen der Lebensversicherung zufallen sollen. Zweifelhaft ist die anschließende Bestimmung: „Dann können meine Tochter Olga und dann Minna, falls sie noch unverheiratet sind, in dieselben Rechte eintreten." Damit kann gemeint sein, daß sie entweder die Erbschaft in derselben Stellung wie die Kora erhalten oder daß sich die Zuwendung nur auf die Zinsen der Versicherung beziehen soll. Annehmbar ist der Wille dahin gegangen, daß die noch unverheirateten Kinder, unter ihnen zunächst das jüngste (Kora), vorzugsweise bedacht werden sollten. Hierfür findet sich ein Anhalt darin, daß der Kora die Zinsen ebenfalls bis zum Tode oder ihrer Verheiratung zufallen sollen und Olga, dann Minna, falls sie noch unverheiratet sind, in dieselben Rechte eintreten können und daß es erst vererbt werden soll. Obwohl die Zuwendungen an Olga und Minna an die Zuwendung der Zinsen angeschlossen sind, deuten doch die Worte: „dann können ..." darauf hin, daß hierunter nicht nur der Zinsgenuß gemeint ist. Bestätigt wird diese Auffassung durch die Schlußbestimmung: „Hernach soll es erst vererbt werden. Daß alles getreulich verwaltet wird, ist ihnen zur Pflicht gemacht." Daraus ist zu entnehmen, daß den 3 zuvor bedachten Schwestern die getreuliche Verwaltung des alsdann zu vererbenden Nachlasses zur Pflicht gemacht wird. Dies führt zu der Annahme, daß die Kora mit einer Nacherbschaft zunächst zugunsten der Olga, dann der Minna und schließlich der anderen gesetzlichen Erben, die beiden Schwestern aber bei Eintritt ihrer Nacherbfolge wiederum mit einer Nacherbschaft zugunsten der anderen Erben beschwert sind. —e—

δ) **Einziehung, wenn der Erblasser eine der 2 Testamentsurschriften vernichtet hat[1]).**

Kammergericht, 1. ZS. Beschluß v. 24. September 1925 (x 587/25).

Der am 1. 11. 24 verstorbene A. hat Anfang 1924 ein eigenhändiges Testa-

[1]) a) Eine „Berichtigung" des Erbscheins ist unzulässig, doch kann sie nach dem Willen des

ment in zwei selbständigen Ausfertigungen errichtet, in welchem er seine Braut K. als Alleinerbin einsetzte und einige Legate anordnete. Die beiden Stücke sind völlig gleichlautend; in beiden findet sich ein Vermerk, daß ein Stück sich im Besitze der Braut, das andere sich in seinem eigenen Besitze befinde. Am 20. 8. 24 hat er das in seinem Besitz gebliebene Exemplar durch einen handschriftlich geschriebenen Zusatz widerrufen, die Seiten des Testaments durchstrichen und mit dem Vermerk: „ungültig" versehen. Darauf war den gesetzlichen Erben des Verstorbenen ein Erbschein erteilt worden, dessen Einziehung die K. beantragt. Das LG. geht zutreffend davon aus, daß der Erbschein einzuziehen ist, wenn sich ergibt, daß er unrichtig ist, wenn also das Erbrecht der darin benannten Erben nicht mehr feststeht. Dies ist aber nicht nur dann der Fall, wenn feststeht, daß das im Erbschein bezeugte Erbrecht nicht besteht, sondern schon dann, wenn die nach § 2359 erforderliche Überzeugung des Gerichts erschüttert ist (Schlegelberger § 84⁹, ElsLothZ. 33 S. 210); jedoch reichen bloße Zweifel, die an dem Nachweis des Erbrechts auftauchen, nicht aus. Daß das LG. diese von ihm richtig erkannten Grundsätze unrichtig angewendet hätte, erhellt nicht.

Die rechtlichen Erwägungen, die das LG. leiten, bestehen in dem Gedanken, daß bei der Vernichtung einer von zwei Testamentsurschriften damit noch nicht ohne weiteres das Fortbestehen der anderen beseitigt ist. In solchem Fall ist es Sache freier, durch § 2255² nicht gebundener Beurteilung, ob der Erblasser mit der Vernichtung der einen Urschrift die Aufhebungsabsicht verfolgte und daß zum Widerruf die Vernichtung oder Veränderung eines Stücks genügt, wenn jener Wille aus den Umständen erkennbar ist. Das LG. gibt aber eine Würdigung der tatsächlichen Verhältnisse, die geeignet ist, das Fehlen seiner Überzeugung von dem Eintritt der gesetzlichen Erbfolge zu rechtfertigen.

**ε) Erbschein nach § 2369 über das hier befindliche Grundstück eines Russen.**

Kammergericht, 1. ZS. Beschluß v. 30. September 1926 (X 579/26).

In Frage steht die Erteilung eines gegenständlich beschränkten Erbscheins nach § 2369, dessen Voraussetzungen unzweifelhaft gegeben sind; denn der Erblasser war ein im Auslande wohnhafter und verstorbener Ausländer (Russe), und zu der Erbschaft, für die es danach an einem zur Erteilung des Vollerbscheins (§§ 2353 ff.) zuständigen deutschen Nachlaßgerichte fehlt, gehört ein im Inlande belegenes Grundstück. Bei einer ausschließlichen Anwendung des BGB. und seines EG. würde sich nach dem in Art. 24, 25 EG. im allgemeinen zur Geltung gebrachten Staatsangehörigkeitsgrundsatze die Beerbung nach russischem Rechte richten, sofern nicht dieses auf das deutsche Recht zurückverweist (Art. 27); eine Ausnahme hätte nur nach Art. 30 zu gelten. Hinsichtlich der formellen Voraussetzungen ist dagegen das deutsche Recht maßgebend (KGJ. 21 S. 5, 27 S. 250

---

Antragstellers als Antrag auf Einziehung und Neuausstellung behandelt werden (ObLG. 30. 10. 1925, Samml. 24 S. 299).

b) Ist der Erblasser vor 1900 verstorben, so bestimmt sich die Stellung seines Testamentsvollstreckers gemäß Art 213 EG. nach dem Ges. v. 12. 3. 1869; deshalb kann ihm, da er nicht zu den im § 9 das. erwähnten „sonstigen Berechtigten" gehört, kein Vollstreckerzeugnis erteilt werden (KG. 11. 3. 19126, 1 X 107/26).

36 S. 109). Diese Grundsätze gelten indes nur insoweit, als nicht im Einzelfalle durch Staatsverträge etwas anderes vereinbart ist. In dieser Hinsicht kommt vorliegend der Vertrag v. 12. 10. 25 in Betracht, der als deutsches Ges. v. 6. 1. 26 verkündet ist. Er enthält als Anlage zu Art. 22 ein zwischen den beiden Staaten getroffenes Nachlaßabkommen (RGBl. 1925 II S. 72), das auf alle nach dem 22. 5. 22 eingetretenen Erbfälle Anwendung findet. Der § 13[1,2] dieser Anlage stellt zweifelsfrei klar, daß in Ansehung des in Deutschland befindlichen unbeweglichen Nachlasses eines Sowjetrussen für dessen Beerbung, abweichend von Art. 25 EG., die deutschen Gesetze maßgebend sind (vgl. Art. 27 EG.). Verfehlt ist die Meinung, daß dieser § 13[2] nur deshalb, weil dem sowjetrussischen Recht ein Erbrecht in den unbeweglichen Nachlaß unbekannt sei, die Frage habe entscheiden sollen, was zum unbeweglichen Nachlaß eines Sowjetrussen innerhalb Deutschlands gehöre. Der Begriff des „erbrechtlichen Verhältnisses" ist klar und eindeutig; er umfaßt nicht nur den Begriff des Nachlasses, sondern er betrifft auch, und zwar in erster Linie, die Erbfolge, d. h. wem die Erbschaft angefallen, wer Erbe geworden ist. Für die Annahme, daß nach § 13[2] dieser auch in Abs. 1 enthaltene Begriff eine beschränktere Bedeutung haben sollte, fehlt es an jedem Anhalt. In § 15 das. wird im Gegenteil der Begriff des erbrechtlichen Verhältnisses dahin klargestellt, daß darunter „insbesondere das durch einen Erbschein bezeugte Recht des Erben" falle (vgl. Mersmann-Soest und Wohl (Deutschruss. Verträge S. 229).

Hinsichtlich der formellen Voraussetzungen für die Erteilung des Erbscheins beschränkt sich der § 15 — übrigens als natürliche Folge der Vorschrift, daß bei ausländischem unbeweglichem Nachlaß das Recht des Heimatstaates überhaupt nicht zur Anwendung kommt — auf beweglichen Nachlaß. Für unbeweglichen Nachlaß fehlt es an einer entsprechenden Vorschrift; hier bleibt es also bei dem Satz, daß für den beschränkten Erbschein nach § 2369 in formeller Hinsicht die §§ 2353 ff. maßgebend sind. Aus § 17 läßt sich nicht folgern, daß auch auf das dort bezeichnete unbewegliche Nachlaßvermögen der § 15 anzuwenden sei. Der § 17 kann zutreffend nur im Zusammenhang mit den vorhergehenden §§ 1—16 beurteilt werden. Diese regeln, wie § 1 zweifelsfrei ergibt, den beweglichen und unbeweglichen Nachlaß ausschließlich für den Fall, daß ein Angehöriger des einen vertragschließenden Teils im Gebiet des anderen Teiles gestorben ist. In § 17 ist nun eine entsprechende Anwendung der vorhergehenden Vorschriften, d. h. also der §§ 1—16, bezüglich des beweglichen und unbeweglichen Vermögens angeordnet worden, das sich im Gebiet des einen vertragschließenden Teils befindet und zu dem Nachlaß eines außerhalb dieses Gebietes gestorbenen Angehörigen des anderen Teiles gehört. Diese Anwendung ergibt, daß die unter den Voraussetzungen des § 1 in den § 1—16 für den beweglichen und unbeweglichen Nachlaß gegebenen Vorschriften auch unter den Voraussetzungen des § 17 zu gelten haben, d. h. also: was unter der Voraussetzung des § 1 für bewegliches Vermögen bestimmt ist, gilt für bewegliches Vermögen auch unter der Voraussetzung des § 17, und die unter der Voraussetzung des § 1 in den §§ 1—16 für unbeweglichen Nachlaß gegebenen Vorschriften finden auf den unbeweglichen Nachlaß auch unter den Voraussetzungen des § 17 Anwendung. Dagegen haben die in den §§ 1—16 für beweglichen Nachlaß aufgestellten Vorschriften nicht auch für unbeweglichen Nachlaß unter den Voraussetzungen des § 17 zu gelten. ...

Daß das Nachlaßgericht die Abgabe der Erbausweiserklärung durch die Witwe persönlich verlangt hat, ist rechtlich nicht zu beanstanden (RJA. 13 S. 199, 17 S. 68). Da es indes nach § 2356² S. 2 die dort vorgesehene Versicherung erlassen darf, wird es zu erwägen haben, ob der Fall nicht wenigstens Anlaß dazu bietet, geringere Anforderungen an die Form jener Versicherung zu stellen, ob nicht besonders eine von einer russischen Behörde nur beglaubigte Erklärung oder eidesstattliche Versicherung der Witwe für ausreichend zu erachten sein wird. In jedem Fall wird es in der Lage sein, von dem Erfordernis einer Legalisation der ausländischen Urkunde im Hinblick auf die dadurch entstehenden hohen Kosten abzusehen (KGJ. 21 S. 5, 50 S. 69).

## 8. Handelsrecht.

### a) Verlegung der Handelsniederlassung eines Einzelkaufmanns[1]).

Kammergericht, 1. ZS. Beschluß v. 9. Dezember 1926 (X 815/26).

Nachdem 1923 das Amtsgericht Th. in das Handelsregister die „F.-Gesellschaft A. & G." eingetragen hatte, hat es 1925 dort vermerkt, daß A. ausgeschieden, die Gesellschaft aufgelöst und die Niederlassung nach Gr. verlegt ist. Das Amtsgericht Gr. hat darauf auf weitere Anmeldung die Firma in sein Register übernommen und weiter vermerkt, daß die Firma künftig „F.-Gesellschaft A. & G., Inh. Arthur G." laute und G. das Handelsgeschäft als alleiniger Inhaber fortführe. Nachdem G. diesem Gericht schriftlich mitgeteilt hatte, daß der Sitz am 1. 1. 26 nach F. verlegt sei, hat er die Firma „F.-Gesellschaft" bei dem letzteren Gericht zu dessen Handelsregister mit der Erklärung angemeldet, daß er am 1. 1. 26 nach F. übergesiedelt sei und sein Geschäft, nämlich Großhandelsvertrieb photographischer Apparate und verwandter Artikel, dort weiter betreibe. Das Amtsgericht hat abgelehnt, weil keine Gesellschaft vorliege, eine Handelsniederlassung fehle und der erst 22 Jahre alte Antragsteller auch Angestellter der Eheleute X. sei, die in F. photographische Apparate fabrizieren. Die Beschwerde ist zurückgewiesen, weil der Betrieb nicht über den Umfang des Kleingewerbes hinausgehe und daher der Zusatz „Gesellschaft" zur Täuschung geeignet sei. ... Allein der Ausgangspunkt der Vorinstanzen, daß bei der Sitzverlegung das neue Registergericht berechtigt und verpflichtet sei, die Zulässigkeit der zu übernehmenden Firma zu prüfen, ist rechtsirrig. Für die GmbH. hat bereits KGJ. 44 S. 152

---

[1]) a) Trifft der in der Notariatsurkunde aufgeführte Vorgang nicht zu und wurde der wirkliche Vorgang nicht protokolliert, so kann die Urkunde überhaupt keine Grundlage für die Eintragung abgeben und auch dem Registergericht keinen Anlaß bieten, nach §§ 12, 14, 293, 296 HGB., §§ 132 ff. FGG. vorzugehen (Bay. ObLG. 2. 4. 27, Samml. 26 H. 1).

b) Ein Kaufmann, der ein zweites Geschäft mit Firma erwarb, kann es dem schon von ihm betriebenen Geschäft als Zweigniederlassung angliedern und diesem demnächst die Firma der Hauptniederlassung geben (OLG. Dresden, 6. ZS. Beschluß v. 24. 2. 25, JFG. 3 S. 180).

ausgesprochen, daß das Registergericht des neuen Sitzes nicht befugt ist, die Eintragung wegen Unzulässigkeit der im Register des alten Sitzes eingetragen gewesenen Firma zu beanstanden. Entsprechendes muß aber auch für die Verlegung der Niederlassung eines Einzelkaufmanns gelten. Diese ist nach § 31 bei dem Gericht der bisherigen Niederlassung anzumelden, das bei der Eintragung nach § 37² AVf. v. 7. 11. 1899 regelmäßig alle die Firma betreffenden Eintragungen zu röten hat; außerdem ist die Firma bei dem Gericht des neuen Sitzes nach § 29 HGB. anzumelden. Die Sitzverlegung und ihre Eintragung sowie die Rötung der Firma im Register des bisherigen Sitzes führt ein Erlöschen der Firma oder ein Aufhören des Bestehens des Handelsgeschäfts nicht herbei (Staub § 31¹, § 30³; RG. 20 S. 171). Das Unternehmen wie die Firma werden durch die Verlegung des Sitzes nicht berührt, sie bleiben die gleichen, nur der Sitz und dementsprechend das für die Registerführung zuständige Gericht ändern sich. Dürfte das neue Gericht die Eintragung wegen einer unzulässigen Firma verweigern, so wäre damit tatsächlich eine endgültige Löschung der Firma auf diesem Wege, also ohne Einhaltung des in den §§ 141 ff. FGG. vorgesehenen, zum Schutze der Beteiligten streng geregelten Verfahrens möglich; denn aus dem Register des alten Sitzes ist sie beseitigt (und zwar, da dies Gericht nicht mehr zuständig ist, mit Recht), in das neue aber könnte sie nicht hineingelangen. Dies entspräche aber nicht dem Willen des Gesetzes. Vielmehr ist auch für den Einzelkaufmann wie für die Akt.-G., die GmbH. und die Genossenschaft (1 a X 753/22; KGJ. 44 S. 153; 21 S. 270) davon ausgehen, daß es sich bei der Sitzverlegung lediglich um einen Wechsel in der Registerführung handelt und die beiden beteiligten Gerichte gewissermaßen eine einheitliche Anmeldestelle bilden (Brand HGB. 473); das Registergericht des neuen Sitzes hat daher nur zu prüfen, ob der Sitz verlegt und das Verlangen nach Übernahme in sein Register gestellt ist und die Firma dem § 30 HGB. entspricht, nicht aber auch eine weitergehende, die den Inhalt der bisherigen Eintragungen betrifft; diese sind, wenn jene Voraussetzung gegeben ist, ohne weiteres in das neue Register zu übernehmen. Erst nach der Übernahme ist dann dem Richter des neuen Sitzes unbenommen, wenn er anderweite Bedenken als aus § 30 gegen die Zulässigkeit der Firma trägt, ein ordnungsmäßiges Löschungsverfahren nach § 141 ff. FGG. einzuleiten und durchzuführen (vgl. auch KGJ. 44 S. 154). — Daß hier die Sitzverlegung im Register des früheren Sitzes noch nicht eingetragen worden, ist unerheblich. Bei einer AktienG., GmbH. oder Genossenschaft erlangt allerdings die Sitzverlegung, die eine Satzungsänderung darstellt, erst Wirksamkeit durch die Eintragung in das bisherige Register; diese bildet daher die Voraussetzung für die Eintragung der Gesellschaft im neuen Register (KGJ. 21 S. 269). Beim Einzelkaufmann dagegen ist die Verlegung der Niederlassung spätestens mit der tatsächlichen Übersiedlung an den neuen Sitz und dem hier erfolgten Beginn der Geschäftstätigkeit vollendet. Zwar muß auch hier die Anmeldung beim früheren Gericht erfolgen und ist notfalls zu erzwingen, da § 31 HGB. sie vorschreibt. Voraussetzung für die Übernahme der Firma in das neue Register aber ist sie nicht. Aus der Verlegung selbst ergibt sich unmittelbar bereits der selbsttätige Wechsel der Zuständigkeit der Registergerichte und der Registerführung, der in der öffentlich-rechtlichen Natur der Registerpflicht seine Grundlage hat. Zu prüfen war daher hier nur, ob diese Verlegung wirklich erfolgt ist. Das Amtsgericht will anscheinend auch diese Frage verneinen. Allein das jugendliche Alter und das Angestelltenverhältnis des G. allein können nicht ausschlaggebend sein, da auch ein Angestellter daneben unbedenklich eine selbständige kaufmännische Tätigkeit ausüben kann. Der Besitz eines eigenen Kontors und einer eigenen Wohnung aber sind nicht unbedingt für den Betrieb eines Handelsgewerbes erforderlich, besonders nicht, wenn es sich wie hier um einen „Großhandel", also einen Geschäftsbetrieb handelt, der nur einen Verkehr mit anderen Kaufleuten, nicht aber mit dem Publikum mit sich bringt. . . .

b) **Abtretung eines zum Schutze des Firmenrechts gegebenen Abwehranspruchs?**
OLG. Hamburg, 1. ZS. Urteil v. 3. Mai 1926 (Bf. 65/26).

Der Anspruch der Klägerin muß, soweit sie aus eigenem Recht klagt, schon daran scheitern, daß Beklagter schon länger als sie das Wort Phönix als Firmenbestandteil führt, wobei die verschriedene Scheibweise bedeutungslos ist. Es kommt daher darauf an, ob sie aus dem abgetretenen Recht der seit längeren Jahren bestehenden Phönix AG. den Unterlassungsanspruch aus § 16 UWG. geltend machen kann. Dies ist zu verneinen. Die Firma eines Kaufmannes ist der Name, unter dem er im Handel seine Geschäfte betreibt, und damit ein Personenrecht (Dernburg BGB. 1 § 99). Gleich dem Namenrecht des § 12 BGB., das seinem Bestande nach nicht von der Person des Berechtigten abgetrennt und einem anderen übertragen werden kann, wenngleich die Überlassung der Benutzung des Namens an einen anderen zur Bezeichnung eines Geschäfts, einer Ware usw. möglich ist (RGKomm. BGB. § 12²), so gehört auch das Recht an der Firma zu den absoluten und höchst persönlichen Rechten (Cosack HandR. § 16⁷), die als solche grundsätzlich nicht übertragen werden können, wenn auch die Firma mit dem Geschäfte vererblich und veräußerlich, auch das Gebrauchsrecht unter der entsprechenden Maßgabe übertragbar ist (§§ 22, 23 HGB.). Danach ist der zum Schutze des Firmenrechts gegebene Abwehranspruch, so auch der Anspruch aus § 16 UWG., für sich allein nicht abtretbar. Dies muß jedenfalls bezüglich der hier erhobenen Untersagungsklage als der Geltendmachung eines Individualrechts angenommen werden, wobei dahingestellt bleiben kann, ob etwa der aus § 16² UWG. sich ergebende Schadensanspruch übertragbar wäre (RG. 64 S. 397; 87 S. 149). Die Klagebefugnis aus dem Rechte der Phoenix AG. kann auch nicht damit begründet werden, daß diese zum Vertriebe der von ihr geförderten Kohlen die Klägerin gegründet und finanziert hat, diese daher als ihr Organ anzusehen sei. Denn sie stellt in der Rechtsform der GmbH. eine selbständige Rechtspersönlichkeit dar und bedarf daher zur Geltendmachung von Ansprüchen der Phoenix AG. einer rechtswirksamen Übertragung. V.

c) **Löschung einer „Treuhandgesellschaft" wegen geringen Stammkapitals.**
α) OLG. Hamburg, 1. ZS. Beschluß v. 27. Januar 1926 (F 120/25).

Die im Mai 1923 unter der Firma „Hans. Treuhandgesellschaft mbH." mit einem Stammkapital von 10 Millionen PM. gegründete Beschwerdeführerin hat als Gegenstand ihres Unternehmens angegeben: Vermögensverwaltungen, Testamentsvollstreckungen, Pfandhalter- und Treuhändergeschäfte, Vertretung von Gläubigerinteressen sowie die Überwachung und Umgestaltung kaufmännischer Betriebe aller Art. Als sie im Juni 1925 das Stammkapital auf 500 RM. ermäßigte, hat ihr auf Anregung der Handelskammer das Amtsgericht eine Erhöhung ihres Stammkapitals anheimgegeben und sodann die Löschung ihrer Firma gemäß FGG. § 142² angekündigt. Widerspruch und Beschwerde sind mit Recht zurückgewiesen. Die Ausführung des LG., die Verkehrsauffassung sei dafür entscheidend, ob eine Firma und wann die in einem bestimmten Falle gebrauchte Firma falsche Vorstellungen über das ganze Wesen des Geschäfts, wozu auch die Verhältnisse des Inhabers, so seine Kapitalkraft, gehören, erwecken könne, sind rechtlich bedenkenfrei. Die übrigen Erwägungen, daß hier nach der Auffassung des Verkehrs die Möglichkeit einer Täuschung gegeben sei, liegen ebenso wie schon die Überlegungen des Amtsgerichts, das Publikum habe bei einer „Treuhandgesellschaft" mit Fug die Vorstellung von einem sehr kapitalkräftigen Unternehmen, auf tatsächlichem Gebiete.

Das LG. hat sodann geprüft, ob die Unverträglichkeit des Handelsnamens mit dem Verbot des § 18² hier die Anwendung des § 142 FGG. rechtfertige. Die Bedenken der Beschwerde, daß der Registerrichter im Mai 1923 die Möglichkeit einer Täuschung geprüft und für nicht vorliegend erachtet habe, sind nicht begründet. Das ursprüngliche Stammkapital war allerdings dem Nennbetrage nach erheblich höher als das geringste für eine GmbH. damals vorgeschriebene Stammkapital von 500 000 PM. Allein der wahre Wert jener Summe betrug am Gründungstage (11. 5. 23) nur RM. 1090. Darnach waren der Umfang des Unternehmens und seine Mittel auch bei ihrer Gründung schon, ganz abgesehen davon, daß nur ¼ des Stammkapitals eingezahlt war, so gering, daß ihm nach der Auffassung des Verkehrs, wie die Vorinstanzen sie festgestellt haben, der Charakter und der Name einer Treuhandgesellschaft schon damals nicht zukamen. Diese Bezeichnung der Art des Unternehmens in der Firma schuf mithin die Möglichkeit, daß das in Vermögens-, besonders in Verwaltungssachen tätige Hilfe suchende Publikum über die Größe des Geschäfts und die Geringfügigkeit des Betriebskapitals getäuscht wurde. Die Firma entsprach also an sich in einer wesentlichen Beziehung nicht den gesetzlichen Erfordernissen.

Daraus, daß der Registerrichter gleichwohl die Firma als einen statthaften Handelsnamen angesehen hat, ist nicht etwa zu folgern, daß sie nach dem damaligen Rechtszustande in der Tat eintragungsfähig gewesen wäre und daß dies auch heute noch zu gelten hätte. Das führen vielmehr die Vorinstanzen, die den Grund dafür in der Inflationszeit finden, rechtlich einwandfrei darauf zurück, daß, wie überhaupt, als die Gesellschaft gegründet wurde, über die wahre Natur der Markentwertung noch keine Klarheit bestanden habe, so auch das derzeit über die Eintragung beschließende Gericht die wirkliche Geringwertigkeit des Stammkapitals nicht erkannt hat. Nachdem aber jetzt diese Geringwertigkeit erkannt und damit aufgedeckt ist, daß die Gesellschaft nach der Verkehrsauffassung nicht beanspruchen konnte, als ein Treuhandunternehmen zu gelten und sich ein solches nennen zu dürfen, daß also die von ihr gewählte und auch eingetragene Firma eine Täuschung des Publikums jedenfalls über ihre Kapitalkraft bedeutete, steht nichts im Wege, daß nunmehr die demgemäß nach § 18² unzulässige Firma wieder gelöscht wird. Die Löschung hätte allerdings zu unterbleiben, wenn etwa infolge einer inzwischen eingetretenen Änderung der Verhältnisse die Firma nicht mehr geeignet erschiene, in Dritten über die Größe ihres Unternehmens, besonders über die Stärke ihrer Mittel falsche Vorstellungen entstehen zu lassen. Das trifft aber nicht zu. . . . B.

**β) Bezeichnung „Kontinental" bei geringem Stammkapital.**

**Kammergericht, 1. ZS. Beschluß v. 25. November 1926 (X 778/26).**

Die am 14. 5. 26 gegründete „Continentale Kohlen-GmbH." hat als Gegenstand des Unternehmens angegeben: „Handel mit Brennstoffen, Ein- und Ausfuhr von Kohlen, besonders Einfuhr englischer Kohlen und deren Vertrieb auf dem Continent"; zur Erreichung dieses Zweckes soll sie befugt sein, gleichartige oder ähnliche Unternehmungen zu erwerben, sich an solchen zu beteiligen und deren Vertretungen zu übernehmen, auch Zweigniederlassungen zu errichten. Die Vorinstanzen erachten die Bezeichnung „Continentale" für täuschend, weil diese mindestens so viel wie „mitteleuropäisch" bedeute und man dabei an Ausdehnung des Geschäfts mindestens auf einen großen Teil von Mitteleuropa denke, davon aber bei einem Stammkapital von 10 000 RM. nicht die Rede sein könne. Allein der ursprüngliche Sinn jenes Ausdrucks (von dem sich, wenn man ihn mit dem Wort „mitteleuropäisch" in Beziehung bringen will, höchstens sagen läßt, daß er mehr als dieses bedeutet) ist nicht eindeutig. Rein sprachlich besagt er nicht mehr, als daß eine Beziehung zum Kontinent gegeben ist, ohne daß er andeutet, welcher Art diese sei; nach dem sprachlichen Sinne des Ausdrucks könnte sich eine Gesellschaft schon zur Bezeichnung des Gegensatzes zu insularen Unternehmungen oder wegen des Vertriebs kontinentaler Waren als „kontinentale" bezeichnen. Einen Hinweis darauf, daß der ganze Kontinent das Betätigungsfeld der Gesellschaft sei oder daß sie auf diesem gar eine überragende Rolle spiele, enthält der Ausdruck nach seiner ursprünglichen Bedeutung noch nicht. Eine derartige Bedeutung könnte er allerdings nach der allgemeinen Verkehrsauffassung, die für die Beurteilung der Eignung eines Firmenzusatzes zur Täuschung i. S. des § 18² allein entscheidend ist, entgegen seinem rein sprachlichen Sinne allmählich angenommen haben. Dies ist aber nicht der Fall, jedenfalls nicht in dem Sinne, daß üblicherweise unter einer „kontinentalen" Gesellschaft nur eine solche mit überragendem Einfluß auf den Handel im Bereiche des Kontinents oder, wie sich die Industrie- und Handelskammer ausdrückt, eine Gesellschaft „von kontinentaler Wirtschaftsbedeutung" zu verstehen sei; ob jener Bezeichnung dabei in Beschränkung der reinen Sprachbedeutung nach der Verkehrsanschauung überhaupt zu entnehmen ist, daß die geschäftliche Betätigung der Gesellschaft sich über das Land ihres Sitzes hinauserstrecke, kann dabei dahinstehen. Der Senat hat bereits in mehreren Fällen, in denen dem Firmenwort „Handels"- oder „Film-Gesellschaft" eine anderen Ländern oder Landesgebieten entnommene Beziehung beigefügt war, ausgesprochen, daß diesem Zusatz nicht mehr zu entnehmen sei, daß das Unternehmen einen beherrschenden Einfluß auf die geschäftlichen Beziehungen zu jenem Lande oder Landesteile habe oder auch nur ein großzügiges oder einflußreiches Unternehmen sei; denn die Allgemeinheit habe sich an die in derartigen Bezeichnungen liegenden Übertreibungen gewöhnt und führe sie auf das richtige Maß zurück (vgl. 1. X. 45/23, 143/23; DNotV. 25 S. 10 u. Strauß, Handelskammern und Handelsregister, 403—406; Rsp. 43 S. 279). Gleiches muß auch für die Bezeichnung „Continental" gelten, falls ihr überhaupt nach der Verkehrsübung zu entnehmen wäre, daß sich die Betätigung über Deutschland hinaus erstreckt. Nach dem in jenen Entsch. festgestellten Wandel der allgemeinen Verkehrsanschauung ist dann auch hier davon auszugehen, daß das Publikum mit ihr ebensowenig wie mit einer einzelnen Länderbezeichnung die Vorstellung eines Unternehmens von besonders großem Umfang und überragender Bedeutung verbindet. Ist der Gegenstand des Unternehmens tatsächlich der Handel auch mit außerdeutschen Ländern Europas, so ist der Zusatz „Continentale" zur Täuschung über Art und Umfang des Geschäfts daher nicht geeignet. Hier aber will die Gesellschaft die Ein- und Ausfuhr von Kohlen, besonders den Vertrieb englischer Kohle auf dem Kontinent betreiben; der Firmenzusatz wird also durch den Gegenstand des Unternehmens gerechtfertigt.

Wenn die Vorinstanzen darauf abstellen, daß bei einem Stammkapital von (nur) 10 000 RM. das Geschäft nicht in einem dem Sinne des Zusatzes entsprechenden Umfange ausgedehnt sein könne, so legen sie weiter dem Stammkapital eine Bedeutung bei, die ihm nicht zukommt. Über seine Höhe, über die sie nichts besagt, kann die Firma jedenfalls nicht täuschen; vielmehr muß jedermann damit rechnen, daß die Gesellschaft mit dem bei ihrer Gründung zulässigen geringsten Kapital gegründet worden ist. Ob sie ihren Zweck zu erreichen vermag (wofür im übrigen das Betriebskapital von Bedeutung ist, das sich im Stammkapital nicht zu erschöpfen braucht), hat aber nicht das Registergericht zu prüfen. Will die Gesellschaft den satzungsmäßigen Gegenstand ernstlich betreiben, so kann ihr, wie bereits in Rsp. 24 S. 113 und anschließend ständig ausgesprochen ist, die Eintragung nicht deshalb versagt werden, weil das Stammkapital, das den gesetzlichen Anforderungen genügt, vermeintlich zur Erfüllung des Gesellschaftszwecks nicht hinreicht.

**γ) Bezeichnung „Haus" bei 5000 Rm Stammkapital.**

Bayer. Oberstes Landesgericht, ZS. Beschluß v. 19. Februar 1926 (III Nr. 13/26).

... Die tägliche Erfahrung zeigt, daß sehr viele Geschäfte die Bezeichnungen „Zigarren-, Möbel-, Leinen-, Lebensmittelhaus und dergl. unbeanstandet führen, die von einem Großbetrieb sehr weit entfernt sind und im Umfange hinter dem hier fr. Geschäfte zurückbleiben. Daraus geht hervor, daß die Auffassung der beteiligten Berufskreise sowohl als der kaufenden Bevölkerung dahin geht, daß der Zusatz „Haus" in erster Linie nicht auf einen besonders bedeutenden Umfang des Geschäfts hinweist, sondern darauf, daß es sich um ein Spezialgeschäft handelt, das sich ausschließlich mit den im Beisatz bezeichneten Waren befaßt. Allerdings wird im Verkehr angenommen, daß es sich dabei um einen Betrieb handelt, der nicht ganz unbedeutend ist und über größeren Umsatz, größere Räume usw. verfügt. Hier wird aber das Geschäft in eigenem Hause mit besonderen Verkaufs-, Lager- und Fabrikationsräumen betrieben und verfügt über ein Lager in dem vom Registergericht festgestellten Umfange. Auch das angelegte eigene Kapital von 5000 RM. kann unter den heutigen Verhältnissen nicht als so unbedeutend erachtet werden, wie die Vorinstanzen annehmen[1]).

d) **Kann die Frau, wenn ihr Mann das von ihr mit Firma erworbene Geschäft unter neuer Firma betreibt, nach der Ehescheidung auf die ursprüngliche Firma zurückgreifen?**

Bayer. Oberstes Landesgericht, ZS. Beschluß v. 13. Juli 1925 (III Nr. 75).

... Erwirbt die Frau als eingebrachtes Gut ein Erwerbsgeschäft mit der Firma, so ist der Mann kraft seines Verwaltungsrechts berechtigt, es im eigenen Namen zu betreiben (Planck BGB. § 1376[18]). Er kann die bisherige Firma beibehalten, weil er dieses Recht der Frau ausüben darf, oder eine neue Firma unter Beachtung des § 18 HGb. wählen. Im letzteren Falle dürfte nach einer Entscheidung (§ 1421 BGB.) nichts im Wege stehen, daß die Frau die bisherige Firma, deren Weiterführung ihr der Veräußerer gestattet hatte, wählt, also auf sie zurückgreift. Dies ist ohne weiteres klar, wenn jeder Erwerber, dem die Fortsetzung der Firma erlaubt worden war, auch wenn er zunächst die Erlaubnis nicht gebraucht, später noch auf die Firma des Veräußerers zurückgreifen kann (so Staub, Goldmann). Aber auch wenn solches Zurückgreifen allgemein (Brand, Ritter) oder unter gewissen Voraussetzungen (Opet ZHR. 49 S. 131) unzulässig wäre, so ist hier zu beachten, daß die Frau bisher noch nicht das Geschäft betrieben hat, also auf die Fortführung der ursprünglichen Firma nicht verzichtet haben kann, der Betrieb des Mannes aber aus dessen eigenem Recht erfolgte und der Frau deshalb nicht hinderlich sein darf.

Anders ist die Rechtslage, wenn in der Ehe allgemeine GG. gilt. Das Geschäft, das die Frau erwirbt, wird in diesem Zeitpunkt kraft Gesetzes Gesamtgut (§ 1438). Nach § 1443 ist der Mann befugt, es im eigenen Namen zu betreiben und eine neue Firma zu wählen, es bleibt aber Gesamtgut. Wird es der Frau nach der Ehescheidung auf Grund des § 1477 zurückgegeben, so erwirbt sie es aus der GG., nicht vom früheren Veräußerer, so daß für § 22 HGB. kein Raum ist.

e) α) **Erteilung einer Einzelprokura, wenn die Satzung Zeichnung der GmbH. durch einen Geschäftsführer und einen Prokuristen vorschreibt.**

Kammergericht, 1. ZS. Beschluß v. 22. Oktober 1925 (X 659/25).

Die L.GmbH. in Halle betreibt in Br. eine Zweigniederlassung unter der Firma L.GmbH., Überlandwerk Br. Zum dortigen Register hat die L.GmbH.

[1]) Der Zusatz „Vereinigte" drückt lediglich aus, daß die Gesellschaft aus mehreren einzelnen Unternehmungen hervorgegangen sein soll; da diese selbst klein gewesen sein können, braucht auch das vereinigte Unternehmen nicht viel größer zu sein. Hat eine „Vereinigung" nicht stattgefunden, so ist die Firma noch nicht unzulässig, wenn eine Täuschung über die Punkte des § 18[2] nicht in Frage kommt (KG. 4. 11. 26, JW. 1927 S. 130). Dagegen ist bei Vereinigung zweier Möbelhandlungen die Firma „Vereinigte Möbelfabriken" schon dann unzulässig, wenn auch nur eine von ihnen nicht über den handwerksmäßigen Betrieb hinausgeht (OLG. Stuttgart 12. 11. 1926, aO. 72).

angemeldet, daß der Aufsichtsrat dem Direktor A. für die Zweigniederlassung Einzelprokura erteilt habe. Die Vorinstanzen haben abgelehnt, weil nach der Satzung (§ 8) Kollektivvertretung vorgesehen sei. Allerdings hat der Registerrichter grundsätzlich die Richtigkeit und Rechtsbeständigkeit der einzutragenden Tatsachen nachzuprüfen, dementsprechend auch zu prüfen, ob das nach dem Gesetz oder der Satzung zuständige Organ der GmbH. die Prokura erteilt hat. Dies ist hier offenbar der Fall, da nach § 10 der Satzung in Abänderung des nachgiebigen § 46 Nr. 7 GmbH. die Bestellung von Prokuristen dem Aufsichtsrat übertragen ist und dieser die Prokura erteilt hat. Ein weiteres Prüfungsrecht aber, ob die Prokura im übrigen satzungsgemäß erteilt ist, hat der Registerrichter nicht. Für ihn ist allein entscheidend, ob er die Prokuraerteilung als ein Dritten gegenüber wirksames Rechtsverhältnis anerkennen muß (vgl. FGJ. 2 S. 219). Ein solches liegt aber hier vor. Selbst wenn die Erteilung satzungswidrig sein sollte, so ist sie doch jedenfalls nach außen hin wirksam. Der Umstand, daß § 8 der Satzung in das Handelsregister eingetragen ist, ändert hieran nichts. Denn § 15² HGB. handelt nur von „einzutragenden" Tatsachen. Hierzu gehört aber nicht die Satzungsbestimmung, daß nur eine Gesamtprokura erteilt werden könne. Der § 8 ist lediglich im Hinblick auf § 10² GmbH.G. eingetragen; eine Eintragung bezüglich einer Gesamtprokura ist aber nach § 53 HGB. nur einzutragen, wenn eine solche erteilt ist.

Aber auch bei Annahme eines weitergehenden Prüfungsrechts sind die Vorentscheidungen unzutreffend. Mit Recht legt das LG. allerdings den § 8, wonach die „Zeichnung der Gesellschaft" durch zwei Geschäftsführer oder durch einen Geschäftsführer in Gemeinschaft mit einem Prokuristen erfolgen solle, dahin aus, daß hiermit die „Vertretung der Gesellschaft" geregelt werden solle (vgl. Rsp. 11 Sp. 36). Bei der weiteren Auslegung des § 8 verkennt es jedoch den darin ausgedrückten Willen; es beachtet ferner nicht den Unterschied zwischen der gesetzlichen Vertretung, die die Geschäftsführer ausüben, und der gewillkürten Vertretung, die dem Prokuristen übertragen ist. Die Geschäftsführer sind durch § 35 Ges., der ihnen die Vertretung der Gesellschaft uneingeschränkt zuerkennt, als deren gesetzliche Vertreter anerkannt; sie sind das ordentliche ständige Organ der Gesellschaft. Sie sind in ihrer Vertretung grundsätzlich nicht beschränkt und können in ihr mit Wirkung gegen Dritte nicht beschränkt werden (§ 37²); auch die gesetzliche Regel daß die sämtlichen Geschäftsführer grundsätzlich gemeinsam zu handeln haben, macht ihre Vertretungsmacht nicht zu einer beschränkten (Staub 35⁹). Der Prokurist dagegen ist stets gewillkürter Vertreter und bleibt es auch dann, wenn eine Kollektivvertretung eines Geschäftsführers mit ihm angeordnet ist. Er hat grundsätzlich, wie schon § 49² HGB. zeigt, eine nur beschränkte Vertretungsmacht und eine von der Berechtigung des Geschäftsführers wesentlich verschiedene Vertretungsbefugnis.

Schon diese durchaus verschiedenartige Stellung des Geschäftsführers und des Prokuristen erfordert eine besonders genaue Prüfung, ob Satzungsbestimmungen, die sich mit der Stellung des einen von ihnen befassen, auch für die des andern gelten sollen, und läßt eine auch satzungsmäßig verschiedene Regelung ihrer Stellung als naheliegend erscheinen. Der § 8 spricht nach seiner Überschrift von den „Geschäftsführern". Neben anderen Bestimmungen über ihre Zahl, ihre Bestellung und ihre Geschäftsführung gibt er die Vorschrift über „Zeichnung der Gesellschaft". Diese soll also ersichtlich die in § 35² S. 2 Ges. zugelassene Abweichung von dem Grundsatz der Kollektivvertretung anordnen. Eine solche ist unbedenklich auch in der hier gewählten Form, daß ein Geschäftsführer zusammen mit einem Prokuristen die Gesellschaft vertreten kann, zulässig, sofern nicht nur ein Geschäftsführer vorhanden ist (Staub § 35²³). Bestimmt hiernach der § 8, daß auch ein einzelner Geschäftsführer mit einem Prokuristen die Gesellschaft vertreten darf, so ist damit doch noch nichts darüber gesagt, daß auch der Prokurist seinerseits nur zusammen mit einem Geschäftsführer, selbst innerhalb des ihm gesetzlich zugewiesenen Tätigkeitsbereichs, die Gesellschaft zu vertreten befugt ist. Die Bestellung von Prokuristen ist auch bei der GmbH. nach den allgemeinen Grundsätzen zulässig, auch wenn der Gesellschaftsvertrag nichts darüber bestimmt (Staub § 35²⁷, § 46³¹). Die Vertretungsmacht und die Rechtsstellung des Prokuristen richtet sich auch bei ihr nach den allgemeingültigen §§ 49 ff. HGB. (Brodmann § 46⁸). Sofern also nicht ausdrücklich in der Satzung bestimmt ist, daß nur Erteilung von Gesamtprokura i. S. von § 48² HGB. zulässig sein solle, steht auch bei der GmbH. der Erteilung einer Einzelprokura nichts im Wege. Hier hat nun der Gesellschaftsvertrag, abgesehen von § 10 über die Zuständigkeit des Aufsichtsrats zur Bestellung der Prokuristen und von § 8³, keine Anordnung hinsichtlich der Prokura getroffen, besonders nicht bestimmt, daß ein Prokurist nur mit einem Geschäftsführer handeln dürfe. Der § 8³ regelt nun die Frage wie die Geschäftsführer die gesetzliche Vertretung ausüben sollen; er beteiligt damit den Prokuristen auch an Geschäften der gesetzlichen Vertretung, von denen er sonst ausgeschlossen wäre (vgl. Staub HGB. § 50⁵); ihm ist aber nicht zu entnehmen, daß auch der Prokurist nur zusammen mit einem Geschäftsführer die Gesellschaft vertreten könne; ob eine solche Anordnung überhaupt zulässig wäre, kann zweifelhaft sein (vgl. §§ 48², 50³ HGB., andrerseits Staub aO.); jedoch bedarf dies hier keiner Prüfung. Denn über die Befugnisse des Prokuristen schweigt die Satzung, abgesehen von jener Erweiterung seiner Befugnisse, völlig. Es muß daher bei der Regel bleiben, daß die Erteilung einer Einzelprokura möglich ist.

Die Folge, daß die Geschäftsführer, sofern sie nicht mit einem zweiten zusammenhandeln, an die Mitwirkung des Prokuristen gebunden sind, während der Prokurist zur Alleinvertretung im Rahmen seiner regelmäßigen Zuständigkeit befugt ist, widerspricht dem Gesetz nicht (RJp. 43 S. 282, vgl. auch Staub HGB. § 48⁹, § 125¹⁵, § 232¹⁷). Sie ist auch nicht, da der Geschäftsführer in jeder Hinsicht, der Prokurist dagegen nur für einen begrenzten Kreis von Geschäften vertretungsberechtigt ist, widersinnig und ist das Ergebnis des Umstandes, daß das Gesetz dementsprechend bei der Geschäftsführung von der Gesamtvertretung, bei der Prokura dagegen von der Einzelvertretung als Regel ausgeht. Der Tatsache, daß es sich hier im übrigen nur um die Erteilung einer Prokura für eine

Zweigniederlassung nach § 50³ HGB. handelt, kommt keine wesentliche Bedeutung zu.

**e) Gesamtprokura mit einem Gesamtbevollmächtigten?**

OLG. Hamburg, 1. ZS. Beschluß v. 8. Dezember 1926 (F 144/26).

Die beantragte Eintragung einer Gesamtprokura in der Weise, daß der Gesamtprokurist berechtigt sei, in Gemeinschaft entweder mit einem anderen Gesamtprokuristen oder einem Gesamtbevollmächtigten die AktienG. zu vertreten, ist mit Recht abgelehnt. Die Begründung des Amtsgerichts, daß nur die im Gesetz besonders zugelassenen Eintragungen zulässig sind, und daß eine Gesamtprokura nur in der durch §§ 48², 53, 125, 232² zugelassenen Form eintragungsfähig ist, ist zutreffend (ebenso RJA. 17 S. 104, KGJ. 29 S. 217). Der vom LG. angeführte Grundsatz der Unbeschränktheit der Prokura (§ 50¹) kann allerdings die Ablehnung nicht begründen, da Gesamtbevollmächtigung nicht die Vollmacht im Sinne des § 50¹ einschränkt (Staub § 48⁹). Wenn andererseits die Beschwerde die materielle Zulässigkeit der vorerwähnten Gesamtbevollmächtigung unter Berufung auf Staub § 54²ᵃ betont, so erklärt Staub dort (ebenso Anhang zu § 8⁶, zu § 54¹⁴) doch ausdrücklich und wiederholt, daß im Handelsregister auch bei derartig gültiger Gesamtbevollmächtigung die Handlungsvollmacht nicht zu erwähnen ist, da materielle Gültigkeit eines Aktes noch keinen Anspruch auf dessen handelsregisterliche Eintragung begründet, letztere formelle Behandlung vielmehr ihren eigenen Regeln folgt. Der Gesichtspunkt, eine vom Standpunkt einwandfreier kaufmännischer Moral nicht zu beanstandende praktische Übung sei immer stärker gewesen als zunächst erhobene juristische Bedenken, kann gerade auf dem Gebiete des Handelsregisters, Grundbuches usw. gesetzlich nicht vorgesehene Eintragungen nicht decken, sondern nur gegebenenfalls eine Gesetzesänderung begründen. Die Angabe der Beschwerde, bei Befolgung des Antrags werde nicht die Handlungsvollmacht, sondern (nur?) die Prokura eingetragen, ist unzutreffend. Um eine Prokuraerteilung an den Prokuristen und den Handlungsbevollmächtigten (in welchem Falle ja die gewöhnliche Gesamtprokura des § 48² vorläge) handelt es sich hier nicht [1]). B.

**f) Wettbewerbsverbot. Verzicht. Unwirksamwerden bei der Kündigung.**

OLG. Hamburg, 3. ZS. Urteil v. 18. Oktober 1926 (Bf. 266/26).

Der Kläger ist unter der Herrschaft des für allgemein verbindlich erklärten Tarifvertrages angestellt, so daß dieser zur Ergänzung des Anstellungsvertrages herangezogen werden muß und sich der Arbeitgeber auf solche Bestimmungen des Einzelvertrages nicht brufen kann, die zum Nachteil des Angestellten vom Tarif abweichen. Nach § 11 Nr. 4 das. ist ein Wettbewerbsverbot nur verbindlich, wenn sich für dessen Dauer der Arbeitgeber zu einer Entschädigung von $^2/_3$ der letzten Bezüge verpflichtet. Im Anstellungsvertrage hat die Beklagte nur Zahlung der Hälfte zugesagt. Daran ist jedoch der Satz angeschlossen: „Falls diese Karenzklausel ungültig sein oder werden sollte, bleibt sie auf jeden Fall im gesetzlich zulässigen Umfang in Kraft." Unter „gesetzlich" kann hier unbedenklich auch verstanden werden: „nach dem Tarifvertrage". Die Klausel besagt dann: Soweit die

[1]) Kein Erlöschen der Prokura mit dem Tode des Einzelkaufmanns (RG. 26. 5. 27, JW. 2433).

vereinbarten Karenzbestimmungen gegen zwingende Vorschriften des Tarifs verstoßen, treten letztere an ihre Stelle. Eine solche Bestimmung ist zulässig, soweit sich nicht Unklarheiten ergeben; das ist hier nicht der Fall.

Die Beklagte beruft sich darauf, daß das Verbot durch Vereinbarung oder durch ihren einseitigen Verzicht schon vor der Kündigung weggefallen sei. Nach dem Vertrage stand ihr jederzeit das Recht zu, auf das Verbot zu verzichten; eine Form ist nicht bestimmt. Dies widerspricht, soweit die Zeit vor der Kündigung in Betracht kommt, nicht dem Tarif, da er nichts darüber besagt. Ein formloser, auch stillschweigender Verzicht muß daher als wirksam erachtet werden. Da aber die gesamten Tarifbestimmungen über Wettbewerb, die denen des HGB. nachgebildet sind, darauf hinzielen, jede Unklarheit über Rechte und Pflichten der Parteien auszuschalten, mag dieser Erfolg auch nur teilweise erreicht sein, so ist ein strenger Maßstab anzulegen. Mag auch die Beklagte die Bewerbung des Klägers bei Konkurrenzfirmen geduldet und teilweise sogar unterstützt haben, mag auch ihr Geschäftsführer geäußert haben, daß auf das Verbot wenig Wert gelegt werde, alles das war nicht geeignet, dem Kläger die Gewißheit zu geben, daß von der Verbotsmöglichkeit kein Gebrauch gemacht werde. Das Interimszeugnis ist ohne Bedeutung.

Für die Frage, ob etwa das Verbot bei der Kündigung unwirksam geworden, kommt das Verhältnis von Nr. 8 und Nr. 9 in § 11 des Tarifs in Betracht. Nach Nr. 8 wird das Verbot bei Kündigung des Arbeitgebers unwirksam, es sei denn a) daß ein erheblicher Anlaß in der Person des Angestellten vorliegt, b) der Arbeitgeber sich bereit erklärt, die vollen zuletzt bezogenen vertragsmäßigen Leistungen während der Enthaltungszeit zu gewähren. Nach Nr. 9 hat der Arbeitgeber bei der Kündigung schriftlich zu erklären, ob er ganz oder teilweise auf das Verbotsrecht verzichte; sonst bleibt das Verbot in Kraft. Das KG. hat Nr. 8 und 9 dergestalt zu vereinigen versucht, daß es Nr. 9 als dritte Ausnahme von der Unwirksamkeit nach Nr. 8² ansieht. Dieser würde darnach lauten: Das Verbot wird unwirksam, es sei denn a) daß der Arbeitgeber die vollen letzten Bezüge als Entschädigung verspricht, b) . . ., c) daß er keine Erklärung oder nur eine mündliche Verzichtserklärung abgibt. Allein die Bedingungen zu a) und c) widersprechen sich; es läuft daher den Grundgesetzen der Logik zuwider, sie auf die gleiche Stufe zu setzen. Auch ist das KG. genötigt, das Wort Verzicht in einem mit seiner klaren Bedeutung unvereinbaren Sinne zu verstehen. Die richtige Auslegung ist daher die, daß sich Nr. 9 auf eine vom Arbeitgeber ohne erheblichen Anlaß erklärte Kündigung überhaupt nicht bezieht. Sie bedeutet dann noch immer: a) wenn der Angestellte kündigt, b) wenn der Arbeitgeber aus erheblichem Anlaß kündigt, c) für die Zeit nach der Kündigung.

Die Beklagte hat ein Versprechen über zukünftige Zahlungen bei der Kündigung nicht abgegeben. Damit ist der Klage aber noch nicht gänzlich der Boden entzogen. Nr. 8² erklärt in diesem Falle das Verbot nicht schlechthin für unwirksam, sondern sagt: „Es wird in gleicher Weise unwirksam." Dies bezieht sich auf Abs. 1: „wenn der Angestellte vor Ablauf eines Monats nach seiner Kündigung schriftlich erklärt, daß er sich an die Vereinbarung nicht gebunden erachte". Der Sinn des Abs. 2 ist daher der: Kündigt der Arbeitgeber ohne erheblichen Anlaß und erklärt er sich nicht bereit, die letzten vertragsmäßigen Leistungen während der Enthaltungszeit zu gewähren, so verliert er die Möglichkeit, am Verbot den Angestellten festzuhalten. Für diesen aber entsteht ein Wahlrecht, das er innerhalb eines Monats ausüben muß. Nichterklärung oder nicht schriftliche Erklärung wird dahin ausgelegt, daß er das Fortbestehen des Verbots wähle. Nr. 8^1^·^2^ entsprechen wörtlich dem § 75^1^·^2^ HGB. Für dieses wird die eben gegebene Auslegung ganz überwiegend vertreten (Staub § 75^6^); sie ist auch nach dem Wortlaut als die allein mögliche anzusehen. Hier hat der Kläger innerhalb eines Monats nach der Kündigung keine Erklärung abgegeben; das Verbot ist daher nicht unwirksam oder wieder wirksam geworden. Er kann Karenzgelder verlangen, nicht aber in der geforderten Höhe. Denn die Klausel, die wirksam geblieben ist, ist die sich aus Nr. 4 ergebende; darnach braucht Beklagte nur $^2/_3$ der letzten Vertragsbezüge zu zahlen. Der Fall kann nicht so angesehen werden, als wenn Beklagte die vollen Bezüge versprochen hätte. . . . V.

**g) α) Darf der ausgeschiedene Gesellschafter Abzüge von Geschäftsurkunden herstellen und verbreiten?**

OLG. Hamburg, 4. ZS. Urteil v. 16. März 1927 (Bf. 567/26).

Aus der Bankfirma, deren Gesellschafter die Parteien seit 1896 waren, schied Ende 1924 Beklagter auf Grund sofortiger Aufkündigung wegen vertragswidriger Privatspekulationen. Der Beklagte, der ein eigenes Bankgeschäft aufmachte, hatte diese Beschuldigungen auch in weiteren Kreisen von Berufsgenossen und gegenüber einzelnen persönlich Beteiligten erhoben, und zwar in der Weise, daß er 6 Geschäftsurkunden, die er mechanisch vervielfältigen ließ und die Abzüge mit Erläuterungen verbreitete. Diese Abbildung der im Eigentum der Kläger stehenden Urschriften stellt keinen Eingriff in die Integrität der Sache dar; so wenig die unbefugte Herstellung eines Bildes als widerrechtlicher Eingriff in die körperliche Unversehrtheit des Abgebildeten aufgefaßt werden konnte, sondern zur Annahme eines besonderen Persönlichkeitsrechtes führte, so wenig kann jene Abbildung als solche als Eigentumsverletzung betrachtet werden, was nicht ausschließt, daß die Handlung der Herstellung unter Umständen eine unzulässige Einwirkung auf die Sache bedingen und insofern daher die Herstellung selbst gemäß § 903 BGB. verhindert werden kann. Die einmal hergestellte Abbildung berührt aber nicht die im übrigen (hier durch Zurückgabe der Urschriften) wiederhergestellte Integrität des Eigentums.

Aber der Klaganspruch ist begründet, weil sich die Innehaltung und Verbreitung der Abzüge den Umständen nach als Verletzung der dem Beklagten — auch nach Auflösung der Gesellschaft — den Klägern gegenüber obliegenden gesellschaftlichen Verpflichtungen darstellt. Beklagter mag die Urkunden gutgläubig mitgenommen haben; sie waren Eigentum der Gesellschaft, und er durfte sie daher nicht für sich verwenden, mußte sie vielmehr sofort zurückstellen, wenn er auch berechtigt sein mochte, sich zu seinem persönlichen Bedarf Abschriften herzustellen.

Die Parteien haben sich unter schwersten Mißhelligkeiten getrennt. Die Urkunden sind an sich völlig farblos; sie ergeben für sich allein nichts für die Vorwürfe, die Beklagter auf sie gründet. Wenn er daher sie mechanisch vervielfältigte, so ist das — da für den Prozeß mit den Klägern Abschriften genügten, von vornherein in der, tatsächlich nachher ausgeführten Absicht geschehen, durch diese Vervielfältigungen die gegen die Kläger erhobenen Vorwürfe in den Kreisen der Geschäftsfreunde zu verbreiten. Diese Vorwürfe konnten durch den Inhalt der Abzüge allein nicht klargestellt werden, sondern bedurften einer Erläuterung, die auch mündlich und schriftlich — teilweise in roter Schrift auf den Abzügen — gegeben ist. Die Bedeutung der Abzüge beruht nur darin, daß sie zwar bei ihrer Farblosigkeit objektiv die in den Erläuterungen erhobenen Vorwürfe nicht verstärken konnten, wohl aber, daß sie subjektiv diesen Vorwürfen einen wirkungsvollen Hintergrund gaben und geben sollten. Dritte konnten die persönlichen Streitereien der Parteien nur sehr wenig berühren, und um so weniger, je mehr sie durch die Menge des Materials und durch die Schwierigkeit, in die Sache hineinzudringen, zu einer eindringlichen Prüfung gezwungen waren, wenn sie ein zutreffendes sachliches Urteil gewinnen und nicht der Einseitigkeit der Darstellung des Beklagten erliegen sollten. Gerade aus dieser Sachlage ergibt sich, daß die Abzüge eines gewissen Eindrucks, gerade wegen ihrer originalähnlichen Erscheinung nicht entbehren konnten. Wenn ein Kaufmann seine Vorwürfe gegen seine früheren Gesellschafter in einem Kreise angesehener Berufsgenossen mit Originalen oder Faksimiles belegt, so erweckt er gerade dann, wenn man an einer eingehenden Prüfung gar kein Interesse hat, die Vorstellung, daß schon an den Vorwürfen etwas daran sein müsse, wenn man sie so handgreiflich, so in die Sinne fallend belegen könne. Abschriften in Maschinenschrift wären in den meisten Fällen, ohne größeren Eindruck als die übrigen Darlegungen zu machen, in Vergessenheit geraten, die Vervielfältigungen blieben, mit mehr oder minder größerer Schärfe, als vermeintliche Beweisstücke im Gedächtnis und sind daher, mögen sie objektiv berechtigt sein oder nicht, ein Mißbrauch. ... V.

β) **„Geschäftsbeginn" nach § 123. Anfechtung des Vertrages.**

OLG. Hamburg, 2. ZS. Urteil v. 17. Juni 1926 (Bf. 198/26).

Der § 123 ist dahin zu verstehen, daß der von der Gesellschaft, also den Gesellschaftern mit deren Willen vor der Eintragung eröffnete Geschäftsbeginn die gleiche Wirkung haben solle wie die Eintragung der Firma selbst; es sollen Dritten gegenüber die Gesellschafter auch gemäß §128 für die in dieser Weise im Namen der Gesellschaft eingegangenen Schulden als Gesamtschuldner haften. Da aber der Grund für diese der Sicherheit des Handelsverkehrs dienende Haftung lediglich der Umstand ist, daß die offene HG. sich mit dem Willen der Gesellschafter als ein rechtlich bereits bestehendes Gebilde im Verkehre geriert hat, so kann die Haftung für den Gesellschafter nicht eintreten, ohne oder gegen dessen Willen die Gesellschaft ihren rechtlichen Bestand vorweggenommen hat. Wer die Haftung aus § 123 für sich beanspruchen will, muß also den Geschäftsbeginn und die Zustimmung des belangten Gesellschafters hierzu beweisen. Der Kläger hat aber behauptet, daß A.

mit Zustimmung des Beklagten auf Einkaufsreise für die Gesellschaft gegangen sei und dabei auch den hier streitigen Einkauf bewirkt habe. Ein solcher „Geschäftsbeginn" würde zweifellos die Anwendbarkeit des § 123 gegen den Beklagten bewirken. Dieser hat jedoch schon lange vor der Bestellung bei der Klägerin den ganzen Vertrag mit Fug angefochten und damit unzweifelhaft zu erkennen gegeben, daß er weitere Geschäfte der Gesellschaft nicht mehr wolle. Das Gesetz kann nicht gemeint haben, daß der einmal eingeleitete Geschäftsbeginn für alle Zeiten als Haftung begründend nachwirken sollte, so daß auch das deutlichste Abrücken von der Gesellschaft den einen Gesellschafter von der Haftung für weitere Handlungen des anderen nicht mehr bewahren könnte. Dies um so weniger, als sich Beklagter auch nicht etwa durch eine Eintragung nach § 15 sichern könnte, da eben die Firma nicht eingetragen ist und einzutragen nicht möglich ist.

γ) **Keine Auflassung bei Übernahme des Geschäfts nach Ausscheiden des einen Gesellschafters. Anwendung des § 40 GBO.**

Kammergericht, 1. ZS. Beschluß v. 14. Oktober 1926 (X 666/26).

Die beiden im Handelsregister eingetragenen Gesellschafter der als Eigentümerin gebuchten offenen HG. A. & B. setzten sich notariell 1925 dahin auseinander, daß B. austritt und A. das Handelsgeschäft mit Aktiven und Passiven als Alleininhaber unter zugelassener Fortführung der bisherigen Firma übernimmt. A. bewilligte und beantragte außerdem für die in ein Darlehn umgewandelte Einlage des B. die Eintragung einer Hypothek. Die Ansicht der Vorinstanzen, daß in solchem Falle die Auflassung des Gesellschaftsgrundstücks erforderlich sei, widerspricht der Rechtsprechung des RG. (Entsch. 65 S. 227, 68 S. 410, JW. 1925 S. 1750) und des KG. (KGJ. 50 S. 194).... Die Auflösung der Gesellschaft und die Übernahme des ganzen Geschäfts durch A. schließen nicht einander aus, sondern in der Übernahme des Geschäfts und dem Ausscheiden des B. liegt zugleich die Auflösung der Gesellschaft, die gemäß § 143 zum Register anzumelden ist. Die Besonderheit besteht nur darin, daß durch die vereinbarungsmäßige Übernahme des Geschäfts die sonst notwendige Liquidation vermieden wird (§ 145¹). Ist hiernach A. ohne Auflassung Alleineigentümer des Grundstücks geworden und damit zur Verfügung über es berechtigt, so kommt lediglich in Frage, ob § 40¹ GBO. die vorherige Eigentumseintragung des A. erfordert. Dies ist zu bejahen. Allerdings ist in einem Falle, wo die als Eigentümerin eingetragene offene HG. nachträglich in eine Kommanditgesellschaft umgewandelt worden ist, die vorherige Umschreibung auf diese nicht für notwendig erachtet (Rsp. 42 S. 161). Die Entscheidung beruht auf der Erwägung, daß sich durch diese Umwandlung das Rechtssubjekt nicht ändert, vielmehr die eingetragene Gesellschaft — wenn auch in einem anderen Rechtsgewande und unter einer anderen Bezeichnung — Inhaberin des Rechts bleibt. Anders verhält es sich jedoch, wenn die Gesellschaft aufgelöst wird und an ihre Stelle ein Einzelkaufmann tritt, wenn also das Gesamthandelseigentum durch Alleineigentum abgelöst wird. Hier ändert sich die Person des Rechtsträgers, und durch die vom Gesetz zugelassene Weiterbenutzung der früheren Gesellschaftsfirma wird ein Einzelkaufmann nicht zu einer Gesellschaft.

**d) Kann der Liquidator[1]) das Gesellschaftsgrundstück mit Zustimmung der Gesellschafter, darunter Vorerben, für fremde Schuld belasten?**

Kammergericht, 1. ZS. Beschluß v. 25. März 1926 (X 71/26).

Als Eigentümer ist im Grundbuche die offene HG. H. W. Abel eingetragen; ihre Gesellschafter waren Wilhelm Abel und sein Sohn Heinz. Ersterer ist 1923 verstorben und von seiner Frau als befreiten Vorerbin beerbt, während seine Söhne Heinz und Wilhelm — unter Substituierung ihrer Nachkommenschaft — nach dem Tode der Vorerbin zu Nacherben eingesetzt sind. Die Gesellschaft wurde in eine Kommanditgesellschaft mit Heinz als persönlich haftendem Gesellschafter und der Witwe als Kommanditistin umgewandelt und befindet sich seit dem 1. 2. 24 in Liquidation. Liquidatoren sind Heinz und Julius M., von denen jeder für sich zur Vertretung befugt ist. In notarieller Urkunde vom 3. 11. 25 bewilligte und beantragte M. eine Sicherungshypothek von 200 000 RM. für alle Forderungen und Ansprüche, die die Reichsbank gegen die AktienG. F. erwerben wird oder bereits erworben hat. . . .Nachgebracht wurde noch eine notarielle Erklärung des Heinz, der Witwe und des Willi Abel vom 21. 11. 25, in der sie als die Gesellschafter der KommG. bestätigten, daß die Liquidationsfirma vertraglich und gegen Entgelt verpflichtet sei, die Hypothek für die Forderungen der AktienG. zu bestellen und daß der Liquidator M. in ihrem ausdrücklichen Auftrage gehandelt habe. Die Vorinstanzen haben abgelehnt. Die weitere Beschwerde der KommG. ist begründet.

Die Liquidatoren einer aufgelösten KommG. besitzen keine allgemeine, unbeschränkte Vertretungsmacht, sondern sind gemäß §§ 149, 161² nur innerhalb ihres in § 149 S. 1 näher bestimmten Geschäftskreises zur Vertretung der Gesellschaft berechtigt. Die von Brodmann (GmbH.G. § 70²) vertretene und bei der abweichenden Fassung des § 70 GmbH.G. immerhin rechtlich mögliche Ansicht, daß der Liquidator einer GmbH. im Außenverhältnisse (der Vertretungsbefugnis) unbeschränkt und nur im Innenverhältnis durch die gesetzliche Festlegung seiner Aufgaben gebunden sei (dagegen KGJ. 21 S. 256, RG. 44 S. 80), kann jedenfalls gegenüber dem klaren Wortlaut des § 149 S. 2 hier keine Geltung beanspruchen. Hiernach hat das Grundbuchamt, wenn auf Bewilligung eines Liquidators auf dem Grundstück der Gesellschaft eingetragen werden soll, von Amtswegen zu prüfen, ob sich die Bewilligung innerhalb des Geschäftskreises des Liquidators hält. Ebenso ist die von ihm zur Sicherung der Forderungen gegen eine andere Firma also für fremde Schulden bewilligte Hypothek nicht ohne weiteres als ein den Zwecken der Liquidation dienendes Geschäft erkennbar. . . . Die Beschwerde hat zur Zerstreuung der bestehenden Bedenken geltend gemacht, daß die KommG. aus einer vor der Liquidation mit der AktienG. getroffenen Vereinbarung verpflichtet sei, ihr das Grundstück als Kreditunterlage zur Verfügung zu stellen. Träfe dies zu, so hätte allerdings der Liquidator im Rahmen seiner Vertretungsbefugnis, also zur Befriedigung eines Gläubigers gehandelt; denn als

[1]) Einen wichtigen Abberufungsgrund (§ 147) bildet die zwischen den mehreren Liquidatoren bestehende Feindschaft. Auch kann, wer als Vertrauensmann des einen Gesellschafters gilt, nicht zum Liquidator ernannt werden (Bay. ObLG. 8. 1. 27 (Bay. Z. 23 S. 109).

solche hat die Erfüllung nicht nur der Geldverbindlichkeiten, sondern auch der auf andere Leistungen gerichteten Verpflichtungen zu gelten (Düringer § 149[14]). ... Die Ansicht des LG., daß hierbei der Urkunde v. 21. 11. 25 jede Rechtswirkung abzusprechen sei, ist zu beanstanden.

In der Rechtslehre (Lehmann-Ring § 149 [1.6.9], Staub § 151[2] Zusatz, Brand § 151[6], Wimpfheimer, Gesellschaften des HandR. 163, 195, 196, auch Staub GmbH.G. §§ 70[7], 60[4]) ist allgemein anerkannt, daß die Gesellschafter der aufgelösten Gesellschaft die Vertretungsmacht der Liquidatoren über den durch das Gesetz gezogenen Rahmen entweder ganz allgemein oder für einen einzelnen Fall erweitern können. Die Begründung ist bei den einzelnen Erläuterern verschieden; sie baut sich jedoch bei allen auf den Gedanken auf, daß den Gesellschaftern als den Herren des Gesellschaftsvermögens auch die letzte Entscheidung über dessen Schicksal zusteht. Auch KGJ. 21 S. 256 hat sich bereits grundsätzlich auf diesen Standpunkt gestellt, jedoch die Einschränkung gemacht, daß das Geschäft, zu dem der Liquidator ermächtigt werden soll, der Abwicklung dient und daß hierbei die gesetzlich gewährleisteten Rechte Dritter nicht beeinträchtigt werden, daß besonders die gesetzlich gebotene Tilgung oder Sicherstellung der Gesellschaftsschulden nicht fraglich wird und daß auch das Geschäft nicht den Fortbestand der Gesellschaft herbeiführt. Diese Einschränkung, die das LG. auch für den vorliegenden Fall übernommen hat, kann jedoch nicht als allgemeingültig anerkannt werden. Wenn verlangt wird, daß das Geschäft der Durchführung der Liquidation dient, so wird damit der Ermächtigung von vornherein jede Bedeutung genommen; denn zur Vornahme von Abwicklungsgeschäften ist der Liquidator bereits nach § 149 befugt. Auch der andere Einschränkungsgrund ist nicht stichhaltig. Die Liquidation dient nicht, auch nicht nebenbei, dem Schutze der Gläubiger, sondern findet lediglich im Interesse der Gesellschafter statt (Düringer § 149[13], Wimpfheimer 194). Dadurch, daß in § 149 die Befriedigung der Gläubiger als Obliegenheit des Liquidators angegeben wird, wird nur dessen Geschäftskreis bestimmt. Das an letzter Stelle vom LG. aufgestellte Erfordernis erweist sich schon im Hinblick auf die Erwägung als unbegründet, daß die Gesellschafter auch jederzeit berechtigt sind, die aufgelöste, im Zustande der Abwicklungsgemeinschaft befindliche Gesellschaft wieder in die tätige Gesellschaft zurückzuverwandeln (KGJ. 25 S. 78, 26 S. 219, JW. 1924 S. 169[5]). Ist aber den Gesellschaftern diese Macht gegeben, so muß es ihnen auch möglich sein, den Liquidator zu Geschäften zu ermächtigen, die die Durchführung der Liquidation verzögern. Aus ihrem Rechte, die Vertretungsmacht des Liquidators zu erweitern und ihn zu ermächtigen, auch nicht liquidationsmäßige Geschäfte mit Wirkung für und gegen die Gesellschaft vorzunehmen, folgt notwendig die weitere Befugnis, ein von ihm unter Überschreitung seiner Vertretungsmacht vorgenommenes Geschäft durch nachträgliche Genehmigung wirksam zu machen (Lehmann-Ring § 149[6]). Hier ist in der Urkunde vom 21. 11. 25 wenn nicht der Nachweis der vorherigen Ermächtigung des Liquidators, so doch mindestens die Genehmigung der Gesellschafter zu der Belastung des Grundstücks enthalten. Abgegeben ist die Erklärung von den beiden Gesellschaftern der Liquidationsfirma und den Nacherben des Gesellschafters der offenen HG., während dessen Ersatz-Nacherben nicht zugestimmt haben. Aus diesem Mangel könnte ein Hindernis nur hergeleitet werden, wenn sich die Ermächtigung der Witwe oder ihre nachträgliche Genehmigung als eine Verfügung über ein zur Erbschaft gehöriges Grundstück darstellte (§ 2113 BGB.). Eine solche Auffassung ist jedoch abzulehnen.

Aus den Feststellungen des LG. ist nicht zu ersehen, in welcher Weise die Witwe Abel Kommanditistin geworden ist. Die KommG. könnte dadurch zustande gekommen sein, daß sie nach der durch den Tod ihres Mannes bewirkten Auflösung der offenen HG. auf Grund einer besonderen Vereinbarung mit Heinz als Kommanditistin in das Geschäft eingetreten ist oder die Fortsetzung der Gesellschaft als KommG. vereinbart hat (KGJ. 26 S. 219). Ihre Entstehung kann aber auch auf § 139 HGB. bruhen. Nur für den zweiten Fall hat die erwähnte Frage Bedeutung. Ist die KommG. durch besonderen Vertrag gebildet worden, so kommt das zu belastende Grundstück keinesfalls als Nachlaßgegenstand in Betracht. Denn zum Nachlaß des Gesellschafters gehören dann lediglich dessen aus dem Gesellschaftsverhältnis hervorgegangenen übertragbaren Vermögensansprüche gegen die Gesellschaft, wie sie sich aus § 717 S. 2 BGB., § 105² HGB. ergeben. Diese — kurz als Gesellschaftsguthaben zu bezeichnenden — Ansprüche sind ein Teil des gemäß § 1922 BGB. mit dem Erbfalle auf die Erben übergehenden Vermögens; sie stellen das in der Gesellschaft steckende Vermögen des Erblassers dar. Hieraus folgt, daß das zum Gesellschaftsvermögen gehörende Grundstück kein Teil des Nachlasses ist. Aber auch wenn die Witwe, wie es wahrscheinlich der Fall ist, gemäß § 139 HGB. als befreite Vorerbin Kommanditistin geworden ist, bildet das auf den Namen der Gesellschaft eingetragene Grundstück keinen Teil des Nachlasses. Das Grundstück gehört nur dann zur Erbschaft, wenn es unter das Vermögen fällt, das mit dem Tode des Gesellschafters als Ganzes auf seine Witwe als befreite Vorerbin übergegangen ist (§ 1922, 2100 BGB.). Da das Grundstück im Eigentum der offenen HG. stand, so war der Verstorbene nicht zu einem Bruchteil Miteigentümer, sondern an ihm nur gemeinsam mit dem anderen Gesellschafter zur gesamten Hand berechtigt (KGJ. 27 S. 277); diese Berechtigung war jedoch nicht übertragbar (§ 105² HGB., § 719¹ BGB.). An dieser Rechtslage ist dadurch nichts geändert worden, daß die Witwe etwa als alleinige Vorerbin auf Grund einer entsprechenden Bestimmung des Gesellschaftsvertrages gemäß § 139 HGB. von selbst an Stelle (RG. 16 S. 40, JW. 1912 S. 475²³) des Verstorbenen als Mitglied in die offene HG. eingerückt ist. Dies bedeutet nicht, daß die Mitgliedschaft selbst Teil des Nachlasses ist; denn sonst müßte sie stets auf die Nacherben übergehen. Es ist aber allgemein anerkannt, daß die die Fortsetzung der Gesellschaft regelnde Vertragsbestimmung eine Einschränkung dahin treffen kann, daß die Gesellschaft nur mit dem Vorerben fortgesetzt wird (Düringer § 139⁷). Die Erbschaft, die in diesem Fall auf den Nacherben übergeht, umfaßt daher nicht die Mitgliedschaft, sondern nur die übertragenen Vermögensansprüche des Erblassers aus dem Gesellschaftsverhältnis. Noch viel deutlicher tritt dies hervor, wenn mit der überwiegenden Mehrheit (Staub, Lehmann-Ring, Makower zu § 139, Riesenfeld, Erbenhaftung 245) für zulässig erachtet wird, die Fortsetzung der Gesellschaft auf einzelne Miterben zu beschränken. Da nach § 2032 BGB. der Nachlaß gemeinschaftliches Vermögen der hinterlassenen mehreren Erben wird, so kann die Mitgliedschaft nur dann auf einzelne Miterben übergehen, wenn nicht das Gesellschaftsverhältnis selbst, sondern nur das in dem Gesellschaftsvermögen steckende Vermögen des Erblassers zur Erbschaft gehört. Dieses Vermögen besteht aber aus den oben erwähnten Ansprüchen.

Aber auch bei gegenteiliger Annahme liegt in der Zustimmung (Genehmigung) der Witwe doch keine Verfügung über ein Nachlaßgrundstück. Allerdings ist alsdann die Mitberechtigung des Erblassers zur gesamten Hand, die auf der Mitgliedschaft beruht, ebenfalls Teil der Erbschaft; sie tritt aber im Gegensatz zu der Erbengemeinschaft bei der offenen HG. und der KommG., die beide unter ihrer Firma Eigentum erwerben können (§ 124, 161³ HGB.), rechtlich zurück. Die KommG. ist zwar keine juristische Person, ihr Vermögen bildet jedoch ein den Gesellschaftern in ihrer Zusammenfassung zustehendes Sondervermögen, und insoweit wird sie jedenfalls in vermögensrechtlicher Beziehung als selbständige Rechtspersönlichkeit behandelt (KGJ. 27 S. 276, JFG. 1 S. 368, RG. 86 S. 66). Hierin tritt auch durch die Liquidation keine Veränderung ein (RG. 54, S. 278). Diese Auffassung hat zur Folge, daß, selbst wenn die Mitgliedschaft der Witwe und ihre darauf beruhende Anteilsberechtigung am Gesellschaftsvermögen von der Nacherbschaft betroffen wird, Verfügungen über die zu diesem Vermögen gehörenden Grundstücke doch ohne Rücksicht auf das Nacherbenrecht mit Wirkung für und gegen die Gesellschaft vorgenommen werden können. So hätte der p. h. Gesellschafter, dem nach §§ 170, 161², 125 vor der Liquidation allein die Vertretung der Gesellschaft zustand, das Grundstück wirksam veräußern und belasten können, ohne an die Zustimmung der Nacherben gebunden zu sein. Ebenso wäre der Liquidator M. in der Lage gewesen, mit voller Wirksamkeit gegen die Gesellschaft das Grundstück zur Umsetzung in Geld zu veräußern oder zur Beschaffung von Mitteln für die Befriedigung der Gläubiger mit einer Hypothek zu belasten (§ 149). Ebenso hätten die Gesellschafter selbst, zu denen auch der Kommanditist gehört, das Recht gehabt, falls mangels einer anderen Regelung sie als die geborenen Liquidatoren die Liquidation durchführen würden (§§ 146, 161²), das Grundstück mit Wirkung für und gegen die Gesellschaft in der gleichen Weise wie andere Liquidatoren zu veräußern oder zu belasten. In allen diesen Fällen würde es sich um eine Verfügung nicht des Vorerben, sondern der ordnungsmäßigen Vertreter der Gesellschaft gehandelt haben. Gesellschafter im erwähnten Sinn ist aber, wenn die Gesellschaft mit den Erben fortgesetzt werden soll, bei einer Vor- und Nacherbschaft allein zunächst der Vorerbe; der Nacherbe tritt erst nach dem Eintritt der Nacherbfolge in das Gesellschaftsverhältnis ein. Wenn während der Liquidation die Gesellschafter nicht selbst als Liquidatoren über das Gesellschaftsgrundstück verfügen, sondern die Vertretungsmacht des anderweit bestellten Liquidators dahin erweitern, daß er es außerhalb der Zwecke der Liquidation belasten darf, so liegt ebenfalls lediglich eine Rechtshandlung der obersten Instanz der Gesellschaft vor, bei der die Gesellschafter nur in dieser ihrer Eigenschaft tätig werden. Sie verfügen damit nicht gemeinschaftlich über das Grundstück, auch nicht jeder etwa über einen Bruchteil, der nicht besteht, sondern sie nehmen einen rein gesellschaftlichen Akt vor. Hierbei ist die Beurteilung keine andere als wenn sie als die geborenen Liquidatoren selbst in dieser Eigenschaft die Hypothek bestellt hätten. Diese Auffassung wird auch durch folgende Erwägung bestätigt: Erfaßte die Vor- und Nacherbschaft irgendwie das Gesellschaftsgrundstück, so müßte auch die Möglichkeit bestehen, die Nacherben gegen die ihr Recht beeinträchtigenden Verfügungen über das Grundstück dadurch zu schützen, daß gemäß § 52 GBO. ihr Nacherbenrecht eingetragen wird (§ 2113[3] BGB.). Voraussetzung dafür wäre aber die Eintragung der Vorerbin. Diese kann aber, solange die Gesellschaft, wenn auch nur im Abwicklungsstadium, besteht, nicht als Gesamthandseigentümerin zusammen mit dem anderen Gesellschafter eingetragen werden (KGJ. 27 S. 276); als Eigentümerin ist vielmehr allein die Gesellschaft zu vermerken.

Auch aus § 40[1] GBO. stehen nicht, wie das LG. meint, Hindernisse entgegen. Denn die Umwandlung der offenen HG. in eine KommG. erfordert nicht die vorherige Berichtigung des Grundbuches (JFG. 1 S. 368). Aber auch die Liquidation der KommG. macht die vorherige Eintragung der Liquidationsgesellschaft nicht notwendig. Denn bei ihr handelt es sich nicht um eine neue, sondern um die bisherige Gesellschaft, die nach §§ 156, 161[2] für den Abwicklungszweck fortbesteht und nur ihr Rechtsgewand gewechselt hat.

**b) Voraussetzungen der Haftung aus § 176 HGB.**

OLG. Hamburg, 7. ZS. Urteil v. 25. Oktober 1926 (Bf. 300/26.)

Die KommG. ist im Handelsregister nicht eingetragen; ebensowenig ist in irgendeiner Weise bekannt gemacht, daß der Beklagte in die offene HG. A. & B. als Kommanditist eingetreten sie, vielmehr hatten sich die Vertragschließenden auch gegeneinander verpflichtet, diese Beteiligung des Beklagten geheim zu halten. Das Geschäft der Firma A. & B. ist vor wie nach Abschluß des Vertrages vom 9. 3. 23 in gleicher Weise lediglich unter jener Firma betrieben worden. Das ist dem Beklagten bekannt gewesen, und damit ist er auch einverstanden gewesen. Den Geschäftsfreunden der Firma A. & B. ist ohne Zutun der Vertragsparteien lediglich bekannt geworden, daß der Beklagte irgendwie an der Firma beteiligt sei. In diesem Sachverhalt hat das LG. mit Recht nicht den Tatbestand des § 176 gesehen, weil die KommG. als solche nicht in die Öffentlichkeit getreten ist und besonders auch der Kläger, als er der Firma Waren lieferte, nicht angenommen hat, sie habe es mit einer Gesellschaft zu tun, an der der Beklagte als Kommanditist beteiligt sei. Es liegt also nicht ein Geschäftsbeginn der KommG., sondern nur eine Fortsetzung des Geschäftsbetriebes der offenen HG. vor. Daß mit dem Vertragschluß vom 9. 3. die bisherige offene HG. ohne Auflösung in eine KommG. umgewandelt wurde, ist hier bedeutungslos, weil die Rechtsfolgen des § 176 nicht mit der Entstehung der neuen Gesellschaft, sondern mit dem Beginn ihres Geschäftsbetriebes eintreten. B.

i) α) **Sitzverlegung einer ausländischen AG. ins Inland.**
Kammergericht, 3S. 1 b. Beschluß v. 28. April 1927 (X 182/27).

Die HandelsaktienGes. ist in Danzig gegründet und in das dortige Handelsregister eingetragen worden. In der Generalversammlung vom 6. 5. 26 ist die Verlegung ihres Sitzes nach Berlin und die Herabsetzung des Aktienkapitals auf 40 000 RM. beschlossen worden. Die Sitzverlegung hat der Danziger Registerrichter eingetragen, die Änderung des Grundkapitals aber nicht gebucht weil der Aktiennennbetrag in einer ausländischen Währung ausgedrückt sei. Die unterm 19. 10. 26 beim Amtsgericht Berlin-Mitte beantragte Eintragung der Sitzverlegung und die Kapitalherabsetzung wurde abgelehnt, weil eine ausländische AktienG. nur durch Neugründung ihren Sitz in Deutschland nehmen könne. Die weitere Beschwerde ist begründet. Die Sitzverlegung von Danzig nach Berlin kann, sofern dies überhaupt zulässig ist, nur auf Grund ihrer ordnungsmäßigen Anmeldung eingetragen werden (§§ 29, 6[1]). In KGJ. 21 S. 265 ist zwar ausgesprochen, daß bei bloßer Sitzverlegung es einer förmlichen Anmeldung dieser Tatsache bei dem Gerichte des neuen Sitzorts nicht bedürfe, weil es sich um einen bloßen Wechsel in der Registerführung handle. Ob sich aus dieser Auffassung, die die beiden beteiligten Registergerichte gewissermaßen als eine einheitliche Anmeldestelle erscheinen läßt (Brand HGB. S. 473), nicht sogar ergäbe, daß es einer weiteren Tätigkeit der Gesellschaft zur Eintragung im Register des neuen Sitzortes überhaupt nicht mehr bedarf, wenn die Verlegung beim alten Sitze nach § 31 angemeldet ist, kann dahingestellt bleiben. Denn von bloßem Wechsel in der Registerführung kann jedenfalls nur dann die Rede sein, wenn die Eintragung aus einem deutschen in ein anderes deutsches Register übernommen wird. Während bei einer Sitzverlegung im Inland dem Gerichte des neuen Sitzes nur eine Prüfung dahin zusteht, ob der Sitz verlegt und die Übernahme in sein Register beantragt ist und sich die Firma nicht aus § 30 verbietet, hat das inländische Gericht bei einer Verlegung vom Ausland auch deren Zulässigkeit und Wirksamkeit zu untersuchen und dazu die Rechtsverhältnisse der Gesellschaft selbst zu prüfen. In einem solchen Falle bedarf es daher nach § 29 der förmlichen Anmeldung gemäß § 12. Hier ist sie aber in einfacher Schriftform ohne Beglaubigung erfolgt; doch konnte dieser Mangel nur zu einer Zwischenverfügung führen. ...

... Für die Frage, ob schon die Sitzverlegung oder erst die Eintragung in das deutsche Register die Anerkennung der inländischen Rechtspersönlichkeit herbeiführen kann, ist auch hier, obwohl es sich um eine erst nach Abtrennung Danzigs gegründete, also von vornherein ausländische Gesellschaft handelt, davon auszugehen, daß dem RG. 7 S. 68 keine unmittelbare Bedeutung zukommt; denn es ergibt nicht, daß auch eine Gesellschaft, die tatsächlich nach dem (in Danzig zunächst jedenfalls unverändert fortgeltenden) deutschen HGB., wenn auch innerhalb eines fremden Machtbereichs, gegründet ist (vgl. Gruch. 65 S. 417), durch die Sitzverlegung ins Inland der Auflösung verfallen müßte. Auch RG. 88 S. 53 trifft den Fall nicht, daß die Gesetze des alten und des neuen Sitzstaates an die Verleihung der Rechtsfähigkeit für Gesellschaften derselben Art die gleichen Anforderungen stellen. Im übrigen zeigt auch RG. 107 S. 99 a. E., daß eine von den Aktionären gewollte Sitzverlegung in das Ausland keinesfalls stets die Gesellschaft auflösen muß. Ist dies aber nicht der Fall, so ist mit den neuerdings im Schrifttum immer häufiger vertretenen Stimmen (Gruch. 65 S. 415, Schwandt, AktGes. i. Rechtsverk. m. Frankreich u. England 89, 98; Isay, Staatsang. jur. Pers. 134) anzunehmen, daß die Übersiedlung einer ausländischen juristischen Person in das Inland nicht das Fortbestehen der Rechtspersönlichkeit unterbrechen muß, sondern zwar den Verlust der ausländischen, aber unter gleichzeitigem Erwerb der inländischen Rechtspersönlichkeit bewirken kann, sofern die Voraussetzungen für die Erlangung der Rechtsfähigkeit in beiden Staaten gleich sind oder bei einer Verschiedenheit die juristische Person noch während ihrer Ansässigkeit im bisherigen Sitzstaate die Voraussetzungen erfüllt, unter denen der neue Sitzstaat die Rechtsfähigkeit gewährt. Im einzelnen Fall ist davon auszugehen, daß sich die Frage, ob die Gesellschaft als ausländische zu bestehen aufhört, nach ausländischem Rechte bestimmt, während die Frage der Anerkennung als einer inländischen juristischen Person nach inländischem Rechte zu entscheiden ist. Dafür, daß das deutsche Recht einer Gesellschaft, die die von ihm für die Erlangung der Rechtsfähigkeit aufgestellten Voraussetzungen erfüllt hat, die Anerkennung als inländische Gesellschaft versagen sollte, nur weil dies im Auslande geschehen ist und obwohl nunmehr ihr Sitz im Inland ist, fehlt es an jedem Anhalt. Allerdings widerspräche es dem Sinn und Zweck der in den einzelnen Staaten aufgestellten Normativbestimmungen, wenn, wie es im Falle RG. 88 S. 53 in Frage stand, zugelassen würde, daß eine Gesellschaft „durch bloße Sitzverlegung die ihr von einem Staate und für dessen Gebiet erteilte Rechtsfähigkeit beliebig in einen anderen Staat hinübertragen und dort in der nach den Gesetzen dieses Staates nicht zu erlangenden Gesellschaftsform ein gewerbliches Unternehmen betreiben" könnte. Dafür aber, daß dies nicht angängig sein sollte, wenn sie allen Voraussetzungen dieses anderen Staates entspricht, ist ein vernünftiger Grund ebensowenig ersichtlich wie dafür, daß auch in diesem Falle den Gesellschaftern, die die Sitzverlegung beschließen, ein ihnen offenbar fernliegender Wille zur Auflösung der Gesellschaft unterschoben werden müßte. Gegen diesen Willen spricht schon allgemein die Absicht, am neuen Sitzort das Unternehmen fortzubetreiben, vorliegend aber noch besonders die Begründung des Beschlusses, daß die Fortführung in Danzig im Hinblick auf die für die Gesellschaft unerfüllbare Vorschrift des Danziger Ges. vom 3. 10. 22, wonach die Mehrheit des Aufsichtsrats aus Danziger Staatsangehörigen bestehen muß, unmöglich geworden sei. ...

Gegen die Zulässigkeit der Übernahme in das deutsche Register auf Grund der bloßen Sitzverlegung könnten allerdings noch Bedenken daraus hergeleitet werden, daß das Grundkapital und die Aktien bisher auf eine ausländische Währung gestellt waren und auch die bis jetzt noch nicht wirksam anders bemessen sind. Allein die Gesellschaft hat bereits die Änderung auf deutsche Währung beschlossen und damit von sich aus alles getan, was sie zu tun vermochte, um auch zu diesem

Punkte dem deutschen Gesetze zu genügen. Die Änderung der Währung wird zwar erst mit der Eintragung in das deutsche Register wirksam; daraus ist aber nicht zu folgern, daß bei einer Sitzverlegung aus einem Lande mit anderer Währung als der deutschen nun auch die deutsche Rechtspersönlichkeit erst mit der Eintragung anerkannt werden könnte. Insoweit ist vielmehr an dem Grundsatze festzuhalten, daß diese Anerkennung neben der Sitzverlegung ins Inland nur die Erfüllung der deutschen Normativbestimmungen erfordert. Diese aber liegt, soweit die Bemessung des Grundkapitals und der Aktienbeträge in Frage kommt, schon in der Beschlußfassung, diese Werte auf deutsche Währung in der nach deutschem Recht erforderlichen Mindesthöhe (§ 10 GoldBV., § 43³ II. DfV. dazu) zu stellen. Durch die Eintragung dieses zugleich mit der Sitzverlegung angemeldeten Beschlusses wird — dessen Zulässigkeit vorausgesetzt — die Währungsänderung wirksam und damit die Gesellschaft zu einer in jeder Beziehung auch ordnungsmäßig eingetragenen deutschen Gesellschaft. Als solche anzuerkennen aber war sie schon vorher auf Grund des Sitzverlegungsbeschlusses und seiner Eintragung in Verbindung mit der Beschlußfassung auf Währungsänderung. Die Eintragung und das Wirksamwerden dieses Beschlusses können ebensowenig als Voraussetzung der Anerkennung angesehen werden wie die Eintragung der Gesellschaft selbst in einem deutschen Register, die bei einer Neugründung einer deutschen AktienG. gleichfalls Voraussetzung für die Anerkennung der Rechtspersönlichkeit ist. Enthält bei einer Neugründung der Gesellschaftsvertrag keine dem § 182² Nr. 3 entsprechende wirksame Bestimmung, so ist die Eintragung, die für diesen Fall die Anerkennung der Rechtspersönlichkeit enthalten würde, abzulehnen; die dennoch eingetragene Gesellschaft ist mit einem unheilbaren (§§ 309, 310) Mangel behaftet. Hier enthält der Gesellschaftsvertrag eine bisher wirksam gewesene Vorschrift über die Höhe des Grundkapitals und der Aktienbeträge; seine Abänderung in eine dem Rechte des neuen Sitzes entsprechende Form ist beschlossen worden, bevor die Sitzverlegung eingetragen und wirksam geworden ist. Das genügt zur Bejahung der Frage, ob die Voraussetzungen, von denen das deutsche Recht die Anerkennung der Rechtspersönlichkeit abhängig macht, erfüllt sind. Der Umstand, daß die Gesellschaft bei dieser Auffassung in der Zwischenzeit schon als inländische anzuerkennen wäre, obwohl sie ihr Kapital noch nicht wirksam auf deutsche Währung abgeändert hat, ist jedenfalls dann unerheblich, wenn die Gesellschaft wie hier schon vor Wirksamwerden des Sitzverlegungsbeschlusses alles in ihren Kräften Stehende getan hat, um auch hinsichtlich der Kapital- und Aktienbemessung den deutschen Bestimmungen zu entsprechen. Gegen die Zulässigkeit eines solchen Beschlusses aber bestehen für den Fall der Sitzverlegung in ein anderes Land nach deutschem Rechte grundsätzlich auch keine Bedenken. Bleibt die Gesellschaft bei der Sitzverlegung im Lande ihres bisherigen Sitzes oder beschließt sie die Währungsänderung ohne Sitzverlegung, so wird dem allerdings der vorher erörterte Grundsatz entgegenstehen, daß diese Bemessung (nach deutschem Recht) auf inländische Währung lauten muß. Seiner Art nach geht der Beschluß auf Änderung des Gesellschaftsvertrages; seine Unzulässigkeit ergibt sich aus seinem Inhalte, der eine dem Gesetz nicht entsprechende Änderung bezweckt. Wird aber der Beschluß zusammen mit Beschluß auf Sitzverlegung in ein anderes Land gefaßt und nimmt er die Änderung auf die Währung dieses Landes vor, so ist nicht abzusehen, weshalb er in diesem Falle nicht statthaft sein sollte; sein Inhalt geht gerade dahin, die Satzung den Vorschriften des Landes anzupassen, dem die Gesellschaft in Zukunft angehören soll; der Gesellschaftsvertrag erhält daher durch ihn keinen unzulässigen, sondern gerade den Inhalt, der Voraussetzung für das Fortbestehen der Gesellschaft im Lande des neuen Sitzes ist.

Fragen kann sich schließlich, ob die Änderung der Währung des Grundkapitals nicht auch dessen Herabsetzung (oder Erhöhung) in sich schließt. Ob dies der Fall ist (wenn auch nur in engsten Grenzen), wird sich bei einer Änderung, die wie hier nach dem allgemeinen Rechnungskurs (50 000 Danziger Gulden = 40 000 RM.) erfolgt, danach richten, wie der Kursstand zur Zeit des Wirksamwerdens dieser Satzungsänderung ist. Eine Kapitalsherabsetzung liegt hier jedenfalls schon insofern vor, als das Kapital von 100 000 zunächst auf 50 000 Gulden herabgesetzt und dann in 40 000 RM. geändert worden ist. Für die Anerkennung der Gesellschaft kann diese ausdrückliche und die möglicherweise auch in der Währungsänderung liegende Kapitalsherabsetzung nur insofern erheblich sein, als es sich fragt, ob der Beschluß darüber ordnungsmäßig und wirksam zustandegekommen ist. In dieser Hinsicht haben zwar einstimmig die sämtliche Aktionäre vertretenden Erschienenen die sämtlichen Beschlüsse gefaßt, den § 288[1] also befolgt. Ebenso ist angegeben, in welcher Weise die Herabsetzung auszuführen ist, nämlich durch Verminderung des Nennbetrags der einzelnen Aktie. Auch ist der Inhalt des Beschlusses hinsichtlich der Mindesthöhe des Kapitals und der Stückelung der Aktien nicht zu beanstanden, da ihre Bemessung auf 40 000 bzw. 40 RM. den § 10 GoldBV. entspricht. Der Zweck der Herabsetzung aber ist im Beschlusse selbst nicht besonders festgesetzt, wenn auch aus ihm im Zusammenhang mit der Genehmigung der Gewinn- und Verlustrechnung, der Entlastungserteilung und der Zuführung von 10 454 Gulden an die Reservefonds als wahrscheinlich angenommen werden kann, daß er der Tilgung der Unterbilanz und z. T. der Zuführung zum Reservefonds dienen soll. Das aber genügt nicht zur Erfüllung des § 288[2], wonach „durch den Beschluß festgesetzt werden muß", welchem Zwecke die Herabsetzung dient. Sie ist als Formvorschrift streng zu handhaben. Insofern bedarf es also jedenfalls noch einer Ergänzung des Beschlusses; auch dieser Mangel aber rechtfertigt nur eine Zwischenverfügung. Wird dieser Mangel behoben, so ist mit der Eintragung der Herabsetzung dann auch die Höhe des Grundkapitals endgültig und wirksam in deutscher Währung bestimmt und ebenso der Betrag der einzelnen Aktie. Die *erfolgte* Herabsetzung (§ 291) sollte offenbar noch nicht angemeldet werden. Auf die Durchführung des Beschlusses kommt es aber auch für die Frage, ob die Gesellschaft als deutsche anzuerkennen und einzutragen ist, nicht an. Vielmehr genügt, daß hier der Wille zur Änderung auf deutsche Währung in zulässiger Höhe kundgegeben ist und durch die Eintragung wirksam werden kann. Kommt es zu einer Eintragung der Gesellschaft selbst, so wird dabei allerdings erkennbar zu machen sein, daß das Grundkapital auf 40 000 RM. herabgesetzt ist; denn der zum Schutze der Gläubiger gegebene § 289 ist auch hier zu beachten, wenn seine Einhaltung auch nicht Voraussetzung der auf weitere Anmeldung hin vorzunehmenden Eintragung der erfolgten Herabsetzung des Grundkapitals ist (JFG. 3 S. 196).

**β) Herabsetzung und Erhöhung des Grundkapitals. Gegenstandswert.**
Kammergericht, ZS. 1 a. Beschluß v. 16. März 1927 (X 144/27).

Die Versammlung der AktienG. hat am 6. 8. 26 das auf 4 Millionen RM. umgestellte Grundkapital auf zwei Millionen RM. herabgesetzt und es dann um 4 Millionen RM. erhöht; ferner wurde §§ 4, 18 der Satzung entsprechend geändert. Nachdem diese Änderungen im Handelsregister eingetragen waren, hat der Gerichtsschreiber für die Kapitalabänderung gemäß § 69 Nr. 3 a Pr. GKG. nach einem Gegenstandswerte von 2 + 4 = 6 Millionen RM. eine Gebühr von 7240 RM. berechnet. Das LG. hat dagegen die Gebühr auf 4840 M. herabgesetzt. Dabei hat es jedoch die §§ 69, 71 Pr. GKG. verkannt. Gemäß § 69 Nr. 3 a Abs. 1 ist für die Eintragungen der Herabsetzung und der Erhöhung des Gesellschaftskapitals die volle Gebühr, jedoch mindestens das Zweifache der Sätze zu 1 a zu erheben. Diese Gebühren sind gemäß Nr. 2 a nach dem Betrage der Herabsetzung und Erhöhung zu berechnen. Für die sonstigen Eintragungen wären an sich gemäß § 69 Nr. 3 b die Sätze zu 1 b zu erheben; diese fallen aber deshalb weg, weil insoweit die Voraussetzungen des § 71 gegeben sind. Denn alle Eintragungen sind auf Grund derselben Anmeldung bezüglich derselben Gesellschaft in derselben Abteilung des Registers erfolgt. Der höchste der für die einzelnen Eintragungen in Betracht kommenden Sätze des § 69 ist die volle Gebühr aus Nr. 3 a, während für die sonstigen Eintragungen die Sätze zu 1 b gelten, die nur $^{6}/_{10}$ der Sätze 1 a betragen. Demgemäß sind für die Eintragungen betreffend die Durchführung der Herabsetzung und Erhöhung des Grundkapitals sowie für die Eintragung der Satzungsänderungen keine Gebühren zu berechnen. Eine besondere Gebühr wäre außer der Gebühr aus § 69 Nr. 3 a gemäß § 71 nur dann anzusetzen, wenn es sich um eine auf eine Prokura bezügliche Eintragung gehandelt hätte, und zwar trotzdem diese auch dem Satze des § 69 Nr. 3 b unterliegt. Das LG. hat mithin zu Recht bei der Gebührenberechnung nur die Eintragungen der Herabsetzung und Erhöhung des Grundkapitals berücksichtigt. Jedoch ist seine Ansicht, daß dafür verschiedene der in § 69 bestimmten Sätze in Betracht kämen, unzutreffend. Allerdings handelt es sich um zwei verschiedene Eintragungen, nämlich der Herabsetzung und der Erhöhung des Grundkapitals. Für beide gilt aber der gleiche Gebührensatz aus § 69 Nr. 3 a Abs. 1; es stehen also bei ihnen nicht zwei verschiedene Gebührensätze aus § 69 in Frage, so daß gemäß § 71 die Gebühr nach dem höchsten dieser beiden Sätze, nämlich nach der Kapitalserhöhung von 4 Millionen RM. zu berechnen sei. Die Gebühren sind vielmehr gemäß § 69 Nr. 3 a Abs. 2 nicht nur nach dem Betrage der Erhöhung, sondern auch nach dem der Herabsetzung zu berechnen. Das LG. verwechselt den Gebührensatz — nur von ihm ist in § 71 die Rede — und den Wert, nach dem er zu erheben ist und der sich nach § 69 bestimmt.

**γ) Löschung der AG. ohne Auflösungsbeschluß und Liquidation?**

Kammergericht, ZS. 1 b. Beschluß v. 28. März 1927 (X 127/27).

... Es fragt sich, ob eine AG., die ihren Geschäftsbetrieb dauernd eingestellt hat, bei Fehlen jeglichen Aktivvermögens auch ohne besondere Beschlußfassung als aufgelöst gelten und ob ihre Firma auch ohne Liquidation im Verfahren nach § 31[2] HGB., § 141 FGG. gelöscht werden kann. Nach Staub (§ 292[23]) wird „der Fall kaum praktisch werden, daß eine AG. nichts, absolut nichts, ihr eigen nennt". Unter den abnormen wirtschaftlichen Verhältnissen der Inflations- und der Nachinflationszeit ist der Fall außerordentlich praktisch geworden. Es gibt zahlreiche Inflationsgründungen, die, ohne daß es nach der Lage des Gesetzes verhindert werden konnte, mit einem dem Goldwerte nach ganz geringfügigen Eigenkapital in das Register gelangt sind, die einen Geschäftsbetrieb entweder überhaupt nicht eröffnet haben oder zu seiner Einstellung infolge völligen Verlustes des Aktivvermögens, wozu oft auch der Konjunkturumschlag nach Festigung der Währung beigetragen hat, genötigt waren. Das häufige Vorkommen solcher Gebilde, die noch ein Dasein im Register führen, wirtschaftlich aber jede Daseinsberechtigung verloren haben, hat zu der V. v. 21. 5. 26 (RGBl. I S. 248) Anlaß gegeben, deren § 2[1] gerade das Nichtvorhandensein von Vermögen der Gesellschaft voraussetzt. In diesem Fall ist die Löschung ohne Liquidation zulässig, wenn der Geschäftsbetrieb seit 1924 ruht und die Umstellung nicht bis 30. 9. 26 angemeldet ist. Die auf der Grundlage des § 20 GoldBV. ergangene V. konnte nur Vorschriften im Zusammenhange mit der unterbliebenen oder nicht angemeldeten Umstellung erlassen. Damit konnte der Erfolg der Bereinigung des Registers nicht voll erreicht werden, weil der Geschäftsbetrieb erst nach dem 1. 1. 24 eingestellt oder der Zustand völliger Vermögenslosigkeit wie hier erst nach der Umstellung auf RM. eingetreten ist. Die letztere Erscheinung wird verständlich, wenn man bedenkt, wie geringe Anforderungen die GoldBV. an die Kapitalgrundlage der sich umstellenden Gesellschaft, namentlich durch Zulassung eines Kapitalentwertungskontos, stellt. Gesellschaften der gedachten Art sind regelmäßig vertreterlos geworden; die Einberufung einer Versammlung zum Auflösungsbeschluß ist ebensowenig wie die Bestellung von Liquidatoren erreichbar.

Die Meinung des LG., daß für die AG. mangels eines sonstigen gesetzlichen Grundes der Beschluß der Auflösung ebenso notwendig sei wie die Liquidation als Folge der Auflösung, entspricht der herrschenden Lehre. In RG. (14 S. 418, 15 S. 103) ist nicht, wie Staub a.O anzunehmen scheint, der Grundsatz ausgedrückt, daß das Fehlen jedes Vermögens einen Auflösungsgrund bilde. In KGJ. 5 S. 36 ist der in dieser Allgemeinheit jedenfalls zu verwerfende Satz aufgestellt, daß die Liquidation bei Handelsgesellschaften überhaupt keine obligatorische Form der Abwicklung sei. In neuerer Zeit ist in 1. X. 531/25 und 1. X. 221/26 (JW. 1926 S. 2934) für die GmbH. daran festgehalten, daß eine Liquidation auch dann unentbehrlich sei, wenn feststehe, daß nichts zu liquidieren da ist, und der Liquidator im Rahmen der ihm gesetzlich zugewiesenen Aufgaben nicht tätig werden könne (vgl. auch JRdsch. 1926 S. 127 u. Iherings J. 41 S. 241). Wie der Senat mit der hiesigen Ind.- und Handelskammer annimmt, ist eine praktische Auslegung des Gesetzes dahin möglich, daß bei besonderer Lage des Falles das Erlöschen der Gesellschaftsfirma sowohl ohne Auflösungsbeschluß wie ohne Liquidation eingetragen werden kann.

Die Firma der Gesellschaft erlischt, wenn das Rechtssubjekt, für das sie geführt wird, zu bestehen aufhört. Der Beschluß der Auflösung zieht die Auflösung der Gesellschaft, den Untergang des Rechtssubjekts, nicht unmittelbar nach sich. Richtig gesprochen beschließt die Gesellschaft nicht die Auflösung, sondern das Sichauflösenwollen. Sie gibt kund, daß sie sich fortan nur noch der Abwicklung ihrer vermögensrechtlichen Beziehungen widmen will, daß sie sich ihre Selbstvernichtung zum Ziele setzt. Diese Selbstvernichtung vollzieht sich zum Schutze der Gläubiger und der Gesellschafter im geordneten Verfahren und ist beendet, wenn die Aufgaben der Liquidation erfüllt sind, d. h. wenn die laufenden Geschäfte erledigt, die Forderungen eingezogen, die übrigen Vermögenswerte in Geld umgesetzt, die Gläubiger befriedigt sind und das nach Berichtigung der Schulden verbliebene Vermögen unter die Aktionäre verteilt ist (§ 298[1], mit § 149; § 300[1]). Bis zur Erreichung dieses Zweckes und nur um dieses Zweckes willen läßt man die Rechtspersönlichkeit der Gesellschaft fortbestehen. Ist nun die Gesellschaft bereits auf einem Punkt ihrer Entwicklung angelangt, in dem ihre vermögensrechtliche Grundlage völlig zerstört ist, ist also das, was der Auflösungsbeschluß bezweckt, bereits zur Tatsache geworden, besonders aus dem Verhalten der Organe zu entnehmen, daß die Gesellschaft selbst eine Fortsetzung des gesellschaftlichen Lebens, eine Wiederaufnahme der geschäftlichen Tätigkeit nicht will, so braucht die Auflösung nicht noch besonders beschlossen zu werden; sie ist ohne Beschluß eingetreten. Ebenso wie der Auflösungsbeschluß ist dann aber auch die Liquidation eine leere Form. Die Gesellschaft ist dann bereits nicht nur im Sinne des Sichauflösenwollens, sondern des Aufgelöstseins, des Endzieles der Liquidation, aufgelöst. Die Aufgaben des Liquidators müßten sich in der formalen Aufforderung an die Gläubiger zur Anmeldung ihrer Ansprüche erschöpfen. Wenn für die Unabwendbarkeit der Liquidation auf die Fassung des § 294: „Nach der Auflösung der Gesellschaft findet die Liquidation statt" verwiesen wird, so ist damit doch nicht mehr gesagt, als daß der auf den Untergang der Gesellschaft abzielende Auflösungsprozeß sich nur in der Form der Liquidation abspielen darf. Kann bei einer jeglichen Aktivvermögens entblößten Gesellschaft von einem Auflösungsprozesse nicht die Rede sein, so ist auch für ein Liquidationsverfahren, durch das jener Prozeß in geordnete Bahnen gelenkt werden soll, kein Raum. Die Eintragung des Erlöschens der Firma ist dann im Verfahren nach § 31[2] HGB., § 141 FGG. unter Abstandnahme von der Liquidation möglich, ohne daß der Schutz der Gläubiger oder das Interesse der Gesellschaft darunter leidet. Selbst bei anhängiger Liquidation würde in derartigem Falle das Erlöschen der Firma doch immer auf den Zeitpunkt zurückzuverlegen sein, in dem die Vermögensgrundlage der Gesellschaft beseitigt war. Kann sich der Registerrichter von dem wirklichen Untergange des Rechtssubjekts auch ohne das Sicherungsmittel der Liquidation überzeugen, so kann er ohne diese die rechtsfeststellende Eintragung des Erlöschens der Firma im Verfahren des § 141 FGG. betreiben. Die Gesellschaft, die ihre Firma noch nicht als erloschen ansieht, kann dann Widerspruch erheben.

Die Frage, ob im Einzelfalle die Gewähr geboten ist, daß die Firma der sich nicht mehr betätigenden Gesellschaft infolge völliger Vermögenslosigkeit erloschen ist, wird mit Vorsicht, jedoch nicht mit allzu großer Ängstlichkeit zu prüfen sein. Sollte wirklich einmal nach der Eintragung des Erlöschens Vermögen auftauchen, so ist kein nicht wieder gutzumachender Schade entstanden. Die Eintragung kann dann von Amtswegen nach § 142 FGG. wieder gelöscht werden, da es für die Eintragung an einer wesentlichen Voraussetzung gefehlt hat. Die Gesellschaft würde sich dann aber auch nicht im Liquidationszustande befinden, da sie bei nachträglich festgestelltem Vorhandensein von Vermögen mangels eines Auflösungsbeschlusses nicht aufgelöst ist. Im übrigen wird sich eine starre Regel in der Richtung, daß die Geschäftsuntätigkeit eine bestimmte Zeit bestanden haben muß, nicht aufstellen lassen. Natürlich ist die Eintragung des Erlöschens nicht möglich, solange die Gesellschaft Aktivprozesse schweben hat, die Vermögenslosigkeit also noch nicht geklärt ist. Passivprozesse können bei feststehendem Fehlen von Aktivvermögen kein Hindernis bilden. Von der Eintragung des Erlöschens wird im Interesse der Gläubiger abzusehen sein, wenn der Verdacht besteht, daß die Vermögenslosigkeit auf einer Verteilung des Vermögens unter den Gesellschaftern, also auf der Vorwegnahme desjenigen Vorgangs beruht, der den Abschluß einer ordnungsmäßigen Liquidation bilden soll. Die Gesellschaft ist dann infolge ihrer Rückforderungsansprüche tatsächlich nicht vermögenslos [1]). Nicht schutzwürdig ist das Interesse der Gesellschaft an der Bereithaltung des Mantels für ein fremdes Unternehmen.

**c) Fällt ein von den Gründern übernommener Beitrag zu den Organisationskosten unter § 195?**

Kammergericht, 1. FerienZS. Beschluß v. 5. September 1927 (1 b x 653/27).

Am 9. 9. 1926 wurde die „Excelsior“ AG. mit einem Grundkapital von 1 500 000, eingeteilt in 1500 Stammaktien über je 1000 RM., errichtet. Die fünf Gründer haben die Aktien mit Einzahlung von 25% des Nennbetrages „zuzüglich 25% des Nennbetrages als einmaligen Beitrag zu den Organisationskosten“ übernommen. Von diesem Beitrage sollten $^1/_4$ sogleich, der Rest sobald es der Aufsichtsrat bestimmte, gezahlt werden; die Kosten der Gründung sollten zu Lasten des Beitrages gehen. In der Anmeldung der Gesellschaft ist erklärt, die Aktien würden zum Nennbetrage ausgegeben, auf jede Aktie sei der eingeforderte Betrag von 25% bar eingezahlt und im Besitze des Vorstandes. Die Vorinstanzen sehen in dem einmaligen Beitrag einen Teil der von den Aktionären zu leistenden Kapitaleinlage und halten, da die Einlage damit den Nennbetrag

[1]) Für eine gelöschte GmbH. kann ein neuer Liquidator bestellt werden, wenn ein Gläubiger neu hervortritt und beim Bestehen seines Anspruchs die Gesellschaft die Rückzahlung von ihren Gesellschaftern fordern darf (Bay. ObLG. 4. 3. 27 Z. 23 S. 162).

der Aktie überschreitet, ein verstecktes Agio für vorliegend. Wäre diese Auffassung richtig, so würden die von den Gründern als Beitrag zu den Organisationskosten, d. h. zur Deckung der Kosten der Gründung und der Ingangsetzung des Betriebes aufzuwendenden Beträge, ihrem Zwecke nicht unmittelbar zugeführt werden dürfen. Als Agio müßten die Beträge nach § 195³ voll eingezahlt, aber nach § 262, abgesehen von den durch die Ausgabe der Aktien entstehenden Kosten, in den Reservefonds eingestellt werden, der nur zur Deckung eines aus der Bilanz sich ergebenden Verlustes verwendet werden darf. Allein als Kapitaleinlage im Sinne des § 211 kann nur gelten, was der Aktionär als solcher auf die Aktien zur Aufbringung des Grund- oder des dieses übersteigenden Einlagekapitals einzuschießen sich verpflichtet. Die Verpflichtung, einen Beitrag zu den Organisationskosten einzuzahlen, könnte auch ein Dritter übernehmen. Dadurch, daß vorliegend die Gründer sie übernehmen, wird sie noch nicht zu einer Verpflichtung gesellschaftlicher Art. Der Beitrag ist keine Gegenleistung auf die Aktien; er soll der Gesellschaft Kosten ersparen und nicht dem Kapitale zuwachsen, sondern dieses ungeschmälert erhalten. Es handelt sich um eine neben der Einlageverpflichtung von den Gründern übernommene besondere Verpflichtung. Es kommt daher auch nicht ein Agio in Frage, d. h. ein durch Ausgabe der Aktien für einen höheren als den Nennbetrag erzielten Betrag (§ 195³, § 262 Nr. 2); der Beitrag ist nicht durch die Ausgabe der Aktien erzielt. Der besonderen Verpflichtung der Gründer steht die Verpflichtung der Gesellschaft gegenüber, die 25% ausschließlich zur Deckung der Organisationskosten zu verwenden, also uneingefordert zu lassen oder zurückzuvergüten, wenn die Organisation einen geringeren Aufwand erfordert. In RG. 59 S. 426 ist denn auch als rechtlich zulässig anerkannt, daß sich eine bereits bestehende Aktien-Ges. ohne Änderung der Satzung von Dritten, seien es die Gründer oder Aktionäre oder Unbeteiligte, den Ersatz der ihr nach dem Gesellschaftsvertrage zur Last fallenden Gründungskosten versprechen lasse. Daß es sich hier um eine Gesellschaft im Abschnitte ihrer Errichtung handelt und daß nicht nur die Gründungskosten, sondern die Kosten der Organisation zu erstatten sind, begründet keinen grundsätzlichen Unterschied. In RG. 55 S. 43 ist ferner ausgesprochen, daß bei einer von dem Übernahmekonsortium anläßlich der Kapitalserhöhung eingegangenen Verpflichtung, die Stempelkosten zu tragen, der Stempelbetrag nicht dem Agio hinzuzurechnen sei (vgl. Staub § 262¹⁹). Der Standpunkt des Senats hat auch Simon (Bankarchiv 10 S. 371) eingehend begründet. Wenn Dalberg (LZ. 1913 S. 895) die Einzahlung eines nicht zum Agio zu rechnenden Organisationsfonds durch die Aktionäre zuläßt, falls nur bei der Übernahme der Aktien genügend deutlich erklärt wird, daß dieser Betrag von den Aktienzeichnern freiwillig hingegeben wird, und sonach nicht im Sinne des § 262 Nr. 2 als von der Gesellschaft durch die Ausgabe der Aktien „erzielt" gelten könne, so trifft diese Bemerkung nicht den Fall, wenn die Verpflichtung zur Zahlung der Organisationskosten von den Gründern oder Aktienzeichnern übernommen wird; denn solche Erklärungen tragen das Merkmal der Freiwilligkeit ohne weiteres in sich.

**k) Genießen Gehaltsrückstände des Vorstandes das Vorrecht des § 61 Nr. 1 KO.?[1])**

OLG. Hamburg, 6. ZS. Urteil v. 5. Juli 1927.

Das Vorrecht ist historisch aus dem des Gesindes entstanden und im Laufe der Zeit auf alle im Haushalt und Geschäft des Gemeinschuldners dienenden Personen ausgedehnt worden. Die Worte „verdingen“ und „Lohn, Kostgeld und andere Dienstbezüge“ lassen aber auch jetzt noch erkennen, daß das Vorrecht wirtschaftlich schwachen, in dienender und abhängiger Stellung befindlichen Personen zugedacht ist. Das paßt wenig auf die eine Aktien-Ges. leitenden Vorstandsmitglieder, auch wenn sie durch einen Dienstvertrag angestellt sind. Andererseits ist nicht zu verkennen, daß es auch Vorstandsmitglieder und Geschäftsführer gibt, die gering bezahlt sind und sich in starker Abhängigkeit von anderen Organen der Gesellschaft, besonders vom Aufsichtsrat befinden; eine Grenzziehung ist recht schwierig. Gerade der vorliegende Fall zeigt aber, daß es unbillig wäre, das Vorrecht uneingeschränkt jedem durch Dienstvertrag angestellten Vorstandsmitglied zuzusprechen. Das hier von der Aktien-Ges. betriebene Unternehmen gehörte ursprünglich der Familie W. Die Stammfirma gründete die W. GmbH. und übertrug das Unternehmen auf sie. Um fremdes Kapital aufzunehmen, wurde die Aktien-Ges. gegründet. Die Aktienmehrheit verblieb jedoch in Händen der W. GmbH., in der wieder der Kläger und sein Vetter die Mehrheit besaßen. Diese bildeten den Vorstand der Aktien-Ges. In ihren Anstellungsverträgen wurden mit Rücksicht auf die bisherige Höhe des Gewinns hohe Gehälter für sie festgesetzt, so für den Kläger ein Jahresgehalt von 60000 RM. Die Mitglieder des Vorstandes führten also zugleich in der Generalversammlung der AG. entscheidende Stimmen. Der Kläger identifizierte sich auch so stark mit der AG., daß er ihr, als sie in wirtschaftliche Schwierigkeiten geriet, mit eigenem Vermögen zu Hilfe kam.

Sieht man von den gewählten Rechtsformen ab und betrachtet die wirtschaftliche Seite allein, so gehörte den den Vorstand der AG. bildenden Mitgliedern der Familie W. ein großer Teil des Vermögens der AG. und stand ihnen die entscheidende Willensmacht der AG. zu. Unter diesen Umständen würde es unbillig erscheinen, wenn die gewählte Rechtsform sie nicht nur vor einer persönlichen Haftung schützte und ihnen hohe Gehaltsansprüche als Konkursforderungen gäbe, sondern diesen Ansprüchen noch ein an erster Stelle stehendes Vorrecht vor allen übrigen Konkursgläubigern gewährte. Nach der Rechtsansicht des Senats steht aber den Vorstandsmitgliedern grundsätzlich das Vorrecht des § 61 Nr. 1 KO. nicht zu, sondern kommt ihnen nur in Ausnahmefällen zu, wenn ihre wirtschaftliche Stellung und Abhängigkeit sich tatsächlich nicht erheblich von der Stellung und Abhängigkeit eines Handlungsgehilfen unterscheidet. Diese Rechtsauffassung stellt sie allerdings in einer Hinsicht sogar ungünstiger, als persönlich

---

[1]) Es bejahen Mantzel, KO. § 61, Staub, HGB. § 231[34], Hachenburg, GmbHG. § 35[40], KG. in Rsp. 32, S. 381, dagegen verneinen Kiel (aO. 384), Frankfurt (aO. 19 S. 215), Brodmann GmbH. § 60[3], jetzt auch Jäger § 61[11]. Vgl. auch Hamburg HGZ. 25 S. 125.

haftende Inhaber stehen. Während dem Gemeinschuldner nach §§ 129, 132 KO. zu seinem und seiner Familie Unterhalt eine Unterstützung aus der Masse bewilligt werden kann, fehlt eine solche Bestimmung zugunsten der Vorstandsmitglieder, da sie selbst nicht Gemeinschuldner sind. Um diese Lücke auszufüllen, kann man aber nicht so weit gehen, ihnen ein weit über das gebotene Maß hinausgehendes Recht zu gewähren. Während die Frage, ob und in welcher Höhe dem Gemeinschuldner eine Unterstützung bewilligt werden soll, im Ermessen der Gläubigerversammlung liegt, würde das Vorrecht nach § 61 Nr. 1 einen festen und der Höhe nach nicht begrenzten Rechtsanspruch gewähren. Ein praktischer Weg zur Ausfüllung der Lücke wird sich in der Mehrzahl der Fälle, in welchen die Generalversammlung zur Bewilligung einer Unterstützung bereit wäre, dadurch finden lassen, daß man die Vorstandsmitglieder während des Konkurses zur Abwicklung der Geschäfte als Angestellte gegen Gehalt beschäftigt. V.

**l) Genossenschaft [1]: α) Nichtigkeit des Auflösungsbeschlusses, wenn die dafür vorgeschriebene Mindestzahl nicht anwesend war. Beitritt.**

Kammergericht, 3S. 1 b. Beschluß v. 24. März 1927 (X 91/27).

In der Generalversammlung der eGmbH. v. 17. 8. 25, in der von 38 Genossen 21 erschienen waren, ist die Auflösung der Genossenschaft beschlossen und auf Grund der Anmeldung der gleichzeitig bestellten Liquidatoren am 7. 9. 25 in das Register eingetragen worden. Mit Schreiben vom 28. 8. 25 reichten die Liquidiatoren 6 Beitrittserklärungen, die aus 1921 bis 1923 stammten, ein, worauf am 1. 9. 25 die Namen dieser 6 Kaufleute in die Liste der Genossen eingetragen wurden. Nachdem am 28. 9. 25 über die Genossenschaft der Konkurs eröffnet worden, hat das Registergericht mit Verfügung vom 20. 5. 26 das Löschungsverfahren hinsichtlich der Eintragung der 6 Kaufleute eingeleitet. Der Widerspruch des Konkursverwalters und seine Beschwerde sind zurückgewiesen worden, weil durch die Auflösung die Entstehung der Mitgliedschaft weiterer Genossen unmöglich gemacht wird. Diese Auffassung ist allerdings nicht zu beanstanden. Wenn die Genossenschaft auch nicht mit der Auflösung „ihr Ende erreichte" (so Crüger-Crecelius § 15[8]; auch Waldecker, eingetr. Gen. § 18), so ist sie dadurch jedenfalls, wiewohl sie zunächst noch als Liquidationsgesellschaft weiter besteht, in ihrer Rechtsstellung grundlegend verändert, sie hat „nach der produktiven Seite hin aufgehört" (JW. 1910 S. 41; Rsp. 1 S. 58; 19 S. 353; RJA. 10 S. 255; Crüger § 83 I) und lebt lediglich zur völligen Abwickelung ihrer noch bestehenden Rechtsbeziehungen weiter. Schon hieraus ergibt sich, daß eine Änderung des Mitgliedsstandes als mit dem Wesen der Liquidation nicht vereinbar nach der Auflösung nicht mehr möglich ist. Dementsprechend erklärt § 87 auch nur die Abschnitte 2—3 für den Liquidationszeitraum als anwendbar, nicht aber den Abschnitt 1, in dessen § 15 die Entstehung der Mitgliedschaft geregelt ist. War also vor Ein-

---

[1]) Ein Nichtgenosse kann wohl als Vorstand gewählt werden, die Wahl wird aber erst wirksam, wenn er in die Liste aufgenommen ist; bis dahin konnte er allein nicht den Vorstand bilden (§ 24?), deshalb auch nicht an ihn eine Androhung aus § 160 S. 2 ergehen (KG. 19. 1. 23, 1 X 900/22).

tritt der Auflösung die Mitgliedschaft noch nicht nach § 15³ entstanden, so konnte nachher nicht mehr eine Mitgliedschaft durch Eintragung in die Liste begründet werden (RG. 50 S. 130; Crüger § 15⁸; § 83²; Waldecker 298; Deumer 341; Rsp. 19 S. 353). Zu prüfen ist daher lediglich, ob die Auflösung vor der Eintragung in die Liste wirksam geworden war. Nach § 78 setzt sie allein die Beschlußfassung voraus; mit deren Zeitpunkt tritt sie ein. Ihr Wirksamwerden ist von der allerdings vorgeschriebenen Eintragung (§ 78²) nicht abhängig. Diese aus dem Wortlaut folgende Auffassung wird durch den Vergleich des § 78² mit § 16⁴ bestätigt. Für die Frage, wann der Beschluß wirksam wird, ist auch die Möglichkeit seiner Anfechtung bedeutungslos. Von dieser hängt lediglich ab, ob der Beschluß als nichtig oder als wirksam zu behandeln ist, nicht aber für den Fall seiner Wirksamkeit deren Beginn. Ergibt das Urteil im Anfechtungsprozeß, daß es nichtig ist, so ist er dies von vornherein; ergibt sich aber aus der Nichtanfechtung oder durch das Urteil, daß er als gültig anzusehen ist, so ist er von Anbeginn an wirksam. Rechtsirrig aber nahmen die Vorinstanzen an, daß der Auflösungsbeschluß nur anfechtbar, nicht nichtig gewesen sei. Nach § 32 der Satzung bedarf es zum Auflösungsbeschlusse der Anwesenheit und der Zustimmung von mindestens $^3/_4$ der Genossen. Ein so großer Teil der Gesamtzahl ist in der Versammlung vom 17. 8. nicht anwesend gewesen, hat also auch nicht für die Auflösung gestimmt. Daraus ergibt sich aber die Nichtigkeit des Beschlusses. Für den Fall, daß die Satzung die Anwesenheit aller Genossen als Voraussetzung gültiger Beschlußfassung aufstellt, hat das RG. (76 S. 170) ausgesprochen, daß die Verletzung dieser Bestimmung ohne weiteres die Nichtigkeit des Beschlusses bewirke. Das KG. hat anschließend (KGJ. 43 S. 105; Rsp. 27 S. 351, 32 S. 129; RJA. 13 S. 227; 14 S. 50 u. 158) daran festgehalten, daß ganz gleich die Fälle zu beurteilen seien, in denen nach der Satzung ein bestimmter Bruchteil aller Mitglieder bei der Beschlußfassung anwesend sein müsse. Diese Entscheidungen gehen allgemein dahin, daß, wenn die Satzung nur die Beschlußfassung über bestimmte Gegenstände die Anwesenheit eines Mindestbruchteils der Gesamtzahl der Genossen vorschreibt, ein Beschluß, der diese Gegenstände betrifft, nichtig ist, wenn er bei Anwesenheit einer geringeren Genossenzahl gefaßt ist. Die Rechtslage ist in der Tat auch keine andere, wenn die Satzung dieses Erfordernis für die Beschlußfassung über einen anderen Gegenstand als eine Satzungsänderung aufstellt, für die das Gesetz (vgl. § 18 S. 2) wie in § 16² die Begründung erschwerender Voraussetzungen durch die Satzung gestattet; dies ist für den Auflösungsbeschluß in § 78¹ in gleicher Weise wie für die Satzungsänderung geschehen. Erklärt die Satzung für diesen Beschluß die Anwesenheit eines bestimmten Mindestteils der Gesamtmitgliederzahl für notwendig, so ist bei Erscheinen einer geringeren Zahl eine zur Beschlußfassung über die Auflösung zuständige Generalversammlung nicht vorhanden, und es ist ein von ihr gefaßter Auflösungsbeschluß gleichfalls nichtig. Nun ist allerdings in RJA. 13 S. 31 eine drartiger Auflösungsbeschluß lediglich für anfechtbar erklärt. Diese Auffassung widersprach jedoch der angeführten, schon früher erstmalig im Anschluß an RG. 76 S. 170 begründeten Rechtsprechung über die Folgen einer Satzungsbestimmung und muß als durch das spätere ständige Festhalten an dieser ihr entgegenstehenden Rechtsprechung stillschweigend aufgegeben angesehen werden. Der einzelne Genosse hat allerdings keinen Anspruch darauf, daß er zu dem Bruchteile, der anwesend sein soll, gehöre; ob er erscheint, hängt von seinem Willen ab; er hat aber einen Anspruch darauf, daß nur eine in dem vorgeschriebenen Maße besuchte Versammlung als zur Beschlußfassung über den fraglichen Gegenstand zuständige „Generalversammlung" im gesetzlichen Sinne angesehen wird. Der — auch hier gegebene — Umstand, daß bei unzureichendem Besuche der ersten Versammlung eine zweite stattzufinden hat, die auch bei geringerer Teilnahme über die Auflösung zu beschließen vermag, ändert die Bedeutung der Satzungsbestimmung über die erste Versammlung nicht mit der Wirkung, daß sie als eine nicht „zwingende" anzusehen wäre. Die erste Versammlung bleibt trotz dieser weiteren Bestimmung bei unzureichender Teilnehmerzahl eine bloße Zusammenkunft von Genossen, der die Natur einer zur Beschlußfassung über die Auflösung zuständigen „Generalversammlung" fehlt. . . .

**3) Kann die Satzung die Aufsichtsratsmitglieder zu Vertretern bestellen?**
Kammergericht, 1. ZS. Beschluß v. 3. Juni 1926 (X 338/26).

Die Satzung v. 1. 2. 23 bestimmt in § 26:

Gemäß § 43a GG. setzt sich die Generalversammlung aus Vertretern der Genossen zusammen. Jedes Mitglied der Versammlung hat eine Stimme, die nicht übertragen werden kann. Die Vorstands- und die Aufsichtsratsmitglieder nehmen an der Versammlung mit beratender Stimme teil, soweit sie nicht stimmberechtigte Vertreter nach § 28 sind. . . ."

Die §§ 27 und 28 bestimmen über die Anzahl der Vertreter (je einer auf je 200 — jetzt 250 — Genossen, die im letzten Geschäftsjahr Waren entnommen haben) und über die Durchführung der Wahl. Die Versammlung vom 17. 11. 25 faßte die Abs. 2, 3 des § 26 dahin zusammen:

„Jedes Mitglied der Versammlung und jedes von ihr gewählte Aufsichtsratsmitglied hat eine Stimme, die nicht übertragen werden kann. Die übrigen Aufsichtsrats- und Vorstandsmitglieder nehmen an der Versammlung mit beratender Stimme teil."

Nachdem die Anmeldung dieser Änderung zurückgewiesen worden, hat die Versammlung vom 8. 4. 26 dem Abs. 1 des § 26 unter Wegfall des Abs. 3 hinzugefügt: „Vertreter sind die nach § 27 zu wählenden Genossen und die Aufsichtsratsmitglieder (14). Die Vorstandsmitglieder nehmen mit beratender Stimme teil." Auch die Eintragung dieser Änderung wurde abgelehnt. Die weitere Beschwerde ist begründet.

Der § 26[1] der Satzung beruht auf § 43a GenG. (Fassung vom 19. 1. 26). Dieser ist durch das Ges. v. 1. 7. 22 geschaffen, das aus einem nicht näher begründeten Antrag aus der Mitte des Reichstages hervorgegangen und ohne Aussprache in allen drei Beratungen angenommen ist (Sten. Ber. S. 7918, Anl. Nr. 4494). Über die Person der Vertreter enthält er keine weitere Bestimmung als die, daß sie Genossen sein müssen. Alle weiteren Einzelheiten darüber, wer Vertreter werden kann und in welcher Form seine Person zu bestimmen ist, überläßt er der Satzung, wie sein Abs. 2 deutlich zeigt; allerdings geht dieser nach seinem Wortlaut offenbar davon als von etwas Selbstverständlichem aus, daß die Vertreter im Wege der Wahl durch die Genossen zu bestellen sind, ohne aber über die Wahl näheres zu bestimmen. Es ist also als Grundsatz anzusehen, daß für die Regel der Satzung völlige Freiheit gegeben ist, darüber zu bestimmen, wer wählbar ist und wie die Wahl zu erfolgen hat. Allerdings hat diese Freiheit ihre Grenze in den allgemeinen Grundsätzen des bürgerlichen Rechts und in den Bestimmungen des GenG., soweit sie zwingender Natur sind (vgl. für den Ausschluß der Wählbarkeit: Citron in Bl. für GenWes. 1926 S. 114); soweit gegen sie der Beschluß auf Änderung der Satzung verstößt, ist er und damit die Satzungsänderung selbst nichtig (vgl. Staub HGB. § 273[17]); auch eine Satzungsänderung, die gegen die guten Sitten verstieße, wäre daher nach dem zwingenden § 138 BGB. nichtig.

Aus der Tätigkeit als Aufsichtsratsmitglied läßt sich allein noch nicht deren Ausschluß von der Wählbarkeit zum Genossenvertreter ableiten. Die einzige gesetzliche Voraussetzung, die für die Person der Vertreter aufgestellt ist, daß sie nämlich Genossen sein müssen, erfüllen auch die Aufsichtsratsmitglieder (§ 9[2]). ... Die Tatsache, daß an die Stelle der Gesamtheit der Genossen die der Vertreter tritt, ergibt für sich allein noch nichts für einen Ausschluß der Mitglieder jener Organe von der Wählbarkeit. In der gewöhnlichen GenVers. sind sie, da auch sie Genossen sind, regelmäßig zur Ausübung des Stimmrechts und der sonstigen Genossenrechte in der gleichen Weise berechtigt wie die anderen Genossen. Warum sie demgegenüber in der Vertreterversammlung (unter der Voraussetzung, daß sie formell ordnungsmäßig zu Vertretern bestellt sind) nicht wie die anderen Vertreter sollten tätig sein können, ist nicht ersichtlich. Die Möglichkeit von Kollisionen bei Verbindung der Ämter ist regelmäßig gleichfalls nicht in höherem Grade gegeben und von keiner anderen Wirkung als bei der Tätigkeit der Vorstands- und Aufsichtsratsmitglieder in der gewöhnlichen GenVers. Auch hier ist eine Interessenvermischung zwischen ihrer Tätigkeit als Mitglied des Organs und ihrer Betätigung als Genosse möglich. Sie ist, soweit erforderlich, durch § 43[3] unschädlich gemacht. Dadurch, daß das Mitglied des Organs in der Vertreterversammlung nicht nur für sich allein als Genosse, sondern zugleich als Vertreter der entsprechenden Zahl anderer Genossen auftritt, wird diese Kollisionsmöglichkeit nicht grundlegend geändert und daher eine Grundlage für die Folgerung, daß die Vorstands- und Aufsichtsratsmitglieder von dem passiven Wahlrecht ausgeschlossen seien, nicht gegeben.

Die weitere Frage, ob aus der Form der Bestellung Bedenken gegen die Wirksamkeit der Satzungsänderung herzuleiten sind, ist gleichfalls zu verneinen. Zwar meint Citron (aO.), daß die Vorstands- und Aufsichtsratsmitglieder „geborene Mitglieder" der Vertreterversammlung seien. ... Allein das Recht des Mitglieds auf Teilnahme an der Versammlung beruht, soweit es dies nicht schon als Genosse hat, auf seiner Eigenschaft als Mitglied des Organs, das Stimmrecht aber einzig und allein auf der Eigenschaft als Genosse; dem Aufsichtsrat oder seinem Mitglied als solchem steht eine Stimme in der GenVers. nicht zu. Aus dem Recht zur Teilnahme an der Versammlung für das Organ kann also unmöglich ein Stimmrecht für sein Mitglied abgeleitet werden. Weiter aber handelt es sich bei Ausübung des Stimmrechts in der Vertreterversammlung nicht um die „Ausübung eines Rechts, welches die Mitgliedschaft gewährt". Ein solches Recht ist das Stimmrecht wohl beim Bestehen der gewöhnlichen GenVers. Besteht aber eine Vertreterversammlung, so hat in dieser grade der einzelne Genosse als solcher kein Stimmrecht; sein Mitgliedschaftsrecht beschränkt sich, soweit es sich um die Beschlußfassung durch die GenVers. handelt, auf die Ausübung des Wahlrechts bei der Wahl zur Vertreterversammlung; in dieser selbst haben nur die Vertreter ein Stimmrecht; ein Mitgliedschaftsrecht des nicht zum Vertreter gewählten Genossen kommt in ihr nicht zur Ausübung. Irgendein sonstiger Anhalt dafür aber, daß die Vorstands- und Aufsichtsratsmitglieder „geborene Vertreter" sein sollten, ist dem Gesetz weder nach seinem Wortlaut noch nach seinem Zweck zu entnehmen.

Die Vorinstanzen stellen nun die „gewählten Vertreter" in Gegensatz zu den Aufsichtsratsmitgliedern, die nach der neuen Fassung des § 26 der Satzung gleichfalls Vertreter sein sollen, ohne daß sie nach § 27 dass. gewählt sind; sie scheinen sie also nicht als Vertreter anzusehen, die durch eine Wahl, wie § 43 a Abs. 2 sie offensichtlich voraussetzt, hervorgegangen sind. Dies ist aber rechtsirrig. Das Gesetz stellt die Gestaltung der Wahl völlig der Satzung, also durch das für deren Änderung zuständige Organ, frei. Ebensowenig wie eine sonstige bindende Bestimmung für sie gegeben ist, ist angeordnet, daß sämtliche Vertreter in gleichem Verfahren gewählt werden müßten; es ist daher sehr wohl möglich, daß die Wahl in zwei verschiedenen Akten vorgenommen wird. Darum aber handelt es sich hier. Der eine Teil der Vertreter wird nach der neuen Regelung wie bisher nach §§ 27, 28 der Satzung gewählt. Der andere aber wird in einem anderen Wahlverfahren, nämlich bei der Wahl des Aufsichtsrats, gewählt. Beide Wahlen erfolgen in gleicher Weise, und zwar nach dem in den §§ 17, 20, 21 der Satzung näher geregelten Verhältniswahlrecht. Ein grundsätzlicher Unterschied bei der Wahl der beiden Gruppen von Vertretern besteht also überhaupt nicht, abgesehen davon, daß die eine gleichzeitig zu Vertretern und auch zu Mitgliedern des Aufsichtsrats gewählt wird. Bei beiden liegt eine Wahl durch die Genossen vor, und damit ist dem § 43 a genügt.

Bedenken bestehen auch nicht für die Zeit bis zur ersten völligen Neuwahl des Aufsichtsrats, die nach § 14[1] der Satzung erst nach drei Jahren völlig abgeschlossen ist. Denn auch die direkte Wahl ist nicht vorgeschrieben; daher muß, jedenfalls für die Übergangszeit, auch genügen, daß die Aufsichtsratsmitglieder, die im Amte sind, von der Vertreterversammlung für ihre Amtsdauer zu Genossenvertretern bestimmt, also durch die Beschlußfassung „gewählt" sind.

Das LG. erwägt schließlich, daß die Zubilligung des Stimmrechts an die Aufsichtsratsmitglieder deren Mitgliedschaftsrecht so ungeheuer verstärkt, daß es fast das gleiche wäre, als wenn bei kleineren Genossenschaften die Satzung einzelner Genossen auf dem Wege über die Wahl zum Aufsichtsrat das doppelte Stimmrecht zugestehen könnte. Allein tatsächlich ist eine „Wahl" jener Mitglieder zu Vertretern in der gewählten Form enthalten; weiter handelt es sich nicht um etwas der Verdoppelung des Stimmrechts Ähnliches, sondern um die Übertragung des Stimmrechts auf die als Vertreter handelnden Aufsichtsratsmitglieder in gleicher Weise wie auf die anderen Vertreter, deren Stimmrecht gleichfalls nicht „verdoppelt" wird. Auch der Zweifel Citrons (aO.), ob es zulässig ist, jene Mitglieder in die Zahl der satzungsmäßig zu wählenden Vertreter (besonders bei absolut bestimmter Zahl) einzurechnen oder ihr zuzurechnen, ist unbegründet, da der Satzung die Bestimmung der Zahl freigestellt ist, Zweifel darüber, wie diese zu berechnen ist, also im Wege der Auslegung zu beseitigen sind, aber die Zulässigkeit der Bestimmung ebensowenig beeinträchtigen können wie eine ausdrückliche Anordnung in dem einen oder anderen Sinne.

**γ) Anfechtung von Beschlüssen im Schiedsverfahren?**

OLG. Stuttgart, 2. ZS. Urteil vom 23. Dezember 1926.

Im § 51[1] ist allerdings nicht ausdrücklich gesagt, daß die Anfechtung „nur" auf dem dort bezeichneten Weg erfolgen könne; es heißt daselbst auch nicht etwa, daß Beschlüsse auf diese Weise angefochten werden müssen. Allein dies ergibt sich aus Abs. 3 und aus dem ganzen Sinn und Zweck des § 51. Denn nach Abs. 3 Satz 1 ist gegen die Genossenschaft zu klagen und nach Satz 3 das LG. ausschließlich zuständig. An Stelle eines solchen Gerichts darf kein Schiedsgericht gesetzt werden (Crüger § 51[10]; Staub § 272[8]). Im übrigen spricht für die zwingende Natur des § 51 und für dessen Unabänderlichkeit durch die Satzung auch noch die im § 51[1] S. 2 gesetzte Monatsfrist. Diese hat, wie der ganze § 51, nach der Begründung den Zweck, tunlichste Sicherheit in der Richtung zu gewähren, daß nicht ein Zustand längerer Ungewißheit über die Gültigkeit von Versammlungsbeschlüssen eintreten kann. Wollte man das Schiedsverfahren zulassen, so könnte, da die Anrufung des Schiedsgerichts in der Satzung oder in der Schiedsgerichtsklausel nicht zeitlich beschränkt ist, der Beschluß zeitlich unbeschränkt angefochten werden.

Abgesehen hiervon erheben sich vorliegend auch nach § 1025 ZPO. begründete Bedenken. Danach hat die Vereinbarung eines Schiedsgerichts nur insoweit rechtliche Wirkung, als die Parteien berechtigt sind, über den Streitgegenstand einen Vergleich zu schließen. Streitig ist nach dem Klagantrag nicht bloß die Höhe der Aufwertung des klägerischen Guthabens und der Forderungen der übrigen Gläubiger, sondern auch die Genehmigung der neuen Bilanz und der Enthebung der alten Vorstandsmitglieder von ihrem Amt sowie die Wahl neuer. Wenn nun auch die sachlich den Hauptstreitpunkt und die Ursache des ganzen Streits bildende Höhe der Aufwertung dem Vergleich unterliegt, so ist dies doch bezüglich der beiden anderen Fragen, bei denen Persönlichkeitsrechte (Individualrechte) und zwingende Vorschriften des HGB. und der Steuergesetzgebung in Betracht kommen, zu verneinen.

**δ) Anwendung des § 77 auf die Auflösung einer Gesellschaft.**

Kammergericht, 1. ZS. Beschluß v. 23. September 1926 (X 511/26).

Die Streitfrage, ob und welchen Einfluß die Auflösung einer Handelsgesellschaft, die einer Genossenschaft als Mitglied angehört, auf diese Eigenschaft ausübt, hatte der Senat bisher (KGJ. 14 S. 53, RJA. 13 S. 117, Rsp. 32 S. 134) verneint. Nach dieser Ansicht, die auch Bendix in LZ. 11 S. 200 vertritt, berührt die

Auflösung die Mitgliedschaft nicht, vielmehr bedarf es zur Beendigung der Zugehörigkeit der aufgelösten Gesellschaft zur Genossenschaft noch einer besonderen Aufkündigung nach § 65 GenG. Diese Ansicht gründet sich auf die Erwägung, daß eine Lücke des Gesetzes nicht vorhanden sie, weil die Möglichkeit der Entfernung einer aufgelösten Gesellschaft aus der Genossenliste stets auf dem Wege der Aufkündigung gegeben sei, das Ausscheiden auf diesem Wege vom Gesetz auch unterstellt werden konnte, da, anders als mit dem Tode, mit der Auflösung nicht notwendig eine Universalnachfolge anderer Personen, vielmehr eine Erhaltung des Verbandes zur Abwicklung aller rechtlichen Beziehungen eintrete. Diese Gründe vermögen jedoch bei erneuter Prüfung eine Ablehnung der entsprechenden Anwendung des § 77 auf jenen Fall nicht zwingend zu rechtfertigen. . . .[1])

**ε) Der Verschmelzungsvertrag (§ 93 a) erfordert die Form des BGB. § 311.**

Kammergericht, 1 ZS. Beschluß v. 25. März 1926 (X 72/26).

Durch die Verschmelzung der beiden Genossenschaften geht nach § 93 a Abs. 3 das Vermögen der aufgelösten Genossenschaft als Ganzes einschließlich der Schulden auf die übernehmende über. Diese Wirkung tritt aber erst, wie der Wortlaut deutlich zeigt, mit der Eintragung in das Register, nicht etwa schon mit Abschluß des Vertrages ein. Dieser selbst begründet lediglich schuldrechtliche Verpflichtungen dahin, das zur Durchführung der wirklichen Verschmelzung Erforderliche vorzunehmen und diese selbst und damit ihre gesetzlichen Folgen herbeizuführen. Darin aber liegt auf Seiten der sich auflösenden Genossenschaft mit die Verpflichtung zur Herbeiführung des Übergangs ihres gesamten gegenwärtigen Vermögens auf die andere Genossenschaft, der sich mit der Vollendung der Verschmelzung kraft Gesetzes vollzieht; dies ist aber nichts anderes als eine Verpflichtung zur Übertragung dieses Vermögens. Die Auffassung der Beschwerde, daß beim Fusionsvertrage weder ein Vermögen im eigentlichen Sinn übertragen werde noch eine Verpflichtung dazu vorliege, ist daher irrig. Die Rechtslage ist die gleiche wie bei der Fusion zweier AktienG. mit sofortiger Verschmelzung i. S. des § 306 HGB. Die §§ 93 a u. b sind offensichtlich in unmittelbarer Anlehnung an die §§ 303—306 entstanden, mit denen sie in ihren wesentlichsten Bestimmungen wörtlich übereinstimmen; sie müssen daher, zumal sie aus einem anscheinend nicht näher begründeten Antrag aus der Mitte des Reichstags hervorgegangen und ohne Aussprache in allen drei Beratungen angenommen sind (StenBer. S. 7918, Anl. Nr. 4494), im gleichen Sinne wie diese verstanden werden. Für die Fusion von §§ 305, 306 HGB. wird aber, soweit ersichtlich, nahezu einhellig angenommen, daß der Fusionsvertrag unter § 311 BGB. fällt (Staub § 305[8], § 303[15]; Lehmann-Ring § 305[5]; auch RGKomm. BGB. § 311[1]; RG. JW. 1909 S. 510); lediglich Wittmaack in Goldschm. Z. 71 S. 107 hält den § 311 BGB. als auf juristische Personen überhaupt nicht für anwendbar. Grundsätzlich können allerdings auf diese

[1]) Ebenso RG. (87 S. 408), Crüger § 77[7], Maurer-Birkenbihl § 75[6], Deumer 172, Waldecker 182, Rieß (Ehrenberg III 2 S. 107), OLG. Zweibrücken (Bl. f. GenW. 1903 S. 439), vgl. auch OLG. Dresden JFG. 2 S. 267). — Verpflichtung zum Beitritt im Falle der Auflösung der Genossenschaft: RG. 117 S. 117.

nur die rechtlichen Bestimmungen Anwendung finden, die sich auf Vermögensrechte beziehen; diese sind aber in der Regel sämtlich auf sie mitzuerstrecken, sofern nicht „eine einzelne besondere Rechtsregel ihrem Zwecke und ihrer Natur nach auf juristische Personen" nicht anwendbar ist. Für die Nichtanwendbarkeit des § 311 auf juristische Personen fehlt jedoch ein zwingender Grund; seine Begründung in den Motiven trifft (abgesehen von dem Hinweis auf die antizipierte Erbfolge) auch auf sie zu; die von Wittmaack weiter erörterte Begründung zu § 310 BGB. ist für § 311 ohne Belang. Bestehen hiernach aber keine Bedenken dagegen, auch juristische Personen, und damit auch Genossenschaften, dem § 311 BGB. zu unterstellen (vgl. auch RG. 69 S. 290; 76 S. 3), so muß er auch für den Verschmelzungsvertrag erfordert werden (so auch Bay. ObLG. Rsp. 44 S. 219). Daraus, daß nach § 93 a Abs. 2 der Vertrag in Urschrift oder öffentlichbeglaubigter Abschrift beizufügen, die Beifügung der Urschrift eines gerichtlich oder notariell beurkundeten Vertrages aber nicht möglich sei, folgt noch nicht, daß der Gesetzgeber an jene Beurkundung nicht gedacht haben könne. Der Art. 42 Pr. FG. über den Verbleib der Urschrift ist eine preuß. Gesetzesbestimmung, und es besteht durchaus die Möglichkeit, daß entsprechende Vorschriften in außerpreußischen Ländern nicht gelten; aus Art. 42 kann daher auf eine angebliche Absicht des Reichsgesetzgebers nicht geschlossen werden. Weiter aber ist auch § 93 a Abs. 2 offenbar (wie die anderen Anordnungen der §§ 93 a u. b) in den hier wesentlichen Worten dem § 305² HGB. entnommen worden. Daß aber durch die bloße Übernahme bereits bestehender Vorschriften in ein entsprechende Tatbestände regelndes Gesetz, das noch dazu ohne Begründung eingebracht und ohne Einzelberatung angenommen worden ist, allgemeingültige Formvorschriften des BGB. ohne eine ausdrückliche klare Anordnung hätten ausgeschaltet werden sollen, kann unmöglich angenommen werden. Der § 305 ist in das HGB. unverändert aus dem Entwurf übernommen worden (vgl. Hahn Mat. zum HGB. 62). Auch bei ihm kann daraus, daß er die Einreichung des Fusionsvertrages in Urschrift erwähnt, nichts dafür entnommen werden, daß der Vertrag für formfrei erachtet worden sei, und zwar um so weniger, als der Entwurf des PrFG. erst nach Erlaß des HGB., nämlich am 30. 1. 1899, vorgelegt wurde.

**m) Gesellschaft mbH.: α) Begriff der „Entlehnung" im § 4 GmbHG.**

Kammergericht, ZS. 1 b. Beschluß v. 10. März 1927 (X 84/27).

Am 29. 4. 26 ist die Firma „Wille und Weg GmbH." mit einem Stammkapital von 30 000 M. begründet worden. Gegenstand des Unternehmens sind „sämtliche Anregungen auf politischem Gebiet, besonders Vorschläge zur Verfassungs- und Verwaltungsreform, zur Sparsamkeit bei den Behörden und Parlamenten sowie zum Schutze der Minderheiten und zur Reform des Minderheitenrechts". Die Eintragung der Gesellschaft ist mit Recht abgelehnt. Der Grund des LG., nur eine solche Entlehnung vom Gegenstande des Unternehmens genüge dem § 4, die diesen Gegenstand erkennen läßt, vermag allerdings nicht die Entscheidung zu tragen. Im Beschluß (Rsp. 44 S. 221) hat der Senat erneut grundsätzlich zu der Frage Stellung genommen und sieht sich zu einem Abgehen von diesem am 2. 8. 26 (JW. 1927 S. 130) aufrechterhaltenen Standpunkte weder durch die im Schrifttume dagegen erhobenen Bedenken (Bing a O., Hachenburg JW. 1925 S. 802 und GmbH. § 4 N. 2 a, Strauß Hand-Reg. 339), noch durch die Ausführungen des LG. veranlaßt. Daß die Vorschrift über die Entlehnung, wie Hachenburg betont, den zum Schutze des Publikums gegebenen Bestimmungen angehört, hat auch der Beschluß aO. nicht verkannt. Das Ausmaß dieses Schutzes aber übersteigert H., wenn er verlangt, daß durch die Entlehnung der Gegenstand des Unternehmens für ein Publikum mit Durchschnittsbildung erkennbar sein müsse. Hiervon sagt das Gesetz, das sich mit der Entlehnung begnügt, nichts. Aber auch der Zweck der Bestimmung bedingt dies nicht. Daß vom Standpunkte des KG. die Verweisung auf den Gegenstand hätte entbehrt und die Benennung überhaupt hätte freigestellt werden können, ist nicht zuzugeben. Die Firma, die vom Gegenstande entlehnt ist, ohne über ihn aufzuklären, täuscht nicht und gefährdet nicht die Sicherheit des Verkehrs. Dagegen könnte bei der Wahl einer willkürlichen, sich auf den Gegenstand gar nicht beziehenden Sachbezeichnung eine Firma gewählt werden, die eine positive Vorstellung von einem dem Unternehmen tatsächlich fremden Gegenstande hervorruft. Die Meinung des LG., daß die Bezeichnung „Aeriola" im Falle (Rsp. 44 S. 221) ebensogut wie für ein mit Radioapparaten handelndes Unternehmen auch von einem Unternehmen, das Flugapparate, Luftkissen oder Taucherausrüstungen herstellt oder der Stickstoffgewinnung dient, hätte gewählt werden können, ist durchaus richtig, beweist aber nichts für seine Ansicht, daß eine Entlehnung im Sinne der Auslegung des KG. nicht einer Täuschungsgefahr zu begegnen vermöge. Denn die Firma weist nicht auf einen bestimmten der bezeichneten Geschäftszweige oder einen sonstigen unzutreffenden Geschäftszweig hin, läßt vielmehr auch für denjenigen, der sich auf die Ableitung der Firma versteht, ebenso wie eine Personenfirma, die sich über den Gegenstand überhaupt ausschweigt, den Geschäftszweig völlig offen. Wenn Hachenburg die Heranziehung der Personenfirma, durch die das Publikum über den Gegenstand nichts erfährt, deshalb ablehnt weil es sich bei ihr um eine ausdrückliche Vorschrift handle, so ist es doch gerade diese Vorschrift, die für die Sachfirma zugunsten einer den Begriff der Entlehnung nicht über den Wortsinn hinaus auslegenden Auffassung zu verwerten ist. Unrichtig ist die Annahme des LG. daß der § 4 nicht dazu diene ein Unterscheidungszeichen zu schaffen. Er dient diesem Zwecke genau so wie die entsprechenden §§ 18—20 HGB. und § 3 GenG.; fraglich ist nur, ob er diesem Zweck allein dient. Daran aber ist festzuhalten (vgl. auch Fuld Rdsch. f. GmbH. 1925 S. 307).

Dagegen findet der angefochtene Beschluß seine ausreichende Grundlage in der weiteren Erwägung des LG.. Unter dem „Gegenstande des Unternehmens" ist nämlich der satzungsmäßig festgelegte Gegenstand zu verstehen der im Gesellschaftsvertrage nach § 3¹ Nr. 2 anzugeben und nach § 10 in das Register aufzunehmen ist (vgl. Hachenburg § 4² und KGJ 52 S. 96). Von einer „Entlehnung" kann daher stets nur dann gesprochen werden wenn der Wortlaut der Firma eine —

wenn auch nicht jedermann verständliche und allgemein erkennbare — Beziehung gerade zu dem besonderen Gegenstande des Unternehmens aufweist, der diesem mit zahlreichen anderen gemein sein mag, es aber von der Masse der sonstigen Unternehmen abhebt. Es genügt aber nicht, wenn die Firma lediglich abstrakte Begriffe enthält, die nichts ihrem Unternehmen Eigentümliches andeuten und zu diesem und seinem Gegenstand in keiner besonderen Verbindung stehen, sondern allgemein für jegliches Unternehmen bedeutsam und erforderlich sind. So aber liegt die Sache hier. Die Vorinstanzen weisen zutreffend darauf hin, daß es überhaupt keine natürliche oder juristische Person gebe, die nicht einen Willen, und zwar gerade im Hinblick auf die Führung ihres Unternehmens, habe und nicht glaube, einen Weg zur Betätigung dieses Willens gefunden zu haben, und daß die Bezeichnung „Wille und Weg" tatsächlich nichts anderes besage, als daß ein Gesellschaftszweck überhaupt vorhanden sei. Eine Entlehnung von diesem Gesellschaftszwecke selbst, Anregungen auf politischem Gebiete zu geben, ist in ihr nicht zu finden. Aus ihr kann nicht nur jeder einigermaßen „Verständige", der sonst nichts von dem Unternehmen weiß, unmöglich einen Schluß auf die Aufgaben der Gesellschaft ziehen (worauf es allerdings nicht ankäme), sondern es ist auch bei Kenntnis dieser Aufgaben nicht möglich, in der Firma eine Entlehnung von ihnen zu finden.

β) **Zur Anwendung des § 11 Abs. 2.**

OLG. Hamburg, 6. ZS. Urteil v. 5. Oktober 1926 (Bf. 263/26).

Der Beklagte hat als Geschäftsführer des „Fiduswerks" die Waren bestellt. Damals war diese Gesellschaft in das Handelsregister noch nicht eingetragen. Dort stand vielmehr die GmbH. „Faßfabrik Buchholz", die allerdings unter der Bezeichnung „Fiduswerk GmbH." mit einem anderen Geschäftsgegenstand weitergeführt werden sollte. Auf eine so geschehene Bestellung ist der § 11² anzuwenden. Der Besteller muß sich an den Auftraggeber so halten können, wie dieser ihm gegenübertritt. Es kann ihm nicht zugemutet weden, irgendwelche Nachforschungen über den Inhalt des Handelsregisters hinaus anzustellen. Ergibt dieses aber nicht das Vorhandensein der bestellenden GmbH., so macht das Gesetz ihm gegenüber die Person haftbar, die im Namen jener Gesellschaft aufgetreten ist. Es kommt weiterhin auf den Zeitpunkt der Bestellung an; wird die Gesellschaft, in deren Namen gehandelt ist, später eingetragen, so wird der Handelnde nicht frei. Es wird nur die nunmehr eingetragene und damit zum Rechtssubjekt gewordene GmbH. neben ihm haftbar. [RG. 117 S. 192.] V.

γ) **Antrag auf Löschung der Löschung der Gesellschaft.**

Kammergericht, ZS. 1 b. Beschluß v. 24. März 1927 (X 115/27).

Die 1919 gegründete und eingetragene GmbH. ist 1924 aufgelöst und auf Anmeldung des Liquidators am 26. 9. 25 im Handelsregister gelöscht worden. Jetzt hat A. gebeten, „den Löschungsvermerk aufzuheben und die Firma als in Liquidation befindlich wiederherzustellen", weil seine Honorarforderung bei der Liquidation nicht berücksichtigt worden und noch weiteres Vermögen aus rechtskräftigen Urteilen gegen X. vorhanden sei. Nachdem sich der Liquidator dahin geäußert hatte, daß der Wert der Forderungen gleich null sei, ist der Antrag zurückgewiesen, weil jeder Anhalt für das Vorhandensein realisierbarer Forderungen fehle. Die Beschwerde blieb erfolglos. Das LG. hat den Antrag zutreffend als eine Anregung zur Löschung der Eintragung über die Löschung der Firma aufgefaßt. Voraussetzung für jede weitere Eintragung über das vermeintliche Fortbestehen der Liquidationsgesellschaft ist, daß der Vermerk über die Löschung der Firma, der dann zu Unrecht eingetragen wäre, wieder beseitigt wird, wobei es dahinstehen kann, ob außer seiner Löschung noch eine andere Eintragung über die Fortsetzung der Liquidation zulässig und notwendig wäre (RJA. 16 S. 94, auch JRdsch. 1925 Nr. 495; Hachenburg § 74[18]; Brodmann § 74[3]), und wie sie etwa zu fassen wäre. Das LG. nimmt weiter an, daß gegen die Ablehnung einer solchen Löschungsanregung die einfache Beschwerde nach §§ 19, 20 FGG. gegeben ist, und verneint das Beschwerderecht des A. zur Erhebung. Auch diese Auffassung ist rechtlich nicht zu beanstanden. Das Recht, Anregungen zu einem Einschreiten von Amtswegen nach § 142 ff. FGG. zu geben, steht auch Dritten zu. Aus dieser Befugnis folgt aber noch nicht schlechthin ihr Recht zu einer Beschwerde, vielmehr erfordert es auch hier, wie allgemein, nach § 20 FGG., daß ein Recht des Anregenden beeinträchtigt ist. Wie aber schon KGJ. 33 S. 140 ausspricht, hat der Gläubiger einer eingetragenen Firma, in welcher Eigenschaft auch A. allein auftritt, auf Grund seines bloßen Forderungsrechts regelmäßig kein Beschwerderecht, um die Richtigstellung der im Register vermeintlich nicht der Wahrheit entsprechend eingetragenen Rechtsverhältnisse der Firma durchzusetzen. Diese Auffassung, die sich darauf gründet, daß der Gläubiger kein allgemeines Recht habe, seinem Schuldner die Herbeiführung einer Änderung seiner eingetragenen Firmenverhältnisse zu untersagen oder die Richtigstellung des Registers zu verlangen, ist auch gegen Marcus (Holdh. 1909 S. 295) insoweit aufrecht zu erhalten, als es sich um die Eintragung der Löschung der Firma bei Gesellschaften mit juristischer Persönlichkeit handelt. Denn auch hier besteht kein Recht des Gläubigers, das durch die Eintragung der Löschung (und entsprechend durch die Ablehnung einer Löschung der Löschung) beeinträchtigt wird. Der Gläubiger hat lediglich ein Recht auf Befriedigung; dies kann er aber, da die Eintragung, daß die Firma erloschen sei, nur kundmachende Bedeutung hat, trotz dieser geltend machen, wenn die Firma tatsächlich wegen des Vorhandenseins weiteren Gesellschaftsvermögens mit der Liquidationsgesellschaft noch fortbestehen sollte (so auch OLG. Karlsruhe, Rundsch. f. GmbH. 1925 S. 507).

Die Beschwerde meint zwar, daß lediglich ein Eintrag bezüglich des Fortbestehens der in Liquidation befindlichen Gesellschaft gemacht, nicht aber die Löschung gelöscht werden sollte. Eine solche Eintragung könnte jedoch, wenn überhaupt, nur erfolgen, nachdem der ihr entgegenstehende Vermerk über das Erlöschen der Firma beseitigt worden wäre, da sonst sich die widersinnigen Eintragungen im Register fänden, daß die Gesellschaft fortbestehe, obwohl ihre Firma (nach Liquidationsbeendigung) erloschen sei. Sollte die Anregung überhaupt Erfolg haben, könnte sie daher nur dahin verstanden werden, daß sie eine Löschungsanregung darstellen und durch Bewirkung dieser Löschung einen Registerstand herbeiführen sollte, wie er vor der Eintragung der Firmenlöschung bestand, nämlich dahingehend, daß die Gesellschaft im Liquidationszustande noch bestehe. Selbst wenn aber eine „Wiederherstellung der Firma als in Liquidation befindlich“ in anderer Weise möglich wäre, so könnte auch für eine hierauf gerichtete Anregung hinsichtlich des Beschwerderechts nichts andres gelten, als es vorstehend für die Löschungsanregung dargelegt ist. Denn ein Recht des A. wäre auch durch diese Ablehnung nicht beeinträchtigt, da er ein Recht auf Berichtigung des Registers nicht hat. — Übrigens läßt auch die Stellungnahme des Registerrichters eine unrichtige Rechtsauffassung nicht erkennen. Voraussetzung dafür, daß er die Eintragung über das Erlöschen der Firma als den tatsächlichen Verhältnissen widersprechend ansieht, ist zum mindesten, daß das Vorhandensein weiteren Gesellschaftsvermögens glaubhaft gemacht wird (vgl. Hachenburg aO.). Darin, daß er diese Glaubhaftmachung vermißt, vielmehr das, was A. über angebliches Vermögen der Gesellschaft vorbringt, als nicht ausreichend ansieht, ist ein Rechtsirrtum nicht ersichtlich. Besonders könnte nicht beanstandet werden, daß er Forderungen, wegen deren vergeblich vollstreckt und der Offenbarungseid geleistet ist, nicht als gegenwärtiges Vermögen der Gesellschaft ansieht. [Vgl. S. 277 Note 1.]

**c) Kann die allein beanstandete Firma nach § 142 FGG. gelöscht werden?**
Kammergericht, 1. ZS. Beschluß v. 23. September 1926 (x 472/26).

Nach § 144[1] kann eine GmbH. als nichtig gelöscht werden, wenn nach §§ 75, 76 GmbHG. die Nichtigkeitsklage erhoben werden kann, wenn also der Gesellschaftsvertrag nicht die nach § 3[1] wesentlichen Bestimmungen enthält oder eine davon nichtig ist. Widerspricht die gewählte Firma dem § 18[2] HGB., der auch auf Handelsgesellschaften anwendbar ist (KGJ. 42 S. 156), so ist diese Bestimmung des Vertrages nichtig und es ist ein Löschungsgrund nach § 144[1] gegeben (Rsp. 19 S. 381; JW. 1923, 998). Nach § 144 „kann“ (nicht „muß“) die Gesellschaft dann als nichtig gelöscht werden; es ist also dem pflichtmäßigen Ermessen des Richters überlassen, ob er die Befugnis ausüben will oder nicht. Liegen jene Voraussetzungen vor, so ist der Vertrag, wie die Gesellschaft selbst nichtig. Zieht der Registerrichter hieraus eine Folgerung, so kann sie naturgemäß nur dahin gehen, diese Nichtigkeit selbst im Register kenntlich zu machen, nicht aber gerade noch eine Eintragung, wie die Löschung der Firma, vorzunehmen und die als nichtig erkannte Gesellschaft selbst eingetragen, also als fortbestehend nach außen erscheinen zu lassen, trotz des mit § 3 GmbHG. unvereinbaren (Rsp. 27 S. 315) Fehlens eines Namens. Der Beschluß (KGJ. 27 S. 232), wonach bei anderen Löschungen als der der Gesellschaft selbst oder eines Gesellschafterbeschlusses als nichtig auch für die GmbH. die §§ 142, 143 gelten, steht nicht entgegen.

Ebensowenig aber wie bei Unzulässigkeit der im ursprünglichen Vertrage festgesetzten Firma („hier „Treuhandgesellschaft für Offiziere mbH.“) kann bei Unzulässigkeit der auf Grund eines späteren Beschlusses angenommenen neuen Firma (hier „Treuhandgesellschaft für Handel mbH.“) die Firma aus § 142 gelöscht werden. Die ursprüngliche Firmenbestimmung ist Bestandteil des Vertrages, ihre Änderung daher eine Abänderung des Vertrages und bedarf deshalb eines Beschlusses der Gesellschafter, wie er hier auch in der Versammlung vom 2. 7. 1922 gefaßt ist. Die Eintragung der Firmenänderung nach § 54 GmbHG. enthält also die Eintragung eines solchen Beschlusses. Dann aber greifen für die Löschung dieser Eintragung die erschwerenden Vorschriften des § 144² Platz. Dieser bezieht sich aber auf jeden einzelnen in der Versammlung gefaßten Beschluß und ist unabhängig davon, ob auch weitere Beschlüsse der Versammlung von ihr betroffen werden. Ist aber der Beschluß auf Änderung der Firma ein ins Register eingetragener Beschluß der Versammlung i. S. des § 144², so kann er, wie sich aus JFG. 1 S. 253 ergibt, nur unter den Voraussetzungen dieses § 144², nicht aber schon aus § 142¹ gelöscht werden. Die bisher allein angekündigte Löschung der jetzigen Firma aus § 142 ist hiernach rechtlich nicht zulässig. (Übrigens stellen die Vorinstanzen auch nicht fest, ob, wie § 142 es verlangt, die Unzulässigkeit der Firma schon z. Zt. der Eintragung bestand.) Auf Grund der bisherigen Benachrichtigung über die beabsichtigte Löschung kann aber auch nicht etwa die Firma nach § 144² gelöscht werden. Denn angekündigt war lediglich ein Verfahren aus § 142 und es darf (vgl. 1. X. 210/26) in dem anschließenden Verfahren nur über das entschieden werden, was wirklich angekündigt ist, da der Inhalt der Androhung für die Stellungnahme und die Rechtsverteidigung der Gesellschaft, die sich hier auf den Hinweis auf die Unzulänglichkeit des Verfahrens hätte beschränken können, von wesentlicher Bedeutung ist.

Die Vorentscheidungen mußten daher wegen dieses Verfahrensmangels aufgehoben werden. Übrigens läßt nach den bisherigen Feststellungen die Annahme der jetzigen Unzulänglichkeit der Firma einen Rechtsirrtum nicht erkennen und steht im Einklange mit JFG. 1 S. 192. Das Registergericht wird nunmehr zu prüfen haben, ob etwa bereits die erste Firma von Anfang an nichtig war, weil neben Treuhandgeschäften auch andere beabsichtigt und betrieben wurden; in diesem Fall ergibt sich die Folgerung aus § 144¹, da die §§ 75, 76 GmbHG. auch durch eine unrechtmäßige Firmenführung verletzt werden können. Ist der Gebrauch „Treuhand" erst nach der Gründung, aber vor der Firmenänderung durch Hinzunahme der weiteren Geschäfte unzulässig geworden, so scheidet zwar § 144¹ aus, es kann aber § 144² auf den Änderungsbeschluß anwendbar werden. Gegenüber der Weiterführung der jetzigen Firma für den Fall, daß die anderen Geschäfte erst nach der Firmenänderung hinzugenommen sind, käme eine Löschung nach §§ 144 oder 142 überhaupt nicht in Frage, sondern höchstens (vgl. Staub N. 11; Düringer N. 8 zu § 18) ein Verfahren aus § 140 FGG.[1].)

---

[1]) a) Nach § 1¹ V. v. 21. Mai 1926 hat das Registergericht zunächst eine Frist zur Nachholung der Anmeldung der Umstellung und nach deren fruchtlosem Ablauf eine zweite Frist zur Geltendmachung eines Widerspruchs gegen die beabsichtigte Nichtigkeitseintragung zu setzen. Hat der Notar inzwischen die alsbaldige Einreichung des Umstellungsbeschlusses in Aussicht gestellt so kann darin die Einlegung eines Widerspruchs gefunden werden (KG. 3S. 1 b. Beschluß v. 24. März 1927, x 100/27.)

**n) Gesamtnachfolge durch Verschmelzung eines VersVereins a. G. mit einer AG?**
Kammergericht, 1. ZS. Beschluß v. 10. Februar 1927 (X 957/26).

Eine Hypothek von 125 000 M. ist seit 1912 für die Versicherungsanstalt a. G. eingetragen. Diese hat durch schriftlichen Vertrag vom 4. 9. 1923 unter Genehmigung des Reichsaufsichtsamts ihren gesamten Versicherungsbestand nebst Prämienreserven und Überträgen sowie alle Aktiva und Passiva unter Ausschluß der Liquidation auf die Lebensversicherungs-Aktiengesellschaft R. übertragen. Als die letztere die Umschreibung der Hypothek beantragte, verlangte das Grundbuch noch einen Registerauszug, aus dem sich ergebe, daß das Vermögen der Anstalt im ganzen auf die AG. übergegangen sei. Der vom LG. bestätigten Zwischenverfügung liegt die Auffassung zugrunde, daß das Vermögen der Anstalt im Wege der Gesamtrechtsnachfolge auf die Beschwerdeführerin habe übergehen können und daß der Übergang durch den erforderten Auszug nachweisbar sei. Die Vorinstanzen gehen hierbei von den Grundsätzen aus, die für die Verschmelzung (Fusion) zweier AG. in § 306 mit §§ 305, 304 HGB. und für den grundbuchlichen Nachweis in KGJ. 32 S. 203, 38 S. 230, 46 S. 190 aufgestellt sind. Allein eine Gesamtrechtsnachfolge kann nicht vereinbart werden. Sie beruht vielmehr stets auf gesetzlicher Anordnung; ihr Eintritt ist an bestimmte vom Gesetz festgelegte Tatbestände geknüpft. In Fällen, die dem vorliegenden ähnlich sind, kennt das Gesetz eine Gesamtnachfolge bei der Übertragung des Vermögens einer AG. im ganzen (der §§ 304 bis 306 HGB.), ferner bei der Umwandlung einer AG. in eine GmbH. gemäß §§ 80, 81 GmbHG. und schließlich bei der Verschmelzung zweier Genossenschaften auf Grund der §§ 93a f. GenG. v. 1. Juli 1922.

Die Möglichkeit, das Vermögen eines Versicherungsvereins aG. im Wege der Gesamtnachfolge auf eine AG. zu übertragen, ist durch keine besondere Vorschrift vorgesehen. Das Ges. über die privaten Vers.Unternehmen (VersUG.), das in §§ 15 ff. nicht nur die öffentlich-, sondern auch die privatrechtliche Seite der Vers.Vereine a. G. regelt, bestimmt hierüber nichts. Auch die §§ 14, 44 das. setzen nur die Zulässigkeit eines schuldrechten Übereinkommens voraus, durch das der Versicherungsbestand eines Vereins a. G. in seiner Gesamtheit mit den darauf bezüglichen Reserven und Prämienüberträgen auf eine AG. übertragen wird, bestimmen aber nichts über seine Wirkungen. Noch weniger sagen sie etwas über die Folgen eines Vertrages, der nicht nur den gesamten Versicherungsbestand,

b) Bei einer liquidierenden Aktien-Ges. ist eine Umstellung ohne jede praktische Bedeutung, sofern bei ihr nicht neben Stammaktien auch schuldverschreibungsähnliche Vorzugs-, Mehrstimmrechts- oder Vorrats-Aktien vorhanden sind, die nach §§ 28—31 der 2. DfB. zur GoldbilanzV. auf den GMWert der Einlagen zurückzuführen sind (Beschluß desselben ZS. v. 10. März 1927 x 97/25).

c) Da das Amtsgericht nach Ablauf der für die Anmeldung der Umstellung gesetzten Frist nicht vor Eintragung der Nichtigkeit der GmbH. gemäß §§ 142, 143 FGG. eine Frist zum Widerspruch gegen diese Eintragung gesetzt hat, so steht der GmbH. gegen die Eintragung der Nichtigkeit die nichtbefristete einfache Beschwerde zu (OLG. Hamburg v. 28. 4. u. 22. 9. 26, F 24, 85/26).

sondern wie hier auch das gesamte Vermögen des Vereins überträgt. Die Zulässigkeit eines solchen auf völlige Verschmelzung gerichteten Abkommens folgt aus den das Schuldrecht beherrschenden Grundsätzen der Vertragsfreiheit (vgl. auch § 311 BGB., RG. 56 S. 292); der § 419 BGB. geht daher auch ohne weiteres von dieser Statthaftigkeit aus (so auch Königе § 14[6], § 73[7]; Manes-Hagen § 14[1 6]; Ehrenbergs Hdb. 8 I S. 220; Schellwien Z. f. ges. VersWiss. 11 S. 289; Kohler in Dernburgs BGB. 6 § 17 VII S. 389). Eine Vorschrift, die mit einem vom Verein a. G. geschlossenen Verschmelzungsvertrag unter gewissen Voraussetzungen den Eintritt einer Gesamtnachfolge verbindet, ist nicht vorhanden; auch ist keine der oben erwähnten Bestimmungen für entsprechend anwendbar erklärt. Das VersAG., das sonst einen wesentlichen Teil der im HGB. für die AG. gegebenen Vorschriften auch für die Vereine a. G. ausdrücklich heranzieht (§§ 34, 35, 36, 47), führt darunter die §§ 304 bis 308 HGB., u. z. ausweislich der Begründung (S. 77) bewußt nicht auf. Der Senat hat daraus jedoch in KGJ. 47 S. 124 entnommen, daß die Anwendbarkeit jener Vorschriften nach dem Willen des Gesetzes in der praktischen Rechtspflege und der Wissenschaft geprüft und klargestellt werden sollte, und hat demgemäß den § 304 HGB. in einem Fall entsprechend angewendet, wo das Vereinsvermögen unter Ausschließung der Liquidation von einer Anstalt eines inländischen Kommunalverbandes übernommen worden ist. Vorliegend könnte dann die Möglichkeit einer Gesamtnachfolge nur für gegeben erachtet werden, wenn die entsprechende Anwendung von § 306 mit §§ 305, 304 in Frage käme, wenn es sich also bei der vereinbarten Verschmelzung um einen Vorgang handelte, der dem nach § 306 HGB. vorausgesetzten rechtsähnlich wäre. Dies ist aber nicht der Fall. Nach § 306 HGB. tritt Gesamtnachfolge ein, wenn das Vermögen einer AG. gegen Gewährung von Aktien der übernehmenden Gesellschaft übertragen wird (§ 305), die Aktionäre also Mitglieder dieser übernehmenden Gesellschaft werden. Hier werden aber die Mitglieder des übertragenden Vereins, die sich dem Verein gegenüber zugleich in der Lage des Versicherungsnehmers befinden, durch die Verschmelzung nicht Aktionäre der übernehmenden AG., sondern gelangen nunmehr ausschließlich in die Stelle eines Versicherten (Könige § 14[20], Hagen 224, Kohler 390). Der Erwerb der Mitgliedschaft bei der AG. ist denn auch im Vertrage nicht vorgesehen. Das im § 306 wesentliche Tatbestandsmerkmal wird auch nicht dadurch ersetzt, daß das Aufsichtsamt die liquidationslose Übertragung des Vermögens genehmigt hat. KGJ. 47 S. 117 hat die Genehmigung zwar für geeignet erachtet, bei sog. kleinen Vereinen die nach § 304[5] notwendige Eintragung zu ersetzen. Für die hier maßgebende Frage ist jedoch nicht ersichtlich, inwiefern die Genehmigung fähig sein sollte, an die Stelle des nach § 305 notwendigen Erwerbs der Mitgliedschaft bei der übernehmenden Gesellschaft zu treten. Ist hiernach § 306 nicht anwendbar, so fehlt es überhaupt für die Annahme einer Gesamtnachfolge an einer Rechtsgrundlage.

Das Grundbuchamt wird nunmehr eine andere Zwischenverfügung zu erlassen haben. Da die Hypothek nicht im Wege der Gesamtnachfolge übergegangen ist, so kann die AG. das Gläubigerrecht nur durch eine Sonderübertragung gemäß § 1154 BGB. erlangt haben. Da der Antrag davon ausgeht, daß ihr die Hypothek bereits zustehe, also die Berichtigung erstrebt, so ist in der Form des § 29 GBO. die Unrichtigkeit des Grundbuchs nachzuweisen. Dem Erfordernis der Beibringung des Briefes und der Annahmeerklärung, die in dem notariell beglaubigten Umschreibungsantrage zu finden ist (Güthe-Triebel § 22[19]), ist bereits genügt. Dagegen fehlt noch die Abtretungserklärung. Der Vertrag vermag sie nicht zu ersetzen. Denn die in Art. 1 Nr. 2 Ges. v. 19. 7. 23 enthaltene Vorschrift, wonach für das Übereinkommen gemäß § 14 die Beurkundung nicht erforderlich ist, vielmehr die schriftliche Form genügt, schaltet für Verträge der vorliegenden Art nur den § 311 BGB. (Begründung im Aktenstück Nr. 6023), nicht dagegen den für den Grundbuchverkehr gegebenen § 29 GBO. aus. Sodann hat die Anstalt durch den Vertrag nur über ihr Vermögen als Ganzes, nicht aber auch über die einzelnen Vermögensbestandteile gesondert verfügt. Die Möglichkeit, die Übertragung der Hypothek aus gewissen bedeutsamen Umständen zu entnehmen, kommt wegen des § 29 nicht in Betracht; eine Beweiswürdigung, wie sie die Beschwerde im Auge hat, ist der GBO. fremd.

**o) α) Verkauf von „Moskitonetzen in Rollen von 100 Fuß".**

OLG. Hamburg, 6. ZS. Urteil v. 24. März 1927 (Bf. 43/27).

Der Kläger hat die Moskitonetze in Rollen angedient, die aus mehreren kleineren Stücken bestanden. Zunächst kann nach dem allgemeinen Sprachgebrauch nichts anderes verstanden werden, als Rollen, die in ihrer Länge in einem Stück 100 Fuß messen. Das schließt nicht aus daß sich in einem bestimmten Handelszweig also etwa im Handel mit Drahtgeflechten ein abweichender Sprachgebrauch herausgebildet hat, daß also nur die Gesamtlänge bezeichnet werden soll, während im übrigen die Rolle aus mehreren Stücken bestehen kann. Einen solchen Handelsbrauch müßte der Kläger, der ihn behauptet und Rechte daraus herleitet, beweisen. Die der Klage beigefügten Erklärungen verschiedener Fabrikanten können jedoch keine andere Bewertung als die einer Parteibehauptung beanspruchen, da weder das Zustandekommen dieser Erklärung bekannt ist, noch zu beurteilen ist, welches Interesse die Aussteller der Erklärung daran haben, daß die Frage in einem bestimmten Sinne beantwortet wird. Aber auch der Sachverständige hat das Bestehen eines solchen Handelsbrauches nicht bestätigt. Er führt aus, daß die meisten Drahtwebereien Längen von 100 Fuß nicht liefern können, da die Länge ihrer Anstreichhallen dazu nicht ausreiche; hätten sie trotzdem Rollen von 100 Fuß übernommen, pflegten sie sich damit zu helfen, daß sie die Rolle stückeln; damit sei der Auftrag erfüllt, zumal der Preis nach 100 Quadratfuß berechnet werde. Zunächst ergibt dieses Gutachten, daß es Fabriken gibt, die in der Lage sind, Rollen von 100 Fuß in einem Stück herzustellen. Es kann nicht zweifelhaft sein, daß eine solche Fabrik bei einem Abschluß wie dem vorliegenden auch in einem Stück liefern würde. Daraus folgt, daß der Fabrikant jedenfalls nicht ganz allgemein einen Auftrag der fraglichen Art so auffaßt, wie der Kläger. In der weiteren Ausführung des Sachverständigen liegt dann das Anerkenntnis, daß die gestückelte Lieferung eigentlich nicht dem Vertrag entspreche, wenngleich sie in der Regel von den Käufern gebilligt werde. Das mag sein. Aber daraus folgt nicht die Pflicht des Käufers zu billigen. Hiernach wäre es Sache des Klägers gewesen, bei Vertragsschluß darauf hinzuweisen, daß er nicht imstande sei, Rollen der gewünschten Länge in einem Stück zu liefern. Der Beklagte brauchte nicht davon auszugehen, daß dies zweifelhaft sei; denn es gibt Fabriken, die Längen von 100 Fuß anfertigen, und der Kläger allein wußte, daß er nicht zu diesen Fabriken gehörte . . . N.

β) **Vereinbarung, daß für die Anlieferung „weitere Kosten nicht entstehen".**

OLG. Hamburg, 1. ZS. Urteil v. 25. November 1925 (Bf 228/25).

Der Kläger hatte der Beklagten den Transport der ab Werk fob anzuliefernden und frei Reeling auszuliefernden Bleche von Lübeck nach G. übertragen mit der Vereinbarung, daß ihm „weitere Unkosten nicht entstehen". Beklagte hat die Ausführung des Transports der Reederei H. übertragen. Diese hat von den Abnehmern der Bleche, weil diese zu spät angeliefert seien, Liegegelder verlangt und erhalten, die ihnen der Kläger ersetzt hat und nunmehr von der Beklagten auf Grund obiger Klausel zurückfordert. . . Allein die „weiteren Unkosten" können nach Wortlaut und Sinn der zwischen den Parteien gewechselten Schreiben lediglich die Unkosten umfassen, die im allgemeinen im Rahmen der Aufgaben des Spediteurs erwachsen und von diesem üblicherweise auf seinen Auftraggeber abgewälzt werden; also Kosten der eigentlichen Übernahme, Weiterbeförderung und Ablieferung des Frachtgutes, Porti, Telegramme usw. Überliegegelder, die vorliegend dadurch entstanden sind, daß der Lieferer des Klägers, mit dem die Beklagte in Vertragsbeziehungen nicht stand, nicht zur vorbestimmten Zeit angeliefert hat, fallen aus dem Rahmen der zwischen den jetzigen Parteien üblicherweise zu regulierenden Unkosten, von denen sich der Kläger gegenüber der Beklagten entlasten wollte. Durch den vereinbarten festen Satz wollte sich der Kläger lediglich davor schützen, daß Beklagte ihm für ihn im voraus nicht übersehbare Spesen in Rechnung stellen könnte, und er — falls dies möglich — den Gewinn aus seinem Einkaufs- und Verkaufspreis nicht sicher kalkulieren konnte. Wollte er darüber hinaus der Beklagten die Gefahr aufbürden, daß der Verkäufer die Ware rechtzeitig in Lübeck anlieferte, so hätte er das sagen müssen; das hat er nicht getan. Diese Überliegegelder sind daher zwischen dem Kläger und seiner Erfüllungsgehilfin gegenüber der Beklagten bei Anlieferung des Gutes dem Werk zu verrechnen. . . N.

γ) **Streikklausel für Fälle „which delay the discharging".**

OLG. Hamburg, 1. ZS. Urteil v. 9. Dezember 1925 (Bf. 408/25).

. . . Diese Klausel deckt nicht den hier vorliegenden Fall, daß ein Schiff infolge Verzögerung der Entlöschung eines anderen Schiffes und dadurch bewirkten Nicht-Freiwerdens des Löschplatzes nicht alsbald nach Löschbereitschaft mit dem Entlöschen beginnen kann. Eine derart ausdehnende Auslegung des Ausdrucks „discharging", der sich dem Wortlaute nach lediglich auf das Löschen selbst bezieht, auf eine nur mittelbare Behinderung am Einnehmen des Löschplatzes erscheint unzulässig. Es wäre nicht abzusehen, in welchem Umfange die bei einem Dampfer aufgetretene Behinderung durch Streik auf eine große Reihe anderer Schiffe, womöglich noch nach Beendigung des Streiks selbst, infolge verspäteten Freiwerdens des Liegeplatzes einwirken könnte. Der hier vorliegende Fall ist anders zu beurteilen als der vom RG. (I 138/1924) am 13. 10. 1924 entschiedene Fall, in welchem die Streikklausel den Befrachter als nicht verantwortlich erklärte für die Folgen von Streiks, die die Erfüllung des Frachtvertrages verzögern oder verhindern. Mit Rücksicht auf diese ganz allgemeine Fassung wurde die Klausel auch dann für anwendbar erachtet, wenn infolge eines schon vor der Löschzeit liegenden, nicht einmal den Löschhafen unmittelbar betreffenden Eisenbahnerstreiks Mangel an Wagen und sonstigen Löschgelegenheiten entstanden war . . .

**p) Mündliche Bürgschaft eines sich als Kaufmann Ausgebenden.**

OLG. Hamburg, 1. ZS. Urteil v. 2. März 1927 (Bf. 405/26).

Beklagter hat gegenüber dem Vertreter der Klägerin, der der R. GmbH. Inseratenaufträge von 9000 M. erteilte, mündlich eine Bürgschaft übernommen. Die aus § 350 hergeleitete Rechtsgültigkeit dieser Erklärung kann auf seine Eigenschaft als Geschäftsführer der GmbH. nicht gestützt werden, da er als solcher nicht „Kaufmann" war (Staub HGB. § 1[18]). Dagegen bedeuteten die von ihm damals betriebenen Pachtungen von vier Kinounternehmungen ein gewerbliches Unternehmen, das nach Art und Umfang einen in kaufmännischer Weise eingerichteten Geschäftsbetrieb erforderte. Er hat die Kinos gemeinsam mit einem Gesellschafter X. betrieben in der Art, daß er selbst die Aufsicht über den Theaterbetrieb, X. aber die geschäftlichen Verhandlungen über Lokalmiete, Beleuchtung, Miete und Vorführung der Filme usw. führte. Diese innere Geschäftsverteilung ist unwesentlich für die Art und den Umfang des gewerblichen Unternehmens an sich sowie dafür, daß beide Gesellschafter Kaufleute nach §§ 2, 1 waren, wenn die Gesellschaft eingetragen war. Daran hat es hier gefehlt. Es ist aber anerkannten Rechtes, daß ein im Rechtsverkehr als Kaufmann Auftretender auch als Kaufmann gilt. Dieser Grundsatz muß umsomehr gelten, als Beklagter durch Unterlassung der Eintragung seines Gesellschafterunternehmens dem § 2 S. 2 zuwidergehandelt hat.

Es bleibt zu prüfen, ob er die Bürgschaft in seiner Eigenschaft als Geschäftsführer oder aber als Kinounternehmer erklärt hat. Allerdings hat er bei den Verhandlungen mit der Klägerin im übrigen jedenfalls als Geschäftsführer gehandelt. Da er als solcher nicht Kaufmann war, kommt eine Vermutung nach §§ 343/4 nicht in Frage. Ebensowenig besteht bei Sachlage eine Vermutung, daß die Erklärung in den Rahmen seiner Kinounternehmungen fielen. Wohl aber ergeben die tatsächlichen Umstände, daß die Bürgschaft des Beklagten in seiner Eigenschaft als Kinounternehmer verlangt und abgegeben ist. Die auftragerteilende R. GmbH. war der Klägerin für den Inseratenauftrag nicht hinreichend sicher. Unstreitig ist mit dieser ausdrücklichen Begründung die Bürgschaft verlangt worden. Die Bürgschaft des Geschäftsführers einer pekuniär nicht sicheren GmbH. konnte der Klägerin weitere Sicherheit nicht geben, wohl aber die Bürgschaft des Beklagten als Unternehmers von vier Kinos. Einer ausdrücklichen Hervorhebung dieser Meinung bedurfte es bei der allseits bekannten Sachlage nicht. Daraus ist Einverständnis der Parteien mit dieser Auffassung des Rechtsgeschäfts tatsächlich festgestellt. V.

q) **Befugnis des Verpfänders, über die Sache für den Eigentümer zu verfügen.**
OLG. Hamburg, 7. ZS. Urteil v. 15. Februar 1926 (Bf. 424/25).

Der Kläger hat für X. laufend Transporte ausgeführt und am 1. 9. 1924 daraus 4028 RM. zu fordern. Als am 1. 10. 1924 X. die Rückgabe von Waren forderte, lehnte der Kläger wegen dieser Forderungen ab und fand sich erst zur Herausgabe bereit, als X. ihm 274 Ballen Tabak verpfändete und bei ihm einlagerte. Ende 1924 machte die Beklagte geltend, sie sei Eigentümerin des Tabaks, einigte sich jedoch dahin, daß sie 3019 RM. hinterlegte und dagegen den Tabak erhielt. Die Klage auf Einwilligung in die Auskehrung der 3019 RM. ist unbegründet. Da dem Kläger an den 274 Ballen weder ein Zurückbehaltungsrecht noch nach § 440 HGB. ein gesetzliches Pfandrecht zugestanden hat, hängt die Entscheidung davon ab, ob er ein vertragsmäßiges Pfandrecht erlangt hat. Unstreitig ist eine Einigung über die Entstehung des Pfandrechts zwischen dem Kläger und X. zustande gekommen und demgemäß die Ware von X an den Kläger übergeben. Ebenso ist unstreitig, daß X. nicht Eigentümer dieser Ware gewesen ist. Unter diesen Umständen hat der Kläger ein Pfandrecht nach HGB. § 366 erworben, wenn er zur Zeit der Erlangung des Besitzes gutgläubig gewesen ist, also annehmen konnte, daß X. befugt war, für den Eigentümer über den Tabak zu verfügen. . . Der Zeuge D. hat den X. für verfügungsberechtigt gehalten, weil X. den Tabak als Lagerhalter in Besitz hatte. Aus diesem Umstande folgt jedoch die Verfügungsbefugnis des X. nicht in dem vom Kläger angegebenen Umfange. Es kann unterstellt werden, daß die Beklagte als Tabakgroßhandlung die mit überseeischen Ländern in Verbindung steht, mit den Gepflogenheiten des Hamburger Hafenverkehrs vertraut ist und daher gewußt hat, daß die hiesigen Ewerführer ihre Tätigkeit stets nach allgemeinen Bedingungen ausüben. Hat sie daher den X. als Lagerhalter mit der Behandlung und Weiterbeförderung ihrer Ware betraut, so mußte sie damit rechnen, X. werde mit den Ewerführern auf Grund der allgemein üblichen Bedingungen abschließen. Daß sie deren Einzelheiten gekannt habe, kann nicht unterstellt werden, weil nichts dafür vorliegt, daß sie andere als hier mit den Ewerführern bei anderen Gelegenheiten selber abgeschlossen habe. Nach dem Wortlaut der Nr. 28 geht das dem Ewerführer eingeräumte Pfandrecht sehr weit. Es ist besonders davon abhängig, ob der Auftraggeber des Ewerführers Eigentümer der Güter war oder über sie verfügen durfte. Eine derartige Regelung kann jedoch angesichts der §§ 1207, 932 BGB., 366 HGB. nicht zugelassen werden. Es erscheint besonders nicht statthaft, daß der Ewerführer ein Pfandrecht beanspruchen kann, wenn er nicht gutgläubig war, wie der Senat das hinsichtlich der ähnlich lautenden Spediteurbedingungen schon in Bf. 90/22 betont hat. Da die Forderungen, die durch das Pfandrecht gesichert wurden, nicht durch die Behandlung der Ware entstanden waren, konnte der Kläger nicht damit rechnen, daß die Beklagte damit einverstanden sei, daß X. für seine Schulden bei dem Kläger das Eigentum der Beklagten verwandte; für eine derartige Sicherung hatte diese ohne weiteres keinen Anlaß. Mußte sie mit dem Bestehen allgemeiner Bedingungen für Ewerführer rechnen, so brauchte sie nicht damit zu rechnen, daß diese Bedingungen den X. befugen könnten, über fremdes Eigentum zu eigenem Nutzen zu verfügen. Dieses Recht des X. brauchte sie nicht einmal aus den Bedingungen, wenn sie diese kannte, herauszulesen. In dem Auftrag an X., die weitere Behandlung der Ware zu übernehmen, kann wohl ein Einverständnis der Beklagten damit, daß X. die Ware für die durch diese Behandlung entstandenen Forderungen verpfände, entnommen werden, nicht jedoch ein Einverständnis damit, daß X. diese Ware zur Sicherung seiner sonstigen Gläubiger benutzte. Bei pflichtmäßiger Prüfung hätte der Kläger das auch ohne weiteres erkennen müssen. B.

r) **Wirkung des Zurückbehaltungsrechts aus § 369 HGB.**

OLG. Stettin, 1. ZS. Urteil v. 12. Januar 1926.

Streitig ist zu § 369, ob das Recht zur Abweisung der Klage schlechthin berechtigt (so Düringer § 369²), oder ob es entsprechend dem des BGB. nur eine Verurteilung zur Leistung Zug um Zug zur Folge hat (so Wolff in Ehrenbergs Handb. IV 1 S. 90). Der Senat verkennt nicht, daß das Rückbehaltungsrecht des HGB. mehr nach Art eines Pfandrechts ausgestaltet, besonders die Art der Befriedigung ganz nach den für das Pfandrecht geltenden Vorschriften des BGB. geregelt ist (§ 371 HGB.), so daß die Folgerung, beide seien auch in ihrer Wirkung gleich zu behandeln, nicht unberechtigt erscheint. Andererseits spricht aber die gleichlautende Bezeichnung „Zurückbehaltungsrecht" im HGB. und BGB. in Verbindung mit der Verweisung im Art. 2 EG. HGB. auf die Vorschriften des BGB. so sehr für ein Zurückbehaltungsrecht im Sinne des BGB., daß gegenüber dieser positiven Vorschrift eine Abweichung nicht zulässig erscheint. Deshalb schließt sich der Senat der Meinung von M. Wolff an. W.r.

s) **Mangelhafte Nachbesserung und Rügepflicht.**

OLG. Stuttgart, 4. ZS. Urteil v. 4. Oktober 1926.

Die Parteien haben sich dahin geeinigt, daß der vom Kläger Ende 1925 gelieferte Reklameapparat zur Nachbesserung zurückgeliefert werde. Diese Einigung stellt jedoch keinen neuen Lieferungsvertrag dar; sie bezog sich bloß darauf, daß die zur Vertragserfüllung erfolgte Lieferung des Apparats, d. i. der vom Kläger vorgenommene Erfüllungsakt rückgängig gemacht und durch einen anderen ersetzt werden sollte; der Vertrag selbst mitsamt den auf ihn anzuwendenden Lieferungsbedingungen des Klägers blieb unberührt. Die Wiederzusendung des angeblich nachgeprüften und als tadellos befundenen Apparats stellt somit einen neuen selbständigen Erfüllungsakt dar; der Beklagte war deshalb gemäß § 377¹ verpflichtet, den Apparat unverzüglich zu untersuchen und etwaige gleichfalls als mit Mängeln behaftet beanstanden wollte, abermals Mängel zu rügen und zwar gemäß den Lieferbedingungen innerhalb 1 Woche nach Empfang der Ware (Staub § 377⁵⁵). An diesem Ergebnis ändert sich nichts, wenn der Apparat wiederum noch dieselben Mängel aufwies wie bei der ersten

Übersendung. Denn durch die Rückgängigmachung des ersten Erfüllungsakts war die ihn betreffende Mängelrüge erledigt, und der Beklagte mußte deshalb unter allen Umständen zur Wahrung seiner Rechte die Mängelrüge wiederholen auch dann, wenn dem Kläger die Beseitigung der angeblich vorhandenen Mängel des Apparats nicht gelungen sein sollte. Auch hatte der Kläger ein berechtigtes Interesse, vom Beklagten innerhalb einer Woche zu erfahren, ob nunmehr der Apparat als vertragsmäßig geliefert anerkannt werde . . . S.

## 9. Allgemeiner Teil des BGB.

### α) Ausdehnung des Namensschutzes [1]) „Gebrauchmachen" i. S. des § 12.

α) OLG. Kiel, 1. ZS. Urteil v. 7. Juli 1927 (U 90/27).

Der Kläger, der Ostbund, der die kulturellen Angelegenheiten der Ostdeutschen vertritt und sich in Landesverbände und Ortsgruppen gliedert, behauptet, die Beklagten zu 1, 2, 3 hätten trotz ihrer Ausschließung aus der Ortsgruppe A. sich gleichwohl weiterhin als Vorstand jener Gruppe ausgegeben, Versammlungen einberufen und in einer solchen zur Ergänzung des Vorstandes den X. wählen lassen. Den Antrag, dies ihnen durch einstw. Verfügung zu untersagen, hat das LG. abgewiesen, weil es an einer Gefährdung fehle. Die Berufung ist unbegründet. „Gebraucht" wird ein Name nicht nur dann, wenn er zur Bezeichnung einer anderen Person verwendet wird, sondern es genügt auch seine sonstige Verwendung, sofern sie nur geeignet ist, den Anschein von Beziehungen zwischen dem berechtigten Namensträger und dem mit dem Namen bezeichneten Gegenstande zu erwecken (JW. 1927 S. 1584[20]). Die Beklagten haben den Namen des Klägers sich nicht selbst zugelegt und ihn auch nicht zur Kennzeichnung von Gegenständen verwandt. Was sie getan haben, liegt auf einem davon ganz verschiedenem Gebiete: Sie beanspruchen eine ihnen bestrittene Organstellung in der Ortsgruppe. Dabei läßt sich allerdings nicht vermeiden, daß in der Bezeichnung dieser Stellung auch der Name des Klägers enthalten ist. Darin liegt aber kein Namensgebrauch, ebensowenig wie jemand den Namen einer Person gebraucht, wenn er sich als deren Vormund bezeichnet. Damit wird nicht eine Beziehung zum Namen, sondern nur eine solche zur Person behauptet. Diese letztere Beziehung kann freilich ohne Angabe des Namens der Person nicht behauptet werden, aber damit maßt man sich nicht den Namen der Person an. Dr. L.z.

β) OLG. Hamburg, 6. ZS. Urteil v. 1. Februar 1927 (Bf. 551/25).

Der Beklagte, dessen Familienname Schult ist, gebraucht den Namen Walter Pauly unbefugt. Aus den zwischen den beiderseitigen Vätern 1919 getroffenen Vereinbarungen kann weder der Beklagte noch der Kläger Rechte herleiten. Der Beklagte hat auch nicht das Recht erworben, den Namen Pauly als Künstlernamen zu führen. Wenn in Anbetracht der heutigen hohen Entwicklung der Filmtechnik nicht ausgeschlossen erscheint, daß ein Filmoperateur einen schutzfähigen Künstlernamen erwerben kann, so kann doch dem Beklagten, der erst

[1]) Namen- und Firmenschutz für Ausländer: RG. 117 S. 215.

kurze Zeit tätig ist und keineswegs einen allgemeinen Ruf als Filmoperateur besitzt, dem unbestreitbaren Rechte des Klägers gegenüber der Schutz des Namens Pauly als Künstlername nicht zugestanden werden. Die Klage aus § 12 setzt aber voraus, daß durch den Gebrauch des Namens das Interesse des Berechtigten verletzt wird, wobei zugleich auf die Interessen des Beklagten billig Rücksicht zu nehmen ist. Dabei kommt in Betracht, daß weder die Lebenskreise des Klägers im allgemeinen, der in A. seinen Wohnsitz hat und sich zurzeit in Freiburg auf den juristischen Beruf vorbereitet, noch seine Berufskreise sich mit denen des Beklagten berühren, der hier in Musik und Film tätig ist. Der Kläger wird voraussichtlich Richter oder Verwaltungsbeamter werden oder den Anwaltsberuf ergreifen; sollte er später vielleicht als Syndikus in einen kaufmännischen Beruf übergehen, so wird er doch voraussichtlich mit dem technischen Berufe des Beklagten nicht in Berührung treten. Andererseits hat Beklagter trotz seines jugendlichen Alters bereits brauchbare und anerkannte Arbeiten als Filmoperateur unter dem Namen Pauly geliefert und unter diesem Namen von bekannten Filmunternehmungen Angebote und Aufträge erhalten. Wenn man von einem schutzfähigen Künstlernamen (Pseudonym) auch nicht sprechen kann, so erhellt doch, daß er sich unter diesem Namen bereits einen bestimmten Kundenkreis erworben und eine gewisse Stellung in diesem Geschäftszweig erlangt hat. Um so weniger läßt sich daher ein gerechtfertigtes Interesse des Klägers, der weiter auch Familieninteressen nicht für sich ins Feld führen kann, an der beantragten Untersagung allgemein anerkennen. Immerhin sind aber, da der Mittelpunkt der beruflichen oder geschäftlichen Tätigkeit auch für den Kläger in Zukunft Hamburg sein wird, Beeinträchtigungen auf dem Gebiete des allgemein nicht ohne weiteres erkennbar im beruflichen Leben wurzelnden rechtsgeschäftlichen Verkehrs möglich. Dem hat aber der Beklagte durch das Anerkenntnis, bei schriftlichen Rechtsgeschäften, deren Beziehung zur Musik- oder Filmbranche nicht aus der Niederschrift erkennbar wird, nicht mit dem Namen Pauly zeichnen zu wollen, hinreichend Rechnung getragen. Eine weitere Ausdehnung scheint nicht erforderlich. Eine Erstreckung auf mündliche Rechtsgeschäfte zumal des täglichen Lebens wäre sicherlich unangebracht und noch mehr eine unterschiedslose Erstreckung auch auf nichtgeschäftliche Angelegenheiten. Allerdings kann auf diese Weise die Gefahr entstehen, daß sich Beklagter den ihm nicht zukommenden Namen völlig anmaßt. Das Gericht hat aber bei der gebotenen Abwägung der Interessen den gewährten Schutz für ausreichend erachtet, zumal auch die Vereinbarungen, die der Vater des Klägers 1919 mit dem Vater des Beklagten getroffen hat, eine ähnliche Regelung anstrebten. V.

**b) Verliert der als Mitglied ausgeschlossene Vorsitzende sein Amt?**

OLG. Hamburg, 6. ZS. Urteil v. 21. Juli 1926 (Bf. 256/26).

Die Parteien, Mitglieder des nicht rechtsfähigen „Verbandes" kämpfen um dessen Leitung. Die Satzung sieht einen Weg vor, um Vorstandsmitglieder und Besoldete, die die Erfüllung ihrer Pflichten gegen den Verband verweigern oder ihr Verhalten seinen Interessen und Bestrebungen zuwiderläuft, ihres Amtes zu entheben und zwar nach § 34 durch Beschluß des Aufsichtsrats mit $^3/_4$ Mehrheit; hingegen findet Berufung an den Verbandstag statt. Dieser Weg ist gegen den Vorsitzenden W. beschritten worden, aber eine $^3/_4$ Mehrheit fand sich nicht. Darauf erwirkten die Antragsteller einen Beschluß des Verbandsvorstandes, der den W. als Vereinsmitglied ausschloß; dazu genügte nach § 9 die einfache Mehrheit. Ihre Ansicht, daß W. damit auch sein Amt als Vorstandsmitglied verloren habe, ist jedoch unrichtig. Das BGB. schreibt weder für eingetragene Vereine noch für Vereine ohne Rechtspersönlichkeit vor, daß die Vorstandsmitglieder und Geschäftsführer Vereinsmitglieder sein müssen. Mit gutem Grunde, denn Vereine können ein Interesse daran haben, Nichtmitglieder in diese Ämter zu berufen. Gerade der vorliegende Fall zeigt dies. Fachvereine, deren Mitglieder nach der Satzung nur Berufsgenossen sind, können ein Interesse daran haben, in das eine oder andere der Vereinsämter auch Nichtberufsgenossen, also Nichtvereinsmitglieder, berufen zu können, sei es daß sie ihrer besonderen, z. B. juristischen, volkswirtschaftlichen oder kaufmännischen Kenntnisse bedürfen, sei es daß sie die leitende Mitwirkung von Unparteiischen für erforderlich halten. . . Das BGB. überläßt aber der Satzung, ob sie für Vorstandsmitglieder, oder den Anstellungsverträgen, ob sie für Besoldete die Vereinsmitgliedschaft vorschreiben wollen. Tun sie das nicht, so wird das Amt nicht mit dem Erwerb oder Verlust der Mitgliedschaft begonnen oder beendet. Daß hier der Anstellungsvertrag Bestimmungen über diesen Punkt enthalte, ist nicht behauptet. Der Antragsteller meint aber, daß der § 16 der Satzung: „Stimmrecht und Wählbarkeit besitzen die Mitglieder in allen Ortsgruppen", auch auf die Wählbarkeit zu allen Verbandsorganen und auf die Anstellung als Besoldeter zu übertragen sei. Allein die Satzung scheidet Ortsgruppen und Vorstand scharf vom Verband und Verbandsvorstand. Nach § 21 besteht der Verband aus allen Mitgliedern, die ihm laut Satzung angehören. Sobald an einem Orte 30 Mitglieder vereinigt sind, können sie mit Zustimmung des Verbandsvorstandes eine Ortsgruppe gründen, der jedes Mitglied jenes Ortes ohne weiteres angehört. Die Leitung der Ortsgruppe liegt in den Händen eines aus fünf oder mehr Personen bestehenden Vorstandes, der von der Generalversammlung der Ortsgruppe gewählt wird... Den Verbandsvorstand dagegen wählt zur Führung der laufenden Geschäfte der Verbandstag, der aus den Vertretern der Mitglieder, des Aufsichtsrats und des Verbandsvorstandes gebildet wird und alle zwei Jahre zusammentritt. Der § 16 bezieht sich also nur auf die Wählbarkeit in den Ortsgruppen und kann auch nicht durch analoge Auslegung übertragen werden; denn der organisatorische Aufbau und der Aufgabenkreis des Verbandsvorstandes sind ganz anderer Art als beim Ortsgruppenvorstand. Dasselbe gilt für den Geschäftsführer. Die Unterschiedlichkeit der Stellungen gelangt dadurch scharf zum Ausdruck, daß sie nach § 30 nicht miteinander vereint werden können.

**c) Erfordert die satzungsmäßige Einrichtung von Zweigniederlassungen ohne weiteres die Bestellung besonderer Vertreter.**

OLG. Hamburg, 2. ZS. Urteil v. 7. Dezember 1926 (Bf. 286/26).

. . . Nach § 31 haftet die juristische Person nicht nur für ihre notwendigen

Willensorgane, sondern auch für andere verfassungsmäßig berufene Vertreter; das bedeutet eine Erweiterung ihrer Haftung. Denn während sich natürliche Personen für unerlaubte Handlungen ihrer Vertreter, z. B. Prokuristen, nach § 831 entlasten können, steht gemäß § 31 juristischen Personen dieser Entlastungsbeweis nicht offen, wenn es sich um verfassungsmäßig berufene Vertreter (§ 30) handelt. Insoweit schließt sich der Senat der herrschenden Meinung an, obwohl diese verschiedene Behandlung der juristischen und der natürlichen Person nicht gerechtfertigt ist und deshalb gewiß kein Grund vorliegt, sie noch über den Wortlaut des Gesetzes hinaus auszudehnen. Das tut aber das RG. (91 S. 3), das für genügend erklärt, „wenn satzungsgemäß die Einrichtung einer Zweigniederlassung vorgesehen ist, die ohne weiteres die Bestellung besonderer Vertreter erforderlich macht". Letzteres ist schon tatsächlich unrichtig; denn es steht nichts im Wege und geschieht auch häufig, daß die Vertretung der Zweigniederlassung einem oder mehreren Vorstandsmitgliedern übertragen wird oder einem Prokuristen, dessen Bestellung an anderer Stelle der Satzung vorgesehen ist. Für diese wird dann gemäß § 31 gehaftet, nicht, weil die Satzung Zweigniederlassungen vorsieht, sondern wiel sie Willensorgane der juristischen Person oder an anderer Stelle der Satzung vorgesehene Vertreter sind. Macht aber eine Bestimmung, daß Zweigniederlassungen errichtet werden können oder müssen, die Bestellung besonderer Vertreter i. S. des § 30 nicht erforderlich, so kann auch aus ihr nicht hergeleitet werden, daß ein gewöhnlicher Handelsbevollmächtigter, der tatsächlich die Zweigniederlassung leitet, ein satzungsgemäß bestellter Vertreter sein soll, zumal wenn sich für jedermann erkennbar aus dem Handelsregister der Zweigniederlassung ergibt, daß diese bei Rechtsgeschäften nur durch an anderer Stelle der Satzung vorgesehene Vertreter oder Organe vertreten werden soll. Für Rechtsgeschäfte, die ihr Leiter schließt, ist bedeutungslos, ob seine Vertretungsbefugnis aus § 30 BGB. oder aus § 54 HGB. herleitet, da sich im praktischen Ergebnis die Vertretungsbefugnis aus § 30 S. 2 BGB. mit der des § 54 HGB. decken wird. Für die außerordentliche Haftung gemäß § 31 BGB. ist das aber ausschlaggebend. Ein verfassungsmäßig bestellter Vertreter des § 31 ist daher nur jemand, der als solcher durch die Satzung bestellt ist. Übrigens hat es das RG. aO. selbst als eine Frage der Auslegung bezeichnet, ob die Leiter von Zweigniederlassungen „besondere Vertreter" sind oder nicht. Die Auslegung von Satzungen liegt auf dem Gebiet der Tatsachenwürdigung und diese muß jedenfalls hier dazu führen, daß X., der die Auskunft erteilt hat, nur ein gewöhnlicher Handlungsbevollmächtigter war. Beklagte hat aber den Entlastungsbeweis nach § 831 geführt. . .

Das Gericht kann aber auch nicht feststellen, daß die Auskunft zu den Verrichtungen gehört, zu denen X. als gewöhnlicher Bevollmächtigter bestellt war. In RG. 94 S. 318 hatte das OLG. angenommen, daß Auskünfte zu den handelsgebräuchlichen Verrichtungen einer Bank gehören und daß deshalb auch die Leiter der Depositenkassen als dazu bestellt anzusehen seien. Hier war X. Leiter einer Zweigniederlassung einer Großhandelsfirma, die sich im wesentlichen mit dem Verkauf der Erzeugnisse zu befassen hatte. Ein solcher Leiter, der aber dem Publikum erkennbar (§ 15 HGB.) nur die Stellung eines gewöhnlichen Bevollmächtigten hat, ist aber nicht dazu da, um Auskünfte über die Zahlungsfähigkeit Dritter zu erteilen. Begnügte sich der Kläger mit einer Auskunft des Angestellten, so kann er sich auch nur an ihn halten. B.

d) **Irrtum über den Inhalt der Erklärung oder nur im Beweggrund.**

OLG. Hamburg, 6. ZS. Urteil v. 14. Oktober 1926 (Bf. 146/26).

Der Kläger erbat von dem Eisenwerk V. ein Angebot von 18 Tonnen Nieten und erhielt eine Antwort der Beklagten, der Exportvertreterin des Werks, worin ihr die Nieten zu £ 10.18 für je 1016 kg angeboten wurden. Tatsächlich beruht diese Preisangabe auf einem Versehen. Das Werk hatte der Beklagten die Anfrage mit dem Bemerken weitergegeben, daß es ihr die Nieten zu je £ 17.17 anbiete. Es versteht von selbst, daß Beklagte die Nieten dem Kläger nur mit einem Aufschlag auf £ 17.17, nicht aber für £ 10.18 anbieten konnte. Nach RG. 31, S. 107 kann aber selbst ein Kalkulationsirrtum Anfechtbarkeit dann begründen, wenn die Kalkulation in einer für den Gegner erkennbaren Weise zum Gegenstand der für den Vertragsschluß entscheidenden Verhandlung gemacht ist. Dieser Fall liegt hier vor. Aus dem Antwortschreiben der Beklagten war für den Kläger ohne weiteres erkennbar, daß sie als Exportvertreterin ihm den Fabrikpreis zuzüglich eigenen Gewinnaufschlages nennen wolle. Der Fabrikpreis war also die erkennbare Grundlage ihres Angebots. Hat sie sich darin geirrt, so ist ihre Willenserklärung anfechtbar. Eine Beweiserhebung darüber, ob ihr Geschäftsführer, als er das Angebot diktierte, den Preis von £ 17.18 genannt und die Schreiberin sich verschrieben oder ob er sich versprochen hat, oder ob endlich ihm beim Diktat eine falsche Vorstellung über das Angebot der Fabrik vorschwebte, ist danach nicht erforderlich, da selbst im ungünstigsten Falle die Beklagte mit Recht angefochten hat. Allerdings hat sie dem Kläger das Angebot nachträglich auf 8 Tage an die Hand gegeben und dadurch bestätigt; allein sie hat nach Sachlage den Irrtum erst unmittelbar vor Absendung ihres Anfechtungsschreiben entdeckt. Der Kläger kann also nicht wegen Nichterfüllung, sondern höchstens den Vertrauensschaden verlangen. Er fordert aber lediglich den entgangenen Gewinn, hat aber nicht dargetan, daß er ihn auch dann erzielt hätte, wenn ihm von vornherein der richtige Preis genannt wäre. . . B.

e) α) **Sittenverstoß wegen unterlassener Aufklärung des Vertragsgegners.**

OLG. Hamburg, 6. ZS. Urteil v. 8. Januar 1927 (Bf. 354/26).

Am 22. 7. 1924 verkaufte die Klägerin ihr Haus dem Beklagten gegen eine lebenslängliche Rente von 100 RM. monatlich und das Recht, einen Teil des Hauses lebenslänglich weiter zu bewohnen. Diese Veräußerung ficht sie wegen Sittenwidrigkeit an. Die Klage wurde abgewiesen. Das RG. hat jedoch die Sache zurückverwiesen. Es betont lediglich, daß Rente und Wohnrecht der Klägerin nicht dinglich gesichert worden sei, und wirft die Frage auf, ob dem Beklagten ein Sittenverstoß zur Last falle, wenn ihm die mangelhafte Sachkunde der Klägerin nicht verborgen geblieben wäre und er in den Kreis seiner Vorstellungen die Kenntnis einer nicht ausreichenden Sicherung der Klägerin aufgenommen hätte, ohne sich in seinem weiteren Verhalten von einer anderen Rücksicht als der nach eigener Sicherung leiten zu lassen. Der Beklagte befindet sich unstreitig in geordneten Vermögensverhältnissen. Gegen seine persönliche Vertrauenswürdigkeit liegt nichts vor, im Gegenteil wird sie durch seine Eigenschaft als Rechtsanwalt und seine inzwischen erfolgte Ernennung zum Notar bestätigt. Er kaufte das Haus, um es selbst zu bewohnen. Ein Weiterverkauf lag also außerhalb seiner Absichten; im Falle eines solchen wäre er aber verpflichtet gewesen, durch Vereinbarung mit dem Käufer das Wohnrecht der Klägerin zu sichern. Daß er die Möglichkeit, er könne gegen diese Vertragspflicht verstoßen, im Vertragsschluß in den Kreis seiner Vorstellungen gezogen hat, hält das Gericht ebenso für ausgeschlossen, wie daß er die Möglichkeit in Betracht gezogen hat, er werde eine monatliche Rente von 100 M. nicht aufbringen können oder wollen, zumal er sich in solchem Falle dem Rücktrittsrechte der Klägerin ausgesetzt hätte. Wie Beklagter behauptet, hat bei den Vertragsverhandlungen der Notar die Frage nach einer dinglichen Sicherung aufgeworfen, die Klägerin aber erklärt, darauf keinen Wert zu legen. Eine Beweiserhebung hierüber erscheint jedoch nicht erforderlich. Unstreitig hat die Klägerin keine dingliche Sicherung verlangt. Das Vertragsverhältnis beruhte auf persönlichem Vertrauen, die Parteien sollten auf Lebenszeit der Klägerin Hausgenossen werden. Dingliche Sicherungen werden allerdings auch unter vertrauenswürdigen Personen im Grundstücksverkehr weitgehend vereinbart, vorzugsweise aber dann, wenn es sich um Rechte handelt, die veräußerungs- oder beleihungsfähig sein sollten. Eine Veräußerung der Beleihung des Wohnrechts oder der Rente der Klägerin stand aber außerhalb des Kreises der Absichten. Auch aus der Tatsache, daß sie ursprünglich das Haus ihm nur vermachen, nicht aber verkaufen wollte, brauchte Beklagter nicht zu folgern, daß sie weitergehende Sicherung wünschte, vielmehr erklärt sich nach der Beweisaufnahme dieser etwas absonderliche Gedanke ungezwungen durch das gefühlsmäßige Verlangen, sich bei Lebzeiten als Eigentümerin des Hauses empfinden zu dürfen. Daß für dieses Empfinden die Eintragung des Wohnrechts und der Rente eine Rolle gespielt hätte, ist nicht anzunehmen. Andererseits wäre diese Eintragung für den Beklagten, dem eine Nichterfüllung seiner Vertragspflichten fern lag, so wenig belastend gewesen, daß er sicherlich nicht einen Sittenverstoß begangen hätte, um diese Eintragung zu vermeiden. V.

**3) Verstoß gegen § 31 RAO. und die Nichtigkeitsklage.**

OLG. München, 1. ZS. Beschluß v. 26. April 1926 (B Reg. 277/26).

Dem § 31 Nr. 2 RAO. X. freilich zuwidergehandelt, allein seine Vertretung des Klägers wurde dadurch nicht unwirksam. Wie die Fassung der Vorschrift und ihre Stellung in der RAO. ergibt, soll damit nur eine Berufspflicht geschaffen werden, aber nicht objektiv die Unwirksamkeit einer gleichwohl erfolgten Doppelvertretung bewirkt werden. Ob beim Vorliegen des Tatbestandes des § 356 StGB. die Vertretung im Hinblick auf §§ 138, 134 BGB. nichtig ist und der § 579[1] Nr. 4 ZPO. anwendbar ist, kann dahingestellt bleiben; jedenfalls läßt sich vorliegend die Nichtigkeit nicht hierauf stützen; denn es liegt nur eine bloße Unachtsamkeit des X., nicht aber eine bewußte Zuwiderhandlung gegen § 356 vor. Der § 579[1] Nr. 4 ZPO. träfe weiter zu, wenn X. den Kläger ohne Untervollmacht vertreten hätte; allein es ist erwiesen, daß er Untervollmacht hatte. G.

f) **Angebot an den zum Abschluß nicht befugten Reisenden.**

OLG. Hamburg, 6. ZS. Urteil v. 11. Februar 1926 (Bf. 578/25).

Am 11. 6. 1925 veranlaßte ein Reisender des Klägers die Beklagte, ein Faß Mörtel zu bestellen, den Antragsschein zu unterzeichnen und zu übergeben. Dieser Schein enthält die Worte: „Der Auftrag gilt als angenommen, nachdem der Verkäufer die Annahme erklärt oder Rechnung erteilt hat." Noch am selben Tage widerrief Beklagte die Bestellung in einem Briefe, der dem Kläger am 12. zuging. Der Bestellschein ging ihm vom Reisenden gleichfalls am 12. zu, und zwar unstreitig nach oder gleichzeitig mit dem Eingang des Widerrufs, worauf er durch Schreiben v. 15. den Auftrag annahm. Die Klage auf den Kaufpreis ist begründet. Allerdings hatte der Reisende keine Abschlußvollmacht und konnte also das Angebot der Beklagten nicht annehmen. Unrichtig aber ist die Folgerung des LG., er habe auch keine Vollmacht gehabt, den Auftrag im Namen des Klägers entgegenzunehmen, im Gegenteil ist gerade die Bestimmung eines Reisenden, Aufträge entgegenzunehmen. Nach § 164[3] gilt daher das Angebot, sobald es dem Reisenden zugegangen ist, als dem Kläger zugegangen. Da aber der Reisende über die Annahme nicht zu entscheiden hatte und der dazu befugte Kläger nicht anwesend war, liegt ein Antrag unter Abwesenden vor (RG. 83 S. 106). Die Erklärungsfrist des § 147[2] ist jedoch durch den Auftragsschein verlängert. Der Kläger brauchte danach die Annahme erst durch die Rechnungserteilung zu erklären, die naturgemäß längere Zeit beansprucht als die bloße Erklärung der Annahme. Diese Frist dient zugleich als eine Überlegungsfrist für den Kläger. Allerdings durfte er, da ihm der Widerruf zuging, die Frist nicht zu lang erstrecken. Da aber der 14. ein Sonntag war, so erscheint die am 15. abgesandte Annahmeerklärung rechtzeitig.

g) **Zur Anwendung des § 164[2] BGB.**

OLG. Hamburg, 1. ZS. Urteil v. 10. März 1926 (Bf. 2/26).

Der Beklagte, der früher unter der Firma „Alfred H." Reedereigeschäfte betrieben, hatte dann unter Löschung jener Firma die — jetzt zahlungsunfähige — „Alfred H. GmbH." gegründet und ist deren Geschäftsführer, während sämtliche Geschäftsanteile seiner Frau gehören. Anfang 1925 hat der Angestellte X. der GmbH., der angeblich auch für den Beklagten persönlich bevollmächtigt war, bei dem Kläger Bunkerkohlen für den Dampfer „Hagen" bestellt. Er hat sich bei den Verhandlungen, die sämtlich durch Fernsprecher geführt wurden, stets mit „Alfred H." gemeldet. Nach Lieferung der Kohlen hat der Kläger an das Kontor der GmbH. unter „Alfred H." vergeblich Rechnungen und Mahnungen geschickt. Er hatte auf Bestellung des X. bereits kurz vorher Kohlen für den Dampfer „Eilenau" geliefert; auch hier war die Rechnung, die bezahlt wurde, unter „Alfred H." erteilt worden. Der Dampfer „Hagen" gehörte zur Zeit der Bestellung der Aktien-Ges. C. und war von ihr der „Alfred H. GmbH." in Netcharter gegeben worden. Am 25. 4. 1925 ging das Schiff in das persönliche Eigentum des Beklagten über;

er hat es jedoch bereits am 28. 4. 1925 weiter veräußert. Die Klage auf Zahlung der Kohlen ist begründet.

Das LG. hat mit Recht das Gesamtbild der Sache abgeurteilt, ohne es in Einzelfragen zu zerpflücken. Bestellt hat X., der sich mit „Alfred H." meldete, daß er für „Alfred H. GmbH." bestelle, ist nicht gesagt. Die Rechnung ist an den Beklagten gegangen; er hat sie nicht beanstandet. Daß der Kläger früher an die GmbH. geliefert habe, ist nicht dargetan; die frühere Lieferung für „Eilenau" lautete auch auf den Beklagten persönlich; mit wessen Geld diese Rechnung bezahlt ist oder von welchem Konto Alfred H. die Rechnung bezahlt hat, ist völlig bedeutungslos und gibt dem Lieferer keinen Anhalt, wer der Besteller war, höchstens könnte daraus unter Umständen geschlossen werden, daß für Rechnung des Zahlenden bestellt war. Eine Kenntnis des Klägers, daß Besteller die GmbH. war oder sein sollte, kann Beklagter auch nicht aus dem Fernsprechbuch ableiten; denn die Anrufnummer hatte X. beim ersten Gespräche dem Kläger aufgegeben. Alfred H. selbst kaufte und verkaufte und vercharterte Schiffe, auch nachdem er seine eingetragene Firma hatte löschen lassen. Er vercharterte die ihm gehörigen Schiffe in Netcharter an die GmbH. Daß er für seine kaufmännischen Geschäfte ein anderes Kontor hatte, wie er als Geschäftsführer besaß, ist nicht behauptet.

Die Verhältnisse waren sonach nach außen undurchsichtig; ob Beklagter nach § 826 BGB. haftet, kann dahingestellt bleiben; daß sich — wie aus verschiedenen Prozessen hervorgeht — einige Lieferer vom Beklagten als wider die guten Sitten geschädigt fühlen, kann man ihren nicht verargen, denn er wußte als Geschäftsführer, daß die GmbH. Schwierigkeiten hatte zu zahlen, während er selbst von sich behauptet, zahlungsfähig zu sein. Dieser Punkt bedarf keiner Erörterung; denn ein Kaufmann, der so handelt, wie hier der Beklagte, muß sich gefallen lassen, als Vertragschließender behandelt zu werden. Was auf dem Kontor der GmbH. vorgeht, muß Beklagter als deren Geschäftsführer wissen; er muß wissen, daß nur unter „Alred H." telephoniert wird; er hat dies weder untersagt, noch zur Vermeidung von Verwechslungen angeordnet, daß nur unter dem Zusatz der GmbH. telephoniert werden dürfe. Die Kohlen werden geliefert für Alfred H.; der Maschinist der „Hagen" quittiert über den Empfang, die Rechnung geht ein für Alfred H.; nicht einmal jetzt telephoniert er: X. durfte nicht für mich bestellen, sondern er schweigt; noch dazu, wo bei einer früheren Kohlenlieferung die Sache ebenso lag, die Rechnung von ihm bezahlt worden ist, wenn auch vom Konto der GmbH. Ein solches Gebahren ist kaufmännisch unzulässig. Wenn er die Bestellung, die Lieferung und den Rechnungsempfang für sich persönlich duldet, kann er nicht damit gehört werden, daß ihn alles nur als Geschäftsführer der seinen Namen tragenden GmbH. angehe; er muß in dem ihm unterstellten Betriebe dafür sorgen, daß der Wille, in fremdem Namen handeln zu wollen, dem Vertragsgegner gegenüber klar hervortritt. V.

h) **Widerruf der im Kaufvertrag erteilten Vollmacht.**

Kammergericht, 1. ZS. Beschluß v. 21. Oktober 1926 (x 571/26).

Die Anzeige des Machtgebers von dem Widerruf der Vollmacht ist allerdings geeignet, begründete Zweifel an deren Fortbestehen zu erwecken, und daher das Grundbuchamt berechtigt, entweder die Zustimmung des Machtgebers oder den Nachweis des Fortbestandes der Vollmacht zu verlangen. Dies setzt jedoch voraus, daß durch den Widerruf die Vollmacht überhaupt erlöschen würde. Hier ist die Vollmacht in einem Kaufvertrag erteilt zu dem offensichtlichen Zweck, den Käufer in den Stand zu setzen, die dem Verkäufer obliegende Verpflichtung zur Übertragung des Eigentums selbst zu erfüllen. Sie dient daher vornehmlich dem Interesse des Käufers. In solchem Fall ist aber aus den Umständen der Wille des Machtgebers zu entnehmen, daß sie auf jeden Fall bis zur Erfüllung des Kaufvertrages fortbestehen soll. Darin liegt zugleich der vom Machtgeber stillschweigend erklärte Verzicht auf den Widerruf. Nach RG. 109 S. 331 würde allerdings der einseitige Verzicht des Verkäufers nicht genügen. Da hier die Vollmacht im Rahmen des Vertrages in Gegenwart des Käufers (Bevollmächtigter) erklärt worden ist, so folgt dessen Annahme des Verzichts ebenfalls aus der ganzen Sachlage (vgl. RG. 52 S. 99, 53 S. 419, Warn. 1908 Nr. 123, RG.-Komm. § 168²). RG. 109 S. 331 steht der Annahme eines Verzichtsvertrages nicht entgegen, denn dort war die Vollmacht nicht im Kaufvertrage, sondern später in einer besonderen, nur die einseitige Vollmachtserklärung enthaltenden Urkunde erteilt worden. Vermochte hiernach ein Widerruf den Fortbestand der Vollmacht nicht zu beeinträchtigen, so ist auch die Anzeige von dem Widerruf für das Grundbuchamt unbeachtlich. Allerdings hat der Eigentümer auch angezeigt, daß er vom Kaufvertrage selbst ebenfalls zurücktrete. Da dieser jedoch kein Rücktrittsrecht vorsieht (§ 346 BGB.), so entbehrt eine solche Anzeige für sich allein jeder rechtlichen Bedeutung. Ist hiernach die Vollmacht unwiderruflich, so ist es nach § 183¹ BGB. auch die in ihr etwa liegende Einwilligung in die weitere Verfügung über das Grundstück, wie dem auch nach KGJ. 53 S. 144 die in der Auflassung zu erblickende Einwilligung nicht dem Widerrufe unterliegt.

Die Meinung des LG., daß die hier erteilte Auflassungsvollmacht als Einwilligung in die weitere Veräußerung des Grundstücks aufzufassen sei, steht im Einklang mit den Rechtsgrundsätzen, die 1. X. 150/26 dahin entwickelt sind:

Durch die Vollmacht ist dem Bevollmächtigten die Macht eingeräumt worden, sich ohne weitere Mitwirkung des eingetragenen Eigentümers zum Eigentümer des Grundstücks zu machen und dann das Eigentum weiter zu geben. Diese Auswirkungsmöglichkeit ist in der mit Befreiung von § 181 BGB. erteilten Vollmacht ohne weiteres mitenthalten und wird daher, wenn nicht besondere Umstände dagegen sprechen, vom Willen des Machtgebers mitumfaßt. Der Eigentümer, der den Käufer bevollmächtigt, ein Grundstück an sich selbst aufzulassen, ist hiernach im Zweifel auch damit einverstanden, daß der Bevollmächtigte das Grundstück unmittelbar auf einen Dritten überträgt. Eine Vollmacht der genannten Art ist mithin dahin zu verstehen, daß dem Bevollmächtigten auch die Macht zuteil werden soll, das Grundstück weiterzugeben und an den Dritten aufzulassen. Es liefe ja auch nur auf die Erfüllung einer Förmlichkeit hinaus, wenn die Übereignung an den Dritten lediglich in der Weise zugelassen würde, daß zunächst der Bevollmächtigte das Grundstück an sich und dann weiter an den Dritten auflieβe. Die sonst regelmäßig in der Auflassung zu erblickende Einwilligung in die Weiterveräußerung (KGJ. 47 S. 153, 53 S. 144) liegt hier, wo nicht der Eigentümer selbst, sondern der Erwerber als dessen Bevollmächtigter auflassen würde, schon in der unter Befreiung von § 181 erteilten Vollmacht.

**i) Mißbrauch einer nur noch formell bestehenden Vollmacht.**

OLG. Hamburg, 1. ZS. Beschluß v. 5. Oktober 1927 (F 167/27).

Allerdings bleibt eine Vertretungsmacht, die dadurch begründet ist, daß der Machtgeber dem Vertreter eine Vollmachtsurkunde ausgehändigt hat und dieser sie dem Dritten vorlegt, bis sie zurückgegeben oder für kraftlos erklärt wird (§ 172²). Die der Frau A. von ihrem Manne erteilte und dem Grundbuchamte vorgelegte Vollmacht galt ferner für alle Angelegenheiten seines ganzen Vermögens. Allein auch sie ermächtigt keineswegs zu solchen Geschäften und Erklärungen, die erkennbar dem Willen des Machtgebers widerstreiten. Ebenso kann aus ihnen der Dritte, der den Mißbrauch der Vollmacht erkennen kann und muß, keine Rechte herleiten (RG. 75 S. 301, 52 S. 99, LZ. 1918 S. 376⁸). Dies muß entsprechend auch für den Dritten gelten, der zwar nicht unmittelbar aus einer rechtsgeschäftlichen Erklärung gemäß ihrem Inhalt berechtigt oder verpflichtet werden soll, dem gegenüber die Erklärung aber abgegeben werden muß.

Hier hat nun der angebliche Machtgeber A. mit beachtlicher Begründung bestritten, daß die von seiner Frau benutzte Generalvollmacht, um die Eintragung der von ihr bewilligten Gesamthypothek auf den Blättern seiner Grundstücke mit Erfolg zu beantragen, noch bestanden habe; sie sei vielmehr schon erloschen gewesen. Ist sonach die Vertretungsmacht der Frau A. nicht zweifelsfrei festgestellt, vielmehr Grund zur Annahme vorhanden sei, daß sie die Vollmacht, die formell noch als bestehend erscheine, zum Nachteil ihres Mannes mißbraucht habe, so nimmt das LG. ohne Rechtsirrtum an, nicht ihr Mann, sondern sie selbst sei als Antragstellerin im Sinne § 1 Hamb. GKG. zu betrachten und daher schuldig, die Gerichtskosten ihres Eintragungsantrags zu bezahlen. Denn nach § 1 das. macht die bloße Tatsache, daß jemand einen Antrag bei Gericht anbringt, falls und solange nicht ein Anderer als Antragsteller zu gelten hat, ihn zum Schuldner der infolge davon entstehenden Gerichtskosten, er wird also insofern rein formal zu ihrer Tragung verpflichtet. V.

**k) Eigentumsübertragung und Pfandbestellung.**

OLG. Stettin, 1. ZS. Urteil v. 25. Februar 1927.

Der Kläger nimmt die am 20. 11. 1925 im Auftrage der Beklagten gepfändete Maschine als Eigentum in Anspruch und widerspricht deshalb der Vollstreckung (§ 771 ZPO.). Er hat durch die am 22. 9. 1925 mit dem Schuldner X. geschlossene Sicherungsübereignung zunächst nicht das Eigentum erworben, da die Maschine unter Vorbehalt des Eigentums dem X. geliefert war und dieser den Kaufpreis erst Anfang 1926 bezahlte. Da LG. entnimmt nun dem § 185² S. 2, daß in diesem Zeitpunkte das Eigentum „gewissermaßen durch die Person des Schuldners hindurch" sofort auf den Kläger übergegangen sei, so daß er es frei von einem Pfändungspfandrecht der Beklagten erworben habe. Diesem Ergebnis ist, jedoch aus anderen Gründen, zuzustimmen.

Der § 185 handelt allerdings seinem Wortlaute nach nur von der sog. Konvaleszenz r e c h t s g e s c h ä f t l i c h e r Verfügungen. Gleichwohl ist er aber — aus zwingenden inneren Gründen der Übereinstimmung — auf Z w a n g s verfügungen entsprechend anzuwenden, jedenfalls dann Konvaleszenz (ohne Rückwirkung) anzunehmen, wenn der Schuldner den gepfändeten Gegenstand hinterher erwirbt. Demnach stehen rechtsgeschäftliche und Zwangsverfügungen für die Beurteilung im Sinne einer (unmittelbaren oder entsprechenden) Anwendung des § 185 einander völlig gleich; das gilt besonders auch für den Fall, daß wie hier Veräußerung und Pfändung zusammentreffen. Es trifft jedoch nicht zu, daß mit dem Wegfall des Vorbehaltes das Eigentum sofort auf den Kläger übergegangen sei. Vielmehr schaffte nach § $185^2$ S. 1 gerade erst der nachträgliche Eigentumserwerb des Schuldners die Möglichkeit der Konvaleszenz für die Veräußerung an den Kläger wie auch für die Pfändung der Beklagten. Es kommt also darauf an, ob diese Verfügungen „miteinander im Einklang stehen". Das RG. (Rsp. 22 S. 163)' hat das in einem wesentlich gleichliegenden Fall angenommen. Allein es kommt nicht darauf an, ob sich Eigentum und Pfandrecht im formell-rechtlichen Sinne nicht widersprechen, also in Einklang stehen, insofern sie nämlich gleichzeitig an derselben Sache bestehen können, sondern darauf, ob sich die beiden, einen Eigentums- und einen Pfandrechtserwerb herbeiführenden Verfügungen nicht widersprechen. Wie Tuhr (Allg. Teil II 1 § 54 S. 251) treffend ausführt, wird durch eine Verfügung das durch sie betroffene Recht in seinem Bestande geändert; daher ist für jede spätere Verfügung durch die frühere eine Schranke gezogen; daraus ergibt sich für die Wirksamkeit mehrerer Verfügungen über denselben Gegenstand der Grundsatz der Priorität. . . . Die frühere Verfügung ist die, deren voller Tatbestand zuerst vorliegt (Thur § 60 S. 386). Vorliegend ist demgemäß die rechtsgeschäftliche Verfügung früher getroffen als die Pfändung v. 20. 11. 1925; die dingliche Einigung über den Eigentumsübergang und die — die Übergabe ersetzende — Vereinbarung eines Besitzmittlerverhältnisses (§§ 929, 930) sind bereits am 22. 9. 1925 voraufgegangen. Zu der auf die Einräumung unbeschränkter Sachherrschaft und alleinigen Genusses der Sache abzielenden Übereignung trat die spätere, unmittelbar auf die Entziehung und Verwertung der Sache gerichtete Pfändung in schroffen Gegensatz. — Dieses Ergebnis genügt auch einer Prüfung unter dem Gesichtspunkte der wirtschaftlichen Zweckmäßigeit: die Annahme, daß der Gläubiger, der in einer einwandfreien Sicherungsübereignung Schutz gefunden hat, dem später begründeten Pfändungspfandrecht eines anderen Gläubigers weichen und zusehen müßte, wie aus der ihm übereigneten Sache dieser kraft seines schwächeren Rechtes sich befriedigte, erscheint untragbar angesichts dessen, daß — wie allgemein anerkannt wird — zwei Verpfändungen oder Pfändungen einer nachträglich vom Schuldner erworbenen Sache mit der Maßgabe konvaleszieren, daß das ältere Pfandrecht den Vorrang hat (vgl. Enneccerus 1 § 191 III 2 a, Tuhr 386)[1]).

R.

[1]) RG 60 S. 70 hält den Erwerber und den Pfändungsgläubiger für gleichberechtigt. Vgl. dagegen Müller, Pfändungspfandr. 113, Emmerich, Pfandrechtskonk. 238.

## Gesetzesverzeichnis.

N. bedeutet „Nachträge".

### 1. Bürgerliches Gesetzbuch.



### 1a. Einführungsgesetz zum BGB.



### 2. Handelsgesetzbuch.

### b) DurchführungsV. v. 29. Nov. 1925.



### 4. Genossenschaftsgesetz.



### 5. Gesetz betr. die Gesellschaften mbH.



### 6. Gesetz über Mieterschutz und MEÄmter.



### 7. Reichsmietengesetz v. 24. März 1922.



### 8. Wohnungsmangelgesetz v. 26. Juli 1923.

## Nachträge, Zusätze, Berichtigungen.

Bd. 43 S. 135. JW. 1927 S. 497, 537.
Bd. 44 S. 6, 254: „Mitglieder des Magistrats im Gebiete der StädteO. v. 30. 5. 53 können nicht Mitglieder eines MEA. sein" (KG. 21. März 1927, 17 Y 21/27).
Bd. 45 S. 205. Aufgehoben durch Urteil des RG. v. 8. 2. 27 (Entsch. 116 S. 93).
Bd. 45 S. 231 β. Aufrechterhalten am 10. 2. 27 (1 x 961/26).
Bd. 45 S. 288 α. Ebenso am 3. 2. 27 (1 x 55/27).
Bd. 46 S. 60. Gleicher Ansicht RG. 116 S. 238.
Bd. 46 S. 67 Note 1 b. Das RG. (13. 7. 27) gestattet den Abzug.
Bd. 46 S. 72. Vgl. RG. 117 S. 257.
Bd. 46 S. 146 Z. 11 von oben statt „unten g" l. „unten S. 158 h".
Bd. 46 S. 200 β. Die Einwilligung des Gebrechlichen ist nicht erforderlich, wenn er im Sinne des § 104 Nr. 2 keinen freien Willen hat (RG. 65 S 202). Handelt es sich um Reichsbahnbeamte, so ist die Bestellung eines sog. Kurators nicht mehr zulässig, weil der § 62 RBeamtenG. durch § 22 Nr. 9 S. 1 PersonalO. der Reichsbahn ersetzt und daselbst die Alternative des § 62 „oder seinen Kurator" nur absichtlich weggelassen sein kann (KG. 23. 9. 1927, 1 a x 914/27).
Bd. 46 S. 201 Z. 7 von oben statt „Allein" l. „jedoch findet der Verkehr".
Bd. 46 S. 201 Z. 10—14 fallen ganz weg
Bd. 46 S. 208 Z. 1 von oben statt „§ 28" l „§ 20² FGG."
Bd. 46 S. 208 Z. 16 von oben statt „Betriebe" l. „Bezirke".
Bd. 46 S. 208 Z. 22 von oben statt „§ 66" l. „§ 55".
Bd. 46 S. 209 Z. 17 von oben statt „27" l. „2".
Bd. 46 S. 213 Z. 19 von unten statt „geltende den" l. „geltenden".
Bd. 46 S. 214 Z. 11 von unten statt „Anstellungs-" l. „Anstaltbeobachtung".
Bd. 46 S. 215 γ: Aus dem Hinweis des § 67 auf § 65⁶ folgt, daß den an sich Beschwerdberechtigten nur unter der Voraussetzung des § 65⁶ die Beschwerde zusteht (KG. 23. Sept. 27, 1 a x 994).
Bd. 46 S. 218: Gegen die Versäumung der Frist des § 72³ S. 1 ist keine Wiedereinsetzung gegeben (KG. 23 Sept. 27, 1 a x 960).
Bd. 46 S. 224 Z. 7 von oben statt „§ 1 und 2" l. „Satz 1, 2".
Bd. 46 S. 227 Z. 22 von oben statt „Nacherbe" l. „Anerbe".

Kolibri 360 GmbH
Ferdinand-Jühlke-Straße 7
99095 Erfurt, Deutschland
produktsicherheit@kolibri360.de